程千帆全集

5

程千帆 / 著

元代文学史

程氏汉语文学通史

凤凰出版社

目　次

元代文学史

程氏汉语文学通史

元代文学史

程千帆
吴志达
撰

绪　论

蒙元帝国是历史上第一次由少数民族在全中国范围内建立的统一政权。蒙古族原是散居于漠北草原的游牧部落，其中的一支，居在斡难河、克鲁伦河、秃兀剌河等河的上游肯特山一带，叫孛儿只斤族。在13世纪初，这个氏族出了一个杰出的领袖——铁木真，他凭借其祖先已经发展起来的武装力量，统一了蒙古各部落，于宋宁宗开禧二年(1206)建立蒙古帝国，并被尊称为成吉思汗(意即受大多数人尊敬的强有力的皇帝；或意谓海洋般的大汗)①，并于1210年开始进攻女真族所建立的金国，占据了河北、山西和山东的一部。成吉思汗于1227年逝世，窝阔台继任为大汗，与南宋联合，夹攻金国，于宋理宗端平元年(1234)灭金。蒙古背弃与南宋的盟约，从1235年开始进攻南宋，同时并征服了高丽和西域诸国。1260年，忽必烈称帝。到了至元八年(1271)，改国号为元(取《易经》"大哉乾元"之义)。1279年，灭南宋，统治了整个中国，其幅员之广，横跨欧亚两洲。若从元代文学的主流曲(包括散曲和杂剧)的兴起而言，元代文学史可以从太宗六年(1234)灭金占有中原算起，至明太祖朱元璋于1368年建立大明帝国为止，计有134年；若从元世祖忽必烈于1279年灭南宋算起，至1368年大明帝国的确立，则仅89年。

① 前说见周谷城《中国通史》下册，上海人民出版社1957年版，第132页；后说见蔡美彪等著《中国通史》第七册，人民出版社1983年版，第26页。

一、元代社会历史与文化特征

元代是个大一统的帝国，这对于全中国各民族的大融合、中外经济和文化的交流，都起了促进作用；但同时，整个元代，又是一个悲剧性的时代。蒙古族在入主中原时，还处于氏族社会末期向封建制飞跃的阶段，比之于高度发展了的宋朝封建社会，是很落后的。先就经济生产方式而言，它以强大的军事暴力征服中国以后，就企图以游牧民族的生活习惯，来改变中国的面貌。游牧所需的是牧场。早在成吉思汗时，蒙古贵族别迭等就曾建言："虽得汉人，亦无所用，不若尽杀之，使草木畅茂，以为牧地。"① 这个野蛮的建议，虽因当时重臣耶律楚材的反对，没有实行，但是由此可见蒙古贵族所计划的生产方式，具有多大的破坏性。在他们进行掠夺战争的过程中，往往采取残暴的屠城政策，所过之处，人民杀戮殆尽，财帛牛羊席卷而去，庐舍尽焚，城郭化为丘墟。像关中这样的富庶之地，在兵火之余，八州十二县，户不满万。北方的大量农田，被荒废为牧场。蒙古统治者圈占大片土地，分封给贵族功臣和僧侣，而俘虏大量被征服者没为农奴或奴隶，从事无偿劳动。例如阿尔哈雅行省荆湖，以降民三千八百户没入为家奴。尽管元世祖忽必烈也曾经采取过某些恢复农业生产的措施，如"释降奴为民"、"严鬻人之禁，乏食者量加赈贷"、"劝课农桑"等等，农业生产有所复苏，但是由于蒙古贵族贪暴的本质，对人民仍然大肆搜刮，逼使百姓流离失所，辗转沟壑。特别是从元中叶以后，统治集团内部争夺权势的斗争极其尖锐，对人民的剥削更是变本加厉，赋税比元初增二十多倍，使人民饥寒交迫，"日羸月瘠，曾不得糠秕以实腹，褴褛以盖体"，"父子、兄弟、夫妇至相与鬻为食者，比比皆是"②。由此可见，当时的中国农村经济，已经陷于衰蔽状态。同样，手工业也受到严重的摧残。蒙古统治者为了满足生产武器和生活奢侈品的需要，特别注意搜刮工匠，各地屠城时，只有工匠不杀。元太宗窝阔台灭金后，搜刮中原民匠七十二万户；

---

① 见苏天爵《元文类》卷五七《耶律公神道碑》，《四库全书》本；亦见于宋濂等编《元史》卷一四六《耶律楚材传》，中华书局1976年版，第3458页。

② 张养浩《归田类稿·上时政书》，吉林文史出版社2008年版，第104、107页。

1279年元世祖灭南宋，籍工匠四十二万户，立局院七十余所；1284年于江南民户中又籍匠户三十万，选有艺者十余万户，而把无艺者遣归。被拘籍的工匠，都集中在官营的或各贵族经营的手工业作坊中，由匠作司管理。就生产规模和分工协作的程度而言，比南宋时有所发展，但工匠没有人身自由，沦为工奴，每年只给粮五石糊口，本身及子孙永为匠作工奴。强制性的工奴劳动，积极性与创造性不高，比宋代以独立手工业和雇佣工匠的生产关系，生产力的水平要低得多。这种以奴役人民为基础的经济制度，势必使社会的贫富悬殊更趋极端化，社会财富集中在蒙古、色目等少数特权阶级的手里，而广大人民则贫穷不堪。诚如嵇璜《续文献通考·田赋考》所云：

> 豪富之家，或占民田，近于千顷……江南豪家，广占农田……恣意妄为，靡所不至。贫家乐岁终身苦，凶年不免于死亡。荆楚之域，至有售妻鬻子者。

在这种情况下，高利贷剥削很自然地盛行起来。蒙古人以皇帝为首，诸王、后妃、贵臣、僧侣、商人、地主、豪强，无不放高利贷。这种剥削极其残酷，一年本利相等，次年本利又翻一番。本银一锭，经过十年，利滚利，就变成1024锭。这种剥削方式叫“羊羔儿利”，至期债户无钱偿还，其妻女牲畜，多被拖走抵债。元杂剧中有不少剧本的戏剧冲突，都与高利贷有关，不是偶然的。

在政治上，蒙元统治者实行民族歧视政策，把人分为四等：蒙古人最高贵，色目人（被征服较早的西域和欧洲诸国的人）次之，汉人（包括北方的中国汉人、契丹、女真及高丽人）又次之，南人（中国南方的汉人）最低贱。规定高级的军政长官都由蒙古人或色目人担任，汉人、南人只能充任副职和小官吏。到了元代末年，在农民起义的烽火四起之时，为了收买人心，才不得不任用汉人为省、院、台、部的高官。法律也不平等：“诸蒙古人与汉人争，殴汉人，汉人勿还报，许诉于有司。”①更不合理的，是“汉人、南

① 宋濂等编《元史》卷一〇五《刑法·斗殴》，中华书局1976年版，第2673页。

人杀蒙古、色目人，处以死刑，且向犯人之遗属征烧埋银。蒙古、色目人若因争论或乘醉杀汉人，仅罚金，命其出征，而免死刑”①。法律规定：杀死一名回教徒，罚黄金四十巴里失；杀死一名汉人，偿一头驴。为了防止汉人的反抗，元朝当局多次下令，不许汉人持铁尺、手挝及杖之藏刃者，不准汉人学武艺、打猎、骑马和集会。元杂剧中权豪势要的人物形象，影喻的就是享有特权的蒙古贵族。

基于民族歧视政策之上的元代吏治，是极其黑暗腐败的。“上自中书省，下逮郡县，亲民之吏，必以蒙古人为之长；汉人、南人贰之。终元之世，奸臣恣睢于上，贪吏掊克于下，痡民蠹国，卒为召乱之阶。”②贪赃枉法，恣肆妄为，荼毒百姓，冤狱无穷，是元朝吏治的显著特征，也是政治腐败的根源。元世祖忽必烈算是一个很有才干的皇帝，接受汉族儒士“崇儒重道”的建议，实行以“汉法”治国，但是他贪婪的本性，形成他政治措施上的一个特点：亟于财用。为了搜刮财赋，先后任用阿哈玛特、卢世荣、僧格等为计臣，一切设施“专以掊克敛财为事”，而阿哈玛特之徒，恃势妄为，滥施淫威，“民有附郭美田，辄为己有。内通货贿，外示刑威，廷中相视，无敢论列。”③阿哈玛特被杀后，其党徒卢世荣又得到忽必烈的宠信，搜刮百姓更为残酷，当时人讽刺他们是“鹭鹚勾当”，“以鹭鹚得鱼，既满其颔，即为人抖取也”。史书中记载一件趣事：

> 世荣尝言于帝曰：“臣之行事多为人所怨，后必有谮臣者，请先言之。”帝曰：“汝言皆是，惟欲人无言者，安有是理！疾足之犬，狐不爱焉，主人岂不爱之？汝之所行，朕自爱也……”④

皇帝与执政大臣的勾当尚且如此，更何况地方官吏？尽管朝廷定了很严的“官吏赃罪法”，贪污百贯以上者处死刑，但是贪污之风不止，而官

---

① [日]箭内亙著《元代蒙汉色目待遇考》，台北商务印书馆1975年版，第82页。

② 柯劭忞撰《新元史·百官志序》，中国书店1988年影印本，第278页。

③ 毕沅《续资治通鉴·至元十七年》，中华书局1957年版，第5044页。

④ 毕沅《续资治通鉴·元世祖至元二十二年》，中华书局1957年版，第5099页。

吏贪污又总是与百姓的苦难和冤狱紧相关联。号称“大元盛世”的成宗大德年间，一次就发现赃污官吏 18473 人，赃款 45865 锭，冤狱 5176 件。① 这该包含着多少人民的血泪！

农业生产的衰退，种族的压迫和官吏的贪暴使得整个社会经济遭到破坏，人民生活普遍陷于困境。但商业（特别是国际贸易）和手工业（特别是制造贵重消费品的手工业）却仍然有所发展，因而形成了当时一些大城市的畸形繁荣。这些发展和繁荣是由于下列一些因素构成的：第一，宋、金时代的工商业原来是比较发达的，在蒙古入主中国全境以后，其所遭到的破坏也不像农业那么厉害。第二，在蒙古全盛时代，统治地区及于欧亚两洲。欧洲和中亚的科学技术，在当时的统一政权之下，不断地输入中国，刺激了原有手工业技术的进步。第三，各国商人纷纷来华，使得进出口的贸易比以前扩大。第四，由于农村破产，农民大量流入都市，就为都市提供了经常性的剩余的劳动力，而这又使得人口集中于都市，也显示着表面的繁荣。第五，这种畸形繁荣的出现，和蒙古、色目人以及汉族官僚大地主无止境地要求得到更多奢侈的享受、扩大其不义之财这一因素，同样是分不开的。

在 13 世纪 70 年代，意大利人马可·波罗曾来中国游历，回国以后，写作了一部著名的《游记》。他描写当时元帝国的京城大都（今北京市）说：“彼处营业之妓女，娼好者达两万人。每日商旅及外侨来往者，难以数计，故均应接不暇。……中国及其他区域之精美珍贵物品，均荟萃于此，以供奉此地之皇室、贵妇、诸侯、将佐及大汗朝中之臣僚。故余谓：此间之富裕及所用之珍奇宝货，为世界上其他城市所无。”《游记》中还记载了其他大都市，尤其是南方的一些大都市的发展情况。虽然这部著作的目的是鼓励欧洲商业资本的东来，其中颇多夸大之处，但我们仍能从其中看出元代都市大致的面貌。城市的畸形繁荣，为戏剧这一综合艺术的发展提供了物质基础。

---

① 参见毕沅《续资治通鉴·元成宗大德七年》，中华书局 1957 年版，第 5298 页。

在文化方面，为了巩固其统治，蒙元帝国采取儒、道、释三教并存而均为其所用的政策。蒙军在攻城略地过程中，诚然是野蛮残酷的，但从成吉思汗、窝阔台到忽必烈，也善于任用一些当地具有较深中国传统文化修养的汉人或汉化了的辽金精英之士。成吉思汗重用丘处机、耶律楚材；窝阔台起用儒学代表人物元好问和杨奂；忽必烈重用理学名家姚枢、窦默、许衡，受理学熏陶的北方文人郝经、刘因、姚燧、卢挚等都受到礼遇。对被征服的各族人民，采取“因俗而治”的方针，吸收各地区各民族的文化和统治方式，在中原地区，以“汉法”治汉人，到了忽必烈时代，基本上全用“汉法”。这与擢用一批儒士密切相关。也提倡尊孔崇儒，在大都设国子学，以“四书”、“五经”为教材；儒生可免除差役。把尊孔与信佛置于同等地位。其基本原则，即既要适应中国固有的情况，又要符合元朝统治者的利益。如果不符合统治者的利益，即使是中国古老的传统，他们也不感兴趣。例如科举是唐、宋以来读书人最主要的出路，而它所考的内容则属于汉族传统文化的范围。在这一方面，即使汉化了的蒙古人也自然难以和汉人竞争。为了防止汉人的仕进之路过宽，元朝就长期停止科举。直到仁宗延祐二年(1315)，才举行第一次科举考试。整个元朝，也不过举行七次。而且即使在考取之后，蒙汉士人做官的机会仍然不均等。士人有了科举入仕之路，对戏曲创作的影响是负面的。

蒙古统治者从实际生活中认识到，利用被征服国家原有的宗教信仰，是有利于自己统治的。因此，他们对一切宗教都予以保护，而特别崇奉佛教，其次是全真道教。佛教的势力得到空前的发展。忽必烈尊吐蕃大喇嘛八思巴为帝师，又于京师特置宣政院，专管佛教。各路府州都设有僧官，僧官凭借政治势力，占人财产，奸淫妇女，无恶不作。泰定年间，以帝师之兄为驸马，封白兰王，而“其弟子之号司空、司徒、国公，佩金玉印章者，前后相望。为其徒者，怙势恣睢，日新月盛，气焰熏灼，延于四方，为害不可胜言”。① 到处建寺庙，做佛事，挥霍民脂民膏。丘处机全真道教也盛行，成吉思汗重用他，在征服西域过程中贡献过“少杀掠”等良策，其后，

① 毕沅《续资治通鉴·泰定二年》，中华书局1957年版，第5522页。

在中国知识阶层中全真教成为修身养性、苟全生命于乱世之具，对文学创作的影响颇为明显。

从以上的介绍中，可见当时社会矛盾的主要特征，而这些情况，也势必影响文坛。中国知识分子具有一种传统性的心态：达则兼济天下，穷则独善其身。在仕途得意之时，以儒家思想为主导，失意之时则以道家思想为主导。不过，在元朝这个非常特殊的时代，情况要更复杂一些，表现在文学创作上，作家采取的方法、方式也更多样化，我们需要设身处地地对他们给与更多更仔细的理解。特别值得注意的，在元代这个民族大融合的环境里，涌现出我国少数民族的一些作家作品，无论散曲、杂剧、诗歌，在艺术上都独具特色。

从蒙古贵族开始南犯，以农民阶级为主要力量的反奴役的斗争就从来没有停止过。1351 年以后，武装斗争进入了高潮，由反抗元朝而发展为群雄割据的局面。这次历时近二十年的战争，最后以明太祖朱元璋建立了他的大明帝国而告结束。蒙古人依旧退回了他们北方的老家——蒙古高原。

为了便于讨论 1234 年以后北方中国的和 1279 年以后全中国的文学，对于元代的社会政治、经济和文化情况，我们作了如上简略的叙述。

二、从文学样式内部发展规律看元曲的兴起

在中国文学史上，人们有一种习惯性的提法：唐诗、宋词、元曲、明清传奇与小说。其实，标举一代文学样式的辉煌成就，并非仅仅一代作家之功，各体文学都有一个逐渐演变发展的过程，到了一个特定的时代，在多种因素的影响和适合成长的土壤上，才开放出鲜艳繁茂的花朵。曲至元代特盛，除前面所论述的社会历史与文化特征以外，从曲（包括散曲和戏曲）自身的发展来考察，到元代出现曲特别是戏曲这种新的、成熟的、综合性很大的文艺样式，是很自然的，它是经过长期的历史发展的必然产物，可以说是瓜熟蒂落、水到渠成。中国古典戏曲的本质特征，是以歌舞演故事。究其渊源，可以追溯到上古时期的歌舞，狩猎舞蹈动作对生活的模仿，《书经・舜典》：“予击石拊石，百兽率舞。”《吕氏春秋・仲夏纪・古

乐》:“葛天氏之乐,三人操牛尾,投足而歌八阕。”就是原始的歌舞表演。屈原《九歌》则是在楚国民间歌舞艺术基础上的创作。先秦两汉以来的优人,倡优以表演歌舞为主,俳优则擅长滑稽讽刺,引人笑乐。著名的优人有专工调谑的优孟和兼善歌舞的优施,秦始皇时的优旃更是能言善辩、幽默风趣。俳优可以发挥其技艺以笑谑的方式对国王进谏,无论采纳与否,都不至于加害优人。俳优具有扮演某种人物形象的功能。

汉代的角抵戏,已初具以人物形象与歌舞相结合表演故事的形式。例如《东海黄公》,我们从《西京杂记》第三的记载中可知其梗概:

> 余所知有鞠道龙,善为幻术,向余说古时事。有东海人黄公,少时为术,能制蛇御虎。佩赤金刀,以绛缯束发,立兴云雾,坐成山河。及衰老,气力羸惫,饮酒过度,不能复行其术。秦末,有白虎见于东海,黄公乃以赤刀往厌之。术既不行,遂为虎所杀。三辅人俗用以为戏,汉帝亦取以为角抵之戏焉。

这是魔幻与武术相结合,演出具有震撼性的悲剧,东海黄公的人物形象颇为鲜明,当然猛虎也是由人扮演的。不过这只能算是戏曲的萌芽时期。唐代的歌舞戏和参军戏,才形成戏曲的初步形式,通过歌舞或讲唱,来表演短小的故事情节。例如歌舞戏《踏摇娘》,演酒鬼苏中郎每次醉酒就殴打妻子,其妻向邻里哭诉苦情,一边摇顿身体,一边唱着“怨苦之词”,每唱完一段,观众就齐声帮唱:“踏摇和来!踏摇娘苦和来!”因其“且步且歌”,故称“踏摇”。结尾是她丈夫来了,两人作殴斗之状。参军戏盛行于唐代开元时期,演出时有两个角色,一名“参军”,一名“苍鹘”,以相对问答的形式,表演简单的情节,而以滑稽讽刺为主。到了宋代,歌舞艺术有了长足发展,出现表演故事的大曲,例如董颖《道宫薄媚》(《西子词》),演吴越兴亡事。舞曲,如史浩《剑舞》,演唱“鸿门宴项庄舞剑”和“公孙大娘舞剑”两个故事。法曲,今仅存曹勋《法曲道情》,内容纯属道家清虚无为之言,其曲排列:散序、歌头、篇第一、第二、第三、第四攧、入破第一、第二、第三、第四、第五煞。鼓子词,如欧阳修以十一首〔中吕宫·采桑子〕词,抒游西湖之情。赵令畤〔商调·蝶恋花〕鼓子词则咏元稹《会真记》故事。毛奇龄《西河词话》已视为戏曲之祖。转踏,用一诗一词相间,咏一故事,分别歌唱八个故事。赚词〔遏云致语〕鹧鸪天,联合〔紫苏丸〕、〔缕缕金〕、〔好女儿〕、〔大夫娘〕、〔好孩儿〕、〔赚〕、〔越恁好〕、〔鹘打兔〕诸调,说蹴球的事。[①]还有诸宫调等各种类的歌舞或讲唱剧曲,内容和形式比唐代的歌舞戏更为丰富多样。但是它们还不能算是成熟的戏剧,主要是因为它们还是叙事体而不是代言体。此外,宋代还有傀儡戏和影戏等民间技艺,能"敷衍烟粉、灵怪、铁骑、公案、史书、历代君臣将相故事"。我们虽然不知道它们演出的具体内容和方式,但是可以想见它们对戏曲的扮演会有所启发。真正具备戏曲这一综合艺术各种要素的是宋金杂剧院本,它是跟唐代的参军戏一脉相承的,而表现的内容和艺术形式有了很大的发展。它已经有固定的剧本,南宋周密《武林旧事》载有杂剧名目 280 种,元人陶宗仪《辍耕录》载有院本名目 690 种。可惜这些剧本都已经散佚,但从记载的名目来看,它的内容已不限于滑稽讽刺,有很多名目是跟元人杂剧相同的,例如金院本名目中有《蝴蝶梦》、《鸳鸯简墙头马上》、《张生煮海》等,元人杂剧中也有,是很著名的公案剧和爱情剧。在 1959 年,山西侯马市发掘了一座金人的坟墓,其中有戏台的模型和演剧的彩俑,为我们提供了当时院本演出的实况[②],从舞台设置,角色配备,表演神态各方面来看,都已是相当成熟的舞台艺术。宋金杂剧院本,已经为杂剧这一高级的综合艺术的出现,创造了良好的条件。大曲、舞曲、诸宫调等歌舞曲艺,主要在歌舞艺术和宫调组织方面,给元人杂剧以借鉴;而宋金杂剧院本,则在角色配备、故事扮演方面,为元人杂剧提供舞台经验。此外,唐宋传奇和话本小说,以及历史故事和民间传说,又为杂剧作者提供了丰富的题材。在前人如此丰富和深厚的艺术实践的基础上,元人杂剧终于应运而生了。

---

① 参阅刘永济老师《宋代歌舞剧曲录要》,古典文学出版社 1957 年版。

② 参见《戏剧研究》1959 年第 2 期。

三、散曲的渊源和体制

在《两宋文学史》中，我们已经比较详细地叙述过宋词，也约略地叙述过宋代除词以外的其他音乐歌词和诗歌样式争奇斗胜的情况。在这里，则应当着重地介绍一下散曲。散曲是元、明时代，特别是元代最流行的和最有成就的歌词和诗体，同时，也是当时的戏剧的唱词的重要组成部分。

从金末作家元好问和杜仁杰等人已经开始写散曲这一事实来看，可以肯定，散曲至迟在13世纪后期已经出现了。那么，它是怎样产生的呢？

首先，可以从音乐的角度来看。我们知道：由于1127年之后，中国被人为地分成了两个互相敌对的政治区域，其文化也就在不同的社会条件之下发展。因此，音乐也就有北曲和南曲之分。根据王国维《宋元戏曲史》的不完全的统计，元代北曲（包括杂剧和散曲）所使用的曲调共有320多个。其中出于唐、宋词的75个，出于大曲的11个，出于诸宫调的28个，这就是说，出于宋、金旧有曲调的约三分之一。虽然由于音乐本身的变化，它们彼此的格律、字句已经有许多不同，但元代新兴的乐曲和传统的乐曲有着相当亲密的关系，则是可以断言的。

对元代北曲中的外来影响，也应当有一个实事求是的估计。我们绝不赞成将契丹、女真和蒙古等族的入侵看作是元曲形成的主要原因，如某些人所说："今之北曲，盖辽、金北鄙杀伐之音，壮伟狠戾。武夫马上之歌流入中原，遂为民间之日用。"①这是和事实不符的。但在长期的种族斗争中，各族人民所创造的文化也有所交流，因而元曲中具有一些已经被吸收在汉族音乐体系中的外族曲调，则由一些调名如〔者刺古〕、〔呆骨朵〕、〔阿纳忽〕、〔倘兀歹〕等，也可以看出来。可是，这类曲调的数目是极其有限的。很难令人承认，这些不到三十分之一的曲调能在元曲中起着非常重大的作用，以至于其风格的形成也能够由此获得解释。

---

① 徐渭《南词叙录》，载《中国戏曲论著集成》（三），中国戏剧出版社1959年版，第240页。

除了上举这些出于古代或外族的乐调之外，元代北曲所用的调子还有两百多个。它们只能是当时人民的创造。由此可见，在北中国遭受异族统治，汉族先进文化遭受暴力摧残的时代，人民的歌声还是响亮的。

元代南曲，据《宋元戏曲史》的统计，和北曲也有类似的情形。在540多个曲调中，出于唐、宋词的190个，出于大曲的24个，出于诸宫调的13个，出于赚词的10个，约当全部的半数。而其余的二分之一强，也是人民在不断的努力中陆续创造出来的。但从现存材料看来，元人似乎没有用南曲来作散曲的。因此，在从文学的角度来讨论散曲的渊源时，就只能以北曲为对象。

元代散曲的主要作家都有每个人自己的风格；但散曲，作为一种新兴的诗歌样式，和五七言诗、词等比较起来，它又同时具有对于散曲作家来说是普遍的，而对于其他文体来说，则是独具的特点。它的语言极其通俗而流利，不仅普遍地运用口语，甚至大量地运用俗语方言。它的风格豪辣而放肆，出语喷薄激烈，很少顾忌。它的题材深入到生活的各个角落，大胆地歌颂性爱，甚至流为歌颂色情；大胆地嘲笑世态，甚至流为轻薄无聊。

这些特点的形成，是和宋以来城市平民队伍的壮大以及市民歌曲的流行这些历史情况的影响分不开的。宋代偶然流传的一些民间通俗词（如我们在一些话本及笔记小说中所看到的）和《西厢记诸宫调》中，都透露了这种消息。这类作品，虽然如我们指出过的，曾经遭过禁止，长期受到轻视，但在市民支持之下，仍旧风行当世，并且影响了一些词人。在知名的作家中，柳永、黄庭坚都有不少的以通俗的语言描写爱欲和色情的词。苏轼和辛弃疾的词以豪放出名，但他们也写过一些嘲笑性的作品。和苏轼同时的王斋叟，还有稍后于他的曹组则专以写滑稽和钟情享大名。南宋初年词人康与之和石孝友也有这类作品。这些作家自觉地或不自觉地接受了当时流行歌曲的影响，又以其创作助长了这些反映了市民意识（包括其好的一面和坏的一面）的歌词的发展，就使得元代散曲的一些特色有了萌芽。如像下举这些例子，从文体的风格特征来考察，实在是远于宋词而近于元曲的，虽然它们确实是宋词。从这些作品中，我们不难看出由词到曲风格衍变的痕迹。

> 我有五重深深愿：第一愿，且图长远；二愿恰如雕梁双燕，岁岁后长相见；三愿薄情相顾恋；第四愿，永不分散；五愿奴留，收因结果，做个人家宅院。
>
> ——无名氏：〔雨中花〕

> 重阳日，阴雨四郊垂。戏马台前泥拍肚，龙山会上水平脐，直浸到东篱。　茱萸胖，菊蕊湿滋滋。落帽孟嘉寻蒻笠，休官陶令觅蓑衣，两个一身泥。
>
> ——康与之：〔望江南〕(《九日雨》)

> 我已多情，更撞着多情的你。把一心十分向你。尽他们劣心肠，偏有你。共你，撇了人只为个你。　宿世冤家，百忙里方知你。没前程，阿谁似你？坏却才名，到如今都因你。是你，我也没星儿恨你。
>
> ——石孝友：〔惜奴娇〕

当然，使得宋代这种流风有所发展因而形成元曲这些内容上的特色的根本原因，还在于当时多数作家由于他们所处的社会地位而形成的生活态度。在整个封建社会，元朝似乎是读书人最倒运的时代。谢枋得《送方伯载归三山序》说："滑稽之雄，以儒为戏者曰：我大元制典，人有十等。一官，二吏，先之者，贵之也。七匠，八娼，九儒，十丐，后之者，贱之也。吾人品岂在娼之下，丐之上者乎！"九儒十丐的说法，也见于郑思肖的《心史》，虽非法律上的明文，却是社会上的现实。① 这样，就决定了他们中间的多数沉沦于下位的命运。

---

① 此乃宋遗民对元朝不满的情绪化之说。对儒生不利的是废除科举制，但儒户享有免除徭役的优待。

种族歧视与黑暗统治决定了多数作家的政治命运，使得他们往往只能“以其有用之才而寓之乎声歌之末，以抒其拂郁感慨之情”，①以满不在乎的、玩世不恭的态度来“嘲风弄月，留连光景”。② 卑下的地位和放荡的生活也使他们有机会熟悉口语和敢于使用口语来写作。由此可知，元人散曲内容上的一些优点以及和这些优点相联系的缺点，主要是由作家们的生活道路、思想感情所决定的。

散曲是和戏曲相对而言的名称。戏曲是一种要演出的综合艺术，除了唱词而外，还有科（动作）、白（说白），散曲则只是一种音乐歌词和诗歌样式。戏曲一定要具备人物故事，而散曲则主要的是用来抒情。

散曲在体制上可以分成两种：一是小令，二是套数。小令绝大多数是以一篇歌词（抒情诗）作为一个独立的单位。它和在它以前盛行的词的不同之点除了音乐上的差异而外，还有：它的韵脚比词要密，一般是每句都要押韵；但用韵却比词宽，除北曲中原无入声外，可以平、上、去三声通押。这是一。它一般都没有换头，不像词通常都有上下片，多的可以有四叠。这是二。它可以在符合原来格律的正文之外，加上衬字，而词则一般没有这种办法。这是三。例如：

> 秋风飒飒感苍梧，秋雨潇潇响翠竹，秋云黯黯迷烟树。三般〔儿〕一样苦，苦的人魂魄全无！〔云〕结就心〔间〕愁闷，〔雨〕好似眼〔中〕泪珠，〔风做了〕口内长吁。
>
> ——刘庭信：〔双调·水仙子〕

这篇小令共八句，除第六句外，句句押韵，但其所押的韵，则平、上、去三声都有（入声的竹字在这里是读作上声的）。它没有换头，而在某些句中加有衬字如儿、云、间等。这样，按格律本来是五字句的第四句就变成了六字句，本来是五字句的六、七两句就变成了七字句，本来是四字句的

① 胡侍《真珠船》卷四。

② 朱经《青楼集序》，载《中国戏曲论著集成》（二），中国戏剧出版社 1959 年版，第 15 页。

第八句也变成了七字句。和词比较起来，散曲的格律就显得自由一些。

带过曲是小令在北曲中的一个变种，它是同宫调的两或三支曲调组成一个整体。在音乐上虽然仍旧是两或三个曲调，但在内容上却联成一片，不可分割了。如〔十二月带尧民歌〕就是两支曲子组成的带过曲，而〔骂玉郎带感皇恩采茶歌〕，则是三支曲子组成的带过曲。散曲小令的篇幅都很短小，当一支曲子容纳不下作家的思想感情的时候，人们就将在套曲中本来是连在一道唱的几支曲子摘出来，成为带过曲。例如：

看看的相思病成，怕见的是八扇帷屏：一扇儿双渐小卿，一扇儿君瑞莺莺，一扇儿越娘背灯，一扇儿煮海张生，一扇儿桃源仙子遇刘晨，一扇儿崔怀宝逢着薛琼琼，一扇儿谢天香改嫁柳耆卿，一扇儿刘盼盼昧杀八官人。哎天公天公！教他对对成，偏俺合孤另？

——（元）无名氏：〔中吕·十二月带尧民歌〕

这篇带过曲的前六句是〔十二月〕，后七句则是〔尧民歌〕。可以看出，它是用两支可以独立的曲子来写一个不可分割的内容的。

集曲是小令在南曲中的一个变种。和带过曲是以几支整个的曲调联结起来不同，集曲是在若干支音律可以互相配合的曲调中各取其中几句而集合成为一个新的曲调。每一支曲子都有其特别好听的地方。截取每支曲子的精彩片段而构成一支新曲，如果配合得宜，自然就更加好听。元人还没有以南曲来写散曲的，所以这种办法只通行于明、清以来。例如：

东风转岁华，院院烧灯罢。陌上清明，细雨纷纷下。天涯荡子心，尽思家。只见人归不见他。合欢未久难抛舍，追悔从前一念差。伤情处，恹恹独坐小窗纱。只见片片桃花，阵阵杨花，飞过了秋千架。

——（明）祝允明：〔南商调·金络索〕（《春词》）

这是一篇由六个不同的调子集成的新曲。第一句到第五句出于〔金梧桐〕，第六句到第八句出于〔东瓯令〕，第九句出于〔针线箱〕，第十句出于〔解三酲〕，第十一句出于〔懒画眉〕，末三句出于〔寄生子〕。

此外，将同一小令的曲调，一再重复的运用，使其所写内容成为一组诗，名为重头。这在南北曲中，是都有的。如《雍熙乐府》所载〔小桃红〕（《西厢百咏》），又名《摘翠百咏小春秋》，以小令百篇，描写了一部完整的崔、张故事，就是最著名的重头曲之一。

套数的构成，一般须具备三个条件：首先，至少要有两支宫调相同（或宫调虽异而曲调的管色相同）的曲子，才能成为一个套数，其次，套数所用的曲调，多少不等，因此每套的长短也不等，但最后要加上一个尾声，以表示这个组曲的终结。最后，无例外地，全套必须同一韵脚。这种乐曲构成法，事实上，在宋代已经出现，赚词和诸宫调就都是这样的。当北曲和南曲由于全中国在蒙古政权下统一而发生接触以后，人们又将若干支北曲和若干支南曲联系起来，成为南北合套。因此，套数从音乐方面来说，就有北套、南套和南北合套之分。套数的构成，即套中各曲的次序，根据音乐的要求，也有其一定的规律。①

13 世纪中叶到 14 世纪后期，乃是散曲的全盛时代。这一种为人民所新创造出来的歌词和诗体，在当时被各阶层的人普遍地爱好着。运用这种生气勃勃的新样式来写作的，有达官贵人，也有伶工妓女；有汉人，也有蒙古、畏吾等族人。现在姓名还能为我们所考知的作家，在这短短的一百多年当中，就有 220 多位。由于前人视为小道，不加重视，散曲亡佚很多。但现存的作品仍然相当丰富，不失为那个时代的一面相当清晰的镜子。

四、元代文学的主流是杂剧和戏文

杂剧和戏文是元代两个主要的剧种。杂剧以北曲歌唱，它在元时由北而南，流行全国。戏文以南曲歌唱，它主要仍然只风行于南方。

---

①　参见蔡莹《元曲联套述例》，收入赵景深《南曲联套述例》，载《文艺复兴》1949年“中国文学研究专号”。

在唱词的语音、伴奏的音乐、风格、结构诸方面，杂剧和戏文都是存在着差别的，因此它们是在中国人民所生活的土壤中，依据某些相同的和不同的条件而产生的两个既有其相同之点，又有其相异之点的独立的剧种。

作为具有全能性质的歌舞剧，它们都吸收了当时以及前代流行的许多声乐伎艺来充实自己，因而逐步形成这种更高级的综合艺术，这我们在叙述宋代民间流行的各种声乐伎艺时，已经比较详细地加以说明。如果进一步将一些零星材料集合起来，就更可以看出，宋、元时代，特别是元代的戏剧，虽然脱颖而出，为时不久，也已经很有规模了。

从搬演方面来说，则宋、元以来，大都市的瓦舍中已经有了固定的剧场，称为“勾阑(构肆)”。勾阑先是用棚搭起来的，其后渐成为固定的建筑物。其中演戏的地方称为戏台(乐台)，后台则称为戏房。又有称为神楼和腰棚的地方，则是看客所在地。最大的勾阑，可以容纳几千人。这时，不仅职业性的男女演员存在了，而且在表演上，也有了分工。演员通称路妓，也有着行院、散乐等异称。他们除了本名以外，往往还有乐名(即艺名)，在表演时，则以乐名和观众相见，扮演着末、旦、净、丑等脚色。演员们组成的戏团，或者固定地在某地的勾阑中演出，称为做场(作场、做排场、敷演)；或者游行各地，作流动性的演出，称为打野呵。在做场的前一天，他们贴出招子，向观众预告剧目和演员。招子是彩色的，所以也称为花招儿。称为砌末的道具，称为行头的服装，伴奏的音乐，配合剧情的效果，也都已具备。演员的打扮，称为梳裹。如何梳裹，也都有具体规定，称为穿关。① 在元代，还出现了以某种特殊修养提高了戏剧艺术因而驰名勾阑的艺人，如陶宗仪《辍耕录》所载：“教坊色长魏、武、刘三人，鼎新编辑。魏长于念诵，武长于筋斗，刘长于科泛。至今乐人皆宗之。”即其一例。这些情况告诉我们，现在还为人民所热爱的古典戏曲的某些传统组织形式和表演规范，宋、元时代就已初步奠定。

但从文学史的角度来说，则更重要的还在于戏剧文学的发达。可以想象得到，当这种新的文艺样式最初在民间被创造出来的时候，写作剧本

---

① 《孤本元明杂剧》于卷末列剧中人物“穿关”甚详。

的人往往就是组织表演和担任表演的人，即所谓倡优之流。有的戏剧作家如载在《录鬼簿》中的赵文殷、张国宾、红字李二、花李郎等人，固然很明显的是倡优，就是写了许多杂剧和戏文而名字却没有流传下来的作家中间，也很可能有这一类的人物。他们不仅是表演艺术的奠基者，同时也是戏剧文学的奠基者。再进一步，才有文士们参加剧本的写作。当时的剧作家习惯地被称为才人。才人就是有文才的人，但那时又用来和名公对称，用以表示作家社会地位的高下。名公指的是达官贵人，在剧作家中是极少的。才人则指文才虽然秀异，地位却较低微的人。其中包括低级官吏、前代遗民、学生、离人、医生等，有姓名的倡优作家也在其内。这些人乃是剧作家的中坚分子。现在传世的杰作，大都出于他们之手。

那时，北方的大都、南方的杭州和永嘉等地，都有一种称为书会的文艺团体，如武林书会、九山书会等。各种通俗文学的作家往往是书会的成员。因此，书会就常以剧本供给剧团。在有些剧本前面，并署有书会或才人编撰字样，雕版印刷在当时已经通行，剧本脱稿后，就可以出版，而其出版中心也正是戏剧艺术的中心——大都和杭州。

在才人的努力和书会的推动下，不论杂剧或戏文，收获都是丰富的。杂剧有名目可考的达 530 余种，现存的全本约 170 种。戏文有名目可考的达 160 余种，现存的全本 10 余种(但其中多数已经明人改动)。两相比较，则杂剧的成绩，无论就质量或数量上说，又都比戏文为好。

上述戏剧事业的进步和杂剧、戏文在这一历史时期中成就的差异，都是有其社会原因的。

戏剧，作为一种面向观众的综合艺术，需要有比较丰富的物质基础，是不待言的。杂剧发源于金代。在金代后期，恰有一个社会比较安定因而都市比较繁荣的时期。戏文虽然在北宋末年就出现了，但真正流行起来，却是南宋时代的事；而南宋，虽然处在偏安局面之下，其社会经济，特别是都市商品经济仍然有很大的发展。到了元代统一之后，大都市的畸形繁荣超越前代，又更其充实地提供了戏剧事业所需要的物质基础。杂剧的重心最早在金、元的京城(燕京，即大都)；戏文的重心最早是在南宋国际贸易的大都市永嘉；随着元代政权统一全国，杂剧南来，中国东部的大都市、南宋的京城临安又成了这两个剧种的接触点和汇合点，显见得都不是偶然的。

城市平民诸阶层在数量上的不断扩大，使勾阑有经常拥有大量观众的可能。金、元之际的作家杜仁杰曾写过一套题为《庄家不识勾阑》的散套〔般涉调·耍孩儿〕。它是以市民的眼光来嘲笑初次走进戏场的农民的。（顺便指出：这套曲子给我们提供了宝贵的戏剧史料，尽管是一个以嘲笑纯朴的劳动人民，嘲笑社会中被压迫的小人物为主题的作品，其创作动机是不大好的。在元人散曲中，有不少这类的作品，其所反映的正是一种不良的风习和低级趣味，应予以指出。）这可以证明农民对于都市中的剧场，一般是绝缘的，而市民才是它的支持者。当然，市民的成分是很复杂的，但作为其主体的，则是手工业者、小贩以及其他被剥削、受压迫的普通百姓。他们的要求和愿望不能不在很大的程度上支配着剧作家的创作倾向。以自己的艺术来充实人民所喜闻乐见的通俗形式，并从而反映出他们对于生活的合理愿望，使得宋、金到元代的戏剧事业稳固地植根于人民大众的土壤中，终于开放了芳香扑鼻的花朵。

统治阶级对这种新兴艺术自始就采取了既限制又利用的政策，企图使它为自己服务。他们要娱乐，也要维持自己阶级的尊严，就往往以“唤官身”的方式征发艺人到自己的衙门或府第中演唱。某些作家和演员为了迎合他们的趣味，自然不能不产生一些并不完全符合于人民要求的剧本和表演。此外，在宋、金、元时代的宫廷中，也经常演出戏剧。帝王们对于符合于他们统治利益的作品，也是不惜假以颜色的。如元代诗人杨维桢的《宫词》所写：“尸谏灵公演传奇，一朝传到九重知。奉宣赍与中书省，诸路都教唱此词。”①就是一个显著的例子。统治阶级需要娱乐，也注意到文学作品在政治思想上的潜移默化作用，从而提倡符合于其利益的戏剧，这对戏剧事业的发展，是起了两种相反的作用的。在某些方面，它鼓励了创作和演出；而在另外一些方面，又使得部分作品的思想内容和美学表现屈从于他们的要求。

---

① 此诗一说是明初贵族朱有燉作。

但更使我们看出在这一领域之内的斗争情况的，还是当时的一些禁令。明人祝允明说："南戏出于宣和之后，南渡之际，谓之温州杂剧。予见旧牒，其时有赵闳夫榜禁，颇述名目，如《赵贞女蔡二郎》等，亦不甚多。"①这一史料告诉了我们，戏文自始就因为它谴责了如蔡二郎那种负心汉，歌颂了如赵贞女那种忠诚纯朴的女性，而在萌芽时期就遭到了统治者的嫉恨，对于此类不多的剧目，也出榜加以禁止。到了元代，禁令就更严厉而具体了。如《元典章》中就规定，凡是用"无形匿名文字"（当然也包括文艺作品在内）来攻击别人（当然是指高踞在人民头上的统治者）的，"写的轻呵，将本人流，他的媳妇、孩儿断与拿住的人，更赏钱五十锭。若是写得重呵，将本人敲了，将他媳妇、孩儿断与拿住的人，更赏钱一百锭"。《元史·刑法志》则更其明白地规定："诸乱制词曲为讥议者，流。""诸妄撰词曲诬人以犯上恶言者，处死。"统治者颁布这些横暴野蛮的法律的动机，显然是希望能够促使反映人民思想感情的剧作家撤出战斗，从而让他们更方便地统治人民。但是他们的希望落了空。作家们并没有停止其战斗，而且战斗得更巧妙了。②

在杂剧和戏文中，特别是在全本保存得较多的杂剧中，我们可以看到一个极普遍的现象，那就是：剧本中所反映的分明是当代的生活，剧中人物却被穿戴上了古代的衣冠。作家们所创造的人物以及这些人物的思想感情、生活态度，分明都是属于作家所生活的那个特定时代的，然而剧本却总是以历史剧的形式出现。将当代的现实生活通过古代的人物形象表达出来，甚至从宋、元时代起，就形成了一个根深蒂固的传统。自然，这个现象的产生，和另外一些因素，例如作家们喜欢利用在观众中已经有深远影响和良好印象的古老题材从事再创造，是有关系的。但更其基本的原因，却是在那个时代，直接地反映现代生活，乃是一条可以使自己随时遭到充军或杀头的危险的道路。结果，他们就只有"陈古以刺今"，使自己的战斗合法化。

---

① 参见《猥谈》，载陶珽编《说郛三种》四十二卷本第四十二卷，上海古籍出版社1988年版，第2099页。

② 其实元代作家的创作活动，是较为自由的，未见有文字狱祸。

书会才人之所以具有这种坚韧的战斗意志和巧妙的战斗策略，是广大人民对他们用生活进行了教育，而他们则接受了这种教育的结果。王国维说："元初，名臣中有作小令、套数者，唯杂剧之作者，大抵布衣；否则为省掾、令史之属。蒙古、色目人中亦有作小令、套数者，而作杂剧者，则唯汉人（其中唯李直夫为女真人）。盖自金末重吏，自掾史出身者，其任用反优于科目。至蒙古灭金，而科目之废，垂八十年……故文章之士，非刀笔吏无以进身，则杂剧家则多为掾史，固自不足怪也。"①这一段话，很扼要地指出了元代戏剧作家的阶级意识和民族意识产生的基础。由于他们都是汉人，蒙古贵族的种族歧视政策减少了他们向统治者靠拢的可能性，其黑暗统治也使他们容易清醒地注视现实，他们就很自然地以平民或小吏的身份，和广大人民共同分担着异族政权和大官僚地主阶级所加于大家的压迫，和广大人民有了思想感情上的共鸣。元代戏剧之所以能够继承宋、金时代而有所发展，之所以出现了大量的富于积极意义的作品，是可以从这里获得最基本的解释的。王国维在这里论及的虽然只是杂剧作家，但他所提出的理由，对戏文作家也同样适用。从戏文的作者绝大多数连姓名都没有流传下来这一点来看，他们的社会地位决不会比杂剧作家们更高一些。

当然，在估计到这些出身低微的作家的进步性时，我们也不能忽略了他们的弱点和缺点。统治阶级所加于他们的不良影响和市民阶层所固有的某些庸俗感情和消极思想，并不是在剧本中没有得到反映的。进步的和落后的、积极的和消极的东西，不仅常常统一在一个作家身上，而且也往往统一在一个作品里。这，就要我们善于区别对待。

戏文的出现，比杂剧更古，但在元代，数量多而质量高的剧本，反而是杂剧，不是戏文。杂剧乃是当时最有代表性的剧种。这一现象，应当怎样解释，徐渭的《南词叙录》是给了我们一些启示的。他说："元初，北方杂剧流入南徼，一时靡然向风，宋辞遂绝，而南戏亦衰。顺帝朝②，忽又亲南而

---

① 王国维《宋元戏曲史》，上海古籍出版社 1998 年版，第 77 页。

② 元顺帝妥懽帖睦尔，1333 年至 1368 年在位。

疏北。作者猬兴,语多鄙①下,不若北之有名人题咏也。"从这一记录可以看出几点。首先,虽然杂剧的产生和流行与金、元异族统治并无任何内在的必然联系,但它却随着蒙古人的势力传到了南方,因此也在一个较长时期内流行全国,而戏文则在杂剧盛行之下,受到了一定程度的抑制。其次,因为元代灭金以后,就将科举停止多年,在客观上使得许多有思想水平和艺术才能的作家能够有机会接近人民生活和从事通俗文艺创作,即使得杂剧有"名人题咏";而在南方,则直到宋亡,并没有这种情况,这在客观上也就减少了有才能的人参加戏文创作的可能性。在1279年以后,南方和北方的读书人虽然陷入了同样的命运,但杂剧却比戏文约早半个世纪就得到了作家的关注,水平已经远远超过戏文了。再其次,必须指出,在元代,戏文只是不及杂剧那么有成绩,但在南方人民的爱好和支持之下,它也还是相当流行的。一百多种剧目(据钱南扬《宋元戏文辑佚》为119种"有佚文者",总数167本)固然可以作为证明,就是钟嗣成《录鬼簿》中关于杭州作家萧德祥"凡古文俱隐括为南曲,街市盛行,又有南曲戏文"的记载,雪蓑渔隐《青楼集》中关于当时妓女龙楼景、丹墀秀"专工南戏"的记载,也同样可以证明。杂剧虽然在14世纪30年代以前风行全国,但到了元顺帝朝,即蒙古贵族所建立的帝国趋于崩溃的时代,戏文却又发展了起来,这在某种限度之内,也反映了当时种族斗争力量的消长。因为北曲和南曲虽然是属于艺术范畴的概念,但北方和南方在当时却久已属于政治地理范畴的概念了。这两个不同的范畴在实际生活中互相联系,就形成了在蒙古力量扩张的时代,北曲杂剧流行;而在它力量衰微的时代,南曲戏文转盛的现象。这,并不是偶然的和不可理解的。

作为两个虽有其共同的历史渊源,但又在某些不同的具体条件下发展起来的独立剧种,杂剧和戏文,除了音乐上的区别之外,还有其他的一些不同之处。其中主要的则有如下几点(见表一):

---

① 疑是尘字。

表一　杂剧与戏文之不同点

	杂剧(北曲)	戏文(南曲)
音阶	1 2 3 4 5 6 7 七 宫 商 角 变徵 徵 羽 变宫	1 2 3 5 6 五 宫 商 角 徵 羽
乐器	弦索	鼓板(箫笛)
格式	板式无一定	板式为乐句
衬字	多少不拘虚实通用	衬字宜少,须看板式而定
套数	一折一套同一宫调,一韵到底。联套谨严有一定格式。	同一宫调之中可以自行联缀,且可于不同曲牌中各摘取数句为集曲
折数	一本四折	不拘出数
剧首	楔子	家门
歌唱	每折只限一人唱	多人唱
动作	科	介
声韵	入声派入三声	四声
风格	劲切雄壮	清峭柔婉

在结构上,虽然杂剧的剧本原来并不分折,戏文的剧本也不分出,现在的区分只是元末和明代人替它们改动的,但仍然可以看出:一部杂剧的唱词一般是用四个套数组织起来的。每一套曲子,在实际上体现一幕戏的情节。因此,杂剧通常是四幕,明代人也就据以分为四折。如果四幕的安排还不能包括应有的情节,或不能使得幕与幕之间的情节联系起来的时候,那么,就再加上一个以一两支小令组成的楔子。它或者安放在第一幕的前面(相当于序幕),或者安放在幕与幕之间(作为过场戏),看需要而定。至于戏文,按照戏中情节,也可以区分为若干幕。这也提供了明人为它们分出,并依据情节,每出加上标题的依据。戏文的一幕(出)往往较杂剧的一幕(折)为短,但全文却往往长达三四十幕。因为不受篇幅的限制,所以戏文便没有用以补足或联系情节的楔子,但它却总是将第一幕用来表明创作意图并总述剧情的梗概。这,明代人称之为家门或提纲。

在唱法上,杂剧的每一套曲子照例是由主角一人唱到底的。即使是两或三个角色在剧中所占的地位同等重要,仍然只能由其中的一人歌唱,而其余的人则只能说白。戏文的唱法，则复杂得多。它可以由一人独唱，可以由二人同时并唱，或先后接唱，也可以在一支曲子中，先接唱再并唱。

在声律上，杂剧所唱的北曲，在每折(同时也就是每套)中，只能用一个宫调，只能一唱到底。而戏文所唱的南曲，则每出之中，各个原来属于不同宫调的乐曲，只要声调大体和谐就可以，因为戏文的音律具有这种很不严格的特征，所以在元代中叶，它和北曲接触时，便将北曲吸收进了它的系统，形成在一个剧本的某些部分之中，有南曲同时又有北曲的南北合腔。

在音乐和文词的风格上，北曲和南曲的区别也是显著的。魏际瑞对于这一点，曾作过比较详细的描写。他说："南曲如抽丝，北曲如轮枪。南曲如南风，北曲如北风。南曲如酒，北曲如水。南曲如六朝，北曲如汉魏。南曲自然者，如美人淡妆素服，文人羽扇纶巾；北曲自然者，如老僧世情物价，老农晴雨桑麻。南曲情连，北曲情断。南曲圆滑，北曲劲涩。南曲柳颤花摇，北曲水落石出。南曲如珠落玉盘，北曲如金戈铁马。北曲步步桥高，南曲层层转落。北曲枯折见媚，南曲宛转归正。北曲似粗而深厚，南曲似柔而筋节。北白似生似呆，南白贵温贵雅。"(见《伯子论文》)这些描写，既系通指音乐和文词而言，又是兼指戏曲和散曲而言的。

从上述各方面的差异看来，我们不妨说，北曲杂剧和南曲戏文是各有其特色的。音乐、文词的风格，代表着地方色彩，不应该也不能够强分优劣；但结构、唱法和声律上，则南曲戏文的限制显然较宽，更便于作家的创造。因此，北曲杂剧虽因"有名人题咏"和一些其他原因而称霸一时，到了明代，却不能不让位给以戏文为基础、吸收了杂剧的长处而形成的传奇和打破了那些严格规律的南杂剧了。

五、不要小觑元代话本、文言小说及诗文

戏剧和散曲所发射的光芒照耀着元代整个的文坛。话本在这个时期中虽然少有特别值得称道的作品，但是多种长篇平话的出现，对其后几部著名的章回小说如《三国志演义》、《水浒传》、《西游记》乃至《封神演义》、《东周列国志》等的孕育诞生，至关重要。文言小说的成就虽不如唐宋，但

也不容忽视，出现宋梅洞传奇体小说《娇红记》，就是一大奇迹，笔记体小说也不乏佳作。诗、词、散文这些古老的传统文学样式也仍然吸引着一批作家，虽然用这些形式来反映生活而取得突出成就的人，并不多见，但并不是说元代诗文微不足道。诗文是构成元代文学不可或缺的部分，而且有其鲜明的特色，就是伴随民族大融合而来的，涌现出一批汉文化修养较高的少数民族诗人。清康熙年间先后由张豫章、顾嗣立、习世臣等奉旨编次《元诗选》，入选诗人二千六百多人。元诗在中国诗史上的地位不可小觑。元代诗人为了扭转宋代“江西诗派”，特别是南宋末年“江湖诗派”、“四灵派”的不良诗风，提倡古体诗宗汉魏两晋、近体诗宗唐，取得成效。明代李东阳《怀麓堂诗话》评说：“宋诗深，却去唐远；元诗浅，去唐却近。顾元不可为法，所谓取法乎中，反得其下耳。”此评极为公允。元诗逊于曲，而胜于文和词。但元文具有很高的文献价值，为研究元代社会和文学提供可靠的文献资料。李修生先生主编《全元文》，意义重大。

第一章　伟大的戏曲家关汉卿

从比元好问（1190—1257）略晚的散曲家杜仁杰（1205—1285）所写的套数《庄家不识勾阑》中所说的“前截儿院本《调风月》，背后么末[①]敷衍《刘要和》”以及其他的一些证据看来，金代已经存在着杂剧这种文艺样式，是没有问题的。但现存的所有的杂剧剧本中，我们却找不到一部可以绝对确定为金人所写的作品。那些代表着杂剧萌芽时期的剧本，多半是因为成就不高而被时间淘汰了。

在金亡以后，南宋和元对峙的那段时间中，杂剧文学有了较大的发展。但13世纪之末、14世纪之初的前后四五十年，才是杂剧的极盛时代。白朴、关汉卿以及许多出生略后于他们的作家，都活跃在这个时期。

大致在进入14世纪以前，杂剧是以大都为其活动中心的。14世纪开始，重心渐渐南移杭州。在14世纪30年代以后，杂剧的创作开始衰落，但在散曲方面，却还出现了一些优秀的作家。

13、14世纪之交是元代统治比较稳定，因而都市也显得特别繁荣的时期，同时也是杂剧本身已经趋于成熟而戏文却还没有成为它的劲敌的时期，是许多有才能的作家在社会上对自己的仕途摸索了一阵之后，感到并没有出路，因而只好从事于戏剧创作的时期。这些条件，使得这几十年，特别是元成宗铁穆耳的元贞、大德时代（1295—1307），成为中国文学史上戏剧创作收获最丰富的时期之一。

---

① 么末是杂剧的别名。

在这许多曲家中,关汉卿和王实甫是最伟大的。

第一节　既放荡又严肃的作家

关于关汉卿的时代,自来存在着异说。有的人认为金亡时他已经成年,是金朝的遗民,有的人则认为他在金亡之后才出生,完全是元朝人。从杂剧这一文艺样式到了他和王实甫才达到峰顶来看,从他作品中有[大德歌]这一后出的曲牌来看,从他的作品并没有表现出遗民的情绪来看,更其主要地从他所来往的一些朋友例如王和卿、杨显之、梁进之、费君祥以及女伶朱帘秀的年代来看,都可以断定,他生于金末(1225?),金亡时尚不满 10 岁,故既无遗民意识,也无元朝人的使命感。卒于大德末年(1307?)。

根据现有的、较可据信的资料,我们大致可以说:关汉卿,号已斋叟,原籍祁州(今河北省安国县)。元明之际的朱右《元史补遗》则说他是解州(今山西运城地区)人,寄居大都最久,曾任太医院尹,也曾在汴梁住过,在南宋灭亡以后,并曾到过杭州,写有套曲《杭州景》。他约生于 13 世纪 20 年代而死于 14 世纪初。钟嗣成《录鬼簿》将他列于“前辈已死名公才人有所编传奇行于世者”的第一人,朱权《太和正音谱》称他是“初为杂剧之始,故卓以前列”。无疑他是元代最早的杂剧作家之一。

从关汉卿自己所遗留的作品和另外一些零星记载看来,他是一位放荡地消磨岁月,同时又严肃地注视人生的作家;是一个当时读书人在“功名梦断”之后,走上了和勾阑艺人相结合的道路的典型人物。在题为《不伏老》的那套〔南吕·一枝花〕散曲中,他描写了自己到老都没有改变沉溺冶游生活的心情。他自称为“普天下郎君领袖,盖世界浪子班头”,“是蒸不烂,煮不熟,槌不扁,炒不爆,响珰珰一粒铜豌豆”。又说:“我玩的是梁园月,饮的是东京酒,赏的是洛阳花,扳的是章台柳,我也会吟诗,会篆籀,会弹丝,会品竹,我也会唱鹧鸪,舞垂手,会打围,会蹴鞠,会围棋,会双陆。”在这些坦率的自白中,我们看到了他生活的一面,他熟悉风月场中的生活,并且喜爱这种生活,他精通各种技艺,并因此受到勾阑中人物的欢迎。从他的另一套〔南吕・一枝花〕《赠朱帘秀》散曲中，亦可见他与名伶朱帘秀的密切关系。借咏珠帘而赞美朱帘秀歌声之清脆浏亮、妆扮美丽而潇洒，舞态婀娜多姿。咏物而隐喻人，所咏之物与隐喻之人，若即若离，不即不离，咏物中饱含真情。从“十里扬州风物妍，出落着神仙”之句中，可见关汉卿和朱帘秀都曾在扬州。

以一个精通伎艺的老狎客的身份长期逗留在勾阑里，使关汉卿的生活也在很大程度上和艺人们打成了一片，于是他“至躬践排场，面敷粉墨，以为我家生活，偶倡优而不辞”。① 加以他所生活的年代，是杂剧趋于成熟的历史时期，他所长期生活的地方，又是戏剧事业的中心，这就构成了他成为“驱梨园领袖，总编修帅首，捻杂剧班头”②的一些条件，即成为一个合编剧、导演、演员于一身的大戏剧家的一些条件。

长期的放荡生活固然有助于关汉卿对于戏剧艺术的精通，但使得他成为一个大戏剧家的更主要的条件，则是由于他并没有将自己淹没在那种享乐生活里面，反之，却以其清醒的头脑和严肃的态度，敏锐地注视着、观察着这种生活及其当时社会生活中的许多其他方面。他透过一些社会现象，深刻而又宽广地发掘了它们的内在意义，揭示了当时的阶级矛盾和种族矛盾。关汉卿将放荡的私人生活和严肃的创作事业，在当时那种特定的历史条件下，在自己身上统一起来了。

关汉卿很可能是当时的书会才人之一，他的生活来源也许可能有赖于编剧，因此，作品也特别多，据今日所知，就在 60 种以上。现存元人杂剧被认为是他写的达 19 种，除了从文献记录和文辞风格诸方面可以断定不出于关汉卿之手的 5 种(《西厢记》第五本、《裴度还带》、《陈母教子》③、《五侯宴》、《单鞭夺槊》)而外，比较可靠地说，他传世的作品还有《窦娥

① 臧晋叔《元曲选序》之二，载《元曲选》第一册。中华书局 1958 年版，第 3 页。

② (明)贾仲名补《录鬼簿》关汉卿吊词，见马廉《录鬼簿新校注》，文学古籍刊行社 1957 年版，第 9 页。

③ 达案：宣扬儒家传统道德、希望通过科举制度显身扬名，正是关汉卿对当时蒙元统治者无视儒家传统道德、停止科举制度导致官场腐败、社会风气败坏极端不满的表现。该剧的思想意识与关汉卿其他剧本的思想倾向，具有内在的一致性。故我认为《陈母教子》的著作权，仍应归属关汉卿。

冤》、《救风尘》、《调风月》、《望江亭》、《金线池》、《拜月亭》、《谢天香》、《玉镜台》、《单刀会》、《西蜀梦》、《哭存孝》、《鲁斋郎》、《蝴蝶梦》、《绯衣梦》14种。不论从创作剧目或传世剧本来看,他作品的数量在元代剧作家中间,都是最丰富的。

关剧不仅数量丰富,质量也非常之高。他广泛地运用了现实生活和历史故事中的许多题材,从不同的角度,以不同的手法塑造了许多男女典型人物。在这些人物的悲欢离合当中,体现了自己对于人类的幸福生活、正义事业的渴望和对于一切阻碍人民获得这些的黑暗势力的抨击。在剧作中,关汉卿几乎没有流露他本来具有的消极思想和颓废感情。从其创作实践来看,这位剧作家确实是以恪遵写真实的原则为其创作的主要特色的。他的另一创作特色是在写剧本时利用了自己丰富的舞台经验,所以其作品一般都具有结构紧凑、排场妥帖、冲突尖锐等容易取得演出效果的优点,而不仅是以文词见长。

可以想象得到:即使是像关汉卿这样一个具有杰出才能的作家,当他单纯地为了糊口,而只好不断地从事写作的时候,也必然会产生出一些水平较低的作品来。他遗留的十多种作品中,有的显然不是精心刻意之作,正说明了这一情况。明初深通戏剧的贵族朱权所看到的关汉卿的创作,远比我们今天所能看到的为多。在看过大量的瑕瑜互见的关剧之后,他曾将关汉卿比作“琼筵醉客”,并说:“观其词语,乃可上可下之才。”(《太和正音谱》)这是不难理解的。当然,关汉卿列于世界上第一流的剧作家中都毫无逊色的地位,绝不因为存在着上述情况而有所贬损,也是很清楚的。

第二节 《窦娥冤》与《望江亭》

《感天动地窦娥冤》(下称《窦娥冤》)是关汉卿的代表作之一,也是中国古典戏剧中“列之于世界大悲剧中亦无愧色”①的杰作之一。

这个剧本写的是一位贫穷的读书人窦天章,借了高利贷者蔡婆二十

① 王国维《宋元戏曲史》,上海古籍出版社1998年版,第99页。

两银子，因为行的是一年之内就翻一倍的羊羔儿利，无法偿还，就只好将自己七岁的女儿窦娥抵给蔡婆做童养媳。窦娥成年后，和蔡婆的儿子成了亲，但不上两年，蔡婆的儿子就死了。有一次，蔡婆去向赛卢医讨债，债户还不出，竟要勒死债主。恰巧被张驴儿和他父亲撞见，便救了蔡婆。这父子两个，比赛卢医更其凶狠。他们恃恩搬进蔡婆家里，硬要霸婆媳两寡妇为妻，从而霸占蔡家的财产。窦娥坚决地拒绝了。张驴儿便想趁蔡婆害病时，先将其毒死，再来制服孤立无援的窦娥。哪知放下毒药的羊肚汤却误被张驴儿的父亲喝了，顿时身死。张驴儿于是又利用这个机会威吓这婆媳俩，仍然没有结果，便告了官。在楚州太守桃杌的严刑拷打之下，窦娥为了救无辜的婆婆就诬服了。她被判处了死刑。在临死之前，这个普通妇女发下三大誓愿，要求老天爷显现灵迹，来证明她的冤屈。居然，这些愿望都实现了。最后，由于窦娥托梦给做了廉访使的父亲，终于平反了这场冤狱，使罪人受到了公正的裁判。

剧作家当然没有指实这个杰作所反映的是元代的社会生活。但通过一些情节，关汉卿却揭示了蒙古贵族统治时期中国人的形形色色的生活和精神状态，从而揭示了那个令人憎恶的产生《窦娥冤》的环境。那是一个政府中充塞着贪污而又昏暴的官吏的时代；是一个统治阶级对一切敢于反抗黑暗势力的人民毫无忌惮地加以镇压的时代；是一个善良的读书人走投无路以至于要鬻儿卖女的时代；是一个普通人民在黑暗的洪流中，为了使自己生活下去，有时便也不能不放高利贷的时代；是一个恶棍横行，可以随意杀人或霸占良家妇女的时代；当然，也是一个人民为了反对上述一切现象而不断地进行着斗争的时代。窦娥和张驴儿、桃杌太守之间的悲剧性冲突，正是从元代蒙古贵族封建统治的典型环境之中产生，反过来，又以这个闪耀着光芒的尖锐冲突，照亮了那个时代的黑暗。

窦娥是剧本中最主要的人物。通过她苦难的人生道路，关汉卿展示了封建社会中人民长期被压迫的命运及其强烈的反抗情绪。窦娥是一个力图从命运的拨弄中挣扎出来，按照自己的意志生活，终于为这一正常的愿望而牺牲了的普通妇女。这个苦命的女孩子，在 7 岁上就被钟爱她的父亲万般无奈地卖给了一个高利贷者做童养媳。17岁上，她结了婚；19岁，就做了寡妇。剧本中省略了对于她做寡妇以前的这一段生活的描写。从剧情上看，她们婆媳之间也还处得不算坏。但无论怎样，她仍是在贫穷的挤压之下，丧失了自己幸福的童年和正常的亲子之爱，也被迫放弃了那时节一般妇女已经有可能争取的婚姻自由的权利。可以想象得到，窦娥正面表现在剧本中的坚强反抗性格，就是在那种令人不愉快的、暗淡凄苦的环境中锻炼出来的。高明的戏剧大师关汉卿既没有将不必要的东西搬上舞台，也没有因为这种省略而使人物性格的发展成为不可理解。作者巧妙地安排了窦娥独抒心曲的场面：

> 窦娥也，你这命好苦也呵！（唱）
>
> 〔仙吕·点绛唇〕满腹闲愁，数年禁受，天知否？天若是知我情由，怕不待和天瘦。
>
> 〔混江龙〕则问那黄昏白昼，两般儿忘餐废寝几时休？大都来昨宵梦里，和着这今朝心头。催人泪的是锦烂漫花枝横绣闼，断人肠的是剔团圞月色挂妆楼。长则是急煎煎按不住意中焦，闷沉沉展不彻眉间皱。越觉的情怀冗冗，心绪悠悠。
>
> （云）似这等忧愁，不知几时是了也呵！（唱）
>
> 〔油葫芦〕莫不是八字儿该载着一世忧，谁似我无尽头。须知道人心不似水长流。我从三岁母亲身亡后，到七岁与父分离久，嫁的个同住人，他可又拔着短筹；撇的俺婆妇每都把空房守，端的个有谁问，有谁偢？
>
> 〔天下乐〕莫不是前世里烧香不到头，今也波生招祸尤，劝今人早将来世修。我将这婆侍养，我将这服孝守，我言词须应口。

这是非常典型的我国封建社会的妇女。她是那么善良柔顺，安分守己；尽管现实的命运与自己的理想是多么的矛盾，但她仍然默默地生活下去，把青春的火焰蕴藏在心底、煎熬着自己。她的唯一愿望，就是和婆婆平静地过日子。可是在那野蛮混乱的社会里，善良的人民，尤其像窦娥她们这样无依无靠的寡妇，往往会受到邪恶势力的欺凌，遭到各种意想不到的灾难。

好像瘟神突然降临似的，张驴儿父子闯进了她们家里，卷起了意外的风波。

在和蔡婆的关系上，和张驴儿以及桃杌太守的不可调和的冲突中，窦娥显示了她善良、正直而又坚强的性格。蔡婆并不是一个反面人物，虽然她的行为并不值得称赞。在那个被黑暗统治压迫得喘不过气来的时代里，有的人甚至如果不随波逐流地干一些罪恶勾当，就无法生存。蔡婆便是在这种情形之下，成为一个高利贷者的。她对窦天章的行为——将他女儿要去抵债，显得有些厉害；但当她遇赛卢医、张驴儿时，则显得十分软弱，呈露了一个孤苦伶仃的老寡妇的狼狈相；而她和窦娥的相处，始终维持着一种封建家庭中的正常伦理关系，又显得颇为善良。窦娥和她的矛盾，并不存在于别的方面，而只是存在于对张驴儿父子的态度上。为了要活下去，只好在恶势力面前低头，这便是蔡婆的人生观；而窦娥则与此相反，以抗恶作为自己生存的手段。这是婆媳之间存在的主要矛盾。可是在张驴儿诬陷她们以后，这两代寡妇相依为命的关系却是更主要的了。桃杌太守"千般拷打，万种凌逼，一仗下，一道血，一层皮"的酷刑①并没有使窦娥诬服，使她诬服的，却反而是她怕蔡婆继她之后，再受严刑。她连忙喊："住，住，住！休打我婆婆，情愿我招了吧。是我药死公公来！"因为她知道婆婆也是无辜的，而昏庸暴虐的州官，为了逼取口供，却要把难以忍受的酷刑，强加到这个无辜的老婆婆身上。窦娥为了救她的婆婆，宁愿牺牲自己的生命，担当起"莫须有"的罪名。在绑赴刑场时，窦娥是"前街里去心怀恨，后街里去死无冤"②，"怕则怕前街里被我婆婆见"③。而蔡婆却偏在这个时候上了场。从这些情节，都可以看出，关汉卿并没有吝惜给蔡婆这样可怜又可嫌的人物以同情，而窦娥这种甘愿牺牲自己来保全另外一个无辜者的善良性格，则在这种对比、陪衬之下，显得更其突出了。

---

① 第二折〔感皇恩〕。

② 第三折〔倘秀才〕。

③ 第三折〔叨叨令〕。

张驴儿和桃杌太守，在剧作中是以人民的敌人的面貌出现的。窦娥和他们的斗争，也就是人民和黑暗势力的斗争。对于恶棍张驴儿父子，窦娥始终是以憎恶、鄙视的态度来抗拒他们的，虽然由于蔡婆的软弱，她不能不和他们住在一个屋檐下。因此，当张驴儿误将自己的父亲毒死，蔡婆竟然啼哭的时候，她就忍不住以带着讥讽的口吻劝告自己一向尊敬的长辈："这不是你那从小儿年纪指脚的夫妻。我其实不关亲，无半点恓惶泪。休得要心如醉，意似痴，便这等嗟嗟怨怨，哭哭啼啼。"①而当张驴儿借此讹诈时，她更是理直气壮地驳斥道："这厮搬调咱老母收留你。自药死亲爷待要唬吓谁？"②在这些地方，作家告诉了他的观众和读者，窦娥虽处在复杂的家庭环境和牵入紧张的人命案件中，却仍然保持着清醒的是非感和凛然不可犯的神态。这就使得窦娥和张驴儿的冲突尖锐化，并很自然地过渡到她和桃杌太守的冲突，而她的斗争也由反对封建统治所包庇的黑恶势力，演变为直接反对封建统治所加于她的迫害。

关汉卿以漫画式的手法，寥寥几笔，就勾画出了这位太守的嘴脸。

> （净扮孤引祗候上，诗云：）我做官人胜别人，告状来的要金银；若是上司当刷卷，在家推病不出门。下官楚州太守桃杌是也。今早升厅坐衙，左右，喝撺厢。（祗候吆喝科。）（张驴儿拖正旦、卜儿上，云：）告状告状。（祗候云：）拿过来。（做跪见，孤亦跪科，云：）请起。（祗候云：）相公，他是告状的，怎生跪着他？（孤云：）你不知道，但来告状的，就是我衣食父母。

这位以告状的为"衣食父母"的官吏，他是怎样审案的呢？作家接着补充地说明了他的看法："人是贱虫，不打不招。"窦娥和这个既贪且暴的官吏面对面的冲突，便体现了她坚强的反抗性格，导致了这个具有美丽灵魂的女性肉体的毁灭，精神的永生，从而达到了悲剧的顶点。

---

① 第二折〔斗蛤蟆〕。
② 第二折〔隔尾〕。

窦娥的冤苦和悲愤集中地表现在她被处死以前所发的三大誓愿里。

（正旦跪科。）（刽子开枷科。）（正旦云：）窦娥告监斩大人，有一事肯依窦娥，便死而无怨。（监斩官云：）你有什么事，你说。（正旦云：）要一领净席，等我窦娥站立；又要丈二白练，挂在旗枪上，若是我窦娥委实冤枉，刀过处头落，一腔热血休半点儿沾在地下，都飞在白练上者。（监斩官云：）这个就依你，不打甚么紧。（刽子做取席，站科，又取白练挂旗上科。）（正旦唱：）

〔耍孩儿〕不是我窦娥罚下这等无头愿，委实的冤情不浅。若没些儿灵圣与世人传，也不见得湛湛青天。我不要半星热血红尘洒，都只在八尺旗枪素练悬。等他四下里皆瞧见，这就是咱苌弘化碧，望帝啼鹃。

〔刽子云：〕你还有甚的说话，此时不对监斩大人说，几时说那？（正旦再跪科，云）大人，如今是三伏天道，若窦娥委实冤枉，身死之后，天降三尺瑞雪，遮掩了窦娥尸首。（监斩官云：）这等三伏天道，你便有冲天的怨气，也召不得一片雪来，可不胡说！（正旦唱：）

〔二煞〕你道是暑气暄，不是那下雪天；岂不闻飞霜六月因邹衍？若果有一腔怨气喷如火，定要感得六出冰花滚似棉，免着我尸骸现；要什么素车白马，断送出古陌荒阡？

（正旦再跪科，云）大人，我窦娥死的委实冤枉，从今以后，着这楚州亢旱三年。（监斩官云：）打嘴！那有这等说话！（正旦唱：）

〔一煞〕你道是天公不可期，人心不可怜，不知皇天也肯从人愿。做甚么三年不见甘霖降？也只为东海曾经孝妇冤。如今轮到你山阳县。这都是官吏每无心正法，使百姓有口难言。

（刽子做磨旗科，云）怎么这一会儿天色阴了也？（内做风科，刽子云）好冷风也！（正旦唱：）

〔煞尾〕浮云为我阴，悲风为我旋，三桩儿誓愿明题遍。（做哭科，云）婆婆也，直等待雪飞六月，亢旱三年呵，（唱：）那其间才把你个屈死的冤魂这窦娥显。

剧本是以窦娥的誓愿全部应验,她的父亲为她平反了这场奇冤而结束的。很显然,现实生活中不可能出现那些灵迹,在那个历史时代,公正的、关心人民疾苦的官吏也稀少得有如凤毛麟角,但这一带有幻想的结局,却如实地表达了广大人民百折不挠的斗争意志和追求美好生活的正常愿望。通过这些从表面上看来是不可能的和罕有的情节,关汉卿向人民宣布了:胜利最后必然属于正义的一方。它和剧本中另外一些揭露黑暗现实的部分,是同样真实的。

塑造了一个像窦娥这样的善良正直的、富于牺牲精神的、坚强不屈的形象,丰富而生动地将生活在那个历史时代的普通妇女的优美心灵展示在我们面前,乃是关汉卿的最大的成功。同时,通过窦娥的优秀品格以及她的不幸遭遇,作家也揭露了那个时代的黑暗统治。此外,剧本还比较广泛地暴露了一些社会矛盾面,例如,它不仅显示了善良的人民在恶势力包围下走投无路的命运,而且也显示了高利贷者、流氓、恶棍和贪污昏暴的官吏彼此之间如何基本上互相依存,有时候又必然地互相吞噬的情况。这,也正显出了作家目光四射,洞见幽隐的才力。

除了窦娥临刑时罚下的"三大誓愿"都兑现外,在第四折还出现她的鬼魂告状。整个古代,几乎大多数人都相信人死后会变鬼,这是传统文化中较为普遍的观念,因此,在剧本中出现鬼魂形象不足为奇,莎士比亚的悲剧中也有鬼魂形象。在元人杂剧中,除《窦娥冤》以外,出现鬼魂告状场面的戏有好几个,例如《生金阁》、《盆儿鬼》、《朱砂担》、《冯玉兰》、《神奴儿》、《冤家债主》等,其共同特点是:鬼魂伸冤报仇,与冤狱公案密切相关,这是元代黑暗吏治的反映。人民衔冤负屈,无法申诉,于是就把复仇的希望,寄托于虚幻的鬼魂伸冤,而这又往往跟包公一类的清官理狱联系在一起。具体到窦娥的鬼魂形象,就其报仇雪恨的精神来说,正是她生前反抗精神的继续。它出现在审判仇人张驴儿的庄严时刻,与张驴儿当面对证,亲自辩明自己的冤枉,喊出"便万剐了乔才,还道报冤仇不畅怀"的复仇呼声,并揭穿"衙门从古向南开,就中无个不冤哉"的黑暗吏治。最后,终于洗雪了冤仇,伸张了正义,给予邪恶势力以严厉的制裁,符合当时人民的愿望。至于通过做了高官的父亲来达到伸冤报仇的目的,固然具有很大的偶然性，毕竟反映了当时人民美妙的幻想。作为一份文学遗产，鬼魂形象仍然有存在的价值，与“三大誓愿”立即显验一样，可以了解古代人们的精神状态；从表演艺术上来说，也有其审美价值。本剧当是关汉卿晚年之作，元朝至元二十八年(1291)始改“提刑按察使”为“肃政廉访使”，剧中窦天章以“肃政廉访使”官衔出巡，足以证明该剧创作时期。

《望江亭中秋切鲙旦》(下称《望江亭》)也是一个以妇女反迫害为主题的剧本。它的主角谭记儿，原是一个寡妇，后来嫁给了潭州官吏白士中为妻。“权豪势宦”杨衙内为了要抢夺她作妾，便向朝廷请了势剑金牌，要去取白士中的首级。这个消息却被白氏夫妇事先知道了。谭记儿便化妆成一位渔妇，在望江亭为杨衙内切鲙，乘机偷了他的势剑金牌，因而击败了杨衙内的阴谋，保障了自己的幸福生活。这个剧本的主题，与其说是歌颂了谭、白之间的爱情，还不如说是歌颂了普通妇女为了捍卫自己的正常家庭生活而进行的正义斗争，所以它和《窦娥冤》的主题是接近的。不过作家在《窦娥冤》中，着重地描写了窦娥的坚强，在《望江亭》中，则着重地描写了谭记儿的机智。

谭记儿的一言一动都深深地烙下了她的命运和与这命运作斗争而形成的性格的印记。她原是一位学士的妾，丈夫死后，漂泊无依，自然希望再嫁一位能够托以终身的人。清安观的白道姑将她介绍给自己的侄儿白士中，对于她来说，是一门好亲事。但是她却只是在白道姑的勉强之下，方才应允，这就保全了自己的身份，使自己的再嫁不致为后夫和长亲所轻贱。她巧妙地避免了自己对于这次婚姻的表面上的主动，却以被动的形式争取了主动。

结婚以后，他们的生活是美满的，但谭记儿始终不能不顾虑到自己可能被丈夫轻视的出身和白士中家中还另有前妻这个事实(因为这在当时是不足为奇的事)。所以当白士中接到母亲的信，知道了杨衙内的阴谋，因而发愁的时候，她就立刻猜疑是丈夫的前妻寄下信来，唱出了“弃旧的委实难，迎新的终容易……你休等的我恩断义绝，眉南面北，恁时节水尽鹅飞”①这

---

① 第二折〔普天乐〕。

种充满妒忌的言语。只有当白士中声明“不敢欺心”，并接着对她公开了这些秘密时，她才毅然地反问：“原来为这般，相公，你怕做什么?”①这也就是：在她知道了这个家庭是值得保卫的时候，她就决定出来英勇地加以保卫了。

只有出身姬妾，有着比较丰富的人生经历像谭记儿这样的人才能够说出“我呵，怕甚么天翻地覆，就顺着他雨约云期”②的话，才敢于冒险的同时是有把握地使用这条美人计。当杨衙内已经进入了她摆的迷魂阵，把要杀白士中的阴谋也告诉了她，并且一定要娶她做二夫人时，谭记儿唱道：

> 不是我夸贞烈，也不曾和个人儿热。我丑则丑，刁决古憋，不由我见官人便心邪。我也立不的志节。官人你救黎民为人须为彻，拿滥官杀人须见血。我呵只为你这眼去眉来，使不着我那冰清玉洁。
>
> ——〔鬼三台〕

不能不承认，这种拿班做势，拍马吹牛，故作多情的伪装都是很高明的。邪恶的杨衙内，虽然一贯地仗势欺人，但当遇到这样一个精明能干的对手时，终于不能不陷入泥坑，一败涂地，使得人心大快。

这一个喜剧歌颂了人民的足以保全自己的智慧，描写了人民反迫害斗争的一种特殊形式。谭记儿机灵、复杂的性格是使人难以忘怀的。

第三节　《救风尘》与《调风月》

关汉卿是一位了不起的女性形象雕塑家。他传世剧本中的主要人物，大多数是女子，而且是具有各式各样不同出身和性格的女子。他所写的妇女反迫害斗争，我们已经叙述过了，在婚姻和爱情的主题上，他还花

① 第二折。见〔普天乐〕曲后的对白。

② 第二折〔十二月〕。

过更多的笔墨。这类作品中的代表作，乃是《赵盼儿风月救风尘》（下简称《救风尘》）。

《救风尘》写的是周同知的儿子周舍、秀才安秀实和妓女宋引章[①]之间的恋爱纠纷，而剧本的主角却是引章的好友另一妓女赵盼儿。当有钱有势而又性情狡诈的周舍和贫穷而又善良的安秀实都要娶宋引章时，引章被一些表面现象所迷惑，竟然不顾母亲和赵盼儿的劝告，选择了周舍。刚进得门，就挨了五十下杀威棒。引章后悔不迭，向盼儿求救。盼儿便从汴京来到郑州周舍住处，假意要倒贴妆奁，嫁给周舍。好色贪财的周舍在这种引诱之下，才打破了他对小老婆"则有打死的，无有买休卖休的"[②]惯例，给了宋引章一纸休书。在引章得到休书以后，盼儿便不再承认她曾经答应嫁给周舍这回事，结果周舍便变成"尖担两头脱"了。后来见了官，赵盼儿又挺身出来为安秀实、宋引章作证，说他们原有婚嫁之约，栽了周舍一个强夺人妻的罪名，安秀实夫妻才得完聚。

关汉卿以清醒的头脑长期地在花街柳巷生活，不仅非常理解那些被人践踏的妇女，也非常同情甚至尊敬她们。因而在他的笔下，就决不吝惜赋予她们以高贵的感情和超凡的智慧。这样，也只是这样，剧本才有了像赵盼儿这种出色的典型形象。赵盼儿不是像宋引章那种不懂世故人情，被几句甜言蜜语就弄得昏头转向的姑娘；同时，又不是被那种非人生活浸染过久，以致连是非、羞恶之心都丧失了的娼妓；而是在苦难的历程中变得老练、机智而仍然富于热心肠重义气的侠女。

辛酸的人生经历使赵盼儿看透了一般嫖客的虚伪，也使她深切地感到不幸的姐妹们处境的尴尬。她唱道：

〔仙吕·点绛唇〕妓女追陪，觅钱一世临收计，怎做的百纵千随，知重咱风流媚。

〔混江龙〕我想这姻缘匹配，少一时一刻强难为。如何可意？怎的相

① 章，当作璋，引璋犹后来的招弟，是父母没有男孩时给先生的女孩常取的名字。

② 第二折。见于首段周舍对宋引章说的威胁性语言。

知？怕不便脚搭着脑勺成事早，怎知他手拍着胸脯后悔迟！寻前程，觅下稍，恰便是黑海也似难寻觅。料的来人心不问，天理难欺。

〔油葫芦〕姻缘簿全凭我共你，谁不待捡个称意的？他每都捡来捡去百千回，待嫁一个老实的，又怕尽世儿难成对；待嫁一个聪俊的，又怕半路里轻抛弃。遮莫向狗溺去藏，遮莫向牛屎里堆，忽地便喫了一个合扑地，那时节睁着眼怨他谁？

〔天下乐〕我想这先嫁的还不曾过几日，早折的容也波仪瘦似鬼。只教你难分说，难告诉，空泪垂。我看了些觅前程俏女娘，见了些铁心肠男子辈，便一生里孤眠，我也直甚颓！

——第一折

这里所发抒的娼妓们深沉的精神痛苦，在旧社会中，是有其普遍意义的。卖笑绝不会有好下场，从良又往往变成了一场无把握的赌博，这就使得她们陷于深刻的矛盾和难以解脱的苦痛里面。“他每有人爱为娼妓，有人爱作次妻”，难道赵盼儿这里所说的是真正的“爱”吗？不是的。她们只是因为受不了被当作在人肉市场公开发卖的奴隶的遭遇，因而才“爱作次妻”，又因为将肉体卖给一个人的家内奴隶的命运也不见得更好，才又转而“爱为娼妓”的。所以她接着说：“正是南头做了北头开，东行不见西行例。”①这种饱和着血泪的控诉，照明了封建社会中一个新的黑暗的角落，也展示了那个时代被压迫的某些女性痛苦的灵魂。在祖国古代文学史上，这种成功的揭露是空前的。

但如果赵盼儿只是一个有力的控诉者，而不是一个积极的行动者，那我们还是不无遗憾的。关汉卿看出了像赵盼儿这种身份微贱，道德高尚的人物身上蕴藏着的力量和智慧，进一步将她写成了一个迫害的反抗者、幸福的追求者和正义的胜利者。为了更加突出这样一个优美的形象，作家还将她写成了主要的是一个帮助别人获得幸福的人物。赵盼儿和红娘这类人物的出现，体现了祖国古典剧作家对于人民积极干预生活，对于人

① 第一折〔寄生草〕。

与人之间所具有的丰富同情与崇高友谊的深刻理解。作家们写赵盼儿帮助宋引章获得幸福，红娘帮助莺莺获得幸福，比写她们自己获得幸福更加能教育人民，激发人民优美的情操。

生活教会了赵盼儿爱什么，恨什么，也教会了她为了保护自己所必需的狡狯。这就也使她有了对于欺负她们的男子，有以“即以其人之道还治其人之身”的手段来进行反抗的可能。但是，天真幼稚的宋引章，对于这一些却是完全缺乏的，她丝毫不懂“那做丈夫的做的子弟，做子弟的做不的丈夫”①的道理，因而被周舍的虚情假意所迷惑，嫁了那个以玩弄女性和虐待女性为其重要日常生活的恶棍。关汉卿在这里，为我们绘制了一幅善良的可是软弱的女性肖像。这是当时远比赵盼儿为寻常的人物。宋引章的命运，代表着大多数妓女所具有的命运。

宋引章执迷不悟地嫁给了周舍，赵盼儿当然是不高兴的。因此，当引章来求救，她甚至想到抽身不管，然而深厚的姐妹感情终究是主要的，她责备自己道：“赵盼儿，你做的个见死不救，可不羞杀这桃园中杀白马，宰乌牛？”②于是，剧情发展到了她和周舍必须正面冲突的地步。

周舍不是像《望江亭》中的杨衙内那种粗心大意的汉子，而是一个“酒肉场中三十载，花星整照二十年”③的老练嫖客，专门开着一座客店以便渔色的淫魔，油滑而又凶狡的恶棍。为了娶宋引章，“整整磨了半截舌头”，他便认为遗憾，是“骑马一世，驴背上失了一脚”。④ 刚将引章娶到家里，便一面狠狠地打了她一顿，一面又教店小二留心为他找别的女人。这种人是厉害的，但却有其根本弱点，就是好色。赵盼儿抓住了他这个弱点，打败了他，将自己可怜的朋友救出了魔窟。

赵盼儿对于周舍这个并不容易受欺骗的人的欺骗，是在作家独具匠心的安排之下进行的。每一步骤，都使得这位可爱的姑娘的灵心侠骨愈益清晰地显露在观众和读者的面前。

---

① 第一折。赵盼儿说给宋引章听的话。

② 第二折〔醋葫芦〕。

③ 第一折。周舍刚上场时念的“定场诗”。

④ 第二折。

(周舍云:)我想起来了,你敢是赵盼儿么?(正旦云:)然也。(周舍云)你是赵盼儿,好好!当初破亲也是你来。小二,关了店门,则打这小闲。(小闲云:)你休要打我,俺姐姐将着锦缣衣服,一房一卧来嫁你,你倒打我?(正旦云:)周舍,你坐下,你听我说。你在南京时,人说你周舍名字,说的我耳满鼻满的,则是不曾见你。后得见你呵,害的我不茶不饭,只是思想着你。听的你娶了宋引章,教我如何不恼?周舍,我待嫁你,你却着我保亲?(唱:)

〔倘秀才〕我当初倚大呵妆儇主婚,怎知我嫉妒呵特故里破亲?你这厮外相儿通疏就里村。你今日结婚姻,咱就肯摆论。

(云:)我好意将着车辆、鞍马、奁房来寻你,你划地将我打骂。小闲,拦回车儿,咱家去来。(周舍云:)早知姐姐来嫁我,我怎肯打舅舅?(正旦云)你真个不知道?你既不知,你休出店门,只守着我坐下。(周舍云:)休说一两月,就是一两年,你儿也坐的将去。(外旦上,云:)周舍两三日不家去,我寻到这店门首,我试看咱,原来是赵盼儿和周舍坐哩。兀那老弟子不识羞,直赶到这里来。周舍,你再不要来家,等你来时,我拿一把刀子,你拿一把刀子,和你一递一刀子截哩。(下。)(周舍取棍科,云:)我和你抢生吃哩,不是妳妳在这里,我打杀你。(正旦唱:)

〔脱布衫〕我更是的不待饶人,我为甚不敢明闻;肋底下插柴自稳,怎见你便打他一顿?

〔小梁州〕可不道一夜夫妻百夜恩,你可便息怒停嗔,你村时节背地里使些村,对着我合思忖:那一个双同叔打杀俏红裙?

〔么篇〕则见他恶哏哏,摸按着无情棍,便有火性的不似你个郎君。(云:)你拿着偌粗的棍棒,倘或打杀他呵,可怎了?(周舍云)丈夫打杀老婆,不该偿命。(正旦云:)这等说,谁敢嫁你?(背唱:)我假意儿瞒,虚科儿喷,着这厮有家难奔。妹子也,你试看咱风月救风尘。

(云:)周舍,你好道儿。你这里坐着,点的你媳妇来骂我这一场。小闲,拦回车儿,咱回去来。(周舍云:)好妳妳,请坐。我不知道他来;我若知道他来,我就该死。(正旦云:)你真个不曾使他来?

这妮子不贤惠。打一棒快毬子，你舍的宋引章，我一发嫁你。（周舍云：）我到家里就休了她。（背云：）且慢着，那个妇人是我平日间打怕的，若与了一纸休书，那妇人就一道烟去了。这婆娘他若是不嫁我呵，可不弄的尖担两头脱？休的造次，把这婆娘摇撼的实着。（向旦云：）妳妳，您孩儿肚肠是驴马的见识。我今家去把媳妇休了呵，妳妳你把肉吊窗儿放下来，可不嫁我，做的个尖担两头脱。妳妳，你说下个誓着。（正旦云：）周舍，你真个要我赌咒？你若休了媳妇，我不嫁你呵，我着堂子里马踏杀，灯草打折膁儿骨。你逼的我赌这般重咒哩。（周舍云：）小二，将酒来。（正旦云：）休买酒，我车儿上有十瓶酒哩。（周舍云：）还要买羊。（正旦云：）休买羊，我车上有个熟羊哩。（周舍云：）好好好！待我买红去。（正旦云：）休买红，我箱子里有一对大红罗。周舍，你争什么那？你的便是我的，我的就是你的。

——第三折

从这个场面中可以看出，足智多谋的赵盼儿和老奸巨猾的周舍之间的斗争，是在非常微妙而又非常紧张的情绪之下进行的。赵盼儿的确破坏过周、宋两人的亲事，但当周舍因为这一点要对她进行报复时，她却出人意外地将这种行为归结为是和宋引章撚酸吃醋。可是当周舍当着她的面要打宋引章时，她却又出来阻拦，暗示她怕将来嫁给周舍以后，会受到同样待遇。这就都使得周舍相信了，她是真的想嫁给自己的，于是，她才提出了要休掉宋引章的问题。但周舍也是相当精明的，他意识到可能两头脱空，一无所得，因此要“把这婆娘摇撼的实着”。然而周舍的再度进攻却遭到了赵盼儿同样巧妙的回击。她毫不迟疑地向他起了誓（虽然她的誓词是那么滑稽）。接着，她并以事先准备好了的订婚礼物酒、羊、红罗证明了她确实是一心一意要嫁给周舍的（同时，这一手段又使得她在后来否认和周舍的婚约时，可以用没有受过男方的礼物作为借口）。这就使聪明一世的周舍也不能不糊涂一时，完全陷入了她事先布置下的罗网里。

赵盼儿这种机智的性格，同样地表现在她预料到周舍会抢回已经给了宋引章的休书，因而预先将它换过等情节中。后来见了官，她又挺身而出，为宋、安二人的婚约作证，并且痛斥周舍“这厮心狠毒，这厮家豪富”，[①]“宋引章有亲夫，他强占作家属。淫乱心情歹，凶顽胆气粗”。[②] 这些描写，就不仅表明了赵盼儿是一个老练的姑娘，而且是一个正气凛然，不畏强暴的人物。

在赵盼儿身上，关汉卿体现了他所深切认识到的被迫害的微贱妇女的智慧和道德的力量，还有作家自己对她们的人道主义关怀。

《诈妮子调风月》(下称《调风月》)是关汉卿另外一个值得称道的以爱情婚姻为题材的剧本。因为这个剧本现传本的宾白部分多数已经删去，只保存着全部唱词，关于它的情节，我们就只能知道一个大概。燕燕是某夫人的婢女。有一位小千户在那位夫人家中作客，夫人命燕燕去服侍他。这对青年男女便发生了恋爱。哪知后来这位小千户竟和夫人的女儿，也就是燕燕侍候的小姐对了亲。在说亲的过程中，燕燕还被夫人强迫着向小姐进言劝嫁，在小姐和自己的情人结婚的时候，她又被强迫着给小姐上妆。燕燕在这当中，感到非常痛苦，虽曾想出许多方法，破坏小姐和小千户的婚姻，可是并无成效，最后只好委屈地做了小千户的“第二个夫人”，这在当时，也算赢得了胜利。

这个剧本，从表面上看来，乃是一个喜剧，但在它的背后，却隐藏着当时身份低微的妇女在婚姻问题上的悲哀。娇憨任性的少女燕燕，在最初并不理解她和小千户之间存在着一道阶级的鸿沟。她勇敢地、专一地爱着。这样，就使她不能不陷于进退两难的境地里。虽然在她发现小千户游春回家身上藏着另外一位女子的手帕时，还可以和他吵闹；但作为一个家内的女奴隶，她却不能不去给小姐说亲，不能不眼睁睁地看着小姐夺去自己的情人，并在小姐结婚时，还为她梳妆打扮。正是在这些地方，关汉卿非常突出地刻画了燕燕的个性和像燕燕这种人物的悲苦。

---

① 第四折〔雁儿落〕。
② 第四折〔得腾令〕。

〔耍孩儿〕我便做花街柳陌风尘妓，也无那恹过三朝五日。你那浪心肠看得我忒容易，欺负我是半良半贱身躯。半良身情深如你那指腹为亲妇；半贱体意重似拖麻拽布妻。想不想在今日，都了绝爽利，休尽我精细。

（云：）我往常伶俐，今日都行不得了呵！（唱：）

〔五煞〕别人斩眉我早举动眼，道头知道尾。你这般沙糖般甜话儿多曾吃？你又不是残花酝酿蜂儿蜜，细雨调和燕子泥。自笑我狂踪迹。我往常受那无男儿烦恼，今日知有丈夫滋味！

〔四〕待争来怎地争？待悔来怎地悔？怎补得我这有气分全身体？打也阿儿包髻，真加要带与别人成美。况团衫怎能勾披？他若不在俺宅司内，便大家南北，各自东西。

〔三〕明日索一般供与他衣袂穿，一般过与他茶饭吃，到晚送得他被底成双睡。他做成暖帐三更梦，我拨尽寒炉一夜灰。有句话存心记，则愿得辜恩负德，一个个荫子封妻。

〔二〕出门来一脚高一脚低，自不觉鞋底儿着田地。痛连心除他外谁根前说，气夯破肚别人行怎又不敢提？独自向银蟾底，则道是孤鸿伴影，几时吃四马攒蹄？

〔尾〕呆敲才呆敲才休怨天，死贱人死贱人自骂你。本待要皂腰裙，刚待要蓝包髻，则这的是折桂攀高落得的！

——第二折

这是燕燕发现小千户藏有另一女人的手帕对她不忠实以后的一段唱词。从此，她开始注意到了自己的“半良半贱”身份，注意到了自己和小千户恋爱是建立在一种很不现实的基础上。猛然地从美好的梦想中清醒过来，她认识到自己的社会地位和生活愿望之间的矛盾，而后悔于以前的攀高结贵，发出了哀伤和诅咒的声音。关汉卿在这里所写的，不是一个贵家小姐、寒门姑娘或勾阑妓女，而是一个大户人家的丫鬟，并且是一个涉世不深，富于幻想，敢爱敢恨的人物。这位有血有肉的姑娘的命运及其对命运的挣扎，向人们展示了封建社会中家内女奴隶在爱情与婚姻问题上的希望和失望。

在这一类的剧本中,《闺怨佳人拜月亭》也很出色。它后来被改编为南戏《幽闺记》,我们将在以后谈到。

关汉卿写了许多具有巨大成就的有关男女问题的剧本,但并不是他所写的这类剧本都是好的。如《钱大尹智宠谢天香》、《温太真玉镜台》、《杜蕊娘智赏金线池》等作品,虽然并不缺乏片段的精彩描写,但总的说来,其人物性格和情节都是不够真实的。在这几个作品中,关汉卿夸大了生活环境和官府权势对于妇女们的支配力量,而给她们安排下最后只能屈从命运的出路;同时,还以欣赏的态度注视着自己所作的安排。

第四节　历史剧《单刀会》

关汉卿,作为一个视野非常广阔的大作家,对历史上的英雄事迹是同其他题材一样感兴趣的。他写过不少的历史剧,塑造过不少的成功的历史人物形象,而《关大王独赴单刀会》(下称《单刀会》),则是他在这方面的代表作。

这个剧本的基本情节大略如后来产生的《三国志演义》第六十六《关云长单刀赴会》所载,但为了先声夺人地烘托出关羽的英雄气概,并向那个时代的观众介绍他们还不周知的关羽的英雄事迹;同时,也为了展示和关羽对立的鲁肃的性格,作家在第一、第二两折中使用了从表面上看来似乎是多余的笔墨来写了鲁肃和乔公、司马徽的交谈。通过乔公和司马徽对关羽的声势的形容,就制造了紧张的戏剧气氛,为这一英雄人物的登场完成了铺垫工作。

超出于杂剧的一般蹊径之外,《单刀会》的第三折并不是戏剧冲突的顶峰,虽然在这一折中,作家正面地描写了关羽的英雄形象,写了他明知道鲁肃的请客是一种阴谋,仍坦然"单刀赴会"。直到最后的第四折,才是赴会的场面。在这个惊险的场面中,原来站在主动地位,准备和关羽讲理、较力和斗智的鲁肃,被对方逐步地慑服了,终于一无结果,败兴收场。

将前三折的描写完全服务于第四折,将其余的人物完全用来烘托唯一的英雄人物，使得这个剧本有着结构极其单纯，手法非常简练的艺术特色。

关羽在剧中是一个自己所属政治集团的利益的坚决捍卫者。这个政治集团，从宋以来，就被人民认为是正义的一方。所以关羽的不还荆州，也就被肯定为一种值得歌颂的行为。关汉卿敬仰着这样一位自来被认为是英雄的历史人物，并以自己的体会丰富了他的性格。从乔公和司马徽的口中，人们知道了关羽的英勇出众、武艺绝伦和刘汉集团的实力雄厚；而通过关羽和他儿子的一场对话，人们又进一步地认识了他的自负和沉着。“你道他兵多将广，人强马壮，大丈夫敢勇当先，一人拚命，万夫难当；你道是隔着江起战场，急难亲傍，我着那厮鞠躬鞠躬送我到船上。”①关平的过虑和关羽对这种过虑的说服，就透露了他确实是一位胸有成竹的大将，而不是一勇之夫。

然而，《单刀会》中关羽性格的复杂还不止于此。作为一个饱经沧桑的将军，在过江赴会的时候，面对着壮丽的江景，回想起赤壁鏖兵的往事（借荆州的问题，正是在孙、刘联合破曹以后发生的，关羽这时想起鏖兵的往事，也极自然），他也不禁发生成败兴亡的感慨。

(正末关公引周仓上，云：)周仓，将到那里也？(周云：)来到大江中流也。(正云：)看了这大江，是一派好水也呵！(唱：)

〔双调·新水令〕大江东去浪千叠，引着这数十人，驾着这小舟一叶。又不比九重龙凤阙，可正是千丈虎狼穴，大丈夫心别。我觑这单刀会似赛村社。

(云：)好一派江景也呵！(唱：)

〔驻马听〕水涌山叠，年少周郎何处也？不觉的灰飞烟灭。可怜黄盖转伤嗟②，破曹的樯橹一时绝，鏖兵的江水犹然热，好教我情惨切。(云：)这也不是江水，(唱：)二十年流不尽的英雄血！

——第四折

① 第三折〔上小楼〕。

② 据剧情，黄盖在赤壁战役中牺牲。

作家体会到像关羽这样一个杰出的历史人物，虽然其主要的性格特征是表现在英勇、沉着这些方面，但几十年的军事生活中所经历的巨大的斗争场景，也必然在他心灵上烙下了不可磨灭的印记。他有着胜利的喜悦，并为能够继续争取胜利而自豪，但震撼着江山的斗争所带来的虎倒龙颠的结果，也不能不使他感到悲凉，甚至在胜利的喜悦中掺和着胜利的寂寞。关汉卿正是深刻地而非简单地把握了英雄的心理，才如实地描绘了关羽这种丰富而微妙的感情。

鲁肃在《单刀会》中是一位忠实于自己所属的政治集团，可是显得有些"不度德，不量力"的元帅。在听了司马徽的一番话以后，他已经"怕上来了"①，但却仍然在做着他分内的事情——索取荆州。可是，后来在酒筵前，不仅他的"三寸不烂舌"遇到了对方的"三尺无情铁"②，就毫无办法，而且连事先埋伏的甲士，也毫无用处。

> (甲士拥上科。)(鲁云:)埋伏了者。(正击案，怒云:)有埋伏也无埋伏？(鲁云:)并无埋伏。(正云:)若有埋伏，一剑挥之两断。(做击案科。)(鲁云:)你击碎菱花。(正云:)我特来破镜。(唱:)
>
> 〔搅筝琶〕却怎生闹炒炒军兵列，休把我拦当者。(云:)当着我的呵，呵，(唱:)我着他剑下身亡，目前流血。便有那张仪口、蒯通舌，休那里躲闪藏遮，好生的送我到船上者。我和你慢慢的相别。
>
> (鲁云:)你去了倒是一场伶俐。(黄文云:)将军有埋伏哩。(鲁云:)迟了我的也。(关平领众将上，云:)请父亲上船，孩儿每来迎接哩。(正云:)鲁肃休惜殿后。(唱:)
>
> 〔离亭宴带歇拍煞〕我则见紫袍银带公人列，晚天凉风冷芦花谢。我心中喜悦。昏惨惨晚霞收，冷飕飕江风起，急飐飐帆招惹。承管待，承管待；多承谢，多承谢。唤艄公慢者：缆解开岸边龙，船分开波中浪，棹搅碎江心月。正欢娱有甚进退，且谈笑不分明夜。说与你两件

---

① 第二折。末尾(鲁云)。

② 第四折〔雁儿落〕。

事，先生记者：百忙里趁不了老兄心，急且[1]里倒不了俺汉家节。

——第四折

本来唯恐关羽不来的鲁肃，在说不倒，吓不倒对方，却反而被对方说倒了，吓倒了的情况下，就唯恐关羽不去了。这就充分地表现了这位有些老实的阴谋家的狼狈相。而关羽呢，在把鲁肃攥在手掌心里之后，却显得从容不迫，一面故意地流连光景，一面轻松地奚落对方。戏演到终场，观众们才又发现，原来关羽也很幽默，在击败了敌人以后，还没有忘记给对方以不过分难堪的嘲笑。

随着剧情的进展，关汉卿逐步地，愈益丰富地向人们展示了他所塑造的英雄人物的复杂性格，乃是《单刀会》的另一特色。

《关张双赴西蜀梦》(下称《西蜀梦》)和《邓夫人痛哭存孝》(下称《哭存孝》)也是关汉卿历史剧中的优秀作品。《西蜀梦》写的是关羽、张飞被害后，阴魂去看刘备的情况。它歌颂了这三位桃园结义的异姓兄弟的生死不渝的友谊。《哭存孝》写的是五代时沙陀李克用的义子李存孝被李克用的另一义子李存信及康君立诬陷致死的故事。它反映了作家对历史上信而见疑、忠而被戮的人物的同情。在这类作品中，关汉卿所作出的对历史人物的裁判，是符合人民的爱憎的。

第五节　公案剧《鲁斋郎》

关汉卿在公案剧方面的成就，可以以《包待制智斩鲁斋郎》(下称《鲁斋郎》)为代表。有的人看到《录鬼簿》、《太和正音谱》等书著录关剧没有这一本，因而怀疑它出于无名氏的手笔。这种怀疑是没有充分根据，难以教人信服的。明人臧晋叔编《元曲选》，将该剧的著作权归于关汉卿，不会是空穴来风。

这是一个情节较为复杂的剧本。鲁斋郎是一个无恶不作的“权豪势

---

① 当作切。

要”。他经过许州，偶然看到银匠李四的妻子张氏很美，便将她抢回了汴京。李四追到郑州，因气急心痛，倒在地上，被六案都孔目张珪遇到了，将他领到家中，要自己懂医道的妻子李氏给治好了。李四便和李氏结拜了姐弟，并将自己的灾难告诉了张珪。张珪听到是鲁斋郎干的坏事，知道无法伸冤，便给李四一些路费，让他回了许州。李四回到家里时，男孩喜童、女孩娇儿都已不知去向。不久，张珪也遭到了和李四同样的厄运。鲁斋郎逼着他将自己的妻子李氏献出去。那时，李四的妻子张氏已经被鲁斋郎玩弄得厌了，便将她赏给了张珪。在张珪将妻子李氏送到鲁斋郎那里去时，他们的一双儿女金郎、玉姐也失散了。他回家后，李四正赶来探望结拜的姐姐和姐夫，出乎意外地遇见了自己的被鲁斋郎夺去的妻子张氏。张珪便让李四夫妻重新团聚，自己却出家做了道士。原来，失散的两家儿女都是包公收留了。十五年后，他们都在包公培养之下，长大成人，喜童中了状元，金郎中了进士。鲁斋郎也被包公用计斩了。在一个偶然的机会里，李四、张珪两家夫妻儿女都团圆了。并由包公主持，让喜童和玉姐、金郎和娇儿结了婚，张珪也还了俗。

在这个剧本中，关汉卿对当时蒙古贵族统治者的罪恶行为进行了控诉，也反映了人民要求改变那种现实的强烈愿望。像鲁斋郎这种奸淫掳掠，无恶不作的形象，显然是当时贵族统治者的写照。“花花太岁为第一，浪子丧门再没双，街市小民闻吾怕，则我是权豪势要鲁斋郎。”①从这几句上场诗中，作家已经勾画出了这一恶霸的面貌。但他的威风和势力，更多的却是透过张珪对于他极端地畏惧而间接地描绘出来的。张珪并不是像李四那样的普通老百姓，而是一位六案都孔目，平日间也是个高踞在人民头上，向人民进行敲诈的家伙。如他自己说的：“逼的人卖了银头面，我戴着金头面；送的人典了旧宅院，我住着新宅院。”②可是当李四向张珪诉说鲁斋郎抢走他的妻子时，他却赶紧掩口道：“哎哟！唬杀我也……这言语再也休提。”③但是，张珪的畏惧并不能使得自己得到幸免，鲁斋郎的主意

①③ 楔子。

② 第一折〔油葫芦〕。

竟然打到他妻子身上了。作为一个不抵抗主义者，他痛苦地然而顺从地将妻子献给了鲁斋郎。

（末、旦叩见科。）（鲁斋郎云：）张珪，怎这早晚才来？（正末云：）投到安伏下两个小的，收拾了家私，四更出门，急急走来，早五更过了也。（鲁斋郎云：）这等也罢，你着那浑家近前来我看。（做看科，云：）好女人也，比夜来增十分颜色。生受你，将酒来吃三杯。（正末唱：）

〔四块玉〕将一杯醇糯酒十分的吃，（贴旦云：）张孔目少吃，则怕你醉了。（正末唱：）更怕我酒后疏狂失了便宜。扭回身刚咽的口长吁气。我乞求得醉似泥，唤不归。（贴旦云：）孔目，你怎么要吃的这等醉？（正末云：）大嫂，你那里知道，（唱：）我则图别离时不记得。

（贴旦云：）你这般烦恼，可是为何？（正末云：）大嫂，实不相瞒，如今大人要你做夫人，我特地送将你来。（贴旦云：）孔目，这是甚么说话？（正末云：）这也由不的我。事已至此，只得随顺他便了。（唱：）

〔骂玉郎〕也不知你甚些儿看的能当意？要你做夫人，不许我过今日，因此上急忙忙送你到他家内。（贴旦云：）孔目，你这般下的也！（正末唱：）这都是我缘分薄恩爱尽，受这等死临逼。

（贴旦云：）你在这郑州做个六案都孔目，谁人不让你一分？那厮甚么官职，你这等怕他？连老婆也保不的？你何不捡个大衙门告他去。（正末云：）你轻说些，倘或被他听见，不断送了我也。（唱：）

〔感皇恩〕他他他，嫌官小不为，嫌马瘦不骑，动不动挑人眼，剔人骨，剥人皮，（云：）他便要我张珪的头，不怕我不就送去与他。如今只要你做个夫人也，还算是好的。（唱：）他少甚么温香软玉，舞女歌姬？虽然道我灾星现，也是他的花星现，你的福星催。

（贴旦云：）孔目，不争我到这里来了，抛下家中一双儿女，着谁人照管他？兀的不痛杀我也！（正末唱：）

〔采茶歌〕撇下了亲夫主不须提，单是这小业种好孤凄！从今后谁照觑他饥时饭、冷时衣？虽然个留得亲爷没了母，只落的一番思想一番悲。

(正末同旦掩泣科)(鲁斋郎云：)则管里说甚么？着他到后堂中换衣服去。

将这一场“妻嫁人，夫做媒”的人伦惨变的详细描写安置在张珪的身上，而没有将它安置在李四身上，作家是有深刻用意的。它说明了当时随时可能遭到“活支刺娘儿双折散，生各札夫妇两分离”①的灾祸的人，并不限于无权无势的老百姓；也说明了那时仗着主子的势力欺压老百姓的奴才，虽然平日徙倚主奴之间，“衠一片害人心勒措了些养家缘”，②但其地位同样是不稳定的，其命运也同样是可悲的。这种描写对于当时那些附敌求荣的人来说，正是一记当头棒喝。当然，在剧本中，李四也不曾以强烈的反抗者的形象出现，可是张珪的举动却更不容易得到人们的好感。伴随着他不幸的遭遇，关汉卿还写了张珪同情李四，给他治病，送他盘缠，其后并将张氏还给李四和舍了财产出家这些带有忏悔意味的情节，但他在观众眼中，终究是一个即使值得怜悯也不值得赞扬的人物。在写了许多极其富于反抗性的人物的同时，剧作家还注意到生活中还有像张珪、李四这样的人，也正证明了他对于生活的复杂性和多样性是有深刻而丰富的体会的。

鲁斋郎是人民的死敌。这样的恶霸在蒙古贵族统治中国的时代是普遍存在的。他们使得人民连奴隶都做不安稳。人民迫切地要求摆脱这样一种厄运。剧作家体会了人民这种迫切的心情，于是就在剧作中塑造出了像包公这样的清官。在李行道的杂剧《包待制智勘灰阑记》中，包公自我介绍说：“老夫立心清正，持操坚刚，每皇皇于国家，耻营营于财利。唯与忠孝之人交接，不共谗佞之士往还。谢圣恩可怜，官拜龙图待制天章阁

---

① 第二折〔南吕·一枝花〕。

② 第一折〔混江龙〕。

学士，正授南衙开封府府尹之职。敕赐势剑金牌，体察滥官污吏，与百姓伸冤理枉，容老夫先斩后奏。以此，权豪势要之家，闻老夫之名，尽皆敛手；凶暴奸邪之辈，见老夫之影，无不寒心。”①这，正是人民心目当中理想官吏的形象。由于在封建社会中，皇帝一直被粉饰为超阶级的存在，作家们所塑造的包公，其力量的根源也就不能不被描写为从上而下的。虽然在事实上，为那些权豪势要如鲁斋郎之流撑腰的，不是别人，而正是高高在上的皇帝。

在元剧中，包公无例外地被描写为一个和权豪势要之家以及衙内们势不两立的英雄；同时，在多数场合中，这位理想的清官和这些事实上指的是蒙古贵族、军官的权豪势要、衙内进行斗争的时候，又被描写为一个擅长智略的人物，这也正是当时现实局势的反映。因为，包公的，也就是当时人民的敌人，是非常恶毒的、强大的。他们和当时皇帝的不可分割的血肉相连的关系，作为一种客观存在，使得作家和人民认为用智来战胜他们，远比用力来战胜他们的可能性为大。于是包公的智略，就常常被强调到和他的道德占有同等重要的地位。这，应当首先理解为是作家们认识生活的结果，而不能仅仅理解为是对于戏剧性的孤立追求。在许多其他包公戏中是如此，在《鲁斋郎》中也是如此。试看包公的独白：

> 想鲁斋郎恶极罪大。老夫在圣人前奏过：有一人乃是鱼齐即，苦害良民，强夺人家妻女，犯法百端。圣人大怒，即便判了斩字，将此人押赴市曹，明正典刑。到得次日，宣鲁斋郎。老夫奏道：“……是御笔亲判斩字，杀坏了也。”圣人不信：“将文书来我看。”岂知鱼齐即三字，鱼字下边添个日字，齐字下边添个小字，即字上边添一点。圣人见了道：“苦害良民犯人鲁斋郎，合该斩首。”被老夫智斩了鲁斋郎，与民除害。
>
> ——第四折

① 第四折。

这是相当幼稚的构思，然而它又是多么美丽的幻想！人民在现实生活中得不到清廉的政治与公平的法律，于是就希望在舞台上得到它们；而它们既经常在舞台上出现，又反过来鼓舞了人民对黑暗统治进行斗争，这便是包公这一形象出现于杂剧中的原因及其意义。

《包待制智斩鲁斋郎》以多数的篇幅描写了李四、张珪两家的夫妻儿女，在鲁斋郎的迫害之下所发生的离合悲欢。在剧本中，包公的戏是较少的，如他收养两家儿女及斩鲁斋郎等情节，都是用暗场处理的，然而这并不妨碍他成为这个戏中的英雄人物。从这些地方，也看出戏剧大师关汉卿具有不拘绳尺的艺术匠心。如果将包公与鲁斋郎的冲突看成了只是对于李、张两家家庭事变的陪衬和串结的线索，那显然是一种有意无意地贬低这个剧本的战斗意义的曲解。

关汉卿现存的另一个公案剧是《包待制三勘蝴蝶梦》（下称《蝴蝶梦》）。它写的是王老的三个儿子因他们的父亲被皇亲葛彪打死了，所以也复仇打死葛彪，以致陷身法网。王老的后妻却情愿将自己生的小儿子抵罪，而开脱前妻生的两个儿子。包公认为“为母者大贤，为子者至孝”①，因此将她的小儿子也设法开脱了。它虽然也捎带着描写了葛彪那号恶霸，但主要用意似在于赞颂王母对于某种道德规范的实践。比起《鲁斋郎》来，它的成就是颇为逊色的。

第六节　关汉卿杂剧的特色

从对关汉卿的几类不同性质的杂剧分析中，可见其作品在思想内容与艺术表现方面所具有的鲜明特色，这也是作家个性和艺术修养的表现。

在思想内容方面，最显著的一个特色是爱憎感情强烈，歌颂什么，批判什么，态度极其明朗。

关汉卿特别同情乃至热爱那些受压迫最深、反抗性也最强的妇女。在《窦娥冤》中，作者以满腔激情，颂扬窦娥正直善良的优秀品质和坚强不

---

① 第二折。

屈的反抗精神，描写她那种正气凛然，不畏强暴和舍己救人的品格，极为感人；写她那种至死不屈、斗争到底和死后还要复仇的精神，更是感天动地。在《救风尘》中，作者以自己的艺术天才，塑造了身份低贱而仪表和灵魂都非常优美的妓女赵盼儿的形象，以明朗欢快的感情，赞美她与邪恶势力斗争的勇气和智慧。《望江亭》中的谭记儿，为保卫自己和丈夫的幸福生活，而敢于冒险深入虎穴诱敌上钩，戏弄权豪势要杨衙内于股掌之上，以出奇的智慧剥夺了特权人物作恶的手段。《调风月》中那个“身虽下贱，心比天高”的婢女燕燕，以自己泼辣机智的斗争，争取到合法的地位，在当时也应算是一种胜利。还有《蝴蝶梦》中的王母，为了替丈夫报仇，跟她的三个儿子一起，打死了权豪势要葛彪，并在公堂上以舍己为人、大公无私的精神，竭力营救前娘的两个儿子。这些具有优秀品质和反抗精神的妇女，都是关汉卿热情歌颂的对象。这些被压迫的妇女，由于敢于反抗，敢于斗争，最后终于战胜了各种黑暗势力。

关汉卿在作品中对权豪势要、滥官污吏、流氓恶棍的罪恶，予以无情的揭露和鞭挞。作者对骑在人民头上作威作福的统治者和社会上的各种黑恶势力，非常憎恨，因此他以讽刺艺术的手法，勾画出他们各种类型的既可憎又可笑的丑恶嘴脸。鲁斋郎、杨衙内、葛彪都是当时权势最大、气焰最嚣张的贵族，他们杀人不偿命，奸淫掳掠，罪恶罄竹难书。尽管他们貌似强大，但是其本质却是虚弱、愚蠢的。鲁斋郎被包公改名处斩，杨衙内被聪明机灵的谭记儿夺走了势剑金牌，只好求饶认输，葛彪被王氏母子复仇打死了。他们都以可耻的失败下场。此外，像滥官污吏桃杌、流氓恶棍张驴儿、周舍，也都受到应有的制裁。

对古代英雄人物的歌颂和对软弱妥协乃至变节投降行为的批判，也是关汉卿剧作中很突出的思想倾向。作者对那些为开创和保卫“汉家基业”而斗争的英雄汉高祖、汉光武、刘备、关羽、张飞等人物，特别崇敬，歌颂他们藐视困难、“敢勇当先”的英雄行为。这是作者处于异族统治时代，爱国主义思想感情的特殊表现，是激励人民反抗精神的正面教育。批评像蔡婆婆这样妥协软弱的人，尽管她并非反面人物。特别是张珪这样愿当奴才而又当不稳的人，则是一种反面教育，人们会得到启示：在强暴的敌人面前，采取妥协投降的屈节态度，不但不能幸免于敌人的践踏，反而招致家破人亡、妻离子散的悲惨下场。

与高度的思想性相一致，关汉卿的杂剧，在艺术上也取得卓越的成就。首先，他具有非凡的塑造各式各样艺术典型的才能，剧中的主要人物，个个栩栩如生、性格鲜明；即便像赛卢医、窦天章、安秀实、周仓等次要人物，也大多活灵活现。每类典型人物，似乎有些相似，但又各具个性差异。例如权豪势要的典型，鲁斋郎是个明抢明夺、无法无天、骄横毕露的恶棍；杨衙内则是阴险毒辣、妄自尊大、色迷心窍的糊涂虫；葛彪则是凶狠愚蠢、欺软怕硬、外强中干的纸老虎。赵盼儿和谭记儿在与对手的斗争中所表现出来的机智勇敢，颇为相似，但由于身份和生活环境的不同，她们的个性也显然很不相同。赵盼儿是个妓女，风尘中的辛酸苦涩都尝透了，女性的温顺柔情已经被冷酷的生活消磨殆尽，对现实的婚姻问题不抱任何幻想，而具有一种侠义泼辣的性格，帮人干事“一不做二不休”，放手痛快。谭记儿是个再嫁之妇，深知幸福生活来之不易，对丈夫温柔体贴，特别是在确信丈夫对自己的忠诚后，她义无反顾地化装成献鱼的渔妇深入敌巢作冒险行动；这既是对自己智谋的自信，掌握杨衙内好色忘命的性格特点，也是由于捍卫切身的幸福，不得已而为之的。关汉卿善于在人物的复杂关系和尖锐矛盾中刻画人物的性格，这是他塑造的人物形象格外鲜明生动的重要原因之一。

其次，在语言的性格化、戏剧语言的创造方面，关汉卿作出了巨大的贡献。关汉卿的杂剧，体现了杂剧语言本色、当行的特点。所谓“本色”，就是戏曲语言应如同人民日常用语那样新鲜活泼，是有生命力的语言。他剧本中的人物形象，那样血肉丰满，个性突出，固然与他丰富的生活经验、对所描写的人物有细致深刻的了解密切相关，但是在艺术创作中把人物生动地表现出来，则需借助作家的语言技巧。作为舞台艺术的戏剧，主要是通过人物自己的语言来显示性格，全部戏剧冲突也都借助人物的唱词和宾白表现出来。所以人物的语言，不但要求具有鲜明的个性特色，还应当朴素自然、准确生动而又富于音乐美，让观众听得明白而又有艺术的美感。关汉卿杂剧语言的成功，就在于不避俚俗，自然、真切、质朴，不假雕饰。各种类型的典型人物，无论是唱词或说白，都适合人物的身份和地位、场合，往往一出场，一开口，就让人摸到他的性格特征，即所谓语言的"当行"。诚如臧晋叔所云："总之曲有名家，有行家。名家者出入乐府，文彩烂然，在淹通闳博之士，皆优为之。行家者，随所妆演，无不摹拟曲尽，宛若身当其处，而几忘其事之乌有，能使人快者掀髯，愤者扼腕，悲者掩泣，羡者色飞，是惟剧优孟衣冠，然后可与于此。故称曲上乘，首曰当行。"①关汉卿杂剧语言之妙，即在于"当行"。例如窦娥独抒愁怀的几支曲辞，就表现出一个妙龄寡妇特有的苦闷情绪和善良柔顺的性格。再如该剧第二折窦娥唱的〔斗蛤蟆〕一曲：

> 空悲戚，没理会，人生死，是轮回。感着这般病疾，值着这般时势，可是风寒暑湿，或是饥饱劳役，各人证候自知，人命关天关地，别人怎生替得？寿数非干今世，相守三朝五夕，说甚一家一计。又无羊酒段匹，又无花红财礼；把手为活过日，撒手如同休弃。不是窦娥忤逆，生怕傍人论议。不如听咱劝你，认个自家悔气，割舍的一具棺材，停置几件布帛，收拾出了咱家门里，送入他家坟地。这不是你那从小儿年纪指脚的夫妻；我其实不关亲，无半点凄惶泪。休得要心如醉，意似痴，便这等嗟嗟怨怨，哭哭啼啼。

真是明白如话，正如王国维所说："此一曲直是宾白，令人忘其为曲。"②在有严格曲律限制的唱词中，能臻此境界，实为不易。语言本色，并非卑俗粗糙，而是经过锤炼的清新自然的文学语言，看似信笔写来，实乃炉火纯青，意境高远，"妙在不工而工"③，本色也不等于浅易，而是善于把日常生活中的语言，予以提炼，成为诗剧语言，既本色自然，又具诗意之美。故李渔云："元人非不深心，而所填之词皆觉过于浅近，以其深而出之

---

① 臧晋叔《元曲选・序二》，中华书局 1958 年版，第 4 页。

② 王国维《宋元戏曲史・元剧之文章》，上海古籍出版社 2011 年版，第 100 页。

③ 臧晋叔《元曲选・序》，中华书局 1958 年版，第 3 页。

以浅，非借浅以文其不深也。”①

关汉卿不但善于提炼当时群众的口语，使剧中的曲白显得生动泼辣，并善于继承古典诗词中还有生命力的文学语言，与日常生活中的口语融化在一起，使曲辞兼有遒劲简练、自然流畅之美。例如前面所引《单刀会》关羽在长江中流唱的〔新水令〕、〔驻马听〕等曲辞，抒发关羽轻舟简从、单刀赴会的英雄豪气，他联想当年联吴抗曹，以少胜多的壮举，一方统帅周瑜、忠勇可嘉的黄盖，俱已作古，于豪迈中显其苍凉，“二十年流不尽的英雄血”，真是扣人心弦的生花妙笔，英雄形象恍然如在眼前，龙争虎斗的历史是用英雄的鲜血写成的。

再次，作为元人杂剧的主要奠基人，关汉卿在杂剧艺术方面作出了榜样性、范例性的贡献，即剧本结构严谨紧凑，故事完整而无枝蔓，一本四套曲子或加一楔子，科、白亦极精炼，有的剧本甚至只留下曲辞，固然是重唱辞而轻宾白的缘故，也给演员留有充分发挥才艺的余地。从戏剧冲突的产生、矛盾的展开直至达到高潮，最后矛盾解决，各个剧本能因势因情而异，紧凑而自然，富于悬念，匠心独具，往往能出人意料之外，又在情理之中。例如《窦娥冤》、《救风尘》、《望江亭》、《鲁斋郎》、《单刀会》的结构，就都具此特色。

第七节　关汉卿的散曲

中国古典戏剧的唱词，实际上就是诗歌。就这一点来说，杂剧、戏文都可以算是诗剧。正因为这样，许多剧作家同时也就是诗人，他们往往在描写客观现实的剧作之外，还写下一些以自己作为主人公的抒情诗——小令和套数，在这一方面也取得了不同程度的成就。

关汉卿在散曲史上的地位显然不能和他在戏剧史上的地位相提并论，但其造诣仍然很高。其中关于爱情的歌咏是特别值得我们欣赏的。

① 李渔《闲情偶寄·词曲部·词采第二·贵显浅》，载《中国古典戏曲论著集成》(七)，中国戏剧出版社 1959 年版，第 22 页。

伴夜月银筝凤闲，暖东风绣被鸳悭。信沉了鱼，书绝了雁。盼雕鞍万水千山。本利对相思若不还，则告与那能索债愁眉泪眼。

——〔双调·沉醉东风〕

自送别，心难舍，一点相思几时绝。凭栏袖拂杨花雪。溪又斜，山又遮，人去也。

——〔南吕·四块玉〕(《别情》)

俏冤家，在天涯。偏那里绿杨堪系马？困坐南窗下，教对清风想念他，蛾眉淡了教谁画？瘦岩岩羞戴石榴花。

——〔双调·大德歌〕

碧纱窗外静无人，跪在床前忙要亲。骂了个“负心”回转身，虽是我话儿嗔，一半儿推辞一半儿肯。

多情多绪小冤家，拖逗得人来憔悴杀。说来的话先瞒过咱！怎知他，一半儿真实一半儿假。

——〔仙吕·一半儿〕(《题情》)

〔翠裙腰〕晓来雨过山横，水涨汀洲。阑干倚遍空回首，下危楼，一天风物暮伤秋。

〔六么遍〕乍凉时候，西风透。碧梧脱叶，余暑才收。香生凤口，帘垂玉钩。小院深闲清昼，清幽，听声声蝉噪柳梢头。

〔寄生草〕为甚忧？为甚愁？为萧郎一去经今久。玉台宝鉴生尘垢，绿窗冷落闲针。岂知人玉腕钏儿松？岂知人两叶眉儿皱？

〔上京马〕他何处，共谁人携手？小阁银瓶滞歌酒。早忘了咒，不记得低低耨。

〔后庭花煞〕掩袖暗含羞，开樽越酿愁。闷把苔墙画，慵将锦字修。最风流，真真恩爱，等闲分付等闲休！

——〔仙吕·翠裙腰〕

这是一些以女性口吻抒写的恋歌。它们一般都具有通俗、活泼而又深刻的特色。封建社会女性在爱情方面的苦恼、欢愉和她们特有的精神状态，在这些作品中都被体现得很真实。对于妇女爱情生活的内心描写，关汉卿在剧作中是较少涉及的，而这些散曲却使我们认识了他在这方面的无微不至的体会。

前面论及作家生活时节引过的〔南吕・一枝花〕(《不伏老》)套曲，一方面显示了关汉卿的放荡，一方面也显示了他怀才不遇的愤慨和对于那个黑暗时代的消极反抗。在另外许多散曲中，作者还写得更明显一些。

旧酒没，新醅泼。老瓦盆边笑呵呵。共山僧野叟闲吟和。他出一对鸡，我出一个鹅，闲快活。

南亩耕，东山卧，世态人情经历多。闲将往事思量过，贤的是他，愚的是我，争甚么？

——〔南吕・四块玉〕(《闲适》)

秋景堪题，红叶满山溪。松径偏宜，黄菊绕东篱。正清樽，斟泼醅；有白衣，劝酒杯。官品极，到底成何济？归，学取他渊明醉。

——〔双调・碧玉箫〕

塑造过窦娥、谭记儿、赵盼儿等具有强烈斗争精神的女性形象，以及关羽等英雄形象的关汉卿，在另外一些抒情诗中间，又塑造了自己的浪子和隐士形象，这自然是一个矛盾。这个矛盾不特存在于关汉卿身上，也存在于其他元代曲家身上。一般地(当然不是无例外地)说，如我们所察觉了的，在元曲中，面向群众的戏曲的主要精神是以积极的现实主义的态度反映人民改变现实的愿望，那么，在和戏曲比较之下，我们也可以察觉，自我抒情的散曲，却往往流露了作家的消极的浪漫主义精神，反映了他们对于现实的失望。这两种相互矛盾的精神，常常是统一在一个作家的身上，而分别地表现在不同样式的作品里。这些具有不同精神作品的同时存在，乃是那个时代的作家，在尖锐的种族矛盾和阶级矛盾中形成的反抗现实和逃避现实这两种思想倾向的深刻矛盾的体现；同时，也是他们的生活的悲剧的反映。认识到这一点，对于理解关汉卿是重要的，对于理解其他元代曲家，也很重要。

世界观中间的消极成分给关汉卿的创作带来的损害还表现在他少数作品所具有的庸俗趣味和轻薄描写上。例如其咏秃指甲的〔仙吕·醉扶归〕："十指如枯笋，和袖捧金樽；掐杀银筝字不真，揉痒天生钝。纵有相思泪痕，索把拳头揾。"在这种无聊的作品中，同样显示了作家的才华。但也不能不惋惜，他的才华被这种无聊的作品浪费了。这类作品，很清楚地是从宋代词人的通俗滑稽词发展来的。可是，我们却无法承认这是一种健康的发展。

关汉卿的戏剧和散曲虽然有其应当指出的缺点，但总的说来，他还是一位戏剧大师和优秀诗人。我们对于他还研究得很不够，但仅就我们所已经认识的部分来说，他值得我们学习的地方也已经非常之多了。

第二章　王实甫

和关汉卿齐名的王实甫，旧日也曾被误认为是由金入元的人。但就我们今天所掌握的少数史料来说，他乃是与关同时而年辈稍后的一位作家，其身世也只能勾画出一个大概的轮廓。

第一节　王实甫及其《西厢记》

王德信，字实甫，易州定兴（今河北省定兴县）人①，曾在元朝做过县官，后来擢升为陕西行台监察御史。因为和台臣议事不合，他在四十多岁的时候，就弃官归隐了。后来，由于他儿子王结的贵显，曾受太原郡公的封号。② 但在其题为《退隐》的套数〔商调·集贤宾〕中，却有如下两支曲子：

〔梧叶儿〕退一步乾坤大，饶一着万虑休，怕狼虎恶图谋。遇事休开

① 诸版本《录鬼簿》皆云王实甫为“大都人”。

② 程师此说可能根据孙楷第《元曲家考略》论述王实甫身世时，所引苏天爵《滋溪文稿》内容，但苏文中所云“王德信”，是否即曲家王德信，尚难以肯定，故王实甫是否即王结之父，亦存疑。元人周德清《中原音韵·自序》中，提到泰定甲子(1324)答复存存问作词之法，谈到乐府之盛，之备，之难，“其备，则自关、郑、白、马一新制作……其难，则有六字三韵，‘忽听、一声、猛惊’是也。诸公已矣，后学莫及！”所举“其难”之例，正是《西厢记》中的名句，而作者王实甫已经作古，在“诸公已矣”之列。而王结之父尚健在。

口，逢人只点头，见香饵莫吞钩，高抄起经纶大手。

〔后庭花〕住一间蔽风霜茅草丘，穿一领卧苔莎粗布裘，捏几首写怀抱歪诗句，吃几杯放心胸村醪酒，这潇洒傲王侯。且喜的身登中寿，有微资堪赡赒，有亭园堪纵游。保天和自养修，放形骸任自由。把尘缘一笔勾，再休提名利友。

这是王实甫在“百年期六分甘到手，数支干周遍又从头”①的时候，即年过六十的时候写的，很清楚地透露了他退居林下十多年之后的安适生活和恬淡心情，并暗示了他以前在仕途中的不愉快的经历。王结死于1336年，活了62岁。那时，王实甫还健在，可能在其后不久就死去了。我们假定父亲比儿子大20岁，则王实甫约生活于13世纪60年代到14世纪30年代之末，也是一位长寿的人。

贾仲名〔凌波仙〕补《录鬼簿》的王实甫吊词说：“风月营密匝匝列旌旗，莺花寨明飚飚排剑戟，翠红乡雄赳赳施谋智。”可见他虽然早居官位，晚息田园，但也有过一段冶游生活。除此之外，我们对这位伟大作家的生平就别无所知了。

王实甫写了14个剧本，现在完整地保存下来的，只有《西厢记》、《破窑记》、《丽春堂》三种。《贩茶船》和《芙蓉亭》则仅各存一折。

王实甫写的剧本没有关汉卿那么多，流传下来的也少，但由于他创作了一部《西厢记》，就使他和关汉卿并垂不朽。贾仲名的〔凌波仙〕称赞他说：“新杂剧，旧传奇，《西厢记》天下夺魁。”并非过誉。前人认为：“王实甫之词，如花间美人。铺叙委婉，深得骚人之趣。极有佳句，若玉环之出浴华清，绿珠之采莲洛浦。”②这种风格特色，也以《西厢记》体现得最为完整。

《西厢记》是王实甫的代表作，是祖国古典戏剧中最伟大的杰作之一。今本《西厢记》最后一折的〔清江引〕曲中，有“谢当今圣明唐圣主”一句。

① 〔集贤宾〕。

② 朱权《太和正音谱·古今群英乐府格势》，载《中国古典戏曲论著集成》(三)，中国戏剧出版社1959年版，第17页。

这句金圣叹所见旧本作"谢当今垂帘双圣主"。据《元史·后妃传》,大德年间(1297—1307),元成宗多病,布尔罕皇后当权,政事都由她决定。"谢当今垂帘双圣主"这句话,正是作家写来以备杂剧上演时对元成宗和布尔罕致以祝颂的。由于时过境迁,后人才将它改易了。据此推断,《西厢记》正是在元杂剧的黄金时代出现的,是王实甫四五十岁左右的作品。作家这时可能占有的丰富的人生经验和成熟的艺术手段,有助于这个剧本的创作,是我们可以想象得到的。

董解元对崔、张故事做出的杰出贡献,到了他伟大的后辈王实甫手中,获得了更完善的发展。《西厢记》的基本情节,在诸宫调中已经奠定了,所以王实甫在这方面,就只作了某些必要的和不大的改动。他所着重提高的,则在人物形象的塑造方面。在艺术上,适应着戏剧的特定要求,在内容上,力求符合于生活的真实,这就都使得"王西厢"较之"董西厢",在百尺竿头,更进一步,成为一部不可企及的典范作品。只是在王实甫的《西厢记》出现之后,这个流传已久的反对父母包办的封建婚姻,赞扬男女基于爱情的婚姻自主的重大主题,才通过栩栩如生的、极其富于个性的艺术形象,得到充分的表达。在剧本结束时,作家写出了"愿普天下有情的都成了眷属"①这一给与了少男少女们以极大鼓舞的诗句,正反映了作品的总倾向。《西厢记》,是歌颂向封建势力进行搏斗的某些青年男女获得胜利的诗篇,也是激发更多的青年男女对吃人的礼教进行背叛活动的号角。"看了《西厢记》,到老不成器。"从封建卫道者这一诅咒中,也正看出了《西厢记》的战斗力量。

王实甫不只是一位塑造人物的妙手;同时,还是一位大胆的艺术革新家。他对于杂剧革新,也正体现在《西厢记》里。我们知道,元代杂剧一般的是用四折组成的。这种成规使得作家们在处理题材时可以注意到更加精练一些;但与此同时,它也在某种程度上妨碍了较为复杂的题材、主题和人物性格的充分发展。王实甫看中了崔、张故事,认为有必要对它进行再创造;于是,继董解元之后,他又以自己的生活、思想、感情丰富了这个

① 第五本第四折〔清江引〕。

很有意义的题材。但同时，他感到一本四折的限制对于这个题材说来，是很不适合的，于是他勇敢地将《西厢记》写成了一个五本二十折的大作品。如虽然是后人所加添但却符合王实甫的原意的题目所标示的，《西厢记》是以《张君瑞闹道场》（四折）、《崔莺莺夜听琴》（五折）①、《张君瑞害相思》（四折）、《草桥店梦莺莺》（四折）、《张君瑞庆团圆》（四折）五个自成首尾的，具有相对独立性的杂剧而构成这一宏伟的诗剧的。其次，我们也知道，元代杂剧一般地是由一位主角歌唱。这种从讲唱文学遗留下来的成规，对于戏剧内容、人物性格的充分表现，也不无妨碍。王实甫敏感到这一点，于是利用了杂剧向来允许在个别场合由主唱者以外的角色插唱一两支曲子的办法（这，也可能是受了戏文的影响，但无法证明），发展为在某些必要的场合，让许多人可以同时歌唱，如第四本第四折，就有张生和莺莺的接唱；在第五本第四折，也有张生、红娘、莺莺的轮唱。这些革新，在杂剧固有的许多成规已经打破了的明代，诚然不算什么，但在大德时代，却不能不是剧坛上的重要事件。王实甫的革新，在当时还是“曲高和寡”的，但却给与了后来从事杂剧革新的作家以很大的启发。王实甫的实践也证明了，他对于内容决定形式，作家可以而且应当突破不适应内容的形式这些美学原则，是有所理解的。如果我们承认，《西厢记》的成功，不只是限于思想方面，也必然联系到艺术方面，那么，对于作家的关于戏剧形式的贡献，就不容忽视。

王实甫《西厢记》的出现，使流传已久的崔、张故事面目一新。它的思想力量和艺术力量，对于封建说教，特别是所谓“男女之大防”乃是一个极其有力的冲击。这个冲击，在不同的人们的思想上，发生了不同的反响。围绕着这个剧作，先进的和落后的作家们发生了一连串的、尖锐的斗争。撇开那些为数众多的受到《西厢记》影响而形成的大同小异的创作不谈，仅就对于这个剧本进行研究、改编与续作的情况来看，也可以证明这一点。在元代，已经有人将《西厢记》尊为《春秋》。从明代中叶起，又有不少的人为它作校注，其中如徐渭、王骥德、凌濛初等都是著名的戏剧家或小

① 其实仍是四折，其中一折是楔子。

说家。为了适应明代舞台的需要，剧作家崔时佩和李日华又首先将它由北曲改为南曲，“以北词之句读，改作南调之音律”①，虽然在音律方面未能完全符合，但却保留了一部分王实甫原来造诣极高的语言，所以前人肯定他“斗胆翻词”，“允为上品”。② 现在舞台上常唱的《西厢》，如《拷红》等折，就都是用的这个本子。和李日华同时的另一剧作家陆采，由于不满意李的翻改本，又曾自作新词。这两种《南西厢》，特别是后一种，显然并不出色。但无论如何，崔时佩、李日华、陆采是以自己的劳动支持了董解元、王实甫对于生活所作出的公正判断，并且使《西厢记》在北曲绝迹歌场之后，再以南曲的形式将这个优美故事延续下去的。以可能是出于王彦贞之手的〔小桃红〕(《西厢百咏》)为首的、数量众多、样式复杂的歌曲及讲唱文学(如我们在傅惜华编的《西厢记说唱集》中所看到的)，也大都是这样。

但并不是所有的人都无例外地喜爱和尊重王实甫的工作的。另外一些站在封建统治阶级反动立场的作家，被王实甫的成功激怒了，竟然不自量力地进行歪曲和污蔑这部伟大作品的活动。如明人周公鲁的《翻西厢》(又名《锦西厢》)将莺莺写成了一个完全符合封建规范的贞女，最后并让她嫁给了郑恒，将张生写成了一个奸险的小丑。清人查伊璜的《续西厢》则对原作的第五本进行了修改，写出了崔老夫人要将红娘许配郑恒，逼得她只好上吊这种恶劣情节。再如明人卓珂月的《新西厢》、盱江韵客写的《续西厢升仙记》、清人碧蕉轩主人的《不了缘》，也都以点金成铁或画蛇添足的手段，损害了原作的精神。当然，这一切都是徒劳的。这些作品几乎被遗忘了，但“王西厢”依然屹立在人民的心里。

这是一些相反的现象，但却从不同方面证明了王实甫《西厢记》难以企及的成就和它在社会中巨大的影响。除了高明的《琵琶记》和汤显祖的《牡丹亭》、洪昇的《长生殿》以及孔尚任的《桃花扇》之外，这种影响，在古典戏剧中还是少见的。

---

① 吴梅《顾曲麈谈》第一章《原曲》第三节《论南曲作法》，今据《吴梅戏曲论文集》第30页校，中国戏剧出版社1983年版。

② 吕天成《曲品》。见《中国古典戏曲论著集成》(六)，中国戏剧出版社1959年版，第222页。

第二节　《西厢记》中的人物形象

剧本中正反两面的主要人物都是富于个性的典型形象，乃是王实甫在《西厢记》中最重大的贡献。一般的杂剧，由于形式的限制，往往只能将主角（同时就是主唱的角色）写得饱满一些，典型一些，而对其余的角色则不免有意或无意地加以忽略。但王实甫却一方面依据内容的需要，突破了杂剧原有的成规；一方面又依据自己对于生活的深刻体察，再创造了原来就已经有些性格基础的人物形象。这就使得《西厢记》的内容与形式达到了高度的统一；其所塑造的许多人物也达到了性格非常丰富、形象非常明朗，令人一见难忘的程度。

张生、莺莺、红娘，还有莺莺的母亲崔老夫人，都是祖国文学史上永生的、富于魅力的艺术肖像。

将张生写成一个正面人物，开始赋予他以真诚不二的性格，我们要给董解元记上头功。但在诸宫调中，张生的形象还是不无缺点的。如他第一次见了莺莺，竟然毫无顾忌地尾随，使听众感到他过分急色；在孙飞虎兵围普救寺时，他自称有退兵之策，却一定要老夫人亲自向他恳求，才肯将已经施行的秘计说出，似乎有些乘人之危，来寻开心；他跳墙赴约，被莺莺拒绝以后，竟要和红娘“权做夫妻”，又显得非常庸俗；在老夫人听了郑恒的谎言，第二次悔婚之后，他竟然束手无策，乃至于说：“郑公，贤相也，稍蒙见知；我与其子争一妇人，似涉非礼。”这种富于妥协性的话，也构成了和张生基本性格难以调和的冲突。王实甫则将这一些缺点在很大的程度上改正了，因而出现在杂剧中的张生，就具备了更值得人爱重的性格。

虽然剧本中交代了张生乃是尚书之子，但从其生活情况看来，他乃是以一个清贫的书生的身份登场的。他家境虽然贫寒，胸襟却很开阔。作家一上来就让他唱了几支曲子，透露了他风流潇洒的性情和大自然壮丽景色的契合，从而暗示了他是一个有才情，有抱负的文士，虽然他的志业和环境有矛盾，但仍然乐观。在王实甫笔下，张生不是那种被不顺利的环境压得喘不过气来，因而显得委琐局促的人物。

〔仙吕·点绛唇〕游艺中原，脚根无线，如蓬转。望眼连天，日近长安远。

〔混江龙〕向诗书经传，蠹鱼似不出费钻研。将棘围守暖，把铁砚磨穿。投至得云路鹏程九万里，先受了雪火萤窗二十年。才高难入俗人机，时乖不遂男儿愿。空雕虫篆刻，缀断简残编。

行路之间，早到蒲津。这黄河有九曲，此正古河内之地，你看好形势也呵！

〔油葫芦〕九曲风涛何处显，则除是此地偏。这河带齐梁，分秦晋，隘幽燕。雪浪拍长空，天际秋云卷。竹索缆浮桥，水上苍龙偃。东西溃九州，南北串百川。归舟紧不紧如何见？恰便似弩箭乍离弦。

〔天下乐〕只疑是银河落九天；渊泉，云外悬，入东洋不离此径穿。滋洛阳千种花，润梁园万顷田，也曾泛浮槎到日月边。

——第一本第一折

张生“万金宝剑藏秋水，满马春愁压绣鞍”①的抑郁寂寞的心情，在普救寺偶然地遇见了莺莺之后，起了一个突如其来的变化，他开始由对功名的追求转而为对爱情的追求。不得志的文士所常常具有的关于爱情的遐想，转移了他的目标，使他感到一种陌生的生命的喜悦，甚至使他不自觉地做出许多可笑的举动，说出许多可笑的言语来。通过“小生姓张，名珙，字君瑞，本贯西洛人也，年方二十三岁，正月十七日子时建生，并不曾娶妻……”②这一段著名的台词，王实甫令人信服地使我们感觉到了张生的诚恳和由于过分诚恳而产生的书呆子气，以及这个青年人富于生命力的浪漫情调。

在杂剧第一本中，王实甫以大量的篇幅刻画了张生的内心活动，特别是他对幸福的幻想。他甚至于想到他和莺莺结婚以后，怎样发落红娘的问题：“若共他多情小姐同鸳帐，怎舍得他叠被铺床。我将小姐央，夫人

① 第一本第一折。张生上场白的最后两句。

② 第一本第二折。

央，他不令许放，我亲自写与从良。”[①]在这些描写当中，王实甫展示了张生的温柔、善良和勇于追求幸福的诸性格。

仪容俊俏、性格温柔、才艺精能，虽然显得有些呆气，但从呆气中却显示着对于爱情的至诚和专一的张生，就凭着这些条件，一步一步地赢得了莺莺的好感。这一切，也正是那个时代闺秀理想的丈夫所应当具备的条件。所以莺莺终于唱出了：“往常但见个外人，氲的早嗔；但见个客人，厌的倒褪；从见了那人，兜的便亲。”[②]

张生的品貌，特别是他天真诚实的性格奠定了莺莺钟情于他的基础，而孙飞虎事件的发生和解决则使得他们的关系由于这样一个意外的外在条件，而急速发展。可是，王实甫在这个时候，又给了我们另外一个意外，老夫人悔婚了。这个积世老婆婆过了河，拆了桥，却对张生说要多以金帛相酬，叫他去别拣豪门贵族之女。张生这时堂堂正正地回答道：“既然夫人不与，小生何慕金帛之色？却不道‘书中有女颜如玉’，则今日便索告辞。”[③]这显然是负气的话，也只是张生这种有些书呆子气的人才想得到的气话。他虽然对老夫人负气，可没有对莺莺负心。他并没有告辞，却是告病了。于是，他终于赢得了红娘的同情，也更多地赢得了莺莺的爱情，终于使自己得到了幸福。

剧本是以张生赴京应考，中了状元，然后回来和莺莺完婚结束的，而他之离开热恋的莺莺去应考，则是由于老夫人的要求（或者说要挟）。这是不是损害了张生性格的完整呢？或者，这位反封建的青年是不是最后又向他所反抗的势力低了头呢？我们认为：似乎可以不必这样来理解。

《西厢记》的主题，毫无疑问是反封建的，但它却只是从爱情与婚姻的角度来反的，而不是从其他角度，例如从“不士王侯，高尚其志”[④]的角度来反的。当功名富贵与爱情婚姻不可兼得，因而发生矛盾的时候，崔、张

---

① 第一本第二折〔小梁州〕〔么篇〕。

② 第二本第一折〔那托令〕。

③ 第二本第四折。

④ 《易·蛊》，据黄侃手批《白文十三经·周易》，上海古籍出版社1983年版，第13页。

两人要的都是后者而不是前者。这个剧本中表现得很鲜明。可是当他们的事已经成为定局的时候,这种情势就有所改变了。他们一方面是为了"都则为一官半职,阻隔得千山万水"①而忧愁,但另一方面,也是为了"张珙如愚,酬志了三尺龙泉万卷书;莺莺有福,稳请了五花官诰七香车"②而欣喜,为了"将相出寒门"③而兴奋。我们很难想象,崔、张结婚之后,张珙这个有志气、有才能的青年人,就会,就应当以"左顾孺人,右弄稚子"④的生活方式,杜门不出,过上一辈子的隐士生活。老夫人要张生去应考这一情节,主要地还是为了描写这位老太太始终企图维护自己的封建门阀观念。对于张生来说,则去应考,和剧本一开头所写的他堕入情网以前的精神状态,倒是统一的,只是去得太快了一些,因此显得有些被动而已。他会惆怅于"时乖不遂男儿愿",而中了状元,正授河中府尹,则正是其愿的实现。我们知道,对古代一个堂堂男子建功立业的愿望,是不能简单地将它完全算作封建思想的表现的,因而张生在新的形势之下,接受了老夫人的条件,也就很难算作是向封建力量屈服的表现。

莺莺在元稹的传奇小说中已经是一个很动人的形象。董解元则进了一步,开始将她当作一个贵族家庭的女性觉醒者来描写了。但这位杰出的讲唱文学作家似乎对莺莺这么一个相国小姐的生活还有些地方体会得不够深刻,因而在其所创作的诸宫调中竟然出现了像莺莺第一次看见了张生的柬帖后,竟气得用镜台打红娘;以及老夫人第二次悔婚时,她竟私自跑到法聪和尚的房里去找张生,并和张生双双在和尚面前自缢这一类的完全不符合于莺莺身份与性格的细节描写。而王实甫,则摆脱了这些缺点,将莺莺写成了一个虽然出身贵族之家,却体现了人民对于爱情与婚姻问题的愿望的、具有非常完整而优美的个性的少女。

莺莺是以这样一支曲子开始和观众在舞台上见面的:"可正是人值春

① 第四本第四折〔络丝娘〕〔煞尾〕。

② 第五本第四折〔驻马听〕。

③ 第五本第三折〔圣乐王〕。

④ 江淹《恨赋》,见《文选》,中华书局 1977 年版,第 236 页。

残蒲郡东，门掩重关萧寺中；花落水流红，闲愁万种，无语怨东风。”①作家一上来就告诉了我们这位深闺少女难以名状的苦闷。而张生的偶然出现，则像一道划破黑暗的光芒，使得她的由于封建势力的重重包裹而陷于昏睡状态中的青春和生命惊醒过来，从此她才开始争取作为“人”来生活下去，开始思索自己的青春和生命的意义。

王实甫挥洒起自己的生花妙笔，对莺莺的美貌作了震撼人类灵魂的描写。同时，还写了她的多才，多艺，多情，和她从昏睡中苏醒以后对于因袭的重担的抗拒，以及在自己朦胧的追求过程中的苦闷。这一切，都是动人的。然而剧本最动人的地方，还在于写出了她的富于牺牲精神和反抗精神的高尚品质、她的克服自己身上原有弱点的过程。

突然爆发的孙飞虎事件，对于普救寺的一应僧俗人等说来，都是一个严重的考验。它使人们在这个生死关头呈露了平日隐藏在内心深处的思想感情。而莺莺，作为一个掠夺的对象，她所受的考验，是更其严酷的。王实甫在非常成功地描摹了莺莺的容貌、才情之类以后，又通过这一事件，将她的灵魂之美向观众和读者作了同样非常成功的呈现。天真的，因而也是勇敢的莺莺，在自己将要遭到这样天外飞来的横祸时，当然非常害怕（不这样是不可能的），但略一镇定之后，首先想到的，却不是自己的命运，而是母亲、弟弟、父亲的灵柩、庙宇和全寺几百个人的性命应当如何保全。她连续提出了将自己献与贼人，在自己自尽后将尸体献与贼人，以及谁能退贼的，就嫁与他三条计策。这时候，她是绝没有想到张生“有出师表文，吓蛮书信”，能够“笔尖儿横扫了五千人”②的（虽然她对他，在“墙角联吟”之后，已经初步有了好感）。可是，她仍然这么想，并这么说了。这种自我牺牲的精神，赋予了莺莺的形象以非常崇高的内在意义。

孙飞虎事件以那种方式结束给莺莺和张生带来了意外的欢乐。可是，随着老夫人的赖婚，又给他们带来了意外的烦忧。对于自己的青春和生命的价值，经过一番思索，并且经过那场灾祸以后，莺莺更加明白了。

---

① 第一本第一折〔楔子〕。

② 第二本第一折〔赚煞〕。

如只能为数百人的性命，为母亲和弟弟的安全，而做有意义的牺牲，但决不能让即使是最亲爱的妈妈将自己埋葬在那个封建婚姻的坟墓里。于是，我们看到了，在老夫人赖婚的筵席上，莺莺的反抗。

(末见旦科。)(夫人云)小姐近前，拜了哥哥者！(末背云：)呀，声息不好了也！(旦云：)呀，俺娘变了卦也！(红云：)这相思又索害也！(旦唱：)

〔雁儿落〕荆棘刺怎动那？死没腾无回豁！措支刺不对答！软兀刺难存坐！

〔得胜令〕谁承望这即即世世老婆婆，着莺莺做妹妹拜哥哥。白茫茫溢起蓝桥水，不邓邓点着祆庙火。碧澄澄清波，扑刺刺将比目鱼分破；急攘攘因何，扢搭地把双眉锁纳合。

(夫人云：)红娘看热酒，小姐与哥哥把盏者！(旦唱：)

〔甜水令〕我这里粉颈低垂，蛾眉频蹙，芳心无那。俺可甚"相见话偏多"？星眼朦胧，檀口嗟咨，攧窨不过。这席面儿畅好是乌合。

(旦把酒科。)(夫人央科。)(末云：)小生量窄。(旦云：)红娘接了台盏者！

〔折桂令〕他其实咽不下玉液金波。谁承望月底西厢，变做了梦里南柯。泪眼偷淹，酩子里揾湿香罗。他那里眼倦开软瘫做一垛；我这里手难抬，称不起肩窝。病染沉疴，断然难活。则被你送了人呵，当甚么嘍啰。

(夫人云：)再把一盏者！(红递盏了。)(红背与旦云：)姐姐，这烦恼怎生是了！(旦唱：)

〔月上海棠〕而今烦恼犹闲可，久后思量怎奈何？有意诉衷肠，争奈母亲侧坐，成抛躲，咫尺间如间阔。

〔幺篇〕一杯闷酒尊前过，低首无言自摧挫。不堪醉颜酡，却早嫌玻璃盏大。从因我，酒上心来较可。

(夫人云：)红娘送小姐卧房里去者！(旦辞末出科：)(旦云：)俺娘好口不应心也呵！

〔乔牌儿〕老夫人转关儿没定夺，哑谜儿怎猜破；黑阁落甜话儿将人和，请将来着人不快活。

〔江水儿〕佳人自来多命薄，秀才每从来懦。闷杀没头鹅，撇下陪钱货；下场头那答儿发付我！

〔殿前欢〕恰才个笑呵呵，都做了江州司马泪痕多。若不是一封书将半万贼兵破，俺一家怎得存活。他不想结姻缘想甚么？到如今难着莫。老夫人谎到天来大。当日成也是您个母亲，今日败也是您个萧何。

〔离亭宴带歇指煞〕从今后玉容寂寞梨花朵，胭脂浅淡樱桃颗，这相思何时是可？昏邓邓黑海来深，白茫茫陆地来厚，碧悠悠青天来阔；太行山般高仰望，东洋海般深思渴。毒害的恁么。（俺娘呵，）将颤巍巍双头花蕊搓，香馥馥同心缕带割，长搀搀连理琼枝挫，白头娘不负荷，青春女成担阁，将俺那锦片也似前程蹬脱，俺娘把甜句儿落空了他，虚名儿误赚了我。

——第二本第三折

这是以读曲家称为莺莺“掷怀”这个情节为中心的一场戏。在莺莺、张生乃至于红娘都由于老夫人的忽然变卦而落得一场空欢喜的时候，这位相国的小姐竟然将自己高贵尊敬的母亲称为“即即世世老婆婆”，称这个筵席是“乌合”，敢于在抑制不住自己情绪以后，违拗了母亲要她劝酒的命令，将台盏掷给红娘，并且在大段的抒情性的唱词中，埋怨母亲“谎到天来大”，提出“下场头那答儿发付我”的质问。这，必须理解到，也就是这位一向腼腆温柔的闺秀当时所可能提出的最强硬的抗议。

在莺莺遇到张生并对他开始留情以后，她便感到并且气不忿封建礼教对于她的拘管了。她怪红娘，“但出闺门，影儿般不离身”。当红娘说明这是老夫人的命令以后，她就更加不愉快：“俺娘也没好意思，这些时直恁般提防着人；小梅香伏侍的勤，老夫人拘管的紧，则怕俺女孩儿折了气分。”①这些已经在心里萌芽的反抗情绪，如果老夫人不赖婚，便也会淹

① 第二本第一折〔天下乐〕。

没掉了。可是，这一对争取婚姻自由的青年的道路并不是那么平坦的。母亲背信弃义的行为，逼使女儿的反抗精神高扬了起来，走上对于封建道德和制度说来是更其叛逆的道路，从而奠定了剧本以下情节的基础。

莺莺要战胜拘管自己的环境，战胜母亲的封建思想，必须以战胜自己的封建思想为其先决条件。因为，莺莺虽然是一个不满二十岁的姑娘，但由于她从小受了封建家庭道德、风俗的熏陶，便不可避免地，同时也无可奈何地负荷着那种因袭的重担。她向自己提出获得真正幸福的要求的同时，也必然向自己提出另外一个要求，即解脱自己思想中无形的锁链。要战胜环境，是不容易的，而要战胜自己，则更困难。王实甫主要地通过描写莺莺和红娘之间的矛盾及其解决，将莺莺的自我斗争过程，作了非常真实动人的艺术记录。

老夫人的狡诈、莺莺的苦恼和张生的志诚，感动了红娘。这个热肠侠骨的姑娘便设计让莺莺听到张生申诉心事的琴声。莺莺被感动了。她脱口说出了："我若得些儿闲空，张生呵，怎教你无人处把妾身作诵。"①她大胆地教红娘去告诉张生："好共歹不著你落空。"②在听到张生生病以后，她并央求红娘去探望。这一切就使得红娘敢于给张生带回来了简帖。

这个时候，莺莺陷在极端的矛盾中。一方面，她必须取得红娘的帮助，另一方面，又必须在丫鬟面前维持自己小姐的尊严。她认为，只能够在不损害自己尊严的前提下，取得红娘的帮助。因此，最好是红娘虽然帮助了她，却还不知道自己干了什么。但就这一点来说，莺莺是倒楣的，红娘是红娘，她既不是《红楼梦》中的傻大姐（她什么也不知道），又不是袭人（她可以对于别人不愿意她知道的事儿，即使知道了，也假装不知道），于是主婢之间展开了一场颇为精彩的暗斗。

伶俐的红娘，凭着她和莺莺相处的经验，是知道莺莺的习性的。所以她将简帖带回以后，只敢将它放在妆盒儿上，而不敢直接交给莺莺。但即

① 第二本第五折〔东原乐〕。
② 第二本第五折〔尾〕。

使是这样，莺莺仍然觉得是触犯了她的自尊心，她生气了。可是，红娘是不甘示弱的。她在用“分明是你过犯，没来由把我摧残；使别人颠倒恶心烦。你不惯？谁曾惯？”①这些话回复莺莺以后，竟然进一步以要将简帖拿到老夫人那里去出首为手段，向莺莺反攻。于是在第一个回合的暗斗中，莺莺失败了。

莺莺责备红娘不该带简帖回来，红娘以自己不识字，不知道他写的什么来辩解。红娘不识字这一件事实，莺莺平日并非不知道，但这时却给予了她一点启发，于是她便利用了红娘这个弱点，回了一篇诗，约张生来相会。她以为这一回稳可以瞒过红娘了。可没想到，当红娘将带去的简帖交给莺莺那个有点书呆子气的情人的时候，这位书呆子竟然毫不检点地将这个秘密向红娘公布了。这就使得这位即使原来情愿“做一个缝了口的撮合山”②的丫鬟，也不免有些轻微的恼怒：“你看我姐姐，在我行也使这般道儿。”③她决定了：“我看她到其间怎的瞒我？”④“影儿般不离身”地跟随着莺莺，本来是红娘的职责，也是主婢两人长久就有的生活习惯。红娘既然决定要行看坐守，莺莺就更无法调虎离山。于是，我们就看到了莺莺赖简那个幽默而尴尬的场面。由于红娘在跟前，她不能不硬着心肠将自己主动约来的情人加以严厉的呵斥，而红娘则当着莺莺的面，顺着莺莺的口，逆着莺莺的心，也将张生痛责一番。昏头转向的张生，有苦说不出口的莺莺和洞悉内情因而不禁暗笑的红娘之间的复杂交错的矛盾在这里构成一幅非常精警的生活图景。显然，在和红娘第二次的暗斗中，莺莺也没有得到胜利。

但莺莺在和红娘斗争中的失败，在实质上，也正是她的胜利。她被红娘战败的过程，也就是摆脱自己所负荷的因袭重担的过程。在红娘善意的反激之下，她性格上的弱点，主要的是根源于封建道德的虚伪性和软弱性，逐步被克服了，因而终于毅然地采取了在当时说来是反对封建婚姻制

---

① 第三本第二折〔快活三〕。

② 第三本第二折〔小梁州〕〔么篇〕。

③ 第三本第二折。

④ 第三本第三折。

度的最有效的斗争方式。在红娘的热心帮助之下，和张生自由自主地结合起来。

在“董西厢”中，红娘已经是一个不可缺少的人物，是崔、张反对封建婚姻斗争的有力援军。但同时，她的形象还显得单薄，不够鲜明。到了王实甫写杂剧时，他才对这个人物进行了最精心的再创造。这个家内女奴隶，可以说，是王实甫最钟爱的人物。他毫不吝惜地在她身上付出了极大的艺术才能，使她成为祖国古典文学中有数的最美的女性典型之一。认识到身份卑微的女奴隶身上蕴藏着巨大的智慧、高尚的道德和非常优美的风度，从而如实地给以艺术的再现，这正反映了王实甫深刻的民主主义和人道主义思想。

在《西厢记》的第一本中，红娘还不是一个十分惹人注目的人物。在张生眼里，她只是“大人家举止端详，全没那半点儿轻狂”①“可喜娘的庞儿浅淡妆，穿一套缟素衣裳，胡伶渌老不寻常”②，这样一个秀外慧中的女孩子而已。但随着事态的发展，我们就愈益认识了她灵魂的美丽，看出了她的能力和作用。

张生退贼的成功，使得红娘对他发生了好感，莺莺和红娘的情分，也使得她希望他们的婚事成功。但红娘和张生、莺莺终竟属于不同阶级的人物，因而也具有不完全相同的美学观点。她虽然在崔、张两人的欢乐感动了自己时，也说过张生“衣冠济楚庞儿俊，可知道引动俺莺莺。据相貌，凭才性，我从来心硬，一见也留情”③的话，但在更多的地方，她却嘲笑了张生的呆气、酸气，她称他为“二十三岁不曾娶妻的那傻角”，④甚至当面说他是“文魔秀士，风欠酸丁……酸溜溜螫得人牙疼”。⑤ 因此，在老夫人赖婚以前，红娘仅仅是以同情的态度注视着崔、张恋爱的发展，而不是以积极支持者的身份出现在这一事件中的。

① 第一本第二折〔脱布衫〕。

② 第一本第二折〔小梁州〕。

③ 第二本第三折〔小梁州〕〔么篇〕。

④ 第一本第三折。

⑤ 第二本第三折〔满庭芳〕。

可是，老夫人在赖婚中所表现的虚伪、狡诈，却和红娘固有的强烈正义感发生了难以调和的冲突。虽然她仍然讨厌张生的呆气、酸气，可是也开始更多地欣赏他的专一和志诚；她愈益认识了莺莺的虚伪和软弱，可是这也不排斥对她的痴情和痛苦的透彻了解。于是，红娘便以符合于自己独特个性的方式来干预这一事件，即一方面尽量地支持他们对老夫人的斗争，另一方面则在支持他们的同时也毫不容情地嘲笑他们。因为那些属于上层社会的许多习性，在这位热心快肠、见义勇为而又富于机智的丫鬟看来，实在是非常滑稽可笑的，对于他们对自己的热情支持缺乏认识，她也感到同样的可笑。如在张生要她捎信，说以后要多以金帛酬谢时，她唱道："哎！你个馋穷酸徕没意儿，卖弄你有家私，我莫不图谋你的东西来到此。""我虽是个婆娘有气志。则说道：'可怜见小子，只身独自。'恁的呵，颠倒有个寻思。"①在莺莺一面要她递简传书，一面又对她拿班做势时，她也唱道："你用心儿拨雨撩云，我好意儿传书寄简。不肯搜自己狂为，则待要觅别人破绽。受艾焙权时忍这番，畅好是奸。'张生是兄妹之礼，焉敢如此！'对人前巧语花言；没人处便想张生，背地里愁眉泪眼。"②事实上，看到这种深刻、痛快的批评和辛辣的嘲笑，我们也是很难忍住自己的笑声的。

在描写红娘和老夫人的斗争时，作家使她最喜爱的人物的性格，在非常尖锐的局势中，得到了更进一步的发展。红娘和莺莺、张生之间，存在着性格的、身份风习的乃至于美学观念的冲突。但在本质上，那一对爱侣是在为恋爱自由和婚姻自主而斗争，红娘则以其全力，任劳任怨地支持着这一斗争，因此，他们之间的矛盾是可以通过互相了解而逐渐化解的。这些矛盾以莺莺、张生用实际行动粉碎了封建礼教所加于他们的枷锁而基本上告一结束。但在拷红那个场面中，斗争的性质却有异于此。它是以老夫人为一方，以红娘等三个青年人为一方的封建势力和反对封建势力的一次激烈搏斗。关于婚姻问题的城市平民的郎才女貌新观点和封建主

① 第三本第一折〔幐葫芦〕及〔么篇〕。

② 第三本第二折〔门鹌鹑〕。

义的门当户对旧观点的冲突，由于事态的发展而表面化了，首当其冲的自然是莺莺和张生。然而，王实甫有意地要使人们更加喜爱他所创造的红娘，在这一紧要关头，他忽然将她调到了战斗的最前列，让大家来加以考验。

(夫人引俫上云:)这几日窃见莺莺语言恍惚，神思加倍，腰肢体态，比向日不同；莫不做下来了么？(俫云:)前日晚夕，奶奶睡了，我见姐姐和红娘烧香，半晌不回来，我家去睡了。(夫人云:)这桩事都在红娘身上。唤红娘来！(俫唤红科。)(红云:)哥哥唤我怎么？(俫云:)奶奶知道你和姐姐去花园里去，如今要打你哩。(红云:)呀！小姐，你带累我也！小哥哥，你先去，我便来也。(红唤旦科。)(红云:)姐姐，事发了也。老夫人唤我哩，却怎了？(旦云:)好姐姐，遮盖咱！(红云:)娘呵，你做的隐秀者，我道你做下来也。(旦念:)月圆便有阴云蔽，花发须教急雨催。(红唱:)

〔越调·斗鹌鹑〕则着你夜去明来，倒有个天长地久；不争你握雨携云，常使我提心在口。你则合戴月披星，谁着你停眠整宿？老夫人心数多，情性㑇；使不着我巧语花言，将没做有。

〔紫花儿序〕老夫人猜那穷酸做了新婿，小姐做了娇妻，这小贱人做了牵头。俺小姐这些时春山低翠，秋水凝眸，别样的都休，试把你裙带儿拴，纽门儿扣，比着你旧时肥瘦，出落得精神，别样的风流。

(旦云:)红娘，你到那里小心回话者！(红云:)我到夫人处，必问:"这小贱人！

〔金蕉叶〕我着你但去处行监坐守，谁着你迤逗的胡行乱走?"若问着此一节呵，如何诉休？你便索与他个"知情"的犯由。

姐姐，你受责理当，我图甚么来？

〔调笑令〕你绣帏里效绸缪，倒凤颠鸾百事有。我在窗儿外几曾轻咳嗽，立苍苔将绣鞋儿冰透。今日个嫩皮肤倒将粗棍抽，(姐姐呵，)俺这通殷勤的着甚来由？

姐姐在这里等着，我过去说过呵，休欢喜；说不过，休烦恼。（红见夫人科。）（夫人云：）小贱人，为甚么不跪下！你知罪么？（红跪云：）红娘不知罪。（夫人云：）你故自口强哩。若实说呵，饶你；若不实说呵，我直打死你这个贱人！谁着你和小姐花园里去来？（红云：）不曾去，谁见来？（夫人云：）欢郎见你去来，尚故自推哩。（打科。）（红云。）夫人休闪了手，且息怒停嗔，听红娘说。

〔鬼三台〕夜坐时停了针绣，共姐姐闲穷究，说张生哥哥病久。咱两个背着夫人，向书房问候。（夫人云：）（问候呵，他说甚么？）（红云：）（他说来，）道“老夫人事已休，将恩变为仇，着小生半途喜变做忧”。他道：“红娘你且先行，教小姐权时落后。”

（夫人云：）他是个女孩儿家，着他落后怎么？（红唱：）

〔秃厮儿〕我则道神针法灸，谁承望燕侣莺俦。他两个经今月余则是一处宿，何须你一一问缘由。

〔圣药王〕他每不识忧，不识愁，一双心意两相投。夫人得好休，便好休，这其间何必苦追求？常言道：“女大不中留”。

（夫人云：）这端事都是你个贱人！（红云：）非是张生小姐红娘之罪，乃夫人之过也。（夫人云：）这贱人倒指下我来，怎么是我之过？（红云：）信者，人之根本，“人而无信，不知其可也。大车无輗，小车无軏，其何以行之哉？”当日军围普救，夫人所许：退军者，以女妻之。张生非慕小姐颜色，岂肯区区建退军之策？兵退身安，夫人悔却前言，岂得不为失信乎？既然不肯成就其事，只合酬之以金帛，令张生舍此而去。却不当留请张生于书院，使怨女旷夫，各相早晚窥视，所以夫人有此一端。目下老夫人若不息其事，一来辱没相国家谱；二来张生日后名重天下，施恩于人，忍令反受其辱哉？使至官司，老夫人亦得治家不严之罪。官司若推其详，亦知老夫人背义而忘恩，岂得为贤哉？红娘不敢自专，乞望夫人台鉴：莫若恕其小过，成就大事，㒲之以去其污，岂不为长便乎？

〔麻郎儿〕秀才是文章魁首，姐姐是仕女班头；一个通彻三教九流，一个晓尽描鸾刺绣。

〔幺篇〕世有,便休,罢手,大恩人怎做敌头?起白马将军故友,斩飞虎叛贼草寇。

〔络丝娘〕不争和张解元参辰卯酉,便是与崔相国出乖弄丑。到底干连着自己骨肉,夫人索穷究。

(夫人云:)这小贱人也道得是。我不合养了这个不肖之女。待经官呵,玷辱家门。罢罢!俺家无犯法之男,再婚之女,与了这厮罢。红娘,唤那贱人来!

——第四本第二折

拷红是《西厢记》中最精彩的片段之一。由于历代戏剧家在表演方面的不断加工,它已经成为一个可以独立的短剧。在这短短一场戏中,王实甫通过红娘对老夫人的说理斗争,非常干净利落地描写了红娘的战斗及其胜利的完整过程,从而比以前更进一步的凸显了红娘聪明、大胆、机警、果断、正义的诸性格,歌颂了人民反对封建婚姻的胜利。如果说,在这场戏以前,红娘是以崔、张爱情的支持者的身份出现的,那么,从这时起,她又是以崔、张爱情的捍卫者的身份出现了。

当一向严厉的老夫人发现了那一对爱侣的秘密而向红娘追问时,她不免有些着慌,也不免对莺莺有些埋怨。这,对于这个突然被揭露的秘密缺少精神准备的红娘来说,是完全符合于她真实的心情的。但长期地和老夫人相处的经验,也使她摸清楚了这位主人的思想情况、她的基于家庭颜面而产生的顾忌和基于这种顾忌而形成的外强中干的弱点。侍婢生活所赋予红娘的善于察言观色,随机应变的才能,使得她在和老夫人对答时,逐步暴露了老夫人原来企图躲闪的那些弱点。这就使得老夫人愈来愈气短,到了最后,竟然除了全部同意她的意见外,别无办法了。在这里,作家给我们刻画了两个极其明朗的形象:由被动转为主动,愈来愈理直气壮的,是红娘;由主动转为被动,起头虽然气势汹汹,不久就觉得自己的鼻子已经碰了墙,非拐弯不可了的,是老夫人。王实甫通过具体的描写,显示了红娘的,也就是新思想、新事物的辉煌胜利。

在郑恒来造谣夺婚的时候，张生进京去了，莺莺，按照她的身份，是不能站出来反对他，揭露他的。在这另一紧要关头，王实甫再一次地打出了红娘这张王牌。

(净云：)与了一个富家，也不枉了，却与了这个穷酸饿醋。偏我不如他？我仁者能仁，身里出身的根脚，又是亲上做亲，况兼他父命。

(红云：)他倒不如你？噤声！

〔越调·斗鹌鹑〕卖弄你仁者能仁，倚仗你身里出身；至于你官上加官，也不合亲上做亲。又不曾执羔雁邀媒，献币帛问肯。恰洗了尘，便待要过门：枉腌了他金屋银屏，枉污了他锦衾绣裀，

〔紫花儿序〕枉蠢了他梳云掠月，枉羞了他惜玉怜香，枉村了他殢雨尤云。当日三才始判，两仪初分，乾坤：清者为乾，浊者为坤，人在中间相混。君瑞是君子清贫，郑恒是小人浊民。

……(净云：)……我祖代是相国之门，到不如个白衣、饿夫、穷士！做官的则是做官！(红唱：)

〔委厮儿〕他凭师友君子务本，你倚父兄仗势欺人。齑盐日月不嫌贫。治百姓新民，传闻。

〔圣乐王〕这厮乔议论，有向顺。你道是官人则合做官人，信口喷，不本分。你道穷民到老是穷民，却不道将相出寒门。

……(净云：)兀的那小妮子，眼见得受了招安也。我也不对你说，明日我要娶，我要娶。(红云：)不嫁你，不嫁你！

——第五本第三折

伟大的剧作家王实甫在描写郑恒和红娘斗口的一场戏中，重复地将郑恒的浊富和张生的清贫，郑恒的门第和张生的人才作了对比。这种重复，显然不是艺术上的疏忽而只是思想上的强调。在这个地方，作家很鲜明地提出了自己的符合于人民看法的道德观点和美学观念；而通过红娘所说的："你道穷民到老是穷民，却不道将相出寒门。"又体现了被压迫的

人民群众的政治要求。从这个地方也可以看出《西厢记》虽描写过爱情与功名的矛盾，但王实甫在处理这个剧本的时候，却并没有排斥“将相出寒门”这种并不能简单地算作是向封建势力屈膝的想法。这种想法，在张生的思想、感情、行动中本来有所体现，而在郑恒这种出身“相国之门”，一向“倚父兄仗势欺人”的人物出场时，作品中流露的倾向就更其明显了。

现在，可以回过来看一看剧中主要的反面人物崔老夫人。在剧本中，她并不是一位主唱的角色，戏也不多，但通过她本身的活动，在更多的场合是通过莺莺、红娘，甚至于张生的活动，令人处处感到有这样一个人物的存在。她是一个封建婚姻制度的坚决捍卫者，但同时，又是一个慈爱的母亲，一个精通世故的贵妇人。剧本在描写她的内心冲突、她的性格与其他人物性格的冲突时，都非常精确地反映了这些存在于她身上的阶级和个性的特征。

像普天下绝大多数的母亲一样，老夫人是非常钟爱自己的女儿的；特别是在丈夫已经死去、儿子还没成人的具体环境下，她的确是和莺莺相依为命的。在孙飞虎兵围普救时，她说：“老身年六十岁，不为寿夭。奈孩儿年少，未得从夫，却如之奈何？”①这乃是从内心深处发出的、真诚的痛苦声音。它是没有任何虚伪的。可是，正因为她深深地爱着自己的女儿，她的思想感情又早已浸透了封建思想的毒汁，她感到只有将这种毒汁对莺莺的思想感情也加以浸染才算尽了为娘的责任，才算对得起女儿，于是，她的慈爱，就成了一种最可怕的慈爱。

以充满了爱意的心情，诚诚恳恳地进行着坑害女儿的工作，乃是老夫人这个人物特有的悲剧。她的最不令人满意的赖婚这一行为，就是在封建思想支配之下去爱女儿的具体表现。她主观地认为：以崔府的家世门第，她可以并且应当给女儿选择一个门当户对的贵公子例如郑恒这样的人做女婿。但突发的事变却使得她面临一种只能在将莺莺送给孙飞虎去做压寨夫人或将莺莺许给任何一位能够退贼的僧俗的情势，她才不得已地答应了这么办。这显然是一个“两害相权取其轻”的权宜之计，是从爱

① 第二本第一折。

女儿出发的，诚恳的。但时过境迁，她就不能不从新的角度来考虑这个问题。她衷心地感到张生在门第和财产上绝对不能和郑恒相比，于是，她赖婚了。当然，如剧中所描写的，她这时并不是完全没有察觉到莺莺和张生彼此有意，但这一些情况，在她看来，是并不重要的，甚至于不是不“道德”的。于是，她为了女儿的前途，竟不惜悍然地放赖。她明知道这种辜恩负德、背信弃义的行为，就是从她所遵奉的道德标准看来，也有些说不过去，因此不无内疚，所以在张生向她进行质问，并说“则今日便索告辞”之后，她也不能不加以挽留：“你且住者，今日有酒也。红娘扶哥哥去书房中歇息，到明日咱别有话说。”[①]这显然也不是虚伪的。可是，这位老夫人，为了爱自己的女儿，竟不惜不顾自己的脸面，做下这种在一般人看来都说不过去的事情；而女儿呢，却丝毫不感激她，反而骂她是个“即即世世老婆婆”、“口不应心的狠毒娘”[②]这就非常深刻地体现了像老夫人这种死心塌地维护封建婚姻制度的人物的悲剧，从而证明了这种维护的徒劳。

莺莺和张生以实际行动反对了、粉碎了老夫人这种可怕的慈爱，这就使得老夫人陷于一种异常困难的境地。如我们在前引“拷红”这个场面中所看到的，她被红娘用说理斗争的方式打败了。然而值得我们注意的是，红娘是从几个不同的方面来说服她的：折之以理，动之以情，同时，又晓之以利害。而老夫人则只是从其封建思想的角度来赏识红娘的话，她所首先考虑的是“俺家无犯法之男，再婚之女”，她所害怕的是经官动府，“玷辱家门”，因而才勉强答应：“与了这断罢！”作家写到这里，我们就可以恍然大悟：原来老夫人之钟爱莺莺，乃是被统一在她那个维护封建礼教的主导思想之中的。因此，我们也不妨说，她所爱的主要的并不是活生生的莺莺，而是一个自愿紧紧地追随着自己的脚印走进礼教牢狱的女儿。王实甫通过母亲与女儿、主母与婢女之间的剧烈冲突的具体描写，一方面，从婚姻问题上非常真实地揭露了整个封建伦理观念的本质，另一方面，又从

---

① 第二本第三折。

② 第二本第五折。

同一问题上非常真实地揭露了整个封建思想和制度的虚伪性、顽固性和软弱性。

如果除掉郑恒这个草草上场而又草草下场的人物不算,老夫人便是《西厢记》中唯一的反面人物。尽管在舞台上,她是唯一的,但我们却仍然可以察觉到:整个封建势力都站在她后面在支持着她。她努力地以害女儿方式去爱女儿,而且害得、爱得那么诚恳。这一悲剧形象的出现,就使我们更进一步地认识到,寻根究底,作为反面人物的老夫人的某些行为:固然应当由她自己负责任,但使她也受到毒害的封建思想和制度却应当负更大的责任。

第三节 《西厢记》的艺术特色

《西厢记》的艺术结构与语言也有特别值得称赞的地方。我们已经指出,这个剧本突破了杂剧一本四折的成规。它乃是一个五本二十折每本均加一楔子的巨制。这种巨大的篇幅是因为内容的需要而产生,并完全与内容相适应的,因此,在接触到它的时候,就只感到紧凑而不感到冗长。

《西厢记》在结构上的主要特色,是在于它在具有连续性,同时具有相对独立性的这五本杂剧中,随着人物性格的发展及其彼此之间的冲突,每一本中都有它们自己的高潮。如第一本《张君瑞闹道场》,就是以第四折为其高潮的。在这一折中,作家以像魔杖似的笔,对莺莺的美貌、众僧的颠倒作了非常出色的描写,使大家感到张生之爱莺莺,完全是应当的。这就为整个故事的开展,奠定了基础。在第二本《崔莺莺夜听琴》中,高潮是第四折老夫人的赖婚。这一突如其来的冲突,把大家带进了一个紧张的境界。第三本《张君瑞害相思》的第三折莺莺赖简又是一个高潮。它的出现,使人们感到:原来实际生活比一般人的想法要更复杂一些。莺莺要战胜她母亲,还得首先解放她自己。在第四本《草桥店梦莺莺》中,那一对青年男女幸福地结合了,但第二折老夫人和红娘之间的一场争辩却使人们更加紧张,从而又达到一个新的高潮。第五本《张君瑞庆团圆》,对全剧来说,已经是余波,然而作家也没有忘记安排一个令人发急的郑恒骗婚,老夫人再度悔约的情节，虽然这个冲突是写得不够饱满的。就每一本看是如此，就全剧看，也是如此。王实甫显然是以第四本当作全部《西厢记》的高潮来处理的。在这一本中，随着莺莺与张生之间的以及莺莺与红娘之间的矛盾的解决，使正面人物有可能和反面人物进行决战。如我们所已经介绍的，王实甫在第二折“拷红”那个场面里，让自己的宠儿打败了崔老夫人，使观众和读者发出了衷心的欢笑，从而使全剧达到了顶峰；而在第三、第四两折里，作家又以其生花妙笔对莺莺和张生的骤别与热恋作了力透纸背的描写，从而暗示了第五本的某些线索。

应当继续指出的是：各本的和全剧的高潮，都是非常自然地形成的。它们只是人物与人物、人物与环境之间矛盾冲突的必然结果。在整个情节的发展中，作家在若干地方给我们一些意外，但这意外，也仍然是符合于生活真实的，它们乃是具体的人物性格与某些忽然闯入这些人物生活中的外在条件相矛盾而激起的浪花。以老夫人这个戏比较少的人物为例，她的许婚，她的悔约，她的再度许婚和再度悔约，都是全剧中一些具有关键性的情节，而她的这些行动则是一贯地受着她的虽然受到冲击却始终没有改变的封建思想支配的。在不同的具体条件下，她的封建思想就以不同的面貌出现。别的人物活动也是如此。他们之间的互相矛盾又互相渗透的错综复杂的关系，就构成了《西厢记》中“一波纔动万波随”的奇观。

提炼人民群众的口语和汲取古典作家的书面语言，向来是作家们从事创作时取得其根本材料的两个主要来源。面向广大观众的戏剧艺术，必须能够适应比较广泛的社会阶层的要求，做到雅俗共赏的地步。因此，理论家们就曾经提出过，戏曲的语言最好是“文而不文，俗而不俗”，[①]即具有古典文学语言的精练优美而无其晦涩，具有群众口语的生动活泼而无其芜杂。元、明以来有成就的剧作家，其语言大都具有这种特色，但各人仍然是有所偏重的。如关汉卿对口语的提炼，工夫似乎下得多一些，而

① 周德清《中原音韵·作词十法·造语》，载《中国古典戏曲论著集成》(一)，中国戏剧出版社1959年版，第232页。

王实甫则对于古典诗词中有生命力的语言的汲取，下过更多的工夫。因此，关较朴素而显得本色，王较华美而特具文采。这是从引文中也可以比较出来的。

对于自然风物、生活环境充满了诗情画意与人物内心世界相契合的描写，使得人们特别容易将《西厢记》当作抒情诗来欣赏。

〔仙吕·八声甘州〕恹恹瘦损，早是伤神，那值残春。罗衣宽褪，能消几度黄昏？风袅篆烟不卷帘，雨打梨花深闭门；无语凭阑干，目断行云。

〔混江龙〕落红成阵，风飘万点正愁人。池塘梦晓，阑槛辞春。蝶粉轻沾飞絮雪，燕泥香惹落花尘。系春心情短柳丝长，隔花阴人远天涯近。香消了六朝金粉，清减了三楚精神。

——第二本第一折

〔正宫·端正好〕碧云天，黄花地，西风紧，北雁南飞。晓来谁染霜林醉，总是离人泪。

〔滚绣球〕恨相见得迟，怨归去得疾。柳丝长玉骢难系，恨不得倩疏林挂住斜晖。马儿迍迍的行，车儿快快的随，却告了相思回避，破题儿又早别离。听得道一声去也，松了金钏；遥望见十里长亭，减了玉肌。此恨谁知。……

〔一煞〕青山隔送行，疏林不做美，淡烟暮霭相遮蔽。夕阳古道无人语，禾黍秋风听马嘶。我为什么懒上车儿内，来时甚疾，去后何迟？……

〔收尾〕四围山色中，一鞭残照里。遍人间烦恼填胸臆，量这些大小车儿如何载得起？

——第四本第三折

无论是写莺莺怀春的前面两支曲子，还是写莺莺惜别的后面四支曲子，在描摹环境，抒写心情，制造气氛这些方面都非常成功。祖国古典诗歌非常注意情景交融，而《西厢记》的唱词，则在很大的程度上，做到了这种程度，它不是仅“以研炼浓丽为能”，因此才成为“词中异军”①的。此外，语言的性格化，也是《西厢记》的特色之一。这种特色，由于这个大型剧本由莺莺、红娘、张生、惠明等多人主唱，而显得更为突出。如莺莺的语言，深沉而优雅；红娘的语言，尖利而爽快；张生的语言热烈诚挚，惠明的语言豪迈奔放，都显示了各人的性格特征。

这个杰作的白璧微瑕在于个别地方还没有将从“董西厢”遗留下来的“浓盐赤酱”式的描写涤除净尽，在个别地方的语言近于掉书袋，第五本关于郑恒和崔、张的冲突还没有充分开展便草草结束。但这些缺点和弱点，较之《西厢记》所获得的成功来说，是微不足道的。

第四节　王实甫的其他作品

王实甫似乎将他全部的才华和精力都投入《西厢记》的写作中去了。他现存的另外两个杂剧，是并不出色的。《四丞相高会丽春堂》（下称《丽春堂》）写的是金代右丞相完颜乐善和倖臣李圭因竞射积嫌终于释怨的故事。它虽然也通过乐善打了李圭，因而被贬居济南，后来又由于“草寇作乱”，仍然将他起用这些情节，在某种程度上，对统治者对国家重臣的侮慢和利用的情况有所揭露，但其主题却更侧重于说明在那个时代，“俺这为官的，好似翻掌”②的事实。和作家自己所经历的宦海风波相印证，剧中的右丞相的遭遇和感情，是渗透着作家自己的遭遇和感情的。但王实甫并没有深入发掘这个有关统治集团内部矛盾斗争的题材的本质意义，其所写的人物的性格也不够鲜明突出。

《吕蒙正风雪破窑记》（下称《破窑记》）比《丽春堂》略胜一筹。它的情节是：洛阳富家之女刘月娥，奉了父亲的命令，在绣楼上抛绣球儿，凭天匹配。恰巧绣球打中了穷书生吕蒙正。刘员外想悔约，月娥不肯。夫妻两

---

① 吴梅《中国戏曲概论》卷上（四）元人杂剧，见《吴梅戏曲论文集》，中国戏剧出版社1983年版，第133页。

② 第四折。

个结婚以后,同居破窑。吕蒙正一向在白马寺赶斋,后来也被和尚用吃过饭再打钟的办法拒绝了。过了十年,吕蒙正中了状元,被任为洛阳县令,衣锦还乡。翁、婿、父、女才言归于好。这一类型的情节,在祖国文学中流传得非常广泛。它们主要的用意都在于突出那个时代人民对于婚姻问题的新看法,因此,其女主角总是一位重人才、爱情而不重门第、富贵的人,虽然故事总以她们两者都得到了结束。《破窑记》中的刘月娥也正是这样一个可爱的人物。在她要抛绣球时,她对这个将要决定她命运的物件祝祷道:“绣球儿你寻一个心慈善,性温良,有志气,好文章。这一生事都在你这绣球儿上。夫妻相待,贫和富,有何妨?贫和富是我命福,好共歹在你斟量。休打着那无恩情轻薄子,你寻一个知敬重画眉郎。”①这是代表着当时的先进呼声的。

王实甫在《西厢记》以外最值得我们重视的剧作,倒是那个只剩下一折唱词的《苏小卿月夜贩茶船》(下称《贩茶船》)。这不仅是因为从曲文来看,它是写得很好的,而且是因为这个题材在元代社会中具有很大的典型性。

苏小卿(也简称为苏卿)是一位沦落风尘的姑娘。书生双渐(字通叔,也作同叔)和她很相爱。但富有资财的茶商冯魁却乘双渐不在她身边的时候,串通鸨母,将她骗买去了。她经过金山寺,在壁上题了一首充满怨恨的诗。后来成了名、做了官的双渐看到这首诗,就赶到豫章城,终于将小卿夺了回来。现存有关这个题材的作品,细节有许多互不相同的地方,而其轮廓则大致是如此。

这个在宋、金时代已经产生的写士子、豪商和妓女之间的爱情纠葛的故事在元代特别流行,并不是偶然的。它反映了一个在当时社会上普遍地存在着的问题,即读书人的社会地位普遍下降和豪商大贾的社会地位普遍上升因而构成的矛盾问题。由于科举的长期停止和商业的畸形发展,商人逐步排斥了士子的社会地位,甚至于也剥夺了他们的恋爱权利。正如王晔在其散曲《题双渐小卿问答》中代双渐的情敌所坦白地说出的:

---

① 第一折。

“双通叔你自才学，我揣与娘通行钞。他掂了咱传世宝，看谁能够凤友鸾交？”①

当然，由于作家们多半是不得意的读书人，他们本身原来和商人存在着矛盾，在处理这类题材的时候，就往往不惜赋与妓女们以羡慕风雅、重视爱情的性格，并将士子写成仪表俊秀、有情有义，以此来贬抑商人，强化其以金钱来收买爱情的罪恶。但这也并不完全是出于作家们基于自己身份偏见的捏造。他们至少察觉到了一部分头脑比较清醒的妓女并不甘心将自己纯粹当作货物去拍卖，她们也同任何普通人民一样，需要正常而优美的爱情生活和家庭生活。像《贩茶船》这类的剧本，则正如实地描写了她们这种合理的愿望。双渐、小卿故事，正是由于代表着当时被压迫的妇女这样一种愿望，才受到广大人民的欢迎，甚至成为最实用的典故之一。

〔中吕·粉蝶儿〕这些时浪静风恬，再不去唤官身题名儿差占。直睡到上纱窗红日淹淹。从今后管家私，学针指，罢了花浓酒酽。一会家暗掐春纤，我这里数归期故人作念。

〔醉春风〕旧约信难凭，新愁眉带脸，落红满地不钩帘，把朱扉掩，掩。怕对菱花，照人憔悴，不似我旧时娇艳。

〔迎仙客〕灵鹊儿噪绿槐，喜蛛儿挂在垂帘，不由我腮斗儿上喜孜孜堆着笑脸。这书写时节带着些愁眉，封时节和泪粘。拆开封皮仔细观瞻，我与你一字字从头念。

〔石榴花〕原来这负心的真个不中粘，想当初啜赚我话儿甜，则好去破窑中捱风雪受齑盐。那时节谦谦，君子谦谦，疾发的赴科场才把鳌头占，风尘行不待占粘。如今这七香车五花诰无凭验，到做了脱担两头尖。

〔上小楼〕也是我前世里没缘，也是我今世里少欠。疾发的他应举求官，独步青霄，折桂扳蟾。受了些老母严，女伴每惦，何曾心厌！兀的不亏负杀小卿双渐。

---

① 〔双调·水仙子〕。见隋树森编《全元散曲》，中华书局1964年版，第1089页。

〔么〕有一日见了他，我和他便有甚脸，若见俺那负德辜恩，短命乔才，敢吃我会掴打揪挦。见放着海神庙有报应爷爷灵验，看你这负心贼恁般短见！

这是今存《贩茶船》残折苏小卿唱词的一部分。她打发双渐上京求取功名以后，待在家里，开始争取按照一个良家妇女的生活方式来过日子，心里充满了愉快。可是冯魁却串通苏妈妈伪造了双渐一封假信，说自己做了官，不要她了。这一意外的打击使小卿平静的感情沸腾起来。通过唱词，作家非常细致地描写了她情绪的激变。小卿的口吻，既不同于红娘，更不同于莺莺。在这些地方，我们可以看出，作家对于身份、性格、教养各不相同的人物的精神世界，是有能力深刻地分别予以把握的。

第三章　白朴

出生在蒙古贵族统一中国之前，在元贞、大德时代还以老辈作家的身份在曲坛上大显身手的，除了关汉卿和王实甫之外，还有白朴、马致远等多人。元贞、大德时代之所以成为元曲的黄金时代，不仅是由于当时出现了像关、王这样的戏剧大师，而且也由于除了他们之外，还出现了不少的成就仅次于这两位大师的剧作家和散曲家，从而形成了那个百花齐放的局面。

第一节　白朴的身世与创作

白朴(1226—?)，字仁甫，又字太素，号兰谷，原籍隩州(今山西省河曲县东南)，后来移居真定(今河北省正定县)。他的出生地则是汴梁(今河南开封)。父亲白华，贞祐三年(1215)进士，是金朝的枢密院经历官，也是著名的文士，和元好问是好朋友。白朴八岁的时候，蒙古军队攻陷了金国的汴京，白华当时不在京里，元好问便携带着他逃往河北。少年白朴在和元好问同住的几年当中，奠定了自己的文学基础，也在思想感情上接受了元好问的影响。在蒙古统一中国以后，他迁居金陵，仍然纵情诗酒，“屈己降志，玩世滑稽……从诸遗老放情山水间，日以诗酒优游”①，以遗民的身份度过了自己一辈子的岁月。

---

① 孙大雅《天籁集叙》。又王博文亦序云：“逮亡国，恒郁郁不乐，以故放浪形骸，期于适意。”

白朴是一位剧作家，同时又是散曲家、词人。他的词“清隽婉逸，意惬韵谐，可与张炎玉田词相匹”，[1]达到了一定的成就，词中也怀有故国之情：

> 千古神州，一旦陆沉，高岸深谷。梦中鸡犬新丰，眼底姑苏麋鹿。少陵野老，杖藜潜步江头，几回饮恨吞声哭。岁暮意何如？怯秋风茅屋。 幽独，疗饥赖有商芝，暖老尚须燕玉。白璧微瑕，谁把闲情拘束。草深门巷，故人车马萧条，等闲瓢弃樽无绿。风雨近重阳，满东篱黄菊。
>
> ——〔石州慢〕（《丙寅九日期杨翔卿不至书怀用少陵诗语》）

白朴更大的成就仍然表现在杂剧和散曲方面。词中所表现的亡国之痛，门庭冷落，故人疏远，立志隐居不仕的心情，哀婉而明确。所谓“白璧微瑕”，可能暗指其父降宋后又降蒙的变节行为，这也促使他不仕以明志。虽“用少陵诗语书怀”，但比杜甫遭“安史之乱”更悲哀。

在知名的剧作家中，年辈算是最高的白朴曾经写过十六个剧本，现存《梧桐雨》、《墙头马上》、《东墙记》三种。但《董秀英花月东墙记》，无论从人物、情节、结构、语言诸方面来加以考察，都很容易发现是王实甫《西厢记》的一个极其拙劣的仿制品，将它归之于年辈高于王实甫，修养和王实甫相去无多的白朴，是不恰当的。据《录鬼簿》等书的记载，白朴确实写过一本《东墙记》，但今本却显然不是他的原作。因此，我们论到白朴的剧作时，就只能以另外两种为限。

第二节 《梧桐雨》

《唐明皇秋夜梧桐雨》（下称《梧桐雨》）是白朴的代表作，也是元代作家所爱写的唐玄宗、杨贵妃的恋爱悲剧之一，并且是唯一完整地保存了下

[1] 《四库全书总目》卷一九九集部词曲类二《天籁集提要》，中华书局 1965 年版，第 1822 页。

来的关于这个题材的作品。它是从唐玄宗昏聩地赦免了而且重用了犯罪的番将安禄山写起的。接着,剧本中出现了唐玄宗与杨贵妃歌舞荒淫和深怜密爱的场面,而安禄山的造反以及马嵬兵变则打破了这一对夫妇的爱情生活,终于使孤独地活着的唐玄宗陷入极大的悲痛之中。在作家着重地描写了这个退位的皇帝梦回听雨的凄苦心情之后,《梧桐雨》就结束了。

非常明显,《梧桐雨》是在白居易的《长恨歌》的直接影响之下产生的。因而一方面,白朴就接受了他的前辈创作中原来就存在着的较为复杂的主题;另一方面,他也继承了他的前辈创作中特别富于抒情性的描写。

唐玄宗是《梧桐雨》的主角,作家对他是同情的。可是,这种同情并不是在他一开始出现在剧本中就获得了的。反之,作家倒是首先比较严峻地揭露了这个后来成为同情对象的昏聩腐败的丑行。在楔子中,唐玄宗就以一个荒淫无道的皇帝出现在观众面前。他沉醉于"朝歌暮宴,无有虚日"的生活,因而由一个曾经励精图治的政治家变成了一个腐朽昏庸的享乐主义者。这一形象在剧本的第一、第二两折中得到了进一步的充实。特别是当安禄山叛变,李林甫告急的时候,这位皇帝正在欣赏杨贵妃的霓裳舞,作家便在这个紧要关头,通过唐玄宗所唱的一支曲子,入木三分地提示了这个人物的内心世界:"止不过奏说边庭上造反,也合看空便,觑迟疾紧慢;等不的俺筵上笙歌散,可不气丕丕冒突天颜?"①很显然,像这种麻木不仁的皇帝,并不是作家所肯定的人物。与此同时,白朴在剧本的前半也将杨贵妃处理为是一个和唐玄宗过着同样糜烂的生活,甚至是导致唐玄宗于不义的贵妇人。他描写了她的承恩、她的固宠,还提到了她的秽德——和安禄山私通。总之,这一对夫妻,在作家笔下开始出现时,是很难获得人们的好感的。

可是,随着情节的发展,他们的爱情生活却遭到了意外的破坏。安禄山的叛变,扰乱了唐帝国的锦绣河山;官兵们的愤怒,也使得杨贵妃无法避免那个悲惨的结局。在事变平定以后,唐玄宗,作为一个退了位的老皇

---

① 第二折〔剔银灯〕。

帝，就只有用痛苦孤寂的回忆来消遣他的余年。这样，就使得作品一开头对唐玄宗、杨贵妃虽然有所谴责，但其后作家却根据剧本中主人公和自己的生活遭遇，以自己的理解和感受大大地丰富了这个历史故事，赋予了这个爱情悲剧以更普遍的意义，使得观众和读者对这一对男女生离死别的不幸命运产生了高度的同情，从而变谴责为怜悯，使得剧本的主题呈现着似乎有些矛盾的复杂情况。

当然，这样地认识和表现这个著名的历史题材，白朴所受之于白居易《长恨歌》的影响，是很明显的。但白朴之所以继承着他的伟大的前辈的看法，则又和他对于现实生活的感受分不开。在蒙古铁骑的践踏之下，首先是北中国，其次是全中国的不少的人民，都遭受到了流离失所、妻离子散的命运。这种命运，在某种程度上，和在历史上由于遭受异族入侵，①连自己的爱妾都保全不了的皇帝的命运，是有类似之处的，人们也很容易将它们联系起来。这样，白朴的《梧桐雨》就不只是表现了对历史人物的爱情悲剧的同情，而且是对人民正常的家庭生活受到破坏的哀伤的一种曲折反映了。

从情节上考察，第三折马嵬兵变显示了人民对祸国殃民的杨氏兄妹的正义裁判，似乎应当是全剧冲突的顶点。但由于《梧桐雨》主要地不是要表现这一点，也正如它主要地不是要表现对男女主人公的谴责一样，因而剧本中最引人入胜的描写就被作家安排在第四折关于唐玄宗对杨贵妃的怀念方面。在这一折戏中，唐玄宗是以一位真挚的情人和沉痛的忏悔者出现的。白朴通过他一连串的行动和独白，写出了他“时移事去，乐尽悲来”②的精神状态。他看着杨贵妃的画像，“把太真妃放声高叫。叫不应，雨泪嚎咷”。③ 他想给杨贵妃盖一座庙，可又“争奈无权柄，谢位辞朝”。④ 他散步

---

① 安禄山是一员蕃将，其部下也是胡兵。因此，安禄山的叛变自来被认为具有种族冲突的性质。

② 陈鸿《长恨歌传》。参阅汪辟疆校录《唐人小说》，上海古籍 1978 年版，第 117 页。

③ 第四折〔滚绣球〕。

④ 第四折〔呆骨朵〕。

时，“见芙蓉怀媚脸，遇杨柳忆纤腰”①，他好容易梦见了杨贵妃，却不幸地“好梦将成还惊觉”。② 这时，这位年已垂暮可是胸中仍然燃着熊熊的爱火的皇帝，就不能不迁怒积怨于惊醒了他美梦的梧桐秋雨了。

〔蛮姑儿〕懊恼，窨约，惊我来的又不是楼头过雁、砌下寒蛩、檐前玉马、架上金鸡，是兀那窗儿外梧桐上雨潇潇。一声声洒残叶，一点点滴寒梢，会把愁人定虐。

〔滚绣球〕这雨呵，又不是救旱苗，润枯草。洒开花萼，谁望道秋雨如膏！向青翠条，碧玉梢，碎声儿刎剥，增百十倍歇和芭蕉。子管里珠连玉散飘千颗，平白地瀽瓮番盆下一宵，惹的人心焦。

〔叨叨令〕一会价紧呵，似玉盘中万颗珍珠落；一会价响呵，似玳筵前几簇笙歌闹；一会价清呵，似翠岩头一派寒泉瀑；一会价猛呵，似绣旗下数面征鼙操。兀的不恼杀人也么哥，兀的不恼杀人也么哥！则被他诸般儿雨声相聒噪。

〔倘秀才〕这雨一阵阵打梧桐叶凋，一点点滴人心碎了。枉着金井银床紧围绕，只好把泼枝叶做柴烧，锯倒。

（带云：）当初妃子舞翠盘时，在此树下；寡人与妃子盟誓时，亦对此树；今日梦境相寻，又被他警觉了。（唱：）

〔滚绣球〕长生殿那一宵，转回廊，说誓约，不合对梧桐并肩斜靠，尽言词絮絮叨叨。沉香亭那一朝，按霓裳，舞六幺，红牙筯击成腔调，乱宫商闹闹吵吵。是兀那当时欢会，栽排下今日凄凉，厮辏着暗地量度。……

〔黄钟煞〕顺西风低把纱窗哨，送寒气频将绣户敲，莫不是天故将人愁闷搅！度铃声，响栈道，似花奴羯鼓调，如伯牙水仙操；洗黄花，润篱落，渍苍苔，倒墙角，渲湖山，漱石窍，浸枯荷，溢池沼；沾残蝶，粉渐消；洒流萤，焰不着；绿窗前，促织叫；声相近，雁影高；催邻砧处处捣，助

---

① 〔白鹤子〕〔么篇〕。

② 〔双鸳鸯〕。

新凉分外早。斟量来这一宵雨和人紧厮熬,伴铜壶点点敲。雨更多,泪不少。雨湿寒梢,泪染龙袍,不肯相饶,共隔着一树梧桐直滴到晓。

这一段从《长恨歌》"秋雨梧桐叶落时"那一句和"夕殿萤飞思悄然"那一节生发出来的抒情性的独唱,不仅表现了作家对自然景物惊人的描写能力,而且对于这位一往情深的皇帝内心生活的刻画也很成功。它不仅显示了作家的诗才,而且全剧到此就恰如其分地告一结束,为观众和读者留出回味的余地,也使得人们更多地体会到《梧桐雨》所独有的诗的意境。在这个剧本中,戏剧冲突主要是通过主角的内心冲突来揭示的。这也使得它特别富于抒情诗的气氛。

第三节　《墙头马上》

《裴少俊墙头马上》(下称《墙头马上》)也是一个值得称道的剧本。在这个作品中,白朴强烈地歌颂了自由的恋爱与自主的婚姻。它写的是:唐工部尚书裴行俭的儿子裴少俊奉父命到洛阳买花秧子,偶然遇到洛阳总管的女儿李千金。他们一见倾心,但在幽会时却被千金的嬷嬷发觉了。裴少俊便带着李千金逃回长安,匿居后园,七年中生了一双儿女。一天,裴行俭来到后园,发现了这个秘密,便将孙女重阳、孙儿端端留下,而逼着裴少俊休了李千金。李千金回到洛阳,父母都过世了,她只好自个儿过着孤苦的日子。后来裴少俊中了进士,出任洛阳县尹,便来寻李千金,希望重圆,李千金却拒绝了他。裴行俭这时已经知道,千金是李世杰的女儿,原来就和少俊议过婚的,也赶来相认,千金同样负气拒绝了。还是重阳和端端的哭声感动了这位刚强的女性,于是夫妻团圆。

这个剧本中的主角李千金,是古典戏剧中一个稀有的女性形象。她对幸福的追求是十分勇敢的,对压迫的反抗也是非常坚决的。虽然我们觉得这位怀春少女的个别唱词未免过分露骨一些,[①]但她对于恋爱的主

---

① 例如第一折看到围屏上所画才子佳人图像,触景生情,回答梅香(注转下页)

动性却显示了她性格中异样的光彩。当嬷嬷责怪丫鬟梅香不该让裴少俊来和她相会的时候，她坦白地承认，这不干梅香的事，“说与你个聪明的奶奶，送春情是这眼去眉来”，①在她随裴少俊私奔时，也毫无顾忌地说出：“那有女孩儿共爷娘相守到头白，女孩儿是你十五岁寄居的堂上客”。② 这已经初步体现了这个少女决心要让自己掌握自己的命运的独特性格。

但她的困难还不在于自己有无决心冲破娘家的封建罗网（这在她是比较容易的），而是在于她恰巧遇着一个冷酷的公公和软弱的丈夫。裴行俭提出了一些绝对不可能做到的条件来迫使她离开丈夫和儿女，并且当面骂她是个淫妇，“做的个男游九郡，女嫁三夫”，③丝毫不相信他们之间存在着真正的爱；而丈夫呢，则在自己父亲面前一声也不敢吭，充分现出一副窝囊废的窘相。这时，她不能不陷入了极端的痛苦中。她唱道：“他毒肠很切，丈夫又软揣些些。相公又恶噷噷乖劣，夫人又叫丫丫似蝎蜇。你不去望夫石上变化身，筑坟台上立个碑碣，待教我谩懒懒，愁万缕，闷千叠。”④“孩儿也啼哭的似痴呆。这须是我子母情肠厮牵厮惹，兀的不痛杀人也。”⑤

李千金，作为一个妻子，是忠实的；作为一个母亲，是慈爱的。可是这些美德并没有能够感动裴行俭那冷酷的心肠，改变裴少俊那软弱的性格。但同时，裴行俭对李千金的无理压迫，也同样没有能够削弱她的顽强性格。她孤苦伶仃地然而英勇地生活下去了。沉浸在自己“四分五落，两头三绪”⑥的苦况中，她不能不伤感，然而在伤感中，她的恩怨倒变得更为分

（续上页注）的唱辞〔混江龙〕，在墙头看见马上的裴少俊注视她时对梅香所唱的〔后庭花〕，如作内心独白，也许更具蕴藉含蓄之美。不过这就不是李千金了，她不同于崔莺莺的个性，就是泼辣、明快、无所顾忌。

① 第二折〔菩萨梁州〕。

② 第二折〔黄钟尾〕。

③ 第三折。〔七弟兄〕与〔梅花酒〕之间，裴尚书辱骂李千金的话。

④ 第三折〔梅花酒〕。

⑤ 第三折〔甜水令〕。

⑥ 第四折〔醉春风〕。

明起来。通过团圆之前她和丈夫斗口中大量的讥讽和诘责，白朴将自己充分的同情倾注到这位应当为人所爱重的妇女形象中，使她的反抗性格，发挥到了极致。

(裴舍云:)梅香进去了，就不出来，我自过去。(做见旦科，云:)小姐，间别无恙！今日还来寻你，依旧和你相好，重做夫妻。(正旦云:)裴少俊，你是说甚么话？(唱:)

〔普天乐〕你待结绸缪，我怕遭刑狱。我人心似铁，他官法如炉。你娘并无那母子情，你爷怎肯相怜顾？问的个下惠先生无言语。我道我更不贤达，败坏风俗。怎做家无二长，男游九郡，女嫁三夫！

(裴舍云:)小姐，我如今得了官也。我父亲致仕闲居，我特来认你，我就在此处为县尹。(正旦唱:)

〔迎仙客〕你封为三品官，列着八椒图。你父亲告致仕，却离了京兆府。吏部里注定迁移，户部里革罢了俸禄。枉教他遥授着尚书，则好教管着那普天下姻缘簿。

(裴舍云:)我则今日就搬将行李来。(正旦云:)我这里住不的。(唱:)

〔石榴花〕常言道好客不如无，抢出去又何如？我心中意气怎消除？你是窨付，负与何辜，既为官怎脸上无羞辱？

(裴舍云:)我与你是儿女夫妻，怎么不认我？(正旦唱:)你道我不识亲疏，虽然是眼中没的珍珠处，也须知略辨个贤愚。

(裴舍云:)这是我父亲之命，不干我事。(正旦唱:)

〔斗鹌鹑〕一个是八烈周公，一个是三移孟母。我本是好人家孩儿，不是娼人家妇女。也是行下春风望夏雨，待要做眷属，枉坏了少俊前程，辱没了你裴家上祖。

(裴舍云:)小姐，你是个读书聪明的人，岂不闻："子甚宜其妻，父母不悦，出。子不宜其妻，父母曰：是善事我，则行夫妇之礼焉，终身不衰。"(正旦云:)裴少俊，你是不知，听我说与你咱。(唱:)

〔上小楼〕恁母亲从来狠毒，恁父亲偏生嫉妒。治国忠直，操守廉能，可怎生做事糊突！幸得个鸾凤交，琴瑟谐，夫妻和睦，不似你裴尚书替儿嫌妇！

——第四折

虽然《墙头马上》是以李千金和裴家和好而结束的，但使得她软化的，不是丈夫的求情、公公的道歉而是一双无辜儿女的啼哭。这一结局是符合于李千金既果决而又富有人情的性格的。这个剧本还以结构见长。它不仅首尾完整、情节紧凑，而且处处给人以合乎人情的变化，其戏剧性是很强的，由悲剧转化为喜剧，非常自然。

从臧晋叔《元曲选》所附《元曲论》列出的白仁甫剧目看，除以上三种外，关于爱情题材的，还有《流红叶》、《钱塘梦》（苏小小事）、《银筝怨》（宫女薛琼琼与崔怀玉恋事）、《崔护谒浆》、《祝英台》、《幸月宫》等，他是个特别重视爱情而且长于抒情的作家。

第四节　白朴的散曲

白朴的散曲也写得很好。在为数不多的作品中，作家有时以豪放的语言透露出作为一个亡国遗民的抑郁。他的旷达与宽解，正说明他对现实局势的难以忘怀。

长醉后，方何碍？不醒时，有甚思？糟腌两个功名字，醅渰千古兴亡事，曲埋万丈虹霓志。不达时皆笑屈原非，但知音尽说陶潜是。

——〔仙吕·寄生草〕（《劝饮》）

忘忧草，含笑花。劝君闻早冠宜挂。那里也能言陆贾？那里也良谋子牙？那里也豪气张华？千古是非心，一夕渔樵话。

——〔双调·庆东原〕（《叹世》）

白朴自幼经历家国之难的忧患，对元朝的社会现实总有愤懑不平之感。他父亲白华虽然受到降元最早的史天泽的庇护，但毕竟是金朝的重臣，思想感情上很不平静，他教育白朴不要出仕："忍教憔悴衡门底，窃到虚名玷士林！"(《示恒》诗)这对白朴的生活态度具有深刻的影响。洁身自爱，不与新朝统治者合作，却无法改变现实。《劝饮》以醉酒来忘却作为一个博学之士对功名利禄的念头，他没有屈原的经历，大可不必走投江自尽的路，但他选择陶渊明隐居不仕的方式表明心迹，可以说是一种消极反抗。曲子突出"饮酒"，长醉、不醒已表示对现实不满，更接连用"糟腌"、"醅腌"、"曲埋"等字眼，强化了他那决绝的态度，蔑视功名，不问世事，抛弃抱负。《叹世》从思想实质到表现手法，与《劝饮》基本一致，其人生价值取向，受庄子遗世无为的影响很明显，这也是我国古代知识分子身处逆境时，借以排遣胸中抑郁的巧妙方式。他认为忘却忧愁、笑口常开的最好办法，就是不要做官。他否定历史上显赫的功臣、谋士、达官贵人，认为他们的功业没有什么意义，徒供渔樵话资而已。这种思想宋人词赋中就有所表现，例如张昪《离亭燕》词："多少六朝兴废事，尽入渔樵闲话。"元曲作家中，此类咏史叹世、隐居遁世的作品更为普遍，这正是一代文人的悲剧。

但在他的散曲中，一些风格秀美、情意尖新之作，却是更为人们所传诵的。

> 疑是杨妃在，怎脱马嵬灾。曾与明皇捧砚来。美脸风流杀，叵奈挥毫李白，觑着娇态，洒松烟点破桃腮。
>
> ——〔仙吕·醉中天〕(《佳人黑痣》)

> 笑将红袖遮银烛，不放才郎夜看书，相偎相抱取欢娱。止不过迭应举，及第待何如?
>
> 百忙里铰甚鞋儿样，寂寞罗帏冷串香，向前搂定可憎娘，止不过赶嫁妆，误了又何妨!
>
> ——〔中吕·阳春曲〕(《题情》)

〔醉中天〕以奇特的设想反映了作家滑稽玩世的情怀；〔阳春曲〕则是

两篇别开生面的写情之作，它们对于爱欲的大胆歌颂，透露了当时青年男女们对功名、礼教的无视，因而在为数众多的情诗中显示出了异样的光芒。此外，白朴还写过一些在描绘自然风物方面有所成就的散曲，如分咏四季的〔越调・天净沙〕等。白朴还写了四篇套曲，试以〔双调・乔木查〕《对景》为例：

海棠初雨歇，杨柳轻烟惹，碧草茸茸铺四野。俄然回首处，乱红堆雪。

〔么〕恰春光也，梅子黄时节。映日榴花红似血。胡葵开满院，碎剪宫缬。

〔挂搭沽序〕倏忽早庭梧坠，荷盖缺。院宇砧韵切，蝉声咽。露白霜结，水冷风高，长天雁字斜，秋香此第开彻。

〔么〕不觉的冰澌结，彤云布，朔风凛冽。乱扑吟窗，谢女堪题，柳絮飞。玉砌长郊万里，粉污遥山千叠。去路赊。渔叟散，披蓑去，江上清绝。幽悄闲庭院，舞榭歌楼酒力怯。人在水晶宫阙。

〔么〕岁华如流水，消磨尽自古豪杰。盖世功名总是空，方信花开易谢，始知人生多别。忆故园，漫叹嗟。旧游池馆翻做了狐踪兔穴。休痴休呆。蜗角蝇头，名亲共利切。富贵似花上蝶，春宵梦说。

〔尾〕少年枕上欢，杯中酒，好天良夜。休辜负了锦堂风月。

这套描写春、夏、秋、冬四季风景的曲子，实为借景抒情，宣泄对人生的态度，蕴含较丰富的人生哲理。套曲的构思谨严而又从容不迫，极尽自然天成之致。前四支曲子分写春、夏、秋、冬四季风光的特色，而且“俄然”、“恰”、“倏忽”、“不觉”含有骤然、急促之意的词，表现时序变化之快。有这四支曲子作铺垫，于是第五支曲子〔么〕，发出“岁华如流水，消磨尽自古豪杰”的感叹，可谓水到渠成、顺理成章。“花开易谢，始知人生多别”，这两句看似平常，而含意深长。花，固然美好，但亦易凋谢；离别，是人生不堪的苦事，却偏偏别多会少。往昔繁华之地，已成狐兔出没的窟穴。因此，从中悟出一个道理：为蜗角虚名、蝇头微利去争斗，是很愚蠢的。所谓富贵，不过是花上的蝴蝶、春宵的梦幻而已。因此白朴认为应该及时行乐，这就是本曲〔尾声〕所表明的人生态度，应该享受爱情的欢乐，莫错过好天良夜，“休辜负了锦堂风月！”如作片面理解，似有消极之嫌，但联系当时黑暗的社会环境、统治集团内部的争斗而言，他那热爱生活，不去追名逐利的态度，应该说是头脑清醒的。

第四章　马致远

马致远是和王实甫同时的人物，据一些间接资料推测，大约生于1250年左右，卒于泰定元年（1324）之前，号东篱，大都人，曾任江浙行省务官（或江浙省务提举），在元贞时代，参加过书会组织，和中书省掾李时中、艺人花李郎、红字李二合写过一本《开坛阐教黄粱梦》（下称《黄粱梦》）。这个剧本是古典戏曲中确知其为集体创作的极少数作品之一。

第一节　马致远的生活与创作

关于这位作家的事迹，我们所知也极少，但由于他流传的散曲数量是较为丰富的，从其中还可以看出这位作家行迹的大概。他是一个士大夫气质相当浓厚的文人，“且念鲰生自年幼，写诗曾献上龙楼”，①但统治者却并不赏识他，因而由抑郁而放浪，终于觉得“半世逢场作戏，险些儿误了终焉计”，②甘心地以隐士的生活方式在杭州度过下半生。他在散曲《悟迷》中说：“雷霆声价，怪名儿到处里喧驰的大。”可见在当时剧坛上已享有很高声誉。

马致远这种由追求功名不遂而归隐林泉终老的生活道路，及其对待

① 〔黄钟·尾〕，见隋树森编《全元散曲》残曲〔黄钟·女冠子〕，中华书局1964年版，第273页。

② 〔般涉调·哨遍〕，见隋树森编《全元散曲》，中华书局1964年版，第262页，此套曲对了解马致远的生活道路与人生态度颇有参考价值。

这种不能完全由自己安排的生活道路的时而愤慨，时而忧郁，时而欣幸的态度，不仅在元代读书人当中，甚至在其后一个相当长的历史时期中，都有其代表性。因此，其作品中所反映的这种情绪就特别容易被士大夫所同感，这些作品也就特别被他们所欢迎。同时，他作品中的士大夫的美学观点也使得他的作品由俗转雅，更其投合一般文人的胃口。在贾仲名的补《录鬼簿》的〔凌波仙〕吊词中，他被尊为“曲状元”，在《太和正音谱》中，他被认为“宜列群英之上”，是只能从这个角度来理解的。

马致远写过十五本杂剧，现存在的还有七本（包括和其他作家合写的《黄粱梦》在内）。在元代杂剧家中间，除了关汉卿以外，就数他的作品流传最多。“神仙道化”是这位作家最喜爱的题材，现存诸作如《任风子》、《岳阳楼》、《黄粱梦》都是属于这一方面的作品。这类作品的基本思想倾向，是宣扬超脱苦难的尘世，追求一种无忧无虑、没有任何飞来横祸的成仙了道之路，享受神仙世界永恒的清福。最具代表性的作品，就是《任风子》。它写的是神仙马丹阳度脱屠夫任风子的故事。甘河镇屠夫任风子，原是全镇屠夫的头面人物，因马丹阳化的全镇人都吃了斋素，屠夫们的生意全被搅了，在众屠夫的诉说下，任风子自仗武艺高强，去草庵杀马丹阳，反被神通广大的马丹阳所点化，决意出家。先经受在菜园子里服劳役的考验，每天挑一百五十担水浇灌菜园，然后，当妻子抱着刚满月的儿子来劝他回家时，不但断然与娇妻离婚，并且摔死幼子。最后终于“得道成仙”，“无是无非”，认为这就是最大的快活。以回避矛盾斗争的方式，对现实的一切表示否定，而向往一种虚无飘缈的神仙极乐世界，为自己虚幻的生活理想寻找出路，这正是当时存在的“僧侣浪漫主义”。摔死幼儿的情节，残酷，恶劣。

在元人杂剧中有不少“神仙道化”剧，马致远的这类作品，具有代表性。出现这种创作倾向，有其复杂的社会原因和文学自身的原因。从社会方面来考察，主要是在元朝统治者支持下全真道教势力的盛行，早在成吉思汗灭金征西过程中，全真道教的代表人物丘处机，就曾得到重用，并在劝谏不杀生、不掠夺诸多方面起过积极作用。全真道教与以往道教宣扬炼丹、符箓之术不同，它以老庄思想为主，兼取儒、释合理的内核，所以容易为知识阶层所信奉。处于乱世,现实生活极其黑暗、残酷的人们,视全真道教为一线光明,乐于信从。知识分子除了极少数有较高名望的儒士得到重用外,一般儒生在政治上是没有出路的,精神上感到空虚和苦闷,也就较为自然地以神仙道化作为自我解脱的方式。表现在杂剧创作上,就是"神仙道化"剧的出现。作品中所描写的成仙了道境界,其实连作者自己也不一定真的相信,真正向往的是如《任风子》剧中所描绘的宁静清幽的自然环境:"编四围竹寨篱,盖一座草团瓢,近着这野水溪桥,再不听红尘中是非闹。"①"俺这里松柏周遭,山川围着;疏竹潇潇,落叶飘飘。……开开门观觑了,山庵中静悄悄。"②这正是身处乱世、不屑仕途混浊的传统知识精英的审美理想,是"达则兼济天下,穷则独善其身"的人生观的体现。从文学传统来考察,也有其渊源。六朝、唐宋的许多笔记和志怪传奇,记载了大量的神仙道化故事。在蒙古贵族残酷统治下的一些剧作家,在现实生活中既找不到理想的出路,又受全真道教思想的影响,用神仙道化的故事作为创作的题材,也就是很自然的了。

《陈抟高卧》是一支隐士的颂歌。《荐福碑》写了作家自己对功名富贵的幻想,却同时也宣扬了由命不由人的宿命观念。作家通过这类剧作,写出了自己的和一部分人民的命运与心情,当然,也在一定程度上写出了那个黑暗的环境与可怕的时代。正因为当时的情况是:"这壁拦住贤路,那壁又挡住仕途。如今这越聪明,越受聪明苦;越痴呆,越享了痴呆福;越糊涂,越有了糊涂富;则这有银的陶令不休官,无钱的子张学干禄。"③所以一些比较洁身自好的、有所不为但又没有足够的勇气来对这种情况进行正面反抗的人,就只有以"鸡虫得失何须计,鹏鹦逍遥各自知。看蚁阵蜂衙,龙争虎斗,燕去鸿来,兔走乌飞。浮生似争穴聚蚁,光隐似白驹过隙,

① 第四折〔双调·新水令〕。

② 第四折〔川拔棹〕。

③ 《荐福碑》第一折,〔寄生草〕么篇,见臧晋叔编《元曲选》,中华书局1961年版,第579页。

世人似舞饗醯鸡，便博得一阶半职，何足算，不堪题”①这种消极的想法，来自我宽解了。

非常清楚，这种感情基本上是不很健康的、逃避现实的。因此，反映这种感情的作品在马致远的创作中，虽然是主要的东西，是值得同情和理解的，却不是我们所应当肯定的东西。但值得我们注意的是：在这类作品中，作家在不自觉的情况下形成了一种新的写作手法。上述各剧的主角，往往不是作为一个社会客体而存在的，而是作为作家的化身而存在的。马致远经常是通过剧中的人物，倾吐着自己的心情。他将自己的环境、性格、思想、感情从不同方面，在不同程度上分配给了三个“神仙道化”剧中渡引的神仙和被渡引的凡人，也更其明显地分配给了《陈抟高卧》中的陈抟和《荐福碑》中的张镐。这，一方面使得他所塑造的人物难以具有多样的性格，因而限制了他反映社会生活的深度与广度，另一方面又使得他的剧本带有更多的主观性质，远于应当具有尖锐冲突的戏剧，而近于自我表现的抒情诗。明、清以来，许多生活圈子比较狭窄的文人们，写起戏来，往往就是用的这种手法。虽然我们并不能肯定地说这种手法就是不好的，但可以肯定地说它是导致后来许多剧本脱离舞台实际而成为案头读物的重要原因之一。

马致远的另一剧作《江州司马青衫泪》比较客观地接触到了现实生活当中的问题。这是一个与《贩茶船》同一类型的剧本，但其情节却是对白居易著名的诗篇《琵琶行》的一种附会。在剧本中，白居易在江州偶然遇到的商人妇裴兴奴乃是他旧日的情人。在白居易被贬与她分别之后，她母亲捏造了白居易的死讯，并强迫她嫁给了一个茶商。裴兴奴在和白居易重逢之后，便随他逃走，终于倚仗皇帝的帮助得到团圆，茶商则受了处分。这种团圆梦是不现实的，同时，由于马致远“一遇丽情，便伤雄劲”②的风格，使得这个以爱情纠纷为主题的剧本，总的说来，缺乏必要的足够的宛转缠绵的描写。当然，在剧本的某些片段，如裴兴奴在她那个不称心

① 《陈抟高卧》第三折，〔二煞〕，见臧晋叔编《元曲选》，中华书局 1961 年版，第 728 页。

② 王骥德《曲律》卷三《杂论第三十九上》，《中国古典戏曲论著集成》(四)，中国戏剧出版社 1959 年版，第 147 页。

的丈夫刘一郎抛下她自个去吃酒后，抒写孤寂和苦闷的唱词，还是有较为动人的内心刻画的。

〔双调·新水令〕正夕阳天阔暮江迷，倚晴空楚山叠翠。冰壶天上下，云锦树高低。谁倩王维，写愁入画图内。

〔驻马听〕常教他尽醉方归，是他拂茶客青山沽酒旗；伴着我死心搭地，是兀那隐离人望眼钓渔矶。（带云：）这江那里是江，（唱：）则是递流花草武陵溪，幽囚风月蓝桥驿。直恁的天阔雁来稀，莫不是衡阳移在江州北。

（云：）天色将晚，那厮吃酒去了，甚时回来！梅香，拂了床，我自家睡去罢。

〔步步娇〕这个四幅罗衾初做起，本待招一个风流婿。怎知道到如今命运低，长独自托冰蓝两头儿偎，恁的般受孤恓。知他是谁，唤你做鸳鸯被。

——第三折

这几支曲辞，似从《琵琶行》诗“枫叶荻花秋瑟瑟”，“老大嫁作商人妇。商人重利轻别离，前月浮梁买茶去。去来江口守空船，绕船月明江水寒。夜深忽梦少年事，梦啼妆泪红阑干”的意境生发出来。秋夕景色，衬托出孤恓少妇的苦闷情怀。重利嗜酒的商人，让她独守空船，四幅罗衾，徒有“鸳鸯被”的虚名，情何以堪。借景抒情，对商妇内心的刻画惟妙惟肖。

第二节　《汉宫秋》的悲剧特质

真正能够代表马致远在杂剧上的成就的是《破幽梦孤雁汉宫秋》（下称《汉宫秋》）。它写的是众所周知的昭君和亲的故事。王昭君的事迹，最早见于班固的《汉书·元帝纪》和《匈奴传》，本来是非常简单的。范晔《后汉书·南匈奴传》的记载稍具始末：

昭君字嫱，南郡人也。初，元帝时以良家子选入掖庭。时呼韩邪来朝，帝敕以宫女五人赐之。昭君入宫数月，不得见御，积悲怨，乃请掖庭令求行。呼韩邪临辞，大会，帝召五女以示之。昭君丰容盛饰，光明汉宫，顾影徘徊，竦动左右。帝见大惊，意欲留之，而难于失信，遂与匈奴。生二子。及呼韩邪死，其前阏氏子代立，欲妻之。昭君上书求归，成帝敕令从胡俗，遂复为后单于阏氏。

晋葛洪《西京杂记》，乃有诛画工之说：

元帝后宫既多，不得常见，乃使画工图形，案图召幸之。宫人皆赂画工，多者十万，少者亦不减至五万，独王嫱不肯，遂不得见。匈奴入朝，求美人为阏氏，于是上按图，以昭君行。及去，召见，貌为后宫第一，善应对，举止娴雅。帝悔之，而名籍已定，帝重信于外国，故不复更人。乃案穷其事，画工皆弃市，籍其家资皆巨万。画工有杜陵毛延寿，为人形丑好老少，必得其真；安陵陈敞、新丰刘白、龚宽，并工为牛马飞鸟众势，人形好丑，不逮延寿；下杜阳望亦善画，尤善布色，樊育亦善布色：同日弃市。

历代作家却根据自己对于生活的感受和对于这位古代女性的同情，以自己优美的想象丰富了简略的历史记载，从而创造出了许多动人的富有悲剧气氛的传说。这种创造的顶峰，便是马致远的《汉宫秋》。在这个剧本里，作家大胆地增添了一些为前此所无的情节，突出了这一历史故事的内在意义。

在《汉宫秋》中，王昭君在被选入宫以后，虽然由于画工毛延寿索贿不遂而将她的“影图点破”，没有能够立时得幸于汉元帝；但在一个偶然的机会里，元帝却听到她的琵琶声而宠幸她。于是，她被封为西宫娘娘。比起原有的传说来，她是较为幸运的。但这一短促的幸运，却导致了她永远的不幸。毛延寿在被她揭发以后，竟逃往匈奴，唆使呼韩邪单于指名要她和亲。当时以尚书令五鹿充宗为首的暮气沉沉、畏敌如虎的官僚们，则毫不为国家的尊严着想，而逼着汉元帝顺从敌人的意志。汉元帝骂他们“满朝中都做了毛延寿”。在这种情况下，王昭君挺身而出，为了解救国家的危难，毅然地、主动地请求去和亲。元帝尽管非常爱她，但是逼于匈奴的威胁，鉴于文臣武将的懦弱无能，又不得不割恩断爱，让昭君去和亲。昭君到了两国的分界线黑龙江边，以投江自尽来表示了她自己对于祖国和爱情的忠诚，对于自己不幸命运的抗议。这一刚烈的行为使得呼韩邪单于也警觉起来，于是毛延寿受到了正义的裁判，而汉元帝则长期地沉浸在自己痛苦的忏悔中。

我们知道，至迟是从唐代以来，王昭君在人民和作家的心目中，就已经不只是一个被迫远嫁异国，孤苦伶仃，为人所同情的妇女；而且更其主要的是一个不愿为着个人地位，丧失正直品行的人物和一个为着国家的利益，牺牲了自己的人物。马致远的剧作则使得这一已经被杜甫以下的伟大作家所塑造的悲剧形象，①在杂剧这一特定样式中，获得了完整的再现。虽然《汉宫秋》并不由王昭君主唱，因而她的戏是较少的，但这并不妨碍我们对于这一优美形象的认识。作家是把她作为一个既具有美丽容貌，又具有美丽灵魂的普通民间妇女来处理的。她家道贫穷；而且天真地认为：既然皇帝是选色，那么长得漂亮就会得宠，她不会要什么手段。于是她拒绝向毛延寿行贿，在元帝偶然爱上了她以后，她在惊惶失措之余，首先毫无顾虑地控诉了毛延寿，接着又恳求元帝宽免她父母的民籍，赐予一些恩荣。在这些地方，都可以看出，这位少女是天真的，甚至于是幼稚的，是非常善良而没有机心的。但作家也认识到，天真而善良的人的心里，往往蕴藏着巨大的道德力量。于是，随着戏剧冲突的开展，王昭君的沉勇而正直的性格愈益呈露在人们的眼前。她是舍不得和宠爱她的汉元帝分离的，但当她明白了自己的去留关系到国家的安危时，便断然地将这种巨大的苦难担承了起来。在国境线上的投江，使得她的悲剧命运和悲剧性格得到了最完满充足的表现。作家在这一情节里写出了：王昭君为

---

① （唐）杜甫《咏怀古迹》之二“群山万壑赴荆门”、白居易《青冢》诗、（宋）王安石《明妃曲》及欧阳修的两首和诗，就是显例。

了保卫自己所爱的国家和人物，打击自己所恨的人和事，不惜将唯一的生命付出来作为代价；而这，正是中国普通人民所具有的平凡而又高贵的品质。

王昭君在这个剧本中是特别值得人们同情和敬爱的人物。要突出描写这样一个人物，将她作为主角来处理，将灞桥送别和国境沉江这些激动人心的情节写成戏剧冲突的顶峰，似乎更容易收到舞台效果。但马致远却避易就难，选择了一种和一般人想法不一样的艺术构思。他倒是着重地写了汉元帝对于这一悲剧的感受，特别是他的别后相思之情。这固然可以说是受了白朴《梧桐雨》的影响，而更主要的，则和马致远喜欢将自己的感情分配给剧中主要角色的习惯分不开。由于王昭君确实远比杨贵妃更值得人同情和敬爱，所以汉元帝对她的（在某种情况上说，也就是作家对她的）流连哀思之情，就更加深挚而富于感染力。

当然，这只是说，马致远在剧本中通过汉元帝之口，部分地寄托了自己对这一古代女性的咏叹之情，而不是说，汉元帝的形象就是作家自己的形象。相反地，作家对这个封建统治者并不是完全肯定的。在他的笔下，汉元帝首先是一个昏庸好色的皇帝，这位皇帝统治下的政府是一个腐败无能，充满了像五鹿充宗那种“全躯保妻子之臣”的政府，以至当强敌压境，就甚至于只有将西宫娘娘献出去，才能苟且偷安。我们很难设想，马致远对于这种皇帝会有好感。可是，这只是问题的一方面。另一方面，即使这个皇帝，作为一个皇帝，是不好的，但作为一个人来说，由于腐败的政治而引起他个人的不幸，又是令人同情的；同时，他的不幸是在于迫于情势，不得不失去了像王昭君这样一个女性（或者说，牺牲了这样一个女性），那就更其令人同情。这就使得作家有可以赋予这个在另外许多方面必须加以谴责的皇帝以真挚的情操，在他的语言里，抒写出人们对昭君和亲这一悲剧的感受。

〔七弟兄〕说甚么大王不当恋王嫱，兀良，怎禁他临去也回头望！那堪这散风雪旌节影悠扬，动关山鼓角声悲壮。

〔梅花酒〕呀！俺向着这迥野悲凉。草已添黄，兔早迎霜。犬褪得毛苍，人捌起缨枪，马负着行装，车运着糇粮，打猎起围场。他他他，伤心辞汉主；我我我，携手上河梁。他部从入穷荒，我銮舆返咸阳。返咸阳，过宫墙；过宫墙，绕回廊；绕回廊，近椒房；近椒房，月昏黄；月昏黄，夜生凉；夜生凉，泣寒螀；泣寒螀，绿纱窗；绿纱窗，不思量？
〔收江南〕呀！不思量，除是铁心肠。铁心肠，也愁泪滴千行。美人图今夜挂昭阳。我那里供养，便是我高烧银烛照红妆。

——第三折

〔蔓青菜〕白日里无承应，教寡人不曾一觉到天明，做的个团圆梦境。(雁叫科。唱：)却原来雁叫长门两三声，怎知道更有个人孤另！

(雁叫科。唱：)

〔白鹤子〕多管是春秋高，觔力短；莫不是食水少，骨毛轻？待去后，愁江南网罗宽；待向前，怕塞北雕弓硬。
〔么篇〕伤感似替昭君思汉主，哀怨似作薤露哭田横，凄怆似和半夜楚歌声，悲切似唱三叠阳关令。

(雁叫科。云：)则被那泼毛团叫的凄楚人也。(唱：)

〔上小楼〕早是我神思不宁，又添个冤家缠定。他叫得慢一会儿，紧一声儿，和尽寒更。不争你打盘旋，这搭里同声相应，可不差讹了四时节令？
〔么篇〕你却待寻子卿觅李陵。对着银台，叫醒咱家，对影生情。则俺那远乡的汉明妃，虽然得命，不见你个泼毛团，也耳根清净。

(雁叫科。云：)这雁儿呵，(唱：)

〔满庭芳〕又不是心中爱听，大古似林莺呖呖，山溜泠泠。我只见山长水远天如镜，又生怕误了你途程。见被你冷落了潇湘暮景，更打动我边塞离情。还说甚过留声，那堪更瑶阶夜永，嫌杀月儿明！

(黄门云：)陛下省烦恼，龙体为重。(驾云：)不由我不烦恼也。(唱：)

〔十二月〕休道是咱家动情，你宰相每也生憎。不比那雕梁燕语，不比那锦树莺鸣。汉昭君离乡背井，知他在何处愁听？

(雁叫科。唱:)

〔尧民歌〕呀呀的飞过蓼花汀,孤雁儿不离了凤凰城。画檐间铁马响丁丁,宝殿中御榻冷清清。寒也波更。萧萧落叶声,烛暗长门静。

〔随煞〕一声儿绕汉宫,一声儿寄渭城,暗添人白发成衰病,直恁的吾家可也劝不省。

——第四折

〔七弟兄〕等三支曲子,是这个剧作中最著名的唱词。它们非常真切地表达了汉元帝富于忏悔意味的、沉重的离绪。特别是〔梅花酒〕一支,因难见巧,巧而不纤,乃是马致远的一手绝活。第四折闻雁的唱词,情节、机杼和《梧桐雨》中听雨的唱词几乎完全相同。但值得注意的是:马致远以一个摹仿者的身份出现在白朴面前的同时,又以一个竞赛者的身份出现在他的前辈面前。正如同陆机、江淹之拟古诗一样,他以摹仿的方式向原作进行了艺术上的挑战。在《梧桐雨》中,那场秋雨不曾被赋与生命,白朴所描写的,只是唐玄宗听雨时的感受;而在《汉宫秋》中,那只孤雁却人格化了。它是引起汉元帝伤感的客体,同时它失群的命运又是这一对爱侣生离的象征。不像唐玄宗那样,对于秋雨是纯然地憎嫌,汉元帝对孤雁是既因为它的叫声惹起了自己烦恼而憎嫌它,又因为它的命运和昭君相类似而深深的同情着它的。汉元帝闻雁时的思想感情,比唐玄宗听雨时远为复杂,正是马致远不甘居于白朴之下,而要在艺术上和他的前辈较量一番的最好证明。这,也就使得《汉宫秋》虽然和《梧桐雨》具有大体相同的格局,却依然不失为一个具有创造性和独立特色的、足以和《梧桐雨》并驾齐驱的名作。焦循《剧说》称:"元明以来,作昭君杂剧者有四家。马东篱《汉宫秋》一剧,可称绝调;臧晋叔《元曲选》取为第一,良非虚美。"①

在一篇散曲中,马致远写道:"至治华夷,正堂堂大元朝世。应乾元九五龙飞,万斯年,平天下,古燕雄地。日月光辉,喜氤氲一团和气。"②同

① 见《中国戏曲论著集成》(八)《剧说》卷五,中国戏剧出版社 1959 年版,第 190 页。

② 〔中吕·粉蝶儿〕。

时，他也曾经从事过政治活动，并为了这种活动没有达到预期的结果而表示愤慨。因此，我们就很难说作家之写《汉宫秋》是自觉地、有意识地要反映当时的种族矛盾。但种族矛盾既然是当时生活中一种巨大的客观存在，而马致远又是一个有才能的作家，那么，他在自己的剧作中不自觉地、侧面地反映了这一重大问题，也完全是可能的、可以理解的。这种反映，在《陈抟高卧》、《黄粱梦》中，比较微弱，而在《汉宫秋》①中，则似乎更明显一些。

但同时，也必须指出，无论是《梧桐雨》或《汉宫秋》，都只是通过作者的主观努力，在某些方面和某种程度上反映了人民的一些思想感情，因而获得了人民的爱好。它们是不能完整地代表人民的思想感情的。唐玄宗、汉元帝，作为戏中的主角，基本上乃是两个屈服的形象，历史的真实也是如此。这一类的形象，和屹立在蒙古贵族统治中国那个历史时代里的富于反抗精神的广大人民的形象，有着本质上的区别。在关于历史剧的讨论中，有人认为：昭君和亲，对促进民族友好，导致和平，在历史上是一种有意义的事，作家不应当以大汉族主义和封建道德观念去描写王昭君。从历史学的观念而论，这也许是对的。但因此而否定《汉宫秋》剧本，认为它的全部内容是：皇帝是情种，画师是败类，王昭君是封建专制主义最驯服的奴隶，匈奴是汉王朝最凶恶的敌人，而昭君出塞则是中国历史上涂不掉的屈辱印记，表现了大汉族主义情感和封建贞操观念。我们认为，这种论调是不妥当的。历史剧（或历史小说）固然不能完全违背历史真实，但是毕竟不是真实的历史，应该容许剧作家的艺术创造。评价历史剧或历史小说的创作，不能离开作家所生活的时代环境，不能把历史真实与艺术真实混为一谈。当代作家可以从现实的需要出发，创作一本以促进民族友好为主题的《王昭君》，《汉宫秋》作为一份文学遗产，仍具有永恒的艺术魅力。

① 《汉宫秋》剧本于1829年由英国人大卫斯译为英文。

第三节　别开生面的散曲

马致远还擅长散曲，并且是最先出现的在杂剧和散曲两方面都具有很高造诣的作家。马曲的特色首先表现在他利用这一样式进行创作时，在题材和情调诸方面，比他以前的作家具有更多的文人气息，体现了散曲由俗转雅的进程。如其所写咏张玉岩草书的〔般涉调·哨遍〕套曲，就是散曲中前所未有的；再如他虽然也描写男欢女爱之情，但却处理得比较含蓄，没有白朴、关汉卿诸人某些作品里所流露的狎亵意味。其次，他自己的生活、思想、感情在作品中呈现得特别鲜明。就这一点说，他是一位主观性较强的诗人。这种主观性如我们已经谈过的，甚至渗透到他的剧作中去了。再次，与前两者相关联，马致远在其散曲中形成了与其个性一致的豪放风格。由于马致远的生活道路、美学趣味和思想感情与后代文人更其接近一些，因此其散曲在明、清以来的作家们中间，一直享有很高的声誉。

最能够打动后代文士们的心弦的，同时也是马致远最爱歌唱的，乃是他那种以悲壮的音调，发抒抑郁的情怀的曲子。

> 咸阳百二山河，两字功名，几阵干戈。项发东吴，刘兴西蜀，梦说南柯。韩信功兀的般证果，蒯通言那里是风魔？成也萧河，败也萧何，醉了由他！
>
> ——〔双调·蟾宫曲〕(《叹世》)

> 布衣中，问英雄，王图霸业成何用？禾黍高低六代宫，楸梧远近千官冢，一场恶梦。酒杯深，故人心。相逢且莫推辞饮，君若歌时我慢斟。屈原清死由他恁，醉和醒争甚！
>
> ——〔双调·拨不断〕

这些作品，都是貌似旷达，实则牢骚。由于作家处在一个是非不明、邪正不分的黑暗时代，他不能没有牢骚；由于牢骚的发泄并不能合理地反映，于是转为厌世；由于厌世的心情并不是愉快的出路，又转而故作旷达来平衡自己内心的矛盾。在这条曲折的精神河道里，马致远就这么驾驶着自己的苦闷之舟，往复地航行着。

在这段漫长的航程里，作家写出了典型地反映了自己苦闷情怀的散套《秋思》：

〔夜行船〕百岁光阴一梦蝶，重回首往事堪嗟。今日春来，明朝花谢，急罚盏夜阑灯灭。

〔乔木查〕想秦宫汉阙，都做了衰草牛羊野。不恁么渔樵没话说。纵荒坟，横断碑，不辨龙蛇。

〔庆宣和〕投至狐踪与兔穴，多少豪杰。鼎足虽坚半腰里折，知他是魏耶晋耶？

〔落梅风〕天教你富，莫太奢。不多时好天良夜。看钱奴硬将心似铁，争辜负了锦堂风月。

〔风入松〕眼前红日又西斜，疾似下坡车。不争镜里添白雪，上床与鞋履相别。休笑鸠巢计拙，葫芦提一向妆呆。

〔拨不断〕利名竭，是非绝，红尘不向门前惹，绿树偏宜屋角遮，青山正补墙头缺。更那堪竹篱茅舍。

〔离亭宴煞〕蛩吟罢一觉才宁贴，鸡鸣时万事无休歇。何年是彻？看密匝匝蚁排兵，乱纷纷蜂酿蜜，闹攘攘蝇争血。裴公绿野堂，陶令白莲社。爱秋来那些：和露摘黄花，带霜烹紫蟹，煮酒烧红叶。想人生有限杯，浑几个重阳节。人问我，顽童记者：便北海探吾来，道东篱醉了也。

——〔双调·夜行船〕

这一套被批评家认为冠冕一代的散曲，是以隐居自适，行乐及时为其主旨的。它一上来就指明了这一点，接着，作家历数了帝王、豪杰、富儿们可悲的盛衰，表白了自己的生活态度与生活道路。前半着重叹世，后半着重抒怀，于豪放潇洒之中，非常成功地画出了作家自己深重的苦闷。

如我们所熟知：既不能纯然地遣情遗世，又不肯盲目地同流合污；虽以同流合污为耻，又感旋转乾坤之难，于是，便往往只好以洁身自好来使自己心安理得，这正是封建社会中有正义感的读书人普遍存在的内心矛盾。正由于此，用歌颂隐逸生活来平衡内心的矛盾，来排遣生不逢时的悲哀，在古典诗歌中，自来就有其悠久的传统，而马致远则继承了，并且发扬了这一传统。

在套曲《秋思》中，作家的自画像具有傲兀不凡的神采，飘逸出尘的风度，使人读后，很自然地追随着作家，产生了鄙视那个混浊而庸俗的社会的感情。这样，它所宣扬的思想感情虽然是消极的，但将它作为一种反抗庸俗的风俗、不义的富贵的武器来看，又有其一定程度的积极作用了。

当然，《秋思》的艺术成就也是值得称道的，可谓元散曲之首。如前人所指出的，这套曲子，在语言方面，有“放逸宏丽，而不离本色”①的特征。它给人的印象是气势开阔，色泽鲜明。虽然吸收了古典诗歌中的某些长处，但这并不妨碍整套曲子的生动和朴素。作者很善于运用富于诗情画意的艺术描写，使他所厌恶的现实社会，与他所向往的理想境界，形成鲜明的对比；因而，他所理想的那种生活，对人们更具有吸引力。而语言的流利畅达，音节的清亮活泼，气势的豪放洒脱，使它具有更强的艺术魅力。如“红尘不向门前惹，绿树偏宜屋角遮，青山正补墙头缺”三句鼎足排比相对，字字凝练，句句工整，构成优美的意境。又如〔离亭宴煞〕中出现的两组鼎足对：“密匝匝蚁排兵，乱纷纷蜂酿蜜，闹攘攘蝇争血”；“和露摘黄花，带霜烹紫蟹，煮酒烧红叶”，句法非常严密，而气势豪放，色彩明丽，毫无平板艰涩之病。这种排比性的鼎足对句，是曲中特有的对法，很适宜表现一种洒脱不羁的思想感情。在细节的选择上（如“急罚盏夜阑灯灭”，“眼前红日又西斜，疾似下坡车”之类），它是别具匠心的；在结构上，也非常完整，而又挥洒自如，天然浑成。

---

① 王世贞《曲藻》，见《中国古典戏曲论著集成》（四），中国戏剧出版社 1959 年版，第 28 页。

马致远愤世嫉俗的感情，从现存的曲子来看，往往是以正面的慨叹而不是以侧面的讽刺来反映的。只有《借马》一套，乃是一个显著的例外。

〔耍孩儿〕近来时买得匹蒲梢骑，气命儿般看承爱惜。逐宵上草料数十番，喂饲得膘息胖肥。但有些秽污却早忙刷洗，微有些辛苦便下骑。有那等无知辈，出言要借，对面难推。

〔七煞〕懒习习牵下槽，意迟迟背后随，气忿忿懒把鞍来鞴。我沉吟了半晌语不语，不晓事秃人知不知？他又不是不精细，道不得他人弓莫挽，他人马休骑。

〔六煞〕不骑呵西棚下凉处拴，骑时节拣地皮平处骑。将青青嫩草频频的喂。歇时节肚带松松放，怕坐的困尻包儿款款移。勤觑着鞍和辔，牢踏着宝镫，前口儿休提。

〔五煞〕饥时节喂些草，渴时节饮些水。著皮肤休使尘氈屈，三山骨休使鞭来打，砖瓦上休教稳着蹄。——有口话你明明的记，——饱时休走，饮了休驰。

〔四煞〕抛粪时教干处抛，绰尿时教净处尿，拴时节拣个牢固桩撅上紧。路途上休要踏砖块，过水处不教践起泥。这马知人义，似云长赤兔，翼德乌骓。

〔三煞〕有汗时休去檐下拴，渲时休教侵着秃。软煮料草铡底细。上坡时款把身来耸，下坡时休教走得疾。——休道人忒寒碎，——休教鞭飏着马眼，休教鞭擦损毛衣。

〔二煞〕不借时恶了弟兄，不借时反了面皮。马儿行嘱咐叮咛记，鞍心马户将伊打，刷子去刀莫作疑，只叹的一声长吁气，哀哀怨怨，切切悲悲。

〔一煞〕早晨间借与他，日平西盼望你，倚门专等来家内。柔肠寸寸因他断，侧耳频频听你嘶。这一声"好去"，早两泪双垂。

〔尾〕没道理，没道理；忒下的，忒下的。恰才说来的话君专记，一口气不违借与了你。

——〔般涉调·耍孩儿〕

在这套曲子里，马致远抓住了日常生活中一个很平凡的细节，对吝啬的人进行了非常锐利的讽刺。他特别着重刻画马主人说话的颠三倒四，反复唠叨，从而深刻地揭露了他的精神状态。在作家的笔下，这个吝啬鬼是痛苦的，并且痛苦得非常真诚。这就使读者感到他的可厌，同时还感到他的可怜。马致远在这个作品中，尽管是不自觉地，对于占有欲和私有制所扭曲的人类精神悲剧，作了很深刻的批判。

在马致远散曲中，对于男女爱情、自然风物等方面的描写，也有一些很精粹的作品。

云笼月，风弄铁，两般儿助人凄切。剔银灯欲将心事写，长吁气一声吹灭。

从别后，音信绝。薄情种害杀人也。逢一个见一个因话说，不信你耳轮儿头①热。

——〔双调·寿阳曲〕

枯藤老树昏鸦，小桥流水人家。古道西风瘦马。夕阳西下，断肠人在天涯。

——〔越调·天净沙〕(《秋思》)

夕阳下，酒旆闲，两三航未曾着岸。落花水香茅舍晚，断桥头卖鱼人散。

——〔双调·寿阳曲〕(《远浦帆归》)

写情的〔寿阳曲〕两篇，都具有巧妙的构思。特别是它们出人意外的结尾，是引人入胜的。写缠绵之情而出以豪放之笔，正是马致远在这方面的一种特色。所谓“老健而乏姿媚”②，“一遇丽情，便伤雄劲”，在马致远

① 头，当作不。

② 何良俊《四友斋业说》，见《中国古典戏曲论著集成》(四)《曲论》，中国戏剧出版社1959年版，第6页。

的作品中，是不独剧曲为然的。

写景的〔天净沙〕《秋思》一曲，乃是元代描写自然风物的杰作。周德清《中原音韵》誉之为“秋思之祖”，诚不为过。它写的是一位他乡游子在旅途上的感受。秋郊黄昏的景色，在作家的笔下，是如此的鲜明而富有特征，是如此的和旅人的心情契合无间，妙在语言的精练、准确达到炉火纯青的地步，每一个字都有其特殊的功能。前三句十八个字，写出九样具有鲜明特征的景物，不用一个秋字，也没有直接写行旅之人，而一幅万物凋敝、秋风萧瑟的图景和疲惫憔悴、落魄潦倒的游子形象，已展现在读者眼前。在景物描写中，注入浓郁的感情色彩。着重写景，而寓情于景，情与景互相映衬。王国维《人间词话》评说：“寥寥数语，深得唐人绝句妙境。”可谓一语中的。以至于在长久以来，它都为人所传诵不绝。〔寿阳曲〕《远浦帆归》虽然不及〔天净沙〕《秋思》那么突出，也是富有诗情画意的。它以愉快而宁静的色彩见长，和前篇中主人公的天涯沦落之感适成为耐人寻味的对照。

第四节 与马致远同时的其他散曲作家

马致远在其散曲中所反映的渗和着悲观情调的恬淡胸怀，以及与这种内容相适应的潇洒豪放的风格，是马致远个人所有的，同时也是社会的产物。在当时的曲家中，有不少人的作风是和他接近的。如卢挚（字处道，涿郡人）、白贲（字无咎，文水人）、冯子振（字海粟，攸州人）、邓玉宾、张养浩等人都是。

酒频沽，正花间山鸟唤提壶。一葫芦提在花深处，任意狂疏，一葫芦够也无？临时觑，不够时重去沽。任三闾笑我，我笑三闾。

——卢挚：〔双调·殿前欢〕

侬家鹦鹉州边住，是个不识字渔父。浪花中一叶扁舟，睡煞江南烟雨。〔么篇〕觉来时满眼青山，抖擞绿蓑归去。算从前错认天公，甚也有安排我处。

——白贲:〔正宫·鹦鹉曲〕

重来京国多时住,恰做了白发伧父。十年枕上家山,负我湘烟潇雨。〔么篇〕断回肠一曲阳关,早夜马头南去。对吴山结个茅庵,画不尽西湖巧处。

——冯子振:〔正宫·鹦鹉曲〕(《故园归计》)

江湖难比山林住,种果父胜刺船父。看春花又看秋花,不管颠风狂雨。〔么篇〕尽人间白浪滔天,我自醉歌眠去。到中流手脚忙时,则靠着柴扉深处。

——冯子振:〔正宫·鹦鹉曲〕(《咸事》)

一个空皮囊包裹着千重气,一个干骷髅顶戴着十分罪。为儿女使尽拖刀计,为家私费尽担山力。你省的也么哥,你省的也么哥,这一个长生道理何人会!

——邓玉宾:〔正宫·叨叨令〕

这些出自不同作家之手的散曲,是有其较大的共同之处的。它们向往着恬退,从而反映了现实的残酷;它们歌颂了清高,从而揭发了社会的昏浊。在这些创作中,作家们虽然是以精神忧郁症的治疗者的身份出现的,可是,事实上,他们本人正是精神忧郁症的病患者。而张养浩的生活道路和创作倾向,由于他的事迹、作品保存得较为丰富,在这一方面使我们看得尤其鲜明。

张养浩(1269—1329),字希孟,号云庄,济南(今山东省济南市)人,曾担任过元帝国的监察御史、翰林待制、礼部尚书等要职高官。由于禀性鲠直敢言,他的官场生活并不是一帆风顺的。几十年的政治经历,终于使得他愈到后来愈倾向于逃避现实,甚至于将其散曲集题为《云庄休居自适小乐府》,以表示自己的心境和所反映的主要内容。如果说,马致远是为了

"登楼意,恨无上天梯","空岩外,老了栋梁材"[①],因而才满腹牢骚的话,则张养浩恰恰与之相反而又相成,他是由于上了天梯,成了栋梁,因而更深更透地看清了当时的政治和社会,而发出了宦海风波的慨叹,走上了洁身自好的道路。

才上马齐声儿喝道,只这的便是送了人的根苗。直引到深坑里恰心焦。祸来也何处躲,天怒也怎生饶,把旧来时威风不见了。

——〔中吕·红绣鞋〕(《警世》)

挂冠,弃冠,偷走下连云栈。湖山佳处屋两间,掩映垂杨岸。满地白云,东风吹散,却遮了一半山。严子陵钓滩,韩元帅将坛,那一个无忧患?

——〔中吕·朝天子〕

往常时为功名惹是非,如今对山水忘名利。往常时趁鸡声赴早朝,如今近晌午犹然睡。

往常时秉笏立丹墀,如今把菊向东篱。往常时俯仰承权贵,如今逍遥谒故知。往常时狂痴,险犯着笞杖徒流罪。如今便宜,课会风花雪月题。

——〔双调·雁儿落兼得胜令〕

和这种洁身自好的精神相一致,张养浩在其散曲中还透露了微弱的可是在当时是稀有的同情人民的声音:

峰峦如聚,波涛如怒,山河表里潼关路。望西都,意踟蹰,伤心秦汉经行处,宫阙万间都做了土。兴,百姓苦;亡,百姓苦!

——〔中吕·山坡羊〕(《潼关》)

① 〔南吕·金字经〕。见隋树森《全元散曲》,中华书局1964年版,第239页。

路逢饿殍须亲问，道遇流民必细询。满城都道好官人。还自哂，只落得白发满头新。

乡村良善全生命，尘市凶顽破胆心。满城都道好官人。还自哂，未戮乱朝臣。

——〔中吕·喜春来〕

在元蒙贵族统治的时代，关心人民疾苦的官员实在太稀罕了。所以像张养浩这样的好官，自然会受到满城百姓的称赞，而作者则感到自愧，因为没有能够把朝廷中的乱臣贼子清除掉。

马致远和张养浩等作家，以其寓悲凉于旷达的情绪，发为寓沉郁于豪放的歌声，画出了那个以种族压迫和政治黑暗为其特征的历史时代的侧影。

第五章　杨显之和纪君祥

在和关、王、白、马约略同时的杂剧家中，就现存的作品来看，杨显之和纪君祥也是具有相当成就因而值得加以介绍的。

第一节　杨显之的《潇湘雨》与《酷寒亭》

和关汉卿交谊很深，每逢写出了作品就和关研究得失的杨显之，混名杨补丁，大都人。据《录鬼簿》贾仲名补〔凌波仙〕吊词，当时妓女顺时秀曾以伯父称他，可见他也是和勾栏行院关系很深的人物。这位作家写过八个剧本。从现存的《潇湘雨》和《酷寒亭》两剧看来，他对于有关家庭和婚姻的社会病态特别感兴趣，并会站在先进的立场上给以揭露。

《临江驿潇湘夜雨》(下称《潇湘雨》)写的是北宋末年的谏议大夫张天觉，因被奸臣陷害，贬官江州。他带着失去了母亲的女儿翠鸾一同前往，路过淮河，因为不肯向河神致祭，所乘船便被风浪掀翻，父女也失散了。翠鸾被一位善良的渔翁崔文远所救，将她认作义女，后来又作主将她配给侄儿崔通。崔通在上朝应举及第之后，利欲熏心，竟然抛弃了自己的发妻，别婚试官之女，并和她同到秦川县去赴任。三年以后，翠鸾寻到了崔通的任所，要和丈夫相认，而崔通却昧着良心，不但不肯认她，反而将她诬作逃奴，横加拷打，刺配沙门岛，并叮嘱解差在路上害死她。翠鸾在解差押送之下，冒雨来到了临江驿，恰巧被起用为天下提刑廉访使的张天觉也在驿中歇脚。父女的意外相逢，使得崔通的罪行被揭发了。翠鸾凭仗着父亲的权力，捉拿了崔通，但由于义父崔文远讲情，她和崔通终于重归于好，而试官之女则被贬为伏侍翠鸾的丫鬟。

为自己卑鄙的名利心所驱使，因而遗弃原妻，另婚高门之女的读书人，乃是古典戏剧中经常加以谴责的对象。杨显之笔下的崔通，也是这样一种人物。值得特别指出的是：崔通具有非常狡诈凶狠的性格。当翠鸾找到秦川县衙的时候，他竟然可以行若无事地当着后妻之面，否认前妻，一面毫无情义地将前妻痛加殴打，刺字发配，一面又极其自然地对后妻捏造出翠鸾是他家的逃奴的情节，居然将后妻瞒了过去。到后来，翠鸾在她父亲的支持之下，前来将他逮捕了的时候，他首先想到的却是："我早知道是廉访使大人的小姐，认他做夫人可不好也！"①这样，作家就将这个下流人物的灵魂完全暴露在观众面前了。

翠鸾是这本杂剧的主唱者，她的变化无常的命运是萦系着大家的心灵的。人们为她遭溺一忧，又为她得救一喜；为她结婚一喜，又为她被害一忧；为她逢雨一忧，又为她遇父一喜。也就在剧情这种紧凑的发展中，作家展示了她善良然而刚强的性格。她对老渔翁崔文远是知恩感恩的，而对崔通却坚持有冤报冤。当张天觉要派人去拿崔通时，她坚持要自己去，并且说："若差人拿他，也出不的孩儿这口气。"②当崔文远劝她看自己面上，饶了崔通时，她也就对父亲说："爹爹……看恩人面上，连崔通也饶了他罢。"③这些地方，都使人看出了，作家是喜爱这个人物，并且也愿意别人喜爱她的。至于这位被崔通陷害过的女性，在作家的安排之下，最后仍然不能不和崔通言归于好，固然是作家认识的局限性的体现，也是在当时的社会条件下，妇女们还很难完全摆脱其整个悲剧命运的一种客观反映。

杨显之对当时社会底层的人民的善良品质也是有所认识的。不仅渔翁崔文远是一位富有同情心的好人，而且在翠鸾带枷走雨那个场面中，他所写的解子也不完全是毫无人性的。解子虽然奉命要在途中谋害翠鸾的性命，但仍然对她有所同情。

①②③ 第四折。

（正旦带枷锁同解子上，云：）好大雨也。……（唱：）

〔黄钟·醉花阴〕忽听的摧林怪风鼓，更那堪甕瀽盆倾骤雨。耽疼痛，捱程途，风雨相催，雨点儿何时住？眼见的折挫杀女娇姝。我在这空野荒郊，可着谁做主！……

〔喜迁莺〕淋的我走投无路，知他这沙门岛是何处酆都？长吁气结成云雾。行行里着车辙把腿陷住，可又早闪了胯骨。怎当这头直上急簌簌雨打，脚底下滑擦擦泥淤。……

（解子云：）你走便走，不走我打你也。（正旦云：）哥哥，（唱：）

〔山坡羊〕则愿你停嗔息怒，百凡照觑，怎便精唇泼口，骂到有三十句！这路崎岖，水萦纡，急的我战钦钦不敢望前去。况是棒疮发，怎支吾，刚挪得半步。（带云：）哥哥，你便打杀我呵，（唱：）你可也没甚福。……

〔刮地风〕则见他努眼撑睛大叫呼，不登登气夯胸脯。我湿淋淋只待要巴前路，哎！行不动我这打损的身躯。（解子喝科，云：）还不走哩！（正旦唱：）我捱一步又一步，何曾停住？这壁厢，那壁厢，有似江湖，则见那恶风波。他将我紧当处，问行人踪迹消疏。似这等白茫茫野水连天暮，（带云：）哥哥也，（唱：）你着我女孩儿怎过去？

（解子云：）你又怎的？[①]（正旦云：）哥哥，这般水深泥泞，我怎生走的过去？望哥哥可怜见，扶我一扶过去。（解子云：）则被你定害杀我也。我扶将你过去。我问你，你怎生是他家梅香，你将他家金银偷的那里去了？他如今着我害你的性命哩。你可实对我说。（正旦云：）我那里是他家梅香，偷了金银走来？（唱：）

〔四斗子〕告哥哥一一言分诉，那官人是我的丈夫。我可也说的是实又不是虚。寻着他指望成眷属。他别娶了妻道我是奴。我委实的衔冤负屈。

（解子云：）这等说起来，是俺那做官的不是。如今我也饶不得

---

① 此前有翠鸾跌倒及掉了枣木梳等情节（已略去），故云。

你。快行动些。……(正旦唱:)

〔随尾〕天与人心紧相助,只我这啼痕向脸儿边厢聚。(带云:)天那!天那!(唱:)眼见的泪点儿更多,如他那秋夜雨。

这是《潇湘雨》中的一个精彩片段。它利用自然界的变化很成功地烘染了翠鸾的境遇,增加了舞台上的凄楚气氛。它写的是一个孤苦的女犯的走雨,而不是《梧桐雨》中所写的一个寂寥的皇帝的听雨。这两个场面各自以其富有特征的艺术细节完成了整个剧本规定的任务。

这里还值得注意的是第四折翠鸾在驿站门外躲雨,啼饥号寒之声,搅动寓宿驿站的高官即她父亲的烦乱心绪,于是驿丞到门外干涉,出现门外和门内两种悲凉凄苦的情景:

〔正宫端正好〕雨如倾,敢则是风如扇,半空里风雨相缠,两般儿不顾行人怨,偏打着我头和面。

〔滚绣球〕当日个近水边,到岸前,怎当那风高浪卷,则俺这两般儿景物凄然。风刮的似箭穿,雨下的似甕瀽,看了这风雨呵委实的不善,也是我命儿里惹罪招愆。我只见雨淋淋写出潇湘景,更和这云淡淡妆成水墨天,只落的两泪连连。

(解子云)你休烦恼,我和你到临江驿寄宿去来。(做叫门科云)馆驿子开门来。(驿丞云)又是那一个?我开这门,这弟子孩儿好大胆也!廉访使大人在这里歇息,你只在门外,你若大惊小怪的,我就打折你那腿,我关上这门……

〔笑和尚〕我我我捱一夜似一年,我我我埋怨天!我我我敢前生罚尽了凄凉愿?我我我哭干了泪眼,我我我叫破了喉咽……

(做哭科云)哎呀!天也。我便在这里,不知我那爹爹在哪里也。(张天觉云)翠鸾孩儿,兀的不痛杀我也。我恰才合眼,见我那孩儿在我面前一般,正说当年之事,不知是什么人惊觉着我这梦来?皆我日暮年高,梦断魂劳,精神惨惨,客馆寥寥。又值深秋天道,景物萧条;江城夜永,刁斗声焦,感人凄切,数种煎熬。寒蛩唧唧，塞雁叨叨；金风淅淅，疏雨潇潇。多被那无情风雨，着老夫不能合眼。我正是闷似湘江水，涓涓不断流；又如秋夜雨，一点一声愁。……

——第三折

馆驿里外，遭难之女，魂绕梦牵的老父，凄苦悲凉之心，恰相应和，悲剧气氛浓烈，而得以喜剧性的相聚。张天觉虽无唱辞，但其道白的抒情意味甚浓。就翠鸾被负心汉崔通抛弃并欲置于死地的本质而言，即便翠鸾不死并与老父相聚，但与崔通的婚事，应该是个悲剧，由于养父崔文远劝说，翠鸾终于与崔通恢复夫妻关系，以大团圆结局，化悲剧为喜剧。如此处理，显然受传统文化尚圆和"夫乃妇之天"的封建伦理观念的影响。

《郑孔目风雪酷寒亭》（下称《酷寒亭》）是杨显之现存的另一作品。郑州府衙中的孔目郑嵩，是一个具有矛盾性格的人，一方面他知道公门中好修行，因此设法减轻了宋彬打死人命的罪名，并结拜为兄弟，后来果然得到了宋彬的报答；另一方面他又迷恋妓女萧娥，在这个恶妇气死了他的妻子之后，还将她娶回家中，以致前妻的一双儿女僧住、赛娘不免于受到萧娥的虐待。祗候赵用是郑嵩的好友，他在郑嵩前妻未死之前，曾力劝郑嵩照顾家庭，在萧娥嫁给郑嵩之后，又因为萧娥虐待前妻的子女而和她斗争。萧娥是一个狠毒而又淫荡的妇女，她不但利用机会气死郑嵩的前妻，经常虐待僧住、赛娘，而且在嫁给郑嵩之后，还和她的旧欢另一祗候高成通奸。当郑嵩出差回来，从开酒店的张保口中知道了这些情况以后，就去捉奸，但高成却逃脱了，只杀了萧娥。高成为了萧娥，原来就和郑嵩不睦，这时，便利用职权，自任解子，押解郑嵩发配沙门岛。恰巧在酷寒亭上正好遇着已经落草为寇的宋彬。宋彬便救了自己的恩人，拿了高成，同归山寨。

郑嵩，作为一个从头到尾的当事人，本来应当是主角之一。但为了更好地展开两种不同性格的冲突、善与恶的斗争，杨显之却将赵用与萧娥安排在一个对立的地位。在第一折中，赵用为了要郑嵩立刻从萧娥处回家探视自己久病的妻子，曾经谴责他的朋友“念着那送旧迎新泼弟子，全不想生男育女旧娇娃”。① 便和萧娥发生了一场口角。接着，在第二折，赵用又识破了萧娥利用郑嵩不在家中的机会虐待前妻子女的情况，对她加以警告，使她更加恼怒，对孩子们更加虐待。这两个人物的形象便是在这些冲突中凸显的。不但如此，而且在这两个对立的性格冲突之中，郑嵩徘徊于自己所迷恋的恶妇和亲生儿女、知心朋友之间的矛盾性格也间接地体现了。

杨显之把剧本第三折分配给一个乍看来无关重要的脚色酒店主人张保主唱。这也正见出了作家的匠心。这样的安排就使得郑嵩很自然地明白了，在他出差的日子里，他家里出了什么事情，社会舆论怎样，从而也就产生了捉奸杀萧娥犯罪等情节。这一穿插，是出人意外的，同时又是合理的。它丰富了剧本的情节，并使其结构似松懈而实完整严密。还值得注意的，从张保的自我介绍中，得知他在战乱时被掳为奴，多年后享有特权的回回主人给了他一张从良文书，反映了那个时代的特色。

《酷寒亭》再一次地提出了一个古老的社会问题——后母虐待前妻子女的问题。虽然作家还没有能够在剧本里发掘出这个问题的本质，但却表现了他对于家庭与儿童幸福的关怀。此外，剧本以被害者得到“草寇”拯救上山作结束，这种解决矛盾的方式也是值得注意的。这说明：元代剧作家自始就注意到了，除了他们所幻想的自上而下的官府的力量之外，还有一种人民自发的、绿林豪侠的力量，也可以拯人于危难。

第二节　纪君祥及其《赵氏孤儿》

纪君祥（一作天祥）也是大都人。据《录鬼簿》称，他“与李寿卿、郑廷玉同时”。他写的六个杂剧，除了《赵氏孤儿》之外，都亡佚了。但这一仅存的剧本，却使他在戏曲史上占有较高的地位。

---

① 〔混江龙〕。

《赵氏孤儿大报仇》(一名《赵氏孤儿冤报冤》)是元剧中稀有的悲剧之一。① 它描写的是一个古老的历史故事,其基本情节见于《左传》、《史记》、《说苑》、《新序》等书,作家在创作时,又增添了许多想象和补充,使之更加动人和完整。

在春秋时代,晋灵公手下有两位大臣:屠岸贾和赵盾。奸恶的屠岸贾向灵公进谗诛灭了赵氏全家,连赵盾的儿子驸马赵朔和晋国公主所刚刚生下的一个男孩也不肯放过。于是,一些正直的人和屠岸贾展开了尖锐的斗争。赵朔门下的医士程婴,冒着生命危险,将初生的孤儿放在药箱里,带出赵朔的府门。奉着屠岸贾之命把守府门的将军韩厥,为了保守秘密,在程婴逃走以后,随即自杀。程婴将孤儿带到了公孙杵臼家中,为了保护这个孤儿,他们商定了一条秘计:程婴将自己刚生下的儿子当作赵氏孤儿,送到公孙家里,然后到屠岸贾处告发。于是这个假孤儿被杀,公孙杵臼撞阶基而亡,而真孤儿则在程婴的辛勤养育之下长大成人。屠岸贾收程婴为门客,同时将这个真孤儿认作义子,一直到了他已经二十岁,程婴怕自己老死,冤沉海底,才向这个青年泄露了真情。屠岸贾终于受到应得的惩罚。

不难看出,这个剧本的情节是非常富于悲壮情调的,而这种悲壮情调的形成,则基于剧中正面人物韩厥、程婴、公孙杵臼的悲剧性格。他们为了正义,自觉地、毫不犹疑地献出了自己所最宝贵的东西——本人的生命或下一代的生命。这种高贵的性格,决定了剧情的发展。使得我们可以断定:在这场誓不两立的斗争中,虽然非正义的力量最初是那么强大,而胜利终于不能不属于正义一面。而这,也正是作家创作意图所在。

纪君祥笔下的三位英雄形象虽然赋予有为了正义而自我牺牲的共同性格,但他们之间的区别仍然是鲜明的。韩厥是屠岸贾的部下,防止孤儿脱逃是他奉命执行的任务。但同时,他又是一个具有强烈正义感的人,他

① 本剧现存中华书局 1958 年版《元曲选》及元刊《古今杂剧》两种版本。前者有五折,有宾白,后者只有四折,无宾白。曲文亦有不同。以下据较完整的《元曲选》本立论。

对“忠孝的在市曹斩首，奸佞的在帅府内安身”①的社会现实异常不满，因而不愿意当屠岸贾的爪牙。程婴将孤儿藏在药箱内带出府门，使他的内心矛盾达到了饱和状态：如果不搜索，他就算对上司没有尽责，如果搜出上报，他又对不住自己的良心。但是，无可回避地，一个活生生的、无辜的婴孩终于突然呈现在他眼前。程婴对他的一番哀告和怀疑，更进一步使得他感到：在善与恶的斗争中，没有调和的余地，于是，这个顶天立地的男儿终于以自杀来捍卫了正义，取得了自己内心矛盾的解决。在短短一折戏里，纪君祥非常完整地揭示了这个人物的精神活动的全部过程。

和韩厥不同，程婴是个一心一意地维护赵氏孤儿，并通过这种维护来显示其为了正义可以牺牲一切的人物。他的高贵品质流露在他不同环境里的表现中。他在将孤儿带出赵府，被韩厥盘问的时候，显得有些慌张，以至于被韩厥识破；可是当他去告发假孤儿，屠岸贾问他和公孙杵臼有何仇隙的时候，他推说为了要救大家的和自己的孩子，又显得非常自然。他的忍辱负重、老谋深算，还表现在二十年的漫长岁月中和屠岸贾的假意周旋以及最后通过一个画卷将秘密泄露给孤儿等情节里。至于为了支持正义的斗争，而甘愿牺牲自己初生的孩子，是难能可贵的行为，则更不用说了。总之，在剧本中，程婴是一个仁至义尽，忠心耿耿，而又具有操心危、虑患深的人生经验的人物。在整个悲剧的发展中，他起的作用是决定性的。他的高贵品质贯串着整个剧本，而他的活动则使整个剧本的情节贯串起来。

“往常我夜眠斗帐听寒角，如今斜倚柴门数雁行。”②这是公孙杵臼被屠岸贾排斥，罢职归农以后的心情。他对奸臣屠岸贾的憎和对忠臣赵盾的爱，决定了他接触到孤儿事件时的态度。于是，这位本来可以袖手旁观，悠游岁月的七十老翁，便也奋不顾身地、毅然地参加斗争了。他自觉自愿地提出了牺牲性命的计划来和程婴牺牲爱子的计划相配合。

---

① 第一折〔混江龙〕。

② 第二折。

(正末云:)程婴,我一言已定,再不必多疑了。(唱:)

〔红芍药〕须二十年酬报的主人公,恁时节才称心胸。只怕我迟疾死后一场空。(程婴云:)老宰辅,你精神还强健哩。(正末唱:)我精神比往日难同,闪下这小孩童怎见功?你急切里老不的形容,正好替赵家出力做先锋。(带云:)程婴,你只依着我便了。(唱:)我委实的捱不彻暮鼓晨钟。

(程婴云:)老宰辅,你好好的在家,我程婴不识进退,平白地将着这愁布袋连累你老宰辅,以此放心不下。

(正末云:)程婴,你说那里话?我是七十岁的人,死是常事,也不争这早晚。(唱:)

〔菩萨梁州〕向这傀儡棚中鼓笛搬弄,只当做场短梦。猛回头早老尽英雄。有恩不报怎相逢,见义不为非为勇。(程婴云:)老宰辅既应承了,休要失信。(正末唱:)言而无信言何用?(程婴云:)老宰辅,你若存的赵氏孤儿,当名标青史,万古留芳。(正末唱:)也不索把咱来厮陪奉。大丈夫何愁一命终,况兼我白发蓬松。

——第二折

接着,程婴提出怕他年老,在受不住严刑拷打时或者会泄露秘密,这位可敬的老人又唱道:"我从来一诺似千金重。便将我送上刀山与剑峰,断不做有始无终。"①在下一个场面里,屠岸贾逼着程婴用大棍子去打公孙杵臼。由于衰老的身体难以支持,公孙杵臼在精神恍惚的情况下几乎吐露了真情。也正是在这时,卒子将假孤儿搜了出来。为了杜绝以后的追查,他便当机立断,撞阶自尽。这些细节的安排,都使得公孙杵臼这一形象更加完整,更加真实。

该剧在结构和场面描写方面,具有显著特色。贯穿全剧的线索是奸臣屠岸贾的"搜孤"与程婴的"救孤",而通过各个时段壮烈的斗争场面描写,突出为"救孤"这一正义事业而献身的几个人物。全剧五折一楔子。

---

① 〔二煞〕。

楔子在该剧相当于序幕，提示屠岸贾用种种阴谋陷害赵盾，把赵氏三百余口斩尽，诈传灵公之命，逼迫驸马赵朔自杀，囚禁已经怀孕的公主。赵朔临死时嘱咐公主：如生男孩，取名赵氏孤儿，长大为赵氏报仇。预示即将展开的主要矛盾——杀孤与救孤。

全剧矛盾冲突的焦点，是如何挫败屠岸贾凶狠恶毒的杀孤阴谋，救孤的主角是程婴。围绕这一中心事件，每折写一尖锐的矛盾冲突，从而突出一个英雄人物悲壮感人的性格。第一折写受命包围监控公主府第的将军韩厥，他的使命就是不让将孤儿偷运出府，但当他从程婴的药箱中发现活生生的孤儿时，内心的正义感与使命感发生激烈的斗争，出于对屠岸贾强暴行为的义愤，终于让程婴救孤脱险，为了让程婴走得放心，毅然自刎。这一壮烈之举，扣人心弦，韩厥的形象屹立在人们心中。第二、第三两折，写程婴去与退休闲居家中的公孙杵臼谋划如何用程婴亲子替代赵氏孤儿，并救晋国幼童。程婴舍己为人的精神，公孙杵臼强忍严刑拷打、为保护程婴与赵氏孤儿而撞阶自尽的壮烈场面，感人至深。第四折写程婴巧妙地将包括楔子和前三折矛盾冲突的全过程画成一卷图像，故意遗落在地，让已长大成人、武艺超群被屠岸贾收为义子的程勃——实为赵氏孤儿拾取细看，并经程婴指点，赵氏孤儿受到生动形象的血泪史教育，恍然大悟，遂誓言复仇。这场戏的构思可谓用心良苦、精巧至极。于是，第五折就很自然地将戏剧冲突推上最高潮，赵氏孤儿——赵武完成大报仇的使命，屠岸贾落到骑木驴碎尸万剐、灭门绝户的下场，程婴得到赵武的敬爱赡养。在舞台演出的戏剧效果，会是非常强烈的。明人孟称舜《酹江集》评论该剧云："此是千古最痛快之事，应有一篇极痛快之文发之，读此觉太史公传尤为寂寥，非大作手，不易办也。"如此评论这部壮烈动人的历史悲剧，是颇为允当的。

第六章　水浒戏、包公戏及神话剧

在李文蔚的杂剧《同乐院燕青博鱼》(下称《燕青博鱼》)中，当燕青被杨衙内打了以后，唱道："我不向梁山泊里东路，我则拖的你去开封府的南衙。"①这位作家，通过他所塑造的人物，无意中说明了以梁山泊为代表的农民起义军和以开封府尹包拯为代表的清官，乃是当时人民心目中两面正义的旗帜。在他们身上，人民寄托着自己的希望。

第一节　"梁山泊里东路"——水浒戏

对于以梁山泊为代表的农民起义的歌颂，毫无疑义地是元人杂剧中相当重要的和较为现实的主题之一。同时，农民起义军的领袖在舞台上以正面的英雄形象出现，也是祖国文学史上一座重要纪程碑。根据纪录，元代作家所写的有关梁山泊故事的剧本有二十几个之多②，现存的也还有高文秀的《双献功》、康进之的《李逵负荆》、李文蔚的《燕青博鱼》和李致远的《还牢末》四种。此外，无名氏的《争报恩三虎下山》和《鲁智深大闹黄花峪》两种，则可能出于元、明之际。

在这些剧本中，作家们都以其不可掩饰的心情，赞扬着这支农民起义队伍，如在《都孔目风雨还牢末》(即《还牢末》)里，宋江念的下场诗是："俺

---

① 第一折〔六国朝〕。

② 据傅惜华《元代杂剧全目》记载，则有三十余种。

梁山泊远近驰名，要替天行道公平。忠义堂施呈气概，结交尽四海豪英。”[①]更妙的是在《争报恩三虎下山》中，那位无名作家竟借济州通判夫人李千娇的口歌颂道：“我一向闻得宋江一伙，只杀滥官污吏，并不杀孝子节妇，以此天下驰名。”[②]而在她烧香的时候，甚至于替以宋江为首的好汉们祈祷起来：“天也！李千娇头一炷香愿天下太平；第二炷香愿通判相公与一双孩儿身体安康，第三炷香愿天下好男子休遭罗网之灾。”[③]这诚然不无有些夸张，然而这种夸张，却是以广大人民对于农民起义军的好感作基础的。

高文秀的《双献功》和康进之的《李逵负荆》是关于这一重大主题的两个杰构。

一、高文秀及其《双献功》

高文秀写过三十多个剧本，现在还存有五个。在当时，他也是负有盛名的作家之一，被人称小汉卿。有的记载说他是东平（今山东省东平县）人，有的说他是东平府学生员，总之，他是和梁山泊所在地东平关系较深的。这个“寨名水浒，泊号梁山，纵横河港一千条，四下方圆八百里”[④]的北宋时代农民起义根据地的遗址，当时流传在民间的丰富传说，还有作家所感受到的现实生活，使他熟悉并且爱好了这个题材，并且特别对黑旋风李逵这个英雄人物感兴趣。于是，他写了可能多至八个的有关黑旋风的剧本。《黑旋风双献功》（一作《双献头》，下称《双献功》）乃是其中仅存的一种。

从现在几种以梁山泊故事为题材的元剧可以看出，当时杂剧作家们并没有在他们的创作中着重反映这支农民起义军的形成过程，如逼上梁山、抵抗官军等方面；他们所写的，主要的是当这个农民义军的政权建立之后，如何以人民自己的政府的面貌出现在观众面前，从而替天行道，为

---

① 第四折。
② 楔子。
③ 第二折。
④ 〔双献功〕第一折。在中华书局1958年版的《元曲选》目录中题为《黑旋风》。

他们申冤理枉，除暴安良。《双献功》也正是这样一个剧本。它是以一个看来似乎出于常情之外的情节开始的。郓城县的孔目孙荣要和妻子郭念儿到泰安去烧香许愿，因为恐怕途中不安全，便去请求旧友宋江派人保护；于是山儿李逵便化名王重义，出来充任孙荣夫妻的护臂。在途中，衙内白赤交果然拐走了原来和他有奸的郭念儿，孙荣到大衙门里去告状，反而被白赤交借坐衙门①，将原告逮捕，打入死囚牢。但李逵却乔装个壮家呆后生，混入牢中给孙荣送饭，并用蒙汗药将牢子麻倒，放走了孙荣，令他先回梁山；随后又乔装祇候人，混入衙中，杀了奸夫淫妇，胜利返寨。

在《双献功》中，作家用简略的，可是饱满的笔墨描绘了农民义军领袖宋江的形象。他是以人民（包括像孙荣这种低级官吏在内）的保护人出现在舞台上的，因此毫不推诿地答应孙荣的请求。他深知李逵见义勇为，可是不免失之鲁莽的性格，因此再三叮嘱，要他遇事忍耐，完成任务。对弟兄们的安全，他是十分关心的，所以听到孙荣出了事，怕李逵斗不过白赤交，便立即派吴学究星夜领一支兵马前去接应。这些地方，说明作家对于一位农民义军领袖的气度才识是有其深刻体会的。

当然，作家所刻意雕塑的，还是主角李逵的形象。在元代，李逵的性格还不曾被后来伟大的章回小说《水浒传》固定下来，因此，在剧作家们的笔下，他并不如后来那么单纯而突出。作家们每每按照自己的理解，写出了不同的李逵。高文秀在这个剧本里，是曾经强调了他的勇猛、天真诸方面的，如在郭念儿被白赤交拐去以后，他唱道："我也不用一条枪，也不用三尺铁，则俺这壮士怒，目前见血。东狱朝磕塔的相逢无话说，把那厮滴溜扑马上活挟。他若是与时节，万事无些。不与呵，山儿待放会劣撇，恼起我这草坡前倒拖牛的性格，强逞我这些敌官军勇烈，我把那厮脊梁骨，各支支生撅做两三截。"②但在这全剧中，却不过是虚写，是陪衬，而在第

① 这种借坐衙门的情况，并不是作家的臆造。它甚至于有一个专门名词，称为乔坐衙。如《元史，王磐传》就有西域大贾"恃势干官府，直来坐厅事，指挥自若"的记载。《策丹传》也载："时有以驸马为江浙行省丞相者，其宦竖恃公主势，坐杭州达噜噶齐位，令有司强买民间物。不从，辄殴之。"

② 第二折〔赚煞尾〕。

三折中，作家却集中力量来描写了李逵的粗中有细，他利用自己仪表、语言的朴实粗鲁，施行计策而获得成功。

(牢子云：)甚么人？敢是提牢官来了。住着，若是提牢官呵，拽动这铃索；可是甚么人打得这牢门冬冬的响，我且开这门看咱。(正末与牢子撞倒科。牢子云：)我打你个弟子孩儿。(正末云：)叔待，你为甚么打我那？(牢子笑科，云：)原来是个庄家呆厮。(正末唱：)

〔落海风〕我这里高声的叫，叫到那五六四，哥哥你便开门，呆厮可便与哥哥支揖。(牢子打科，云：)这呆厮好无礼也！你怎么抢住我两只手臂？我打这弟子孩儿。(正末唱：)做甚么恶哏哏怒从你那心上起？叔待，呆厮不会汤着你，不索你没来由这般叫天吖地。

(牢子云：)你是甚么人？(正末云：)孩儿每是个庄家。(牢子云：)你这庄家们倒会受用快乐。(正末云：)叔待，俺这庄家至受苦恼也。(唱：)

〔夜行船〕俺家里要打水浇畦，(带云：)打罢那水，浇罢那畦，俺娘道："呆厮，你还不往田里去。"(唱：)我又索与他压耙扶犁。(牢子云：)好也，他把我当耕牛使用。(正末唱：)我家里还待要打柴刈苇，织履编席，倒杍翻机。俺做庄家忒老实，俺可也不谎诈，不虚脾。

(牢子去：)兀那厮，你来这里做什么？(正末云：)叔待，你家里有我个孙孔目哥哥么？(牢子云：)这弟子孩儿不知是牢，他说是我家里。他姓孙，你可姓甚么？(正末云：)我姓王。(牢子云：)我打这个弟子孩儿。他姓孙，你姓王，怎么是兄弟？(正末云：)我可知和他不亲哩，这孔目跟的那官人到俺那乡里劝农去来，见我家房子干净，他就在俺家里下。俺娘见他是个孔目，将那好茶好饭儿这般管待。他因问俺娘姓甚么，俺娘道："我姓孙。"那孔目道："我也姓孙。"他拜俺娘做姑姑。俺娘道："俺家里别无甚么人，只则有这个呆厮。早晚去那城里面纳些秋粮儿，纳些夏税儿，你便照顾他。"俺是这般亲，俺那里是那真个的亲眷来那！

(牢子云:)原来是这等。(正末唱:)

〔甜水令〕俺那时节因纳税当差,曾离乡下来到城内。(牢子云:)这个也是认的兄弟,打甚么紧。(正末唱:)因此上认义我做相识。(牢子云:)若是要见他,须是替他将油灯钱、苦恼钱都与我些。(正末唱:)我待要与俺哥哥送些茶饭,见些情义,俺两个又不是那真个亲戚。

〔得胜令〕呀,便问我要东西,叔待,则你那没梁桶儿便休提。不比你财主们多周济,量俺这穷庄家有甚的。俺真个堪嗤。俺孩儿每卧土坑,披麻被,你可也争知?(带云:)还有精着腿,无个袴儿穿的。(唱:)谁有那闲钱补笊篱!

——第三折

李逵,就是这样地装呆卖傻,东扯西拉,急中生智,随口编谎,而且编得这么合情合理,使得那个牢子竟然认为站在他面前的是一个可以随便打骂玩弄的乡下佬,终于使自己成为这个乡下佬的捕获物;而李逵的寓智于愚,藏机警伶俐于朴实粗鲁之中的性格特征,则因之而得到了充分的表现。此外,作家对这位英雄的责任感和磊落光明的性格,在他始终如一地保护孙荣,无论如何要救出孙荣,和要把醉了的白衙内喷醒再来杀他等行为中,也作了必要的描写。总之,在高文秀的笔下,李逵的形象是复杂的、丰富多姿的。这正是《双献功》这个剧本的主要动人之处。

二、康进之及其《李逵负荆》

棣州(今山东省惠民县)人康进之写过两本关于黑旋风的杂剧,留下来的是《梁山泊李逵负荆》(下称《李逵负荆》)。这个剧本的情节也见于《水浒传》第七十三回,是今存有关梁山英雄故事的元杂剧中与小说情节大体上相符唯一的例子。

某年清明,义军放假,李逵下山到杏花庄老人王林的酒店中去喝酒。刚巧在这以前,棍徒宋刚,假冒宋江的名义,在另一假冒鲁智深的棍徒鲁智恩的帮助之下,抢去王林唯一的女儿满堂娇。李逵听了王林的控诉,信以为真,非常愤怒,回到山上,大闹忠义堂。宋江等加以辩解,他也不听,于是双方立下军令状，用生命打赌。到王林那里对证的结果，抢走满堂娇的果然不是宋江和鲁智深，于是李逵只好负荆请罪，但宋江定要按军令状执行。恰好宋刚和鲁智恩又来到王林店里，王林将他们灌醉了，立即奔上山来报告。李逵于是将两个棍徒捉拿回山，立功赎罪。

如剧情所显示，《李逵负荆》这个剧本是通过李逵与宋江之间一场误会冲突，来反映梁山英雄的高度正义感、纪律性和义军与人民之间亲密无间的关系的。它非常真实地、明确地体现了普通人民的利益也就是义军的利益；因之，在梁山泊的势力范围之内，是市井不惊，秋毫无犯的，而人民则是可以安居乐业的情形。如果和其他杂剧中所反映的贪官污吏、权豪势要糟践人民的事实作一对比，我们就可以看出，康进之对保护人民的义军的尽情歌颂，也正是对当时黑暗现实的一种强烈抨击。

康进之为我们塑造出了另一个李逵的形象。这个李逵，是农民阶级最忠实的儿子，是个将公义看得远高于私情，将义军的集体荣誉看得远重于自己个人生命的人，是个具有高度原则性的人。可以想象得到，在康进之的心目中和民间传说中，具有这种高贵品质的梁山英雄，绝不止李逵一个，因此，必须通过个性的描写来显示李逵之所以为李逵。这一点，作家是成功地做到了的。

虽然李逵平日间不见得怎么注意自然景物，但在那明媚的春天，却对本地风光情不自禁地赞颂起来："俺则见杨柳半藏沽酒市，桃花深映钓鱼舟。更和这碧粼粼春水波纹绉，有往来社燕，远近沙鸥。"[①]在活画出在义军保护之下，人民和平安静地生活着的环境之后，他紧接着道："人道我梁山泊无有景致，俺打那厮的嘴。"剧本一上来，就这样巧妙地交代了这位英雄对梁山泊的深厚感情。于是他下面为了义军的集体荣誉而与自己最敬爱的领袖、弟兄争吵，才不是突然的了。

在李逵和宋江、鲁智深的冲突中，固然显示了这位英雄对普通人民与梁山事业的热爱和嫉恶如仇的感情，还有他的爽直痛快、是非分明的性格，但也同时深刻地揭露了他的鲁莽暴躁、轻信易怒的缺点，并从他性格

① 第一折〔混江龙〕。

上的内在矛盾发展了整个剧情的矛盾冲突。特别使人感到兴趣的是：康进之为我们写出了李逵作为一个调皮的老实人或老实的调皮人的一面。他听了那件不名誉的事情之后，本来是非常激动的。按照我们的想象，他一见了众头领，就会将事件和盘托出。然而作家偏没有让李逵这么做。他倒是为了维持多年朋友的颜面，收起了暴跳如雷的那一套，而以一种出人意外的讽刺向宋江、鲁智深进攻。虽然他终于控制不住自己，险些儿将作为义军标志的杏黄旗都砍倒了；而在宋江不断的追问下，又吐露了真情。这种正义的行为、莽撞的举止与自以为是、洋洋得意的心情集中在一起，加以描摹，就形成了一幅光彩照人的肖像。

(卒子做报科，云：)喏！报的哥哥得知，有李山儿来了也。(宋江云：)着他过来。(卒子云：)着过去。(做见科。正末云：)学究哥哥，喏！帽儿光光，今日做个新郎；袖儿窄窄，今日做个娇客。俺宋公明在哪里？请出来和俺拜两拜。俺有些零碎金银在这里，送与嫂嫂做拜见钱。(宋江云：)这厮好无礼也！与学究哥哥施礼，不与我施礼，这厮胡言乱语，有甚么说话！(正末唱：)

〔倘秀才〕哎！你个刎头的知交庆喜。(宋江云：)庆什么喜？(正末云：)则你那压寨的夫人在那里？(指鲁智深科，云：)秃驴，你做的好事来！(唱：)打干净毬儿不的走了你。(宋江云：)怎么？智深兄弟，也有你那？(正末唱：)强赌当，硬支持，要见个到底。

(宋江云：)山儿，你下山去，有什么事，何不就明对我说？(正末做恼不言语科。宋江云：)山儿，既然不好和我说，你就对学究哥哥根前说波。(正末唱：)

〔滚绣球〕俺哥哥要娶妻，这秃厮会做媒。(宋江云：)智深兄弟，说你会做什么媒来？(鲁智深云：)你看这厮，到山下去噇了多少酒，醉的来似踹不杀的老鼠一般，知他支支的说甚么哩。(正末唱：)元来个梁山泊，有天无日。(做拔斧砍旗科，唱：)就恨不斫倒这一面黄旗。(众做夺斧科。宋江云：)你这铁牛，有甚么事，也不查个明白，就提起板斧来，要斫倒我杏黄旗，是何道理？(学究云：)山儿，你也忒口快心直哩,(正末唱:)你道我忒口快,忒心直,还要待献勤出力。(做喊科,云:)众兄弟们,都来!(宋江云:)都来做甚么?(正末唱:)则不如做个会六亲庆喜的筵席。(宋江云:)做甚么筵席?(正末唱:)走不了你个撮合山师父唐三藏,更和这新女婿郎君,哎!你个柳盗跖,看那个便宜。

(宋江云:)山儿,你下山,在那里吃酒,遇着甚人?想必说我些甚么,你从头儿说,则要说的明白。(正末唱:)

〔倘秀才〕不争你抢了他花朵般青春体质,这其间抛闪杀那草桥店白头老的。(宋江云:)这事其中必有暗昧,(正末唱:)这桩事分明甚暗昧,生割舍,痛悲凄。(带云:)宋江咪!(唱:)他其实怨你。

(宋江云:)元来是老王林的女孩儿,说我抢将来了。……

——第二折

宋江以一个雍容沉着、既严肃而又宽宏的领袖身份出现在杂剧中。他对于这种突如其来的、粗暴的攻击所持的十分镇静的态度,使得李逵被慑服住了,以至于不敢毅然决然地和他赌头。这也就为其后李逵知道是自己错了,并不赌气请死,而只是负荆请罪的情节伏下了合理的张本。我们不能设想:宋江非将自己忠诚正直而勇敢的好弟兄李逵杀掉不可。他对李逵加以威吓,只是为了教育他,训诫他。这样,由李逵去逮捕那两个破坏良民幸福,损害义军荣誉的棍徒,从而立功赎罪,也就成为最符合情理的结局。

《李逵负荆》的每一折戏都有引人入胜的冲突,而其冲突的性质、尖锐的程度则不一样。这些波澜起伏的冲突成了剧本无懈可击的、严密的艺术结构。虽然它和《双献功》一样,都为李逵塑造出了动人的、光辉的英雄形象,而正是在这一方面,似乎更值得重视一些。

第二节 “开封府的南衙”——包公戏

从关汉卿起,元代的剧作家已经注意到人民为了使自己的生活获得最低限度的保障,希望在社会上出现清官的问题。这位可敬的前辈首先将人民这种愿望在舞台上反映了。继之而起，又有许多作家在其创作中塑造了许多专门与权豪势要之家作对，并在最后获得胜利的清官形象。在这种大致可以称为公案剧的作品中，多数的清官是以宋代的名臣开封府尹包拯的名字出现的，因此，“开封府的南衙”就成了人民所最乐于称道的所在之一。此外，在金熙宗时代曾任大兴府尹的王翛然这个历史人物，还有在剧中的官职为河南府都孔目的张鼎，也在一些剧本中以清官的身份出现。而赋性正直，爱民如子，长于智略，胜敌有方，则是这些作家理想中的清官共同的特点。在某些剧本里，作家并赋予了被迫害的良民以反抗性格，如王仲文《救孝子贤母不认尸》（下称《救孝子》）中的贤母李氏、武汉臣《包待制智赚生金阁》（下称《生金阁》）中的强魂郭成和李行道《包待制智赚灰阑记》（下称《灰阑记》）中的张海棠。这类剧本，或者偏重于揭露黑暗的吏治（如《救孝子》），或者偏重于控诉残暴的权豪（如《生金阁》），或者偏重于歌颂贤明官吏断案的机智（如《灰阑记》、《鲁斋郎》），从而构成了元代公案剧丰富多彩的面貌。虽然这些剧本，即使是最优秀的，也没有直接提出改变整个封建秩序，摧毁异族牢狱统治的要求，但它们终究反映了人民要在清明公正的政治条件之下过活的强烈愿望，从而间接地反映了人民推翻当时蒙古贵族与汉族大地主的联合统治的迫切要求。

无名氏《陈州粜米》

在现存十个具有不同程度的成就的包公戏中，无名氏的《包待制陈州粜米》（下称《陈州粜米》）是很杰出的一种。其梗概是：陈州发生了严重的旱灾，执政人员集议，派人前去赈济。当场就有“权豪势要之家，累代簪缨之子”的刘衙内坚决保举他儿子刘得中、女婿杨金吾去担任这项工作。他们去后，将五两银子一担米的官价擅自改为十两，又使用八升小斗，加三大秤，以致民怨沸腾。饥民张憋古和刘、杨争执，竟被刘得中拿御赐的紫金锤打死了。张憋古的儿子小憋古告到了包公那里。包公便拿着敕赐的势剑金牌到了陈州，经过私访，查明了刘、杨贪污的实迹和他们将紫金锤当在妓女王粉莲家中的不法行为。于是他先斩了杨金吾，又令小憋古用紫金锤将刘得中打死，以报父仇。有势力的刘衙内居然从皇帝那里弄来了赦书，因为他当时只注意到张憋古已死，而刘得中则活着，所以请求赦书规定只赦活的,不赦死的。哪知赶到陈州,情势已发生了变化,刘得中死了,而小懒古则活着。他辛辛苦苦求来的赦书恰好拯救了那个正义的复仇者。

剧本《陈州粜米》值得重视的地方首先在于作家选择了一个关系到千千万万人民生死的问题——救荒问题作为戏剧矛盾的基础。在这个基础上,展开了以人民与包公为一方,以刘衙内父子为一方之间的不可调和的斗争。这就比其他的公案剧中清官为一家一人受害而进行斗争更能吸引人们的注意(虽然其他剧本中受害的一家一人也是作为多数的代表而出现的)。在元代,不断的灾荒和贪官污吏、地方豪强借救荒为名进行趁火打劫的勾当,是社会上很普遍的一种现象,也是那时阶级矛盾很尖锐的一个方面。而《陈州粜米》的作者,则敏锐地从现实生活中注意到了这一现象,并且站在先进的立场,写出了广大人民的苦难和要求。

我们已经指出,在某些公案剧中,被侮辱与被损害的人民形象,常常不仅是善良的、纯朴的,而且他们也往往是英勇正直,敢于和不合理的黑暗势力坚决斗争的。《陈州粜米》中出现的张撇古,就是这类的光辉形象之一。作家深刻地认识了人民生活在封建秩序之下那种具体环境和潜伏在他们心里的巨大的反抗力量。“柔软莫过溪涧水,到了不平地上也高声。”①张撇古口中唱出的朴素的诗句,也正是这位作家对人民的认识的最好说明。果然,这位性情刚直的老者和无耻的贪官及其爪牙大斗子、二斗子发生冲突了,他吃了眼前亏,送了性命,但却至死也没有畏缩、后悔。他严厉地警告这些贪污分子:“有一日受法餐刀正典刑,恁时节钱财使罄,人亡家破,方悔道不廉能。”②他命令他的儿子斗争到底:“虽然是输赢输赢无定,也须知报应报应分明。难道紫金锤就好活打杀人性命。我便死在幽冥,决不忘情。”③剧中的小懒古也不失为父亲的肖子,他遵照遗言,告到了铁面无私的包龙图那里。

在人民心目中,包公是铁面无私的正直之神。但这位清官,虽然有些

---

① 第一折〔混江龙〕。

② 第一折〔胜葫芦〕。

③ 第一折〔青哥儿〕。

神化了，终竟是个人，而且是生活在当时那种混浊的政治局势中的人。他的环境是复杂的，对手是强大的，他的每一个胜利的取得并不简单。在另外一些杂剧中，作家们曾从包公每每用计谋而不用势力来战胜他的敌人这一方面，透露了一点消息。但是，对于他的内心活动，却是很少涉及。《陈州粜米》的作者则深入了这位浊世清官的精神世界，使人们看到了从未见识过的他内心中沉重的苦闷，从而更理解他，同情他，尊敬他。

〔正宫·端正好〕自从那云滚滚卯时初，直至日淹淹申牌后，刚刚是无倒断簿领埋头。更被那紫阑袍拘束的我难抬手，我把那为官事都参透。

〔滚绣球〕待不要钱呵，怕违了众情；待要钱呵，又不是咱本谋。只这月俸钱做咱每人情不够。……我和那权豪们结下些山海也似冤仇：曾把个鲁斋郎斩市曹，曾把个葛监军下狱囚。剩吃了些众人每毒咒……到今日一笔都勾。从今后，不干己事休开口，我则索会尽人间只点头，倒大来优游。……

〔倘秀才〕我从那及第时三十五六，我如今做官到七十也那八九。岂不闻人到中年万事休。我也会观唐汉，看春秋，都是俺为官的上手。……

〔滚绣球〕有一个楚屈原在江上死，有一个关龙逢刀下休，有一个纣比干曾将心剖，有一个未央宫屈斩了韩侯。……那张良呵若不是疾归去……那范蠡呵若不是暗奔走，这两个都落不的完全尸首。我是个漏网鱼，怎再敢吞钩？不如及早归山去，我则怕为官不到头，枉了也干求。……

〔呆骨朵〕老夫有件事向君王陈奏，只说那权豪每是俺敌头。……他便似打家的强贼，俺便似看家的恶狗。他待要些钱和物，怎当的这狗儿紧追逐。只愿俺今日死，明日亡，惯的他千自在，百自由！

——第二折

如果不是有作家所精心结撰的包公这一大段唱词，谁还会体会到：这位“立心清正，持操坚刚”，受到朝廷重用，敕赐势剑金牌的大臣，在日常的政治生活中，在和权豪势要的斗争中，还有这么一个苦闷的灵魂呢？谁还会体会到：即使这样一位忠心耿耿，为国为民的贤臣，也和最高的统治者——皇帝存在着矛盾，因而也缺乏安全感，不免流露着抑郁、悲愤的情绪呢？这种精确的心理刻画，使得包公更其成为一个有血有肉的、和普通人民思想感情相通的人，而不是高高在上的神。这位无名作家，在这一点上，贡献是非常杰出的。

但是，如果在剧本中出现的，就是这么一个滋长着消极情绪，知难而退的人，那也就不成其为包公了。作家注意到了：在当时的具体情况下，包公不可能一帆风顺，畅行其志，因此也就不可避免地要产生如上所描写的那种心情；但同时，包公又是一个战斗者、人民利益的维护者，当人民的痛苦涌现在他面前的时候，他那种苦闷也就立刻瓦解冰消，仍然积极地参加到反对权豪势要的斗争中去了。作家深刻地把握住了这一枢纽，让㩮古在包公悲愤地走出议事堂的时候，再度地要求他申冤，于是，非常自然地，包公也再度地走进议事堂，并且慷慨地接受了赴陈州考察官吏、安抚黎民的任务。他唱道：

〔脱布衫〕我从来不劣方头，恰便似火上浇油。我偏和那有势力的官人每卯酉，谢大人向朝中保奏。……

〔小梁州〕我一点心怀社稷愁……则今日便上陈州，既然心去意难留。他每都穿连透，我则怕关节儿枉生受。……

〔么篇〕谢圣人肯把黎民救。这剑也，到陈州怎肯干休，敢着你吃一会家生人肉。哎！看那个无知禽兽，我只待先斩了逆臣头。

——第二折

很显然，这时，包公在经过一番痛苦的自我斗争之后，胜利了。他恢复了正常的精神状态。他断然地拒绝了原先对之有所顾忌的刘衙内的请托，并且接受了他的挑战。接着，他不顾一切严厉地镇压了那两个祸国殃民的蠹贼。而如剧中所描写的，包公在这场自我斗争和对敌斗争中之所以取得了胜利，人民的现实生活直接给予了他以教育，乃是最根本的原因。

为了突出包公的性格，作家另外写了几个官吏来陪衬他。范仲淹学士被作家处理为一个圆滑的两面派。他明知刘得中、杨金吾去陈州粜米，会闹乱子，可是在刘衙内的坚决要求之下，还是应允了。他支持包公去陈州考察，但又替刘衙内设法去讨赦书，以免其子婿为包公所镇压。这，对于真实的杰出历史人物范仲淹，当然是一种歪曲，但在剧本中，这个人物却是不可少的。

在第三折中，作家作了一些有趣的穿插。包公到了陈州，先行私访，无意遇到了刘、杨所嫖的妓女王粉莲。包公不惜屈尊给她赶驴，因此知道了刘、杨等人的许多罪行。随后，包公在王家触怒了二人，竟被吊在槐树上。这些情节乍看来是题外闲文，可是，它们不仅调节了另外三折的气氛，使舞台上不过分单调，而且对剧情发展和人物塑造也起了积极作用。它补足了对刘、杨二人在陈州生活中荒淫、凶狠的劣迹的描绘，同时也写出了包公之平易近人和他对这些权豪们斗争的积极性和策略性。在这些地方，我们也可以看出，这位无名作家很有艺术匠心。

第三节　龙宫水府，天上人间——神话剧

元人杂剧中，真正以神话为题材的并不多，有些描写神仙生活方面的剧本，如马致远写的几种神仙道化剧，那是宣泄超尘绝俗、成仙了道的厌世情绪，表现处于元代那种特殊的社会环境中，找一种慰藉心灵的生活方式，不是真正意义上的神话剧。神话是应该通过美丽的幻想，曲折地反映现实生活的某些本质特征的，表现出特定历史阶段中人们的理想与愿望。

神话戏的产生，当然与人们对自然现象和社会形态幼稚朴素而又美好的幻想有关，但是我们不能简单地引用哲人关于希腊神话的理论，来说明我国封建社会中所产生的神话戏。神话戏同上古时代的神话传说的性质，并不完全相同。希腊神话和我国上古时代的神话传说，主要表现原始时代人与自然界的关系，它是真正的人类社会童年时期的产物，是人们在

想象中征服自然、驾驭自然，把自然力予以形象化。如“羿射九日”、“女娲炼石补天”等神话，是决不可能产生在封建社会的，尽管封建时代人们对自然现象的认识仍然还不够科学，但是人们的思想意识却复杂化了，对自然现象和社会形态的认识，已经带有浓厚的等级偏见了，把自然现象社会化，并赋予社会形态以各种等级、类别的内容。神话戏就是借幻想的神魔世界中的种种关系(包括神与人的关系)，来表现现实社会中人与人或人与自然的关系，它是封建制时代人们美好的理想与不合理的现实矛盾的产物，而这种美好理想的本身，也难以摆脱宗教色彩，这也正是封建社会人们精神状态的曲折反映。在元人杂剧或明清传奇中的神话戏，除了与《西游记》有关的一类题材以外，绝大部分都是以争取爱情婚姻自由与幸福为主题的，《柳毅传书》、《张生煮海》、《碧桃花》、《白蛇传》、《鱼篮记》等等，都属于这类。这不是偶然的。这些神话故事，既不可能产生在乱婚、群婚的原始社会，也不会产生在青年男女享有婚姻自主权利的当代社会(据旧题材改编的新戏或电影，是推陈出新，赋予更丰富的内涵)，人们的爱情理想与父母包办的婚姻制度矛盾冲突的尖锐化，正是产生这类神话戏的催化剂，而其社会特征和时代色彩及其局限性也是很明显的。

一、尚仲贤《柳毅传书》

该剧全名是《洞庭湖柳毅传书》，作者尚仲贤，真定人，江浙行省务官。贾仲名吊词中还提及他创作的剧本有《陶渊明》、《王魁负桂英》、《诸葛论功》、《三夺槊》、《秉烛旦》、《崔护谒浆》、《越孃背灯》、《张生煮海》等。《柳毅传书》是现存神话剧中较为优秀的一种。它写的是龙女三娘反抗不合理的封建包办婚姻，追求爱情幸福的故事，取材于唐人李朝威的传奇小说《柳毅传》。剧情梗概是这样的：龙女三娘由父亲洞庭君作主，嫁给泾河老龙的儿子泾河小龙，小龙为婢仆所惑，虐待龙女三娘，而老龙又袒护小龙，责怪儿媳。龙女三娘不服，表示反抗，被老龙惩罚发配到泾河岸边牧羊。龙女为了摆脱这种困境，就托路过的书生柳毅，捎信给父亲洞庭君。龙女的叔父钱塘君，得知侄女的不幸消息，非常愤怒，率兵讨伐泾河小龙；小龙战败，化成小蛇躲进淤泥里，被钱塘君揪出，一口将他吞进腹中，救出侄女。龙女三娘爱上了恩人柳毅，于是主动奔向人间，与柳毅结为夫妻，赢得了幸福。

龙女三娘的婚姻遭遇，在封建社会讲究门当户对的包办婚姻中，带有普遍性。妇女遭到丈夫的蹂躏，又受公婆的虐待，处于受压迫、被奴役的境地，过着准奴隶的生活；要想摆脱这种命运，在现实生活中得到幸福，非常困难。在这个剧本中，作者借用传奇小说中的题材，用浪漫主义的创作手法，塑造了龙女三娘这一富于反抗精神的妇女形象。她既不屈服于丈夫的淫威，也不驯服于公婆的奴役，她以实际的斗争行动，摆脱了不合理的婚姻关系，而主动地爱上一个有情有义的穷书生，大胆奔向人间，终于享有理想的爱情与婚姻。该剧的积极意义也就在于：作者笔下的龙女，不只是一个值得同情的、被封建婚姻制度所压迫的妇女，而且是一个敢于反抗、敢于追求的坚强的女性。不过婚后与柳毅的一番对话，不如李朝威原作生动、富于人情味。

柳毅的形象，也塑造得较为成功。他是个志诚的书生，对龙女三娘的不幸遭遇，表示深切的同情，不辞风波险阻，为她寄书到洞庭。在他尚未爱上龙女三娘时，钱塘君以蛮横的态度强迫他与龙女结婚，他坚决反对，不为威武所屈；当他心中对龙女产生爱情以后，母亲要为他娶卢氏之女，他也不同意，因为他心里怀念着龙女。这就表现出他对龙女的爱情是志诚专一的，正如龙女对他怀有深切的爱一样，这样的爱情是美丽的、崇高的，他们的结合，正是现实生活中，青年男女对爱情婚姻的理想。

这个神话故事，当然也表现了作者的婚姻观，即婚姻关系应该建立在男女双方的互爱基础之上，任何强迫包办的婚姻，都是不合理的。它也不同于才子佳人、一见倾心的恋爱剧。柳毅是个落第的穷书生，龙女三娘是个被遗弃的牧羊女子，他们的爱情不是郎才女貌、一见钟情、密约幽期式的，也没有落入才子中状元、夫荣妻贵的俗套。

剧本的结局，是龙女三娘和柳毅结成美满姻缘以后，踏着彩虹，一同奔向龙宫海藏。这一方面反映了当时人民美妙的幻想，而另一方面也说明柳毅和龙女三娘的美满姻缘，在当时的现实中是不大可能存在的。

《柳毅传书》作为一个神话剧，在艺术上也有其特色：想象非常丰富、优美，有着浓厚的浪漫主义色彩。描写龙宫水府的幻境和龙女的性格，既具有鲜明的神话特色，又具有丰富的现实感。描写龙女三娘在泾河岸边牧羊的情景，就很生动：

> （正旦上云：）妾身是龙女三娘，俺公公信着那泾河小龙业畜的言语，着我在泾河岸上牧羊，这那里是个羊，都是些懒行雨的雨工。雨工，则今日风云未遂，我与你俱沦落在水滨河咀，恰好是一样烦恼也呵！（唱：）
>
> 〔仙吕·点绛唇〕魂断频哭，梦回不睹，逢春暮，甚日归湖？备把这离愁诉。
>
> 〔混江龙〕往常时凌波相助，则我这翠鬟高插水晶梳。到如今衣裳褴褛，容貌焦枯。不学他萧史台边乘凤客，却做了武陵溪畔牧羊奴。思往日，忆当初；成缱绻，效欢娱。他鹰指爪，蟒身躯；忒躁暴，太粗疏。但言语便喧呼，这琴瑟怎和睦。可曾有半点儿雨云期，敢只是一划的雷霆怒。则我也不恋你荣华富贵，情愿受鳏寡孤独。
>
> 〔油葫芦〕则我这头上风沙脸上土，洗面皮惟泪雨，髩鬔松除是冷风梳。他不去那巫山庙里寻神女，可教我在泾河岸上学苏武。这些时坐又不安，行又不舒。猛回头凝望着家何处？只落的一度一嗟吁！

把这个原是娇生惯养的龙宫女子遭遗弃贬谪落难牧羊时憔悴的神态和凄苦的心情，都很生动地描绘出来了，并将她丈夫泾河小龙所特有的形态和粗暴的性格，形神毕具地揭露无遗。她托柳毅到洞庭湖家中送信时，告诉柳毅说："俺那洞庭湖口上，有一座庙宇，香案边有一株金橙树，里人称为社桔，你可将我这一根金钗儿击响其树，俺那里自有人出来。"如此丰富的想象，具有浓郁的民间传说色彩。

钱塘龙与泾河小龙交战的场面，受当时物质条件和舞台科技水平的限制，很难作出生动的艺术再现，作者采取让电母向洞庭老龙作汇报描述，把交战的惨烈状况表现得有声有色，艺术效果很好。

二、李好古《张生煮海》

虽然据《录鬼簿》记载，尚仲贤也作有《张生煮海》，但是很遗憾，它失传了，我们现在所见到的，是李好古的剧本，也许是艺术竞争的结果吧。李好古，东平人，或云保定人。贾仲名吊词称道“芳名纸上百年图，锦绣胸中万卷书”。编杂剧三种，今仅存《张生煮海》，全名《沙门岛张生煮海》。据余阙《青阳先生文集》卷一有《送李好古之南台御史》诗，可知好古曾任南台御史，其活动年代大约在 13 世纪末至 14 世纪中叶。朱权《太和正音谱》称其词如“孤松挂月”。

该剧也是以爱情为主题，故事来源可能与民间的神话传说有关。剧本写的是：秀才张羽寄居东海古佛寺，月夜弹琴，龙女琼莲来寺旁听琴，极赏其琴艺，与张羽相见，互相爱慕，约为夫妇，定于八月十五日团聚。张羽思念龙女情切，未到期就去追寻龙女，恰遇仙姑指引，并给他三件法宝，煮沸海水，使龙王屈服，将女儿琼莲嫁给张羽。

剧本写的固然是神话故事，也是人间青年男女私相爱慕突破封建婚姻藩篱美好理想的曲折反映。它歌颂了真挚的爱情战胜封建势力的巨大力量。张羽煮海的气魄，表现了青年人的反抗精神和征服困难的意志。剧中虽然把张羽和琼莲说成是天上的金童、玉女思凡，被罚下界，以偿宿债，最后在东华仙的点化之下，返本朝元，但却说明无论天上人间，龙宫仙女，都渴望有美好的爱情生活，剧中龙女琼莲的艺术形象是优美的。

(正旦扮龙女引侍女上，云：)妾身琼莲是也，乃东海龙神第三女。与梅香翠荷今晚闲游海上，去散心咱。(侍女云：)姐姐，你看这大海澄澄，与长天一色，是好景致也！(正旦唱：)

〔仙吕点绛唇〕海水汹汹，晚风微送，兼天涌，不辨西东，把凌波步轻挪动。

〔混江龙〕清宵无梦，引着这小精灵，闲伴我游踪。恰离了澄澄碧海，遥望那耿耿长空。你看那万朵彩云生海上，一轮皓月映波中。(侍女云：)海中景物，与人间敢不同么？(正旦唱：)觑了那人间凤阙，怎比我水国龙宫;清湛湛、洞天福地任逍遥,碧悠悠那愁他浴凫飞雁争喧哄。似俺这闺情深远,直恁般好言难通!

(侍女云:)姐姐,你本海上神仙,这容貌端的非凡也。(正旦唱:)〔油葫芦〕海上神仙年寿永,这蓬莱在眼界中。风飘仙袂绛绡红,则我这云鬟高挽金钗重,蛾眉轻展花钿动;袖儿笼,指十葱,裙儿簌,鞋半弓。只待学吹箫同跨丹山凤,那其间,登碧落,趁天风。

写景抒情,情景交融,描神写态,活灵活现,在自然景物、精灵侍女的陪衬中,更显出龙女琼莲美丽飘逸的仙姿。写侍女和琼莲悄悄然隔墙听张羽奏琴的意境也颇具诗情画意,幽雅动人。

龙女琼莲虽然受东华仙指引回归瑶池仙境,但她最终提出:“愿普天下旷夫怨女,便休教间阻。至诚的一个个皆如所欲。”天宫瑶池的金童玉女,也向往人世间美满的爱情。神话剧与神仙道化剧的本质区别,也正在于:优秀的神话剧,总是鼓舞人们、激励人们对美好理想的探索和追求,它不是教人们逃避现实或屈服于现实,而教人们通过努力去改变现实。神仙道化剧则诱导人们超脱现实,成仙了道,无怨无尤,排除人世间的一切恩爱欲望,如马致远《任风子》,弃妻绝子,放下屠刀,立地成仙,是非人性化的。

第七章　郑光祖、乔吉与后期杂剧艺术风格变异的原因

很显然，元后期北曲和杂剧重心向南转移，艺术风格也有所变化，其中的原因，是很值得探讨的。

13、14世纪之交，即元贞、大德时代之所以被称为元曲的黄金时代，不仅因为以关汉卿、王实甫为首的老一辈作家，在这时已入晚年或已过中年，因而在创作上具备了丰富的经验，表现了卓越的成绩；同时，还因为一些后起之秀在这时也开始显露头角。一面是老成尚未凋谢，一面是新生力量已经走上文坛。因而这个历史时期不仅是元代文学最隆盛的时期，而且是风气转移的分水岭。在这个时代之前和之后，元代杂剧、散曲是有显然可以察觉的区别的。为了说明的方便，我们可以将前面所已经论述的老一辈作家归之于前期，而将现在所要论述的晚一辈作家归之于后期。

在前期中，作家们无例外的都是北方人，而大都人又占三分之一。这暗示着北曲以北方为发祥地，而大都则既是当时北方的政治中心，又是其文化中心。当地的人民用生活哺养了这种艺术，又用这种艺术丰富了自己的生活。1279年之后，蒙古贵族在全中国范围内建立了统一的政权，使得一度被隔绝的南北文化重新有了自由交流的机会，而由于当时蒙古贵族是挟着其政治军事的优势，以胜利者的姿态南下的，文化领域也不能不受到影响。因此，在音乐、戏剧方面，就主要的不是南曲和戏文的北上，而是北曲和杂剧的南移。原来异常繁荣，在战争中又没有遭到太大破坏的南宋帝国故都杭州，就逐渐代替了大都而成了音乐、戏剧事业的新中

心，并且在这里让南曲与北曲、戏文和杂剧互相接触，逐步融合，孕育着其后的新的变化。

北曲和杂剧重心的南移，加上戏曲大师关汉卿、马致远等人的南游，不能不使当时南方文艺界的面貌发生变化。于是，在后期作家中，出现了许多南方人和出生北方却长期以杭州作为事实上的故乡的人。杭州湖光山色、纸醉金迷的生活环境和一直盛行于南中国的古典诗词的清雅典丽、蕴藉婉约的风格传统，都促使散曲和杂剧的语言风格由通俗化走向典雅化，丧失了他们的前辈们所具有的浑朴自然的特色。同时，这些作家，从他们的行迹看来，又多数是宦途失意的儒生或落拓江湖的文士。他们虽然对于统治阶级不满，但对于广大人民也并不够接近。这样，在他们的创作中，题材渐趋狭窄，战斗气息也不免相对地衰退了。当然，这绝不是说，在晚一辈的作家中，就没有任何值得称道的、富于现实性和斗争性的作品，但就总的趋势说来，他们的成就是较低的。在 14 世纪初叶以后，元曲如日中天，作家分镳并驱的盛况已经一去不复返了。

第一节　郑光祖的《倩女离魂》和《王粲登楼》

郑光祖，字德辉，平阳襄陵（今山西省襄阳县）人，曾以儒生出补杭州路吏。他为人方正，不肯随便和人交往，但却以其擅长描写女性心理而“声振闺阁”①，在当时戏剧界负有盛名，艺人们都尊敬地称之为郑老先生。死后，在西湖灵芝寺火葬。

郑光祖写过十多个剧本，现存的还有五种。从明以来，“世称曲手，必曰关、郑、白、马”。② 可见他是后人认为唯一可与前期诸大师比美的后期剧作家。但这一评价，并不是很正确的。它的着眼点主要的是这位作家美丽的文词。在这方面，郑光祖的确具有特长。他的清词丽句，标志着元

---

① 钟嗣成《录鬼簿新校注》，文学古籍刊行社 1957 年版，第 103 页。

② 王骥德《曲律》，《中国古典戏曲论著集成》(四)，中国戏剧出版社 1959 年版，第 149 页。又，元人周德清《中原音韵・自序》，已有“其备，则自关、郑、白、马一新制作”之说，详见《中国古典戏曲论著集成》(一)，中国戏剧出版社 1959 年版，第 175 页。

曲在马致远之后进一步的文人化。

《迷青琐倩女离魂》(下称《倩女离魂》)是郑剧的代表作。这个作品取材于唐陈玄祐的传奇小说《离魂记》。但在这本杂剧以前,宋、金时代的民间艺人已经将《离魂记》改编为诸宫调,在瓦舍中清唱。这对郑光祖的写作可能也提供了某些方便。此外,《倩女离魂》所受到《西厢记》的影响也很显著,以至于在有的地方和它很接近,如离魂的情节,便是《西厢记》惊梦的扩大(在另外一些作品中,这位作家也不时流露出模拟前人的痕迹)。

这是一个动人的爱情故事:张倩女和王文举从小订有婚约。王生上京应考,顺道拜访岳母。因为王文举还没有取得功名,张夫人只令他们以兄妹之礼相见。这一对未婚夫妇满怀愁绪地在折柳亭分别了。倩女回家以后,一病恹恹,卧床不起。她的灵魂也在这时离开了身体,追上王生,一同进京,同居三年,直到王文举状元及第,方才回转。王文举一直不知道倩女离魂的底细,所以见了张夫人,再三请罪。但夫人却因为女儿一直卧病在床,不肯相信。倩女的灵魂到家之后,并入身体,病就完全好了,于是大家才知道进京的只是她病中出窍的灵魂。在诧异和喜悦中,这一对男女举行了婚礼。

在剧本中,王文举不过是幸福的等待者,当倩女的离魂去追赶他时,他甚至以“聘则为妻,奔则为妾”、私奔“有玷风化”的封建说教来指责她;而张倩女才是幸福的追求者。她是一位生长深闺,然而赋性勇敢的小姐,她回答王文举的顾忌非常干脆:“做着不怕!”她有较浓厚的感伤气质,但也有颇为热烈的浪漫情绪。在被抑制的生活环境里,她具有不可抑制的美好愿望。这,就是存在于这个少女身上的具体矛盾。作家是通过两个互相联系和连续的步骤来具体地表现她这种矛盾的:一是在和美好的自然景物接触时,这位少女的深刻的、带有感伤情绪的感受,二是波澜起伏的内心感受所引起的她带有深厚浪漫色彩的、似幻似真的行动。在这两个步骤中,郑光祖成功地塑造了一个突破了封建礼教,取得了自由幸福的女性形象。

细致动人的心理描写在这个剧本中占有主要地位。无论是在第一折倩女和王生分别的场面中,第二折倩女的灵魂追赶王生的场面中,或者是第三折灵魂离开了身躯的倩女病得恍恍惚惚的场面中，作家都以其特别擅长的，虽然也不免有些雕琢的抒情诗句，写出了这位幸福的追求者在不同情况下的精神活动。

〔紫花儿序〕想倩女心间离恨，赶王生柳外兰舟，似盼张骞天上浮槎。汗溶溶琼珠莹脸，乱松松云髻堆鸦，走的我筋力疲乏。你莫不夜泊秦淮卖酒家，向断桥西下，疏剌剌秋水菰蒲，冷清清明月芦花。……

〔小桃红〕蓦听得马嘶人语闹喧哗，掩映在垂杨下。唬的我心头丕丕那惊怕，原来是响当当鸣榔板捕鱼虾。我这里顺西风悄悄听沉罢，趁着这厌厌露华，对着这澄澄月下，惊的那呀呀寒雁起平沙。

〔调笑令〕向沙堤款踏，落草带霜滑。掠湿湘裙翡翠纱，抵多少苍苔露冷凌波袜。看江上晚来堪画，玩水壶潋滟天上下，似一片碧玉无瑕。

〔秃厮儿〕你觑远浦孤鹜落霞，枯藤老树昏鸦。听长笛一声何处发，歌欸乃，橹咿哑。

(云:)兀那船头上琴声响，敢是王生？我试听咱。(唱:)

〔圣药王〕近蓼洼，望蘋花，有折蒲衰柳老蒹葭。近水凹，傍短槎，见烟笼寒水月笼沙，茅舍二三家。

——第二折

〔迎仙客〕日长也愁更长，红稀也信尤稀，(带云:)王生，你好下的也！(唱:)春归也奄然人未归。(梅香云:)姐姐，俺姐夫去了未及一年，你如何这等想他？(正旦唱:)我则道相别也数十年，我则道相隔着几万里。为数归期，则那竹院里刻遍琅玕翠。

〔红绣鞋〕去时节，杨柳西风落日，如今又过了梨花暮雨寒食。(梅香云:)姐姐，你可曾卜一卦么？(正旦唱:)则兀那龟儿卦无定准；枉央及喜蛛儿难凭信，灵鹊儿不诚实，灯花儿何太喜！

(夫人上，云:)……孩儿，你病体如何？(正旦唱:)

〔普天乐〕想鬼病最关心，似宿酒迷春睡。绕晴雪杨花陌上，趁东风燕子楼西。抛闪杀我年少人，辜负了这韶华日。早是离愁添萦繫，更那堪景物狼藉。愁心惊一声鸟啼，薄命趁一春事已，香魂逐一片花飞。

——第三折

这里所引第二折各曲，是倩女的离魂在追赶王生时途中所唱。它极其精细地描写了一个深闺弱质，为了爱情，提心吊胆地鼓起勇气，跋涉于郊外水滨的情形。美丽而微带凄清的风物和兴奋而不无畏怯的情怀，交织成了一幅带有很显著的特征的图画，使人对这场分明是奇迹般幻境的戏，感到十分真实。第三折的场面已经转移到恼人的暮春，因离魂而久病的女主角似昏沉似清醒的精神状态，将观众和读者带进了另一个境界里。在绿暗红稀的时节，一位一往情深的思妇为我们宛转缠绵地唱出伤离之曲。她对似水流年的怅惜，激起了人们对于她追求自由幸福的无限同情。郑光祖这种对女性心理的深刻体会，抒情性的手法和文人化的语言，在明代戏剧家如汤显祖及其追随者的作品中，留下了很清晰的影响。

郑光祖的另一个剧作《醉思乡王粲登楼》（下称《王粲登楼》），系就东汉末年诗人王粲在荆州作《登楼赋》一事点染而成。它写出了历史人物的、事实上也就是作家自己的怀才不遇的愤慨，同时，也写出了其飞黄腾达的幻想。就这一点来说，《王粲登楼》可以和另一后期剧作家宫天挺的《死生交范张鸡黍》相提并论。后者虽然以东汉范式、张劭生死不渝的友谊为题材，但作家主要的用意却在为自己，为自己所生活的时代中一切读书人发泄没有出路的悲愤。这两个剧本中的愤慨、幻想和诅咒，诚然是反映了元代黑暗的现实的，但同时也非常清楚地显示了作家以及他们所属社会集团灵魂中的失落感。

第二节　乔吉的《两世姻缘》与散曲创作

乔吉（？—1345）是一位兼擅散曲与杂剧的作家。他字梦符，太原（今山西省太原市）人，侨寓杭州甚久，博学多能，却以勾阑狎客、江湖游士的身份度过了一辈子。

乔吉写过十一个剧本，以爱情故事为题材的最多。现存《金钱记》、

《扬州梦》、《两世姻缘》三种，也都是关于这一方面的。其中取材于唐代范摅《云溪友议》的《玉箫女两世姻缘》（下称《两世姻缘》）是最动人的一种。这也是一个具有奇情幻彩的故事：成都书生韦皋游学洛阳，和名妓韩玉箫发生了热恋。玉箫的母亲韩妈妈逼着韦皋到京城应举，两人便分离了。韦皋去后，杳无消息。玉箫因思念成疾，一病不起，在临终以前，自画一像，派人送给韦皋，但韦当时因故并未收到。十八年后，韦皋已成了镇西大将军，在班师回朝之前，才遇见了韩妈妈。他路过荆襄时，节度使驸马张延赏设宴招待。在酒筵中，张命自己的义女出来侍候。这位女子不仅和韩玉箫同名，而且面貌完全一样。两人一见，彼此留情。张延赏因此大怒，和韦皋发生冲突。后来，韩妈妈拿出韩玉箫的自画像，证明张玉箫原来就是韩玉箫的后身，于是终于成就了两世姻缘。

这个故事显示了人民对于爱情的巨大力量的认识和肯定，显示了“愿世世为夫妇”①这一信念在人们想象中产生的奇迹。因此，和一般的悲欢离合的爱情故事比较起来，这个剧本具有更积极的意义。虽然作家对它的处理还不无可议之处（如韦皋的形象就显得太单薄一些，和玉箫不相称，最后一折，矛盾的解决也太容易），但这种努力终究是很可贵的，有较大的成就。和郑光祖《倩女离魂》一样，乔吉这一作品，对汤显祖《牡丹亭》的艺术构思也具有启发作用。

《两世姻缘》最动人的地方是关于女主角相思病症的描写。

> （旦做睡，作醒科，云：）梅香，我恰待睡一会，是甚么警觉我来？（梅香云：）姐姐，不是这窗前花影，敢是那楼外莺声。（正旦唱：）
>
> 〔商调·集贤宾〕隔纱窗日高花弄影，听何处啭流莺。虚飘飘半衾幽梦，困腾腾一枕春酲。趁着那游丝儿，恰飞过竹坞桃溪；随着这蝴蝶儿，又来到月树风亭。觉来时倚着这翠云十二屏，恍惚似坠露流萤。多喒是寸肠千万结，只落的长叹两三声。
>
> 〔逍遥乐〕犹古自身心不定，倚遍危楼，望不见长安帝京。何处也，薄

① 陈鸿《长恨歌传》，载汪辟疆《唐人小说》，上海古籍出版社1978年版，第119页。

情多应恋金屋银屏。想则想于咱不志诚，空说下磣磕磕海誓山盟。赤紧的关河又远，岁月如流，鱼雁无凭。

(梅香云:)姐姐，你这等情况无聊，我将弦管来，你略吹弹一回消遣咱。(扶旦看砌末科。旦长吁云:)与我拿在一边者。(唱:)

〔尚京马〕我觑不的雁行弦断卧瑶筝，凤嘴声残冷玉笙，兽面香消闲翠鼎。门半掩悄悄冥冥。断肠人和泪梦初醒。

(卜儿上云:)儿咗，你这病势却是何如?(正旦唱:)

〔梧叶儿〕火燎也似身躯热，锥剜也似额角疼，即渐里瘦了身形。这几日茶饭上不待吃，睡卧又甚宁?(卜儿云:)我请医者看看你这脉息，知他是甚么症候。(正旦唱:)若将这脉来凭，多管是废寝忘餐病症。……

(卜儿上，云:)儿咗，我办了些汤水来，你吃上几口儿咱。(正旦云:)妳妳，不拘什么饮食，我吃不下去了。但觉这病越越的沉重了。你拿幅绢来，我待自画一幅影身图儿，寄与那秀才咱。(做对砌末画像科。唱:)

〔金菊香〕怕不待几番落笔强施呈，争奈一段伤心画不能。腮斗上泪痕粉渍定，没颜色鬓乱钗横，和我这眼皮眉黛欠分明。

(云:)我再做一首词，一并将去。词名《长相思》。(词云:)长相思，短相思，长短相思杨柳枝，断肠千万丝。生相思，死相思，生死相思无了时，寄君肠断词。梅香，将镜儿来我照一照，则怕近日容颜不似这画中模样了也。(揽镜长吁科，唱:)

〔柳叶儿〕兀不寂寞了菱花妆镜，自觑了自害心疼。将一片志诚心写入了冰绡帧。这一篇相思令寄与多情，道是人憔悴不似丹青。

——第二折

这是一个凄冷的场面，它显示了一个美丽而多情的少女，在病入膏肓的时候，对于生活、青春、爱情的无比留恋。由于玉箫所持有的十分执著的态度，她的病和死虽然使人们不能不有所感伤，但也同时激发了大家对于一个普通人的正常生活的热爱。因此，它给人的总的印象不是消极的，而是积极的。这些富于诗意的描写,也为十八年后韦、韩的再世姻缘提供了合理的依据。

乔吉流传的散曲,数量相当丰富,有小令近二百篇,套数十篇。他曾经拈出凤头、猪肚、豹尾六字,作为写散曲的诀窍,意思是“大概起要美丽,中要浩荡,结要响亮。尤贵在首尾贯串,意思清新”。[①] 他对于散曲,是下过更多的功力的,所以能够总结出这种精辟的意见。

在一篇题为《自述》的小令〔绿么遍〕中,乔吉曾这样地描述着自己的经历:“不占龙头选,不入名贤传。时时酒圣,处处诗禅。烟霞状元,江湖醉仙,笑谈便是编修院。留连,批风抹月四十年。”这种生活道路和生活态度,决定了他和现实斗争的距离。他憎恶着当时的黑暗社会,但无力并且无意去改变它,于是就采取了冷淡而带有自豪的批判态度,或者怀古之中,寓伤今之感。

> 肝肠百炼炉间铁,富贵三更枕上蝶,功名两字酒中蛇。尖风薄雪,残杯冷炙,掩清灯竹篱茅舍。
>
> ——〔中吕·升平乐〕(《悟世》)

> 朝三暮四,昨非今是,痴儿不解荣枯事。攒家私,宠花枝,黄金壮起荒淫志。千百锭买张招状纸。身,已至此;心,犹未死。
>
> 冬寒前后,雪晴时候,谁人相伴梅花瘦。钓鳌舟,缆汀洲,绿蓑不耐风霜透。投至有鱼来上钩。风,吹破头;霜,皴破手。
>
> ——〔中吕·山坡羊〕(《冬日写怀》)

> 蓬莱老树苍云,禾黍高低,狐兔纷纷。半折残碑,空余故址,总是黄尘。东晋亡也再难寻个右军,西施去也绝不见甚佳人。海气长昏,啼鴂声干,天地无春。
>
> ——〔双调·折桂令〕(《丙子游越怀古》)

---

① 陶宗仪《南村辍耕录》卷八引,辽宁教育出版社1998年版,第101页。

〔升平乐〕着重地描写了作家自己的安贫抗俗。〔山坡羊〕两篇则是对于那些沉溺于富贵功名的"痴儿"的嘲笑和警告，不过第一篇是直抒所怀，而第二篇则出之以隐喻。怀古的〔折桂令〕是不能离开当时的现实来理解的。在蒙古贵族的铁蹄践踏之下，人民的生活受到破坏，传统的文化受到摧残，真是名士佳人，一朝俱尽，还有什么春天呢？这是对元末凋敝衰败现象的艺术概括。

风流调笑的散曲，在乔吉的集子中是不少的。他甚至花了许多心思去描写什么钉鞋儿、花筒儿、红指甲、花篮髻等事物。在这些作品中，作家浪费了他的聪明才智。但同时，他也写出了一些动人的爱情歌曲。

> 黑海春愁浑无处躲，嫩香腻玉渐消磨。瘦啊也不似今春个。无奈何！自画双蛾，越添得愁多。
>
> ——〔中吕・升平乐〕(《春闺怨》)

> 雨云期一枕南柯，破鉴分钗，对酒当歌。想驿路风烟，马头星月，雁底关河。往日个殷勤待我，近新来憔悴因他。淡却双蛾，哭损秋波。台候如何？敢忘了人啊！
>
> ——〔双调・折桂令〕(《寄远》)

> 眼中花怎得接连枝？眉上锁新教配钥匙。描笔儿勾销了伤春事，闷葫芦绞断线儿。锦鸳鸯别对了个雄雌，野蜂儿难寻觅，蝎虎儿干害死，蚕蛹儿毕罢了相思。①
>
> ——〔双调・水仙子〕(《怨风情》)

第一篇起头两句，语言奇丽而风格莽苍，在情诗中别开生面，最足以见出乔曲的独特面貌；接着写这位女子的百无聊赖，欲遣旧愁，转添新恨，

---

① "蝎虎儿"句，是说自己徒然为对方守贞节。蝎虎儿，即壁虎，又叫守宫。据说将用丹砂喂养的守宫捣烂，点染在女子身上，若不与男人发生性行为，就永不消失。干害死，死得毫无意义。"蚕蛹儿"句，是说自己不再单相思，对薄幸人不抱幻想了。蚕蛹会吐丝，此取"丝"与"思"谐音双关之意。

极为细致入微。第二篇以今昔相形，情随事转，用笔单复相间，措词雅俗相兼，也不愧为佳作。第三篇写失恋女子倾诉内心的痛苦，通篇采用人们在日常生活中所熟知的事例或习俗作比喻，诉说女主人因失恋而引起的幽怨情绪，由能否与对方结合的疑问、忧虑、矛盾、苦闷，到怀疑对方、悔恨自己的痴情，最后表示绝望。比喻既平易又新奇生动，把失恋女子的内心世界和盘托出。

李开先评论乔吉的散曲，有"种种出奇而不失之怪，多多益善而不失之繁，句句用俗而不失之文"①的话。这大体上是中肯的。他在散曲方面的成就，要比杂剧高些。其杂剧中最引人入胜的那些唱词，我们甚至也可以将它看成是抒情的套数。

乔吉的散曲在写景方面也颇具特色，例如〔双调・水仙子〕《吴江垂虹桥》颇具雄伟壮丽的气势："飞来千丈玉蜈蚣，横驾三天白螮蝀。"取譬准确生动，给人以飞动壮观之感。"凿开万窍黄云洞，看星低落镜中"形容波涛滚滚从桥洞汹涌而出的场景，远望水天相接如星落镜中的描绘，也颇为形象化。同前调《重观瀑布》亦富壮丽之美："天机织罢月梭闲，古壁高垂雪练寒。冰丝带雨悬霜汉，几千年晒未干。"以丰富的想象和高度的夸张手法，描绘出瀑布奔泻的壮观气势，堪与李白《望庐山瀑布》媲美。它妙在四句之间有形象的内在联系，具有瀑布形象的统一性，最能体现瀑布的特征。乔吉的套曲也有写景名篇：

> 鱼尾红残霞隐隐，鸭头绿秋水涓涓。芙蓉灿烂摇波面。见沉浮鸥伴，来往鱼船。平沙衰草，古木苍烟。江乡景堪爱堪怜，有丹青巧笔难传。揉蓝靛绿溪头，铺腻粉白蘋岸边，抹胭脂红叶林前。将笠檐儿慢卷。迎头，仰面，偷睛儿觑见碧天外雁行现，写破祥云一片笺，头直上慢慢盘旋。
>
> 〔一枝花〕忙拈鹊画弓，急取雕翎箭。端直了雁尾批，搭上虎筋弦。秋月弓圆，箭发如飞电。觑高低无侧偏，正中宾鸿，落在兼葭不见。

---

① 任讷《曲谐》引。

〔尾〕转过紫荆坡、白草冢、黄芦堰，惊起些红脚鸭、金头鹅、锦背鸳。唬得这鸂鶒儿连忙向败荷里串。血模糊翅扇，扑剌剌可怜，十二枝梢翎向地皮上剪。

——〔南吕·梁州第七〕(《射雁》)

这套散曲描写深秋傍晚在江边射雁的情景。首支〔梁州第七〕着重描写暮秋江上色彩鲜艳的景色，以鱼尾红比喻残霞的形状和颜色，以鸭头绿比喻碧绿的秋水，以抹上胭脂比喻经霜的红叶，很形象化。红、绿、蓝、白，色彩鲜明，错落有致，绘就一幅美丽的秋江暮景图。鸥鸟、鱼船、衰草、古木，历历如见。这支曲最后三句，写雁行的出现，把彩云想象成一张彩笺，在头顶上盘旋，写得非常生动。

第二支〔一枝花〕，描写拈弓射箭，从拈弓、取箭、瞄准，到射中、落下，文字极其精炼，而动作过程细致有序。

〔尾声〕写找雁的情景，色彩感很强，紫、白、黄、红、金、锦，历历在目。描写落地的雁，带血挣扎之态，仔细逼真。全套层次分明，语言精警，富于表现力。

第八章　张可久及其他散曲作家

第一节　散曲大家张可久

在元代后期曲家中，有一些是专门作散曲的。他们是诗人，不是戏剧家。其中成就较大而得名最盛的是张可久。

张可久字小山，广元（今浙江省宁波市）人，曾任桐庐典史，以路吏转首领官，足迹遍于今江苏、浙江、福建、江西、安徽、湖南诸省，集中对许多名胜地区，都有游览题咏之作，而在苏州、杭州的日子更多一些，所以其散曲集有以《吴盐》和《苏堤渔唱》为名的。在 14 世纪 40 年代初，他是七十多岁，由此上推，大约生于 1270 年前后。他是个一生“枉被儒冠误”，而终于“牢落江湖”①的人，但凭仗着自己的才名，也曾和一些达官名士交往。他过着一种虽不免于贫困，但却相当闲适的生活，以比较知止知足的人生态度来创作他的诗篇。

张可久现存的散曲还有七百多篇，除了八篇套曲之外，其余都是小令。他是元代乃至中国文学史上唯一的以其全副精力来写散曲并且取得了很高成就的诗人，其作品的特色大致在下列诸方面可以看出：在内容方面，张可久的散曲，比马致远以至乔吉，还有他的许多同时代作家所反映

① 〔中吕·齐天乐过红衫儿〕（《道情》）。有二首，是对自己一生的自我写照。详见隋树森编《全元散曲》上，中华书局 1964 年版，第 828—829 页。

的范围都更加扩大一些。过去散曲家们写爱情，抒怀抱的传统，他固然保持着，而诸如说理谈禅、模山范水、怀古咏史之作，体物赠友之篇，也占有很大的数量。散曲在这位作家手里，完全显示了和诗词同样的、无施不可的功能，发展到全面地反映了文人生活。对于原来多数作家写散曲只限于勾阑题赠、滑稽调笑的局面来说，这乃是一种比较彻底的突破。虽然我们在谈到这一变化时，不能不首先想到发难者马致远以及另外一些后继者，但也不能不更其注意完成者张可久。在技巧方面，张可久为了使其与所描写的内容、情调相适应，他大力地吸收了古典诗词中比较典雅的语言、含蓄的手法，而逐渐摆脱了散曲通俗质直的传统，形成了新的风格。前人评“其词如瑶天笙鹤，清而且丽，华而不艳……诚词林之宗匠也”①。就是指这种新风格。再如：本来就流行于诗坛和词坛上的那种争奇斗胜的风气诸如“分韵”、“分题”、“次韵”等风尚，这时也已侵入曲坛，而张可久则欣然接受这些风尚。总的说来，张可久的出现，标志着散曲的高度文人化。他结束了白、关以来的本色，而下开“俪辞追乐府之工，散句撷唐宋之秀”②，即将散曲在某些方面和在某种程度上混同于诗词的作风。这也就是将本是市民歌曲的散曲转变成为一种文士的抒情诗样式。对于散曲来说，这不是值得庆幸的变化，然而却是散曲盛行，愈来愈多的文士参加写作以后，不可避免的变化。张可久以其优秀的创作成绩最完整地体现了这一变化，这正是我们对他不能忽视的理由。

描摹山水以及其他自然界的景物，并通过这些来反映自己的生活，发抒自己的思想感情，乃是以前的散曲家注意得较少而张可久注意得较多的一个方面，因之这就成为张曲的一种特有的内容。

> 绿树当门酒肆，红妆映水鬟儿。眼底殷勤座间诗。尘埃三五字，杨柳万千丝，记年时曾到此。
>
> ——〔中吕·红绣鞋〕(《春日湖上》)

---

① 朱权《太和正音谱》，《中国古典戏曲论著集成》(三)，中国戏剧出版社 1959 年版，第 16 页。

② 许光治《江山风月谱自序》。

柳叶微风闹，荷花落日酣。拂晴空远山云淡。红妆女儿十二三，采莲归小舟轻缆。

——〔双调·落梅风〕（《书所见》）

云影天光乍有无，老树扶疏。万柄高荷小西湖，听雨听雨。

——〔双调·庆宣和〕（《毛氏池亭》）

松风小楼时缥缈，一曲寻仙操。秋风玉兔寒，野树金猿啸，白云半天山月小。

——〔双调·清江引〕（《桐柏山中》）

白鹭荒堤老葑，黄云远水长空，百尺蒲帆饱西风。酒旗花影里，钓艇树隐中，好山千万重。

——〔中吕·红绣鞋〕（《洞庭道中》）

九里松，二高峰。破白云一声烟寺钟。花外嘶骢，柳下吟蓬，笑语散西东。举头夜色濛濛，赏心归兴匆匆。青山衔好月，丹桂吐香风。中，人在广寒宫。

——〔越调·寨儿令〕（《西湖秋夜》）

这些小诗都按照季节的特征，写出了祖国山河美丽的面貌。虽然今天我们的心情和作家写作这些作品时的心情已经有了极大的距离，但他所揭示的富于魅力的自然形象却依然活在我们心里。

除了纯粹的写景之作外，张可久还长于借景抒情或融景入情。前期作家的言情之作多半是单刀直入，自抒怀抱，而张曲则从前代遗产，特别是宋词中继承了这种借景抒情的手法，从而在散曲中形成一种新的意境。

夕阳芳草废歌台，老树寒鸦静御街。神仙环佩今何在？荒基生暮霭，叹英雄白骨苍苔。花已飘零去，山曾富贵来，俯仰伤怀。

——〔双调·水仙子〕(《西湖废圃》)

对青山强整乌纱，归雁横秋，倦客思家。翠袖殷勤，金杯错落，玉手琵琶。人老去西风白发，蝶愁来明日黄花。回首天涯，一抹斜阳，数点寒鸦。

——〔双调·折桂令〕(《九日》)

〔水仙子〕写的是诗人在南宋政权已经颠覆了约半个世纪之后仍然萦绕于胸中的兴亡之感。〔折桂令〕写的是诗人蹭蹬宦途时的怀旧之情。但表达这种感受，却几乎全部用的是景语而非情语。作家的主观感受使得客观事物也蒙上了一层优美的色彩，充分地反映了他的“俯仰伤怀”和“倦客思家”的情绪。

作为一个杰出的散曲专家，张可久并非不能写出那种本色的作品来，但他所刻意追求的，却是以词为曲，即以典丽代替俚俗，雕琢代替白描，以含蓄替代质直。因此，在元人散曲中一般认为是本色的作品，对于张可久来说，却反而是别调了。如以下的四篇小令，每两篇的题材和主题都很接近，但风格却很不相同。〔醉太平〕与〔朝天子〕具有元代多数曲家所共有的本色面貌，而〔人月圆〕与〔殿前欢〕的典丽、雕琢与含蓄，则为张可久所独具。在接触到张曲时，从比较中认识到他这种特色，是很必要的。

人皆嫌命窘，谁不见钱亲？水晶丸入面糊盆，才沾黏便滚。文章糊了盛钱囤，门庭改做迷魂阵，清廉贬入睡馄饨。葫芦提倒稳。

——〔正宫·醉太平〕(《感怀》)

兴亡千古繁华梦，诗眼倦天涯。孔林乔木，吴宫蔓草，楚庙寒鸦。数间茅舍，藏书万卷，投老村家。山中何事？松花酿酒，春水煎茶。

——〔黄钟·人月圆〕(《山中书事》)

与谁，画眉？猜破风流谜。铜驼巷里玉骢嘶，夜半归来醉。小意收拾，怪胆禁持，不识羞谁似你？自知，理亏，灯下和衣睡。

——〔中吕·朝天子〕(《闺情》)

月笼沙，十年心事赋琵琶，相思懒看帏屏画。人在天涯，春残豆蔻花，情写鸳鸯帕，香冷荼蘼架。旧游台榭，晓梦窗纱。

——〔双调·殿前欢〕(《离思》)

我们中华民族自古以来就很重友情，诗、词、曲中都有描写友情之作。真可谓：爱情诚可贵，友谊价亦高。张可久〔双调·折桂令〕《西陵送别》，就是抒写友情的佳作：

画船儿载不起离愁，人到西陵，恨满东州。懒上归鞍，慵开泪眼，怕倚层楼。春去春来，管送别依依岸柳。潮生潮落，会忘机泛泛沙鸥。烟水悠悠，有句相酬，无计相留。

写送别友人之情，诚挚动人。首句看似套用李清照词句，却能翻新出奇，似更胜一筹。特别是写送别友人后的惆怅心情，慵开泪水朦胧的眼睛，更怕登楼远眺友人去的方向，以免引起更深沉的离愁别恨。“春去春来”以下四句是“扇面对”，属对工稳，且能构成意蕴隽永的意境，韵味无穷，更体现出友情之真挚。最后三句，以“烟水悠悠”之景象，寄寓绵绵不尽的情谊，于遗憾中显其真情久长。

唐文凤《跋张小山所书乐府》云：“昔之所称者，北有关汉卿、马九皋辈，语意雄浑，殊乏纤巧态；南有张小山，自《吴盐集》一出，流传京师，宠书于奎章，脍炙人口，珠玑璀璨，锦襕青红，新奇而工致，艳丽以清腴，论浑厚之气则有间矣。小山张公聪明过人，博闻广记，惟其才，究其所蕴，殆不止是，惜乎以乐府之名掩其所长。”此论亦可谓知音。

第二节　刘致散曲的意义

和乔、张约略同时的，还有一些有成就的散曲家，他们或者兼作杂剧而没有流传，或者专写散曲。在这里，我们只能论到其中比较突出的五位。

刘致，字时中，号逋斋，石州宁乡（今山西省中阳县）人，一说是南昌人，曾任永新州判、翰林待制，后出为浙江行省都事，但死后却穷得没法下葬，大概是个赋性鲠直而仕途潦倒的人物。他写过一些具有清丽的语言和豪放的气概的小令，如：

微风不定，幽香成径，红云十里波千顷。绮罗馨，管弦清，兰舟直入空明镜。碧天夜凉秋月冷。天，湖外影；湖，天上景。

——〔中吕·山坡羊〕（《侍牧庵先生西湖夜饮》）

诗狂悲壮，杯深豪放，恍然醉眼千峰上。意悠扬，气轩昂，天风鹤背三千丈。浮生大都空自忙。功，也是谎；名，也是谎。

——〔中吕·山坡羊〕（《与邸明谷孤山游饮》）

《虎韬》、《豹韬》，一览胸中了。时时拂拭旧弓刀，却恨封侯早，夜月铙歌，春风牙纛，看团花锦战袍。鬓毛，未凋，谁便道冯唐老？

——〔中吕·朝天子〕（《邸万户席上》）

这些作品是能够反映作家的部分生活和精神面貌的，二、三两首都寓含怀才不遇之意，但却不是他作品中最出色的。刘致对于散曲的贡献，是在于他写了两篇题为《上高监司》的套曲〔正宫·端正好〕。在这两篇写给当时江西洪都（今南昌市）一位姓高的官吏的套曲中，他反映了当时人民辗转于剥削压迫之下的惨状，也充分地表现了作家的正义感和人道主义精神。套曲的第二篇主要的内容是揭露库藏、钞法等方面的积弊，因牵涉到当时的名物、制度、习俗、方言之处太多,很不容易了解。第一篇则主要的是描写人民在荒年的苦难生活,和官吏、豪强趁火打劫的情形,比较容易懂些。

〔正宫·端正好〕众生灵,遭磨障,正直着时岁饥荒,谢恩光拯济皆无恙,编做本词儿唱。

〔滚绣球〕去年时,正插秧,天反常。那里取及时雨降?旱魃生四野炎伤。谷不登,麦不长。因此万民失望,一日日物价高涨。十分料钞加三倒,一斗粗量折四量,煞是凄凉。

〔倘秀才〕殷实户欺心不良,停塌户瞒天不当。吞象心肠歹伎俩:谷中添秕屑,米内插粗糠,怎指望他儿孙久长!

〔滚绣球〕甑生尘,老弱饥;米如珠,少壮荒。有金银那里每典当?尽枵腹高卧斜阳。剥榆树餐,挑野菜尝。吃黄不老胜如熊掌,蕨根粉以代糇粮,鹅肠苦菜连根煮。荻笋芦蒿带叶噇,则留下杞柳株樟。

〔倘秀才〕或是捶麻柘稠调豆浆,或是煮麦麸稀和细糠。他每早合掌擎拳谢上苍。一个个黄如经纸,一个个瘦似豺狼,填街卧巷。

〔滚绣球〕偷宰了些阔角牛,盗斫了些大叶桑。遭时疫无棺活葬,贱卖了些家业田庄。嫡亲儿共女,等闲参与商。痛分离是何情况?乳哺儿没人要撇入长江。那里取厨中剩饭杯中酒,看了些河里孩儿岸上娘,不由我不哽咽悲伤。

〔倘秀才〕私牙子船湾外港,行过河中宵月朗,则发迹了些无徒米麦行。牙钱加倍解,卖面处两般装,昏钞早先除了四两。

〔滚绣球〕江乡前,有义仓,积年系税户掌。借贷数补答得十分停当,都侵用过将官府行唐。那近日劝粜到江乡,按户口给月粮。富户都用钱买放,无实惠尽是虚桩。充饥画饼诚堪笑,印信凭由却是谎,快活了些社长知房。

〔伴读书〕磨灭尽诸豪壮,断送了些闲浮浪。抱子携男扶筇杖,尪羸伛偻如虾样。一丝好①气沿途创,阁泪汪汪。

① 当作游。

〔货郎儿〕见饿殍成行街上，乞丐出拦门斗抢。便财主每也怀金鹄立待其亡。感谢这监司主张，似汲黯开仓。披星戴月热中肠，济与粜亲临发放。见孤孀疾病无皈向，差医煮粥分厢巷，更把赃输钱、分例米，多般儿区处的最优长。众饥民共仰，似枯木逢春，萌芽再长。

〔叨叨令〕有钱的贩米谷、置田庄、添生放，无钱的少过活、分骨肉、无承望；有钱的纳宠妾、买人口、偏兴旺，无钱的受饥馁、填沟壑、遭灾障。小民好苦也么哥，小民好苦也么歌，便秋收鬻妻卖子家私丧。

〔三煞〕这相公爱民爱国无偏党，发政施仁有激昂。恤老怜贫，视民如子，起死回生，扶弱摧强。万万人感恩知德，刻骨铭心，恨不得展草垂缰。覆盆之下，同受太阳光。

〔二煞〕天生社稷真卿相，才称朝廷作栋梁。这相公主见宏深，秉心仁恕，治政公平，莅事慈祥。可与萧曹比亚，伊傅齐肩，周召班行。紫泥宣诏，花衬马蹄忙。

〔一煞〕愿得早居玉笋朝班上，伫看金瓯姓氏香。入阙朝京，攀龙附凤，和鼎调羹，论道兴邦。受用取貂蝉济楚。衮绣峥嵘，珂珮丁当。普天下万民乐业，都知是前任绣衣郎。

〔尾声〕相门出相前人奖，官上加官后代昌。活彼生灵恩不忘，粒我蒸民德怎偿！父老儿童细较量，樵叟渔夫曾论讲，共说东湖柳岸旁，那里清幽更舒畅，靠着云卿苏圃场，与徐孺子流芳那清况。盖一座祠堂人供养，立一统碑碣字数行，将德政因由都载上，使万万代官民见时节想。

这篇作品虽然用意在歌颂高监司的德政，但刘致在大量事实的教育之下，却以主要的篇幅反映了当时人民在饥饿线上挣扎的悲惨情况，以及一切为富不仁之徒还利用这种机会进一步地掠夺他们的罪恶行为。诗人以痛苦的声音如实地传达了人民的痛苦，将“有钱的”和“无钱的”两个社会集团作了活生生的对比。虽然在套曲中，他所直接指斥的还不过是富户、社长、知房、私牙子之流，但不用说，这些人同时也就是高级统治者的吸管，通过他们，人民的膏血才能输送到皇帝、贵族、达官那里。因此，这些描写，实际上也就有力地揭露了蒙古贵族与汉族大官僚地主联合统治的黑暗与残酷。

刘致歌颂了高监司这个能够为人民做点事的官吏。这种歌颂是可以的，但未免过分夸张了一些。这种过分的夸张说明了一个事实：在元代，官吏大都是孟子所谓“民贼”，而人民在那个时期，则是长远处在“覆盆之下”，没有机会“受太阳光”的，因之，只要有一隙之光投射在他们身上，诗人就不惜给以较多的奖励了。

第三节　睢景臣《高祖还乡》

和刘致那篇套曲，在思想上可以比美，而在艺术上则较之远为完美的，是睢景臣的《高祖还乡》。睢景臣，字景贤，扬州人，也在杭州住过。他心性聪明，酷爱音律，写过三本杂剧，今皆不存。在故乡时，曾和另外一些人同作《高祖还乡》套数，只有他写的这篇〔般涉调·哨遍〕，最为杰出。

〔般涉调·哨遍〕社长排门告示，但有的差使无推故。这差使不寻俗。一壁厢纳草除根，一边又要差夫索应付。又言是车驾，都说是銮舆，今日还乡故。王乡老执定瓦台盘，赵忙郎抱着酒葫芦。新刷来的头巾，恰糨来的绸衫，畅好是妆幺大户。

〔耍孩儿〕瞎王留引定火乔男女，胡踢蹬吹笛擂鼓。见一彪人马到庄门，匹头里几面旗舒。一面旗白胡阑套住个迎霜兔，一面旗红曲连打着个毕月乌，一面旗鸡学舞，一面旗狗生双翅，一面旗蛇缠葫芦。

〔五煞〕红漆了叉，银铮了斧，甜瓜苦瓜黄金镀。明晃晃马镫枪尖上挑，白雪雪鹅毛扇上铺。这几个乔人物，拿着些不曾见的器仗，穿着些大作怪衣服。

〔四〕辕条上都是马，套顶上不见驴。黄罗伞柄天生曲。车前八个天曹判，车后若干递送夫。更几个多娇女，一般穿着，一样妆梳。

〔三〕那大汉下的车，众人施礼数。那大汉觑得人如无物。众乡老展脚舒腰拜，那大汉挪身着手扶。猛可里抬头觑，觑多时认得，险气破我胸脯。

〔二〕你须身姓刘，你妻须姓吕，把你两家儿根脚从头数：你本身做亭长耽几盏酒，你丈人教村学读几卷书；曾在俺庄东住，也曾与我喂牛切草，拽坝扶锄。

〔一〕春采了桑，冬借了俺粟，零支了米麦无重数。换田契强秤了麻三秤，还酒债偷量了豆几斛。有甚胡突处？明标着册历，见放着文书。

〔尾〕少我的钱，差发内旋拨还；欠我的粟，税粮中私准除。只道刘三，谁肯把你揪捽住？白甚么改了姓、更了名，唤做汉高祖。

《上高监司》主要的是暴露了统治者榨取人民的罪恶，而《高祖还乡》则主要是反映了人民对统治者的轻蔑。这篇套曲具有“制作新奇”[①]的特色。而这种特色形成的关键则在于它非常艺术地写出了伟大人物的渺小，揭穿了这个大人物隐藏在装腔作势后面的无赖和流氓的本来面貌，使人读后，情不自禁地产生了一种“恍然大悟”，“原来如此”的快感。

在《史记》中，司马迁曾记载刘邦爬上皇帝的宝座以后，回过故乡沛县。他在那里，志得意满地唱着《大风歌》，并假惺惺地声明永远免除当地居民的赋役，和“父兄诸母故人”流连宴乐了十多天，方才分别。这当然是睢景臣创作的出发点。然而这位有巨大才能的诗人却不屑于在细节上力求符合于《史记》的记载。他深入地研究了《史记》反映的当时全部的历史真实和统治者刘邦的灵魂，大胆地创造了这个流氓皇帝的形象。

睢景臣选取的镜头是刘邦刚刚还乡的那一场合，通过一位禀性异常纯朴，而又深知这位皇帝底细的人，在这个场合中惊异的眼光和继之而来的愤慨的心情，作家使得刘邦现了原形。为了在精神上威胁人民，这位皇帝使用了大批的仪仗队，然而这些东西在人民眼光中却是那么古怪可笑。为了在感情上俘虏人民，他还在众乡老向他叩拜的时候，以手相扶，表示谦逊，然而这种动作在人民眼光中却是那么倨傲无礼。统治阶级虽然千方百计企图糊弄人民，然而人民的智慧总是能够看清历史的真相而将他们的“根脚从头数”的。这样，他们的企图就不能不破产了。正是在这个

① 《录鬼簿》。

地方,《高祖还乡》显示了它强烈的战斗性。

在散文圣手司马迁的《史记》中,刘邦遭受过毁灭性的讽刺。睢景臣的这套散曲则是司马迁的继承者。重要的是:他们作品的客观意义并不止于讽刺了这个流氓皇帝本身。可以说,刘邦是被他们作为最高统治者的典型,特别是作为起先比较接近人民,而随后则严重地脱离了人民的最高统治者的典型来处理的。他们以犀利无比的笔锋,代表人民解剖这种人的灵魂达到了鲁迅所谓“褫其华衮,示人本相”的程度。

曲中那个对刘邦采取了憎恶和鄙视态度的人物,虽然从经济地位上看,似乎有富农、地主的嫌疑,但这种身份只是作家为着一种艺术上的方便而给他附加上去的。从思想感情上考察,他显然不是刘邦政权在农村中的支柱,和王乡老、赵忙郎之流也全然异趣。这位通过他对于刘邦的观感,从侧面显示其精神面貌的人,我们认为:是和刘邦站在对立地位的。在作品里他正是普通人民的代表。

第四节　贯云石、徐再思及钟嗣成的散曲

蒙古贵族在全中国范围内建立政权给人民带来了很大的灾难,但同时也加快和加深了蒙古、女真以及西域各族人的汉化,使得一些非汉族的作家有可能精通汉语,使用汉语来进行创作,并且取得一定的成绩。在散曲家中间畏吾(维吾尔)人贯云石(1286—1324)就是很突出的一位。他的父亲名叫贯只哥,因以贯为姓,名小云石海涯,字浮岑,号酸斋,又号芦花道人。父祖两代为封疆大吏,云石为将门之后,少年时代即膂力超人,善骑射,勇武绝伦。后弃武学文,敏慧颖异。承父荫,曾任两淮万户府达鲁花赤,镇永州。不久将爵位让与弟忽都海涯,去北方从姚燧学,颇受器重。仁宗皇庆二年(1314),拜翰林侍读学士,年方28岁,故有“小翰林”之称。后来托病辞职,改名易服,在杭州隐居沽樵牧间。他是一位汉化已到极深程度的人,不仅其作品的语言风格是纯粹汉族的,而且还在思想感情上接受了汉族文士在种族歧视和政治混乱的局势之下所采取的人生态度。

在当时整个曲坛风尚支配下，贯云石也颇写过一些比较工丽的作品，然而其主导风格却是豪放洒脱，即使谈情说爱之作也不例外，因此《太和正音谱》对他有“天马脱羁”的评语。

弃微名去来，心快哉！一笑白云外。知音三五人，痛饮何妨碍？醉袍袖舞嫌天地窄。

——〔双调·清江引〕

竞功名有如车下坡，惊险谁参破？昨日玉堂臣，今日遭残祸。争如我避风波走在安乐窝！

——〔双调·清江引〕

战西风遥天几点宾鸿至，感起我南朝千古伤心事。展花笺欲写几句知心事。空教我停霜毫半晌无才思。往常得兴时，一扫无瑕疵，今日个病恹恹刚写下两个相思字。

——〔正宫·塞鸿秋〕(《代人作》)

若还与他相见时，道个真传示：不是不修书，不是无才思，绕清江买不得天样纸。

——〔双调·清江引〕(《惜别》)

数归期，绿苔墙划损短金篦，裙刀儿刻得阑干碎，都为别离。西楼上雁过稀，无消息，空滴尽相思泪。山长水远，何日回归。

——〔双调·殿前欢〕

这些作品都很成功地体现了诗人在隐逸生活和恋爱生活中的真实心情和狂放性格。虽然弃官和惜别都有其令人不愉快的一面，但贯云石豪迈的胸襟和爽利的文笔给人的感受却不是低沉的而是开朗的，不是忧郁的而是乐观的。这种风格特征，很容易使我们想起他的前辈马致远。贯云石的作品与号甜斋的徐再思的作品并称“酸甜乐府”。

嘉兴(今浙江省嘉兴市)人徐再思,字德可,号甜斋,是一位专写小令,而和贯云石同时齐名的作家。他们的散曲集曾并称《酸甜乐府》。甜斋和酸斋虽然齐名,但作品的面貌是各不相同的。徐再思新鲜的语言和奇特的构思,形成了他自己的尖新的风格。

鸥鹭江皋千万湾,鸡犬人家三四间。逆流滩上滩,乱云山外山。

——〔越调・凭阑人〕(《江行》)

鸳鸯浦,鹦鹉洲,竹叶小渔舟。烟中树,山外楼,水边鸥。扇面见潇湘暮秋。

——〔商调・梧叶儿〕(《即景》)

一声梧叶一声秋,一点琵琶一点愁,三更归梦三更后。落灯花,棋未收,叹新丰孤馆人留。枕上十年事,江南二老忧,都到心头。

——〔双调・水仙子〕(《夜雨》)

相思又如少债的,每日相催逼。常挑着一担愁,准不了三分利,这本钱见他时才算得。

——〔双调・清江引〕(《相思》)

从这些脍炙人口的作品可以看出,徐再思在描写自然风物,感慨个人身世,发抒男女爱情等方面,他都力求推陈出新,以巧妙而又不失其自然的手法,给人以生新之感。元代曲家情景尖新之作是很多的,但徐再思似乎在这一点上注意得更多一些,因而也显得突出一些。

最后,我们要谈到钟嗣成。他是古汴(今河南省开封市)人,号丑斋,因为在科名上不得意,就转而究心戏曲。他写过七本杂剧(都没有流传),和不少的小令、套数,但更其重要的著作则是《录鬼簿》。这是元代散曲、杂剧作家略传和作品简目的汇编,其中保存了极其珍贵的史料。我们今天对于那些“门第卑微，职位不振”①的作家们寂寞的生平还略有所知，钟嗣成的功劳是很大的。

这位作家在他的散曲中所表现的一种特有的精神面貌是滑稽玩世。他写得最好的曲子往往具有诙谐的趣味。但这诙谐的后面，却是对于当时庸俗的、不公正的社会的抗议。

俺是悲田院下司，俺是刘九儿宗枝，郑元和俺当日拜为师。传留下莲花落稿子。搠竹杖绕遍莺花市，提灰笔写遍鸳鸯字，打爻槌唱会鹧鸪词，穷不了俺风流敬思。

风流贫最好，村沙富难交。拾灰泥补砌了旧砖窑，开一个教乞儿市学。裹一顶半新不旧乌纱帽，穿一领半长不短黄麻罩，系一条半联不断皂环绦，做一个穷风月训导。

——〔正宫·醉太平〕

钟嗣成以俚俗本色的语言风格，玩世不恭的态度，写了三首〔醉太平〕小令，这里选录第二、第三两首。这是两篇风流乞丐、潦倒儒生的赞歌。钟嗣成将这样一些人写得如此地轻蔑名教礼法，唾弃富贵功名，事实上也正是表示了自己和当时污浊黑暗的社会的对立和决裂。他这种寓愤慨于嘲戏的作品，还有著名的题为《自序丑斋》的〔南吕·一枝花〕套曲：

生居天地间，禀受阴阳气。既为男子身，须入世俗机。所事堪宜，件件可咱家意。子为评跋上惹是非，折莫旧友新知，才见了着人笑起。

〔梁州第七〕子为外貌儿不中抬举，因此内才儿不得便宜。半生未得文章力，空自胸藏锦绣，口唾珠玑。怎耐灰容土貌，缺齿重颏，更兼着细眼单眉，人中短髭鬓稀稀。那里陈平般冠玉精神，何晏般风流面皮？那里取潘安般俊俏容仪？自知，就里，清晨倦把青鸾对，恨杀爷娘不争气。有一日黄榜招收丑陋的，准拟夺魁。

① 钟嗣成《录鬼簿自序》，文学古籍刊行社1957年版，第1页。

〔隔尾〕有时节软乌纱抓扎起钻天髻，干皂靴出落着簌地衣。向晚乘闲后门立，猛可地笑起，似一个甚的？恰便似现世钟馗唬不杀鬼。

〔牧羊关〕冠不正相知罪，貌不扬怨恨谁？那里也尊瞻视貌重招威。枕上寻思，心头怒起，空长三十岁，暗想九千回。恰便似木上节难镑刨，胎中疾没药医。

〔哭皇天〕饶你有拿雾艺冲天计，诛龙局段打凤机，近来论世态，世态有高低。有钱的高贵，无钱的低微。那里问风流子弟，折末颜如灌口，貌赛神仙，洞宾出世，宋玉重生，设答了镘的，梦撒了寮丁，他采你也不见得。枉自论黄数黑，谈说是非。

在这首曲子中，他以玩世不恭的态度，夸张地形容着由于自己的外貌不扬，以至于处处碰壁的情形，来揭露当时社会上的缺乏真赏。严肃地注视人生，但却玩笑地表现人生，乃是钟嗣成创作中主要的特色。

钟嗣成的《录鬼簿》记录了元代的散曲、杂剧作家，我们论述这些作家，也就到他本人为止。

顺便提一下与钟嗣成同时的一位知音邵元长，曾为《录鬼簿》作序，并留下唯一的一首散曲：

高山流水少人知，几拟黄金铸子期。继先贤既解其中意，恨相逢何太迟。示佳篇古怪新奇。想达士无他事，录名公半是鬼。叹人生不死何归！

——〔双调·湘妃曲〕(《赠钟继先》)

此曲写于《录鬼簿后序》末尾。据此文自称，他是久仰继先钟先生大名，但尚未会面。“丁丑孟秋，邂逅于东皋精舍，匆匆东之鄮城；中秋复回溪上，示予以新编《录鬼簿》……于其行，遂歌〔湘妃曲〕以赠。”足见他们两人是互为知己。如同钟子期领会伯牙操琴志在高山流水一样，邵元长深知钟嗣成著《录鬼簿》的重要意义及其学术价值，是钟的知音。

以下我们将转而评介其时的南曲戏文。

第九章　元代南曲戏文

虽然我们确知戏文起源于南、北宋之交，但现存一百六十几种剧目当中，可以断定为宋代作者的，不过是《赵贞女、蔡二郎》、《王魁负桂英》、《乐昌公主破镜重圆》、《风流王焕贺怜怜》等寥寥几种，而它们只剩下若干支佚曲（如《赵贞女、蔡二郎》则连佚曲也完全无存），所以要考察宋代戏文的详细情况，文献是不足征的。

不过，从当时的一些剧本所流传的本事，它们在当时所起的战斗作用和对于元、明以来戏曲的影响各方面来看，我们还是可以说：宋代是南曲戏文的一个光荣的起点。这些作品都反映了人民对于生活的纯朴的看法和他们追求自己应获得的幸福的决心。虽然最初的剧本由于种种原因而亡佚了，但许多题材都在新的剧本中被保留下来，而且其主题思想往往得到了更充分而深刻的发挥。如《赵贞女、蔡二郎》发展为《琵琶记》，就是一个很典型的例子。同时它们在当时所发生的战斗作用也是显著的。如在南宋末年，太学生黄可道写的《风流王焕贺怜怜》一剧，盛行于杭州，由于它鼓舞了妇女们对于爱情的正当追求，“一仓官诸妾见之，至于群奔”[①]。在元朝初年，僧人祖杰横行不法，杀了俞生全家，虽被逮捕，而官府却因受了贿赂，不肯处刑，“旁观不平，惟恐其漏网，乃撰写为戏文以广其事。后众言难掩遂毙之于狱”。[②] 这些记载，都很清楚地说明了：宋代戏文对于

---

① 刘一清《钱唐遗事》卷六《戏文诲淫》条，见《武林掌故丛编》本。

② 周密《癸辛杂识》，吴企明点校，中华书局 1988 年版，第 261 页。

封建礼教、黑暗吏治是起过了巨大的冲击作用的。它们在当时就遭到了统治者的嫉视而被禁止过，绝非偶然。

明代作家徐渭所撰写的《南词叙录》将他所见到的早期戏文编目著录，由于这些来自民间或出于书会的作品，其年代多数无法确定，他就谨慎地将它们统称为“宋、元旧篇”，和明代传奇区别开来。事实上，现存的一百多种戏文的剧目和十多种戏文，绝大多数都是元代作品。其中重要的作品如《琵琶记》等，则是在元末才出现的。只有在这十来种元代戏文中，我们才可以比较清楚地看到当时和北曲杂剧对峙剧坛的南曲戏文的面貌。

第一节　《永乐大典》本戏文三种

现存的“宋、元旧篇”虽然有十多种，但其中多数已在传唱中被明朝人根据当时戏剧本身的发展和演唱的具体情况而加以改动，其中未经改动而被完整保存了下来的作品，目前仅有《张协状元》、《小孙屠》、《宦门子弟错立身》三种。它们是《永乐大典》戏字韵所收戏文三十三种中的仅存部分。

始修于1403年而完成于1407年的《永乐大典》，是明成祖朱棣时代所修的一部巨大的类书，共有二万二千多卷，因为篇幅太大，没有刻本。明清两代，陆续有些散失，在第二次鸦片战争和义和团反帝运动中，帝国主义强盗们先后于1860年和1900年两次攻陷北京，对我国的珍贵文物大肆掠夺和破坏，使得这部大类书大部分都散失了。据雷震说：“庚子(1900)拳乱后，四库藏书，散佚过半。都人传言：英、法、德、日四国运去不少。又言：洋兵入城时，曾取该书之厚二寸许，长尺许者以代砖，支垫军用等物。武进刘葆真太史拾得数册，阅之，则《永乐大典》也。”这一段短短的记载活生生地画出了自认为“文明人”的野蛮行为。这册收有《张协状元》等三种戏文的《永乐大典》，也是被帝国主义强盗掠往英国，在1920年才由人从伦敦买回的。

一、《张协状元》

在这三种戏文中，九山书会编的《张协状元》的结构很松散，语言很粗糙，在剧中并保留着南词诸宫调和宋官本杂剧的《断送》，以及艺人自认为它可以比美南宋绯绿社的话，都证明其来源之古，也许竟是南宋的“温州杂剧”之一。

它写的是四川人张协赴杭州应试，在五鸡山遇盗负伤。有一位贫女拯救了他。后来两人结成夫妇。张协进京后，中了状元。枢密使王德用要将女儿嫁给他，他拒绝了。王女因此羞忿而死。接着贫女入京寻夫，张协又不肯相会。贫女只好自己返回五鸡山，依靠李太公夫妻过活。后来张协出任梓州佥判，经过五鸡山时，嫌贫女出身卑贱，下毒手将贫女杀伤，自己走了。王德用因为要向张协报女儿之仇，也自请出任梓州通判，路过五鸡山，将贫女收为义女，后来终于将她再度嫁给张协，夫妇重圆。

这个剧本在结构、语言等方面都存在着早期民间作品中所难以避免的缺点。在主题思想上，也显得不够明确。像张协的行为，是互相矛盾的，他既拒绝了和贵官王德用的女儿胜花重婚，可又一再地排斥甚至企图杀害原来的糟糠之妻，究竟是何居心呢？剧本并没有很好的交代。对于张协的刻薄寡恩，忍心害理，作者也批判得很不够，在一场巧遇中，就轻易地让他和贫女重圆了。比较完整的还有贫女这个形象，剧本在不同的场合中，写出了她的勤劳、忠厚和刚强的性格。此外，李太公夫妇对贫女一贯地支持、照顾，也反映了普通人民所向往的高贵的品格。

（净作门子出，唱：）

〔赵皮鞋〕状元真大才，衙门面①向两扇开。你还不曾会读书，苍生还相见，休要来。（末白）慈不主兵，义不主财。状元台旨：除是朝士官员，你便通报。其次村里汉、外方人及妇女，莫容它来。

① 当作南。

(净:)晓得了,还①是卖珠婆、牙婆、看生婆,不要他来。(末:)怕伤触了别人。(净:)我最没面目,爹来也不相识。(旦出,唱:)

〔喜迁莺〕到宸京,涉山川,万般愁闷。儿夫见免萦②奴方寸,未知是何处深藏见在身?遍寻觅,浑不见故人。

(白:)万福!借问些小事。(末:)娘子有甚事,但说不妨。(旦:)新及第状元何处安歇?(末:)兀底便是行衙里。问那门子便知端的。(旦:)万福!(净、末:)且是假大③人。(旦:)闻及第状元在此安歇。(净:)便是。如今呼作府佥。来作甚么?是讨珠钱?(末:)待它自说。(旦:)奴家特来见状元。(净:)要见状元,便着紫衫,我便传名纸。(旦:)奴家是妇人。(净:)妇人如何不扎④脚?(末:)你须看它上面。(净:)又看,上头上面。

(末:)养熟狗儿。(净唱:)

〔赵皮鞋〕状元是谁收覆,⑤连它发怒直是毒。你还欲要见它时,如法底高叫:"奴万福!"

(旦白:)奴家万福!万福!(生在戏房里唱:⑥)甚么妇女直入厅门?门子当头何不止约!(净:)领台旨。你听得否?快去!快去!(旦:)容奴取禀状元,奴非别人。(净:)你说教我知。(旦唱:)

〔五更传〕这状元,是奴夫婿,奴是他亲娶妻。才得两个月余日,苦相别特来京里。买登科记,试看时,是奴夫及第。不辞路远来相寻觅,你不知,便教我出去。

(净白:)说得好孤凄!(末唱:)

〔赵皮鞋〕我的状元分付:它官员相见便没奈何。凡是妇女庄家到厅

---

① 当作凡。
② 当作萦。
③ 疑当作夫。
④ 当作紮。
⑤ 疑当作报复。
⑥ 当作喝。

下，十三小杖，把门子打。

(净白:)出去！出去！(旦:)奴家是状元浑家。(净:)慢行，慢行，怕头上珠牌脱下来。(末:)又[1]道路无拾遗。(生在戏房喝:)甚人罗嗦？何不打出去！(旦:)状元，奴不是别人，是五鸡山上贫女。(净:)贫女是乞婆，打个乞婆！(末:)休要靠，索性。(旦唱:)

〔五更传〕我丈夫，张协是。(净白)道着我本官台讳。(旦连唱:)在路途值雪正飞，盘缠被劫得没分文，打一查，血沥沥底。没投奔，在庙中，弯跧睡。我医你救你得成人，你及第，便没恩没义。

(生出白:)官不容针，私通车马。教你莫去胡乱放人入来，又放妇女入厅堂。(净:)非干男女事，它自走入来。(末:)推得没巴臂。(生:)门子打十三！(净有介)(旦:)状元万福！且息怒。奴家不具榜子参贺。(生:)唯，贫女！曾闻文中子曰:"辱莫大于不知耻辱。"貌陋身卑，家贫世薄。不晓蘋蘩之礼，岂谐箕帚之婚。吾乃贵豪，女名贫女。敢来冒渎，称是我妻！闭上衙门，不去打出！(生下)(净打旦)(末:)若是夫妻只得休。(旦:)奴家怎洗这场羞！(净)不如及早归山去。(合:)免事恩官不到头。(净:)泓！(闭门介)(末净下)(旦:)有这般事！(旦唱)

〔五更传〕是我夫，不相认，见着我忙闭了门。我当初闭门不留伊，你及第应是无分。千余里，到此来，望你厮存问。目下要归我没盘缠，我今宵，更无投奔。

〔前腔〕你记得，要来京里，卖头发把钱与伊。当初道嫁鸡便逐鸡飞，好言语教奴出去！没盘费，教化归，回乡里。买炷好香祝苍天，愿你亏心，长长荣贵。(白:)剪[2]头门子将奴打，后来却把奴家骂。人善人欺天不欺，人恶人怕天不怕。(下)

---

① 疑当作不。

② 剪，当作劈。

《张协状元》是现存《永乐大典》本戏文三种中也可能是现存"宋、元旧篇"戏文中,产生得最早的一种。以上所摘录的,是贫女入京,寻夫被逐的场面。在这一整出戏中,我们大致可以看出早期的南曲戏文的思想水平和艺术水平。在那位书会作家的笔下,贫女的善良和张协的傲慢、贫女痛苦的遭遇和张协负心的行为,两两相形,是相当感人的。它的曲词与旁白都纯然是口语,提示了这个剧本和文人的关系较浅,而特别多的对白,和其中随时流露的插科打诨,则反映了戏文与宋代以滑稽调笑为主要内容的"杂剧"之间的血缘关系。

二、《宦门子弟错立身》和《小孙屠》

题为古杭才人新编的《宦门子弟错立身》和古杭书会编撰的《小孙屠》,分明是戏文已由温州发展到杭州以后的产物。它们又都采用了南北合腔,即在一套曲词中,兼用南曲和北曲的曲调的办法,据《录鬼簿》的记载,这种方法是从元代中期的沈和开始的,因而这又可以证明,这两个剧本大致是元代中期以来的作品。

《宦门子弟错立身》所表现的主题是值得注意的:女直人河南府同知的公子延寿马,本来是宦门之裔,富豪之后。他迷恋着散乐王金榜,有一天,竟将王引入书斋幽会,被严厉的父亲发现了。于是,王金榜全家被驱逐出境,而延寿马则被锁在家中。当这一对青年幽会时,男的曾向女的表达了他为她可以牺牲一切的意志:"一意随他去,情愿为路歧,管什么抹土涂灰,折莫擂鼓吹笛,点拗收拾。更温习几本杂剧,问什么装孤扮末诸般会,更哪堪会跳索扑旗。只得同欢共乐同鸳被,冲州撞府,求衣觅食。"①"我和你同心意,愿得百岁镇相随,尽老今生不暂离。"②在他们被拆散之后,延寿马居然实践了自己的诺言,逃出家庭,赶上了王金榜,不顾她父母的刁难,做了行院人家的女婿。最后,夫妇俩一起在一个偶然的机会中遇到完颜同知,得到他的宽恕,才双双回到家里。

---

① 〔六么令〕。

② 〔尾声〕。

这个剧本，在某些地方，有点像唐白行简的传奇小说《李娃传》和由它改编的元石君宝的杂剧《李亚仙诗酒曲江池》。但那两个作品中的荥阳公子或郑元和是被迫才去唱哀歌、做乞丐的，并不曾为了爱情而主动地脱离自己的家庭，也就是脱离自己的富贵生活。因而延寿马这一形象的出现，是值得重视的。这种把双方的互爱看得比其他一切更高，认为这就是构成婚姻的主要条件，为了爱情，脱离自己较高的阶级地位也是可以的，显然都不是封建统治阶级的看法。这种新鲜的和封建正统观念对立的思想，乃是这个剧本中所反映的、应当为我们所重视的新鲜事。

在这个剧本中，已经出现了很优美的唱词，这也说明它出现的时代较晚。如像王金榜全家被完颜同知赶走以后，在路上轮唱的一支〔八声甘州〕就是富有诗意的。它不但细微地描绘了旅途风景，而且通过各人对于大自然的感受，显示了各不相同的内心世界：

> 子规两三声，劝道不如归去，羁旅伤情。花残莺老，虚度几多芳春。家乡万里，烟水万重，奈隔断鳞[①]鸿无处寻。一身，似雪里杨花飞轻。[②]（旦：）艰辛，登山渡水，见夕阳西下，玉兔东生。牧童吹笛，惊动暮鸦投林。残霞散绮，新月渐明，望隐隐奇峰锁暮云。泠泠，见溪水围绕孤村。（末：）奈行程路途劳顿，到黄昏转添愁闷。山回路僻人绝影，不觉长叹两三声。（旦：）望断天涯无故人，便做铁打心肠珠泪倾。只伤着，蝇头微利，蜗角虚名。（卜：）向村庄上借宿安此身，只见孤馆萧条扃。（旦：）想村醪易醒愁难醒。暗思昔情人，临风对月欢娱频宴饮，转教我添愁离恨。您今宵里孤衾展转，谁与安存？

这简直就是一首情景交融、扣人心弦的抒情诗。

《小孙屠》写的是孙必达取妓女李琼梅为妻，琼梅嫁到孙家之后，仍然和她往日交好的一个官吏私通，被弟弟必贵（小孙屠）揭破。弟兄两人因

---

① 当作鳞。

② 以上当是末唱。

此被奸夫淫妇陷害，几乎送了性命，后获得昭雪。这个剧本对于生活中黑暗势力的揭露是勇敢的，但艺术技巧很差，某些情节也交代得不清楚。元代后期杂剧家萧德祥曾经写过一本同名的杂剧，而据《录鬼簿》的记载，这位作家写过南曲戏文，因此有人怀疑两本《小孙屠》同出萧手。但杂剧已经亡佚，真相如何，是无法断定的。可以指出的是：在元代后期，由于北曲杂剧南移与南曲戏文接触，将杂剧原有的情节改写为戏文的风气，在当时确实很盛。《小孙屠》外，《宦门子弟错立身》也是如此，李直夫、赵敬父（即赵文殷）也都写过同名的杂剧。其余可举的例子还多。由此可见，这两个剧种的接触，不只是丰富了戏剧艺术的本身，也使戏剧的题材大大地丰富起来了。通过许多不同剧种之间的交流，使得每个剧种都能够以它所特有的艺术形式来描写为人民所共同关心的生活，所共同喜爱的故事，乃是祖国古典戏剧的特点之一，也是优点之一，而这是从元代就开始了的。

第二节　四大戏文之冠《拜月亭》

元代产生的许多戏文，到了明代，仍然在剧场中流行，并且被多数批评家认为是重要作品的，有被简称为"荆、刘、拜、杀"的《荆钗记》、《刘知远白兔记》、《拜月亭》（后由明人改题为《幽闺记》）和《杀狗记》等四种，而《拜月亭》则是四大戏文之冠。

《拜月亭》是"荆、刘、拜、杀"中最优秀的一种。在徐渭《南词叙录》中，它题为《蒋世隆拜月亭》被列入"宋、元旧篇"。明人著作如何元朗《曲论》、王世贞《艺苑卮言》、王骥德《曲律》等，都说是元末施惠所作，但并无确证。[①] 把它看成是元代无名氏的作品，是较为妥当的。

这部戏文具有奇巧而动人的情节：蒋世隆是金代中都（今北京）人，因

---

① 《录鬼簿新校注》于施君承条下注云："曹（楝亭）本作施惠。……惠，字君美。杭州人，居吴山城隍庙前。以坐贾为业。公巨目美髯，好谈笑。余尝与……至其家。每承接款，多有高论。诗酒之暇，惟以填词和曲为事。有《古今砌话》，亦成一集。其好事也如此。"但钟嗣成、曹楝亭均未提及著《拜月亭》。

居父丧，未应科举，带着胞妹瑞莲，在家寂寥度日。这时，番兵犯界，忠臣陀满海牙反对迁都汴梁的逃跑政策，和奸臣聂贾列发生争执，全家被斩，只有其子陀满兴福一人逃出。兴福被追捕时，越墙躲入蒋宅。蒋世隆问明了情由，很尊敬和同情他，便和他结为兄弟，帮他逃走。兴福继续前行，在虎头山遇见了一伙强盗，因他武艺高强，便被推为寨主，暂时落草安身。尚书王镇，当军情紧急时，奉命到边境了解情况，便和他夫人及女儿王瑞兰分别了。在这时，番兵突然深入，中都居民，纷纷逃难。蒋世隆和妹子瑞莲，王夫人和女儿瑞兰也在其中。但兄妹、母女在人群中失散了。蒋世隆叫唤着妹妹瑞莲的名字，在她旁边的王瑞兰误应了。王夫人叫唤着女儿瑞兰的名字，在她旁边的蒋瑞莲也误应了。于是蒋世隆和王瑞兰便权充夫妇，王夫人则认了蒋瑞莲作义女，继续前行。在广阳镇上，蒋世隆和王瑞兰由于相爱而结了婚，接着蒋世隆又生了病。这时，瑞兰恰好遇着了自己嫌贫爱富的父亲。他竟不顾女儿的爱情、女婿的病体，便将他们之间的关系割断，将女儿带走了。父女俩走到孟津驿，又遇见了在困顿中的王夫人和瑞莲，于是到了汴梁。这一家人虽然完聚了，但瑞兰却一直因失去丈夫在愁苦中过着日子。另一方面，陀满兴福则巧遇义兄蒋世隆，一同应举，蒋世隆中了文状元，而兴福则中了武状元。王镇要把亲女嫁给文状元，义女嫁给武状元。但由于世隆和瑞兰并不知道婚嫁的对象就是自己原先的配偶，都拒绝了，后来弄清真相，才得重新团聚。兴福和瑞莲也结成了夫妻。

在戏文《拜月亭》出现以前，关汉卿写过一本题为《闺怨佳人拜月亭》的杂剧。虽然关剧的宾白部分已有缺佚，但我们从其情节、文辞、人物性格诸方面来考察，可以证明：杂剧《拜月亭》是给戏文《拜月亭》奠定了良好的基础的。但戏文并不是杂剧的单纯的放大，而是对它的彻底的改写。长达四十出的戏文，不仅增加了陀满兴福这个人物以及与他关联的若干情节，而且将杂剧原有的情节也写得更为曲折动人，语言也更为丰富优美。它的情节发展显然具有偶然性，但又是生活中可能遇到的巧合，并不使人产生牵强附会的观感。

战争离乱是这个剧本的背景。由于番兵的入侵，身份颇为悬隔的男女主角才有机会意外地相识。在悲惨的环境里,一位善良的青年男子遇到一位孤立无助的青年女子,他帮助了她,并且爱上了她,然后很自然地在苦难中结合了。但这种由奇遇而产生的爱情,在蒋世隆和王瑞兰心中,都是异常坚定的。虽然一个深闺弱质和一个贫寒书生,在广阳镇上,都还无力抵抗王镇的无理迫害,以至于不得不暂时分散,但瑞兰其后在自己锦衣玉食的家庭中的深情幽怨,对于父亲命她再婚的断然拒绝,还有蒋世隆对于作尚书女婿这种有利于自己前途的婚姻毫不动心,都显示了这一对夫妻坚贞的爱情和崇高的品质。与体现在这两位青年人身上的气质和品德恰恰相反的,是王镇那种嫌贫爱富的庸俗观点和以包办儿女婚姻为自己职责的封建思想。虽然父女两代之间的这种难以调和的冲突是通过剧作家的巧妙安排而解决了,因而从表面上看来,王镇好像并没有失败,但是我们不能不说:蒋世隆和王瑞兰才是真正的胜利者。

戏文《拜月亭》的作者是长于抒情的,特别是在对于女性心理进行刻画时,这种才能就显得更加突出。如第三十二出《幽闺拜月》[①],写心事重重的王瑞兰在拜月时和她的聪慧而调皮的义妹蒋瑞莲之间的矛盾,就是一例。这一出戏,虽说有关剧的第三折作为底本,因而多少为作家的艺术构思提供了一些方便,但如果将两者加以比较,就可以看出,这位戏文作家绝不是拾人牙慧的人。他对两姐妹的精神状态作了更深刻的发掘,因而比起杂剧来,也就具有为前者所无的“婉转详尽,情与词谐”[②]的特点。

〔齐天乐〕(旦:)恹恹捱过残春也,又是困人时节。景色供愁,天气倦人,针指何曾拈刺。(小旦:)闲庭静悄,琐窗潇洒,小池澄澈。(合)叠青钱泛水,圆小嫩荷叶。

〔浣溪沙〕(小旦:)阶前萱草簇深黄,槛外榴花叠绛囊,清和天气日初长。(旦:)懒去梳妆临宝镜,慵拈针指向纱窗,晚来移步出兰房。(小

① 世德堂本为第三十五折,题作《瑞兰拜月》。

② 王国维《宋元戏曲史》,上海古籍出版社1998年版,第124页。

旦:)姐姐,当此良辰美景,正好快乐,你反眉头不展,面带忧容,为甚么来?

〔青衲袄〕(旦:)我几时得烦恼绝,几时得离恨彻!本待散闷闲行到台榭,伤情对景肠寸结。(小旦:)姐姐,撇下些罢。(旦:)闷怀些儿,待撇下怎忍撇?待割舍难割舍。倚遍阑干,万感情切,都分付长叹嗟。

〔红衲袄〕(小旦:)姐姐,你绣裙儿宽褪了褶,为伤春憔悴些。近日庞儿瘦成劳怯,莫不是又伤夏月?姊妹每休见撇,斟量着你非为别。(旦:)你量着我甚么?(小旦:)多应把姐夫来萦牵,别无些话说。

〔青衲袄〕(旦怒科:)你把滥名儿将咱引惹,直恁的情性乖,心意劣。女孩儿家多口共饶舌,爹娘行快活要他做甚的?要妆衣满箧,要食珍羞则盛设,和你宽打周折。(走科。小旦:)姐姐,到那里去?(旦:)到父亲行先去说。(小旦:)说些甚么?(旦:)说你小鬼头春心动也。

〔红衲袄〕(小旦:)我特地当耍说。(跪科:)姐姐,望高抬贵手饶过些,一句话儿伤了俺贤姐姐。(旦:)起来,且饶你这次,今后再不可如此。(小旦:)若再如此呵,瑞莲甘痛决,姐姐闲耍歇,小的妹先去也。(旦:)你那里去?(小旦:)只管在此闲行,忘收了针线帖。

(旦:)也罢,你先去!(小旦:)推些缘故归家早,花阴深处遮藏了,热心闲管是非多。冷眼觑人烦恼少。(下。旦:)这丫头去了。天色已晚,只见半弯新月,斜挂柳梢,几队花阴,平铺锦砌,不免安排香案,对月祷告一番。〔卜算子〕款把棹儿抬,轻揭香炉盖,一炷心香诉怨怀,对月深深拜。(拜科)。

〔二郎神〕(旦:)拜新月,宝鼎中明香满爇。(小旦潜上听科。旦)上苍,这一炷香呵!愿我抛闪下男儿疾效些,得再睹同欢同悦。(小旦)悄悄轻将衣袂拽。姐姐,却不道小鬼头春心动也。(走科。旦)妹子到那里去?(小旦)我也到父亲行去说。(旦扯科。小旦)放手,我这回定要去。(旦跪科)妹子,饶过了姐姐吧!(小旦)姐姐请起。那娇怯,无言俯首红晕满腮颊。

〔莺集御林春〕(小旦:)恰才的乱掩胡遮,事到如今漏泄,姊妹每心肠休见别,夫妻每是有些周折。(旦:)教我难推怎阻,罢罢,妹子,我一星星对伊仔细从头说。(小旦:)姐姐,他姓甚么?(旦:)姓蒋。(小旦:)他也姓蒋,叫甚么名字?(旦:)世隆名。(小旦:)呀!他家住在那里?(旦:)中都路是家。(小旦:)姐姐,你怎么认得他,他是甚么样人?(旦:)是我男儿受儒业。

〔前腔〕(小旦悲介:)听说罢姓名家乡,这情苦意切,闷海愁山将我心上瞥,不由人不泪珠流血!(旦:)我恓惶是正理,只合此愁休对愁人说。妹子,你啼哭为何因,莫非是我男儿旧妻妾?

〔前腔〕(小旦:)他须是瑞莲亲兄。(旦:)呀!原来是令兄。为何散失了!(小旦:)为军马犯阙。(旦:)是,我晓得了。散失忙寻相应者,那时节只争个字儿差迭。妹子,和你比先前又亲,自今越更着疼热,你休随着我跟脚,久已后是我男儿那枝叶。

〔前腔〕(小旦:)我须是你妹妹姑姑,你是我的嫂嫂又是姐姐,未审家兄和你因甚别,两分离是何时节?(旦:)正遇寒冬冷月,恨爹爹把奴拆散在招商舍。(小旦:)如今还思量着我哥哥么?(旦:)思量起痛辛酸,那其间他染病耽疾。(小旦:)那时怎割舍得他?(旦:)是我男儿教我怎割舍?

〔四犯黄莺儿〕(小旦:)他直恁太情切,你十分忒软怯,眼睁睁怎忍相抛撇。(旦:)枉是怨嗟,无可计设,当不过他抢来推去望前扯。(合:)意似虺蛇,性似蝎螫,一言如何诉说!

〔前腔〕(小旦:)流水也似马和车,倾刻间途路赊,他在穷途逆旅应难舍。(旦:)那时节呵!囊箧又竭,药饵又缺。他那里闷恹恹难捱过如年夜。(合:)宝镜分破,玉簪跌折,甚日重圆再接!

〔尾声〕自从别后音书绝,这些时魂惊梦怯,莫不是烦恼忧愁将人断送也。

(旦:)往时烦恼一人悲,　　(小旦:)从此凄凉两下知。
　　世上万般哀苦事,　　　　无过死别共生离。

这一出戏，俗名《拜月》，乃是《拜月亭》中最精彩的场面之一，数百年来在剧坛上，一直上演不衰。

在这一出戏中，王瑞兰实际上是一位思妇，然而她当自己的秘密暴露之前，在朝夕相处的义妹面前，还是只能以闺女的身份出现，至多只能以一位怀春的闺女出现。可是，她所自觉地极力掩饰的感情秘密，又正在不自觉地通过自己苦闷的情绪而不断地透露。蒋瑞莲知道了她的姐姐是行诸外必有难言内痛的，于是一针见血地指出了那秘密的存在，虽然她还不知道它的具体内容。王瑞兰对于这个小鬼头的袭击是感到有些意外的，而且对于冒犯了她作为姐姐和尚书小姐的尊严，也不无恼怒，于是她迅速地进行了反攻，利用封建礼教对于蒋瑞莲这种越轨的言词必然要产生的干涉，钳制住了这个小鬼头的嘴巴。可是，王瑞兰这时在内心里熊熊地燃烧着的爱火，迫使她急于要对月祷告一番，此时也使她忘记了这个小鬼头是十分调皮的，因而在一转眼之间，她又把由于伪装而取得的胜利轻易地丧失了，反而不得不向义妹求饶，进一步向之摊开了全部的秘密。后来，由于瑞兰的述说，引起了瑞莲的悲感，而由于瑞莲的悲感，又引起了瑞兰的怀疑。这就又进一步地揭示了王瑞兰由于和他只是邂逅相逢，并不深知底细而引起了无穷忧虑的内心活动。在这场描写姐妹俩在日常生活中的细微冲突的戏中，作家显示了他对于生活的深入理解和高度的抒情才能，因而在他的笔下，这两个人物的音容笑貌就都是异常真实的，令人一见难忘。同时，通过这些具有浓郁生活气息的描写，作家也向人们显示了他笔下的人物所具有的积极意义，洋溢着青春的活力。

《拜月亭》中动人的场面是很多的。除此以外，如写王夫人及其义女逃难的第二十出《子母途穷》，写蒋世隆和王瑞兰在旅次结婚的第二十二出《招商偕偶》，写由于王尚书的干涉以致蒋世隆夫妇不得不活生生拆散的第二十五出《抱恙离鸾》，写王尚书一家在孟津驿意外相逢的第二十六出《皇华悲遇》，都很出色。虽然就整个作品来说，它不无冗长散漫和落入常套的地方，但终究是瑕不掩瑜的。在元代戏文中，它是唯一的可与《琵琶记》相提并论的作品。

第三节 《白兔记》、《杀狗记》及《荆钗记》

《白兔记》的情节，在我们谈到《五代史平话》和《刘智远诸宫调》时①，已经简略地提到。一方面，它是一个“发迹变泰”的故事。贫穷无奈的刘智远，只因为生有异象，所以始则受知于李太公，做了他家的女婿，继而以同样的原因，在投军以后，又娶了节度使岳勋的女儿，终至于飞黄腾达，夫荣妻贵。

这个故事显然是通过这些来宣扬宿命论的。如果长久流传于民间的刘、李故事(包括戏文《白兔记》在内)写的只是这样一个内容，那么，它就不可能得到人们更多的重视了。《白兔记》以及其他以刘、李故事为题材写的民间作品之所以长期备受欢迎，乃是由于：另一方面，它还写出了一位典型人物李三娘。在这位善良的、身上负荷着沉重的封建压力的女子身上，人们看到了古代封建社会中广大妇女的苦难的命运。

出身于乡村地主家庭的少女李三娘，一上来就是个命运被掌握在别人手中的人物。为了追求将来的富贵，父亲决定将她嫁给一个可能发迹的穷人，为了憎嫌现在的贫贱，哥嫂又对这门亲事加以激烈的反对。在李太公死后和刘智远出走后，李三娘更完全落入了兄嫂的魔掌。因为拒绝改嫁，她承担了难以胜任的体力劳动——推磨挑水，以至于当她在磨坊生下孩子之后，连剪断脐带的剪刀嫂子也不肯借给她，她只好用牙齿将脐带咬断。可是，即使在这样困厄不堪的环境里，这位妇女对于婚姻与爱情的信念也仍然是坚定的。她纯朴的感情使她不可能想到刘智远对她有什么改变。可是，正是在这个时候，刘智远又和岳氏结了婚，将她抛在一旁了。一直过了十六年，才由于儿子咬脐郎在射猎中和他母亲李三娘偶然相会，激发了刘智远的良心，才让她有个结局。这个结局的偶然性，从另外一方面来说，不正是体现了像李三娘这样的妇女，在一般情况下，其命运就必

---

① 详见《程千帆全集》(河北教育出版社2000年版)第十三卷《两宋文学史》第十二章第二节《讲史的话本》。

然地有忍辱含冤一直到死吗？剧本通过李三娘的遭际，是不只严厉地批判了嫌贫爱富的李洪一夫妇，同时也适当地批判了弃旧怜新的刘智远。而李三娘的形象在作家的笔下，则闪耀着善良纯朴的光芒。

《白兔记》全称《刘智远白兔记》，也属于“宋、元旧篇”之列，出于元代无名作家之手。它的语言朴素，某些情节还富有民间传说的色彩。如刘智远大战瓜精，获得兵书宝剑；咬脐郎追逐白兔，一会儿就从太原赶到了沛县；还有刘智远回到沙陀村见李三娘等情节，都是明显的例子。

这个剧本至少有三种不同的版本流传，情节虽无多更变，文词却完全不同。汲古阁本（即《六十种曲》本）可能是原本或接近于原本的一种本子。它保存了民间戏文质朴无华的本色。富春堂本则不仅修词渐趋工整，排场较为紧凑，对原本中某些不免荒唐的情节也有所改动（如将李三娘和咬脐郎相会的安排，由原来的偶然出猎追赶白兔到沙陀村，改为刘智远命咬脐郎领三千兵马回乡寻母，抵达后屯兵邻近，然后才因出猎相会），可以证明，它是晚出的。此外，晚明戏曲选集《秋夜月》中，也保存有《白兔记》三折，其中《小将军打猎遇母》一出，和富春堂本还有部分相同之处，而《汲水遇兔》和《夫妻磨坊重会》二出，则与汲古阁、富春堂两本完全不同，当是另外一个演出本。

《白兔记》存在着好几个同名异实的本子，也间接地证明了它几百年来在舞台上流行的盛况。

《杀狗记》，朱彝尊《静志居诗话》定为元、明之际的徐畛所作。畛字仲由，淳安（今浙江省淳安县）人。明太祖朱元璋洪武初年，曾征秀才。但较早的记载如晚明吕天成的《曲品》，并没有说这个剧本出于徐手。①《永乐大典目录》所收戏文，有《杨德贤妇杀狗劝夫》一目，《南词叙录》“宋、元旧篇”中有《杀狗劝夫》，现在的《杀狗记》，应该就是这个旧本。

从剧本所保存的非常浓厚的民间风味来看，也不像是自认为“传奇词曲，不多让古人”②的文人徐畛的作品。吴梅于《顾曲麈谈》卷下直言：“或

① 暖红室本《曲品》，在《杀狗记》下注“徐仲由作”。

② 朱彝尊《静志居诗话》卷四，人民文学出版社 1998 年版，第 87 页。

者《杀狗》久已失传，后人伪托仲由之作，羼入歌舞场中耳。不然不应与小令如出两人之手，且有天渊之别也。”今传本是经过晚明作家龙子犹（即冯梦龙）和秦淮墨客校订过的，但基本上仍然保留了它“事俚词质”[①]的特色。

《杀狗记》是以元代萧德祥的杂剧《杨氏女杀狗劝夫》为底本进行再创作的。哥哥孙荣因为受了两个无赖柳龙卿、胡子传的哄骗，将弟弟孙华赶出了家门，甚至想设法将弟弟加以毒害。嫂嫂杨月真屡次苦劝，也没有能够使丈夫回心转意。后来，她杀了一条狗，将它穿上人衣，放在后门口，使丈夫蒙受了杀人的嫌疑。孙荣为这事向两个酒肉朋友求援，却被拒绝了，但孙华却毫不迟疑地替哥哥埋掉了那具尸体。走入迷途的孙荣被不念旧恶的孙华感动了，于是和睦如初。

在这个剧本中，出现了较多的性格分明的人物，如本质并不特别坏但思想却异常糊涂的孙荣，正直善良可是在封建礼教的长期浸染之下，只知道逆来顺受的孙华，同样是封建道德的拥护者但却具有贤达机智的特点的杨月真，都是具有一定典型意义的；而柳、胡这两个人物的形象，在剧本中更为突出。这两人一开始是以帮闲的形象出现的，但随着剧情的发展，我们愈益清楚地看出了他们的恶棍流氓的面目。他们最初想以陪着孙家两弟兄吃喝玩乐为手段，来满足自己的口腹之欲。当孙华不肯和他们在一道鬼混而触怒了孙荣时，他们就进一步挑拨兄弟之间的感情，终于使孙华被逐。在孙荣醉倒途中以后，他们立即改变了送“大哥”回家的计划，而合伙偷了他身上的玉环和钱钞。他们还要弄两面派的手法，鼓动孙华去控告他的哥哥。当孙荣在埋尸问题上发现了他们并不是什么好朋友，而拒绝与之继续来往以后，他们又跑到官府去诬告孙氏弟兄，想将二人置于死地。剧作家通过这些情节，相当成功地塑造了两个以利己主义为其全部人生观的寄生者的形象。他们反复地出现在舞台上，所赢得的憎恶可能超过人们对孙华和杨月真那些带有相当浓重的封建观念的正面人物的

① 吕天成《曲品》，《中国古典戏曲论著集成》（六），中国戏剧出版社 1959 年版，第 225 页。

同情。因此，这个剧本虽然正面地歌颂了孙华的友爱和杨氏的贤德，企图将他们作为完整的、值得效法的人物来介绍给观众和读者，但它同时却在更大的程度上使人们从柳、胡两人身上看出了封建道德的险暗面。我们分明地感觉到：在作家的笔下，这两个反面人物比那两个正面人物更显得活跃、真实。

和《白兔记》相同，《杀狗记》也以语言朴素、生活气息浓厚见长，特别是对话部分，是饶有机趣而富于舞台效果的。

> （生：）……这里便是胡子传家，不免叫一声：开门。（丑内应：）谁叫？（生：）是孙大郎。（丑上：）来了。（开门介：）阿哥，你为何来得早？里边请坐。（生：）不坐了，兄弟，有一件利害的事，特来央求你。（丑：）哥哥有事，火里火里去，水里水里去。快说与我知道，我就去替哥哥干。（生：）昨日和你两个吃了酒，感蒙兄弟送我回去。不知甚人，杀死一人在我后门。（丑：）吃酒便说吃酒，不曾教你去杀人。（生：）不是我杀的。（丑：）不是你杀的，难道是我杀的不成？（生：）兄弟不要取笑，你快与我去抬过了。（丑：）且住，不要忙。我问你杀死的人有几个？（生：）只是一个，还经得几个？（丑：）啐！我只道有十来个，这等慌张！元来只是一个，也直得大惊小怪？（生：）好兄弟，快去抬过了。（丑：）抬到那里去么？（生：）向没人所在埋了，免吃官司。（丑：）若去埋，又要搭工夫，我有一计在此。（生：）兄弟有何妙计？（丑：）我如今将一条草荐把那死人卷了，将索子紧紧捆住，抱他到大河边，"扑通"！（作丢势介：）啊哟！不好了！闪了腰了！怎么好！（作蹲倒介。生：）兄弟，你只口里说便罢，怎么做起手势来！如今闪了腰，怎么处？（丑：）我去不得了，你去叫柳龙卿罢！（生：）我方才先到他家，他心疼去不得。（丑：）他心疼去不得，我腰痛一发去不得了。
>
> ——第二十八出《乔人负心》

在这一场短短的对话中，毫无世故的纨绔子弟孙荣与毫无情谊的酒肉朋友胡子传两人的性格都被刻画出来了。孙荣给了我们以可笑又可怜的印象，而胡子传的狡诈则迫使我们不能不投以憎恨的眼光。《杀狗记》中像这样生动活泼的、性格化的对话是相当多的。它乃是这本出于民间的戏文在艺术上的一个值得重视的特点。

《荆钗记》也在《南词叙录》中的“宋、元旧篇”之列，题作《王十朋荆钗记》。据明清之际的张大复所编《新定九宫十三摄南曲谱》，这个剧本系“吴门学究敬先书会柯丹邱著”。有人将这位柯丹邱和元代名画家柯九思字敬忠、号丹邱子的当作一个人，[①]也有人因丹邱也是明初贵族朱权的道号，又是一位杂剧家，因而认为这个作品也出自朱权之手，[②]都不可信。在数百年的流传当中，《荆钗记》出现了各种不同的本子，但比起《白兔记》来，它的变更是不算大的。

这个剧本的情节是：温州富户钱流行因看中了贫家子弟王十朋的才学，就将女儿玉莲许给他。另外一个富家子弟孙汝权，羡慕玉莲的美貌，也想和钱家攀亲，但被玉莲拒绝了，玉莲因此也得罪了她的继母。王十朋和钱玉莲结婚后，上京应试，考中了状元。万俟丞相要将女儿配给他，也为十朋所拒绝。这位状元原来被派担任饶州签划，因为触犯了丞相，被改调潮阳，而饶州一缺，却由另外一位姓王名士宏的人前去担任。孙汝权为了想和玉莲结合，竟卑鄙地设法偷换了王十朋的家书，说他已经入赘万俟丞相家中，要与玉莲离异，这时，继母又迫使女儿改嫁。为了坚决保护自己的爱情，玉莲只好投江自杀，恰巧被原任温州太守，新升福建巡抚的官员钱载和救起，认作养女。于是她就随着养父到福建去了。王十朋的母亲在媳妇自杀以后，痛苦不堪，就进京寻到了自己的儿子，并和他一同到潮阳赴任。钱载和带着玉莲到了福建以后，不久就派人到饶州去找王十朋。哪知王士宏到任不久，全家病殁。那个送信的没有详细调查，便回报说：王十朋一家都死在饶州了。这一噩耗，自然使玉莲陷入了更深的痛苦中。五年后，十朋升任了吉安知府。钱载和的友人邓谦见王十朋无妻，又

---

① 无名氏《传奇汇考标目》卷上，《中国古典戏曲论著集成》(七)，中国戏剧出版社1959年版，第193页。

② 王国维《曲录》。

知钱有一守寡的养女，就给两家说合。但十朋和玉莲因不知道对方就是原来的配偶，却拒绝了。接着，这对失散了五年的夫妻到玄妙观为对方祈求冥福，偶然相遇，引起猜疑，终于团圆。[①]

很显然，《荆钗记》的主题思想是具有积极意义的。通过钱玉莲和王十朋这两个忠于爱情的人物，作家反映了人民对于爱情和婚姻的美好的看法。钱玉莲在王十朋的德才和孙汝权的豪富之间作了合情合理的选择。结婚以后，她作为一个贤惠的妻子和媳妇，在贫困的王家过着安静的日子。在受到各种欺骗和压迫，除了一死便无法保护自己的爱情时，她便毅然付出了自己的生命。在五年之后，还不改变她的初衷。在这些情节里，都凸显了钱玉莲坚贞不屈的形象。同样，作家笔下的王十朋也和古典戏曲中另外一些害软骨病的状元如王魁、陈世美不同。他是配得上、对得起钱玉莲的。万俟丞相的富贵、权威并没有压倒这一介寒儒，没能使他丧失操守，反之，他却以当时男子中所稀有的节义，将只有半年情分的妻子的爱情牢固地保藏在自己的心里，王十朋这种行为，说明了作家认为：男子在婚姻与爱情上应当和妇女同样负责。这种看法，超越了当时事实上只强调妇女应当片面地对男子守贞的封建道德观点，值得肯定。

但是，这个剧本在“荆、刘、拜、杀”中，从艺术上看来，却是最差的。明人吕天成《曲品》把它列为“妙品”，“以真切之调，写真切之情，情文相生，最不易及。……直当仰配《琵琶》而鼎峙《拜月》者乎！”似带有片面性。作者只是表面地抓到了生活当中这些值得表现的人物和情节，但却没深入生活，更没有深入到剧中人物的精神世界里面去。因此，在语言的运用方面，虽然相当圆满，却没能通过人物的语言来表现人物自己的思想感情。在《荆钗记》中，即便是像钱玉莲这样最重要角色的内心活动，也写得平庸乏味。例如第二十六出《投江》，本是个激动人心的场面，然而钱玉莲投江之前所唱的〔梧叶儿〕、〔香罗带〕、〔胡捣练〕三支曲子，却并没有能够将自

① 按剧情，王十明在吉安，钱玉莲在福州，钱何以能到吉安玄妙观与王相会，剧中并没有交代，这分明是个漏洞。所以后来载在《缀白裘》、《醉怡情》诸选集中的演出本，就改为《舟会》一出，将情节换成是钱载和全家经过吉安，因而相会，就合理了。

己的非死不可的苦痛充分地表达出来。在其余的应当成为高潮的关目里，也有类似的情况。这样一来，人物的性格便很难给人留下深刻而鲜明的印象。这一带有根本性的缺点，使它不但不能和《拜月亭》媲美，就和《白兔记》、《杀狗记》相比较，也不免逊色了。

第十章　高明及其《琵琶记》

对以上所简略地加以介绍的“宋、元旧篇”诸戏文，我们都无法确定它们的作者和产生的时间。但关于高明的生平和他创作《琵琶记》的年代，我们却大略知道。这对于了解这部重要的作品，是有帮助的。

第一节　高明的文化思想与创作主张

据推断，这位作家大致生于1301年左右，死于明朝初年，活了七十多岁。他的一生，主要的是在元帝国走向衰弱、崩溃和灭亡的时期中度过的。在他40岁以后，这个蒙古贵族和汉族大地主联合统治的帝国，已经由于农民的不断起义而陷于风雨飘摇之中。在1348年方国珍的起义之后，刘福通、郭子兴、朱元璋、张士诚、徐寿辉、陈友谅等人所率领的农民武装相继出现。经过群雄混战的局面，中国历史终于在1368年揭开了新的一页，由元朝变成了明朝。在这几十年当中，突出的种族矛盾和阶级矛盾，不用说，对于作家是一种非常生动的教育，给他的创作提供了现实基础。

这时的剧坛风习对《琵琶记》的产生也有推动作用。我们曾经提出：在元代中叶以后，杂剧已经趋向衰落，到了顺帝时(1333—1368)，戏剧界就有显著的“亲南而疏北”的倾向，这就逐渐地改变了只有北曲杂剧才“有名人题咏”的现象，一些有才情和修养的文士，也开始从事于戏文的创作了。而高明，则正是由于写了像《琵琶记》这样杰出的戏文，才使他在文学史上永垂不朽的。

高明，字则诚，自号菜根道人，瑞安（今浙江省瑞安县）人。他的祖父天锡、伯父彦，都是诗人。在家庭的熏染之下，他从小就好学能文，后来从大儒黄溍学习。在1345年（元顺帝至正五年），这位多年过着隐居生活的人考中了进士，并由此走上了做官的道路，先任处州录事，后任江浙行中书省丞相掾。他在工作中表现得很有才干，又勇于负责，因此很为人民所爱戴。在元帝国军队去镇压方国珍时，他曾在军中任都事，因为和主帅意见不合，并没有担任实际工作。方国珍不久投降了元朝，他也就回到家乡。后来又一度出来担任江南行台掾，福建行省都事等职。在1356年以后，他避乱隐居在宁波城东的栎社，开始创作《琵琶记》。在1368年之前，这部戏文早已写成，并在各处演出了。朱元璋很欣赏这个剧本，奉为富贵家不可缺的"山珍、海错"，在做皇帝以后，曾下令要这位作家到南京去修《元史》，但这时高明已经年老多病，没有应命，回到家乡，不久就死去了。大体上说来，《琵琶记》的作者是在做隐士和做小官吏这两种生活中度过了自己一生的。著有《柔克斋集》二十卷，大都已佚，仅存诗、文、词、散曲五十余篇。

家庭教养和师承使高明具有非常浓厚的封建文化思想。在他心目中，孝子、义夫、节妇都是崇高的人物，甚至对割肝作药来治疗祖母的疾病那种野蛮的愚孝，他也加以赞扬。虽然在他的某些诗篇中，也反映过民族意识，如《赵承旨题岳王墓韵》诗：

莫向中原叹黍离，英雄生死系安危。
内廷不下班师诏，朔漠全归大将旗。
父子一门甘仗节，山河万里竟分支。
孤臣犹有埋身地，二帝游魂更可悲。

流露了较深沉的故国之情；也比较同情人民的疾苦，如《游宝积寺》诗中所写："几回要挽银河水，好与苍生洗汗颜。"但这些值得肯定的思想观念，并不是很强烈的，否则，他就不会去参加元军去镇压方国珍了（这也许跟方国珍的所作所为不像是能成就大业者不无关系）。可是，这只是他思想中消极的一面，另一面，他多年隐居的生活和失意的宦途，也使他产生了淡泊名利的思想感情；元代末年政治的混乱和人民的痛苦所给予他的影响，也使其对于忠君观念比较淡薄。总之，这位作家对于封建道德，特别是其中的关于家庭伦理的部分，是极端拥护的，但也没有对整个封建社会加以毫无保留的肯定。同时，他的封建思想，在和现实生活的接触中，也不断地被客观现实所修正，甚至被它所否定。这样，就构成了他的世界观本身的矛盾和他表现在《琵琶记》中的主观意图和作品通过艺术形象而显示出来的客观效果的矛盾。

第二节　《琵琶记》创作的艺术实践超越了作者主观意图

在《琵琶记》第一出《副末开场》中，作家强调了“不关风化体，纵好也徒然”的主张，声明他这部作品是着重表扬“子孝共妻贤”的，而对于另外一些描写“佳人才子”、“神仙幽怪”的戏剧，则一概斥之为“琐碎不堪观”。这是一个郑重的宣言，他表达了作家要使自己的艺术为“风化”即封建道德服务的观点。在整个作品中，他的确也在努力地这样做着。但是，当他在自己的世界观中先进因素的推动之下，深入了现实生活，深入了自己所塑造的人物的内心世界以后，他的笔就在某种程度上，不由自主地跟着生活和人物走了。于是，在剧本中才出现了一些活生生的有血有肉的艺术形象。虽然这些人物本身也还是充满着矛盾的，并且由于他们身上存在着矛盾而形成了作品本身的矛盾，显示了其复杂性，但这已经使得《琵琶记》不像是一支封建道德的单纯传声筒，而是一部优美感人的戏剧了。

蔡伯喈和赵五娘是《琵琶记》中的主角，剧本是从他俩结婚之后写起的。由于陈留太守的荐举，一直在家养亲并且结婚才有两个月的蔡伯喈，在老父的严命和邻居张广才太公的勉励之下，进京应试，中了状元。皇帝硬派这位新科状元去做牛太师的女婿，蔡伯喈不肯，同时也想辞官返乡养亲，但都没有能做到，终于入赘牛府，在京为官，一耽搁就是三年。在这三年当中,赵五娘在张广才的帮助下竭力奉养着公婆。后来严重的灾荒却使得二老先后死去了,赵五娘虽然受尽一切苦难,费尽一切心思,也没有能挽回这个局面。赵五娘在孤苦伶仃地埋葬了公婆以后,就描下了公婆的真容,背在身上,化装成一位道姑,沿途弹琵琶唱行孝曲,讨饭上京寻夫。蔡伯喈在这几年中,过的生活是豪华富贵的,但对于父母和原配的怀念,却时刻扰乱着他的安宁。由于牛氏的盘问,他终于不能不向她倾吐了全部的秘密。在牛氏的恳求下,牛太师也竟然答应了派人将蔡家二老和赵五娘都接到京里来。这时,赵五娘却已经到京城了。她听说弥陀寺在做法会,便也赶去行乞,并将公婆真容挂在庙里,叩头礼拜。这时,蔡伯喈忽然也来追荐父母的亡灵。赵五娘因为慌忙地回避这位贵官,没有来得及收起真容就走开了。真容被蔡伯喈拾着,带回了牛府。接着,赵五娘打听到丈夫入赘情形,就借募化为名,前往牛府探听。牛氏知道她是丈夫的原配,便将她留在府中。赵五娘看到公婆的真容悬挂在丈夫的书房里,便在上面题写一首诗,这才引起蔡伯喈的查问,终于夫妇重逢。牛府派到陈留去迎接蔡氏一家的仆人这时也回来了,他带回了蔡家二老双亡的不幸的消息,也带回了张广才对蔡伯喈的严厉谴责。最后,作家以蔡伯喈带着两位妻子回乡庐墓,“一夫二妇,旌表门闾”①的大团圆结局收束了这个剧本。

《琵琶记》和某些其他戏文一样,也不是前无所因的。这个故事在最早的戏文中就以《赵贞女、蔡二郎》的题目出现了,所以《南词叙录》将它列为“宋、元篇”的第一部,并且加注说:“即旧伯喈弃亲背妇,为暴雷震死,里俗妄作也。实为戏文之首。”高明则是将《赵贞女、蔡二郎》加以改造而写成了《琵琶记》。在后者出现以后,前者就在舞台上被淘汰了。可是,原作的主要情节仍然在民间小戏中保存着,如皮黄剧《小上坟》中萧素贞唱道:“正走之间泪流满腮,想起了古人蔡伯喈。他上京中去赶考,一去赶考不回来。一双爹娘都饿死,五娘子抱土筑坟填台。坟台筑起三尺土,从空降下一面琵琶来。身背琵琶描容相,一心心上京找夫回。找到京中不相认,

① 第一出《副末开场》,〔沁园春〕。

哭坏了贤妻女裙钗。贤惠的五娘遭马踹，到后来五雷轰顶的是那蔡伯喈。”①我们不能断定《小上坟》叙述的内容完全符合原作，但它的情节远于《琵琶记》而近于《赵贞女、蔡二郎》，则是可以断言的。由此可以推知，高明的创作，除了对于加以保留的原作中的人物、情节进行了大量的艺术加工之外，与原作最大的不同之点，是将马踹五娘、雷打伯喈的结局改为“一夫二妇，旌表门闾”的结局。

应当认识到，这一改动虽然就情节来说是局部的，但就其所加于全剧的影响来说，则是非常重要的，带有根本意义的。按照原作的处理，戏剧的主要矛盾显然是存在于赵五娘和蔡伯喈之间，贤惠的妻子在历经千辛万苦之后，仍然落了一个极其悲惨的下场；而负心的丈夫则由于天网恢恢，终于也受到应得的惩罚。它通过因果报应的方式来表现人民对于这种恶劣社会现象的正义裁判，当然也是有其积极意义的。但是，高明根据自己对于生活的洞察和理解，却不能不通过亲手塑造的艺术形象指出：像这一类的家庭悲剧之所以产生，主要的还不是由于某些男子的个人品质问题。驱使他们走向蔡伯喈那种堕落道路的，乃是笼罩着、统治着整个社会的封建势力。它作为一种强大的客观存在，总是不断地以功名富贵这些足以使人昏头转向的事物来俘虏一切可以被俘虏的人，来破坏普通男女的宁静的家庭幸福和美好的生活理想的。正因为现实生活这样教导着作家，所以《琵琶记》并没有像原作一样，以女主角被马踹，男主角被雷轰作为全剧的高潮，来赢得舞台效果。而是以大量的篇幅，在不同的场合里，深刻地、反复地揭示了功名富贵对于缺乏坚定性格的蔡伯喈的影响和对于他全家（包括牛氏在内）的毒害。这也就构成了剧本的根本性的客观思想——它的强烈的反封建性。因此，它也就不再是一个像原作那样意义比较狭隘的果报悲剧，而是一个富有社会意义的、控诉封建势力和封建思想的悲剧了。当然，这并不是高明始料所及的。

从现存的、为数很少的资料也可以看出，在《赵贞女、蔡二郎》中，蔡伯喈是一个“背亲弃妇”的纯粹的反面人物，经过高明的改变，他却变成了一

① 载《京剧汇编》第三集。

个辞试不从，辞官不从，辞婚不从，即虽然犯了许多从封建道德观点看来是很大的错误，却没有一件不可以予以原谅的孝子了。作家是根据自己理想的孝子来写蔡伯喈的，同时，他又赋予了这个角色以时而淡薄利禄，时而热衷功名的思想感情。在封建社会中，徘徊在出仕与退隐、尽忠与尽孝之间的读书人，本来很多，《琵琶记》中的男主角，正是一个思想感情上具有这种矛盾，而又因为具有非常容易动摇的性格，以至于在外力逼迫之下，虽然取得了富贵荣华，却也使得自己的家庭遭到毁灭性的破坏的不幸者。

戏文一正式开场，我们就看到了存在于蔡家内部的两种不同的生活态度。“论做人要光前耀后，劝我儿青云万里，早当驰骤”，这是蔡公对儿子的教训，而与之对立的，则是蔡婆的看法，“真乐在田园，何必区区公与侯”。① 赵五娘，作为心地善良，感情纯朴的新婚女子，显然是站在婆婆一边的。而蔡伯喈呢，则动摇在两者之间，他感到自己正处在“骅骝欲骋，鱼龙将化”的时候，又感到不能为了功名，离开父母，所以只好用“且尽心甘旨，功名富贵，付之天也”②的想法来暂时解决这个矛盾。蔡伯喈在这个时候，并不缺乏一个普通人所具有的渴望宁静幸福生活的感情，这是无可怀疑的。但由于他本来不是一个对功名富贵全无兴趣的人，在老父的严命之下，就终于只好辞别了自己所孝顺的双亲和所钟爱的新婚妻子，而走上了封建统治者为读书人规定的道路。

蔡伯喈的不幸还在于他的确才高学富，符合于统治者的要求。因此在他考中状元之后，不只是皇帝要派他做官，牛太师还要选他为婿。其实“辞婚”并不难，只要说明已经有妻就行，而他软弱的、动摇的性格，对于功名富贵的欲望，又使他不能也不敢过于强硬地坚持自己原来具有的、较为合理的人生理想，终于完全被高踞在他头上的代表着封建势力和封建思想的父亲、皇帝和太师所俘虏了。也就是在这个时候，他得到了利禄，却失去了生活中，特别是家庭生活中许多美好的东西，同时，也严重地违反

① 第二出《高堂称庆》，〔醉翁子〕。
② 第二出《高堂称庆》，〔瑞鹤仙〕。

了他所愿意加以尊奉的孝道。

如果这位被纳入了利禄之途的新官僚就此完全堕落成为一个“背亲弃妇”的人物，那问题就要简单一些。但《琵琶记》中蔡伯喈的性格是相当复杂的。他在官场的泥坑中越陷越深，但始终没有完全放弃离开这个泥坑的念头；他算是做了忠臣，可也不忘记还要做孝子；他对牛氏是有感情的，而赵五娘却更吸引着他。就在这些矛盾中间，蔡伯喈痛苦地挣扎了三年，尽管这种挣扎，由于他软弱性格和富贵名利心态的决定，对于改变现实都无能为力。

《琵琶记》在不少的场面中描写了蔡伯喈的内心矛盾，他的性格正是通过那些矛盾而显露在观众和读者面前的。虽然作家在写他思家时，往往强调孝子思亲的一面，但感人最深的，却是写他怀念赵五娘的部分，如第二十二出《琴诉荷池》：

〔满江红〕（贴旦上唱：）嫩绿池塘，梅雨歇，薰风乍转。瞥然见新凉华屋，已飞乳燕。簟展湘波纨扇冷，歌传金缕琼卮暖。（众：）炎蒸不到水亭中，珠帘卷。

（贴：）相公原来在此操琴呵。（生：）夫人，我当此清凉，聊托此以散闷怀。（贴：）奴家久闻相公高于音乐，如何来到此间，丝竹之音，杳然绝响？斗胆请再操一曲，相公肯么？（生：）夫人，待要听琴，弹甚么曲好，我弹一曲《雉朝飞》何如？（贴：）这是无妻的曲，不好。（生：）呀！说错了。如今弹一曲《孤鸾寡鹄》何如？（贴：）两个夫妻正团圆，说甚么孤寡！（生：）不然，弹一曲《昭君怨》何如？（贴：）两个夫妻正和美，说甚么宫怨。相公，当此夏景，只弹一曲《风入松》好。（生：）这个却好。（弹介。贴：）相公，你弹错了。（生：）呀！我弹个《思归引》出来，待我再弹。（贴：）相公，你又弹错了。（生：）呀，又弹出个《别鹤怨》来。（贴：）相公，你如何恁的会差。莫不是故意卖弄，欺侮奴家？（生：）岂有此心，只是这弦不中用。（贴：）这弦怎的不中用？（生：）俺只弹得旧弦惯，这是新弦，俺弹不惯。（贴：）旧弦在那里？（生：）旧弦撇下多时了。(贴:)为甚撇了,(生:)只为有了这新弦,便撇了那旧弦。(贴:)相公何不撇了新弦,用那旧弦,(生:)夫人,我心里岂不想那旧弦,只是新弦又撇不下。(贴:)你新弦既撇不下,还思量那旧弦怎的?我想起来,只是你心不在焉,特地有许多说话。

〔桂枝香〕(生:)(夫人,)旧弦已断,新弦不惯。旧弦再上不能,待撇了新弦难拚。我一弹再鼓,一弹再鼓,又被宫商错乱。(贴:)相公,你敢是心变了么?(生:)非干心变。这般好凉天,正是此曲才堪听,又被风吹别调间。

〔前腔〕(贴:)(相公,)非弹不惯,只是你意慵心懒。既道是寡鹄孤鸾,又道是昭君宫怨,那更思归别鹤,思归别鹤,无非愁叹。(相公,我看你多敢是想着谁。)(生:)夫人,我不想着甚么人。(贴:)相公,有何难见,你既不然,(我现会得了,)你道是除了知音听,道我不是知音不与弹。

(生:)夫人,那有此意。(贴:)相公,这个也由你。毕竟你无心去弹他,何似教惜春安排酒过来,与你消遣何如?(生:)我懒饮酒,待去睡也。

这只是《琴诉荷池》中的一个片段,然而作家对蔡伯喈软弱的性格和苦闷的心情却是描写得十分出色的。这位太师女婿和朝廷新贵的私生活竟是如此地抑郁无聊,正证明了他的精神压力是多么沉重。牛氏整个的心灵虽然都被她父亲塞满了三从四德,但凭仗着女性对于爱情的本能,也感到了丈夫不自觉地流露出来的感情倾向是不对头的,因而自己也不能不隐约地有不幸的感觉了。剧本接着写了第二十四出《宦邸忧思》、第二十八出《中秋望月》、第三十出《瞯询衷情》诸出,一步进一步地完整地画出了蔡伯喈在第十九出《强就鸾凰》以后的精神面貌。

从整个剧本来看,高明显然有将蔡伯喈塑造为一个对父母是孝子,对皇帝是忠臣,对妻子是义夫的完美人物的企图。然而这个企图是不成功的。人们对于这位男主角,所给予他的轻视恐怕要远远超过给予他的同情。但同时,由于作家深刻地揭示了他的内心矛盾,并在矛盾的发展中刻画出了他那种悲剧性格，所以他仍然是一个令人不能忘怀的艺术形象。不仅如此，透过蔡伯喈在走上封建统治者所规定的人生道路以后，他获得了什么，失去了什么这一严峻的事实，以及他面临那些严峻事实时的迷乱、懊丧和苦恼，人们也不能不承认，封建势力对于导致蔡伯喈的蜕变、蔡家的毁灭，起了根本性的、具有决定意义的作用。大家对于蔡伯喈这种无力抗拒封建势力所加于他的压迫和引诱的人物，固然无从抑制自己的轻蔑之情，然而更大的憎恨，却不能不投向经常地在腐蚀人类真正感情的封建思想和封建制度方面去了。

作家有意识地将赵五娘写成一个令人钦敬和同情的人物。就这一点来说，剧本是收到了这种效果的。可是，广大的观众和读者钦敬和同情这位女主角，虽然与作家相同，而其所以钦敬和同情的缘故却有很大的差别。赵五娘在作家心目中，是理想的孝妇和贤妻，而在多数人的心目中，则是一个善良纯洁的富有自我牺牲精神和责任感的、被封建制度压迫得抬不起头来的悲剧典型。从她的经历中，封建社会中多数的妇女都可以看见自己的一部分生活。

我们丝毫也不知道赵五娘的少女时代是怎样度过的，但可以想象得到，她嫁到蔡家以前，已经具有那样一些高贵的品质、感情和屈从于命运安排的习惯了。两个月的新婚生活是愉快的，但“黄榜招贤”却立刻扰乱了她的家庭幸福。这位少妇当然不愿意离开和自己有感情的丈夫，并挑起在丈夫走后留给她的奉事公婆的重担。然而即使她对蔡伯喈的赴试没有任何公开的异议，却已经和丈夫分担了“恋着被窝中恩爱，舍不得分离”[①]的罪名。她原来将对公婆尽孝和与丈夫互爱统一在平静的生活中的希望终于破灭了。在丈夫离家以后，她只好单方面的尽着孝道，过着艰难万状的岁月。

封建科举制度损害了蔡伯喈正常的生活愿望，又通过蔡伯喈中状元以后重婚牛氏而损害了赵五娘的幸福。从她在和丈夫分别时特别嘱别他

① 第四出《蔡公逼试》，〔太师引〕。

“十里红楼，休恋着娉婷”[①]看来，我们的女主角并不是完全没有意识到丈夫及第做官以后，可能引起婚变的后果。但她所能用来维系蔡伯喈的，只不过是自己的柔情和公婆的暮景。而当蔡伯喈在难以两全的功名富贵和家庭幸福之间，在皇帝和太师的勾引逼迫之下，作出了非正义的选择以后，她便不能不坠入痛苦的深渊里了。

陈留县严重的灾荒使蔡家的生活陷于绝境，也使赵五娘受到严酷的考验。从剧本第二十出《勉食姑嫜》、第二十一出《糟糠自厌》、第二十三出《代尝汤药》、第二十五出《祝发买葬》、第二十七出《感格坟成》这些动人的情节看来，赵五娘这个形象给我们的印象也是复杂的。一方面，我们不能不承认，她在封建道德长期的浸染之下，早已成为“纲常名教”的信奉者，并且反过来，又以信奉者的身份虔诚地维护着陷她于最大不幸的封建思想体系，因而在极艰难的环境和极巨大的痛苦中，还有勇气撑持下去；另一方面，我们也必须认识到，在这位封建思想已经在她精神上打下深刻烙印的人物身上，同时还具有高贵的人道主义精神。这种人道主义精神，和她在不自觉中接受了的封建孝道、妇道奇妙地混合在一道，就使她尽管埋怨丈夫，可是仍然尽力照顾公婆，养生送死；尽管被公婆埋怨和猜疑，可是仍然不想放弃自己应尽的义务。我们都看到了这个人物所具有的封建意识，可是我们却不忍心去责备她，反而无比地同情她。这正是因为：她的自我牺牲的行为所放射出来的人道主义光芒，在很大的程度上，已经把她忠实于封建伦理的缺点转化为美德了，而且，和蔡伯喈不同，她虽然受到了封建思想很深的影响，但在生活实践中所体现出来的孝道，却是极其感人的，是值得敬佩的。面对严重的饥荒，她将仅有的一点粮食让公婆吃，而自己却以糠充饥：

〔山坡羊〕（旦上：）乱荒荒不丰稔的年岁，远迢迢不回来的夫婿，急煎煎不耐烦的二亲，软怯怯不济事的孤身体。（苦！）衣尽典，寸丝不挂体。几番拼死了奴身已，争奈没主公婆教谁看取？（合）思之，虚飘飘

① 第五出《南浦嘱别》，〔犯尾序〕。

命怎期？难捱，实丕丕灾共危。

〔前腔〕滴溜溜难穷尽的珠泪，乱纷纷难宽解的愁绪。骨崖崖难扶持的病身，战兢兢难捱过的时和岁。（这糠，我待不吃你呵，）教奴怎忍饥？（我待吃你呵，）教奴怎生吃？思量起来，不如奴先死，图得不知他亲死时。〔合前〕

奴家早上安排些饭与公婆吃，岂不欲买些鲑菜，争奈无钱可买。不想婆婆抵死埋怨，只道奴家背地自吃了什么东西。不知奴家吃的是米膜糠秕，又不敢教他知道。便做他埋怨杀我，我也不分说。苦，这糠秕怎的吃得下！（吃，吐介。）

〔孝顺歌〕呕得我肝肠痛，珠泪垂，喉咙尚兀自牢嗄住。（糠那！）你遭砻被舂杵，筛你簸扬你，吃尽控持。好似奴家身狼狈，千辛万苦皆经历。苦人吃着苦味，两苦相逢，可知道欲吞不去。（外、净潜上探觑介。）

〔前腔〕（旦：）糠和米，本是相依倚，被簸扬作两处飞。一贱与一贵，好似奴家与夫婿，终无见期。（丈夫，你便是米呵，）米在他方没寻处，（奴家恰便似糠呵，）怎的把糠来救得人饥馁。好似儿夫出去，怎的教奴供膳得公婆甘旨。（外净潜下介）

〔前腔〕思量我生无益，死又值甚的！不如忍饥死了为怨鬼。（只一件，）公婆老年纪，靠奴家相依倚，只得苟活片时。片时苟活虽容易，到底日久也难相聚。谩把糠来相比，（这糠呵，尚兀自有人吃，）奴家的骨头，知他埋在何处？

（外、净上。净：）媳妇，你在这里吃什么？（旦：）奴家不曾吃什么。（净搜拿介。旦：）婆婆你吃不得。（外：）咳，这是什么东西？①

〔前腔〕（旦：）这是谷中膜，米上皮，（外：）呀，这便是糠，要他何用？

---

① 这以上的几句对白，陆贴典抄校本与通行本不同，如下："（外、净上探白：）媳妇，你在这里说什么？（旦遮糠介。）（净搜出打旦介。）（白：）公公，你看么，真个在背后自逼逻东西吃，这贱人好打。（外白：）你把他吃了，看是什么物事。（净荒吃介，吐介。）（外白：）媳妇，你逼逻的是什么东西？"

(旦:)将来逼逻堪疗饥。(净:)咦!这糠只好将去喂猪狗,如何把来自吃?〔旦〕尝闻古贤书,狗彘食人食;也强如草根树皮。(外、净:)恁的苦涩东西,怕不噎坏了你?(旦:)啮雪吞毡,苏卿犹健,餐松食柏,到做得神仙侣。这糠呵,纵然吃些何虑。(净:)阿公,你休听他说谎,糠秕如何吃得?(旦:)爹妈休疑,奴须是你孩儿的糟糠妻室。

(外、净看,哭介。)媳妇,我元来错埋冤了你,兀的不痛杀我也。

高明在《糟糠自厌》这个场面中,无疑地是将赵五娘作为一个孝妇来歌颂的。它不仅写出了赵五娘如何在生理上忍受了难以忍受的摧残,而且还着重地写出了在忍受这种摧残的同时,还要在心理上忍受不为婆婆所信任的痛苦。可是,这样一来,封建礼教所规定的片面的孝道,在人们的眼中就不是什么应当恪遵的正当义务,反而是一种折磨下一代的刑具了。可以说,这种效果是出于作家意料之外的。诚然,赵五娘孝敬老人的人道主义精神,仍然堪称崇高品德。

但这个场面之所以特别感人,还不在于它违反了作家的主观意图,在客观上写出了封建孝道的不合理,而是在于它写出了赵五娘那种复杂矛盾的内心感受和勇于承担苦难的精神,而这些,又是和她对于过着普通人民正常的家庭幸福怀着真切愿望相联系的。在吃糠的时候还要被猜疑,这已经够痛苦了。虽然她可以不过分抱怨、计较这些,却不能不由被人轻贱的糠秕,想到自己伶仃的命运,对导致自己一至如此的丈夫,迸发了积累已久的无穷幽怨。而在满怀幽怨的同时,却仍然没有放弃对丈夫的诺言,无私地、任劳任怨地继续照顾他的双亲。这就将这位纯洁善良的妇女所具有的高尚感情异常真实而饱满地表现出来了。同样,在《祝发买葬》中,作家描写了一个女性在非剪下自己珍爱的头发不可时那种极端惋惜的心情;在《乞丐寻夫》中,作家描写了一个媳妇对于一向很敬爱的公婆的悲悯和悼念,都是异常真挚的生活实感。它们也和吃糠那个场面一样,虽然作家的用意在借那样一些细节来宣扬赵五娘的孝道,而其所表现的生活内涵,实际上已经远远地非孝道所能范围。

正因为赵五娘这个人物具有了这种活生生的真实性格,全部作品中的封建说教才被大大地削弱了，这个人物身上的封建气质也被大大地冲淡了。为了酬答赵五娘的孝和贤，作家给她安排了一个好下场。但这个下场并不是她所需要的，因为她的生活理想和功名富贵是格格不入的；同时，这个下场也很难认为符合生活真实，因为在实际生活中，《两贤相遘》应当不是家庭问题的终结，而是实质性矛盾的开始。因此，对于我们来说，赵五娘始终是一个悲剧形象，永远屹立在舞台上，控诉着那破坏了她的正常生活、侵蚀她的纯洁心灵的封建制度和封建思想。

牛氏在《琵琶记》中是仅次于蔡、赵夫妇的重要角色。高明有意将她写得完美无瑕，逗人喜欢，和赵五娘并称“两贤”，但在创造这个形象的过程中，他的现实主义的艺术力量却没有能够占到上风，因而牛氏就完全成了一个封建伦理的说教者和维护者，一个服从于作家封建思想的概念化的人物。除了极其个别的描写，如在第十五出《金闺愁配》中，她对于自己婚姻问题的考虑，还比较合于人情而外，其余是以一个可怜而又可嫌的、缺乏个性、毫无生气的人物出现在舞台上的。在姹紫嫣红的春天里，她禁止丫鬟们游戏，并且坦然地说出“纵有千斛闷怀、百种春愁，难上我的眉头”①这种对于生活毫无青春意识的话；在意外地知道丈夫另有前妻的时候，她立即表示愿意和她和平共处，对妻妾名分无动于衷。我们不能不认为：这种幽娴贤惠，事实上是麻木冥顽，是思想感情在封建礼教的毒害之下，完全僵化了的表现，好似一具蜡像。这种人物，在古代社会中，不是没有的，问题是在于作家并没有以否定的态度去暴露她，而是赞美她的贤惠。这就决定了作家塑造这个人物时所付出的劳动是得不偿失的。

在张广才身上，我们看到了作家对于普通人民的道德品质的深刻理解。张广才并不是一个很富有的人，他的家境，可以说，只比蔡家略胜一筹；同时他对蔡伯喈也没有什么贪图。然而从异常深厚的同情心出发，他成了赵五娘在危难中唯一可以依赖的长者。他不仅敬老怜贫，疏财仗义，同时也疾恶扬善，爱憎分明。剧本里，只有他才对蔡伯喈的行为提出了正面的谴责。虽然在有的地方，这个人物还嫌不够完整和饱满，但作家关于

① 第三出《牛氏规奴》，〔祝英台序〕。

他的热心和正义的描写是动人的。

从《琵琶记》的一些重要人物和情节来看，我们不能不承认，这个剧本是既有相当强烈的人道主义精神，又有相当浓厚的封建性的。作家世界观中的先进部分和落后部分，错综复杂地影响了他对于现实生活的认识和人物形象的塑造。这样，就使得剧本中的某些部分写得富有真实性和生活气息，而另外一部分则恰恰与之相反。在主要人物如蔡伯喈、赵五娘身上，更是留下了鲜明的矛盾性格。我们知道出身于统治阶级的古典作家所塑造的人物，是难以完全摆脱他自己封建思想的影响的，但像蔡、赵夫妇身上所具有的那样突出的矛盾，则显然也和作家有意识地提倡“风化体”的创作主张有关。这也就使整个剧本成为一个民主性和封建性统一的有机体。比起其他古典名剧来，《琵琶记》所具有的这个现象是特别显著的。

第三节　《琵琶记》的艺术特色

这个剧本的艺术特色，首先是在于它采取了强烈的对比手法来表现现实生活的矛盾。富贵的牛府和清贫的蔡家，泥塑木雕的牛氏和活泼的惜春、风趣的姥姥，横暴自私的牛太师和仗义恤邻的张太公，在京师享受荣华的蔡伯喈和在家乡受尽苦楚的赵五娘等等，莫不两两相形，使人体会到生活上和意识上的阶级鸿沟。在剧本的最主要部分，作家更使用了将两种截然不同的生活场面在舞台上交替出现的结构方式，来表现蔡伯喈在京师的遭逢和他的家庭在陈留的变化。这就不仅调节了现场气氛，而且也鲜明地显示了那是一个多么不平等不合理的社会。如果我们承认：《琵琶记》最重要的意义是在于客观反映了封建制度、封建思想和普通人民的正常生活愿望之间的不可调和的矛盾，那么，我们就应认识到：这种富于特征的结构，对于反映这一矛盾，是非常有力的。和那些生动的人物形象一样，它是一种值得夸耀的艺术创造。

其次，《琵琶记》的创作，显著地提高了戏文语言艺术的表现力。文士参加戏文创作，不可避免地要在某种程度上将自己习惯的经过更多修饰的语言带进作品中来。所以将《琵琶记》和在它以前出现的一些“宋、元旧篇”相比，它显得更有文采，是很自然的，并且是难以避免的。值得我们肯定的是，在某些地方，作家虽然不免露出掉文的习气，但总的说来，他的语言仍然是很优美的。通俗而不鄙俚，精练而不生涩，文质彬彬，雅俗共赏，措词与人物身份、故事环境都能密切结合，乃是《琵琶记》在语言方面的成就。其语言风格，基本上是本色天然之美，疏淡朴实，极少雕琢，但又能因境因人而异，如描写牛府的豪华生活，曲辞就华丽典雅，而写赵五娘和公婆饥荒的凄苦情景，则素淡无华，纯是白描；蔡伯喈与牛小姐的对话是那样蕴藉含蓄，有较多的书卷气，而蔡婆与蔡公的吵嘴却显得粗野村俗，生活气息很浓。该剧在语言艺术上还有一特色，即能吸取民间口语，经过作者提炼加工，显得格外清新隽永，生动活泼，使不同身份的人物语言，具有鲜明的个性。例如媒婆油嘴滑舌的说白：“媒婆媒婆，两脚奔波；姻亲成就，吃只肥鹅。”几句话就活现出媒婆的嘴脸。拐子的说话又别具个性特征：“乡贯何曾有定居，姓名何曾知真实。装成圈套，见了的便自入来；做就机关，入着的怎生出去？”作者很善于融合流行的成语或谚语，使它成为概括力极强而又形象化的戏曲语言，如赵五娘在剪发买葬时说：“上山擒虎易，开口告人难。”又如张广才对将要上京寻夫的赵五娘说：“桃花岁岁皆相似，人面年年大不同。”“画虎画皮难画骨，知人知面不知心。”本色平易，既生动自然，又准确鲜明，正是戏曲语言的特质。

《琵琶记》曲辞的抒情艺术，有一鲜明特点，使剧中人物能够充分地表达复杂细致的心理活动，同时逐步地展开故事情节，它不是游离于整个剧情之外，而是剧情的一个组成部分，促使戏剧冲突的发展，把人物的内心世界形象地展现在观众或读者的眼前。例如《乞丐寻夫》一出“画像”情节，赵五娘唱的〔三仙桥〕曲辞及其道白：

一从他每死后，要相逢不能彀。除非梦里，暂时略聚首。若要描描不就，暗想象，教我未描泪先流。描不出他苦心头，描不出他饥症候，描不出他望孩儿的睁睁两眸。只画得他发飕飕，和那衣衫敝垢。休休，若画做好容颜，须不是赵五娘的姑舅。

〔前腔〕我待画他个庞儿带厚，他可又饥荒消瘦；我待画他个庞儿展舒，他自来长恁面皱。若画出来真是丑，那更我心忧，也做不出他欢容笑口。（白：不是我不会画着那好的，我从嫁来他家，）只见两月稍优游，他其余都是愁。（白：那两月稍优游，我又忘了，这三四年间，）我只记他形衰貌朽。（白：这真容呵，）便做他孩儿收，也认不得是当初父母。休休，纵认不得是蔡伯喈当初爹娘，须认得是赵五娘近日来的姑舅。

这两支曲辞，细致地表述了她在描绘公婆画像时复杂矛盾的心情，在这种抒情的心理表现中，不仅表现出赵五娘凄苦的精神面貌，并概括了蔡家两老一生的苦乐，而在全部剧情中，"画像"又是很精彩的一部分。由于这种抒情性的心理描写与叙事交错在一起，因而它不但丰富了人物形象，并且使故事的发展显得波澜起伏，跌宕有致，而无单调枯燥之弊。《官邸忧思》描写蔡伯喈的心理活动，同样具有这种特点。

这个作品的主要缺点是它的封建说教。这一相当严重的缺点是根源于作家为"风化体"服务的主张从头至尾地渗透在作品中。

此外，在情节上，它也是有显著的漏洞。如蔡伯喈及第入赘达三年之久，而家中却一无所知；他既那么怀念父母、妻子，却从没有主动地派人去问个消息，编造《拐儿绐误》之类，都很不合情理。这些缺点对于《琵琶记》来说，自然是美玉之瑕，但人们却从其中得到了更多的值得珍视的东西。所以在戏文中，它无疑地仍然是首屈一指的杰作。

王世贞《曲藻》对高明《琵琶记》颇为赞赏："则诚所以冠绝诸剧者，不唯其琢句之工、使事之美而已，其体贴人情，委曲必尽；描写物态，仿佛如生；问答之际，了不见捏造，所以佳耳。至于腔调微有未谐，譬如见钟、王迹，不得其合入，当精思以求诣，不当执末以议本也。"①

① 王世贞《曲藻》，见《中国古典戏曲论著集成》（四），中国戏剧出版社 1959 年版，第 33 页。

第十一章　话本与文言小说

在《两宋文学史》中，列有《小说的新面貌》专章，首节《话本小说的兴起》，叙述了说话、话本及其起源，宋话本的时代特征，说话四家，说话业的盛况和说话人的技能；第二节论述宋代话本的思想与艺术。因为在文学史上，往往宋元话本并提，有些话本的时代界线不易处分，所以凡是在《两宋文学史》已经论及的，概不重复。

第一节　元代小说家话本

《京本通俗小说》七种，写的都是宋朝的故事，说话人提到时代背景，或称“我宋”、“我朝元丰年间”、“大宋”，或直称宋王朝的年号，如“绍兴年间”；或指称都城“东京汴州开封府”，应是南宋人的作品。《清平山堂话本》是明代嘉靖年间洪楩编刊的，原应有六十篇，现存二十七篇，大多数是宋元话本，也有一部分明初话本。冯梦龙编纂的“三言”，有许多篇是宋元话本，经过他润饰，艺术上有所提高。最大的遗憾，是明初编修的《永乐大典》佚失，据该书目录，卷一七六三六至卷一七六六一，都是评话，而大部分是元代话本。现存的元代小说类话本，见于《古今小说》(《喻世明言》)者有：《简帖僧巧骗皇甫妻》、《宋四公大闹禁魂张》、《任孝子烈性为神》、《汪信之一死救全家》四篇；《金海陵纵欲亡身》见于《醒世恒言》；在《清平山堂话本》中的《雨窗集》，则存有《曹伯明错勘赃记》；明万历年间余象斗编纂的《万锦情林》中收有《裴秀娘夜游西湖记》;《永乐大典》卷一三一三九有《西游记平话·魏徵梦斩泾河龙》,而朝鲜的古代汉语教科书《朴通事谚解》中,收有《西游记平话·车迟国斗法》。

《西游记平话》可归长篇系统,与《大唐三藏取经诗话》虽属两个不同的本子,但都对后来长篇神话小说《西游记》有影响。"西游"故事在元人杂剧中也不乏其例,吴昌龄编著《唐三藏西天取经》,仅存残曲两折;杨景贤编著《西游记》,长达六本二十四折,全存。

其余七篇元人话本,涉及婚姻家庭或男女关系的有五篇,其中《金海陵纵欲亡身》,记叙金统治者完颜亮反常的纵欲丑行招致亡身之祸,是一种卑鄙无耻的罪恶行径,表现兽性之丑。《简帖僧巧骗皇甫妻》,流氓僧人耍弄送假情书的卑劣骗术,害得皇甫松恩爱夫妻反目,皇甫盛怒之下,不加仔细调查,便休弃了少年结发妻。蒙冤被休的杨氏"上无片瓦,下无立锥",走投无路,几乎跳汴河自尽。在被僧人串通的媒婆巧言劝阻下,不得不落入流氓僧预设的圈套。皇甫冷静思考后,深感后悔,而杨氏也仍然对他怀有深情;当她识穿恶僧的骗局时,怒不可遏地声张起来,恶僧竟要掐死她,幸亏皇甫松尾随其后,擒住罪犯,救了杨氏,恶僧受到惩处,皇甫与杨氏复婚。尽管结局破镜重圆,化悲为喜,但从中可见封建社会妇女命运之可悲可叹,也揭示府尹首次审理此案的草率,杨氏在酷刑逼供下诬服。令人敬佩的是十三岁的婢女迎儿,虽遭严刑拷打而始终坚持事实真相,不为逼供所屈。

《任孝子烈性为神》,其实质是封建包办婚姻的悲剧。任珪固然是"笃实本分"之人,又是孝子,但与"凭媒说合"的梁圣金,双方并无感情,何况圣金在婚前已与"丰姿俊雅"的邻居周得"暗约偷期",纵然周得是个"不娶妻,只爱偷婆娘"的风流浪子,但从小说所描写的圣金在与任珪结婚后,仍然与周得保持亲密交往的两性关系来看,他们是互爱的,周得也似乎再没有与别的女人发生恋情,但是梁与周毕竟属于非法的"苟合"。本分的任孝子,也有男人的刚烈气质,当识穿妻子与周得通奸并诬陷瞎眼老父的真相,便趁圣金回娘家与周得幽会之机,竟将岳父母、使女、圣金和周得都杀了,然后提五个人头到临安府衙投案自首。虽然府尹也同情他,但是过激的报复，残杀三个无辜者，不得不判处任珪凌迟的极刑。死后成神之说，表现作者对他不幸遭遇的同情。其实，梁圣金又何尝不是封建包办婚姻制度的牺牲品呢！

《曹伯明错勘赃记》，开客店谋生的曹伯明，青年丧妻，再婚原是人情之常，但他不听姑妈劝告，娶了水性杨花、对他并无真情的妓女谢小桃为妻。谢与老嫖客倘都军旧情不断，设计陷害曹伯明，诬告曹作贼盗得一包袱财物。糊涂州官信以为真，将他错判解送到东平府。幸亏蒲左丞认真审理，勘明真相，昭雪曹伯明冤案，谢小桃、倘都军得到惩处。本篇文字粗糙，故事情节较简单，标题亦不甚确切，似未经加工的说书艺人的底本。但开始时的那首七言定场诗，写得较好，描绘出职业妓女的特质。诚然，娼门女子也有像霍小玉、杜十娘那样的钟情人，有像李娃、莘瑶琴那样经历生活实践体验、灵魂由丑转化为美的典型。

《裴秀娘夜游西湖记》则是一首少男少女一见钟情，虽经相思之苦乃至病卧床第的波折，但终成眷属的赞美诗，是宋元话本中罕见的喜剧性小说。

其他两篇的题材，是关于社会治安和为人品格的。《宋四公大闹禁魂张》，就其故事情节曲折有致、艺术构思奇特而言，有较强的可读性。但对偷盗高手宋四公及其开黑店的门徒盗术，持赞赏态度，似有诲盗之嫌。其实禁魂张的性格缺陷主要是过于悭吝：要去那

虱子背上抽筋，鹭鸶腿上割股。
古佛脸上剥金，黑豆皮上刮漆。
痰唾留着点灯，捋松将来炒菜。

特别是对穷苦人刻薄过甚，人家捡了他家主管掉在地上的两文钱，竟将捡钱人所有的钱都抢了过去；但他毕竟是个本分的守财奴，并无重大罪恶，给予适度的讽刺乃至教训是应该的，但宋四公等却以极其毒辣的盗贼伎俩，强加大祸于他，把他逼入死路，则未免过于凶残。作品的结尾有一段议论性的文字："这一班贼盗，公然在东京做歹事，饮美酒，宿名娼，没人

奈何得他。那时节东京扰乱，家家户户，不得太平。直待包龙图相公做了府尹，这一班贼盗，方才惧怕，各散去讫，地方始得宁静。”也算是对执政当局的无能和黑恶势力的猖狂的双重批判。

《汪信之一死救全家》的故事背景，是南宋孝宗乾道(1165—1173)年间，宋朝偏安江南，金兵虎踞淮河以北，有志之士，报国无门，多有召集流亡义勇，意图能配合官军收复失地。江淮宣抚使皇甫倜亦曾“招致四方豪杰，就中选骁勇的，厚其资粮，朝夕训练，号为‘忠义军’”。被宰相汤思退所妒忌，将他革职，遣散忠义军。汪信之是白手起家的一方豪强，曾向朝廷上书，极言向来和议之非，且云：“国家虽安，忘战必危。散遣忠义军，最为非策。”他愿“率两淮忠勇，为国家前驱，恢复中原，以报积世之仇”。由于上层当权者“都是怕事的，只晓得临渴掘井，那会得未焚徙薪？况且布衣上书，谁肯破格荐引？”敷衍了事。朝廷官僚的苟且偷安，地方官的昏庸，遂使程彪、程虎这样的小人，有机可乘，诬陷汪信之反叛的谣言弄假成真，逼反爱国志士，汪信之落得家破人亡。汪信之为了救全家，安排好家属人员妥善避祸，然后与儿子汪世雄先后投案自首，一切责任由他独自承担。忠仆刘青为让汪信之免除凌迟的极刑，设计使汪在狱中服毒自杀，然后悄然偷运其尸首秘密埋葬，诸事办妥，又自动投案。这是一个在南宋这样悲剧的时代所产生的仁人志士的悲剧。写得惊心动魄，扣人心弦，令读者切齿，痛恨朝廷苟且无能，官僚既自私又昏庸，而小人拨弄其间，祸害国家殃及立志报国之壮士。该篇篇幅较长，时间跨度大，人物众多，堪称较佳的中篇小说。这是经过文化修养颇高的冯梦龙加工的，却也有疏忽之处，既然故事背景是南宋孝宗乾道年间，而最后却说北宋时的英宗驾崩，大赦天下，汪世雄一家终于团圆。小说、戏曲中移花接木、混淆时地的情况，原是屡见不鲜之事，无须深究。

第二节　元人编刊平话集

中华民族历史悠久，无论官方或民间，对于历史的文化意识特别深厚，视修史为很崇高的事业，正直的史官既秉笔直书，又发议论，评其功过得失，垂诫后世。民间对历史人物及事件，也传说纷纷，并发议论评说是非，作为大众化的说书艺术，讲评历史故事，也就成为艺人的一门专业——讲史。元人把讲史称为平话，“平”就是评论的意思，说话艺人对说及的人和事予以评说、论断，所以后人又称之为“评话”。此外也含有艺人纯用口语讲述而不加弹唱之意，其间也穿插诗词，只用于念诵，而不加歌唱。

现在保存在《宋元平话集》中的平话，除《梁公九谏》篇幅较少、属于短篇外，其余七种都是长篇，需要多回才能讲完，这也就是明清长篇小说分章回的缘由，其题材成了演义小说的渊源。《两宋文学史》相关章节讲了《五代史平话》和《宣和遗事》，其余《武王伐纣平话》、《七国春秋平话后集》、《秦并六国平话》、《前汉书平话续集》、《三国志平话》，合称《全相平话五种》，为元人编刊，有元至治建安虞氏刊本。都是讲史家说话的底本，是较为粗略的讲稿。有史籍作根据，又加艺术想象和虚构，临场予以淋漓尽致的发挥，力求史事渊源清晰和字真不俗，若无一定的文化修养，难臻此境界。从周密《武林旧事》中提及的讲史说话人姓名，如武书生、乔万卷、许贡士、张解元、陈进士、林宣教、李郎中等人，所谓书生、解元、进士、郎中，都是听众对读书人的尊称，并非真名或实有的功业名称，但可以说明这些人具有相当的文化水平是可以肯定的。他们不是客观的讲史事，对各种人物的爱、憎、褒、贬，态度极其鲜明。例如《武王伐纣平话》中的纣王，原是文武全才、德能兼备，“前十年有道，八方平静，四海安然。天下皆称纣王是尧舜”。赞美之辞，溢于言表。但自从听取奸臣费仲所献的选美之计，沉溺于妲己的美色，投妲己之所好，敕令天下人呈进奇珍异宝，召八伯诸侯兴建“摘星楼”，劳民伤财，自乱天下。纣王日益昏暴，竟将进谏的姜后从摘星楼上推下摔死，此后更无人敢谏纣王，于是纣王、妲己无恶不作，兴酒池虿盆、炮烙铜柱、刳剔孕妇、斩胫看髓，将进谏的西伯侯姬昌囚于羑里，将其子剁成肉酱给他吃，剖比干之心，种种灭绝人性的暴行，逼使众叛亲离。武王伐纣，众诸侯响应，大破纣兵，烹奸臣费仲，历数纣王十大罪状，然后连同妲己一起斩首。开有道伐无道、以臣伐君之首，大快人心。表现了讲史者具有反暴君、反酷政的民主思想倾向，极为可贵。除“九尾狐换妲己神魂”、“文王遇雷震子”、“斩妲己化狐腾空而去，被姜太公用降妖章叱下，复坠于地”之类情节，显得神奇怪诞以外，主要人物和事件，大致采自《尚书》中《牧誓》、《武成》以及《史记》中的《殷本纪》、《周本纪》所载的史料，当然，作为文学艺术，即使是历史小说，也需作家的艺术想象与合理的虚设，不然，就不成其为文学作品。例如斩妲己的情景就写得较为精彩，一连两个刽子手为妲己的千娇百媚之态所动，不忍杀她，殷交用绸子包扎面目，不见娇媚之容，“既然斩着，听得一声响亮，不见了妲己，但见火光迸散”，最后才被姜太公的降妖章制伏。《武王伐纣平话》为《封神演义》提供了良好的蓝本，绝大部分情节为许仲琳所汲取，而增加了阐、截教斗法之类的描写，斗法的想象力非常丰富，一物降一物，艺术想象乃是科学技术发明的先驱，但神怪斗法过滥，有些重复。

《七国春秋平话后集》，既标明“后集”，当有“前集”，但迄今未见。从“后集”开始所说：“夫后七国春秋者，说着魏国遣庞涓为帅，将兵伐韩、赵二国，韩、赵二国不能当敌，即遣使求救于齐。齐遣孙子、田忌为帅，领兵救韩、赵二国，遂合韩、赵兵战魏，败其将于马陵山下。”转入正文即写道：“却说齐王自孙子破魏之后……”可见“上集”的主要内容是所谓“战国七雄”中以齐为中心的齐、韩、赵三国与魏国的争斗，而核心人物则是鬼谷子的两个徒弟孙膑和庞涓，庞涓为魏国的军师，妒忌才能比自己高强的孙膑，设计骗孙膑同为魏国之臣，暗中又陷害孙膑，将孙膑的膝盖骨刖掉，使其成为残废无用之人，将他弃之于外。孙膑竟为齐人所救，成了齐国的军师，终于用围魏救赵奇谋将庞涓射死于马陵道。“后集”的中心故事是齐、燕之争，核心人物是齐国军师孙膑与黄伯杨的徒弟燕国主帅乐毅。先是孙膑战胜燕国，然后燕昭王筑黄金台，拜乐毅为主帅，而齐湣王荒淫无道，排斥贤能之人，于是孙膑假死避祸。乐毅连下齐国七十余城。孙膑复出，用离间计使燕召回乐毅。齐田单火牛阵破燕兵，是最精彩的。至于乐毅请师父黄伯杨图齐，摆迷魂阵困孙膑等人，以及渔叟送阴书与鬼谷子破迷魂阵之类荒诞离奇的情节，则纯属讲史人的虚构，以投市民听众之所好。

《七国春秋平话》和《秦并六国平话》，能够把长达几百年、纷繁杂乱的历史事件和许多重要人物，叙述得比较有头绪，文字虽粗略但并非毫无可读性，为后来描写古代战争的章回小说提供蓝本，对大将出场时的形象描绘成为类型化的格套，例如对燕国大将石丙的肖像勾画："燕将身长九尺，面赤髭黄，穿红袍，白玉带、银锁甲、金盔冠，乃是石丙。"写燕国军容之盛："当日军行，兵及百万，将有千员，门旗闪闪，剑戟层层。前面军，青毡笠似千池荷叶迎风；背后军，铁兜牟如万顷琉璃浸水。个个悬刀似雪，人人担戟如霜。"在后世历史演义小说中，类似描写屡见不鲜。试以这两种讲史平话与《东周列国志》的演进关系为例，除了史籍所提供的素材以外，真正向小说文学方向演化，则讲史家平话为试绘蓝本者；余邵鱼《列国志传》有草创之功，冯梦龙《新列国志》则完成了历史小说的创作过程；蔡元放《东周列国志》主要是做了导读性的评点工作。

现存有《前汉书平话续集》，原先应有其"正集"。"续集"开始时交代"时大汉五年十一月某日，项王自刎而死，年三十一岁"。由此可推知"正集"的主要情节当是秦亡后汉、楚之争。"续集"则重点写刘邦、吕后如何耍弄阴谋杀戮功臣韩信、彭越，并将彭越煮成肉羹送给英布吃，因而逼使英布反"无道之王"，亦被所杀。平话对杀戮功臣极为不满，借百姓议论批判汉王无道。张良知三将被杀，"即日将靴笏襕袍官爵于汉王面前纳了……于商山归农养性"。更妙的是讲史家居然以张良之名写了一首"绝诗"（实为七言律诗）献给汉王，饱含对汉王杀戮功臣的讽刺。汉王死后，则围绕吕后篡权讲述其穷凶极恶行径，残杀戚夫人、如意母子，又毒杀刘友，气死刘盈。陈平用计除诸吕，樊亢杀尽吕氏三千口，最后薄姬之子继承皇位，是为汉文帝。全书以文帝看细柳营告终。大致以《汉书》相关《纪》、《传》所记为线索，并吸取民间传说和元人杂剧中的有关情节充实、丰富平话中的故事。虽然夹杂少量荒怪之说，但突出其思想倾向，表现人心之好恶。主要人物形象较为丰满、生动，文字拙劣粗糙，不通之处，只可神会。

就元人编刊五种平话对后来章回小说创作的影响而言，《三国志平话》对《三国志通俗演义》的影响是最明显的。从《三国演义》的成书过程来看，是由历史记载到民间传说，再以传说为基础，结合部分史实，编为话本、杂剧，又以史实为主干，吸取传说、话本、杂剧的合理因素，经过加工，创作出长篇演义小说。而其间借鉴《三国志平话》是最多的,《三国志平话》中的“三国”故事,除开始时“司马仲相断阴间公案”以及庞统变狗之类荒诞无稽之说和少数几个人物的姓名有异以外,几乎大部分情节为演义作者所吸取,构成全书的粗略框架。当然《三国志通俗演义》作为一部历史小说,历史真实与艺术真实的关系处理得更好,人物形象的塑造已经从类型化向典型化迈出一大步,成为世界性的古典名著,在肯定文学巨匠罗贯中的杰出贡献之时,切不可忘却平话艺人的草创之功,尽管它只是说话人的一份提纲,文字亦较粗糙。值得注意的是“尊刘抑曹”的思想倾向已很鲜明,这种情况在北宋时代已经形成,苏轼《志林》中就有记载,当时已出现像霍四究这样的说“三分”的专家。人民群众对历史人物的爱憎好恶,道德品质比功业成败更重要。

第三节 元代文言小说

一、传奇小说《娇红记》及其他

从宋人传奇小说的发展趋势来说,是逐渐走向衰落;其文体规范也向话本化演变,显然不可能像唐人传奇那样蔚为大观,而颇有为话本小说所取代之势。到了元代,传奇小说更是寥若晨星,标志一代文学最高成就的是戏曲,文言小说则几乎近于销声匿迹。正是在这种环境下,出现了宋梅洞撰写的《娇红记》传奇小说。其篇幅之长大,达二万余言;情节之宛曲、文笔之细腻、艺术形象之生动感人,可与唐人传奇媲美而自有其特色。这,不能不说是文言小说史上的一个奇迹。

宋远,号梅洞,元初江西清江人,生平不详。《全金元词》存其《意难忘》词一阕。《元诗选》癸集之甲录其诗二首。本篇传奇小说以单篇形式收入《艳异编》、《情史类略》、《万锦情林》、《花阵绮言》等文言小说总集中。郑振铎据以编入《世界文库》。或云为明初无名氏作,但明初已有刘兑《娇红记》杂剧,显然根据元人宋梅洞传奇小说改编,而掺入神仙之说;以大团圆为结局,这是明初戏剧的风尚,与宋梅洞原著的现实主义精神、悲剧结局大相径庭，时代风格迥异。又《百川书志》卷六著录《娇红记》二卷，云“元儒邵庵虞伯生编辑，闽南三山明人赵元晖集览”，这是书贾假借虞集之大名为幌子抬高身价的作法；但也证明作者是元人，而道学先生恐难以染指自由恋爱之作。

《娇红记》写的是宋徽宗宣和年间一对青年男女的爱情悲剧。博学多才而未能及第的申纯，去母舅家作客，与表妹王娇相爱，以至私下幽会，互立盟誓，愿白头偕老。但申家遣媒求婚，王父以法律不许表兄妹结婚为由，予以拒绝，又有王父侍婢飞红拨弄其间，故多生波折。申纯登第后，王父遂许婚，行订婚之礼。却又有豪帅向王父为子求婚，王父慑于豪帅威势，又为财利所动，遂毁申生婚约，将娇娘许配帅子。娇娘坚守与申生之盟誓，以至哀愁伤感衔恨而死。申生亦忠于爱情，得娇娘噩耗，痛不欲生，自缢身亡。

唐宋传奇中的爱情悲剧，无论是霍小玉型，抑或崔莺莺型，导致悲剧的根源，都是男方为了自己功名富贵，碍于门第观念，或受制于父母，抛弃娼门之女或失去权势的闺门女子。王娇与申纯的爱情悲剧，不在于当事人的背叛，而有其社会的特殊性。宋元都有法律规定，表兄妹不许通婚，王父的初次反对有法律依据；但这又不是绝对的，申生科举及第后，王父主动允婚，实际上已经突破法律限制。王父是仕宦之人，任州通判之职，官爵不高，受逼于豪帅权势，竟毁弃娇娘与申纯既定的婚约，在重文轻武的宋代，出现这种反常情况是不大可能的。其实此传奇只是假托宋代背景，真正写的是元代武夫骄横跋扈、儒士地位低下的特殊时代出现的悲剧。

或云此篇有摹仿唐人传奇《莺莺传》的痕迹。此说固然不谬，同类题材的小说、戏曲，特别是涉及才子佳人之作，往往有曹雪芹所批评的“千部一腔，千人一面”之嫌；此篇之可贵，在于能在汲取前人艺术滋养的基础上，熔铸了时代的特色，有所创新。

《娇红记》的人物关系及其在矛盾冲突中所表现出来的性格特征，并无雷同《莺莺传》的弊病。除男女主角娇娘与申生外，飞红是王通判的侍妾，而申之妗始妒而后病故，因而飞红在娇、申的爱情悲剧中，就起着一种特殊的微妙作用。妗有类似王实甫《西厢记》中老夫人的一面，但对爱情悲剧起决定性作用的人物是申舅王父，豪帅父子则对悲剧起了促成作用。人物关系较为复杂，而主要人物各具个性。

在封建社会，男女之间的爱恋之情，往往起自才貌的互相吸引。申纯初到舅妗家，拜见舅妗后，妗命侍女飞红呼娇娘出见的场面，似《莺莺传》而更细腻传神：

> 良久，飞红附耳语妗，以娇娘未梳妆为言。妗因怒曰："三哥，家人也，出见何害?"生闻之，因曰："百一姐无他故，姑俟日后请相见。"妗因笑曰："适方出浴未理妆，故欲少候。三哥一家人，何事铅粉耶?"又令他侍女促之。倾刻，娇自左掖出拜。双发绾绿，色夺图画中人，朱粉未施而天然殊莹。生起见之，不觉自失。叙礼毕，娇因立妗后。生熟视，愈觉绝色，目摇心荡，不自禁制。妗……因室之于堂之东，去堂三十余步。生归馆后功名之心顿释，日夕惟思慕娇娘而已。恨不能吐尽心事，素语浃洽，故常意属焉。

从申生的眼里及引起的倾慕之情中，写出娇娘异乎寻常的美。进而又通过申生的观察和细节描写，逐渐展现娇娘的心理活动和对申生的情思。由依窗视荼蘼花，久不移目，浩然长叹的神态情绪，到促步至申生烛前，以手弹烛，送目语生"非妾则兄醉矣"的暗送秋波，乃至乘申生随舅外出时，到生卧室题诗应和，表明她对申生也并非无情。但当面言谈时，"娇或对或否，或相亲昵，或相违背"，"申生言稍涉邪，娇则凝眸正色，若将不可犯"，刻画出初恋少女矜持自重、若即若离的微妙心理。在双方有了较多的了解、感情逐步深化后，作者描写了他们两人围炉话心这一富有诗意的情境。让他们在互诉衷曲中，使爱情明朗化，也更神圣化，具有爱情的意境美：

> 娇方拥炉独坐，生自外折梨花一枝入来。娇不起，亦顾生。生乃掷花于地。娇惊视，徐起，以手拾花，询生曰："兄何弃掷此花也?"生

曰:“花泪盈晕,知其意何在? 故弃之。”娇曰:“东皇故自有主,夜屏一枝以供玩好足矣,兄何索之深也?”……因谓生曰:“风差劲,可坐此共火。”生欣然即席,与娇共坐,相去仅尺余。娇因抚生背曰:“兄衣厚否? 恐寒威相凌逼也!”生怃然曰:“能念我寒,而不念我肠断耶?”……娇因慨然良久曰:“君疑妾矣,妾敢无言? 妾知兄心旧矣,岂敢固自郑重以要君也! 第恐不能终始,其如后患何? 妾自数月以来,诸事不复措意。寝梦不安,饮食俱废,君所不得知也。”因长吁曰:“君疑甚矣,异日之事君任之,果不济当以死谢君!”生曰:“子果有志,则以策我!”

在传奇小说中,能够在描写爱情发展过程中,如此深入地展现男女双方内心世界的,并不多见。所谓好事多磨,在经过几次波折后,娇、申互相剪发盟誓,把爱情推向一个新的阶段。

在娇、申的爱情发展过程中,娇娘固然有多愁善感、矜持犹疑等宦门闺秀的性格特点,但一旦真正爱上意中人后,在追求爱情的自由与幸福的每一关键时刻,比申生显得更为坚强、热烈、执着。当她主动约申生越窗幽会而申生有所畏惧时,她“变色曰:‘事至此,君畏何? 人生如白驹过隙,复有钟情如吾二人者乎? 事败当以死继之。’”这落地有声之言,充分表现了她反封建、争取恋爱自由的坚定意志。在申家遣媒向王父议婚,因碍于“内兄弟不许成婚”的“朝廷立法”,婚事受阻后,尽管有飞红拨弄其间,但娇娘对生的爱情愈加深挚,排除一切疑虑和障碍。为争取爱情的幸福,宁屈己事飞红,不惜代价,终于把障碍化为得力的良友。

波澜起伏,跌宕多变,在矛盾冲突最尖锐的时候,把爱情悲剧推向极致,而突出悲剧人物的性格,是本篇情节安排、形象塑造的显著特色。申生妙年高第,舅主动允婚且已“择日遣聘毕”,正在这对有情人经过多重挫折终将结成眷属的欢悦之际,陡然又起风波。豪帅遣媒为子求婚,“王初拒之,再四逼以威势,赂以货财,不得已,遂许之”。这才是悲剧的真正根源。地区一帅,竟敢以威势逼州通判允婚,通判出尔反尔,居然将及第之士聘定的婚约毁弃,这种情况只有在元朝蒙古贵族统治的特殊环境下,才可能发生。当然，悲剧之所以发生也因王通判屈服于威势货财的性格弱点，也因申生性格的软弱性。当娇娘将其父迫于权要、毁弃他们婚约的消息告诉申生，并向他求计时，他却说："事在他日，当徐图之。"只顾眼前欢乐，不思长久之计，事已至此，口说"徐图"，实际上是久拖不决，一筹莫展，坐等悲剧的降临。在他们的秘密被舅知道后，申生不是因势采取断然的有效措施，而是逃避矛盾，并要娇娘"勉事新君"，以《好事近》词与娇娘作别：

> 一自识伊来，便许绾同心结。天意竟辜人愿，成几番虚设！
> 佳期近也，想新欢，遣我空悬绝。莫忘花阴深处，与西窗明月！

不与娇娘谋划良策，以践偕老之盟誓，反以风言冷语责娇。难怪娇览词怒曰："兄丈夫也，堂堂五尺之躯，乃不能谋一妇人？事已至此，更委之他人，君其忍乎！妾身不可再辱，既以与君，则君之身也。"相比之下，娇娘的意志就比申生坚强多了。

本篇矛盾冲突的高潮，是舣舟诀别，也正是在这高潮中，完成了悲剧形象的塑造。娇因幽愤成疾，凄惨悒郁，芳容顿改，几致不起。于是飞红谮寄书促生来诀别。生舣舟岸下，红乘王父外出之机，与娇私登生舟：

> ……娇执生手大恸曰："即不来矣，恨无以报兄。不幸迫于父母之命，不能终身以相从。兄今青云万里，厚择佳配，共享荣贵，妾不敢望也。妾向时与兄拥炉，谓'事不济当以死谢'，妾敢背此言耶！兄气质弱薄，常多病，善摄养，毋以妾为念！"因出断袖还生曰："谢兄厚恩，复思此景，其可再得乎？"相哭愈恸，红亦泪下。

这一生离死别的场面，既表现了娇、申爱情的坚贞不渝，也控诉了"迫于父母之命"的封建婚姻制度。娇娘到了生命的尽头，还向封建势力抗争，以期挽回悲剧的局面："娇之佳期已逼，乃托感疾佯狂，蓬头垢面，以求退亲。父迫之，娇引刀自截，左右救之，得不殒。因绝食数日不能起。"宁死不从封建包办婚姻。飞红为了解开娇娘悒郁愁苦的情结，以“帅家富贵极，子弟端方秀拔，殆过申生”相劝，甚至以帅子俊美的画像相示，终不能动其坚贞之志；又诈为娇旧赠申生的香珮，说是申生退还给娇娘的纪念品，并说申生已与别人联姻，以绝娇念申之情，都不能动摇她的心：“娇见之泣下：‘相从数年，申生之心事，我岂不知者？彼闻我有他故，特为此开释我耳。’因取香珮细认，觉其虚真，因曰：‘我因知申生不如是也。……我固不爱一身以谢申生也。’遂不复言。”她与申生的爱情，已经超越了郎才女貌的才子佳人婚恋观，而进入了更高的层次——互为知己。而申生为了娇娘，已经到手的功名富贵可以舍弃不要，宁可殉情自尽。这也是本篇比以往同类题材的作品更为可贵之处，写出了一部真正的爱情悲剧。曹雪芹对才子佳人小说的批评，在某些方面也许捎带了《娇红记》的缺点，但在婚恋观和悲剧意识这一基本倾向上，《娇红记》却是《红楼梦》的先声。

申纯、王娇生时不能结为夫妻，死后合冢精灵化为鸳鸯，这一富于浪漫色彩的美丽想象，是受了《搜神记》中《韩凭妻》、汉乐府诗《焦仲卿妻》等民间传说或诗歌的启发，但又推陈出新，与全篇小说的悲剧结构浑然一体，使人们在感到悲伤、洒下同情的热泪之时，而又怀有美好的憧憬，悲哀而不绝望。

曲折多变，原是本篇结构艺术的特色，但又有横生枝节、情节不够紧凑的弊病。例如院亭中鬼魂化为娇娘迷惑申生，以致引起申、娇之恋的又一次波折，是完全没有必要的。

本篇对后来戏曲创作影响较大，刘兑、汤舜民都以此题材编写杂剧，沈寿卿、孟称舜分别编为传奇，足见此题材备受作家重视。

除《娇红记》以外，在元代古文家的作品中，可以作为传奇小说来读的，有宋本撰《工狱》。宋本(1281—1334)，字诚夫，元大都人。自幼颖慧，勤奋好学，读古人书力求融会贯通。至治元年(1321)策士，赐进士第一，授翰林修撰。泰定元年(1324)，除监察御史，以敢言著称。元统二年，累转为集贤学士，兼国子祭酒。卒谥正献。平生擅长古文，风格峻洁刻厉。著有《至治集》四十卷。

在我国长期的封建社会里，元代的吏治是最黑暗的，由此造成的冤狱也更多。《工狱篇》所写京师小木局，一工人与工长相争，断绝交往，经工匠们调解，工人向工长赔礼道歉，已经和解。而工人之妇与人通奸，遂乘工人从工长家喝醉酒归来之机，予以谋杀，断尸藏于土榻中，其妇却诬告被工长杀害。这案件，固然比较复杂，但是只要认真调查研究，并不难弄个水落石出。可是警巡院竟以毒打逼取口供，胁迫工长诬服；加上刑部御史急于结案，促使仵作杀人应命。总之，整个吏治机构的黑暗腐败，使案情越理越复杂，以致冤死四五人。这一大冤案得以理清，完全是靠群众的自发行动；从破案过程中，也反映了工场工人们的团结和力量。

作者曾任监察御史，对吏治的弊端体察较深。又是个古文家，本文叙事清晰，描摹人情物态生动逼真，而笔墨峻峭简洁，详略得体，颇得古文家韩愈、柳宗元创作传奇小说的风致。

二、元人笔记小说

往昔提及元代文学，独标举戏曲，而论述其社会背景，又过分强调元朝统治者野蛮、愚昧及其对经济、文化的破坏性，强调政治的黑暗面；其实如本书绪论所叙述，从忽必烈时代始，就有较大的更张，用“汉法”治国，农业、手工业和商业有所恢复乃至发展，主要问题是由于民族歧视政策造成儒生仕进之路几乎堵绝，但也罕见有儒生受迫害的事例，并无文字狱祸之类的记录，尽管许多借古喻今的剧本或诗文所讽刺的锋芒指向是当时的特权阶级，似乎也无作家因此而得祸，创作还是比较自由的。元仁宗延祐年间恢复科举考试制度后，儒士命运更有所改善。①

就文言小说而论，固然不能与唐宋相比，特别是传奇体小说，确实衰落了，但也还有前面曾论述过的像宋梅洞《娇红记》那样优秀的传奇小说。笔记体志人小说，数量虽少，但还是出现了一些有影响的笔记小说集。元末，陶宗仪除撰著《南村辍耕录》外，还编纂了卷帙浩瀚的综合性大型丛书《说郛》，其中小说、杂记占了很大的比重。

---

① 元代对“儒户”有免除徭役的政策。详见《元史·世祖本纪》第一册，中华书局1976年版，第180—181页。本书《绪论》中提及“八娼、九儒、十丐”之说，并非官方政策。

（一）刘祁《归潜志》

刘祁，字京叔，浑源（今山西浑源县）人。金太学生，“得从名士大夫问学……其后进于有司，不得志”。金亡，归乡里，自云“甲午岁（1234）复于乡，盖年三十二矣”，可推知生于1202年。入元复出，乃就试南京（金以汴京为南京）得魁，充山西东路考试官。

《金史·刘祁传》称，《归潜志》对于金末之事多有足征。其书自序云：“独念昔所与交游，皆一代伟人，今虽物故，其言论谈笑之犹在目，且其所闻所见，可以劝戒规鉴者，不可使湮没无传。因暇日记忆，随得随书，题曰《归潜志》，归潜者，予所居之堂之名也。”因所记大多是耳闻目睹的金末时事与人物，比较可信，元人修《金史》，多取材于此书。全书十四卷，各卷虽无小标题，也不分门别类，但基本上以类相从，条理清楚。叙述朴实无华，也不涉及虚妄怪异之事。在金元笔记中，这是最有价值的一种。

作者记述人物轶事，善于从人物所作诗句或言谈中，揭示其性格的本质特征。如卷一首条《金海陵》：

> 金海陵庶人，读书有文才。为籓王时，尝书人扇云：“大柄若在手，清风满天下。”人知其大志。正隆南征，至维扬，望江左赋诗云：“屯兵百万西湖上，立马吴山第一峰。”其意气亦不浅。

金海陵王，即完颜亮。从其题扇的双关之语，可见其独揽大权之志。望江左的诗句，更暴露其妄想吞并南宋的野心，故为宋人岳珂《桯史》所引述。完颜亮的私生活，是极其糜烂的。

对于金朝官场的腐败，近侍和执政大臣的苟且偷安心理，作者往往采取素描笔法，予以勾勒，稍加议论，其精神面貌，全盘托出。如卷七，虽分列各条，实际上是从各个侧面暴露金朝的黑暗腐朽，揭示其灭亡的必然性。《养相体》条写道：

> 南渡之后，朝廷近侍，以谄谀成风。每有四方灾异，或民间疾苦，将奏之，必相谓曰：“恐圣上心困。”当时有人云：“今日恐心困，后日大

心困矣!”竟不敢言。又在位者,临事,往往不肯分明可否,相习低言缓语,互推让,号“养相体”。吁!相体果安在哉?又宰执用人,必先择无锋芒,软熟易制者,曰“恐生事”。故正人君子,多不得用;虽用,亦未久遽退闲。……

虽然没有具体描写某一人物,但却呈现出一个腐朽的统治群体,使人感受到一股败坏没落的衰颓之气。也有通过对某宰执大臣尸居余气的描述,反映其政治腐败的,如卷九《高岩夫》条。

《归潜志》可以说是一面金朝亡国的镜子,对后来的当权者,具有劝诫作用。此外,有一些记述人物轶事琐闻的条目,如卷九《李长源》,写李长源的才高不通世事,傲岸多怒;《赵闲闲》条,写赵闲闲为谢绝别人求他书法,在应邀宴饮前先告请友人:“吾今往,但不写字耳。如求字者,是吾儿!”读来也颇能解颐。

(二)杨瑀《山居新话》

杨瑀(1286—1361),字元诚,杭州人。天历间(1329左右),擢中瑞司典簿,因廉洁谨慎,越级提升为奉议大夫,太史院判官。至正十五年(1355),出任建德路总管,颇受当地人民爱戴,进阶中奉大夫、浙东道宣慰使、都元帅。至正二十年致仕。

《山居新话》,四卷,记录所见所闻,羼入神怪之事。其中有记述值得表彰的人物轶事,至今犹闪烁着思想光芒。如《笔记小说大观》本所载第十二条《聂以道》,记载聂以道任某县尹时,有个卖菜农夫,在早晨赶集的路上,拾得一束钞票,计一十五定。回家告诉母亲,其母嘱他到原处等候失主,如数归还。失主却讹诈原数有三十定,于是就闹到县尹聂以道处。聂经调查对证,将这十五定钱赏给菜农贤母养老,而要故意讹诈钱数者自己到别处去寻找。在这篇短小的故事中,表现了菜农老母拾金不昧、穷而志坚的高尚品格,并赞扬县尹聂以道判案的精明公正。文字简洁,而叙事完整,且具波浪,结末出人之意外,是一篇较精彩的笔记小说。

(三)陶宗仪《南村辍耕录》

陶宗仪,字九成,号南村,浙江天台人。曾应进士考试,未中。至元年间避难华亭，勤于著述，耕作时随带笔砚，有所得便挥笔疾书，《南村辍耕录》就是这样写成的。此外，还节录前人小说、笔记等为综合性大型丛书《说郛》，《古刻丛钞》则是钞录古代的碑刻。

《南村辍耕录》，三十卷，成书于元末，有至正二十七年(1367)孙位序。这是一部很有文献价值的笔记，元典章制度、宋末掌故诗文、历史琐闻赖以保存；而某些故事，记述动人，具有短篇小说的特点。如卷四《贤妻致贵》条，记程鹏举在宋末被虏，于张万户家为奴，张将虏掠来的某女给程为妻；其妻屡次劝程逃回南宋，引起程的怀疑，致使张万户将其妻卖给别人家，临别时，妻将所穿一只绣鞋，交换程穿的一只鞋，以期后会，于是程感悟奔宋。入元后，程为陕西行省参知政事，派人到原地寻找其妻，从尼姑庵中迎回。作者着意塑造了程鹏举妻坚贞不屈、贤能守正的妇女形象。一个被蒙古人或色目人虏掠为奴的弱女子，一心为丈夫摆脱奴隶的困境，不惜作出最大的牺牲，虽遭丈夫怀疑而其志毫不动摇；被转卖后，始终保持贞洁，并以通宵达旦的劳动所得，赎得自身的解放，出家为尼，誓不嫁人，忠于丈夫。这也正是我国古代妇女的崇高品德。程鹏举与妻别后，也誓不另娶，贵而不忘共患难的贫贱之妻，这种美德也是值得称道的。明人董应翰《易鞋记》传奇、陆采《分鞋记》传奇，以及梅兰芳编演的《生死恨》京剧，均据此篇改编。

又卷十二《贞烈墓》条，记叙天台县戍卒妻郭氏有令色，见之者无不啧啧称赏。郭氏与戍卒，少年结发夫妻，情深义重。本卫千夫长李某慕郭氏美色，遂起觊觎之心。郭氏对戍卒的爱情坚贞节烈、忠诚不渝。作者在较短的篇幅中，却能采取层层推进的艺术手法，将人物置于矛盾冲突的尖端，从而展现出郭氏心灵之美。

李某为占有郭氏而派遣其夫去距县七八十里路有私盗出没处戍守，李某乘机百般调戏郭氏，均被毅然拒绝。其夫归家，郭氏将李不轨之事相告，于是卒愤怒持刃想杀李某，被逃脱，并向县衙投诉，戍卒被捕，因“持刃杀本部官”罪，被关押死牢中。李某阴谋尽快处死戍卒，使郭氏断绝对丈夫的一线希望。郭氏处于绝境，而能坚贞自重，使李无隙可乘，难逞其奸。垂涎她美色的恶少与吏胥、皂隶，都不敢侵犯。这就把郭氏对爱情的忠贞，更升高了一个层次。接着，她又以死拒绝狱卒叶某伪善的关怀爱护，这是对她人格意志与智慧的严峻考验。狱卒待其夫“日饮食之，情若手足。戍卒感激入骨髓”。于是戍卒视叶某为可以托付妻子儿女的善良人，亲口劝郭氏可嫁狱卒。这就把悲剧的矛盾冲突推向了尖端。郭氏在生与死的抉择中，表现出爱情的崇高之美和人格的尊严，以及智慧的力量。经过她周密的考虑，意识到只有她先死，丈夫的冤狱才有可能解脱；因而她果断地选择以自己的死，换取丈夫的活，她的贞烈与睿智也正表现于此。她在安排好儿女生计、与丈夫泣别后，毅然投水而死。这种坚贞悲壮的行为，是可歌可泣的。

作者借助于神异奇妙的艺术想象，使郭氏之死既富有传奇色彩，也更震撼人心。她不是一般的投水溺死，而是在仙人渡溪水中“危坐而死”，尽管此处“水极险恶，竟不为冲激倒仆”。以至前往验视的县官等人，“皆惊异失色”。终于使丈夫的冤案得以昭雪。一个坚贞、刚烈、宁死不屈的妇女形象，鲜明地浮现在读者的脑海里。明代后期《觅灯因话》的作者邵景詹据此演绎为传奇体小说，艺术上稍加润饰，增添了危坐激流中而死的郭氏怀中，留下控诉李某罪行、申诉丈夫冤情的状纸，使丈夫之冤得以昭雪，李某得到惩罚，感染力更强。明人沈鲸将本篇改编为传奇剧本《双珠记》。

第十二章　元代诗文

标志元代文学最高成就的，当然是戏剧和散曲，相比之下，诗、文、词就颇为逊色了，但是，这不是说，除了戏剧、散曲，其他文体就不足道了。如果说戏剧的作者和观众，主要是不屑仕进的失意文人和市民，那么诗、文、词则主要是中上层人士抒发性情、咏叹志趣或借描写景物以言志的载体。作为一个民族大融合的时代，值得重视的文坛新气象是：不仅汉族士人利用传统的文学样式进行创作，有些少数民族具有高度汉文化修养的人士也善于诗词，如耶律楚材、马祖常、萨都剌等。迺贤、余阙、丁鹤年等也都是少数民族的较著名诗人；前面论述散曲时论及的贯云石，也善于诗。这里我们只能论其尤最者。

第一节　元前期诗文

文学史上一个很自然的现象，在新朝之初，文坛上显露头角者，往往是由前朝过渡到新朝的作家，元代自不例外，像耶律楚材、刘因、赵孟頫等就是由金或宋入元的。

耶律楚材（1190—1244）字晋卿，号湛然居士，契丹族人，辽东丹王突欲八世孙。父履，为金世宗所信任，官至尚书右丞。楚材博览群书，旁通天文、地理、术数及释老、医卜之说，才思敏捷，下笔成文。以善决疑狱，金章宗辟为掾。公元 1214 年金宣宗迁都汴京（亦称南京），耶律楚材留在中都（燕京，今北京），为左右司员外郎。元太祖成吉思汗定燕，闻其名，见其貌魁伟长髯，对答得体，遂处之左右，称长髯人而不直呼其名。随从成吉思汗西征，智决疑难之事。当时尚无法纪制度，“州郡长吏，生杀任情，至孥人妻女，取货财，兼土田……”①经楚材秉公查明实情，予以严惩，人民得以安宁。别迭等建言“汉人无补于国，可悉空其人以为牧地”的野蛮无知之论，经楚材以雄辩的事实，才得以阻止。太宗（窝阔台）时任中书令，兴利除弊，所行善政甚多。对蒙古国各项政治制度的建立，贡献卓著。太宗死后，皇后听政，信任奸徒奥鲁剌合蛮，紊乱朝政，耶律楚材坚持施政原则与皇后当面争执，甚为激烈。不久，气愤而死，年才55岁。著有《湛然居士集》十四卷。存诗六百余首。《四库全书总目》卷一六六评其诗风云：“今观其诗语皆本色，惟意所如，不以研炼为工，虽时时出入内典，而大旨必归于风教。”这与他儒、释兼修的教养密切相关。他扈从太祖西征，故诗中有不少描写塞外自然景物、风俗人情的佳作，于雄奇苍凉中显其真率风味。如组诗《西域河中十咏》就是描写当地（乌兹别克）民俗风情和自然景色的：

寂寞河中府，生民屡有灾。避兵开邃穴，防水筑高台。
六月常无雨，三冬却有雷。偶思常伯语，不觉笑颜开。

寂寞河中府，遗民自足粮。黄橙调蜜煎，白饼糁糖霜。
漱旱河为雨，无衣垄种羊。一从西到此，更不忆吾乡。

前首写当地人民在战乱和自然灾害岁月中的艰难生活；后一首描写西域因自然条件而形成的日常生活的特色，并表现自己对此地的深情。又如《阴山》：

八月阴山雪满沙，清光凝目眩生花。

① 见宋濂等编《元史》卷一四六《耶律楚材传》，中华书局1976年校点本，第3456页。

插天绝壁喷晴月，擎海层峦吸翠霞。
松桧丛中疏畎亩，藤萝深处有人家。
横空千里雄西域，江左名山不足夸。

描写西域风光特色，似受唐人边塞诗影响，而别有一番风致。以下两首也颇堪吟诵：

昔年今日渡松关，车马崎岖行路难。
瀚海潮喷千浪白，天山风吼万林丹。
气当霜降十分爽，月比中秋一倍寒。
回首三秋如一梦，梦中不觉到新安。
——《过夏国新安县》

三年四度过鸡鸣，我仆徘徊马倦登。
寂寞柴门空有舍，萧条山寺静无僧。
残花溅泪千程别，啼鸟伤心百感生。
今古兴亡无可问，穹庐高卧醉腾腾。
——《己丑过鸡鸣山》

旅途西域风光，历历如在眼前，豪放之中带有几分凄清，特别是后一首，空旷萧飒的景象，今古兴亡之感，情动于中。他的律诗成就比古诗高，在元初北方诗坛上，不失为佼佼者，与他的功业相映生辉。

在元初北方诗文作家中，成就较高的是刘因（1249—1293）。刘因字梦吉，因爱诸葛孔明“静以修身”之语，名其所居“静修”。他“天资绝人……过目即成诵，六岁能诗，七岁能属文，落笔惊人”。[①] 对宋理学诸家之说，颇具卓见。清人全祖望推许他和许衡为“元北方两大儒”。性不苟合，家贫而清高。居家教授生徒，善因材施教。至元十九年，忽必烈下诏

① 见宋濂等编《元史》卷一七一《刘因传》，中华书局1976年版，第4007页。

征聘刘因为承德郎、右赞善大夫。不久，即以母病辞归。至元二十八年，又下诏以集贤学士、嘉议大夫官衔征因，固辞不出，忽必烈称之为“不召之臣”。卒于家。流传至今的有《静修先生文集》二十二卷，四部丛刊本。延祐年间，谥文靖。他虽然不算是宋遗民，但却有较为浓厚的民族意识，既不仕金，也不愿仕元，诚如张养浩《挽梦吉先生》诗所云：“白发山林仅四旬，两朝不肯屈经纶。才名暗折世间寿，气节伟高天下人。康节纵吟无限乐，希夷高卧有余春。一生怀抱谁能识？他日休猜作逸民。”

刘因受传统文化的影响很深，讲究气节、人格尊严，推崇陶渊明的清高傲骨，写《和陶诗》七十多首。对宋朝颇有怀念之情，对被俘而不屈服的宋臣怀有敬意，而痛恨降臣和奸臣。《白马篇》云：“白马谁家子？翩翩秋隼飞。……惜此博浪气，不遇黄石翁。”以张良博浪沙刺秦皇不中为憾，比喻南宋施全于众安桥刺卖国奸臣秦桧事，议论慷慨。他对宋朝当权者的苟且偷安、一贯忍让政策深感不满：

宝符藏山自可攻，儿孙谁是出群雄。
幽燕不照中天月，丰沛空歌海内风。
赵普元无四方志，澶渊堪笑百年功。
白沟移向江淮去，止罪宣和恐未公。

——《白沟》

诗的主旨是说宋太祖为筹划恢复幽燕曾积藏金帛作为军用之需，可是他的儿孙却违背他的遗愿，缺乏雄才大略，像赵普这样的宰辅大臣都无大志，曾谏阻太祖取燕。真宗虽然听从寇准建议御驾亲征，并取得胜利，可是“澶渊之盟”却反而增加岁币、以白沟为界求和。正是这种妥协苟安酿成靖康之耻，南宋与金的分界线竟南移到江淮。这种积贫积弱不仅仅是宋徽宗一人之罪。诗人的见解很深刻。

刘因写过不少题画诗和山水诗，于诗中可见其胸襟和感慨，如《采菊图》所写：“庙堂衮衮宋元勋，争信东篱有晋臣。南山果识悠然处，不惜寒香持赠君。”赞赏采菊东篱的陶渊明高雅风致，而嘲讽庙堂衮衮新朝诸公。

又如山水之作《饮山亭雨后》：

山如翠浪经雨涨，开轩似坐扁舟上。
西风为我吹拍天，要驾云帆恣吾往。
太行一千年一青，才遇先生醉眼醒。
却笑刘伶糟曲底，岂知身亦属螟蛉。

在吟诵雨后山水风光中，寓含对刘伶之流沉沦于以醉酒自得的贬斥之意。

他的咏史诗，也饱含精辟之见。如《读史》诗云："纪录纷纷已失真，语言轻重在词臣。若将字字论心术，恐有无边受屈人。"读此诗令人自然地联想起王安石的《读史》诗："当时黯黮犹承误，末俗纷纷更乱真。糟粕所传非粹美，丹青难写是精神。"可谓高见略同。

刘因既是诗人，也是散文家。他认为从先秦、两汉以迄唐宋诸名家的文章都可以学，但他认为应该取诸家之长，而不蹈袭旧套，并要写经世致用之文。在有的文章中，也喜借题发议论，如《辋川图记》。王维对自己的辋川别墅，非常得意，不只表现在诗中，而且画了《辋川图》，这是很著名的一幅画。也是"维平生得意画也"，"彼方以是自嬉者"，于是刘因就给历史上的这位著名诗人、画家、显宦却大节有亏的人物泼盆冷水：

……然而如阎立本者已知所以自耻矣。维以清才位通显，而天下复以高人目之，彼方偃然以前身画师自居，其人品已不足道。然使其移绘一水一石一草一木之精致，而思所以文其身，则亦不至于陷贼而不死，苟免而不耻，其紊乱错逆如是之甚也。岂其自负者固止于此，而不知世有大节，将处己于名臣乎？斯亦不足议者。……后世论者，喜言文章以气为主，又喜言境因人胜，故朱子谓维诗虽清雅，亦萎弱少气骨；程子谓绿野堂宜为后人所存，若王维庄，虽取而有之，可也。呜呼！人之大节一亏，百事涂地……彼将以文艺高逸自名者，亦当以此自反也。

刘因是非常重视气节的①，所以对像王维这样虽具才艺、居高位而在“安史之乱”中投敌苟活的人，是极其鄙视的。批判古人王维，而意在警示当世，也表明自己为什么会成为“不召之臣”。唐太宗时的御用画师阎立本，因为要伏伏贴贴地听从皇帝旨意绘画而羞怅流汗，并告诫其子再不要像他学画。刘因认为像阎立本这样能知耻而改就好。王维不以为耻反以为荣，就太可卑了。此外，有的散文如《武遂杨翁遗事》和《孝子田君墓表》，记录了蒙古军队于贞祐元年十二月侵占保定时大屠杀的残酷情景。

刘因也写词，其风格似近苏、辛，但以宁静恬淡的表象掩其豪放情怀。如《鹊桥仙》：

> 悠悠万古，茫茫天宇，自笑平生豪举。元龙尽意卧床高，浑占得，乾坤几许。　　公家租赋、私家鸡黍，学种东皋烟雨。有时抱膝看青山，却不是，长吟梁甫。

词中用了东汉末年陈元龙让只知求田问舍，胸无大志之徒睡小床，自己高卧大床，以示轻蔑的典故，和诸葛亮隐居隆中时抱膝看山作《梁甫吟》以咏志之事，抒发感慨。况周颐很赞赏刘因的词，《蕙风词话》卷三云：“余遍阅元人词，最服膺刘文靖，以谓之苏文忠可也。文忠词以才情博大胜，文靖以性情朴厚胜。……寓骚雅于冲夷，足秾郁于平淡，谓之如饮醇醪，如鉴古锦。涵泳而玩索之，于性灵怀抱，胥有裨益。”在元人词中，刘因的词当属上乘。

赵孟頫(1254—1322)字子昂，号松雪道人。是宋皇室后裔，南宋孝宗赵睿的父亲是他的五世祖，赐第定居今之浙江湖州。据欧阳玄《赵文敏公神道碑》称：他“资禀俊迈，读书一目五行俱下”。南宋亡前，曾任真州司户

---

① 李东阳《怀麓诗话》：“极元之选，惟刘静修、虞伯生(集)二人，皆能名家，莫可轩轾。世恒为刘左袒，虽陆静逸鼎仪亦然。予独谓高牙大纛，堂堂正正、攻坚而折锐，则刘有一日之长。若藏锋敛锷，出奇制胜，如珠之走盘，马之行空，始若不见其妙，而探之愈深，引之愈长，则于虞有取焉。然此非谓道学名节论，乃为诗论也。”足见名节刘因比虞集好。

参军。元军统一南方后，在其母丘夫人激励下，更发愤读书。忽必烈派江南侍御史程钜夫访江南遗逸，赵孟頫是二十人中的首选。初授奉训大夫，历任地方官，奉召修《世祖实录》，然后以集贤直学士行江浙等处儒学提举，进阶中顺大夫。元仁宗尚在东宫太子位时，就很赏识他。一直官运亨通，进集贤学士、资德大夫，拜翰林学士承旨、知制诰、兼修国史。延祐六年(1319)，告老还湖州，至治二年(1322)夏六月卒于家。至顺初追封魏国公，谥文敏。

赵孟頫身为宋皇室后裔，仕元至高位，当时就为人所诟议，特别为其宗族内部所不齿。他自己也有羞愧感，读其晚年《和姚子敬韵》诗，有"同学故人今已稀，重嗟出处寸心违"之句，可知其自悔之情。他虽然得到忽必烈赏识，但他一直很谨慎小心，知耻，不张扬。他富于才情，博学多能，元仁宗将他比为"唐李太白，宋苏子瞻"，诗、文、词、书法、绘画艺术，样样精通，尤以书画绝伦著称。有《松雪斋集》十卷，《外集》一卷。夫人管道升，亦工词翰，善画。

赵孟頫诗不多，各体共 226 首，以五言古、七言律、五言绝为佳，五言律最差。他虽然出生于宋皇族，但他少年时代的家庭，已经没落较贫，对农村男耕女织的辛苦劳动生活，有所了解，才能写出像《题耕织图二十四首奉懿旨撰》，按一年十二个月，咏男耕、女织各十二首，应制而并无浮泛空疏、歌颂皇恩之词，试各举一首，以见一斑：

东风吹原野，地冻亦已消。早觉农事动，荷锄过相招。迟迟朝日上，炊烟出林梢。土膏脉既起，良耜利若刀。高低遍翻垦，宿草不待烧。幼妇颇能家，井臼常自操。散灰缘旧俗，门径环周遭。所冀岁有成，殷勤在今朝。

——《男耕之二月》

七月暑尚炽，长日弄机杼。头蓬不暇梳，挥手汗如雨。嘤嘤时鸟鸣，灼灼红稻吐。何心娱耳目，往来忘伛偻。织为机中素，老幼要纫补。青灯照夜梭，蟋蟀窗外语。辛苦亦何有，身体衣几缕？嫁为田家妇，终岁服劳苦。

——《女织之七月》

说不上对农民劳动生活有多么深刻的体验，至少感性上有所认识与同情。虞集跋对此诗深表赞赏："歌咏民间农桑勤苦，备尽田家景物气象，与《豳风・七月》之篇何异？且属应制上陈黼座，以备乙夜之观览，与寻常他作不侔。真当昭彝鼎而寿金石，匪特为耳目近玩已也。"（引自《石渠宝笈》卷三。）

他的七律诗佳作较多，真情实感与艺术造诣都较深的，当推《岳鄂王墓》：

鄂王坟上草离离，秋日荒凉石兽危。
南渡君臣轻社稷，中原父老望旌旗。
英雄已死嗟何及，天下中分遂不支。
莫向西湖歌此曲，水光山色不胜悲。

题咏岳鄂王墓的诗，不下数十篇，诚如赵孟頫的外甥陶宗仪在《辍耕录》中收录此诗时所说："其脍炙人口者，莫如赵魏公诗。"特别是颔、项两联，思想感情之深切，艺术手法之精妙，都是上乘的。但李东阳《怀麓堂诗话》则说："'南渡君臣轻社稷，中原父老望旌旗'句虽佳，而意已涉秦越。至对元世祖曰：'往事已非那可说，且将忠赤报皇元。'则扫地尽矣。……夫以宗室之亲，辱于夷狄之变，揆之常典，固已不同，而其才艺之美，又足以为讥訾之地，才恶足恃哉！然'南渡''中原'之句，若使他人为之，则其深厚简切，诚莫有过之者，不可废也。"因其诗与其人身份和仕元经历相联系，明清人诗话中，多半褒贬杂陈。其实他自己对仕元之事也很苦恼，时怀故国之思、乡土之情：

东南都会帝王州，三月莺花非旧游。
故国金人泣辞汉，当年玉马去朝周。

湖山靡靡今犹在，江水悠悠只自流。
千古兴亡尽如此，春风麦秀使人愁。
——《钱塘怀古》

触景生情，"金人泣辞汉"、"玉马去朝周"离黍麦秀之感，故国情怀，溢于言表。在其五言古诗《罪出》篇中的悔恨痛苦之情，也很明显："昔为水上鸥，今如笼中鸟。哀鸣谁复顾，毛羽日摧槁……恸哭悲风来，如何诉穹昊。"颇有一失足便成千古恨之意。

《四库全书总目》卷一六六在评论《松雪斋集》时说："孟頫以宋朝皇族，改节事元，颇不谐于物论。观其《和姚子敬韵》诗有'同学故人今已稀，重嗟出处寸心违'句，是晚年亦不免于自悔。然论其才艺，则风流文采，冠绝当时，不但翰墨为元代第一，即其文章亦揖让于虞、杨、范、揭之间，不甚出其后也。"这样的评价，是恰如其分的。

赵孟頫也工于词，有《松雪词》一卷。朱彝尊编《词综》，选录其词五首。引邵复孺云："公以承平王孙晚婴世变，黍离之感有不能忘情者，故长短句深得骚人意度。"例如《浪淘沙》：

今古几齐州，华屋山丘。杖藜徐步立芳洲。无主桃花开又落，空使人愁。　波上往来舟，万事悠悠。春风曾见昔人游，惟有石桥桥下水，依旧东流。

词中抒发的惆怅失据情绪，跃然于字里行间。故其声调亦压抑低沉。

为明代文坛领袖李梦阳所赞誉的《锁南枝》小调《泥人词》，据李开先《词谑》称"他书相传，以为赵方敏及管夫人作"。从赵、管夫妇都能诗善画、情投意合、琴瑟和谐的生活意趣来看，共同吟和词曲，也并非不可能：

傻俊角，我的哥，和块黄泥捏咱两个。捏一个儿你，捏一个儿我，捏得来一似活托，捏得来同床上歇卧。将泥人儿摔碎，着水儿重和过，再捏一个你，再塑一个我，哥哥身上也有妹妹，妹妹身上也有哥哥。

这首见于《南宫词纪·汴省时曲锁南枝》的曲子，在传唱收录过程中，更加大众化，更富于民间色彩，也是很自然的。

第二节　元中期诗文

如前所论述，13世纪的后期，即元初，在文坛上，还是宋、金遗民作家的时代。到了元代中叶，才出现了一些在元代成长起来的知名的诗人。其中最负盛誉的则是虞集（1272—1348）。他字伯生，号道园，又因其书斋名号邵菴，祖籍蜀郡（今四川省）仁寿人。宋亡随父侨居临川崇仁（今属江西省）。仕元至翰林直学士兼国子祭酒、奎章阁侍书学士。卒谥文靖。著有《道园学古录》五十卷、《道园遗稿》六卷。传见《元史》卷一八一。

虞集不仅自己长于文学，并且也热心提倡文学。《四库全书总目提要》对《道园学古录》评云："有元一代，作者云兴，大德、延祐以还，尤为极盛。而词坛宿老，要必以集为大宗。……迹其陶铸群材，不减庐陵（欧阳修）之在北宋。"①因此被推为一代文宗。

虞集与理学大家吴澄，既是好友，又有师生之谊，受性理之学影响较深，所以在诗学观念上，坚持儒家传统的"温柔敦厚"之说。元仁宗时，却因国子司业吴澄被人诬称有尊陆非朱的异端之论而辞职，虞集也受牵连，以病免。他虽然先后受到文宗、惠宗的宽容，想借故排挤、打击他的朝中贵要未能得逞，但是宦途险恶之感、及早抽身归隐之念，在他的诗词中也隐约地有所流露。他作为抗金名相虞允文的子孙，纵然自觉愿出仕元朝，有时心情还是很不安的。他为友人杨拱辰去建康祭扫抗金而亡的先祖庙墓，写诗相赠：

一襟寒碧忠臣血，二百余年翳草莱。
故国丘墟遗庙在，荒城霜露远孙来。

---

① 见《四库全书总目》卷一六七《别集类》二〇，中华书局1987年版，第1440页。

黄鹂碧草无时尽，白日青天后死哀。
亦有先祠临采石，每曾挥泪棹船回。

——《送杨拱辰序》

对忠臣的悼念，故国沦亡的哀痛，特别是大破金兵于采石矶的先祖虞允文，既引以为荣，又不禁挥泪自伤。

虞集诗以风格遒劲见长。从以下两首诗，更可以窥见他创作的特色：

矶头风急潮水涨，蒹葭苍苍槃渔榜。青山一发是江南，白头不归神独住。幽篁绕屋茅覆檐，木叶脱落秋满帘。买鱼沽酒待明月，定是黄州苏子瞻。子瞻文章世希有，谪向江波动星斗。夜投断岸发清啸，楼鹘惊飞怒蛟吼。图中风景偶相似，欣然挥洒春云开。子瞻应是念乡里，还化江东孤鹤来。

——《题柯博士书》

徒把金戈挽落晖，南冠无奈北风吹。子房本为韩仇出，诸葛宁知汉祚移。云暗鼎湖龙去远，月明华表鹤归迟。不须更上新亭望，大不如前洒泪时。

——《挽文山丞相》

虞诗以风格遒劲简严见长。这两篇诗，可以窥见他创作特色的一斑。前一篇想象丰富而出之以拗兀不凡的笔法，后一篇则以对一位民族英雄的悼念，反映了自己出仕异族的矛盾，感情是很真挚的，所以陶宗仪说："读此诗而不泣下者，几希！"①《金元诗选·元诗选》卷二也赞许此诗"意到、气到、神到，挽文山诗，此为第一"。

此外，传为诗坛佳话的《送袁伯长扈从上京》，也值得一提，以悟作诗炼字之妙：

① 陶宗仪《南村辍耕录》卷四，辽宁教育出版社1998年版，第50页。

日色苍凉映紫袍，时巡毋乃圣躬劳。
天连阁道晨留辇，星散周庐夜属櫜。
白马绵鞯来窈窕，紫驼银瓮出蒲萄。
从官车骑多如雨，只有扬雄赋最高。

据《古夫于亭杂录》卷三记载，说此诗中联原文是“山连阁道晨留辇，野散周庐夜属櫜。”赵孟頫看后说：“美则美矣，若改‘山’为‘天’，‘野’为‘星’，则尤美。”虞集深表佩服。改动一、二个字，全篇气象大为改观。此佳话也见于《金元诗选·元诗选》卷二，《元诗纪事》卷一则转引《蜀中诗话》所记。

虞集的词也为时人所称赞，如〔风入松〕《寄柯敬仲》：

画堂红袖倚清酣，华发不胜簪。几回晚直金銮殿，东风软、花里停骖。书诏许传宫烛，轻罗初试朝衫。　御沟冰泮水挼蓝。飞燕语呢喃。重重帘幕寒犹在，凭谁寄银字泥缄。为报先生归也，杏花春雨江南。

如前面所提及，虞集在朝中曾屡遭构陷排挤，宦海风波险恶，促使他产生引退还乡之念。在《腊日偶题》之二就有所表现：“归时燕子尾毵毵，①重觅新巢冷未堪。为报道人归去也，杏花春雨在江南。”此诗与《寄柯敬仲》词，写作背景相似，而结句相同。词的前半描写在馆阁学士清要任上“晚直”情景，后半则告诉曾同在奎章馆任职的友人，自己也即将回到江南。诚如词学名家夏承焘先生所评：“写得文彩风流，自然雅致。”将对友人的思念与以自己即将归去之讯相告，联接自然而又紧凑。末句“以景结情，尤为警策……为小令中精品”②。瞿佑《归田诗话》还说：“曾见机坊以词织成帕，为时所贵重如此。张仲举词云：‘但留意江南杏花春雨，和泪在罗帕。’即指此也。”

---

① 按：瞿佑《归田诗话》引此句作“屏风围坐鬓毵毵”。

② 见夏承焘《金元明清词选》上，人民文学出版社1983年版，第155页。

杨载(1271—1323)字仲弘,建宁浦城(今福建)人,徙居杭州。以布衣身份召为国史院编修官。延祐二年,与黄溍同举进士,八年后,即病死。他"博涉群书,为文以气为之。……尤工诗,尝语言者曰:'诗当取材汉魏,而格律则以唐为宗。'自载出,始洗宋季诗人之陋"。[①] 不免有所夸张。杨载讲究"诗法",著有《诗法家数》、《诗法正源》。[②] 据说虞集曾向他请教诗法,"酒酣,尽为集言之"。在当时文坛,虞集、杨载、范梈、揭傒斯齐名并称。因其文才曾得到赵孟頫的赏识,享有盛誉。他的七言律写得很好,例如其名篇:

老君台上凉如水,坐看冰轮转二更。
大地山河微有影,九天风露寂无声。
蛟龙并起承金榜,鸾凤双飞载玉笙。
不信弱流三万里,此身今夕到蓬瀛。
——《宗阳宫望月分韵得声字》

宗阳宫,原是宋德寿宫的后花园,元初毁坏,延祐年间,道士杜道坚重建,筑老君台,中有老子像,旁列庄周等道家代表人物。据田汝成《西湖游览志》[③]第十七卷《道院》记载,"杜道坚……风度清雅,尝以中秋,集儒彦,登老君台观月,分韵赋诗,杨仲弘为绝唱"。这首诗的意境幽美雅静,空灵清丽,对仗工巧,音律圆润清亮。"大地山河微有影",虽然是用唐人笔记《酉阳杂俎》说月中有地影、水影的典故,但即便不知此典出处的读者,亦可欣赏、神会其月色景象之美,有身临仙境之感。再如五律《寄刘师鲁》,是怀念友人的:

想君游宦处,正值洞庭湖。落日波涛壮,晴天岛屿孤。
舟航通汉沔,风物览衡巫。天下文章弊,非公孰起予?

---

① 见柯劭忞《新元史》二三七,中国书店 1998 年影印版,第 917 页。
② 《诗法家教》和《诗法正源》均见于《诗学指南》本,前种尚有《历代诗话》本。
③ 田汝成《西湖游览志》,上海古籍出版社 1980 年版,第 236 页。

想象友人所到之处的景况，意象壮丽，情景交融，特别是颔、项两联，于对仗处更显其境界之壮观。颇有唐人风致。一些诗篇中的名句，备受读者赞赏，瞿佑《归田诗话》卷下称“杨仲弘以《宗阳宫玩月》诗得名，然他作如‘风雨五更鸡乱叫，江湖千里雁相呼’；‘挟书万里朝明主，仗剑三年别故乡’；‘窗间夜雨消银烛，城上春云压绛旗’；‘空桑说法黄龙听，贝叶缮经白马驮。’沉雄典实，先叔祖每称之”。杨仲弘诗多有散佚，今存《杨仲弘集》，或称四卷，或称八卷，分法不同。

范梈（1272—1330）字亨父，一字德机，临江清江（今属江西）人。家境贫寒，早孤，母亲对他教养严格。范梈天资颖敏，善于强记，孝敬母亲。他外出，靠卖卜之技所得充旅费，三十六岁才到京都，在勋旧故家当塾师，荐举充翰林编修官，选充翰林应奉，擢福建闽海道知事。闽地风俗，取良家青年男女为绣工，也就是处境恶劣的刺绣工奴。范梈痛恶这种残酷的作法，同情绣工的困窘处境，作《闽州歌》，揭示其弊，廉访使取此诗上达朝廷，才革除此弊。

范梈有两本专讲“诗法”的书。[1]《木天禁语·内篇》说：“外则用之以观古人之作，万不漏一；内则用之以运自己之机，闻一悟十。”就是说古人之法，只具有借鉴、启发的作用，在创作实践中应灵活地运用，切不可拘泥于成法，应发挥自己的聪明才智。这比杨载所强调的“法”，要胜一筹。我们从以下所举古、近体诗，可见其特色。

游莫羡天池鹏，归莫问辽东鹤。人生万事须自为，跬步江山即寥廓。请君得酒勿少留，为我痛酌王家能远之高楼。醉捧勾吴匣中剑，斫断千秋万古愁。沧溟朝旭射燕甸，桑枝正搭虚窗面。昆仑池上碧桃花，舞尽东风千万片。千万片，落谁家？愿倾海水溢流霞。寄谢尊前望乡客，底须惆怅惜天涯。

——《王氏能远楼》

---

① 范梈《木天禁语》，见学海类编本；《诗学禁脔》有《历代诗话》本。还有《诗格》、《诗学指南》本。

一春归计又蹉跎，穷粤风光奈病何！
总有青山千万叠，行人长少鹧鸪多。

——《过三合驿》

离家六度见清明，知是何时出帝京？
今日登临倍惆怅，好山多似豫章城。

——《清明日留西山》

上引古诗颇有李白遗风，胸襟开阔，浪漫色彩较浓，虽用典而不偏僻，而且借以表现其思想感情非常恰当。如《王氏能远楼》首句“天池鹏”是用《庄子·逍遥游》中所谓“鹏之徙于南冥也，水击三千里，抟扶摇而上者九万里”之意，次句是用丁令威成仙骑鹤归辽东的故事。气势豪放。为以下在高楼上痛饮狂舞吴勾剑、砍断万古愁作了恰当的铺垫。下面展开的联想，丰富而美丽，有人间天上之感。所以纵然身在异乡作客，又何需有天涯游子的惆怅呢！受李白、李贺诗雄奇浪漫风格的影响而不蹈前人旧辙，别有新意。

后两首七绝，虽有久留异乡的淡淡愁绪，而且他的健康状况一向不佳，但哀而不伤，借景抒情，或触景生情，也是很自然的。

揭傒斯(1274—1344)，在元代诗坛上，与虞、杨、范并称“四家”。虞集称杨载诗“如百战健儿”、范梈诗“如唐临晋贴”、揭傒斯诗“如美女簪花”(或云“如三日新妇”，都有俊美秀丽之意)，而自喻为“汉庭老吏”，[①]亦只能聊备一说。其实就诗的题材广泛性、思想内容之深刻、艺术的表现力而言，揭傒斯诗不在虞集之下。吴澄《李宗明诗跋》称“揭傒斯，铁中之铮铮者”倒是很恰当的。以一个贫困家庭出身的子弟，能发愤读书成才，得到当朝高官程钜夫的赏识，将从妹许配给他，可见其才智不凡。揭傒斯于延祐元年荐为翰林国史院编修官，历任馆阁职。官至翰林直学士、知制诰同修国史，参预修辽、金、宋三史。为人品格正大光明，敢于直言。卒年七十

① 其说见陶宗仪《南村辍耕录》卷四，辽宁教育出版社 1998 年版，第 50 页。

一岁。著《文安集》十四卷。欧阳玄撰《元翰林侍讲学士揭公墓志铭》，记其生平事迹甚详。称“文章在诸贤中，正大简洁，体制严整，作诗长于古乐府，《选》体、律诗、长句，伟然有盛唐风”。试以其古乐府体一首为例：

高邮城，城何长？城上种麦，城下种桑。昔日铁不如，今为耕种场。但愿千万年，尽四海外为封疆。桑阴阴，麦茫茫，终古不用城与隍。

——《高邮城》

原来借以防卫、确保安全的城墙，以往视为坚廓铁壁，高邮如今却沦为种麦种桑之地。这种现象，在当时来说，是极其不合理、非常严重的矛盾现象，只能说明当地官吏的昏庸无能。诗人很巧妙地说：但愿千万年后，天下太平，城墙化为农桑之地，再不用它作为防御工事就好了。他的担心和愿望都成真，元末张士诚农民起义，一举攻下高邮城，高邮如今早已成为无需城墙设防的繁华都市了。他自己也很欣赏这首诗，与友人饮酒时，常朗诵它几遍。

他的五言短古也有好诗，例如《题风烟雪月四梅图》之二。七言古诗更不乏佳作，如：

夫前撒网如飞轮，妇复摇橹青衣裙。全家托命烟波里，扁舟为屋鸥为邻。生男已解安贫贱，生女已得供炊爨。天生网罟作田园，不教衣食看人面。男大还娶渔家女，女大还作渔家妇。朝朝骨肉在眼前，年年生计大江边。更愿官中减征赋，有钱沽酒供醉眠。虽无余羡无不足，何用世上千钟禄。

——《渔父》

对渔民夫妇、子女贫穷勤劳的生活深表同情，他们是日日夜夜、世世代代在风浪里飘泊，唯一的愿望就是官方能减轻赋税，能有钱买酒以便醉眠，这看似寻常、实为极其辛酸的苦衷。若缺乏对底层劳苦人民生活的体验，是写不出来的。另如《杨柳青谣》，更具民歌色彩，意味隽永。揭傒斯还写过针对特权人物的讽刺诗：

寒向江南暖，饥向江南饱。莫道江南恶，须道江南好。

——《秋雁》

这首咏雁诗，正如孔齐《至正直记》卷三所说的："盖讥色目北人来江南者贫可富，无可有，而犹毁辱骂南方不绝，自以右族身贵，视南方如奴隶。"陈衍《元诗纪事》卷一三亦按云："此诗大有寄托。"①

有鉴于南宋末年某些有势力的诗派（如四灵派、江湖派）的作风之流为琐碎生硬，为了要扭转这种风气，元代诗人就常常向唐代诗人学习，注意增加诗中的抒情气氛。虞、杨、范、揭四人的面貌虽不尽相同，但在这一点上却是一致的。所以李东阳说："宋诗深，去唐却远；元诗浅，去唐却近。"②上举虞集、杨载、范梈和揭傒斯的诗中，也很清楚地显示了这种消息。至于对他们四人的评价，虞集有过形象化的说法，但他毕竟身在其中，也许不一定确切。明人胡应麟评说较为具体，也许更公正："杨仲弘视虞骨力伉健有加，才具闳通不及。范应奉梈、揭文安（傒斯）抑又次之。大抵四家古诗歌谣伯仲，杨五言律、排律胜，揭七言律胜，范七言绝胜，虞差兼备。至于乐府，俱缺如也。"③此说较为全面，可供参考。

第三节　元末诗文

在元朝民族大融合的文化背景下，有些蒙古、色目士人，受汉传统文化的熏陶，能诗善文的作家不少，前面论述过的散曲家贯云石、政治家兼诗人耶律楚材，还有马祖常、萨都剌，就是其中的佼佼者。

马祖常（1279—1338），字伯庸。世为雍古部，居净州天山（今新疆）。高祖锡里吉思，金末为凤翔兵马判官，子孙就因官，以马为姓。曾祖月合

① 陈衍《元诗纪事》，上海古籍出版社 1987 年版，第 294 页。

② 李东阳《怀麓堂诗话》，《四库全书》本。

③ 胡应麟《诗薮》外编卷六，上海古籍出版社 1979 年校点本，第 241 页。

乃,元世祖忽必烈时官礼部尚书,父润,同知漳州路总管府事,家于光州(今河南潢川)。延祐年间恢复科举制,马祖常廷试第二,官至御史中丞。因从他祖上就受中华传统文化滋养,到了他长大的时候就成为汉化的士人了。"为文精核,务去陈言,师先秦两汉。尤致力于诗,凌轹古作,大篇短章,无不可传者。"①著有《石田集》十五卷。《四库全书总目》卷一六七称"其文精瞻鸿丽,一洗柔曼卑冗之习。其诗才力富健……长篇巨制,迴薄奔腾,具有不受羁靮之气"。且举长篇、短章各一,以见其特色:

> 松槽长长栎木轴,龙骨翻翻声陆续。父老踏车足生茧,日中无饭倚车哭。乾田荦确椑禾槁,高天有雨不肯下。富家操金射民田,但喜市头添米价。人生莫作耕田夫,好去公门为卜胥。日日得钱歌饮酒,朝朝买绢与豪奴。识字农夫年四十,脚欲踏车脚失力。宛转长谣卧陇间,谁能听此无悽恻。
>
> ——《踏水车行》

> 甲子人愁雨,河田麦已丹。岁凶捐瘠众,天远祷祠难。
> 贾客还沽酒,王孙自饱餐。更怜黧面黑,征戍出桑乾。
>
> ——《石田山居八首》之一

《踏水车行》描写亢旱之年两种不同的景象和两种不同人群截然不同的思想感情。穷苦农民踏水车抗旱,饿得无力踏车倚靠着水车哭泣,连粗有文化的壮年农夫都无力踏车;而富人却趁灾荒之机,贱价买穷人的田,高价卖出粮食。于是发出不如去充当衙役,得点贿赂买酒的感慨。这是一箭双雕的手法,同情穷人的苦难,在鞭打富人的同时捎带讽刺吏治腐败。读此诗,使人自然联想起白居易的新乐府。后一首五言律诗,以遒劲明朗的笔调,表现深刻的思想内涵。灾荒凶年农民承受捐赋和服兵役的

① 许有壬《至正集·魏郡马文贞公神道碑铭并序》,北京图书馆《古籍珍藏丛刊》第95册,第240页。

重负，而商人、王孙则喝酒饱餐，贫富两重天，读者不禁会浮现出杜甫“朱门酒肉臭，路有冻死骨”的景象。

在少数民族作家中，成就最高的，当推萨都剌（1272？—？）。萨都剌字天锡，号直斋。回族人（或说为蒙古人）。祖父思兰不花，父亲阿鲁赤，都是武官，以世勋镇云代，遂居雁门（今山西代县）。从萨都剌《溪行中秋玩月》诗自序称“余乃萨家子，家无田，囊无储”来看，家庭经济状况较拮据。孝敬母亲，南北仕宦，都奉母而行。据《新元史》卷二三八《萨都剌传》云：“弱冠，成泰定四年（1327）进士，授应奉翰林文字，擢御史于南台，以弹劾权贵，左迁镇江录事司达鲁花赤。”“至正三年（1343）擢江浙行省郎中，迁江南行台侍御史。明年，左迁淮西江北道经历。诗才清丽，名冠一时，虞集雅重之。晚年寓居武林（今杭州），每风日晴好，辄肩一杖，挂瓢笠，踏芒跻，凡深岩邃壑，无不穷其幽胜，兴至，则发为诗歌。著有《雁门集》八卷，《西湖十景词》一卷。后入方国珍幕府卒。”引这段史料，说明三点：一是，他很有才气，二十几岁中进士，血气方刚，以弹劾权贵被降职，在江南行台侍御史任上，又一次被降职，可见他是个直言敢谏、不怕得罪权贵的正派人；二是诗人气质很浓，寓居杭州，游山玩水，欣赏自然风光，吟诗作词，自由自在，无拘无束；三是他晚年的心态胸襟是放旷的，生活环境也好，故得以长寿。为《雁门集》作注的萨龙光否认“后入方国珍幕府”之说，①但至少说明方国珍独霸浙东一方之时，萨都剌还健在，卒年大约八十多岁。

萨都剌年轻在京任职时，写过一些应制性质的宫词和丽情乐府，杨维祯《宫词序》云：“宫词，诗家之大香奁也……天历间，余同年萨天锡善为宫词。”是写宫女惆怅怨恨情绪的，所以虞集说他“最长于情”。其实，这只是萨都剌诗集中的一个次要方面，他对当时的政事还是很关注的，明瞿佑《归田诗话》卷中就能对这一特点作出较全面的评论：“萨天锡以宫词得名，其诗清新绮丽，自成一家，大率相类。惟《纪事》一首，直言时事不讳。诗云：

---

①　萨龙光《雁门集注》于《鬻女谣》注云：“本集中如……《绣鞋诗》为避方氏而作……不可以韩偓《香奁》例之矣。”又在其《雁门集编注跋》中云：“公自世祖至顺帝，身经十一主，历八十余年。”

当年铁马游沙漠，万里归来会二龙。周氏君臣空守信，汉家兄弟不相容。只知奉玺传三让，岂料游魂隔九重。天上武皇亦洒泪，世间骨肉可相逢。

盖泰定帝崩于上都，文宗自江陵入据大都，而兄周王远在沙漠，乃权摄位，而遣使迎之。下诏四方云：‘谨俟大兄之至，以遂固让之心。’及周王至，迎见于上都，欢宴一夕，暴卒。复下诏曰：‘夫何相见之顷，宫车弗驾。加谥明宗。’文宗遂即真。皆武宗子也，故天锡末句云然。”

元文宗虽史称偃武修文的明君，但诗人对其以阴谋手段篡夺兄长帝位的劣迹，毫不讳饰地予以揭露。诗中所谓“汉家”，在习惯上就是直指当代，例如白居易《长恨歌》首句“汉皇重色思倾国”，讽喻唐明皇是无需解释的。类似的史诗性的作品，诚如萨龙光《雁门集编注跋》所指，如“武仁授受之际、伯颜戕帝后于民舍、惠宗黜幼帝于中途，公目击时变，往往发为诗歌”。元朝统治者内部为争权夺利而发动的内战，给人民带来的苦难，诗人深感痛心：

居庸关，山苍苍，关南暑多关北凉。天门晓开虎豹卧，石鼓昼击云雷张。关门铸铁半空倚，古来几度壮士死。草根白骨弃不收，冷雨阴风哭山鬼。道傍老翁八十余，短衣白发扶犁锄。路人立马问前事，犹能历历言丘墟。夜来锄豆得戈铁，雨蚀风吹失颜折。铁腥唯带土花青，犹是将军战时血。前年人复铁作门，貔貅万灶如云屯。生者有功挂玉印，死者谁复招孤魂。居庸关，何峥嵘！上天胡不呼六丁，驱之海外消甲兵，男耕女织天下平，千古万古无战争。

——《过居庸关》(至顺癸酉岁)

这首古体乐府风格遒劲俊健，诗中前半极言居庸关形势之险要，所以是兵家必争之地，“古来几度壮士死”，而重在描写当代发生的征战，“道傍老翁”犹能诉说的时事。诗题特别注明作者经历的时间，就是元文宗至顺四年。在此之前，皇位的继承，有几次都不是平稳交替的，甚至发动内战夺取皇位，而流血牺牲的是普通士兵和老百姓，为夺位而立战功的将军则得奖赏。诗人的愿望是：像这种不义之战，再不要发生了，让老百姓能过男耕女织的太平日子。

萨都剌长期仕宦江南，对自然风光情有独钟，写景诗也很优美，表情达意，婉转自如，精深细致。

> 三山云海几千里，十幅蒲帆挂烟水。吴中过客莫思家，江南画船如屋里。芦芽短短穿碧沙，船头鲤鱼吹浪花。吴姬荡桨入城去，细雨小寒生绿纱。我歌《水调》无人续，江上月凉吹紫竹。春风一曲鹧鸪词，花落莺啼满城绿。
>
> ——《过嘉兴》

这是一幅多么美丽的江南水乡风光呵！诗情画意，自然景色中洋溢着姑娘的青春气息，鲤鱼掀起浪花，微风送来动人的歌声，真令人陶醉其间。这位被虞集称为"最长于情"的诗人，在写景诗中，也很自然地流露出率真的感情色彩，而其表现手法又是较为含蓄的。在杭州写有《西湖十景词》，据《元诗纪事》卷一五引《续宏简录》所说："至今脍炙人口。"萨都剌诗，无论古体、律、绝，都不乏佳作，不胜枚举，萨都剌也长于词，夏承焘《金元明清词选》，选了其中四首代表作，我们想在此外举另一名篇：

> 六代豪华，春去也、更无消息。空怅望，山川形胜，已非畴昔。王谢堂前双燕子，乌衣巷口曾相识。听夜深、寂寞打孤城，春潮急。　思往事，愁如织。怀故国，空陈迹。但荒烟衰草，乱鸦斜日。《玉树》歌残秋露冷，胭脂井坏寒螀泣。到如今、只有蒋山青，秦淮碧。
>
> ——〔满江红〕《金陵怀古》

金陵是六朝古都，江山胜地，而像陈叔宝、李煜等末代君王，却都沉沦于纸醉金迷、歌舞声色的腐化生活之中，终于导致国破家亡的可耻下场。历代诗人词家，面对这座据有形胜之地的古都遗迹，刘禹锡、王安石、张孝祥、辛弃疾，都抒发过他们的感慨，怀古而伤今。从萨都剌这首词所呈现的一派萧飒落寞景象，没落感伤的情怀，已预感到元王朝的末日即将来临。江山依旧，而大元帝国已到了重蹈南朝亡国君王覆辙的时候了，真可谓“落花流水春去也”，带有挽歌意味。

在元末诗坛上，还有几位著名人物是值得重视的，这就是王冕、杨维祯和吴莱。他们都是浙东人，就其诗歌创作的艺术风格而论，与当时以效法唐人李贺、李商隐为特征的“浙东诗派”是不同的；杨维祯的某些诗倒有所近似，但不必将他强拉归派。

在元末风云变幻的时代，王冕（1300？—1359）虽然不是投身变革现实的弄潮儿，但却是个敢于直面人生、敢于抒发心声的诗人。他字元章，号煮石山农，出生于浙江诸暨一个贫困的农家，自幼刻苦自学，依僧寺映长明灯读书。会稽学者韩性收为弟子，遂成通儒，却屡应举不中。于是下东吴，入淮楚，北游燕都，客秘书卿泰不花家，拟荐馆职，坚辞不就。既归，每大言天下将乱，携妻孥隐浙东九里山，自号梅花屋主，善画梅，借画得米自给。身虽隐居而心怀天下，曾仿《周官》著书一卷，曰：“持此遇明主，伊、吕事业不难致也。”朱元璋攻克婺州（今浙江金华），聘为幕府谘议参军，不久病死。著有《竹斋集》。

作为一个诗人，他以敏锐的眼光观察社会，并借助艺术形象反映乱世社会的各个侧面，表露自己的痛恶、愤怒或悲悯之情，具有强烈的正义感。《伤亭户》描写作者在浙东沿海绍兴一带旅途中的见闻，盐户在官吏的残酷迫害下不幸的悲惨遭遇：两个儿子都死了，老头子承受着官吏日益残毒的搜刮，总催、场胥、分运等各类盐务官吏敲诈勒索的手段，一个比一个更毒辣，难以为生，被迫上吊自杀。作者夜晚听盐户老人倾诉苦难，而天明风吹开门，所见惟有“僵尸挂荒屋”，这是一幅惨绝人寰的生活画面，如实写来，不发一句议论，而思想感情的倾向却非常鲜明：对贪官酷吏的痛恶，对亭户悲惨遭遇的深切同情。

王冕诗仿效杜甫，虽然艺术上未能臻于杜诗精纯之境，但其现实主义精神却是一脉相承的。读上述《伤亭户》，自然会联想到杜甫的名篇《石壕吏》。再如《痛哭行》所写“京邦大官饫酒肉，村落饥民无粒粟”，在对比中提示贫富悬殊的社会矛盾；《悲苦行》中所表现的“安得壮士挽天河，一洗烦郁清九区，坐令尔辈皆安居”的美好理想，都可以看出杜诗对他的影响。他的咏物诗也受到杜甫咏物诗的启发，例如《劲草行》就是借咏物诗的传统艺术手法，歌颂坚贞不渝的民族气节：

> 中原地古多劲草，节如箭竹花如稻。白露洒叶珠离离，十月霜风吹不倒。萋萋不到王孙门，青青不盖谗佞坟。游根直下土百尺，枯荣暗抱忠臣魂。我问忠臣为何死，元是汉家不降士。白骨沉埋战血深，翠光潋滟腥风起。山南雨晴蝴蝶飞，山北雨冷麒麟悲。寸心摇摇为谁道，道旁可许愁人知？昨夜东风鸣羯鼓，骷髅起作摇头舞。寸田尺宅且勿论，金马铜驼泪如雨。

咏物诗妙在所咏之物像与所抒之情，有着某种相似之素质，使读者产生联想，而不是牵强比附。两者的关系是若即若离，不即不离。“疾风知劲草”，以劲草比喻坚贞之士，历经艰险祸患而不变志节，极其生动准确。本诗采用歌行体的形式，灵活自如。全诗分四段：首段八句描写劲草坚强崇高的品格，用开门见山的写法，开头就直截了当地点明中原大地多劲草，而强调“中原地古”，含有悠久的传统文化培育出众多坚贞之士的意思。“节如箭竹花如稻”、“十月霜风吹不倒”，抓住劲草的本质特征，予以形象化的描写，具有朴素而崇高的美。劲草茂盛、青翠而不依傍权贵之门，更不点缀谗佞之坟，“游根直下土百尺，枯荣暗抱忠臣魂”。把劲草人格化，突出其坚贞的品格。二段通过设问的方式，描绘出一幅“汉家不降士”血沃中原肥劲草的悲壮画面。“白骨沉埋战血深，翠光潋滟腥风起”，壮士的鲜血与茂盛的劲草，浑然融为一体。三段描写“山南”与“山北”两种截然不同的景象，激起诗人内心的悲哀。以“蝴蝶飞”比喻媚颜事敌的变节分子轻佻狂荡，以墓前的石麒麟倒卧荒野，象征忠魂的庄重悲凉。末段写忠魂闻敌人战鼓之声愤而起舞，颇有刑天舞干戚的气概。结尾两句“寸田尺宅且勿论，金马铜驼泪如雨”，精警隽永，具有震撼人心的感召力：壮士死不瞑目，非为一己田宅之私，而是为国家倾亡而悲愤。诗人用“金马铜驼”的典故表现国家衰亡之痛，非常恰当，取得言简意赅、以少胜多的艺术效果。在质朴自然中显其沉郁遒劲，是这首诗艺术风格的主要特征。作者是慷慨悲歌，而读者则有荡气回肠、黯然泪下之感。

王冕善画梅，且自题其居为梅花屋，园中植梅树上千株，可见他对梅花的爱好。有题画的梅花诗一卷，颇为著名，从其《梅花》诗，可见其风神韵致：

三月东风吹雪消，湖南山色翠如浇，
一声羌管无人见，无数梅花落野桥。

描绘春雪融化后，山色格外青翠，野桥旁梅花落英缤纷，明秀高雅，色彩鲜明，诗情画意，融为一体。文如其人，奔放质朴的诗风，也正是他那豪迈孤傲性格的表现。为人们所传诵的《墨梅》名句“不要人夸好颜色，只留清气满乾坤”，以及晚年所作《归来》诗云“野梅开花尚古色”，也都是他高洁傲兀品格的写照。

杨维桢(1296—1370)，字廉夫，山阴(今浙江绍兴)人。少年时博学强记，其父为之建读书楼于铁崖山中，因自号铁崖。元泰定四年(1327)进士，署天台尹，改钱清场盐司令。“狷直忤物，十年不调。”元末兵乱，避地富春山，徙钱塘。张士诚累招之，不赴。徙居松江，与当时“东南才俊之士”交往，过着放荡不羁的名士生活，吹铁笛，作《梅花弄》，“以为神仙中人”，借此韬光养晦，苟全性命于乱世。洪武二年(1369)召聘他修纂礼乐书，维桢辞谢说：“岂有老妇将就木，而再理嫁者邪？”不愿出仕，但留京百余日，所纂叙例略定，即辞归。宋濂赠诗曰：“不受君王五色诏，白衣宣至白衣还。”赞其清高。

杨维桢以诗著称，号铁崖体。在元代后期诗风趋向萎靡之时，他提倡古乐府，拟古乐府之作备受时人称赞，张雨《铁崖先生古乐府序》曰：“今代善用吴才老韵书，以古语驾驭之，李季和、杨廉夫遂称作者。[①] 廉夫又纵

① 李季和(1285—1350)，名孝光，字季和，浙江温州乐清人，与杨维祯、萨都剌、张雨等为挚友。

横其间，上法汉魏而出入于少陵二李之间，故其所作古乐府辞，隐然有旷世金石声，人之望而畏者。又时出龙鬼蛇神以眩荡一世之耳目，斯亦奇矣。东南士林语之曰：‘前有虞、范，后有李、杨。’”其实他写的乐府古辞佳作并不多。他自己很得意的《鸿门会》，模仿李贺《公莫舞歌》，极尽艺术想象和夸张之能事：

天迷关，地迷户，东龙白日西龙雨。撞钟饮酒愁海翻，碧火吹巢双猰貐（暗言范增、项庄），照天万古无二乌，残星破月开天余（此言沛公当独王天下，羽不得分也），座中有客天子气，左股七十二子连明珠。军声十万振屋瓦，拔剑当人面如赭。将军下马力拔山，气卷黄河酒中泻。剑光上天寒彗残，明朝画地分河山。将军呼龙将客走，石破青天撞玉斗。

与李贺所作构思相似，但文字上没有雷同，驰骋变化，眩人耳目。这大概就是自感得意的原因。缺点是作品的思想内涵较单薄。

杨维桢在当时算是一位享年很高，得名很盛，而其作品则不免瑕瑜互见的诗人。

银河忽如瓠子决，泻诸五老之峰前。我疑天孙织素练，素练脱轴垂青天。便欲手把并刀剪，剪取一幅玻璃烟。相逢云石子，有似捉月仙，酒喉无奈夜渴甚，骑鲸吸海枯桑田。居然化作十万丈，玉虹倒挂清冷渊。

——《庐山瀑布谣》

气象之壮丽，构想之奇妙，可与李白《望庐山瀑布》相媲美，丰富的想象，瀑布所呈现的景观更加优美动人。诚如蒋一葵所说，其风格是“雄伟俊逸”[①]的。此外，如《盐商行》、《贫妇谣》、《食糠谣》等篇，揭露社会黑暗、

① 见蒋一葵《尧山堂外记》，明刊本第77卷。

世态炎凉，同情人民的疾苦，具有一定的认识意义和鉴赏价值。对于杨维桢的诗，前人毁誉不一。宋濂称誉其诗："尤号名家震荡凌厉，骎骎将逼盛唐。骤阅之，神出鬼没，不可察其端倪，其亦文中之雄乎？"①王彝则诋毁他为"狐也，文妖也"②，这是因为他的诗学卢仝、李贺，显得奇诡晦涩。故《四库全书总目》卷一六八评：他具有"横绝一世之才"，其乐府"根柢于青莲（李白）、昌谷（李贺），纵横排奡，自辟町畦。其高者或突过古人，其下者亦多堕入魔趣。故文采照映一时，而弹射者亦复四起。……特其才务驰骋，意务新异，不免滋末流之弊，是其一短耳。去其甚则可，欲竟废之，则究不可磨灭也"。对于杨诗的渊源和得失，作出的评价，都很恰当。他的有些小诗，写得清新活泼，意味深永：

潮来潮退白洋沙，白洋女儿把锄耙。
苦海熬干是何日？免得侬来爬雪沙。

颜面似墨双脚赪，当官脱裤受黄荆。
生女宁当嫁盘瓠，誓莫近嫁东家亭。

——《海乡竹枝词》

家住城西新妇矶，劝君休唱《缕金衣》。
琵琶元是韩朋木，弹得鸳鸯一处飞。

石新妇③下水连空，飞来峰前三万重。
妾死甘为石新妇，望郎或似飞来峰。

——《西湖竹枝词》

---

① 见宋濂《江西等处儒学提举杨君墓志铭》，《宋濂全集》，浙江古籍出版社 1999 年版，第 681 页。

② 见王彝《文妖》，又见朱国桢《涌幢小品》卷十八《文淫妖》，《笔记小说大观》本第十三册，广陵书社 1984 年版，第 273 页。

③ 原注："即秦皇缆石也。"

谍报越王兵，城门夜不扃。孤臣睛不死，门月照人青。

——《城门曲》

前两首《海乡竹枝词》反映了盐亭工人受压迫、受剥削的辛酸生活，他们无法再忍受这种苦难，因而说出极其悲愤决绝的话。中间两首表现了下层妇女朴素而坚贞的爱情愿望。而最后那首《城门曲》，则表达了对历史故事传说中人物的感情。语言清新，含意深远，深得唐人绝句妙境。

杨维桢写的一些人物传记，有的人物与事件都出于虚构，例如《冰壶先生传》、《竹夫人传》，虽然尚未极尽小说艺术想象虚构之致，但是也可以作为文言小说来读。

杨维桢著有《铁崖先生古乐府》十卷，《复古诗集》六卷，《东维子文集》三十一卷。

吴莱(1297—1340)字立夫，今浙江浦阳人。虽然缺乏杨维桢那种新鲜宛转的风趣，但却以其沉著健拔的笔墨在诗坛上独树一帜。咏古的长歌是他所特别擅长的。通过一些具体形象的刻画，诗人往往非常成功地对于历史上的成败兴亡作出了合情合理的判断。

咸阳宫，昭华琯，白玉琢成三尺短。美人南国遥辇来，齐讴赵瑟巧盘回。洞房更衣待月上，音伎逐色穿云开。天光摇，地势动，山林冥，海水涌。奔腾万骑压城破，错愕双矛鏖敌竦。临洮举杵送役夫，碣石挟弩射鲸鱼。泗亭夜行老妪泣，蕲泽秋戍妖狐呼。一吹吹向乐中变，再吹吹作寰内战。天教汉祖见还惊，可惜秦皇惊不见。岂伊伶伦嶰谷法凤鸣？节节足足久无声。岂伊后庭伴侣戒亡国？璧月琼枝乐不得。自时厥后日淫荒，立部坐部陈丝簧。花奴羯鼓打渔阳，禄山舞马登舞床。昭华吹秦不吹唐，呜呼昭华落何乡！宋沆尚及万宝常，何如听风听水奏伊凉，悔不去问龟兹王。

——《昭华琯歌》

由秦代遗留下来的一支管乐器引发，诗人对从汉到唐统治阶级因为沉溺于声伎之好所产生的后果，作了一些批判。卓拔的风格，丰富的联想、活泼的节奏，则是诗人在艺术上值得肯定的地方。吴莱的另外一些著名诗篇如《卫将军歌闻有得汉卫青玉印者赋之》、《观唐明皇〈羯鼓录〉后赋歌》、《韩蕲王花园老卒歌》，也都具有这种特色。他死后，学生宋濂等私谥他为渊颖先生。清代诗人和诗论家王士祯将他的歌行与杨维桢的乐府并提："铁崖乐府气淋漓，渊颖歌行格侭奇。耳食纷纷说开宝，几人曾见宋元诗？"[①]《元史》卷一八一有《吴莱传》，宋濂《渊颖先生碑》记述生平事迹、道德文章尤为翔实。

其实，元末诗文作家远不止上述几位，例如由元入明的一些著名作家，刘基、宋濂、危素、高启等人，他们有代表性的诗文作品，大多写于元末，但是按惯例，都列于明代文学史，当然这里就只能从例。

① 王士祯《戏仿元遗山论诗绝句》一七，见《带经堂诗话》。

元朝建元表

世祖奇渥温忽必烈	中统	1260—1264
	至元	1264—1294
成宗奇渥温铁穆耳	元贞	1295—1297
	大德	1297—1307
武宗奇渥温海山	至大	1308—1311
仁宗奇渥温爱育黎拔力八达	皇庆	1312—1313
	延祐	1314—1320
英宗奇渥温硕德八剌	至治	1321—1323
泰定帝奇渥温也孙铁木儿	泰定	1324—1328
	致和	1328
天顺帝奇渥温阿速吉八	天顺	1328
文宗奇渥温图贴睦尔	天历	1328—1330
	至顺	1330—1332
明宗奇渥温和世㻋	天历	1329
宁宗奇渥温懿璘质班	至顺	1332
顺帝奇渥温妥懽帖睦尔	至顺	1333
	元统	1333—1335
	至元	1335—1340
	至正	1341—1368

后　记

1956年秋，千帆老师在武汉大学讲授宋元文学史，每周六课时，按当时综合大学教学大纲的计划，是一个学期讲完。因程先生经常应邀去北京、青岛等地出席学术会议或讲学，故到期末才讲完两宋文学，元代文学是1957年春才开始的。众所周知，从那年3月学习领导人的讲话开始，鼓励大家提意见，畅所欲言，到了5月，演化为帮助党整风，也就是所谓“知无不言，言无不尽，言者无罪，闻者足戒”的“鸣放”；转瞬之间，变成“言者有罪”的“扩大化”运动。程先生以其正直爽朗、少有顾忌的性格，说了一些切中时弊的话，竟成全校“右派元帅”，课也就中止了。在尚不知能否再上讲台授课的情况下，他以高度的责任感和坚毅顽强的意志，续写元代文学讲义付印，但是未完就不给印了，从此“侧身刍牧间十八年”，好在一部分手稿保存了下来。

我作为宋元明清文学方向的研究生，曾随堂听程先生讲授宋元文学史课，详其始末。先生讲课时生动的音容笑貌、极具思辨力而又形象化的语言，至今记忆犹新。

《两宋文学史》，是他与南京大学吴新雷教授合作修订出版的。2000年5月，我遵嘱去南京出席《中华大典·魏晋南北朝文学分典》和《文学理论分典》样稿论证会。会议结束的当天下午，我去向程先生辞行，他提起《元代文学史》讲义尚未修订的事，虽因我即将赶赴轮船码头，未能细谈，但从“以后有机会再仔细商量”的语气中，嘱托之意向当可神会。因我正忙于主编《明清文学分典》的工作，先生是很清楚的，我也不便拍胸请缨，总以为后会有期，不料此一别竟成永诀。直到2003年，我完成《明清文学分典》的编务，才向师母陶芸表明：如果修订《元代文学史》事，尚未落实到合适的人，我承担此任义不容辞。很快，师母就托专人带这份遗稿给我。

退休十多年了，好像总是在忙一些与专业相关的事，又几度外出叙天伦之乐，再加上人的惰性，直到最近两年才有迫切感，意识到自己已经年逾八旬，日薄西山，来日无多，不应把我老师的事留给我的学生去做。2013年9月，是先师百岁诞辰，谨以完成修订出版《元代文学史》作为对恩师的纪念。现在出版这类学术著作不容易。感谢武汉大学出版社编审陶佳珞女士，毅然签约。

我之所以乐意恪尽此责，固然是遵循我国文化传统的惯例，学生整理修订先师的遗著是应尽的义务，程先生整理出版《汪辟疆文集》、《黄侃日记》，就是范例；他在弥留之际还自责未能见到《黄侃日记》的出版。更有一种深沉的感情力量驱动着我。师生两代人，命运遭遇何其相似！如果说受"扩大化"的冲击是一种必然的惯性，那么，我的患难结发妻黄馥梅医师和先师母沈祖棻教授，同是温柔善良、合群敬业、志洁行芳、与世无争的贤淑女子，为什么偏偏先后都遭遇车祸惨死?！沈先生罹难，程先生之悲，我感同身受，心灵相通，才会不顾后果，登门吊唁，师生紧握双手，"相对无言，唯有泪千行"。程先生那既不服输、不甘被厄运击倒，又能随遇而安，得一支点，就能创造奇迹、矢志以学术报国的精神，更是我学习的榜样。

修订程先生的《元代文学史》，我是下了决心的。记得《文艺研究》编辑部委托陈文新教授采访我时，提及"今后还有什么打算?"我就说过："有一桩心愿，我师从程先生四十余年，风风雨雨，师生情深，想做最后一件事，就是将他在武汉大学讲授元代文学史的讲义，修订出版。"（详见《文艺研究》2007年第4期）

这部《元代文学史》讲义，毕竟是半个多世纪以前的著作，在学术思想上，不受当时文坛风气影响，实属难能可贵，真正有价值的学术著作，是经得起历史检验的。我需要做的工作，主要是：所论及的作家、作品乃至文学样式的范围，作必要的扩充；酌量增补现在能见到的文献资料，注释予以详明出处，包括各种符号标志在内，一律按当今的学术规范作标准化处理；有些以往惯用的评论性用语，在不妨碍实质性内容的条件下作适度淡化；无论笔误或排字致讹，概予订正，个别有歧疑处用注释作按语。总而言之，修订和增补，首先是尊重原著精神，顺其学术思想脉络发展；其次是考虑必要性。关于署名，按程先生健在时与合作者的惯例，是共同署为撰著人。如今先师已作古，修订过程中未经商讨，若贸然与老师并列为撰著者，似欠妥，我以修订者的身份忝列其后，较为切实。但受自己水平和精力限制，不能尽如人意，尚望读者见谅。正是：

滔滔江水流日夜，
熊熊薪火传千秋。

吴志达
2013年1月

程氏汉语文学通史

程千帆
程章灿
撰

第一章　神话:人类童年的智慧

神话的产生　神话的性质和意义　中国神话的三个特点　中国神话散失的历史文化背景　四个有代表性的神话　神话的文化功能与价值

文学最早的表现形态是口头文学,神话和歌谣则是原始口头文学最主要的两个部分。

对于现代人来说,要了解原始时代的人们对自然现象和社会生活的感知和理解,了解他们的情感和幻想,以及他们对理想和力量的追求,神话是最生动的资料。

在原始社会乃至于奴隶社会中,人类必须随时随地与险恶的自然环境、凶猛的野兽或其他氏族部落进行顽强的对抗和殊死的搏斗,才能生存下去,条件异常艰苦。在生产和战斗中,人类掌握了某些自然规律,改善了物质条件,提高了生活水平,开发了智力,也从而产生了幻想和希望:希望减轻劳动,增加生产,幻想和平富裕,无忧无患;希望解释并控制自然,幻想避免或战胜天灾人祸。神话既根源于蒙昧、贫乏的原始生活,同时又代表了人类对美好未来的追求精神和对未知世界的探究欲望。因此,人们依照自己的幻想和希望创作了神话,也依照生活中的英雄人物形象创造了神。神话中的主要角色是神和英雄。神往往富于人性,行事也合乎人情,和人一样有喜怒哀乐;而英雄则富于神性,具有超人的能力,和神一样神通广大。事实上,在原始神话观念中,神性和人性并没有不可逾越的界限。神话中的奇妙的想象和工艺化思想，常常蕴含着科学思维的萌芽，成为后来许多重大的科学发明的动因。相传为风后所发明的指南车，就是由能够在大雾中辨别方向的希望而引起的。同样，由于希望在空中飞翔，就产生了腾云驾雾的神话。今天，科学的进步已经使这些神话都变成了现实。

包括中华民族在内的世界各民族的文学史都是以神话开幕的。中国神话无论从其形式还是流传情况看，都有鲜明的特征，与希腊罗马神话比较，差异尤其显著。首先，中国神话大多数是用散文记录的，而且是在产生以后，经过相当长一段时间才被记录下来，如保存中国神话较丰富的《山海经》，乃是战国时代的作品，这距离书中大多数神话产生的时代，已经很遥远了。《诗经》只是在客观上保留了少量神话。《楚辞》中留存的神话较多，但其本意主要是随机的引用而非忠实的记录。在《天问》中，屈原甚至对古代流行的一切神话和传说都表示怀疑，一一提出质问。在这种情况下，成为中国神话的仓库的，倒不是诗歌而是散文了。这和希腊神话早在奴隶时代就以史诗的形式到处流传有很大不同。其次，中国神话的体制一般都相当短小，不像希腊罗马神话那样篇幅巨大，如荷马史诗《伊利亚特》和《奥德赛》之类长达上万行的鸿篇巨制，那是我们所没有的。还有，中国神话亡佚得相当之早。现存的神话看起来有时简直像一份目录或一个提纲。即使保存着一些片断，也仅仅是些片断而已，很难整理出始末周详、头绪井然的故事来。这和希腊罗马神话详尽得连神的家族都可以制成宗谱相比，也大异其趣。

中国神话记录得晚，散失得早，短小零散，又不成体系，这些特点有着深厚的历史文化背景。

就语言文字方面说，在神话产生的时代，文字演进的水平和书写材料的条件还不能胜任详细完整地记录神话内容的任务。而当文字发达、书写材料相对丰富之后，神话的记录又因为下文所述的其他原因而未得到充分的重视。在语言上，诗歌远比散文容易记诵传播，在文字书写条件十分简陋的上古时代，文献的流传尤其需要借助韵文的优势。先秦诸子尚存古风，其著作中还常常可以看到押韵的句子和段落，《老子》五千言通篇为韵语,最为突出,即是为方便记诵而着意经营的例子。中国上古神话多采用散文而不是韵文形式来记录,可以说是一开始就被剥夺了流传的先天便利。

就思想文化传统方面说,巫和史是中国历史上最早的两种文化人才,代表了人类精神中热烈与冷静、蹈空与务实两种不同的倾向,由此派生出上古文化传统的两大因子——巫祝文化和史官文化。随着时代的发展、文明的进步,巫祝文化在传统中的比重逐渐缩小,作用逐渐淡化,终于被排斥出主流文化圈,而史官文化则始终在正统文化中占有重要的一席。史官文化崇尚实事求是,无征不信,这显然与神话的荒唐无稽背道而驰。另一方面,中国古代流传下来的重要典籍几乎都经过儒家学者的整理。在儒家“子不语怪力乱神”(《论语·述而》)的理性精神和注重修齐治平的现实人生的思想传统里,上古时代流传下来的那些神话传说自然会被视为荒诞不经,或弃置不论,或加以删削。今天我们所能见到的神话材料多保存在子部杂家小说笔记之类的著作中,在儒家经典著作中则比较罕见,这不是偶然的。战国时代,经过百家争鸣和文化启蒙的洗礼,诸子哲学中多闪现出理性思想的光辉,因此,包括儒家在内的许多学者和思想家都习惯也热衷于对古代神话重新给予“合理化的解释”。例如,在神话中,夔是一个只有一只脚的神怪(《说文解字》五、《文选·东京赋》薛综注),而后人则解释成“只要夔一个人就足够了”(《韩非子·外储说》左下、《吕氏春秋·察传》)。这样的矫形改造,加速了神话历史化、现世化和理性化的进程,使一部分神话羼入历史,藉历史而得以保存,也造成神话传说与信史之间真伪莫辨;同时,更多的神话却失去了原始思维的天真活泼的本性,变得纷乱、零碎、僵化,削弱了衍生传承的生命力。中国神话的大量亡佚,这是最重要的原因之一。

正是由于中国神话没有公私方面的正式记录,未形成相对固定的文本,在辗转传述的过程中,不同时代各个地区的人都可以依据各自的语言风俗和历史地理情况,以及时代、地域或种族的色彩和特征,给予同一位神以多种不同的名称、身份和来历,同一件事的因缘、过程也可能有大相径庭的说法。辽阔的空间和绵远的时间既导致了中国神话的凌乱感,也凸现了层次感。

传世的中国神话只占其全部的一小部分，但它是先民传播知识、寄托情感的重要方式之一，它曾经激励过先民的人生斗志，并依然在我国的文学宝库中闪耀着光芒。

人与自然、人与神、神与神之间或和谐或冲突的错综关系，是神话的三大主题，由此演化出关于天地的开辟、自然的化育、诸神的事迹、英雄的功业以及人类的诞生等种种传说，构成了神话题材的几大类型。下面综合有关材料，叙述四个比较完整并有一定代表性的中国神话，并作简要分析。

首先，让我们认识一下这世界是怎样化育而成的吧。

起初，天地浑沌，像一只鸡蛋，盘古就生在它的中心。天每日长高一丈，地每天加厚一丈，住在天地之间的盘古每天也长一丈。如此过了一千八百年，阳气轻清，升浮为天，阴气重浊，沉降为地，天越来越高远，地越来越深厚，天地开辟，成了今天这样子。盘古的身材也随之越来越高大(《艺文类聚》卷一引《三五历纪》)。

盘古是大自然的化身。他的哭泣是江河咆哮，他的呼吸是寒风呼啸，他的吼声是震雷，他的目光是闪电。阴晴取决于他心情的愤怒抑或喜悦，昼夜来自他的眼睛的开闭。盘古死后，他的身体发肤都变成了自然的一部分。头变成了东岳，腹变成了中岳，左臂变成了南岳，右臂变成了北岳，而两足则变成了西岳。日月原来是他的眼睛，江海原来是他的脂膏，草木原来是他的毛发(《绎史》卷一、《广博物志》卷九引《五运历年纪》、《述异记》卷上)。

其次，让我们认识一下人类是怎样诞生的吧。

天地开辟之后，大地上别的东西都有了，就是没有人类，行走在这样一片寂寞的土地上，天神女娲日益觉得孤独难堪。她开始用黄土和水抟成像自己模样的小东西，神的手赋予他们以生命。这些新鲜的生命就是人。女娲努力想多造出一些这一类灵敏的小生命来，但后来她太疲倦了，只得拿一根绳子，蘸些浑黄的泥浆，向地面上一抖，溅落的泥点居然都成了一个个活蹦乱跳的人。于是，大地上布满了人类的足迹，世界不那么寂寞了。黄土抟成的人是女神精心制造的,就有了富贵的身份;而泥浆抖出的人,近乎粗制滥造,就过着贫贱的生活。为了使人的生命能够永远维持下去,女娲让人男女婚配,结果就成了今天的人类(《太平御览》及《绎史》引《风俗通义》)。

有一天,水神共工和火神祝融不知怎么打了起来,一直从天上打到人间。最终,祝融获胜,共工又羞又恼,一气之下,将头向不周山撞去。共工自己并没有撞死,可是擎天的柱子却被折断了,大地的一角也被震垮了,天露着丑陋的大窟窿,地断裂出无底的深坑。森林大火熊熊,地上洪水滔滔,猛兽鸷鸟趁机出来袭击人类。遇上这样一场大灾难,人类简直无法生存了。

女娲选了许多美丽的五色石子,用火把它们熔成液体,补好了天上的窟窿,又怕它再垮陷下来,便杀了一只大鳌,斩下它的四只脚,把天像帐篷一样支起来。随后,她又杀掉一条凶猛的黑龙,烧了许多芦灰把洪水塞住。人类这才算安顿了下来(《淮南子·览冥》)。

残破的天地虽然修好了,但毕竟没有完全复原。西北向的天仍有些倾斜,所以日、月、星辰都不自觉地倒向西边,而东南方的地块,最初陷下去的深坑还在,所以大小江河都不约而同地朝东边流去,天长日久,在大地的东边出现了海洋(《淮南子·天文》)。

再次,让我们认识一下我们的民族是怎样成长的吧。

黄帝是华族的祖先,也是中央的上帝和最尊贵的神。他长着四张脸,东南西北四方的事都能看得到(《太平御览》引《尸子》)。有一次,他在泰山召集诸神大会,坐着大象挽的宝车,人脸、一足、白嘴、青红斑纹身子的毕方鸟给他赶车,蚩尤带着一群虎狼在前面开道,稍后就是风伯、雨师清扫路上的灰尘。风伯是雀头、鹿身、蛇尾、豹斑。雨师手执龟蛇,左耳朵上挂一条青蛇,右耳朵上挂一条红蛇。车子后面跟着六条蛟龙以及大队形象希奇古怪的神,有的人面马身,有的猪身、八足、蛇尾。凤凰在天上飞翔,腾蛇在地上行走(《山海经》)。这支队伍声势浩大,可见黄帝的威严。

蚩尤是一个恶神,本领非常大。在他的家族里,一共有七十二个或八十一个弟兄,个个都是铜头铁额,兽身人语。蚩尤本人则是人身牛蹄,六目四手，头有利角，发如剑戟，经常拿沙石和铁做食粮，并且善于制造各种兵器(《龙鱼河图》、《述异记》)。他想凭仗这些来抢夺黄帝的宝座。黄帝最初曾用“仁义”来感化他，但无结果，终于爆发了一场激烈的战争。

战争一开始，蚩尤便造出大雾来。黄帝的军队在雾阵中失败了，但黄帝的臣子风后立即发挥了惊人的创造力，制出了指南车，这样，即使在大雾中也不会迷失方向，大雾就不能再起什么作用了。

黄帝部下中有一条神龙叫应龙，善于蓄水行雨。黄帝便命他去用水势攻击蚩尤。哪知蚩尤勾结了风伯雨师，纵起一场大风雨，比应龙还要厉害得多。黄帝无奈，只得请女儿妭来助战。

妭身穿青衣，长得并不十分美丽，而本领特大。她身体里积聚了大量热力，走到战场上，风雨即刻被驱散了。后来只要她待在哪里，哪里就不再下雨。因此，后代人民都恨她，把她叫做“旱魃”。

但蚩尤的力量依然很强大，于是黄帝就剥了夔的皮做了一面鼓，又抽了雷兽的骨头做了一个鼓槌，来鼓舞士气，打击敌人。夔的样子像牛，却没有角，只有一只脚，它的吼叫就像打雷一般。雷兽是龙身人头的雷神，能发出巨大的声音。这面鼓和这个鼓槌相互配合，使鼓声在五百里以外都能听得见。蚩尤听了，丧魂落魄，不能飞也不能走了。黄帝开始反败为胜。

这时，蚩尤又请了北方巨人族的夸父来帮忙。他们是幽冥世界的统治者大神后土的子孙，也很有力量。正当战场上打得难分难解的时刻，有一个人头鸟形的仙女玄女来帮助黄帝，向黄帝传授了她的兵法。黄帝的行军布阵从此变化多端，神奇莫测，蚩尤就彻底失败了(《黄帝玄女战法》)。应龙在战场上既杀了蚩尤的兄弟，又杀了夸父，最后捉住了蚩尤本人，也把他杀了。这就是黄帝由“九战九不胜”直到彻底消灭蚩尤的奋斗史。在战斗中立下赫赫战功的应龙后来搬到南方山泽中去安身，所以南方至今多雨。

最后，让我们来认识一下我们的祖先是怎样和大自然作斗争的吧。

不知为了什么，人类触怒了上帝。上帝生气了，就特地降下洪水来警告他们。洪水给人类带来了巨大的灾难、无边的痛苦，几乎使得他们毁灭了。

诸神中只有中央上帝黄帝的孙子鲧深深哀怜着人民。鲧的形状是一匹白马,他为了拯救人类,毅然偷了他祖父平息洪水的宝物——息壤。这息壤乃是一种神秘的泥土,只要将它投向大地,就会立刻生出更多的泥土来挡住洪水。这么一来,洪水自然就可以平息了。

鲧在人间治理洪水还没有完全收功,盗宝的事却被发觉了。上帝震怒了,他立刻派火神祝融下界,将鲧杀死,夺回了息壤(《山海经》)。鲧是在羽山被杀的,这个地方远在北极,太阳终年照射不到。有一条神龙叫烛龙,永远守在这里,嘴里衔着一支蜡烛,用来代替日光(《淮南子·地形》)。

鲧对人类的执著的爱使他不能安心地在地下长眠,因此,他的尸体过了三年还没有腐烂,而且,腹中竟逐渐孕育着新的生命——禹在父亲的腹中生长着。上帝获悉了这件奇事,就派一个天神带一把叫做吴刀的宝刀下去,将鲧的尸体剖开(《山海经》、《楚辞·天问》)。

更大的奇迹发生了:从鲧被剖开的肚子里,跳出一条虬龙,这就是禹,而鲧的尸体也活了过来,变成一只黄熊,走进羽渊去了(《国语·晋语》)。在这种由高贵的、不可动摇的决心而产生的奇迹影响之下,上帝答应了禹的请求,给了他息壤,派他去治理洪水,并且派应龙帮助他。

禹和在人间兴风作浪的水神共工大战了一场,将共工赶走了(《淮南子·本经》、《荀子·成相》),于是开始治理洪水。他叫一只乌龟把息壤驮在背上,随着他到处工作(《拾遗记》),把人类居住的土地都填高了。那些填得特别高的,就是各地的名山。同时,他又疏导江河,叫应龙走在前面,拿他的尾巴画地,在画过的地方开凿河道,大江大河就是这样形成的(《楚辞·天问》)。

禹在治水中忘我地工作,胼手胝足。他在外面八年,三次从家门前经过,都不进去,想到一个人被水淹死,就像自己把他推进水里淹死了一样(《孟子·滕文公》及《离娄》)。具有献身精神的禹就这样永生在人类的心里了。

毫无疑问,这些神话在我们面前展开了一幅幅生动的先民生活的画卷,它们记录了中华民族艰苦奋斗的成长历程,体现了劳动人民对于创造世界的无比自信和追求美好未来的永不动摇的信念,并为人类学、历史学、民族学的研究提供了宝贵的资料。

在原始时代,神话担承了多种文化功能,要比我们今天所理解的复杂得多。那些在我们今天看来显得十分天真的浪漫想象,在先民的观念中却是知识的形态,思考的结晶。自然,神话中也就融汇了他们的科学观、宗教观和宇宙观,沉淀了个体生活经验和集体的智慧。正如凶神恶怪的形象化解了先民对于自然灾害的畏惧和痛恨的情绪一样,神灵的崇高人格和非凡本领,则凝结了他们对于领袖和英雄的敬仰与崇拜心理。

作为中华民族精神文化遗产的重要组成部分,中华民族艺术最初的宝库之一,中国神话曾经给后代各个门类的艺术创造者们提供过素材和养分,它也必将和炎黄子孙一起,千秋万代地传下去。

第二章 《诗三百篇》:朴素的歌唱

原始诗歌的产生及其与乐、舞的关系　原始歌谣之遗存　《诗三百篇》之复杂性与单纯性　构成与形成,文化功能　宗教诗　史诗　宴饮诗　农事诗　征戍诗　政治诗　婚恋诗　语言特色　赋、比、兴及其运用　古老而常新的典范

和神话一样,在劳动的过程中产生了最早的诗歌。

劳动使原始人的四肢和大脑发达起来,有了简单的生产工具;同时喉头也解放了,渐渐会发出复杂的声音来,作为表情达意的工具。共同的劳动,需要有一定的节奏,来划一动作,提高效率,消除倦意。在有节奏的工作到了高度紧张的时候,喉咙自然伴随着动作发出有节奏的声音来,在声音中再附加一些有意义的语言,就变成了原始的诗歌。劳动中的动作之单纯的再现,则发展为舞蹈。因此,在原始时代的文艺中,音乐、诗歌、舞蹈是三位一体、不可分割的。《礼记·乐记》说:"诗言其志也,歌咏其声也,舞动其容也。"三者并提,正说明它们之间关系密切。

《吕氏春秋·古乐》记载:"昔葛天氏之乐,三人操牛尾,投足,以歌八阕。"操牛尾,投足,就是模仿猎牛的动作,也就是对一定的生产行为的有意识的模仿。这种舞蹈,还有"遂草木"、"奋五谷"、"总禽兽"等八支歌曲伴唱着,这些歌都与劳动生产有关。这不正好说明在原始社会中,诗歌、音乐、舞蹈的紧密结合吗?具体地说,《荀子·成相》就是根据当时流行的

一种民间歌谣的形式写的。相就是今天舂米时用的杵，成相就是送杵。相由劳动工具转变为乐器，成相时伴奏的声音也就转化为乐曲，在这声音中加上实字，就成为一定形式的歌谣。郑玄《礼记注》说："相，谓送杵声。盖古人于劳役之事，必为讴歌以相劝勉，亦犹举大木者呼'邪许'之比。"其实，古今中外劳动人民莫不如此。我们试听一听伏尔加河上的纤夫和川江上的船工的行船号子，那种劳动的喜悦和创造的自信，不是一样激越动人吗？

诗歌早在原始社会就产生了，但记录出来，却必须在文字创造之后，而且必须是在文字发达到一定程度之后才有这种可能。根据现有的材料，商代刻在龟甲兽骨上面的甲骨文是我国最早的文字之一。这些文字异常古拙，也无一定的书写规律，一个字往往有几种甚至几十种写法，字符的结构位置还很灵活，书写的行款格式也不固定，并且还有很浓厚的象形图画的意味。总之，当时的文字还很幼稚，刻写也很困难，还不能与语言密切结合。因此，古代文学作品特别是原始诗歌流传下来的不多，而传世的篇章则有可能被记录者掺进来一些后代的语言文化的成分。例如，《吴越春秋》中载有相传为黄帝时弹歌的歌辞：

断竹，续竹，飞土，逐宍（古肉字）

虽然记录的时代较晚，但其中仍保存了二字节奏这一原始歌谣形式，风格古朴，大体上保留了这首表现狩猎过程的古歌谣的原始风味。

现在大致可以确定为《诗三百篇》以前的古代诗歌，就只有《周易》卦爻辞中所保存的一小部分歌谣。《周易》是一部占卜的书，这类书必须在社会上流传相当长一段时间才能写定，其中可能保留着周代以前的作品。据现代学者考定，《周易》的卦爻辞部分大约写于西周初年。由于上古宗教信仰十分普遍，占卜和祈祷成为日常生活的组成部分，而且与生产、战斗有着较为密切的联系。在占卜书中保存有一小部分歌谣，这种现象是很正常的。

因此，我们在《周易》中便读到了这样一些美丽的小抒情诗。例如：

女承筐，无实。士刲羊，无血。

——《归妹·上六》

男的在剪羊毛，女的就用筐子盛着，这个一男一女共同劳动的场面，浸染着轻松愉快的情调。作者的手法既经济又巧妙。又如：

乘马，班如；泣血，涟如。

——《屯·上六》

贲如，皤如，白马，翰如。匪寇，婚媾。

——《贲·六四》

从中可以看出原始时代由劫夺婚发展到对偶婚的痕迹，这也是原始婚姻生活某些方面的生动写照。

再如：

鸣鹤在阴，其子和之。吾有好爵，吾与尔靡之。

——《中孚·九二》

两只鹤和鸣的亲热镜头，在这一对恋爱中的男女心中激荡起憧憬爱情幸福的热潮。他们陶醉在酒的芳香里，同时也陶醉在爱的欢乐里。这种借物起兴、因物及人的手法，表现了人与自然之间的和谐的关系——中国诗歌的这一传统正是由民间歌谣所开创的，在《诗三百篇》中就表现得更突出了。

如果说后来的中国诗史有如繁花似锦的春天，那么，这些歌谣还只能说是星星嫩芽。从《诗三百篇》起，我国的文学史才开始有了最早的不可企及的艺术规范。

作为一部诗集来看，《诗三百篇》既有其复杂性，又有其单纯性。

所谓复杂性，是说：第一，它的时间跨度相当漫长，《周颂》中的一部分早到西周初年,《曹风·下泉》则晚至春秋末期,也就是说,它包含了从前11世纪到前6世纪之间的诗篇。第二,它的空间涵盖面相当辽阔,从京畿到乡村,从中原到南国。它的编辑体例,大致以地域标目,如《周颂》和《雅》是属于王朝的,《鲁颂》是鲁国的,《商颂》是宋国的。“十五国风”都可以根据地名来判断各自产生的地点。《周南》和《召南》则是南国之诗,南国并非国名,而是一个区域,先为周人所开辟,因此它的文学和中原有着血缘联系;后来又为楚国吞并,因此二南对《楚辞》的兴起也有影响,可以说是南方文学的先驱。第三,它的音乐体系也相当复杂。今本《诗三百篇》在音乐上分为南、风、雅、颂四大系统。南是南国的乐调,其主要乐器为南(㲉)。《左传》成公九年载钟仪歌南音,正是指的这种曲调。风就是各国的地方乐调。《大雅·崧高》:“其诗孔硕,其风肆好。”这里诗指文辞,风指音乐。《左传》中范文子说钟仪弹的南音是“乐操土风”,可见南只是一种比较特殊一点的地方乐调,因此后人也有的将南、风归并为一类,总称之为“十五国风”。雅和南一样,既是指一种曲调,又是一种乐器的名称。它流行于原西周王朝的所在地,这些地方后来被秦占有,雅因此也成了秦声。颂是宗庙祭祀所用的舞歌,它的特点是声调缓慢,边演边唱,配合这些乐调的颂诗也更近于散文。第四,它的题材内容相当广泛,既有民间歌谣,又有士人创作,还有用于宗庙祭祀场合的宗教诗篇。从生产、战争、恋爱、结婚直到祭祀、畋猎、祈祷、宴会,无所不包。其中有愉快、欢欣和歌颂,也有痛苦、讽刺和诅咒。第五,它的艺术风格相当多样,风、雅、颂之间在艺术风格上存在着较明显的差异。三颂、《大雅》的风格多是雍容揄扬的,是最早的宫廷文学,《小雅》多怨悱讽刺之音,悲哀刚劲,是最早的文人诗;《国风》植根于深厚的民间文艺土壤,“十五国风”各自呈现出不同的地域文化色彩,例如郑、卫二国,其地狭险,人民生活于幽谷之间,经常聚会,因此情歌恋歌居多;而秦地尚武,民风剽悍,所以诗里多写车马狩猎之事。因此,吴公子季札当日观乐于鲁,才能从各国不同的诗乐风格中辨别出各地的风俗情调和政治文化的盛衰。第六,它的作者成分也相当复杂。《诗三百篇》的作者很少是今天可以确定的。汉儒所说某篇为某人所作,多半是缺乏根据的。绝对可靠的也许只有那些诗人在作品中留下自己的名字的篇章，如《小雅·巷伯》“寺人孟子，作为此诗”，《小雅·节南山》“家父作诵，以究王讻”之类。其次则是先秦古籍中有记载的，如《左传》闵公二年说“许穆夫人赋《载驰》”之类，比较可信。本来，《诗三百篇》半数以上是民间歌谣，它们所代表的思想感情、艺术风格等都是集体而非个体的，因此，忽略这些诗的主名，并不妨碍我们从作品本身和时代背景中去发现诗人的生活和灵魂，去感受他们的痛苦和欢乐，去欣赏他们表达自己情思的艺术手段。

另一方面，这部诗集又有其单纯性。它虽然是经过漫长的时代，从广阔的地域中搜集来的，不同阶级、阶层的作者以不同的题材、不同的风格所写的作品，在歌唱时还配合着不同的音调，但却不是把原作一成不变地保有下来，而是经过了搜集者们的整理。因此，从另一个角度来观察，它的变异性又很小。《诗三百篇》形式方面主要用四言句式。据统计，在这部总计三百零五首、七千二百多句的诗集中，二字句到八字句共六百零一句，所占比例不大。尤其值得注意的是，时空的距离照理会导致音韵上有较大的差别，然而它却表现出显著的一致性。这也说明《诗三百篇》是经过整理加工的。此外，散见于古书的《诗三百篇》以外的逸诗，便都不如它那么整齐和谐，形成了一个有意味的对照。

既单纯，又复杂，复杂与单纯相互统一，这正是今本《诗三百篇》在成书过程中形成的特点之一。

原来《诗三百篇》中的宗教诗，也就是《三颂》，都是祭祀鬼神、歌功颂德的作品，自然是王朝命令当时的宫廷诗人事先创作出来，以便随时备用的。其次，有许多贵族感时讽政的作品，基于政治实用的功能，往往作了就呈献给王朝，《二雅》中的诗大多属于此类。这两类诗都由当时的乐官——太师掌管着，当然不必再去搜集。可是，为了了解各地的民情风俗和百姓对政治的反映，欣赏民间丰富多彩的文艺，王朝的乐官也不能不同时注意民间歌谣。而民间歌谣，如《二南》和“十五国风”中的绝大多数散布于四方，就非搜访不能集中了。据古书记载，周朝曾经实行过采诗的制度，具体办法似乎有两种：一是王朝的行人到各地采诗（《汉书·食货志》、《艺文志》）；一是列国自采，献给王朝（何休《公羊传·宣公十五年解诂》）。

也许这两种办法同时采用。这些诗歌最后汇集到太师手里，经过淘汰、整理、加工，逐渐成为今天的《诗三百篇》，于是，其复杂性与单纯性也得到了统一。

《诗三百篇》是春秋时代贵族知识分子学习的重要教材。当时在人际交往特别是外交场合，经常要赋诗言志，即引用诗句来表达自己的某种情感或意向。在这样的情景里，断章取义的理解和以意逆志式的阐释都是司空见惯的现象，并最终发展成为具有中国民族特色的文学接受理论。孔子说："不学诗，无以言。"（《论语·季氏》）又说："小子何莫学夫诗？诗可以兴，可以观，可以群，可以怨。迩之事父，远之事君，多识于鸟兽草木之名。"（《论语·阳货》）可见，《诗三百篇》在当时的政治外交场合以及社会文化传播中担负着多种重要的角色，下层的民间歌谣就是在这样的风气中被传到上层贵族手里的。在汉代以后，经过儒家学者的传授，它甚至被尊为《诗经》。在这一过程中，《诗三百篇》一方面由于被神化而受到了曲解，另一方面也因此受到格外重视而获得了保全。

《诗三百篇》中年代最早的是以《周颂》为代表的一些宗教诗。这是周王朝祭神祀祖的诗篇，代表统治阶级履行其宗教使命。年代较晚的《鲁颂》、《商颂》以及《雅》（主要是《大雅》）中以祭祀为主题的作品，也属于这一类。这一类诗反映了"万物本乎天，人本乎祖"的宗教观念和宗法精神，洋溢着对上帝的敬畏和对祖先的赞颂。一般说来，它们的文学价值较低，而历史文化价值较高。

与《国风》相比，《三颂》、《大雅》的叙事色彩比较浓厚。《大雅》中以《大明》、《绵》、《皇矣》、《生民》、《公刘》等篇为代表的小规模史诗便是最突出的例子。这些诗叙述周朝祖先创建国家的功业和奋斗的历史，在歌颂赞叹中进一步表现了他们对祖先的崇拜。有些史诗中还交织着神话，体现了当时人自认为他们是神的子孙这个宗教观念，同时表明神话的历史化早在周代就已经开始了。《大雅·生民》就是叙述周族始祖后稷的事迹的。姜嫄祷神求子，后来踩着上帝的脚印，便怀孕生下了后稷。后稷出生后，曾被丢在路上，就有牛羊来给他喂奶，丢在冰上，就有鸟张开翅膀盖着，真是"圣天子百灵呵护"。后稷长大后，就发明了农业，后来成为周族世世代代崇拜的始祖和农神。这段历史故事里显然糅合了神话的成分,但也反映了周族以农业立国的特点,从中闪现出周人与自然作斗争的历史面影。

除了宗教祭祀诗外,《雅》、《颂》中有许多表现贵族们逸乐生活的宴饮诗和描写农作物丰收以及农民劳动生活的农事诗。前者如:

呦呦鹿鸣,食野之芩。我有嘉宾,鼓瑟鼓琴。鼓瑟鼓琴,和乐且湛。我有旨酒,以燕乐嘉宾之心。

——《小雅·鹿鸣》

宾之初筵,左右秩秩。笾豆有楚,肴核维旅。酒既和旨,饮酒孔偕。钟鼓既设,举酬逸逸。大侯既抗,弓矢斯张。射夫既同,献尔发功。发彼有的,以祈尔爵。

——《小雅·宾之初筵》

听乐、喝酒、射箭,贵族们的生活无疑是快乐的,然而这种快乐是建筑在广大农民的辛劳和痛苦之上的。《豳风·七月》向我们展现了一幅当时农民劳动生活的形象画面,两相对比,两个阶层的生活真相及其苦乐不均的本质,就更鲜明突出了:

七月流火,九月授衣。一之日觱发,二之日栗烈。无衣无褐,何以卒岁?三之日于耜,四之日举趾。同我妇子,馌彼南亩,田畯至喜。

七月流火,九月授衣。春日载阳,有鸣仓庚。女执懿筐,遵彼微行,爰求柔桑。春日迟迟,采蘩祁祁。女心伤悲,殆及公子同归。

七月流火,八月萑苇。蚕月条桑,取彼斧斨,以伐远扬,猗彼女桑。七月鸣鵙,八月载绩。载玄载黄,我朱孔阳,为公子裳。

四月秀葽,五月鸣蜩。八月其获,十月陨萚。一之日于貉,取彼狐狸,为公子裘。二之日其同,载缵武功。言私其豵,献豜于公。

五月斯螽动股,六月莎鸡振羽。七月在野,八月在宇,九月在户,

> 十月蟋蟀入我床下。穹窒熏鼠，塞向墐户。嗟我妇子，曰为改岁，入此室处。
>
> 六月食郁及薁，七月亨葵及菽。八月剥枣，十月获稻。为此春酒，以介眉寿。七月食瓜，八月断壶。九月叔苴，采荼薪樗，食我农夫。
>
> 九月筑场圃，十月纳禾稼。黍稷重穋，禾麻菽麦。嗟我农夫，我稼既同，上入执宫功。昼尔于茅，宵于索绹。亟其乘屋，其始播百谷。
>
> 二之日凿冰冲冲，三之日纳于凌阴。四之日其蚤，献羔祭韭。九月肃霜，十月涤场。朋酒斯飨，曰杀羔羊，跻彼公堂。称彼兕觥，万寿无疆。

耕田、打猎、养蚕、织布，一年四季的辛勤劳作，到头来却都被统治者掠夺去了，自己饿了没有好的吃，冷了没有好衣穿，漂亮一些的姑娘，还免不了遭受侮辱。逢年过节，还要向老爷们敬酒，祝那些高高在上的贵族们长命百岁。诗里表面上没有什么激烈的言词，实际上却涂满了阴暗的色彩。

《七月》的写作时代较晚，大约是在西周中叶。越到后来，人民的痛苦就越深，阶级矛盾就越激化，于是阴暗的颜色也就变成了愤怒的火花。

> 坎坎伐檀兮，寘之河之干兮。河水清且涟猗。不稼不穑，胡取禾三百廛兮？不狩不猎，胡瞻尔庭有县貆兮？彼君子兮，不素餐兮！
>
> ——《魏风·伐檀》

> 硕鼠硕鼠，无食我黍。三岁贯女，莫我肯顾。逝将去女，适彼乐土。乐土乐土，爰得我所。
>
> ——《魏风·硕鼠》

无论是正面的质问，还是侧面的讽刺，语气都更加直截强烈，锋芒也更锐利了。

《诗三百篇》中还有相当数量的征戍诗，这是后来诗史中游子从军、痴妇闺怨那一类题材的源头。不管是为保卫祖国而进行的正义战争,还是为满足统治者拓土开疆、掠夺财富的欲望而进行的非正义战争,都给人民带来徭役的沉重负担。男子是当时的主要劳动力,他们一旦从军出征,不仅致使农事抛荒,而且给他们的亲人造成了别离的局面,带来了思念的痛苦。“扬之水,不流束薪。彼其之子,不与我戍申。怀哉怀哉!曷月予还归哉?”(《王风·扬之水》)这是戍卒思归的心曲;“匪兕匪虎,率彼旷野。哀我征夫,朝夕不暇。”(《小雅·何草不黄》)这是征夫悲哀的怨诉。《豳风·东山》由征人的角度,浮现其归途中联翩的思绪,从而将一种相思两处忧愁巧妙地贯串了起来;《卫风·伯兮》和《王风·君子于役》则通过两个少妇之口,唱出了对夫君的殷切想念:

伯兮朅兮,邦之桀兮。伯也执殳,为王前驱。
自伯之东,首如飞蓬。岂无膏沐,谁适为容?
其雨其雨,杲杲出日。愿言思伯,甘心首疾。
焉得谖草,言树之背。愿言思伯,使我心痗。

——《卫风·伯兮》

君子于役,不知其期。曷至哉?鸡栖于埘,日之夕矣,羊牛下来。君子于役,如之何勿思?

——《王风·君子于役》

在渴念爱情、期待团聚、盼望和平的同时,诗中自然也蕴含了人民不堪妻离子散、不满徭役和反对战争的非战情绪。

我们中华民族自来是爱好和平的,同时也是英勇顽强的。因为爱好和平,所以反对不义的战争;因为英勇顽强,所以决不容许异族的侵略。在《诗三百篇》中,既有许多非战的篇章,也有歌颂抵抗侵略的英雄的诗什,奏出了一曲和平主义和英雄主义的交响乐。《秦风·无衣》写战士们同仇敌忾,《豳风·破斧》歌颂东征靖边的周公和奋战立功的战士,气势豪迈。《小雅》中的《出车》、《六月》、《采芑》等篇分别歌颂抵御玁狁侵略的英雄南仲、尹吉甫、方叔。请读《出车》：

我出我车，于彼牧矣。自天子所，谓我来矣。召彼仆夫，谓之载矣。王事多难，维其棘矣。

我出我车，于彼郊矣。设此旐矣。建彼旄矣。彼旟旐斯，胡不旆旆？忧心悄悄，仆夫况瘁。

王命南仲，往城于方。出车彭彭，旂旐央央。天子命我，城彼朔方。赫赫南仲，猃狁于襄。

昔我往矣，黍稷方华。今我来思，雨雪载涂。王事多难，不遑启居。岂不怀归？畏此简书。

喓喓草虫，趯趯阜螽。未见君子，忧心忡忡。既见君子，我心则降。赫赫南仲，薄伐西戎。

春日迟迟，卉木萋萋。仓庚喈喈，采蘩祁祁。执讯获丑，薄言还归。赫赫南仲，猃狁于夷。

猃狁是西周时代华族的主要敌人，常常侵略中国，正如《小雅·采薇》里那个戍卒说的"靡室靡家，猃狁之故。不遑启居，猃狁之故"。《出车》不仅宣扬了周师的赫赫威仪，歌颂了南仲的战绩，而且也正确地表现了国家与个人的关系问题。这种爱好和平和反对侵略的思想，乃是我国爱国主义传统的主要内容之一，在《诗三百篇》中已经表现出来了。

《诗三百篇》中的政治诗，也表现了诗人对国家兴亡和人民命运的关注。忧患意识在中国文学中源远流长，而其滥觞，可溯至《诗三百篇》，如《王风·黍离》"知我者谓我心忧，不知我者谓我何求"便是一例。《小雅》中讽刺暴政昏君的篇章最多，如《节南山》、《正月》、《小旻》、《小宛》、《巷伯》、《大东》、《四月》等。这些诗作多半出自所谓君子士人之手，他们迫切期望诗歌能起到儆戒和呼吁的作用，达到使执政者幡然省悟、改弦易辙的目的。诗句中往往明确地表白"家父作诵，以究王讻。式讹尔心，以畜万邦"(《节南山》)、"君子作歌，维以告哀"(《四月》)。明知愿望难以实现，他们依然再三呼吁苍天出面来纠正这不合理的社会现象："骄人好好，劳人草草。苍天苍天！视彼骄人，矜此劳人。”（《巷伯》）对善的深爱，同时表现为对恶的嫉恨：“取彼谮人，投畀豺虎。豺虎不食，投畀有北。有北不受，投畀有昊。”（《巷伯》）诗人执著的信念，鲜明的爱憎，无疑是贯彻始终的。

吟叹恋爱婚姻题材的歌曲是《诗三百篇》中最重要的一个部分。《国风》中这类诗歌最多，《小雅》中也有一小部分。人类恋爱婚姻中的生活情感在这些诗中得到了许多方面的抒发：既有新婚之夜的惊喜（《唐风·绸缪》），也有被遗弃之人的嗟叹（《召南·江有汜》、《邶风·谷风》）；既有相思约会时的激动（《邶风·静女》、《郑风·出其东门》），也有等待盼望的焦灼（《郑风·子衿》）；既有夫妇之间的爱悦（《郑风·女曰鸡鸣》），也有情人之间的戏谑（《郑风·褰裳》）；甚至还涉及迟婚（《召南·摽有梅》）和入赘（《小雅·我行其野》）的问题。《卫风·氓》也许是其中最值得注意的一篇。它委婉曲折地叙述了一个完整的恋爱故事，由初恋、求婚、别离、成亲、婚后生活，到被遗弃以后的悔恨心情，非常深刻而动人：

> 氓之蚩蚩，抱布贸丝。匪来贸丝，来即我谋。送子涉淇，至于顿丘，匪我愆期，子无良媒。将子无怒，秋以为期。
>
> 乘彼垝垣，以望复关。不见复关，泣涕涟涟。既见复关，载笑载言。尔卜尔筮，体无咎言。以尔车来，以我贿迁。
>
> 桑之未落，其叶沃若。于嗟鸠兮，无食桑葚。于嗟女兮，无与士耽。士之耽兮，犹可说也。女之耽兮，不可说也。
>
> 桑之落矣，其黄而陨。自我徂尔，三岁食贫。淇水汤汤，渐车帷裳。女也不爽，士贰其行。士也罔极，二三其德。
>
> 三岁为妇，靡室劳矣。夙兴夜寐，靡有朝矣。言既遂矣，至于暴矣。兄弟不知，咥其笑矣。静言思之，躬自悼矣。
>
> 及尔偕老，老使我怨。淇则有岸，隰则有泮。总角之宴，言笑晏晏。信誓旦旦，不思其反。反是不思，亦已焉哉！

这是我国古代文学作品中妇女对男子的第一次控诉，同时开创了中国文学中痴女弃妇的母题。

应该说，这部最古老的诗集中最优秀的作品首先是《国风》中的那些民歌，其次是《小雅》中那些反映社会现实、表现了人民思想感情的篇章。从总体上看，《诗三百篇》把我们带到遥远的上古时代，去领略先民们纯朴的感情和朴素的审美趣味。它有着丰富的生活内涵和情感形态，多样的表现手法，卓绝的艺术感染力，奠定了中国诗歌注重抒情写志、关注社会人生的现实主义传统，成为中国抒情诗的最初典范。

这些诗歌虽然非产生于一时一地，作者亦非一人，但其语言及艺术形式方面仍然有显著的共同特色。

从字词方面看，《诗三百篇》的语言朴素生动，尤其是《国风》中的诗篇多保存着民歌新鲜活泼的风味。常用叠字和联绵字（双声叠韵）是它语言上的一个突出特色。这类叠字和联绵字几乎每一篇都有，在一篇中还往往多次出现，如开卷第一篇的《周南·关雎》中，“关关”是叠字，“窈窕”是叠韵，“参差”、“辗转”是双声。这些字词，有的做形容词、副词，还有的当名词、动词，用法不一，却都能贴切地状物，形象地描摹出一幕幕生活化的场景，而且增加了诗歌的音声之美。

从句式上看，《诗三百篇》以四言为主，参以二、三、五、六、七、八言等变化，以适应诗歌内部情绪结构和外部音乐节拍的起伏变化，呈现出参差错落之美。就句式的发展趋势来讲，是由不整齐到整齐，从不定型到逐渐定型。因此，早期的《周颂》，无论其句式或其章法结构，都不如后来的大小《雅》和《国风》整齐划一。《诗三百篇》中的有些篇章，还能成功地运用排比、对照等手法，扩展句式的修辞功能，强化艺术效果。

从篇章方面看，每章之间重调复沓是《诗三百篇》章法结构中的一个特点。这个民间歌谣中常见的艺术特征，在《国风》中表现得最为显著。如：

式微式微，胡不归？微君之故，胡为乎中露！
式微式微，胡不归？微君之躬，胡为乎泥中！

——《邶风·式微》

全诗为两章复沓,第二章与第一章句式重叠。这种重调复沓,有时多达三四章,往往只是更动其中少数几个字眼,就摇曳生姿,殊有韵味。想象这些诗句当初配合着乐曲,一遍遍反复吟唱,该是如何赏心悦目! 今日吟诵起来,节奏的优美,乐感的丰富,仍然令人齿颊爽利。

战国以后,学者把风、雅、颂和赋、比、兴一起合称为六诗或六义。风、雅、颂是诗的类别区分,是原先固有的,赋、比、兴则是诗的表现手法,出自后人的归纳。风、雅、颂之间区别何在,已经众说纷纭,赋、比、兴究竟何义,更加莫衷一是。但有一点是大家都赞同的:赋、比、兴创始于《诗三百篇》,这是它最大的历史特色和艺术贡献之一。

诗歌的根本目的在于展现情和物、主体和客体之间的复杂关系,赋、比、兴三者的区别,其实也不过是在情与物、主与客两端之间各有侧重而已。简要地说,赋就是直笔铺叙,直书其事,在体物写志的过程中,注重物体的本来面貌,并通过直接的途径显示出来,主体的感情藏而不露。比就是以彼物比此物,侧重两者的形象(内在或外在的)联系,通过发掘这种联系,表现客体,寄托情感。兴则是先言他物以引起所咏之辞,他物与所咏之辞之间纯粹靠飘忽的情思维系,因此,从现象上看,它似乎捉摸不定,有时像断线风筝,有时又像冲波陡转,却往往能使情景交融无间。也可以说,赋是叙物言情,比是索物托情,兴是触物动情。从赋到比到兴,表面上是情和物之空间上的距离越来越大,实质上两者的联系是越来越密切,直到难以区分。

在《诗三百篇》里,赋、比、兴的适用场合也不尽相同。赋比较适合于铺叙史事,《雅》、《颂》中的那些小型史诗即多用赋笔,如《周颂·良耜》描写农夫耕种的整个过程,《大雅·绵》描写古公亶父从豳迁岐、筑室创业的过程,委曲生动,全都是用赋笔。而比兴比较适合抒情,抒情诗占绝大多数的《国风》中用到比兴的例子就多一些。《卫风·硕人》描绘庄姜的美丽,就用了一连串的比喻:“手如柔荑,肤如凝脂,领如蝤蛴,齿如瓠犀,螓首蛾眉。”而《魏风·硕鼠》、《豳风·鸱鸮》则是通篇用喻。“关关雎鸠,在河之洲,窈窕淑女,君子好逑”(《周南·关雎》);“桃之夭夭,灼灼其华。之子于归,宜其室家”(《周南·桃夭》);“蒹葭苍苍,白露为霜。所谓伊人,在水一方”(《秦风·蒹葭》)等等,都是触物起兴的出色例子。它们都致力于意象的创造,气氛的渲染,情境的烘托——这也许可以说是兴的艺术魅力的一部分。

赋、比、兴在实际运用中没有一成不变的格式。赋有时单用,有时全篇使用;比,或明喻,或暗喻,或隐喻;兴,有的烘托,有的象征。在很多篇章中,赋、比、兴三者经常参互为用,有以赋为主而兼用比的,有以比为主而兼用兴的,有的赋中含兴,还有赋、比、兴兼而用之的诗篇,如《卫风》中的《氓》和《硕人》等。这说明在《诗三百篇》的时代,人们对赋、比、兴手法的运用已经相当娴熟,善于变化,花样翻新。它对后代文学如楚辞、汉赋以及汉魏以后的历代诗歌具有深远的影响,也就毫不足怪了。

中国诗史上的很多题材、手法、格式等,都能在《诗三百篇》中发现各自的滥觞。如蝉联格始于《大雅·文王》,对答体见于《齐风·鸡鸣》,禽言诗发轫于《豳风·鸱鸮》,诸如此类,不胜枚举。后代诗人拜受先贤智慧的启迪,从中吸取语言以及笔法、构思诸方面的营养,创作了多少名篇佳制,恐怕谁也数不清楚。

诗史古老的源头,艺术常新的典范——这三百篇朴素的歌唱,像一眼不竭的清泉,长久地灌溉、滋润着伟大诗国广袤的土地。

第三章　史和子：先秦散文两派

初期散文　散文的源头　历史散文：《尚书》、《春秋》、《国语》、《战国策》　诸子勃兴的原因　诸子散文：《老子》、《论语》、《墨子》、《孟子》、《庄子》、《荀子》、《韩非子》、《吕氏春秋》　诸子散文发展的特点　先秦散文演进之大势

先秦散文大抵可以分为记事和说理两派。记事之文大体为经史，说理之文大体为子书。经史诸子是哲学或历史的文献，本来不属于专门的文学创作，但由于先秦时代文史哲融而未分，这些著作中多含有文学的意味，或为后代文体笔法之所出，因此，要明白后世散文的原委，不能不追踪到先秦的经史和诸子。前人有六经（《诗》、《书》、《礼》、《易》、《乐》、《春秋》）皆史的说法，六经中，《尚书》、《春秋》更是严格意义上的历史著作。先秦散文两派的代表作品，实际上就是商周两代的史籍和子书，记事和说理两派基本上也就是历史散文和诸子散文的分别。

和诗歌相比，散文是一种起源虽早而发展较慢的文学样式。就汉语文学史现有的资料看，最早的散文（甲骨卜辞）和最早的诗歌（《周易》卦爻词中的歌谣）的时代大致相当。散文又是一种更偏于实用的文学样式，它最初所承担的责任，只是近乎机械的、单纯的记录，它的文学技巧的进步和美学价值的获得，需要经历一个长期的积累和成熟的过程。先秦散文，无论历史散文还是诸子散文，其发展演变都说明了这一点。

卜辞是我国最早的散文，它大体上是商王盘庚到帝乙(约前14世纪到前12世纪中叶)的东西，其中偶然也有较长的记事刻辞，但绝大多数只是说明“占卜”的目的，而且又都刻在龟甲和兽骨上，故一般记事简约，形式短小，文学意味还不是很强。例如：

> 其获！其获！
> 帝其降堇(馑)？
> 今二月帝不令雨。
> 我其已穷，乍(则)帝降若。
> 我勿已穷，乍(则)帝降不若。

传世的商代青铜器中也有一些记录铸造器物情况的铭文，和卜辞一样，它们大多篇幅短小，而实用性比较强。这些可以说是今天尚能看到的先秦散文特别是历史散文的源头。

在现存的历史散文中，《尚书》最为古老。《尚书》有今古文之分。古文《尚书》出于后人伪造，已成定论。今文《尚书》二十八篇中，《虞书》、《夏书》及《商书·汤誓》都出自后人的追记；比较可信的只有《商书·盘庚》以下四篇以及《周书》，年代大约在前14世纪末到前7世纪初。《周书》中有一部分，即所谓“周诰”，和周代青铜器铭文同为西周散文的主要代表，其年代大约与《诗三百篇》中的《周颂》相当。与殷商卜辞及青铜器铭文相比，前者篇幅已明显扩大，反映了当时散文进步的足迹。而在《周书》的另一篇即秦穆公所作的《秦誓》中，更出现了“我心之忧，日月逾迈，若云弗来”这样具有强烈抒情意味的句子，说明到了春秋时代，散文又向前迈了一步，开始摆脱机械的记事，而追求抒情的美学功能了。总的来看，《尚书》所记，或为君主的诏令，或为臣下的奏议，都服从于当时政治的实际需要。它所记载的诘屈的上古口语，保存了先民浑朴的本色，体现了独特的语言风格。

《春秋》本来是上古史籍的通名，后来特指孔子(前551—前479)依据鲁国旧史《春秋》所修成的史书，其记事起鲁隐公，迄鲁哀公，历十二君，计二百四十余年。《尚书》以记言为主，记事为辅，《春秋》则纯为记事，属于极为简略的编年体。孔子修《春秋》，笔削谨严，书法都有义例，著成败之迹，示褒贬之意，于记事中寓其微言大义，这也就是后世所谓“《春秋》笔法”。从《尚书》到《春秋》，虽然文字依旧朴拙简略，文学价值还不高，但从中可以看出历史观念的演进、记事方式和史籍体例的发展——这也是历史散文进展的反映。

孔子之后的学者在传《春秋》时，由于师承和理解的不同，分成了三家——《左传》、《公羊传》和《穀梁传》。《公》、《穀》二传以解经为主，重在阐释经文中的微言大义，叙事较少；《左传》则以叙事为主，相传是鲁国史官左丘明为解释《春秋》而作，大概产生于战国初年。《左传》将先前散文那种朴拙的手法、枯燥的叙述一扫无余，代之以流丽的语言和形象的描写，无论载言叙事，莫不从容不迫，婉转工妙，人物的形象与性格往往透过语言和行动的描写，得到了成功的刻画，其用意周至，功夫老到，常常令人赞叹。它的出现，使先秦历史散文大放异彩，其叙述文体和艺术成就更是后代史学家和散文家学习和效法的楷模。《左传》不仅生动记载了春秋时代各诸侯国的主要活动，并且贯彻了民族主义和儒家民本主义的思想，文质彬彬。如著名的《曹刿论战》一节：

> (庄公)十年春，齐师伐我。公将战，曹刿请见。其乡人曰：“肉食者谋之，又何间焉？”刿曰：“肉食者鄙，未能远谋。”乃入见，问何以战。公曰：“衣食所安，弗敢专也，必以分人。”对曰：“小惠未遍，民弗从也。”公曰：“牺牲玉帛，弗敢加也，必以信。”对曰：“小信未孚，神弗福也。”公曰：“小大之狱，虽不能察，必以情。”对曰：“忠之属也。可以一战，战则请从。”公与之乘。战于长勺。公将鼓之。刿曰：“未可。”齐人三鼓。刿曰：“可矣。”齐师败绩，公将驰之。刿曰：“未可。”下视其辙，登轼而望之。曰：“可矣。”遂逐齐师。既克，公问其故。对曰：“夫战，勇气也。一鼓作气，再而衰，三而竭。彼竭我盈，故克之。夫大国，难测也，惧有伏焉。吾视其辙乱，望其旗靡，故逐之。”

《国语》旧传也是左丘明所作,但它在许多方面与《左传》不同。《左传》以记事为主,《国语》则重在记言;《左传》是编年体,《国语》则是国别体。此外,二者在记事同异、时间起讫等方面也不一样。从文学方面讲,《国语》善于借助对话展现人物的性格和形象,时见浑厚精湛之笔,也有剪裁疏漏之处,存在记载琐屑、议论枝蔓的毛病,与《左传》相形见绌。

《战国策》是汉朝学者编撰的战国时代纵横家的言行录。和《国语》一样,它也是按国别记事,而且载言多,记事少。不同的是,《战国策》专记当时策士纵横捭阖的奇谋诡计和谲诳倾夺的辩难说辞。这些记载往往并非实有其事,而只是假设主客问答,以表示作者对某一问题的看法,加强其观点的倾向性和言辞的说服力而已。

> 齐欲伐魏。淳于髡谓齐王曰:"韩子卢者,天下之疾犬也。东廓逡者,海内之狡兔也。韩子卢逐东廓逡,环山者三,腾山者五。兔极于前,犬废于后。犬兔俱罢,各死其处。田父见之,无劳倦之苦而擅其功。今齐魏久相持以顿其兵,敝其众。臣恐强秦大楚承其后,有田父之功。"齐王惧,谢将休士。
>
> ——《齐策》

在篇制上,《战国策》亦史亦子,在风格上,《战国策》机警雄快,可以说是具有浓厚论辩色彩的历史著作。这两个特点正是由其本身的思想内容和表现方式所决定的;而这种思想内容和表现方式又是由于战国时代的纵横家言取代了春秋时代的行人辞令之学的形势所造成的。从文学史上看,《战国策》中策士假设问对、骋辞逞辩的风气,还直接影响了汉赋的产生和发展。

东周时代,学术和时势都发生了重大的变迁,导致了诸子的勃兴和隆盛。首先,古时政教不分,官师合一,故学在王官。到了周室东迁,王纲解纽,王官失守,孔子传播先世文籍,以授生徒,于是官学始变为私学,学术文化从而流向民间,新兴的士阶层由此出现,诸子之学因而勃兴。汉代学者刘歆在《七略》中称"诸子之学出于王官",就是指这一学术源流演变的趋向。其次，春秋之时，周室已衰微，但诸侯争霸，犹然尊礼重信，以尊王攘夷为口号。到了战国时代，各国间的竞争更加激烈，就逐渐变得专恃威权，而不讲礼节和信义了。一方面是各国争相招揽人才，为己所用；另一方面，作为当时新兴的士阶层的代表的诸子，也都奔走游说，著书立说，从事宣传鼓动的工作，期望得到诸侯的重用，实现自己的政治主张。这正如《汉书·艺文志》所说的，诸子"皆起于王道既微，诸侯力政，时君世主，好恶殊方，是以九家(儒、道、阴阳、法、名、墨、纵横、杂、农)之术，蜂出并作，各引一端，崇其所善，以此驰说，取合诸侯"。这样，在战国时代，就不仅有了百家争鸣的思想，也有了百花齐放的文章。这是东周社会变革和文化更新在散文史中的反映。

道家的《老子》和儒家的《论语》是战国时代最先出现的子书。它们并非老子和孔子亲手编著的，而只是门人弟子笔记下来的语录。由于文字和书写条件的限制而构成的简短文体，从卜辞到《春秋》已经形成了一种传统，这两部书便采取了这一种形式。后代儒家和佛家的语录以及晋宋以来的笔记小说，也还是随着这种传统发展的。《老子》是诗体的哲学笔记，比起《论语》来，它是纯粹哲学的、简约的、结论式的文字。《论语》是最早的诸子散文，在形式上，它大体以一句或数句为一章，联章为篇，集篇成书，但每章独立，不相连贯，行文极为简淡。因为它多数的章节记录的只是一个发言提纲，所以，我们读的时候，常常有一种突然而来、戛然而止的感觉，有些地方由于缺少必要的前后文联系，到今天已难以弄清其详细的背景和确切的意旨。但《论语》中的语言大部分是朴实晓畅的，并且善于通过对话、白描等手法体现人物的思想性格和艺术形象。《先进篇》中"子路曾皙冉有公西华侍坐"章即是一例。又如：

> 阳货欲见孔子，孔子不见。归孔子豚。孔子时其亡也，而往拜之。遇诸涂。谓孔子曰："来！予与尔言。"曰："怀其宝而迷其邦，可谓仁乎？"曰："不可。""好从事而亟失时，可谓知乎？"曰："不可。""日月逝矣，岁不我与。"孔子曰："诺，吾将仕矣。"
>
> ——《阳货篇》

这种富于思想性、形象化，而又充满幽默感的小品散文，今天读来，那场面依然是栩栩如生的。要之，《论语》这部最早的私门著述，不仅记录了孔子的学术思想和政治理想，阐述了他的“仁”的观念，而且在先秦说理散文中导夫先路，成为后代语录体散文的最初典范。

文学的发展是和时代及思想的发展紧密地联系着的。老子和孔子处于诸子哲学发展的初期，还没有到百家争鸣的大辩论时代。因此，这两部书，特别是《老子》，是用说明的方式，平铺直叙，而不是论辩的方式，反复驳难。《论语》中固然有孔子应对弟子、时人以及弟子之间相互应答的对话，但那多是为了表明一个理论观点，极少展开彼此辩难的交锋，因此本质上应该算是独白式的文体。进入战国时代，从墨子开始，诸子散文便适应当时思想界激烈论争的需要，逐渐由偏于独白的说明变为篇幅较为长大、语言锋利明快的辩难。基于表现不同的思想内容的需要而形成的独特的风格则各有千秋。

墨家是代表当时平民阶层思想的哲学，墨子(前468—前376)本人是一个苦行的实践者。他和他的学派对文艺是抱反对态度的。《墨子·非乐》认为音乐是应当禁绝的奢侈品。对于文学，墨家也持类似的见解。他们反对“以文害用”，自认“言多不辩”(《韩非子·外储说左上》)。这显然和儒家“文质彬彬，然后君子”的意见相左，而和古希腊哲学家柏拉图否定戏剧音乐的积极功用的文艺观殊途同归。但实际上，墨家也不能自外于那个时代的辩论，所以，《墨子》的散文，只是较少文采，并非不善辩论。并且，墨子还是中国哲学史上首先发现形式逻辑法则和在文章写作中运用这个法则的人，这就构成了墨子散文朴实而谨严的风格。

孟子(约前372—前289)是儒家中的文学大师，先秦诸子中的散文能手。孟子书今存内七篇，一般认为出于孟子手笔，所记对话多于独白，对话又以往复辩论的说辞为多，与《论语》相比面目迥异。这一变化是战国时代文化多方面的进步所促成的。孟子的文章譬喻明白，说理详尽，文采富丽，气势纵横。他虽然在思想上反对墨子，反对苏秦、张仪，但他的散文却把墨子的谨严和苏张的纵横巧妙地综合了，既有滂沛不可阻挡的气势，又有严密无懈可击的思理。孟子不仅词锋犀利，而且能以讽刺和幽默的语言，来表达严正的观点。这是先秦散文，乃至后来的散文都不多见的。下面这段文字，就是通过一则寓言故事，巧妙讽刺了那些趋炎附势以乞求富贵的无耻小人：

齐人有一妻一妾而处室者，其良人出，则必餍酒肉而后反。其妻问所与饮食者，则尽富贵也。其妻告其妾曰："良人出，则必餍酒肉而后反；问其与饮食者，尽富贵也，而未尝有显者来。吾将瞷良人之所之也。"蚤起，施从良人之所之，遍国中无与立谈者。卒之东郭墦间。之祭者，乞其余；不足，又顾而之他——此其所为餍足之道也。其妻归，告其妾曰："良人者，所仰望而终身也，今若此……"与其妾讪其良人，而相泣于中庭。而良人未之知也，施施从外来。骄其妻妾。由君子观之，则人之所以求富贵利达者，其妻妾不羞也，而不相泣者，几希矣。

——《离娄下》

庄子（约前369—前286）与孟子同时而稍后，其书今存三十三篇，分内篇七、外篇十五、杂篇十一。一般认为内篇是庄子自著，其思想和文风比较一致；外篇、杂篇则是庄子后学甚至其他学派的人所附益，其思想和文风也比较驳杂。庄子是道家哲学在战国时代的代表人物，也是一个具有非常奇异的风格的散文作家。庄子的散文在先秦诸子中最为魁杰，其余诸子的散文好比地上的骏骑，庄子的散文则有如行空的天马。他的文章，想象缥缈而丰富，笔法奇诡而飘忽，若断若续，难以捉摸，仿佛神龙见首不见尾，经常给人"意出尘外，怪生笔端"（刘熙载《艺概·文概》）的感觉。寓言的广泛应用和论说中参以抒情的笔调，是庄子散文的两个特色。在先秦诸子中，庄子对寓言的应用是最自觉、最娴熟、最巧妙的。读《逍遥游》一篇，即可体会到这一点。此节妙文太长，姑且尝鼎一脔：

北冥有鱼，其名为鲲。鲲之大，不知其几千里也。化而为鸟，其名为鹏。鹏之大，不知其几千里也。怒而飞，其翼若垂天之云。是鸟也，海运则将徙于南冥。南冥者，天池也。

《齐谐》者，志怪者也。《谐》之言曰："鹏之徙于南冥也，水击三千里，抟扶摇而上者九万里，去以六月息者也。"野马也，尘埃也，生物之以息相吹也。天之苍苍，其正色邪？其远而无所至极邪？其视下也，亦若是则已矣。

且夫水之积也不厚，则其负大舟也无力。覆杯水于坳堂之上，则芥为之舟，置杯焉则胶，水浅而舟大也。风之积也不厚，则其负大翼也无力。故九万里，则风斯在下矣，而后乃今培风。背负青天而莫之夭阏者，而后乃今将图南。

表面上，庄子是个很旷达乐观的人，实际上，那些外在的悠谬之词，也难以掩饰其内心深处的矛盾痛苦，难以驱除其对社会人生的大悲哀。他终究不能真正逍遥起来。这种矛盾痛苦的心态与屈原有些相似，但其外在形态和终极旨归却大有不同。后人常常以庄骚并称，即是着眼于其共同点。庄、孟对比，孟子纵横开阖，气势充沛，尚有法度可寻；庄子则瑰玮连翩，汪洋纵肆，来去无端。在先秦诸子中，如果说孟子是最雄辩的理论家，那么，庄子就是最浪漫的抒情诗人。《庄子》对后代产生广泛而深远的影响是很自然的。

儒家的《荀子》、法家的《韩非子》和杂家的《吕氏春秋》是战国后期写成的三部大书。荀子是韩非的老师，他的文章善于排比铺叙，法度谨严，用复笔处较多，下开汉代散文典雅一派。韩非的散文分析精辟，说理透彻，风格峻厉深刻。这里举《说难》为例：

凡说之难，非吾知之有以说之难也；又非吾辩之难能明吾意之难也；又非吾敢横失能尽之难也。凡说之难，在知所说之心可以吾说当之。所说出于为名高者也，而说之以厚利，则见下节而遇卑贱，必弃远矣。所说出于厚利者也，而说之以名高，则见无心而远事情，必不收矣。所说阴为厚利而显为名高者也，而说之以名高，则阳收其身而实疏之；若说之以厚利，则阴用其言而显弃其身。此之不可不知也。

《史记·老子韩非列传》说“韩子引绳墨，切事情，明是非”，这虽是评论韩非思想的话，也可以借用来评论他的文章。一个人的思想风格和他的文章风格互相一致，原是不足为奇的，正如儒家文章偏于平实，墨家文章偏于简朴，道家文章偏于飘逸，一样和他们的思想风格分不开。

荀、韩二家散文结体纯正，堪称是说理散文的楷模。在荀、韩以后，从战国末期历嬴秦以迄汉初，诸子哲学在相互竞争、彼此论战中也相互影响、彼此吸收，学术思想界正迈向一个通过融会和综合而趋向统一的格局。这个时期及其以后，尽管还不断有子书出现，但那种“越世高谈，自开户牖”（《文心雕龙·诸子》）的气概已逐渐衰歇，因此，文章也就没有什么创造性的发展了。这一点，在《吕氏春秋》中就已经能看出来了。

《吕氏春秋》是大商人出身的秦国宰相吕不韦命其门下的游士集体写成的。在哲学思想上，这部书并无独特而且一贯的见解，属于杂家。在文辞风格上，那些杂凑的文章也没有多少突出的特点。但是，这部书有一点是特别值得提出来的：它是中国文化史上第一部以完整的方式写出来的书。这是与当时的思想文化走向系统合一的格局相适应的。古代最初的书籍，记事的如卜辞、《春秋》，记言的如《老子》、《论语》、《孟子》，都是孤零零一条一条的，集若干条为一章，集若干章为一篇，这都是后人编次而成，并摘取首章字句为篇题。这表明当时还只有章的观念，而没有形成篇的观念。《尚书》和《左传》中有一系列以一个事件为中心的单篇历史散文，《墨》、《庄》、《荀》、《韩》诸子也是由若干篇以一个主题为中心的单篇哲理散文构成的。这时虽然有了篇的观念，但也只有经过后人编辑，加上书名，才成为一本书，在原著作人的心中和笔下并无书的观念。《吕氏春秋》则是有意识、有计划、有系统地将全书分为八览（每览八篇）、六论（每论六篇）、十二纪（每纪五篇），另有序意一篇，述作者之旨，合而为一部体系分明、结构完整的著作。这对于后来那些体大思精的系统著述的出现，有其示范的意义，因而对文学也产生了积极的影响。司马迁的《史记》在结构体系方面便是效法《吕氏春秋》的。

纵观先秦诸子散文，可以看出一条清晰的发展脉络，从中还能发现一些规律性的现象。

第一，就体制方面来考察，它们的写作，在先都是由生徒缀集而成，而后才发展成诸子手著。它们的语言，在先都是简短朴素，而后才发展成畅达整齐。它们的结构，在先都是一条条，一章章，或一篇篇的，简短而凌乱，而后才发展成一部完整的书籍，显得系统而有条贯。这既是物质文化的进步，也体现了思想方法与写作技巧的进步。

第二，在表现方式上，诸子散文的风格技巧各有特色，但也有其共同点，那便是富于逻辑性和鼓动性。诸子文章以说理为中心，而说理散文必须具备这两种特性，才能够树立自己的理论，批判别人的意见。因此，名家和纵横家虽然在先秦诸子中是独立的学派，但名家所精研的形式逻辑和纵横家所擅长的那一套宣传鼓动的方法，却成为诸子所共同掌握的思想工具。这是值得我们注意的。

第三，从诸子书的内容衍变看，子书的产生虽然缘于学在王官制度的破坏和私学的建立，然而，其本源仍在官守之学。所以，孔子仍以《诗》、《书》为教材，自称信而好古，述而不作。并且，在先秦子书中，仍然常可看到述古训，称先王，或竟羼入部分古官书的内容。随着时代的演进，思想的发展，诸子书逐渐成为独立的系统，虽然依旧以假托寓言、编造故事等支持其立论，但这只是利用全社会信古崇先的传统心理，完成其一家之言。从信古好古到用古，从称述到创作，这是先秦诸子散文在思想内容方面衍变的明显轨迹。

从上文的叙述中可以看出，古代散文的发展节奏是由慢而快。大致而言，商朝到春秋这相当长的一段时期内，散文还停滞在幼稚的阶段上，发展迟缓。跨入战国时代以后，在两百年间，无论历史散文还是诸子散文，都急速发展起来，内容与形式两方面都有了长足的进步，原因主要有两个方面：

首先，在语言方面，诸子散文的语言，绝大多数和《国风》及《楚辞》的语言一样，是民间的，也就是全民的。贵族阶级的文化，以士为媒介下降到民间，并通过私学的方式得到普及传播，而民间的语言也随着士的社会地位的上升和作用的扩张而推广了它的应用范围，并由诸子及其生徒引入散文，成为书面语言的一部分。这就丰富了文学语言，也就活跃了文学的生命。例如，表示口语形态的音符——焉、者、乎、也、兮等字，卜辞、商周铜器铭文、《诗三百篇》中的“雅”、“颂”（采集自民间的风诗自当别论）和《尚书》中的“诰”、“命”等，是绝对不用的。只有春秋以后，才在《楚辞》和先秦这两类散文中出现。而战国时代散文中的新思想、新内容又要求有与之相适应的新形式。这种内容与形式的相互作用无疑是散文发展的一个重要原因。

其次，在书写工具上，战国时代也踏上了一个新的台阶。那就是由刻石铸金发展到用竹笔蘸墨书写在竹简或木简上了。较之金石，竹木易得易写，代价不大，而且携带方便。这不仅便利了文化知识的保存与传播，也促使产生了丰长的文字记录。自此以后，散文的发展逐步摆脱了简陋的物质条件的拘限，有了比以前较大的自由发展的空间。

第四章 《楚辞》:南音之初扬

《楚辞》的双重意义　地域特征　楚地的历史文化传统　屈原的生平和思想品格　《楚辞》作品的主属问题　《离骚》、《九歌》、《招魂》、《天问》和《九章》　屈原诗歌的嗣响　《诗经》和《楚辞》之异同

《风》、《雅》逝去,诗道衰落了二三百年。到战国后期,由于新的诗体《楚辞》和伟大诗人屈原的诞生,先秦文学史步入了第二个诗歌的时代。《楚辞》代表了《诗三百篇》之后又一个诗史的高潮。

最初,"楚辞"只是一种特殊的文学样式的名称。西汉末年,大学者刘向将战国时代楚国诗人的创作和汉人的一些拟作,包括《离骚》、《九歌》、《天问》、《九章》、《远游》、《卜居》、《渔父》、《招魂》、宋玉《九辩》、景差《大招》、贾谊《惜誓》、淮南小山《招隐士》、东方朔《七谏》、严忌《哀时命》、王褒《九怀》、刘向《九叹》,计十六篇,汇为一编,名为《楚辞》。于是,《楚辞》又成了仅后于《诗三百篇》的一部古代诗集。东汉王逸又为《楚辞》作《章句》,并附入已作《九思》,全书遂成了十七卷,就是现在流传的本子。

《楚辞》,顾名思义就是楚人所为、楚地所生之辞。在兴起之初,它原没有一个固定的名称。楚国诗人在作品中或者自称为诗,或者自名为诵(颂),或者因袭古乐章之名,称为九辩、九歌等。"楚辞"之名始见于汉初的《史记·酷吏列传》,后来沿用不变,就固定为这种文体的名称。

《楚辞》最突出的特点是它的地域性。宋代学者黄伯思《东观余论》载其《翼骚序》很精要地指出了这一点:“屈、宋诸骚,皆书楚语,作楚声,纪楚地,名楚物,故可谓之楚辞。若些、只、羌、谇、蹇、纷、侘傺者,楚语也。悲壮顿挫,或韵或否者,楚声也。沅、湘、江、醴、修门、夏首者,楚地也。兰、茝、荃、药、蕙、若、芷、蘅者,楚物也。”在这些特征当中,最基本的乃是楚族的方音以及基于这种方音而构成的乐调——楚声。汉宣帝时,曾征聘善于吟诵《楚辞》的九江被公,召其入宫诵读(《汉书·王褒传》)。隋代释道骞也善读《楚辞》,“能为楚声,音韵清切”(《隋书·经籍志》)。由此看来,楚声音调非同寻常,对楚辞有关键的意义。汉末刘歆《七略》注意到了辞与赋共有的不歌而诵的特点,于是又称《楚辞》为骚赋。

《楚辞》不是一种完全自发的、孤立的、与其他文化绝缘的创造,它的形成乃是中原文化与楚国本土文化相结合的产物,也可以说是南北文化融合的结果。

楚国僻处南方,多少年来和中原华族常常处于对抗状态,《诗三百篇》中一再提到“蠢尔蛮荆”(《小雅·采芑》),“荆舒是惩”(《鲁颂·閟宫》)。甚至楚国国王自己也说:“我蛮夷也,不与中国之号谥。”(《史记·楚世家》)楚人居住在江淮流域,土壤肥沃,物产丰饶,春秋时代生产力已经相当发达。《左传》僖公二十年记晋公子重耳对楚成王说:“子女玉帛,则君有之;羽毛齿革,则君地生焉。其波及晋国者,君之余也。”这虽是客套话,但也看出楚国的物质文化在当时已大大进步了。楚辞就是在这种物质文化基础上产生的文学作品。就当时的情况来说,楚辞乃是以楚族所特有的文学形式来表现的。这就是说,它在语言、声调、地理环境、素材使用各方面,都带有浓厚的楚族色彩,和楚国无法分开。

在楚辞以前,南方已经有一些诗歌,艺术上也达到较为成熟的水平。例如,《说苑·善说》所载《越人歌》、《论语·微子》所载《接舆歌》、《孟子·离娄篇》所载《沧浪歌》等。

> 今夕何夕兮,搴舟中流。今日何日兮,得与王子同舟。蒙羞被好兮,不訾诟耻。心几烦而不绝兮,知得王子。山有木兮木有枝,心悦

君兮君不知。

——《越人歌》

这种古歌篇什不多，但其句度参差、尾用兮字的传统形式，无疑于楚辞有胚胎之功。而楚国的历史和现实则丰富了这种传统形式。楚国文化与殷商文化关系密切。商被周灭亡以后，它的文化分为两支：北方的一支在周人手下发展，南方的一支在楚人手下发展。商人迷信鬼神，巫风极盛，除了天地祖宗，山川河岳、风云虹霓也都视为神祇。这一思想传统被注重实际的周人抛弃了，却在南方丰饶美丽的自然环境中找到了它的温床。楚辞具有浪漫的情调、神秘的色彩，许多篇中都有人神交接的描写，这些特征都可以从深受商人巫风影响的楚地社会生活中获得解释。王逸《楚辞章句序》说："昔楚国南郢之邑，沅湘之间，其俗信鬼而好祠。其祠必作歌乐鼓舞以乐诸神。"这是当时创作这些诗篇的现实基础之一。楚辞中有灵巫扮演角色，有神话作为素材，而屈原本人也始终崇拜着商代的先贤彭咸，这也清楚地说明了：楚辞某些特色的构成正是由于它早期受了殷商文化的影响。

西周时，楚人正努力经营南方；到了春秋时代，它的势力就向北方扩展，成为当时的大国和霸主之一。江汉一带周族子孙所建立的国家差不多都被楚国兼并了，所谓"汉阳诸姬，楚实尽之"(《左传》僖公二十八年载晋大夫栾贞子语)。南北之间在政治、军事、外交各方面接触频繁，自然便于使中原各国先进的文物制度大量为楚人所吸收。楚人和中原诸国的斗争过程，也就是楚文化摄取中原文化养分的过程。一直到汉初，我们还能看到楚文化的许多特点，但随着时代的进展，中原文化与楚文化之间的共同点显然是愈来愈多了。

这种楚族与中原华族的融合过程，如果以《左传》所记载的春秋时代楚人学习《诗三百篇》的事例来加以考察，是非常清楚的。本来，楚人吞并了二南及陈国之地，同时也就兼容了此地的文学。《二南》及《陈风》的诗首先成为楚国民歌的一部分，这是孕育楚辞的一个重要来源。中原各国在外交、会盟、聘问等场合说话引诗，赋诗言志，这种风气和方式也为楚国君臣所熟悉并采用,更表明了《诗三百篇》中的作品在楚人政治文化生活中的重要性。据统计,《左传》记载楚国君臣引诗、赋诗不下十次,昭公十二年甚至记载子革引了今本《诗经》以外的逸诗《祈招》。由此看来,在春秋后期,《诗三百篇》已经流传到南方来了。这种流传,最初完全可能是基于当时丰富外交辞令、完成外交礼节的实际需要,但在我们看来,《诗三百篇》首先和主要的还是一部诗歌总集,它必然会在文艺的园地里播下种子。就内在精神而言,前人每称楚辞有讽谏之旨、比兴之义、忠怨之辞,与《诗经》同义;就其外在形式而言,诗骚的句式和虚字用法也有相同或相通之处。《楚辞》中如《九章》、《橘颂》以及《天问》与《诗三百篇》的联系就更加密切。这些都体现了《楚辞》渊源中所承受的中原文化的影响。

中原文化对于楚国的影响自然不完全在文艺方面,在哲学思想方面也是一样。我们知道,在春秋时代,楚国是"五霸"之一,进入战国,又以"七雄"之一的地位雄踞南方。这时候,孔子所创立的儒家已经成为一个极其重要的学派了,而以孔子嫡派真传自居的孟子却赞美过楚国的儒者陈良。他说:"陈良,楚产也,悦周公、仲尼之道北学于中国。北方之学者,未能或之先也。"(《孟子·滕文公上》)这又说明了楚国接受中原文化影响的另一个重要方面。至于道家思想,则本来发源于南方。因此,楚辞中既有那种受儒家思想强烈影响的作品,如《离骚》,又有那种纯然受道家思想影响的作品,如《卜居》、《渔父》。

综上所述,楚辞的形成是有其历史传统的。它是战国时代楚族所特有的历史经验的总结,它带着这个部族过去和当时的整个文化发展的轨迹。另一方面,无论作为一部诗集还是一种文学样式,楚辞又永远是和屈原这个伟大的名字分不开的。离开了屈原和他的作品,我们就无法想象楚辞的具体意义。

屈原是战国后期楚国人,约生于公元前340年,死于公元前278年。他出生于楚国贵族家庭,从小受到良好的教育,"博闻强志,明于治乱,娴于辞令。入则与王图议国事,以出号令;出则接遇宾客,应对诸侯"(《史记·屈原列传》),具有杰出的政治和外交才能,与辩士经常有交锋的机会。他曾受命出使齐国。齐国的稷下是当时各学派荟萃的中心,文学游说之士聚集此地，讲学议论，形成了浓郁的学术文化气氛。这也促使屈原吸取中原思想文化的影响，提高了自己的文化素养。战国时代的纵横家风和游士说辞，对屈原日后的创作也产生了一定的影响。

屈原生活的那个时代，正是合纵和连横两派外交战略斗争最激烈的时代。当时主要的国家有所谓“七雄”，其中实力最强的是西方的秦、东方的齐、南方的楚。在秦国强大的军事压力之下，楚国也和其他各国一样，外交政策常常徘徊在失败主义的连横派和抵抗主义的合纵派之间。论家世，屈原是楚国三大姓屈、昭、景之一，很年轻的时候就当上了楚怀王左徒，颇受器重，但他并不为了要保持个人的地位、贪恋富贵而放弃对国家和人民的责任。他在本质上认清了秦是“虎狼之国”，因此，当昏庸的楚怀王、顷襄王被投降派所包围着的时候，他坚定地站在联齐抗秦的立场上，代表人民的意志，与主张向秦屈服的靳尚、子兰、子椒等人进行不懈的斗争。就这样，他被国王疏远了，到了晚年，并且被放逐到偏远的江南。顷襄王二十一年(前278)，秦将白起攻破楚国都城郢，楚国统治者和人民只好仓皇地往东逃避。诗人在不幸的晚年，亲身遇到这场灾祸，情不自禁地唱出了掺着血泪的激烈的哀歌：

> 皇天之不纯命兮，何百姓之震愆！民离散而相失兮，方仲春而东迁。去故乡而就远兮，遵江夏以流亡。出国门而轸怀兮，甲之鼂吾以行。发郢都而去闾兮，怊荒忽其焉极。楫齐扬以容与兮，哀见君而不再得。望长楸而太息兮，涕淫淫其若霰。过夏首而西浮兮，顾龙门而不见。心婵媛而伤怀兮，眇不知其所蹠。顺风波以从流兮，焉洋洋而为客。
>
> ——《九章·哀郢》

在敌国残暴的侵略之下，广大人民妻离子散，流离失所，痛苦不堪。诗人的灵魂为这种巨大的痛苦所鞭挞，发出了深沉的叹息：

> 已矣哉！国无人莫我知兮，又何怀乎故都！既莫足与为美政兮，

吾将从彭咸之所居。

——《离骚》

六十三岁的老诗人就这样因为自己理想中的“美政”不能实现,用汨罗江的清流埋葬了自己。

冷静的思想与热烈的感情,对人间美好的热爱和对丑恶的痛恨,“信而见疑,忠而被谤”,一腔报国热忱得不到理解和支持,想断然决绝远行,又终于眷恋难舍——屈原的一生,特别是他的后半生,经常承受着这种心理冲突和矛盾的折磨。最后,他又把一个人只有一次的宝贵的生命贡献给了祖国,以死来捍卫了自己的清白和正直,完成了人格的圆满。这就使得他虽然在肉体上将自己消灭了,但他的精神却永生在人民的心里。他灵魂的光辉,也伴随着诗中的忠爱缠绵之音,在世间永存。在楚国才被灭亡的时候,民间就传出了“楚虽三户,亡秦必楚”的誓言;在屈原自沉汨罗之后不到一百年,在楚国灭亡之后不到十五年,以陈涉为首的农民起义终于爆发了,并在极短的时间内,推翻了秦帝国的残暴统治。当时农民起义的领袖主要也都是楚人,陈涉最初起兵,还自称“张楚”。这一切,都是和屈原的崇高思想品格和伟大的爱国主义精神的感召分不开的。

屈原的时代,养士制度风行。见利忘义,朝秦暮楚,在那个时候是从士阶层涌现出来的新兴官僚阶层中很普遍的人生观。可是屈原,正如汉淮南王刘安《离骚传》中所赞美的:“其志洁,故其称物芳,其行廉,故死而不容自疏。”他决不肯为了个人的功名富贵而背叛祖国,背叛人民。身世坎坷的汉代大作家司马迁对屈原的悲剧精神有着充分的体会,他说:“余读《离骚》、《天问》、《招魂》、《哀郢》,悲其志。适长沙,观屈原所自沉渊,未尝不垂涕,想见其为人。……又怪屈原,以彼其材,游诸侯,何国不容,而自令若是。”(《史记·屈原列传》)一个伟大的心灵对于另一个伟大的心灵的理解是多么深刻啊。

正因为这样,所以屈原在哲学上接受了积极入世的儒家思想,而扬弃了消极出世的道家思想。他赞美理想中古代帝王的德政,注意民生疾苦,在《离骚》中表现得非常明显,所谓“上称帝喾,下道齐桓,中述汤武,以刺世事,明道德之广崇,治乱之条贯,靡不毕见”(《离骚传》)。也正因为这样,所以他的全部作品虽然差不多都承袭着宗教和巫术的传统,有许多天堂地狱、神仙鬼怪的描写,但在《天问》中,他又对这一切表示一定的怀疑。实际上,神话、宗教、巫术,这些不可分割的因素,乃是楚文化的重要组成部分,在屈原的诗篇中,都主要是作为一种素材和文学形象化的手段而使用的。在这种使用过程中,屈原融入了自己的人格、思想和艺术经验,赋予这些古老的艺术因子以新鲜的生命。因此,在屈原的作品中,既有丰富的浪漫情调和神秘色彩,又有系念社会生活、执著现实人生的一面。

尤其可贵的是,作为一个贵族出身的文学家,屈原在文学创作中却勇敢地发展了《诗三百篇》以来的民间文学传统,运用来自民间的楚国方言口语,使用神话传说等民间素材,采用宗教歌舞剧等民俗形式,来表达自己的思想感情。经过屈原的加工,这些民间语言、素材和形式都在文学上得到了提高,从而成为楚族所特有的文学形式——楚辞的有机组成部分。而民间形式加工提高的过程,也就是民族形式的发展建立过程。诚然,楚辞是楚民族整个历史发展的经验的总和,但是,只有加上屈原本人的智慧和创造,它的完整性才达到了这样一个不可企及的高度。这种形式发源于楚国广大人民的生活中,而体现在屈原优秀的作品里,就成为楚辞中最主要的部分。所以,楚辞既是南北文化融会最初的结晶之一,又是楚族集体和屈原个人共同培植的文艺成果。

在《楚辞》中,今天大致可以确定为屈原作品的有:《离骚》、《九歌》、《天问》、《九章》中的一部分以及《招魂》。

《离骚》是中国有数的抒情长诗之一。它的思想性和艺术性都代表着屈原创作的最高峰。在这篇杰作里,诗人叙述了他的家世,他的道德观点和政治观点,他对理想的追求,对现实的彷徨和最后的幻灭。它明确地指出了他所拥护的是“举贤而授能兮,循绳墨而不颇”的前圣,也就是公平正直、能为大众谋福利的政治家;他所反对的是“众皆竞进以贪婪兮,凭不厌乎求索”,以致使国家的前途“路幽昧以险隘”;他指斥那些“党人”,也就是贪财好利、钩心斗角、猜忌忠良的官僚政客。他还进一步自誓:“岂余身之殚殃兮,恐皇舆之败绩。”这就是说:他之所以站在这一立场,绝不是出于个人的利害考虑,而是为了君王也就是国家的利益。在当时的历史条件下,君王是国家主权的象征,爱国常常通过忠君来体现。屈原的诗句也应当从这一角度来理解。

求索是屈原作品的一个重要主题,更是贯串《离骚》全诗的主旋律。诗人突破各种自然或人为的障碍,不懈地追求自己的理想,“虽九死其犹未悔兮,吾将上下而求索”。穿越时空的限制,跨过生死的阻隔,这种执著的求索精神是多么顽强,多么锲而不舍。现在,让我们来朗诵一段他对黑暗势力的挑战书吧:

> 长太息以掩涕兮,哀民生之多艰。余虽好修姱以鞿羁兮,謇朝谇而夕替。既替余以蕙纕兮,又申之以揽茝。亦余心之所善兮,虽九死其犹未悔。怨灵修之浩荡兮,终不察夫民心。众女嫉余之蛾眉兮,谣诼谓余以善淫。固时俗之工巧兮,偭规矩而改错。背绳墨以追曲兮,竞周容以为度。忳郁邑余侘傺兮,吾独穷困乎此时也。宁溘死以流亡兮,余不忍为此态也。鸷鸟之不群兮,自前世而固然。何方圆之能周兮,夫孰异道而相安?屈心而抑志兮,忍尤而攘诟。伏清白以死直兮,固前圣之所厚。

这一节慷慨悲歌,可以说是屈原一生战斗生活的总结。生命的船驶在黑暗社会的峡谷里,随时有可能撞碎在岩石上,但他却不愿停顿,更不愿后退,使自己默默搁浅在泥沙里。他决心让生命在黑暗中撞击出轰天的巨响,来唤醒那些沉睡的人。

《九歌》是屈原在楚地民间流行的形式较为粗糙的宗教歌舞剧的基础上,利用神话传说作素材,进行再创造的结果。《九歌》一共十一章,依次为:《东皇太一》、《云中君》、《湘君》、《湘夫人》、《大司命》、《少司命》、《东君》、《河伯》、《山鬼》、《国殇》、《礼魂》。前九章每一章歌颂一个神祇,末章为总的送神曲。排在第十篇的《国殇》呈现出独特的风貌,有着特别的意义。《九歌》所咏多是自然界的神祇,《国殇》独以人鬼为抒写对象;《九歌》多用比兴手法,《国殇》则纯为赋体,直陈其事;《九歌》总体风格是清新绮丽，幽美缠绵的，《国殇》却慷慨激昂，刚健庄严，热情歌颂了为国捐躯的勇士们英武刚毅、舍身取义的顽强斗志，从而张扬了爱国主义和英雄主义的精神，通篇充溢着作者沉痛而崇敬的心情。

《九歌》是屈原作品中，也是中国诗歌史上最美丽的篇章之一。其中对于恋爱心理的刻画，笔致深婉，凄丽动人，尤以《湘君》、《湘夫人》、《山鬼》为最。《山鬼》描写巫山神女与恋人约会时心理曲折变化的过程，——始而充满激动和喜悦，继而焦急期盼，最终失望忧伤——既缥缈空灵，又清幽缠绵，成功地塑造了一个美丽多情的恋爱中的少女的形象。在《湘君》和《湘夫人》中，对爱的寻觅和期待的描写，同样显得非常深情、热烈：

> 君不行兮夷犹，蹇谁留兮中洲？美要眇兮宜修，沛吾乘兮桂舟。令沅湘兮无波，使江水兮安流。望夫君兮未来，吹参差兮谁思？
>
> 驾飞龙兮北征，邅吾道兮洞庭。薜荔柏兮蕙绸，荪桡兮兰旌。望涔阳兮极浦，横大江兮扬灵。扬灵兮未极，女婵媛兮为余太息。横流涕兮潺湲，隐思君兮陫侧。
>
> 桂棹兮兰枻，斫冰兮击雪。采薜荔兮水中，搴芙蓉兮木末。心不同兮媒劳，恩不甚兮轻绝。石濑兮浅浅，飞龙兮翩翩。交不忠兮怨长，期不信兮告余以不闲。
>
> 鼂骋骛兮江皋，夕弭节兮北渚。鸟次兮屋上，水周兮堂下。捐余玦兮江中，遗余佩兮澧浦。采芳洲兮杜若，将以遗兮下女。时不可兮再得，聊逍遥兮容与。
>
> ——《湘君》

屈原盼望得到祖国（以君王为化身）的信任，一如灵巫祈求女神的垂爱。他珍重这种感情，更为这种高尚的感情不能获得满足而痛苦。一个不真诚的恋人，一个失约背信反而说谎的恋人，对忠实的对方，该是多么沉重的心理负担啊！对于当时的君王，屈原就这样抱怨着。《九歌》也就是这样在传统形式和题材的再创造中，融入了作者的人生激情和现实政治感触，拓展并深化了古老的主题，使之焕发出新的生命。《九歌》的这一艺术特点,既是《楚辞》所开创的香草美人以喻君子的文学传统的机缘之一,同时也是对《诗三百篇》所开创的比兴传统的新发展。

楚怀王轻信秦国,到武关去和秦昭王会盟,不幸被秦扣押,后来竟死在秦国。秦国这种行径引起了各国诸侯的公愤,楚国人民尤其感到强烈的悲愤。《招魂》写的正是这件事。人死后,通过一定的仪式和语言来招魂,原是一种宗教信仰和巫术手段,是古人对现实生活的坚强执著的反映,又是他们迷信自己语言的力量的表现。在《招魂》中,屈原把人间和非人间的生活作了极强烈的对比。除了人间以外,无论东西南北各方,下至地狱,上至天堂,全是一番可怕的景象。

> 魂兮归来,君无上天些。虎豹九关,啄害下人些。一夫九首,拔木九千些。豺狼从目,往来侁侁些。悬人以娭,投之深渊些。致命于帝,然后得瞑些。归来归来,往恐危身些。

和中外文学作品将天堂写成乐园的那种对超现实境界之无保留的向往有所不同,屈原连天堂都描绘得十分险恶。这些描写透露了他强烈的现实感和对人间的留恋。另一方面,他极力铺写了人世间宫室、衣服、饮食、男女等一切生活是如何温暖愉快。最后,他代表楚人向怀王的魂魄发出了召唤的声音:

> 湛湛江水兮上有枫。目极千里伤春心。魂兮归来哀江南。

这声音是凄婉的,然而也是激愤的,它混合着被侵略者心中的痛苦和愤怒。

《天问》是一篇形式和结构都很别致的作品。作者一口气提出了一百七十二个问题,从开天辟地以来一直问到他自己,把他对于宗教信仰上的、神话传说上的、历史记载上的、人生道德上的种种怀疑,都痛痛快快地宣泄了出来,充分表明作者是一位求知欲极强而且知识渊博的学者。后代虽然不乏追步《天问》格式的诗、词、赋作品,但都相形见绌。如果说,屈原以自己的死在中国文学史上画了一个巨大的惊叹号，那么，我们可以毫不迟疑地说，《天问》乃是中国文学史上伟大的疑问号。

《九章》是屈原自叙身世、抒情述志的短篇作品的全称，包括《惜诵》、《涉江》、《哀郢》、《抽思》、《怀沙》、《思美人》、《惜往日》、《橘颂》、《悲回风》。它们不是一时一地所作，风格也不尽相同。如《橘颂》是其早期的作品，作者以拟人笔法描写橘树的形象和品质，融进自己的深厚情感，用笔不即不离，开创了中国咏物文学的优良传统，对后代咏物诗赋产生了深远的影响。全篇以四言句式为主，与《诗经》形式较为接近。而《涉江》、《哀郢》、《怀沙》等则是他晚年的作品，表现了放逐途中直至自沉之前的思想经历，或忧思激愤，或迷惘彷徨，或呜咽徘徊，其情思幽渺，气氛瑰丽浓烈，又与《离骚》相近。《惜往日》和《悲回风》中还有后人痛悼屈原之语，所以也有人怀疑它们不是屈原所作。

此外，旧题为屈原作品的还有《远游》、《卜居》、《渔父》、《大招》等篇。但今人多认为这些是后人的依托之作。《卜居》、《渔父》二篇结构上采用主客问答的形式，语言上解散楚辞之体，变得句法参差、韵式靡定，散文化的倾向较明显地增强，可以看作是从楚辞到汉赋之间过渡阶段的产物。

《史记·屈原列传》说："屈原既死之后，楚有宋玉、唐勒、景差之徒者，皆好辞而以赋见称；然皆祖屈原之从容辞令，终莫敢直谏。"1972 年山东临沂银雀山出土的汉简中，发现了唐勒赋篇的佚句，但难以联缀成文。至于《大招》是否为景差所作，还不能肯定。只有宋玉的《九辩》以悲秋的主题和情景交融的艺术，给人留下了深刻的印象。宋玉等人继承了屈原的创作事业，并在语言及艺术形式等方面有所发展，可是他们缺乏屈原身上那种人格的光辉，因此，作品也就没有屈原作品那样震撼心魄的精神力量。屈原念念不忘的是"虽萎绝其亦何伤兮，哀众芳之芜秽"（《离骚》），即国家和民族的命运；而宋玉咏叹的则是"惆怅兮而私自怜"，"私自怜兮何极"，即个人的不幸和忧伤。正是在宋玉手里，以《风赋》、《神女赋》、《登徒子好色赋》为代表，楚辞走上了文人化和宫廷化的道路，并逐渐向汉赋过渡。宋玉也理所当然地成为中国文学史上第一个登场的宫廷文人。自汉代以后，文学史上出现了许多学骚、拟骚甚至反骚的骚体作品，也可以说是楚辞的嗣响。其上者拟形追神，借古人酒杯浇自己心中块垒；中者亦步亦趋，较少创新；下者则驱役香草美人，沦为无病呻吟。但屈原思想和艺术的独特光芒并没有因此湮没，在后代许多优秀的诗歌（如唐代李白、李商隐、李贺）、辞赋（如骚体赋、抒情小赋），甚至散文（如《史记》）、小说（如《聊斋志异》）中，依然容易寻找到其血脉的遗存。

从渊源上说，楚辞承袭了《诗三百篇》所开创的中国诗歌的优良传统，但能自铸伟辞，独呈新貌，从而成为中国文学史上最早的两个传统典范之一。旧籍中常常以风骚或诗骚并称。从整体上看，诗骚的差异可以概括为这样几点：第一，在形式上，《诗经》以四言为主，比较整齐，而且多为短篇；楚辞则或长或短，繁复多变，篇幅也扩大了。第二，《诗经》多能入乐合歌，徒诗较少；楚辞则是不歌而诵的作品。第三，在内容上，《诗经》多写实，表现了北方文化务实的精神；楚辞的浪漫思想、怀疑精神、幽异的造境、瑰丽的想象，都表现了南方超现实文学的特征。第四，在美学风貌上，如果说《诗经》是朴素的，楚辞则是空灵的；如果说《诗经》是现实的，楚辞则是浪漫的。第五，从作者方面看，《诗经》中的作品多无主名，属于集体的创作，尽管思想风格不完全一致，也体现了先民的群体意识；楚辞则是个人的创作，蕴涵了作者人格的力量，显示了诗人鲜明的个性。第六，从文学史上看，相对而言《诗经》对文学批评方面的影响较大，讽谏、比兴是历代文学批评家常谈不衰的话题；楚辞对文学创作方面的影响较大，香草美人的传统不知沾溉了多少代文人的心灵。

第五章　汉魏六朝赋及其流变

设辞、楚辞与赋　　赋体的特征　　汉初赋的发展与欲讽反劝　　司马相如及其追慕者扬雄　　班固、张衡与东汉骋辞大赋　　《归田赋》、《思玄赋》及汉赋中的骚体　　对问的自嘲与献赋的谀颂　　汉赋二体与阶段性风格　　从张、蔡到建安的转机　　魏晋之际及两晋赋的歧变　　南朝赋发展的三大动向及赋论　　北朝赋与南朝赋的自赎

赋兼有韵文和散文两种体制的特点，是汉魏六朝重要的文学样式之一。

战国时代，游士为了表现自己的才能，达到说服对方的目的，往往随意编造故事，以夸张的对话体来展开论辩，这就是所谓“设辞”。在《战国策》和其他子书中，这种例子是很多的。到了战国晚期，出现了荀子的赋篇和旧题为屈原的《卜居》、《渔父》，以及宋玉的《对楚王问》、《风赋》等，在精神实质上也受到了说辞的影响。它们乃是汉赋的源头。

荀子(约前313—前238)的赋篇，包括《礼》、《智》、《蚕》、《云》、《箴》五赋，虽然其中体现了一些儒家的思想，但基本上却是五个谜语。例如《蚕赋》：

“有物于此，㒩㒩兮其状，屡化如神，功被天下，为万世文。礼乐

以成，贵贱以分；养老长幼，待之而后存，名号不美，与暴为邻。功立而身废，事成而家败。弃其耆老，收其后世。人属所利，飞鸟所害。臣愚而不识，请占之五泰。”五泰占之，曰：“此夫身女好而头马首者与？屡化而不寿者与？善壮而拙老者与？有父母而无牝牡者与？冬伏而夏游，食桑而吐丝，前乱而后治，夏生而恶暑，喜湿而恶雨。蛹以为母，蛾以为父。三俯三起，事乃大已。夫是之谓蚕理。”

《卜居》、《渔父》假托屈原和太卜、渔父的对话，表现了作者对屈原的一种看法。那种以出世的、消极的思想来代替屈原“知其不可而为之”的人生观的企图，正是战国后期出现的道家思想的反映。就这两篇文章来说，也是《庄子》寓言的一个发展。而其中某些作品更进一步变成了游戏文章，成为宫廷娱乐的一种工具。如《登徒子好色赋》：

大夫登徒子侍于楚王，短宋玉曰：“玉为人体貌闲丽，口多微辞，又性好色，愿王勿与出入后宫。”王以登徒子之言问宋玉。玉曰：“体貌闲丽，所受于天也；口多微辞，所学于师也；至于好色，臣无有也。”王曰：“子不好色，亦有说乎？有说则止，无说则退。”玉曰：“天下之佳人，莫若楚国；楚国之丽者，莫若臣里；臣里之美者，莫若臣东家之子。东家之子，增之一分则太长，减之一分则太短，著粉则太白，施朱则太赤，眉如翠羽，肌如白雪，腰如束素，齿如含贝，嫣然一笑，惑阳城，迷下蔡，然此女登墙窥臣三年，至今未许也。登徒子则不然。其妻蓬头挛耳，龃唇历齿，旁行踽偻，又疥且痔。登徒子悦之，使有五子。王孰察之，谁为好色者矣？”……于是楚王称善。宋玉遂不退。

朗诵这种作品，毫无疑问，在当时是可以博得楚王一笑的。写过《九辩》那种作品的宋玉，同样也写出这样的作品，这说明了古代宫廷文士的身份地位很低下，是和俳优一类的人物。根据《国语·郑语》，古代贵族在公元前 8 世纪就已经蓄养俳优。以后，俳优的活动更是常见于历史。他们除了供国王娱乐，因为行止与国王接近，有时也能在机会合适的时候，对政治提出一些意见。而这些意见，又往往是结合他们的俳优表演——说笑话、做戏等——提出来的，这就是所谓讽喻。《史记》曾经为这些人专立一篇《滑稽列传》，足见这种风气在先秦和汉代都是很盛的。文学的发展，可以丰富娱乐的内容，而这种设辞体的赋，既是非常夸张，极耳目之娱，也能曲终奏雅地讽喻一下，敷衍了面子，满足了伪善，这自然是作者和读者双方都能接受的。游士说辞发展为宫廷娱乐的文学，文学之士加入了俳优的行列，这一局面在战国晚期就已经奠定了。

赋的另一个渊源是抒情诗的新样式——楚辞。楚辞和上述这种基于游说的风气而产生的设辞在时间上基本平行，楚辞大师屈原又是一位"出则接遇宾客，应对诸侯"的外交能手，二者之间发生联系，互相影响，是很自然的。《史记·货殖列传》中说："南楚好辞，巧说少信。"这一观点在《汉书·地理志》中有着更详细的说明："始楚贤臣屈原，被谗放流，作《离骚》诸赋，以自伤悼。后有宋玉、唐勒之属慕而述之，皆以显名。汉兴，高祖王兄子濞于吴，招致天下之娱游子弟，枚乘、邹阳、严夫子之徒，兴于文、景之际。而淮南王安亦都寿春，招宾客著书。而吴有严助、朱买臣，贵显汉朝，文辞并发。故世传楚辞。其失巧而少信。"这一段话指出了楚辞家的抒情文学和纵横家的设辞文学相互影响以至结合的过程，也指出了由设辞文学发展出来的赋"巧说少信"的特点，以及初期汉赋发达的部分原因。

作为一种文学样式，赋的这种来历也就决定了它具有如下几个特征：第一，在结构方面，它往往是用抑客伸主的对话方式展开的；第二，在文体方面，它介于散文和韵文之间；第三，就艺术表现而言，它常常有铺陈夸张的特点；第四，就思想内容而言，它往往有说服对方的倾向或目的。这一切，都证明了赋与先秦游士设辞和楚辞的血缘关系。在赋史的不同发展阶段和赋的不同体式中，二者的影响各有侧重。例如，先秦游士说辞对汉赋尤其是汉代骋辞大赋的影响相对较大，而楚辞对隆盛于汉末的抒情小赋以及魏晋南北朝赋的影响则更为显著。

从公元前209年陈涉起义，直到公元前154年汉景帝刘启平定吴楚七国之乱，这五十多年乃是战国局面的一个余波，被秦朝统一抑制下去的纵横家又有了出头的机会。汉初的文坛也就被这整个的风气支配着。无论散文还是赋，都带着强烈的纵横气息，呈现着活跃的气象。而且，汉初的赋家也往往就是纵横家，或至少企图做一个纵横家。今天我们考知的最早的汉赋作家是陆贾，虽然他的赋作已全部失传，但《汉书·陆贾传》上就明确地说他“名有口辩，居(汉高祖)左右，常使诸侯”。《邹阳》七篇在《汉书·艺文志》中也列为纵横家一类。其他的赋家也大致是这样。

汉初承大乱之后，经济非常困难，皇朝尊奉黄、老之学，实行清静无为、与民休息的政策，对于一般纵横家也即赋家是不大愿意理会的。而一些诸侯王既享受着王朝优厚的待遇，又处于吴、梁、淮南等天下富庶之区，财力充裕，有条件也有兴趣招揽这些游士，为他们扩充势力出谋划策，同时也希望给他们带来文艺上的享受。于是许多游士，例如枚乘、司马相如、邹阳等人，便集中在这些诸侯国了。这便是后代文人所艳称的“淮南宾客，梁苑词人”(《文史通义·诗教》)的盛况。这些游士在诸侯国中，一方面发挥了文学上的才能，那就是作赋、写书，供给贵族们欣赏；另一方面又发挥了政治上的纵横权术，那就是兴风作浪，为诸侯王扩充势力、对抗皇朝策划谋略。这就促成了贵族文学的发达，也加深了中央政权与诸侯藩国的矛盾。

到了景帝时代，王朝的经济状况逐渐好转，力量增强了，这个矛盾也就更加尖锐起来，皇朝与诸侯暗中的摩擦演变成显著的冲突，并引发了吴楚七国的叛乱。这个叛乱以王朝的胜利与诸侯的失败、中央集权的巩固与藩国权益的削减而告终。这些游士在诸侯国逐渐无所作为，于是慢慢转到皇朝寻求出路。而汉武帝也明令禁止那些“乱国政”的“申、商、韩非、苏秦、张仪之言”(《汉书·武帝纪》)，又施展政治策略，恩威并用，网罗过去流落诸侯国的那些文人兼政客，将他们变成宫廷侍从之臣，也就更严格地将其编入俳优的队伍里去了。《汉书·严助传》说：“(东方)朔、(枚)皋不根持论，上(武帝)颇俳优畜之。”《枚皋传》也说皋：“不通经术，诙笑类俳倡。为赋颂，好嫚戏，以故得媟黩贵幸……言：‘为赋乃俳，见视如倡，自悔类倡也。’”其实，这种“俳优畜之”的情况，并非对东方朔和枚皋的特殊贱视，而是反映了当时赋家地位之低下，反映了当时文士作为宫廷政治的装饰品和娱乐的附属品的特性。

于是,原先具有强烈的纵横色彩和某种异端倾向的赋家,逐渐被统一兼容于汉朝政治文化的大体系中,成为汉代文化重要的一部分。而赋的诸特征又恰好适应汉武帝以后封建经济发展的社会形态,适应表现贵族们奢侈享乐的生活的需要,立刻被贵族们爱好起来。从《诗三百篇》开始获得的感时讽政的传统和从纵横家获得的说服作用,则退到了赋篇的末尾,即通常被称为"曲终奏雅"的那个部分。这样既可以作为贵族享乐的点缀,又不至于忤怒贵族,做这种游戏文章的保护色。因此,当儒家思想在汉王朝意识形态中占据统治地位以后,赋仍然能够顺利发展。武帝和宣帝都是赋的爱好者和提倡者,因此,献赋成了许多文士取悦皇上、谋求官职的重要手段。到西汉末年,进献到皇帝面前的就有一千多篇,东汉以下还不计在内,数量之多是令人惊异的。宣帝曾说:"辞赋大者与古诗同义,小者辩丽可喜。辟如女工有绮縠,音乐有郑卫,今世俗犹皆以此虞说耳目。辞赋比之,尚有仁义讽谕、鸟兽草木多闻之观,贤于倡优博弈远矣。"(《汉书·王褒传》)既能增长见闻、娱悦耳目,又有仁义讽谕,与古诗同义,这就是当时许多人对赋的认识,也反映了赋的创作特点,说明了它风行一时的原因。《汉书·扬雄传》说:"雄以为:赋者,将以风也,必推类而言,极靡丽之辞,闳侈巨衍,竞于使人不能加也。既乃归之于正,然览者已过矣。往者武帝好神仙,相如上《大人赋》,欲以风,帝反缥缥有陵云之志。由是言之,赋劝而不止,明矣。又颇似俳优淳于髡、优孟之徒,非法度所存,贤人君子诗赋之正也。于是辍不复为。"这其实是许多汉赋作家都面临的问题,它也是赋的内容与形式之间、作家创作思想与创作方法之间、赋家的主观意图与其客观效果之间所存在的诸种矛盾复合体的体现。

在汉代的各体文章中,赋的地位格外重要。在《史记》《汉书》中,许多传记的篇幅都被传主的赋占据了,因为在史家看来,赋最见学识和才情,是足以传之久远、使作者声名不朽的大制作。例如在司马相如的传记中,《子虚》、《上林》二赋就占了很大的篇幅。司马相如是汉赋的代表作家,汉赋到他手上才最后完成了内容的充实和形式的完善。在他之前,汉赋尚未表现出自己突出的个性。例如,枚乘《七发》,无论是其劝说的功能,层层铺垫蓄势的手法,"腴辞云构,夸丽风骇"(《文心雕龙·杂文篇》)的文风，还是井然有序地从多方面展开的结构特点，都明显地带有从战国游士说辞演变而来的痕迹，尤其近于《孟子》中的某些篇章。但《七发》对后世的影响主要体现在其形式方面，傅毅《七激》、张衡《七辩》，乃至王粲《七释》、曹植《七启》等，都大体模仿《七发》而小有革新。又如，汉赋最早的作家之一贾谊的《吊屈原赋》和《鹏鸟赋》都属于骚体，在形式与精神上都与楚辞有着血缘联系。

司马相如（前179—前117）的身世经历在汉初赋家中是很有代表性的。在景帝时代，他先在皇朝做官，但景帝不爱好辞赋，于是他转而投奔梁国，与梁孝王手下的游说纵横之士而兼赋家的邹阳、枚乘、严忌等人甚是投合。梁孝王死后，他只好回到故乡，后来受同乡杨得意之荐，当上了武帝的宫廷侍从文人。他最先献给汉武帝的赋作，同时也是他的代表作，就是由在梁国时所作的《子虚赋》扩充而成的，即以天子游猎为主题的《子虚上林赋》。这篇赋在《史记》、《汉书》的《司马相如传》中本为一篇，《文选》开始析为两篇。赋中假设楚国公子派子虚到齐国去，齐王于是和他一起游猎。事后，子虚去看乌有先生，恰巧亡是公也在。于是子虚把楚王出猎的盛大情形夸张叙述了一番，乌有先生也把齐国的广大富足夸叙了一番。这时，亡是公发言了，他先批评"二君之论，不务明君臣之义，而正诸侯之礼，徒事争游猎之乐、苑囿之大，欲以奢侈相胜，荒淫相越"，似乎很是义正辞严，但接着一转，却说："且夫齐楚之事，又焉足道邪？君未睹夫巨丽也，独不闻天子之上林乎？"于是变本加厉地描述天子游猎的场面，使齐楚二国顿时黯然失色。而最后的结论却又回过头来："若夫终日暴露驰骋，劳神苦形……务在独乐，不顾众庶，忘国家之政，而贪雉兔之获，则仁者不由也。"这是汉赋典型的结构和表现方式。司马迁说："相如虽多虚辞滥说，然其要归引之节俭，此与《诗》之风谏何异！"（《史记·司马相如传》）这是自作者的主观用意而言的；扬雄认为"靡丽之赋，劝百而讽一，犹骋郑卫之音，曲终而奏雅"（《汉书·司马相如传》），则是从赋的客观效果而言。总之，司马相如的赋是汉代骋辞大赋的形式和结构的典范，同时开创了汉赋的讽谏的传统。

司马相如赋作中结构完整，艺术技巧多样，都超过同时的其他赋家，而气派恢宏，又生动地反映了大汉帝国的赫赫声威。他特别善于以丰富的词汇，把事物的形态、声音真切地刻画下来，是具有创造性意义的。譬如《上林赋》中写水，是这样的：

触穹石，激堆埼，沸乎暴怒，汹涌滂潰，滭浡滵汩，湢测泌㳒，横流逆折，转腾潎洌。

在这一类汉大赋中，在描述某一客观物体时，常常出现驰骋词藻以致令人目不暇接的做法，这些词大多属于所谓联边词、玮字。这固然是为了在修辞上适应铺张扬厉的文体需要，汉代擅长骋辞大赋的作家，例如司马相如、扬雄、班固等人，都是在语言文字学方面造诣精深学识渊博的学者，也为汉大赋这一艺术倾向的形成准备了有利的条件。

西汉后期的扬雄（前 53—18）在辞赋创作方面是司马相如的追慕者。他善于模拟，正如在《甘泉》、《羽猎》、《长杨》诸赋序中所体现出来的，他不仅在形式上追步司马相如，而且更强调以讽谏为旨归。因此，当这种讽谏没有收到预期的效果的时候，他感到特别失望。《法言·吾子》记载："或问：'吾子少而好赋？'曰：'然，童子雕虫篆刻。'俄而曰：'壮夫不为也。'或曰：'赋可以讽乎？'曰：'讽乎，讽则已；不已，吾恐不免于劝也。'"他后悔将大半生的精力投入这劳而无功的辞赋创作中去，所以晚年"辍不复为"。扬雄的这种认识，反映了当时汉赋发展的历史事实，尽管颇遭后人的讥讽和批评，但他在赋创作上的成就是客观存在的，他在汉赋史中的重要地位也不能因此而贬低。

东汉时期骋辞大赋的代表作是班固（32—92）的《两都赋》和张衡（78—139）的《二京赋》。这是京都类的骋辞大赋最初的典范之作，它们的语言已由单笔变成以复笔为主，趋向整饬，体现了东汉文章由单趋复的总趋势。这两篇赋在题材方面虽有创新，在形式结构上却仍多因袭前规。其描写技术虽然更加娴熟，篇幅和规模也仍然在继续扩张，但讽谏功能并未相应强化，相反地却更隐约了。班固在《两都赋序》中说，赋的作用是"或以抒下情而通讽谕，或以宣上德而尽忠孝"，实际上前一功能的发挥相当有限。张衡《二京赋》也致力于讽谏，收效亦甚微，它在赋史上的影响和意义显然不及他的抒情小赋《归田赋》和《思玄赋》。

《归田赋》和《思玄赋》以归隐田园、顺从玄理自慰自解，表面看似乎很冲和平静，实际上是抒发生不逢时的骚怨和对世途恶浊的慨叹。从影响上说，这两篇抒情小赋在内容和形式上与魏晋南北朝时繁盛的抒情小赋更为接近，可以说是后者的先声；从渊源上看，这种题材的汉赋源于楚辞，其词汇句式也往往化用自楚辞。汉初，年轻的贾谊想奋发作为，却处处遭忌，怀才不遇，以致被贬长沙，写下了《吊屈原赋》、《鹏鸟赋》。这两篇赋是典型的骚体赋，可算是楚辞在汉初的余响。在赋中，作者假借悼念屈原和因鹏鸟起兴，抒发自己对"逢时不祥"的感慨，对"贤圣逆曳兮，方正倒植"（《吊屈原赋》）的愤懑，最后归结到祸福无常"吉凶同域"，"命不可说兮，孰知其极！"并企图以道家的达观知命来自我排遣。稍后的严忌的《哀时命》属于同类作品。武帝时代，董仲舒《士不遇赋》和司马迁《悲士不遇赋》等篇仍然沿用骚体的形式，在表达不遇于时的骚怨方面与前人大致相似，而寻求自我解脱的方法途径则各有不同。扬雄《逐贫赋》构思上又有创新。他首先把贫穷这种社会现象人格化，围绕着与"贫"的对话争执，揭露了贫富不均的社会问题，对自己的贫困命运既表示愤懑，同时，又赞扬了安贫乐道的情操，使这篇赋呈现出既情绪化又有哲理性、既轻松诙谐又沉郁凝重的独特风貌。

对问体（包括设论）也是汉代文士抒发骚怨情绪表现人生哲理时常采用的一种形式。楚辞的《卜居》、《渔父》和《对楚王问》等篇已是对问体式。理想与现实之间巨大的反差使得汉代文士常受着思想矛盾折磨的痛苦。如何让自己摆脱这种困境，重新取得心理平衡，是他们在创作中要解决的一个问题。而对问体无疑最便于展开这样矛盾的心境，在主客对答中梳理纷乱的思绪，反驳对方，论证自我，辩明时移世异，故遭际不同，应当旷达为怀，坚定自己的世界观和人生观。怀才不遇是中国古代文士的共同情结，于是这一主题和形式受到了西汉以降历代赋家的青睐。从东方朔《答客难》开始，到扬雄《解嘲》、《解难》，到班固《答宾戏》、崔骃《达旨》、崔寔《答讥》、张衡《应间》、蔡邕《释诲》、陈琳《应讥》，以至到魏晋时代夏侯湛

《抵疑》、曹毗《对儒》、郭璞《客傲》，都是这一系列的赋作的延伸，从中可以看出这一体式的影响和生命力。

除了上述这两种题材内容外，在汉代宫廷侍从文人和公卿大臣"日月献纳"、"时时间作"的诸多赋中，还有相当大一部分是致力于"宣上德而尽忠孝"，风格"雍容揄扬"的作品。赋、诵(颂)二名在汉代往往通用，也从一个侧面反映了这一历史事实。王褒的《圣主得贤臣颂》就属于这一类的赋作。《汉书·王褒传》说："上令褒与张子侨等并待诏，数从褒等放猎，所幸宫馆，辄为歌诵。第其高下，以差赐帛。"这种应命作赋与主动献赋又有区别，在这样的场合以这种方式产生的赋作，自然要以歌功颂德润色鸿业为基调。从作用上看，这是更彻底的宫廷娱乐文学。

文学史上通常把赋体分作大赋和小赋，这也就是汉赋中最重要的两种体式。大赋题材以铺写京都宫殿畋猎等盛大场景为主，以夸张骋辞见长，篇幅较大，作者还习惯于在篇末系上一个讽谏的尾巴，做到曲终奏雅；而小赋则以抒情咏物为主，篇制较小，风格明丽。相对来讲，前者受战国纵横家说辞的影响较大，而后者受楚辞及荀卿赋的沾溉较深。汉宣帝所说的"辞赋大者与古诗同义，小者辩丽可喜"，大概也就是从这样的角度来区分汉赋的。汉赋名家往往兼擅二体。例如，司马相如既有《子虚赋》、《上林赋》这一类的鸿篇巨制，又有《长门赋》、《哀二世赋》这样的短章。王褒既有《圣主得贤臣颂》之类的颂歌，也有《洞箫赋》为代表的巧妙地刻画音声的体物之作。由此可见，汉赋二体并不矛盾，它常统一在一个赋家身上。魏晋以后，二体交融更加显著，一篇优秀的赋作很可能就融会二体之长于一身。但是，从汉赋的历史发展来看，应该说，骋辞大赋是其主流，它更有资格作为汉赋的代表。

从发展阶段上看，西汉前期的赋有一股踔厉昂扬、闳放不羁之气，以司马相如的赋为代表；而后期的赋风则多了婉转温厚之气，以扬雄的赋为代表。东汉前期的赋继承了扬雄赋温厚的一面，又揉入精丽典雅，班固是这种赋风的主要铸造者和完成者；而到了东汉后期，以张衡为先驱，以蔡邕、赵壹为中介，赋风又发生了新的蜕变。这一转变的最主要特征是楚骚美学影响下的抒情传统明显强化，诗的情采与轻灵流丽的风格成了赋坛的主要追求。这自然与当时的社会文化背景密切相关。

东汉桓、灵以后，社会矛盾日趋尖锐，朝政日非，民生日困，更激发了有正义感的赋家的义愤。这时的赋作中出现了一些大胆抨击邪恶揭露黑暗而且锋芒锐利的篇章。这不仅是对贯串汉赋发展始终的讽谏主题的张扬，也在张衡《归田》、《思玄》二赋的基础上又前进了一步。从这个意义上可以说，蔡邕、赵壹是司马相如、扬雄和张衡事业的继承者。延熹二年秋，"梁冀新诛，而徐璜左悺等五侯擅贵于其处，又起显阳苑于城西。人徒冻饿，不得其命者甚众。白马令李云以直言死，鸿胪陈君以救云抵罪。"可谓世路险恶，豺狼当道。蔡邕因善鼓琴，被征召去为徐璜演奏，行至偃师，病不前，得归。他"心愤此事，遂托所过，述而成赋"(《述行赋序》)。可见述行是假托，抒写现实，怒斥权奸才是其真正的目的。赵壹《刺世嫉邪赋》较《述行赋》辞情更激烈，其主题也可以顾名而知之。其对于黑暗世道毫不留情的嘲弄和对于恶势力的猛烈攻击，在篇终借秦客和鲁生之口唱出的两篇歌诗中得到最淋漓尽致的宣泄：

> 河清不可俟，人命不可延。顺风激靡草，富贵者称贤。文籍虽满腹，不如一囊钱。伊优北堂上，抗脏倚门边。
>
> 势家多所宜，欬唾自成珠。被褐怀金玉，兰蕙化为刍。贤者虽独悟，所困在群愚。且各守尔分，勿复空驰驱。哀哉复哀哉，此是命矣夫！

这一类的作品在东汉后期虽然不多，但它兆示了赋史发展的新趋向，即赋逐渐摆脱了富丽堂皇的结构，劝百讽一的定势，而趋向简短流丽，逐渐摆脱了廊庙殿堂和歌功颂德的内容，而深入内心，走向自我，走向主体情感的抒发。东汉后期的一些赋，譬如上举张衡《归田》、《思玄》二赋、冯衍《显志赋》，尤其是蔡邕的诸篇赋作，在题材选择和语言风格方面已经十分逼近在魏晋以后大盛的那种体物抒情小赋。本来，汉赋就和楚辞有着血缘关系，但在汉赋成长的历程中，由于各种环境因素的作用，楚辞的影响被逐步冲淡。东汉后期以来，赋史开始向楚骚美学传统复归，个人意志、主观情绪受到前所未有的重视，赋的抒情言志传统也得到了恢复、强化。这个进程早在东汉后期就已起步，建安时代则是实现这一转折的关键。

从东汉后期开始，封建中央集权的专制统治机制就在党锢、清议、黄巾起义以及随后的军阀割据的诸重大历史事变中遭到严重的破坏，旧思想的封闭系统趋于土崩瓦解，在学术思想上被长期排斥的黄老刑名之学重新抬头，强调载道讽谕的儒家文学传统受到淡漠乃至遗弃，而庄骚美学思想传统在文学创作中产生了越来越大的影响。总之，整个汉末建安的学术思想界涌动着一股崇尚自由和个性解放的思潮。在哲学史和思想史上，这被称为是一个人的觉醒的时代，而在文学史上，则被称为文学自觉的时代。在这样的时代，文学界发生了一系列影响深远的变化是不足为奇的。文人地位的提高，文学观念的明晰，对于文学价值的确认，东汉后期的政治集团演变为建安时期的文人集团等，都是这个时代的历史事实。当然，没有两汉时代辞赋创作的繁盛和艺术经验的丰富积累，这样一个文学观念认识的跃进和创作批评的自觉是不能预期的，而这种变化反过来又推动促成了建安时代诗赋创作的繁荣局面。

建安赋的创作主体是曹操、“七子”、祢衡、杨修和吴质、曹丕、曹植等这两代人，正是他们促成了建安赋体文学的繁荣。同题共作是建安赋体创作中的一个突出现象。曹操父子通过这种方式实现了对周围文人的收笼团结，也利用这种机会交流切磋赋艺，培养锻炼比较年轻的曹植兄弟的创作才能。在这种场合，赋家在题材选择上自然表现出极大的一致性，但个人的艺术风格并不完全相同。尊重个性和集体努力并不矛盾。相反，赋家经常坦荡地对各自作品展开相互批评，如曹植曾指出陈琳“不闲于辞赋”（曹植《与杨德祖书》），同时，也将自己所作《龟赋》寄给陈琳，坦率地征求他的意见（陈琳《答东阿王书》）。最早的自觉的辞赋批评就是这样产生的。

建安赋家重视彼此交流艺术经验和美学评论，在创作中表现出自觉的艺术追求，也成了这段赋史的新特征。“诗赋欲丽”（《典论·论文》）的宣言被公开挂上了旗帜，益事华靡，踵事增华，成了此后赋坛乃至整个文坛的风尚。陈琳、应玚、王粲、杨修、曹植等人同题共作的一批美人题材的赋，尤以词藻华丽见称。《洛神赋》的英词丽藻与前人的同类作品相比，也堪称后来居上。而赋中灵活多变的诸种语言形式并存，配合赋中情感节奏的起伏转变，相得益彰。从《鹞雀赋》看来，民间口语也被采入向以典雅著称的赋作，表明赋家目光远大，取资甚广，这就丰富了赋体语言的宝库。另外，建安赋家还善于创造意象，如祢衡《鹦鹉赋》中的鹦鹉，王粲《莺赋》中的莺，曹丕《柳赋》中的柳，都是作者情意的载体，是充满主观情感色彩的意象。意象化、情感化，或者说主观化，构成了建安体物抒情小赋的重要特色，同时也指示了魏晋南北朝赋史发展的一个方向。

建安赋作不仅题材丰富，其情感世界也可以说色彩斑斓。从总体的美学倾向上，建安赋由于回归楚骚抒情传统，体现出一往情深的特点。赋家之心异常敏感，在羁旅行役中，体察风雨阴晴，感受时序变迁；在兵尘四布的原野，仰望远征的孤雁，俯视昔日的弱柳；在平居游宴之余，抚弄着奇香异玉、宝刀珍扇；无限的大自然无时不掀起他们心中的波澜，产生了许多短篇抒情赋作。不幸的妇女，夭折的儿童，也激起了他们的同情心，于是出现了《出妇赋》、《寡妇赋》、《叙愁赋》、《伤夭赋》一类的作品。还有一批神女美人类赋作，体现了对生命与美的执著追求。友情、亲情、乡情、爱情等日常生活中的情感，也在赋作中得到抒写，说明了对生命和情感的珍重。离乱时世，在赋中留下了世积乱离的心影。王粲《登楼赋》很成功地写出了背井离乡、流落无依的悲凉和盼望统一、希望得到重用这样一种在当时士人中相当典型的心态，慷慨悲凉兼而有之。

魏明帝太和、青龙年间，在暂时安定的政治局势和魏明帝大兴土木的政策导引之下，一批京都宫殿题材的大赋崛起，虽然昙花一现，却颇为引人注目。而随后的正始时代，受魏晋之际“天下多故”的时局和玄学风尚的影响，阮籍、嵇康等人不但以诗，同时以赋寄寓其深沉的哲理玄思和冷峻的现实批判。这两批赋家虽然与建安时代相去不远，但显然已经走上与他们的父辈不同的思想和创作道路。

两晋赋的发展自成一个单元。西晋初年，年轻一代赋家大多在张华、傅玄等前辈的提携下成长起来，晋武帝和一些权贵的爱尚文艺，也刺激了辞赋创作的成长。赋的题材视野大大扩张，吊古述先是其中的一个热门题材。在语言、结构及其理论批评方面,两晋赋也达到了新的高度。左思抛却十余年的心力,作成《三都赋》,因其篇幅巨大,气势宏伟,学问渊博,又适应了国家统一的短暂盛世的政治需要,因而纸贵洛阳,令人刮目相看。但实际上,尽管这一巨作在当时产生了巨大的轰动效应,并不能挽救骋辞大赋整体在赋史上的颓势。此后,骋辞大赋再不能重现左思及其《三都赋》式的辉煌。左思本人所持的重讽谏崇征实的赋论观点,也是偏于保守的。陆机等人所提出的"赋体物而浏亮"的主张,却对魏晋南北朝的辞赋创作有更积极的指导作用。如果西晋长治久安,我们本来可以期望看到更多的赋家和更好的赋作。可是,西晋末年的大动乱以及与之伴随的残酷杀戮,使许多赋家倒在血泊里,两晋之际的辞赋创作因此出现了断层和萧条。忧生念乱、愤世嫉俗和遗世嘉遁,是这一时期赋作的主要内容。它们直面两晋之际社会的腐败、黑暗、堕落以及颓废等多种惨淡现实,是有一定的深度和厚度的。随后的晋室南渡,改变了赋史的地理背景。在南方秀丽的山水的滋养下,最早的一批山水赋兴起了。江南的山水是这些赋的主要题材。

南朝赋的发展,呈现出唯美化、贵族化和诗化三大动向。所谓唯美化,是指南朝赋家追求对偶精工、字句雕炼、音韵和谐,在语言形式方面日益整齐精巧,逐步实现了从古赋向骈赋的演变。在这一过程中,谢庄、沈约、梁简文帝、梁元帝、江淹、庾信等人都作出了突出的贡献,骈赋在他们手中成熟起来了。与此同时,南朝赋一方面受到当时吴歌西曲和城市商业文化的影响,另一方面更受到宫廷贵族和士族贵族的影响。贵族是当时辞赋创作的主要力量,应命应制成为当时辞赋创作的一种重要形式。同时,在题材上趋向纤细柔弱,在表现上力求精巧,在审美上追逐尖新,也无不反映了贵族化的审美趣味。此外,南朝赋在外在形式与内在精神上都表现出显著的诗化倾向。前此,一些辞赋的篇末本来就有乱辞,赋中系诗附歌也偶尔可见,在南朝赋中,这些诗体成分则大量出现。更重要的是,南朝赋中的句子还越来越向诗体靠拢,句式越来越整齐,五言或七言的句子占了绝大比重,赋句也往往极富诗的情韵,这就造成了一种诗体的赋,或者说是赋体的诗。唐代的律赋就是赋体沿着骈化和诗化的方向继续滑行、又掺入格律的终极结果。但过分的律化同时也意味着更多的拘限,唐代律赋在科举制度的功利刺激下也曾出现了假象的繁荣,但在体物写志方面,已不及其前驱。宋代的赋作尽力要摆脱这一套"锁链",追求解放和自由,使赋在形貌和精神上都越来越接近散文,而远离它的本体。历史如此反复曲折,大概是唐宋赋家也始料不及的。

南朝人对于辞赋文学作品的编纂和整理,也取得了令人瞩目的成绩。虽然这些著作今多遗佚,但从《文选》一书中,可以窥见一斑。《文选序》以及《文选》的赋作分类,无论从赋史研究还是从理论批评的角度来说,都是富有启示的。刘勰《文心雕龙》则无疑是汉魏六朝赋史和赋论的集大成著作。其中《诠赋》、《杂文》两篇最为重要。对于赋的渊源和名义、历代赋的名家名作的别裁品评以及赋体创作艺术的诸方面,刘勰赋论都有精到的讨论。这是南朝赋繁荣在另一个方面的表现。

相对于东晋南朝,北朝赋的发展无疑是滞后的。北朝之前的十六国,处于干戈扰乱之中,赋的创作相当有限。北魏后期的赋,无论其数量与质量,相对于北魏前期,都有相当大的进步,这当与北魏孝文帝的汉化改革有直接联系,当然也是文化发展的自然结果。西魏北周的赋不及东魏北齐,这是由于其辖境内的文化基础较差,缺乏较深厚的文化传统,又施行了不利于文学发展的文化政策。从总体上看,北朝赋基本上没有什么杰作,直到后期,通过学习南朝的文学与辞赋,才有了比较可观的作品。由于政治的原因而流落北朝的一些南朝文人,特别是庾信、颜之推、王褒等人,不仅承担了南北文化交流的使者的角色,更推动了北朝的辞赋创作。他们以萧瑟的晚节,谱写出了为数不多而堪称"赋史"的作品,如庾信的《哀江南赋》和颜之推的《观我生赋》,既描绘了那个时代的广阔画卷,也掘进了赋家灵魂的幽深之处,其旋律之悲怆足以震撼千载以下。这些赋展现了在南朝赋中培养起来的那些娴熟技巧的艺术魅力,是南朝赋的自赎,也使六朝赋史有了一个老成的收场。

第六章　乐府歌辞和五七言诗的成立

乐府的意义　采诗的历史　汉初宗教诗　盛世的悲怨之歌　乐府歌辞中的叙事艺术　汉语叙事诗缺乏后劲的原因　五言诗的萌芽、兴起及动力　七言诗的三种来源　七言诗的早期试验　五七言诗体成熟速度何以不同

乐府原指音乐机关，汉武帝时扩充为大规模的专署，后来用以指由这个官署所搜集、保存、流传并且能够入乐的诗歌。习惯上，我们也称这种诗歌为乐府诗，或者简称乐府。再后来，就连并不入乐而只是在体裁上模仿这种歌辞的作品也称为乐府或乐府诗了。汉代乐府歌辞植根于下层文化土壤，语言朴素，风格直爽，是民间通俗文学；而汉赋则是官僚文士的制作，语言典雅，修辞精致，基本上属于贵族文学。二者的审美趣味相差甚大，其文学史价值也各自不同。汉代乐府歌辞的价值，在于它保留了当时人民许多珍贵的口头创作，并且由此产生了五言诗。

武帝时代，汉帝国政治稳定，经济繁荣，这位雄才大略的君主在此基础上完成了许多事业，如伐匈奴，通西域，尊儒术，立制度等。扩充乐府以采集音乐和歌辞就是其文化建设工作的一部分。班固《两都赋序》说："大汉初定，日不暇给。至武、宣之世，乃崇礼官，考文章，内设金马石渠之署，外兴乐府协律之事。"这说明到那个时候，才有了"制礼作乐"的需要和条件。《汉书·礼乐志》也说："至武帝定郊祀之礼，乃立乐府，采诗夜诵，有

赵、代、秦、楚之讴，以李延年为协律都尉。”可见乐府的任务最主要的是采诗，也就是对民间音乐及其歌辞的采集和整理。其实周代早已有这种做法，采集来的歌诗除了作为宫廷贵族的风雅娱乐品外，也能从中了解政治得失、民心向背，所谓“观风俗以知盛衰”。汉朝立乐府，就是对周代重视民间歌谣的传统的继承和发扬。这使当时的民歌由民间进入庙堂，进入文人的视野，使这份文化遗产有了广泛流传和长远保存的可能，从而普遍成为作家们学习和加工的对象，因此是有其积极意义的。

这一制度在汉魏六朝大体上延续不废。而这个时代在历史上又是汉族和西北异族密切往来并迅速交融的时代。民间乐曲的上升和外族乐曲的传入，直接丰富了音乐本身，也间接丰富了歌辞的创作，渐渐地，它们更被重视和爱好起来，乃至于连正史中都把这些歌辞收进去了。如《宋书·乐志》中就第一次收入了许多乐府歌辞，并且明确指出：“凡乐章古辞，今之存者，并汉世街陌讴谣。”适应这种爱好，当时产生了一些专门的歌曲集，一般的文学选集中也选录了一部分这样的歌辞。至于艺人或一般人民口耳相传的就更多了。

在汉武帝之前，民间歌谣未被采集，多有散佚，传世的有汉高祖唐山夫人《安世房中歌》等。这种贵族祭祖祀神的宗教诗，汉武帝时也曾要司马相如等人作了许多篇，总题为《郊祀歌》，没有多少文学上的价值。比较值得注意的是《铙歌》十八曲。它是汉初从塞外传入的《北狄乐》，原来大约没有歌词，后来在汉武帝和宣帝时代随时依调配曲，就吸收了一部分民歌进去。这就使得汉初贵族乐府的三大乐章中，《铙歌》和《安世房中歌》、《郊祀歌》有所区别。《铙歌》因为声辞杂写，流传已久，无法区分，有些已难以理解，但也有一些明白晓畅，不失为优秀作品。如《有所思》：

> 有所思，乃在大海南。何用问遗君，双珠玳瑁簪，用玉绍缭之。闻君有他心，拉杂摧烧之。摧烧之，当风扬其灰。从今以往，勿复相思！相思与君绝！鸡鸣狗吠，兄嫂当知之。妃呼豨！秋风肃肃晨风飔，东方须臾高知之。

这是一个女子对自己爱人的责怪，表面上显得决绝，骨子里却十分缠绵。它和《上邪》一篇可以对读：

> 上邪！我欲与君相知，长命无绝衰。山无陵，江水为竭，冬雷震震夏雨雪，天地合，乃敢与君绝。

这样朴实有力的语言，真诚不二的情感，体现了民间情歌的本色。

武、宣时代的繁荣，虽然被封建正统史家称为“盛世”，但人民的痛苦并没有因此消失。因此，即使是产生于西汉“盛世”的《铙歌》，也还有像《战城南》那样愤怒控诉统治者穷兵黩武、造成人民生不能治业死不能入土的惨剧的篇章：

> 战城南，死郭北，野死不葬乌可食。为我谓乌：“且为客豪。野死谅不葬，腐肉安能去子逃？”水深激激，蒲苇冥冥，枭骑战斗死，驽马徘徊鸣。〔梁〕筑室，何以南〔梁〕，何以北，禾黍不获君何食？愿为忠臣安可得？思子良臣，良臣诚可思，朝行出攻，暮不夜归。

这里的“〔梁〕”是乐府歌曲中表示泛声的字，后来阑入歌辞本文。汉代乐府的曲调全部失传了，只有在这些地方还能看出它当年与音乐的密切关系。

《铙歌》是西汉乐章，因此可以肯定其中所采用的民歌是西汉的作品。除此以外，其他一些汉乐府民歌的时代，就比较难以确定了。一般地说，用杂言句子写成的歌辞，其时代往往比用整齐的五言句子写的要早一些，因为由参差走向整齐，乃是整个诗史发展的规律。同时，反映社会矛盾越尖锐的歌辞，产生得越晚，因为诗歌的发展也不会违背汉代的社会历史现实。这些歌辞反映了不少社会问题，其中有一些是在中国文学史中第一次被提出的。例如，《妇病行》写出了劳动人民深刻的母子之爱和下层社会中丰厚的同情心，尽管他们被生活折磨着，可是他们善良正直的性格并没有被生活的艰难所抹杀，相反却得到培育加强。而在《孤儿行》中，我们却看到了一个商人(可能还同时是小地主)家庭中的孤儿,只因为父母死了,就受着兄嫂非人的虐待。这是较早的一篇反映这种社会问题的作品。在另一首歌辞中则透露了人民深重的苦难和在忍无可忍下发出的反抗之音:

> 出东门,不顾归;来入门,怅欲悲,盎中无斗米储,还视架上无悬衣。拔剑东门去,舍中儿母牵衣啼:“他家但愿富贵,贱妾与君共𫗦糜。上用仓浪天故,下当用此黄口儿。今非。”“咄!行!吾去为迟,白发时下难久居。”
>
> ——《东门行》

这些乐府歌辞有强烈的现实性,而且叙事性较强,篇幅也逐渐加长,句式大体上还属于杂言。但后来出现的那些篇幅较长、多半采用整齐的五言句式、而且首尾完具的叙事诗,却是在此基础上发展起来的,其间明显映现了文学进化的足迹。例如辛延年所作的《羽林郎》:

> 昔有霍家奴,姓冯名子都,依倚将军势,调笑酒家胡。胡姬年十五,春日独当垆。长裾连理带,广袖合欢襦。头上蓝田玉,耳后大秦珠。两鬟何窈窕,一世良所无。一鬟五百万,两鬟千万余。不意金吾子,娉婷过我庐。银鞍何煜爚,翠盖空踟蹰。就我求清酒,丝绳提玉壶。就我求珍肴,金盘脍鲤鱼。贻我青铜镜,结我红罗裾。不惜红罗裂,何论轻贱躯!男儿爱后妇,女子重前夫。人生有新故,贵贱不相逾。多谢金吾子,私爱徒区区。

关于这首诗作者的生平事迹,我们一无所知。他的作品也只有这一首流传下来。但我们知道,西汉时代有一个有名的倡优叫李延年,如果根据那时羡慕某个古人就取和某人同一名字的习惯来推测,辛延年可能也是一个倡优。这篇乐府借古讽今,表面上写的是西汉权臣霍光的家奴冯子都飞扬跋扈,事实上却可能是指东汉的外戚窦景的家奴。据史籍记载,窦景为执金吾，"奴客缇骑依倚形势，侵陵小人，强夺财货，篡取罪人，妻略妇女。商贾闭塞，如避寇雠"（《后汉书·窦宪传》），与篇中所叙正相符合。贵族官僚仗势欺凌百姓与这个酒家女子智慧地拒绝和坚定地反抗在这首诗中都有极生动的描写。在另外一首《陌上桑》中，那个贤贞美丽的采桑女子也机智地抗拒了无耻的使君的调戏，可见这种事实在当时是很多的。这两篇作品的题材属于同一类型，在渲染女子外貌的美丽，突出其头脑的机灵方面，二者机杼相近，其中的铺叙描写也同样显示了受赋体文学的影响。而在运用对话、情景衬托和逐层铺叙方面，《陌上桑》的叙事技艺显然又比《羽林郎》更为娴熟了。

汉乐府叙事诗中最杰出的作品，同时代表着汉乐府民歌最高成就的是长篇叙事诗《焦仲卿妻》。这首长诗产生于建安时代，在民间流传了几百年，直到陈朝，才由诗人徐陵收入他编的诗集《玉台新咏》。诗前有后人作的一篇短序，简要叙述了诗的本事："汉末建安中，庐江府小吏焦仲卿妻刘氏，为仲卿母所遣，自誓不嫁。其家逼之，乃投水而死。仲卿闻之，亦自缢于庭树。时人伤之，为诗云尔。"在这篇长达一千七百多字的叙事诗中，诗人出色地展开了这幕爱情悲剧的全部经过。焦母责备媳妇不遵守封建礼教，把这对异常恩爱的夫妻生生地拆开了，刘兰芝被赶回娘家。可是他们仍把希望寄托在未来的日子里。但这种希望却不幸落空了。刘兰芝回到家里，首先遇到的是自己母亲的嘲笑，好容易向母亲解释清楚了，接着又有人来作媒。太守仗着权势强行替他儿子下聘，而趋炎附势的哥哥却又逼着妹妹答应。这时矛盾发展到了极点：

> 府吏闻此变，因求假暂归。未至二三里，摧藏马悲哀。新妇识马声，蹑履相逢迎，怅然遥相望，知是故人来。举手拍马鞍，嗟叹使心伤。"自君别我后，人事不可量，果不如先愿，又非君所详。我有亲父母，逼迫兼弟兄，以我应他人，君还何所望！"府吏谓新妇："贺卿得高迁！磐石方且厚，可以卒千年。蒲苇一时纫，便作旦夕间。卿当日胜贵，吾独向黄泉。"新妇谓府吏："何意出此言！同是被逼迫，君尔妾亦然。黄泉下相见，勿违今日言。"

就在太守家迎亲的那天，刘兰芝“揽裙脱丝履，举身赴清池”，焦仲卿“徘徊庭树下，自挂东南枝”。他们牺牲了宝贵的生命，只为向世人昭示自己爱情的纯洁和完整，宣布封建礼教的残酷与卑污。这个悲剧是如此震撼人心，以至于此后不久就产生了这一对爱人化为鸳鸯的神话。作为为爱情的幸福而以死抗争的先驱者，作为忠于爱情、不屈服于恶势力的榜样，他们给了后人以无穷的鞭策和激励。在广大人民的心目中，他们并没有死，而是化作鸳鸯在梧桐树上歌唱：

两家求合葬，合葬华山旁。东西植松柏，左右种梧桐。枝枝相覆盖，叶叶相交通。中有双飞鸟，自名为鸳鸯。仰头相向鸣，夜夜达五更。行人驻足听，寡妇起彷徨。多谢后世人，戒之慎勿忘。

这首诗成功地刻画了几个个性鲜明的人物形象，如忠贞勇敢又不贪恋富贵的刘兰芝，忠于爱情而秉性纯良的焦仲卿，专横的焦母，势利的刘兄等。故事情节富于戏剧性，高潮迭起，在矛盾冲突的推进中展现了人物的个性，并有效地避免了平铺直叙，提高了诗的艺术品位。通俗而且富有个性的语言对于突出人物形象、描摹情态、强化叙事效果也起到了显著的作用。汉乐府歌辞中的叙事艺术达到这样的成熟水平足以表明：我国叙事诗的艺术起点是相当高的。遗憾的是，继起的中国诗史在叙事描写诗领域却缺乏与这样的起点相称的后劲。这大概有这样几方面原因：一是传统诗学特别强调抒情写志，在汉代，诗歌叙事描写的功能大部分被赋体文学所承担；二是随着诗体力量的不断壮大，长于叙事描写的赋体文学的影响又逐渐弱化；三是记事传人的史传文学还特别发达，在一定程度上弥补了叙事诗留下的空白。

汉代乐府民歌以强烈的现实主义精神和鲜明的艺术特色，为祖国文学做出了自己的贡献。同时，从汉代民间歌谣发展出来的五言诗，又是通过乐府歌辞的孕育和培养才达到成熟的阶段的，而正是这种五言诗，被魏晋南北朝人认为“是众作之有滋味者”，因此取代了“文繁而意少”的四言诗，成为“居文词之要”（钟嵘《诗品序》）的中古诗歌的最主要的样式。这不仅是诗体的代兴，更是艺术表现形式和表现手段的进化，同时也推动了题材领域的拓展。

四言是风行周代的诗体，但《诗三百篇》中也偶有五言的句子出现，不过至多只发展到全章五言句，还没有全篇是五言句的。如《小雅·北山》就是《诗三百篇》中连续用五言句子最多的例子：

或燕燕居息，或尽瘁事国。或息偃在床，或不已于行。或不知叫号，或惨惨劬劳。或栖迟偃仰，或王事鞅掌。或湛乐饮酒，或惨惨畏咎。或出入风议，或靡事不为。

这十二句虽然都是五言，但它们的结构很单调，都是上一下四的句法，就像是在四言句前面添加了一个字，修辞方法也一成不变。《诗三百篇》中另外一些连续用五言句较多的例子，如《郑风·女曰鸡鸣》、《大雅·绵》都有这种情况。而它们的全篇都是四言和五言夹杂的。总之，这一时期诗歌中的五言句式还处在相当幼稚的阶段。

到了西汉初期，虽然还没有出现全篇五言的诗歌，但从惠帝时代的《戚夫人歌》和武帝时代的《李延年歌》中，已能看出一些进步的痕迹。这两首歌都见载于《汉书·外戚传》中，前者作于戚夫人遭吕后迫害而被囚受刑之时，歌曰：

子为王，母为虏。终日舂薄暮，常与死为伍。相离三千里，当谁使告汝。

后者作于李延年侍奉武帝时，他起舞而歌曰：

北方有佳人，绝世而独立，一顾倾人城，再顾倾人国。宁不知倾城与倾国，佳人难再得。

这两首歌中都只有一二句非五言，而这一二句也未尝不可以看作是配合歌吟节拍而作的变通。此后不久，就有《铙歌》中的《上陵》一篇：

上陵何美美，下津风以寒。问客从何来，言从水中央。桂树为君船，青丝为君笮，木兰为君棹，黄金错其间。沧海之雀赤翅膀，白雁随山林。乍开乍合，曾不知日月明。醴泉之水，光泽何蔚蔚。芝为车，龙为马，览遨游，四海外。甘露初二年，芝生铜池中。仙人下来饮，延寿千万岁。

此歌作于宣帝时，有《汉书》可证。这三首歌向我们描绘出了五言诗在汉初演进的几条辙迹：第一，它们的句法已经包含着许多变化；第二，在全篇中，五言句式所占的比重显著增大，而非五言句相对减少了；第三，这三篇歌辞中，《戚夫人歌》应当是徒歌，而《李延年歌》和《上陵》则显然是乐歌。它们都是当时民间流行的样式。民间徒歌走向整齐的五言，继而被采入乐府，因而推动了乐府歌辞的规律化，又反过来影响了徒歌，并进一步促进了五言诗的成立。在民间影响与文人加工的相互作用下，就出现了完全以五言句组成的诗歌样式。以下两首都是公元前一世纪末(汉成帝刘骜时)的民间徒歌：

邪径败良田，谗口乱善人。桂树华不实，黄雀巢其颠，昔为人所羡，今为人所怜。

——《黄雀谣》

安所求子死，桓东少年场。生时谅不谨，枯骨后何葬。

——《尹赏歌》

而乐府歌辞中也出现了《江南》这样可以推测为西汉时代的作品：

江南可采莲，莲叶何田田。鱼戏莲叶间，鱼戏莲叶东，鱼戏莲叶西，鱼戏莲叶南，鱼戏莲叶北。

民间徒歌被采入乐府，就其本身来说，乃是一个提高的过程。而乐府歌辞比起徒歌来，显然它的影响是更为广泛的，它更容易吸引文人，使他们注意学习这种新兴的样式。因此，从东汉起，就不仅出现了大量的产生于民间的五言乐府歌辞，而且出现了一些文士写的五言乐府歌辞和不入乐的五言古诗。这样，五言诗就正式成立了。东汉文士作五言诗，最早的有班固。班固的那首《咏史》更能明白地看出其所受乐府歌辞的影响：

> 三王德弥薄，惟后用肉刑。太仓令有罪，就逮长安城。自恨身无子，困急独茕茕。小女痛父言，死者不可生。上书诣阙下，思古歌鸡鸣。忧心摧折裂，晨风扬激声。圣汉孝文帝，恻然感至情。百男何愦愦，不如一缇萦。

这首诗只是把汉缇萦救父的史事原原本本地叙述了一遍，篇末附以作者的议论而已，虽然是文士的作品，但艺术上比较粗糙，远不及当时的民歌形象生动。这说明文士对这一新生事物尚未充分适应，掌握还不熟练。其后，张衡《同声歌》、秦嘉《赠妇诗》和赵壹《刺世疾邪赋》中所系歌诗等，在抒情表意方面已能看出明显的进步，应用范围也大为扩展。到了汉末建安时代，“五言腾踊”（《文心雕龙·明诗》），中国诗史随之跨入了一个新的阶段。

七言诗的发展过程与五言诗有所不同。《诗三百篇》中也偶然有七言的句子，不过比起五言句来，数量少得多。在春秋末期产生的史籍《逸周书》中却已经出现七言韵文了。《逸周书》中的《周祝》篇通篇用韵，从内容上看，是含有教训意味的民间作品；从形式上看，则是每章或者以三言和七言句子混合而成，如“天为盖，地为轸，善用道者终无尽。地为轸，天为盖，善用道者终无害”；或者全由七言句子组成，如“凡彼济者必不怠，观彼圣人必趣时。石有玉而伤其山，万民之患故在言”。在《荀子·成相》中，则又出现了一种大同小异的样式“请成相，世之殃。愚暗愚暗堕贤良。人主无贤，如瞽无相何伥伥”。另一方面，楚辞中也有一些七言句子，如《涉江》中的“世溷浊而莫余知兮，吾方高驰而不顾”，“余将董道而不豫兮，固将重昏而终身”等。《国殇》全篇都是七言，但那应该看作是两个三言句靠“兮”字联结在一起，以增加声情唱叹之美。这两种形式虽然都不纯粹，但从后代的许多七言诗中仍能找到句法渊源于楚辞的某种印记。由此可见，七言诗句的萌芽也是相当早的，来源则是多方面的。而从下面这些材料看来，完整的七言歌谣和其他七言韵文较完整的五言歌谣甚至流行得更早。

《汉书·东方朔传》称朔著有“八言七言上下”，晋灼注云：“八言七言诗各上下篇。”可惜这些七言诗已经亡佚了，只在《文选》李善注中还存有一句佚诗，使人难以了解其全貌。但《东方朔传》又记载了他另外一件佚事：

> 上(武帝)尝使诸数家射覆，置守宫盂下，射之皆不能中。朔自赞曰：“臣尝受《易》，请射之。”乃别蓍布卦而对曰：“臣以为龙又无角，谓之为蛇又有足，跂跂脉脉善缘壁，是非守宫即蜥蜴。”上曰：“善。”赐帛十匹。

东方朔能冲口而出地说出这样的七言韵文，表明这是为他所熟悉的、当时流行的样式。再如司马相如作《凡将篇》，并没有继承先秦时代《史籀》、《仓颉》等用四言韵文作字书的传统，而改用了七言，也无非是因为这种样式更适合当时的社会习惯。由此也可以推想当时七言歌谣已经流行得很广了。

西汉时代七言的作者，除了东方朔外，还有西汉末年的刘向。李善《文选注》中共保存了他残存的七言六句如下(其中第二句原作刘歆七言，歆疑是向之误)：

> 朅来归耕永自疏。结构野草起室庐。宴处从容观诗书。博学多识与凡殊。时将昏暮白日午。山鸟群鸣动我怀。

前面五句同韵，应当出于一篇，后面一句则是出于另外一篇，因为初期的七言歌谣一般是每句押韵的。这些句子的抒情意味很浓，无疑是诗的语言，因此我们可以说文士制作的七言古诗在西汉就已经成立了，其年代比五言古诗还要早些。

东汉以来文士作七言诗的逐渐增多，但仍沿用“七言”这个旧名称。例如《后汉书·张衡传》就记载他著有“诗、赋、铭、七言……凡三十二篇”。这时七言虽然还没有被归入诗的范畴，但已经单独列为一类了。张衡《思玄赋》中系辞就是这样的一首七言，句句押韵。而他那首杰出的创作《四愁诗》也是用七言写成的：

我所思兮在太山，欲往从之梁父艰。侧身东望涕沾翰。美人赠我金错刀，何以报之英琼瑶。路远莫致倚逍遥，何为怀忧心烦劳？

我所思兮在桂林，欲往从之湘水深。侧身南望涕沾襟。美人赠我金琅玕，何以报之双玉盘。路远莫致倚惆怅，何为怀忧心烦快？

我所思兮在汉阳，欲往从之陇阪长。侧身西望涕沾裳。美人赠我貂襜褕，何以报之明月珠。路远莫致倚踟蹰，何为怀忧心烦纡？

我所思兮在雁门，欲往从之雪纷纷。侧身北望涕沾巾。美人赠我锦绣段，何以报之青玉案。路远莫致倚增叹，何为怀忧心烦惋？

如果说《思玄赋》系辞的句法来源于西汉时代的七言，那么，《四愁诗》的七言句式则明显地是从楚辞脱胎而来的。

七言诗产生虽早，在后来发展中节奏却较五言诗慢一拍。在魏晋南北朝，成熟的五言诗已经扮演了诗坛的主角；而七言诗一直到唐代才大大发展起来。五言简短，变化少，容易磨炼精纯；七言则较为复杂。五言句式的历史积累比较深厚；而七言句式艺术基础较弱，试验较少。这些固然都可以从某一方面解释七言诗体成熟较慢的原因，但问题的关键还在于它们与乐府的关系。五言歌谣的入乐，早在西汉末年，差不多在它以完整的五言出现的时候，就同时被采进了乐府。而文士制作七言乐府却始于东汉末年，最早的是魏文帝曹丕的《燕歌行》。至于七言民间歌谣被采入乐府，则直到晋代才有，最早的是《陇上歌》。这就是说：完整的七言歌谣产生的时间比五言歌谣要早一个世纪，而入乐的时间却大约比它晚两个世纪。民间徒歌入乐，是经过选择和加工的，这就使它本身能迅速提高，由于音乐的配合，又能更广泛地流布，这样也就增加了它与文士们接触的机会，促使他们注意、爱好和学习。文士制作的乐府和由乐府孕育、培养出来的五七言古诗，就是这样产生的。七言诗虽然在西汉末年就有了，但却必须经过一个在魏晋南北朝时代入乐的阶段，才能在唐代发达起来。至于何以五言歌谣入乐比七言歌谣早，我们不大清楚，也许是当时的音乐更适宜于采用五言的歌辞吧。

第七章 史传文学的展开与繁荣

标志着史传文学高峰的《史记》　司马迁的人格与《史记》的风格　对史料的掌握和理解　组织形式和表现手段　深入史实把握个性　语言的运用　纪传体的影响及局限　传记文学的展开与杂传的出现　杂传的类别、内容及文化背景　举例分析

先秦时代的散文，依据其内容，大体上可以分作历史的(叙述的)及哲理的(说明的、论辩的)两类，依据其著作形式，则为史籍和子书两种。从时间上看，后者出现较晚，发展较为充分，代表了散文发展的较高阶段。但这并不意味着历史散文只是次要的部分，将永远停留在低级层次上。事实上，哲理散文的发展又反过来刺激了历史散文的前进步伐，从而使得紧接着先秦时代的汉魏六朝，成为史传文学展开与繁荣的时代。

标志着这一史传文学繁荣时代的到来，同时也标志着这一时代史传文学的最高峰，并且成为中国史传文学的最高典范的，是公元前1世纪伟大的史学家和散文圣手司马迁写的《史记》。就史学方面说，《史记》是纪传体史书的开创之作。作者自己在《报任安书》中说："仆窃不逊，近自托于无能之辞，网罗天下放失旧闻，略考其行事，综其终始，稽其成败兴坏之纪，上自轩辕，下至于兹，为十表，本纪十二，书八章，世家三十，列传七十，凡百三十篇，亦欲以究天人之际，通古今之变，成一家之言。"正是因为有这样在当时相当难得的宏大抱负和通达深邃的历史见识，他才能以超人

的精力和惊人的毅力，继承《吕氏春秋》的传统，独立完成了这部五十二万字的鸿篇巨著。其组织之严密、体系之博大与义例之完善，均超迈前贤，而具有里程碑式的意义。《史记》诞生以后，它的体系结构被封建社会史家们公认为最完善的史籍形式之一，而在历代正史中加以沿用，从而成为中国古代最具代表性的史籍形式之一。就文学方面说，司马迁继承并发扬了先秦散文的优秀传统。他不仅广泛地吸收了先秦散文中那种由丰富多彩的思想所形成的多种多样的风格，进一步熔铸成自己的独特风格，而且还更丰富地掌握了材料，创造性地使用了许多崭新的组织形式和表现手段，深刻地发掘了人物的个性，极大地增强了语言的表现力，为中国传记文学开辟了一条大道。

这部巨著的产生离不开它所依存的时代，正如一棵大树离不开它所生长的土壤。而在《史记》的风格和司马迁的人格之间，就更像是血肉相连了。

司马迁（前 145，一说前 135—？）生活在汉帝国的全盛时代。那时，汉朝经济已经恢复，汉武帝着手伐匈奴，通西域。然而在这个表面的繁荣之下，也蕴藏着日趋严重的经济危机和日趋尖锐的社会矛盾。司马迁的父亲司马谈原是汉朝的太史令，乃是“文、史、星、历，近乎卜祝之间，固主上所戏弄，倡优畜之，流俗之所轻也”（《报任安书》）。司马迁虽然继承父业，“亦尝厕下大夫之列，陪奉外廷末议”，但基本上还是一个宫廷文人。因此，当他为了替李陵辩护，触犯了武帝的时候，就不免遭受最难堪的刑罚——腐刑。幼年的司马迁曾参加过农业劳动，二十岁开始到各地游历，足迹遍布黄河、长江、淮水诸流域，这丰富了他的人生阅历，也使得他的思想感情容易接近人民，能在一定程度上揭露统治阶级的丑恶，表彰许多值得肯定的历史人物。家学传统和太史令的官位，又给了他博览群书的机会。他所受的腐刑的羞辱，更刺激着他著书的决心。他深信只有伟大的著作可以洗雪这种羞辱，使自己不朽。综合这样一些主客观条件，加上司马迁本人持久不懈的努力，他终于在中国的文学史和史学史的千里沃野上树立起了一块丰碑。东汉正统史学家班固在《汉书·司马迁传》中批评司马迁“是非颇缪于圣人，论大道则先黄、老而后六经，序游侠则退处士而进奸雄，述货殖则崇势利而羞贱贫，此其所蔽也”。但又不能不承认“自刘向、扬雄博极群书，皆称迁有良史之材，服其善序事理，辨而不华，质而不俚，其文直，其事核，不虚美，不隐恶，故谓之实录”。由此可见，《史记》由于思想自由活泼，不受规范，叙事也不守故常，在许多地方不符合当时统治阶级的要求，因此遭到了正统学者的反对。而司马迁杰出的叙事才华和实录的修史作风，即使他的反对者也无不为之俯首低眉。

《史记》首先是一部伟大的史籍，其次才是一部优秀的传记集。从传记文学的角度看，书中以人为核心的世家、列传以及本纪中的一小部分（如《项羽本纪》、《高祖本纪》），都具备了传记文学的基本条件，而且其中有很多篇，可以说是出奇精彩的好传记。

首先，司马迁写《史记》时，是尽可能详细地占有材料的。他因为职务的关系，能够阅读当时国家的藏书，这一方面固然重要，而更重要的则是另一方面，即长期的游历生活，使他有机会实地调查和采访，增加感性认识，更深入地体会他所要描写的人物的思想行为。例如《魏公子列传》中叙述这个贤公子对当时的隐士“大梁夷门监者”侯嬴折节下交，后来得到侯嬴的助力，用奇计解了赵国邯郸之围的一段事。传中塑造信陵君和侯嬴的形象都很成功，篇末又说：

> 吾过大梁之墟，求问其所谓夷门。夷门者，城之东门也。天下诸公子亦有喜士者矣，然信陵君之接岩穴隐者，不耻下交，有以也。名冠诸侯，不虚耳。

这次旅行使司马迁获得了若干新的材料，同时也加深了他对原有材料的理解。材料丰富，印象深刻，所以文字充满了血肉，这也保证了本篇传记的成功。在遭遇了腐刑之后，发愤著书的司马迁对坎坷人生有了更充分的认识，对历史上那些正直人士的厄运，对人间悲剧也有了更切身的体悟，因而能在笔端蘸满真切的同情和深刻的理解，在叙事中融入自己的心理体验，在字里行间闪现出自己的感情世界。这就使这一部历史巨著不仅文笔优美，生动活泼，可读性强，而且具有浓烈的抒情色彩。后人赞扬

《史记》是“史家之绝唱，无韵之离骚”，也就是从这个角度出发的。

其次，司马迁对于传记文学的组织形式和表现手段也有很多方面创造性的贡献。将《春秋》、《左传》以来依年系事和因事成篇的结构，改进为以人物为中心的世家、列传，这是其贡献的第一点。文学，尤其是传记文学，主要是写人的，只有以人物为中心，才能使史传更富有文学意味，传记文学的产生才有可能。司马迁不一定是这一方式的创造者，但却是最成功地使用、推广这一方式并使之完善提高的巨匠。《史记》不仅使用这种以人物为中心的叙述方式，又进一步将它区分为专传、合传、类传这三种类型，这是司马迁的第二点贡献。专传是最基本的形式，每篇只叙一人。合传每篇叙述两人或两人以上，其中有的是因为事迹关联，不易分割，如《廉颇蔺相如列传》；有的虽然时代悬隔，但精神相通，如《屈原贾谊列传》；这样合在一处，结构完整，线索清楚，读者也更容易理解。类传是许多人，凡是思想、行为、学术等相类的，按照先后排在一起叙述，如《循吏》、《酷吏》、《游侠》、《货殖》等传，从中可以看出一个时代的特殊风气。另外，司马迁还创造了“互见法”，这是他对传记文学的第三点贡献。《史记》记述从黄帝到汉武帝之时的中国历史，上下约三千年，史事纷繁，为了避免重复，必须将彼此有牵连的事情重点写在一个人的传里，而在别的传里，只要简单地提一下，因此必然要采用“互见法”。不仅如此，这个办法有时还用以表达作者对人物的褒贬，在当时的环境里，也就曲折地透露了作者对现实的讥刺和反抗。例如，《高祖本纪》一开头就说刘邦“仁而爱人”，这是正面的叙述。而《张丞相传》中载周昌对汉高祖说：“陛下即桀纣之主也。”在《佞幸列传》中，作者更直截了当地说：“高祖至暴抗也。”在其他地方，也有许多刻画刘邦为人卑劣无赖的文字。刘邦完整的真面目便在这样巧妙的笔墨安排中被揭露出来了，读来有一种冷隽的快感。这种方法可以说是对《春秋》笔法的继承和发扬，在后代的历史著作和传记文学中，产生了很大的影响。

第三，对于史实的深入研究，对于历史人物个性的深刻、完整的把握，是司马迁创作最难以企及的地方。像《项羽本纪》中的鸿门宴那一场，那样娴熟地掌握叙事的节奏，那样从容地展开矛盾冲突，那样波澜起伏，绘声绘色，简直就是在上演一场精彩的历史剧。这样光辉灿烂的篇章足以使两千年以后的读者都为之惊心动魄。这里，我们只举另外一篇中一段较短的文字为例：

> 既罢，(赵王)归国，以相如功大，拜为上卿，位在廉颇之右。廉颇曰："我为赵将，有攻城野战之大功，而蔺相如徒以口舌为劳，而位居我上！且相如素贱人，吾羞，不忍为之下。"宣言曰："我见相如，必辱之。"相如闻，不肯与会。相如每朝时，常称病，不欲与廉颇争列。已而相如出，望见廉颇，相如引车避匿。于是舍人相与谏曰："臣所以去亲戚而事君者，徒慕君之高义也。今君与廉颇同列，廉君宣恶言，而君畏匿之，恐惧殊甚，且庸人尚羞之，况于将相乎？臣等不肖，请辞去。"蔺相如固止之，曰："公之视廉将军孰与秦王？"曰："不若也。"相如曰："夫以秦王之威，而相如廷叱之，辱其群臣。相如虽驽，独畏廉将军哉？顾吾念之：强秦之所以不敢加兵于赵者，徒以吾两人在也。今两虎共斗，其势不俱生。吾所以为此者，以先国家之急，而后私雠也。"廉颇闻之，肉袒负荆，因宾客至蔺相如门，谢罪，曰："鄙贱之人，不知将军宽之至此也。"卒相与驩，为刎颈之交。
>
> ——《廉颇蔺相如列传》

寥寥数笔，就活泼泼地勾画出了蔺相如公忠体国、豁达大度和廉颇虽然不免狭隘、可是勇于改过的性格，使我们对负荆请罪这一幕，如见其人，如闻其声。这段能够代表我们民族优良性格的故事从此获得了人民广泛的喜爱，流传几千年，至今仍以《将相和》的剧目在舞台上演出着。

最后，在语言的使用方面，《史记》也有特别值得注意的地方。中国文学语言，以春秋战国为界，前后发生了显著的变化。这只要拿《周颂》、《周诰》和《国风》、《楚辞》、《左传》、诸子来作一下比较就可以明白。概括地说，前者是一种简略的贵族雅语，后者则是比较丰富的民间语言。尽管它们之间的基本语法和词汇大致相同，但使用范围和书写工具的限制却还是使它们又存在着诸多差别。春秋战国时代，民间语言上升并扩张，逐渐取代了那种雅语，此后就成为古代作家主要的书面文学语言，也即一般所谓“文言”。文言大致是根据春秋战国以来黄河流域的方言形成的，在它产生的时候，正是以口语的姿态出现的，而且在汉朝还没有和活生生的口语分家。司马迁首先意识到古代雅语和当时文言的区别，他十分重视这种在当时是进步的语言形式，并有意识地在创作中进行多种尝试。所以，当他把《尚书》中的史料熔铸到他的著作中时，就常常加以修改，使之适合文言这种新的语言形式。如《尧典》：“允厘百工，庶绩咸熙。帝曰：‘畴咨若时登庸？’”（据近人从天文历法考订，《尧典》大约是前776—前600之间，即春秋前半期或稍前的作品。）《史记·五帝本纪》就写成：“信饬百官，群工皆兴。帝曰：‘谁可顺此事？’”《史记》在许多地方运用语言非常生动，就得力于他的这些开拓。这也是它的重要优点之一。下面这篇传记中就多处运用了当时人口头的话的语言，而使文章也鲜活了起来：

> （陈涉既为王，）其故人尝与庸耕者闻之，之陈，扣宫门，曰：“吾欲见涉。”宫门令欲缚之。自辩数，乃置，不肯为通。陈王出，遮道而呼：“涉！”陈王闻之，乃召见，载与俱归，入宫，见殿屋帷帐。客曰：“夥颐！涉之为王沈沈者！”楚人谓多为夥，故天下传之。夥涉为王，由陈涉始。客出入愈益发舒，言陈王故情。或说陈王曰：“客愚无知，专妄言轻威。”陈王斩之。诸陈王故人皆自引去。由是无亲陈王者。
>
> ——《陈涉世家》

自从司马迁创始以后，后代许多史家都继续采用纪传体这种形式。因为周代以前的历史已经包括在《史记》中，所以后人编写纪传体史书时都改通史为断代史了。汉魏六朝是一个史学相当发达的时代，而且当时统治者对修史权还抓得不很紧，不像唐代以后，在一般情形下，正史都要设局官修。所以除了《史记》以外，这个时代还出现了价值仅次于《史记》的三部史学和史传文学的杰作，那就是东汉班固的《汉书》、西晋陈寿的《三国志》和刘宋范晔的《后汉书》，和《史记》合称四史或前四史。这几部书虽然没有跨越司马迁所达到的高度，但在史学和传记文学上也各有贡献，其文学成就更是后来那些设局官修的史书所不能同日而语的。

古代的纪传体史家实际上也就是传记家。《史记》乃至于前四史中确实有不少优秀的传记作品，但史家的主要目的仍然是记述整个时代的治乱兴衰，提供现实政治思考的参照系，尽管纪传体中的传记已发展为以一个人为中心，然而传主的某些事迹如果被作者认为无关国家大计，就往往被省略掉。《史记·留侯世家》提到："(留侯)所与上从容言天下事甚众，非天下所以存亡，故不著。"这便是明显的例证。又由于史家广泛地使用互见法以保持全书的系统性与完整性，所以，一个人的事迹常常散见于有关的许多篇中，也会使每篇传记只能是全书中的一个有机组成部分，而不能成为独立的作品。这样的处理，对于史学来说自然是适当的，然而对于要求在一篇作品中全面完整地表现一个人的传记文学家来说，则是迫不得已的。这就限制了它的发展。正因为受这种矛盾的刺激，所以从西汉末年起，传记文学便在史传的基础上分裂出来，成为独立的文学门类了。

这种产生于汉魏六朝时代的独立的传记文学，《隋书·经籍志》总称之为杂传，共计载有二百一十七种书目。清代目录学家章宗源又从各种古书中发掘出二百二十八种佚文。杂传题材广泛，内容涉及郡国、家世、圣贤、豪杰、孝友、忠良、文章、隐逸、妇女、儿童、僧尼、仙道、鬼神、奇怪，几乎无所不包。其数量之大，门类之多，足见它是这一时期文学创作的热点之一。可惜的是，这许多作品，除了若干有关宗教的传记由于教徒们的努力而得以保全外，其余绝大部分都只剩下了残篇断帙。今天，我们只能从古代类书，如《太平御览》，或古书的注文，如《三国志注》、《世说新语注》中，看到它的一鳞半爪。

杂传萌芽于西汉末年刘向所作的《列女传》等书，但东汉末年以后才特别盛行，其主要内容偏重于地域、家族的表扬，卓行、异迹的传播。同时，这种传记显然受到当时的政治局势、社会风尚和学术思想的影响。例如，东汉以来，士族制度逐渐形成，魏晋以后实行的九品中正制又保障了士族的特权地位，使得士族成为这一阶段封建社会的主要统治力量，并且造成了看重人物的郡望和家庭出身的社会风尚。各种名目的《先贤传》、《耆旧传》、《家传》就是在这一文化背景下出现的。又如，东汉末年以来士林流行清议，士大夫间品评人物的风气很盛，由是养成了爱惜名誉的氛围，后来甚至发展为矫言饰行，沽名钓誉，这就刺激了《忠臣》、《孝子》、《良吏》之类传记的产生。再如，建安以来，文学的创作开始自觉，文学的观念逐渐明晰，文士的地位也逐步提高，文学家随之受到了尊重，于是有了《文士传》；在政治黑暗的时代，有许多人希企隐逸，因为隐逸退可得名，进又可为入仕准备一条"终南捷径"，于是有了名异实同的《高士传》、《逸民传》、《高隐传》等；另外，诸如《高僧传》、《神仙传》、《集仙传》之类的传记，则更是当时佛道两教思想流行的结果。以上都是类传，也就是传记总集。至于单行传记，则大多数都冠以传主姓名，称为"某某别传"。传主的身份基本上也不超出上述诸种类别。

杂传的出现，特别是别传的大量涌现，标志着传记文学的全面展开。它离开史籍而独立，并在较史籍广袤得多的领域里展现了自己的价值和魅力，无论在文学史还是文化史上，这一点都有积极的意义。首先，史家为人作传，界限很严，正如《隋书·经籍志》所说："（司马迁、班固于）股肱辅弼之臣，扶义俶傥之士皆有记录，而操行高洁不涉于世者，《史记》独传夷、齐，《汉书》但述杨王孙之俦。其余皆略而不记。"而杂传的写作，则从西汉以来，都是"因其志尚，率尔而作，不在正史"。所以后来就"作者甚众，名目转广"了。从多样化的大量的传记文学创作中，产生了多种题材的传记精品，涌现出大批非史家兼任的纯粹的传记文学家。这就促进了传记文学本身的发展，同时也为唐代传奇小说的产生准备了条件。其次，正因为它们都是作者"率尔而作"的，所以，秉笔时不像史官那么正襟危坐，又多所顾忌，选材角度和剪裁眼光也有别于史家，因而就加强了作品的真实性和生动性，亦即更注重作品的文学性而不是史料性。虽然其中也不免掺杂有恩怨之情、虚妄之说，但总的来说，这些传记的文献价值还是很高的。又因为它们是作者"因其志尚"，即基于一种创作的欲望来写的，所以对所传人物的个性能够透彻把握，甚至寄予深切的同情和理解，从而使作品迸发出强烈的感染力。在少数自传，如陶渊明的《五柳先生传》中，这一点尤其明显。

现在，让我们先举产生于魏晋之际的佚名的《曹瞒传》为例：

> 常出军，行经麦中，令士卒无败麦，犯者死。骑士皆下马，付麦以相持。于是太祖马腾入麦中，敕主簿议罪。主簿对以《春秋》之义，罚不加于尊。太祖曰："制法而自犯之，何以帅下？然孤为军帅，不可自杀，请自刑。"因援剑割发以置地。又有幸姬常从，昼寝，枕之卧，告之曰："须臾觉我。"姬见太祖卧安，未即寤，及自觉，棒杀之。常讨贼，廪谷不足，私谓主者曰："如何？"主者曰："可以小斛以足之。"太祖曰："善！"后军中言太祖欺众。太祖谓主者曰："特当借君死以压众，不然，事不解。"乃斩之，取首题徇曰："行小斛，盗官谷。"斩之军门。其酷虐变诈，皆此类也。
>
> ——《曹瞒传》

曹操小名阿瞒。这篇传记的文字不十分好，今天我们看到的可能还是经过删节的文本，但通过这些叙述，我们对一代奸雄曹操的性格才有了进一步的理解。《三国志·魏武帝纪》说，曹操为人"矫情任算"、"明略最优"，可见陈寿不见得没看到这种材料，只是囿于史籍体例的限制，不能不将其舍弃。反之，小说《三国演义》就充分利用了这类材料，将曹操塑造成一个个性非常鲜明的典型人物。由此也可以看出，史籍和杂传处理史料方法不同，侧重点也不同。杂传开拓了历史传记的领地，具有史籍所不可取代的文学价值。

十六国时代，在长安的高僧法显有感于佛教戒律残缺，遂于后秦姚兴弘始元年(399)与慧景、道整、慧应、慧嵬等人同往天竺寻求戒律，直到公元412年才回到中国。《法显行传》就是他回国以后写的。其中有一节描写他在狮子国的所见所闻：

> 佛至其国，欲化恶龙，以神足力，一足蹑王城北，一足蹑山顶，两迹相去十五由延。王于城北迹上起大塔，高四十丈，金银庄校，众宝合成。塔边复起一僧伽蓝，名无畏山，有五千僧。起一佛殿，金银刻镂，悉以众宝。中有一青玉像，高二丈许，通身七宝炎光，威相庄严，非言所载。右掌中有一无价宝珠。法显去汉地积年，所交接悉异域

> 人，山川草木，举目无旧。又同行分披，或留或亡，顾影惟己，心常怀悲。忽于此玉像边，见商人以晋地一白绢扇供养，不觉凄然，泪下满目。

舍身求法、四大皆空的高僧却如此眷眷于生死存亡和悲欢离合，怀念着遥远的祖国，而在他心中激起这层层涟漪的，竟又是异国所见的一柄祖国出产的白绢扇，这不能不说是一种奇妙的人生矛盾。作者丝毫不回避这样剧烈的冲突，正因为其坦白真实，所以更能引起后人思想感情上的强烈共鸣。

杂传中有关神仙鬼怪的部分，有的已脱离传记文学的范围，而介入笔记样式的神怪小说范畴。以写人为主的杂传，到了唐代，随着整个门阀政治结构的解体，也渐次衰微，代之而起，并且吸收了这种传记文学优点的是唐代的传奇小说。

第八章　子书的衰落与论说、文论的勃兴

子书的衰微与论说的兴起　论说文兴起的因缘　魏晋论辩文主要题材　文论的兴起及其与子书、论说的关系　曹丕文论与《典论·论文》　陆机的《文赋》　挚虞《文章流别论》与李充《翰林论》　体大思精的《文心雕龙》　个性突出的诗学专书《诗品》　《文选》与《文选序》

战国时代百家争鸣，子书的发展在那时也达到鼎盛，进入汉代，就开始走向衰落。一方面，汉武帝以后，随着封建中央集权制度的建立，学术思想开始定于儒家一尊，与此同时，“或反经术，非圣人，或明鬼神，信物怪”（《汉书·宣元六王传》）的诸子百家之学术必然日益衰歇，子书也不可能再现昔日的辉煌。另一方面，自战国末年开始，以《吕氏春秋》、《淮南子》等书为标志，中国学术已渐渐走向综合；汉以后学术文化的进展，各家思想之间更难免相互通融、彼此影响，先秦子书中常见的那种“越世高谈，自开户牖”（《文心雕龙·诸子篇》）的言论，也不复可见了。于是，“博明万事”的子书衰微，而“适辨一理”的“论”则日益发展。大致说来，两汉以后的子书的发展趋势，从内容上看是朝着论说的方向、从体制上看是朝着文集的方向变化的。

《汉书·艺文志》中收录的汉代子书，大多数兼取各体之文，其体制与后来的文集已经没有太大区别。汉成帝时，刘向校编中秘书，著《七略》，

其中《诸子略》收录一百八十余家。至魏晋时代,“作者间出,谰言兼存,璅语必录,类聚而求,亦充箱照轸矣。”(《文心雕龙·诸子篇》)《隋书·经籍志》中所收的八代子书书目,多达数百家。这些书亡佚严重,而且水平参差不齐,直正的佳作并不多。一般说来,汉初的子书还能上继先秦余风,或兼综博采,奇伟宏富,足以追步先秦,如《淮南子》;或虽然称说《诗》、《书》,而犹存战国余风,如陆贾《新语》、贾谊《新书》。自董仲舒以降,子书开始折衷于六艺,归本于儒家。东汉时代,儒学益盛,子书中也以儒家著作为多,如刘向《说苑》、扬雄《法言》、桓谭《新论》、王符《潜夫论》、荀悦《申鉴》、徐幹《中论》等。但另一方面,也要看到,自汉迄隋,八代之中,杂家子书也不绝如缕,刘安《淮南子》、王充《论衡》、仲长统《昌言》、傅玄《傅子》、葛洪《抱朴子》、颜之推《颜氏家训》等,就是其中的佼佼者。从学术思想上说,魏晋以后的子书有的纯粹蹈矩,依傍太多;有的驳杂出规,缺乏独创,以至于招来了《颜氏家训·序致篇》的批评:“魏晋已来所著诸子,理重事复,递相模敩,犹屋下架屋,床上施床尔。”从文章上看,不少子书驰骋翰藻,颇有文采,它们与一般的论说文、与包括论说作品在内的文集的界限也越来越模糊了。

子书和论之间历来就有着紧密的联系。先秦诸子散文本质上就是政论散文。《典论·论文》说“书论宜理”。曹丕将书(即子书)、论二者相提并论,就是因为书、论的渊源及文体特点相同。从历史上看,“论”字见于书名,始于子书《论语》。两汉以来的许多重要的子书,如桓谭《新论》、王充《论衡》、王符《潜夫论》、崔寔《政论》、徐幹《中论》、曹丕《典论》、蒋济《万机论》等等,“咸叙经典,或明政术,虽标论名,归乎诸子”(《文心雕龙·诸子篇》)。换句话说,这些子书介于子书和论说文之间,可分可合,分则可作为单篇论说文,合则可并入本人的文集。贾谊著名的《过秦论》,其实是他所著的子书《新书》中的一篇,却往往析出单行,与单篇论说文已没有实质的区别。

汉定天下以后,战国时代奔走六国的纵横家和策士适应时代变化,转变成了中央政权里的政客。作为政治家和思想家,他们密切关注着社会现实,他们的子书也可以看作是政论作品。汉初,陆贾《新语》、贾谊《新书》都重视总结嬴秦覆亡的历史教训，为汉朝统治者提供龟鉴。王充《论衡》、王符《潜夫论》、崔寔《政论》也不例外，他们根据各自所面临的时弊和社会问题，提出自己的批评和看法，一般都能分析透彻，论说深入，风格各有不同。值得注意的是汉宣帝时代桓宽所撰的《盐铁论》。它记叙了汉昭帝始元六年（前81）郡国贤良文学之士与御史大夫桑弘羊、丞相田千秋等人讨论盐铁国营及酒类专卖等问题时，双方往复辩难激烈争论的情景。这部十卷六十篇的书在外形上有些像杂家子书，实质上则是长篇系列论说文的集锦。东汉时代，就有了单篇的论说文，《后汉书》中有些传记提到传主的著述，就出现了"论"这一类。朱穆有感于时俗，作《崇厚论》、《绝交论》，则是最早的单篇论说文。

东汉中叶以后，政治黑暗，外戚、宦官专权，民生凋敝，风俗颓败，社会动荡，最后发展到黄巾起义、军阀混乱，中原板荡。士大夫对时政风俗都大胆地提出自己的批评，并且品鉴人物，呼朋引类，相与标榜，形成士人清议的局面。他们一方面以言论品论公卿，激浊扬清，而且著为论说文，指点天下人事。魏晋以后，由于时过境迁，士人清议渐衰，远离现实政治的玄学清谈代之而起，而由清议开始的臧否人物、题目流品的风气却没有改变。另一方面，东汉桓、灵以后，日益僵化腐朽的传统儒学面对大动荡的时局束手无策，而循名责实的刑名之学和洞幽通玄的老庄之学趁机兴起，并因得到曹操、曹丕等人的提倡和支持而加速发展，进而在行为上造成了虚伪放荡之风，在思想上则促进了玄学的出现。魏晋以后，儒、道、佛三家在相互竞争中发展，也在彼此辩难中吸收。这对于锻炼严密的思理、提高思辨水平，也无疑是有帮助的。魏晋之世，论说文发展之所以臻于极盛，是与社会政治动荡和哲学思潮变迁的时代背景分不开的。

从题材上看，魏晋论辩文主要有以下六类：首先是研寻哲理，尤其是探讨三玄（即《老子》、《庄子》、《周易》）中的哲理，或会通儒道两家，或较论彼此得失，多涉及本体，大畅玄言，都是先秦时代所不曾涉及的。最常见的论题如有无之论、才性之论、养生之论、言意之论、出处之论等。其次是宗教论辩，所涉及的题目有孔、老、佛之异同，儒、释、道之高下，因果报应之有无，形神生灭之究竟，以至夷夏戎华之辨等，都是当时思想界讨论的热点问题。其三是论评人物，对古今人物作优劣比较，如孔融《周武王汉高祖论》、习凿齿《青楚人物论》、戴逵《竹林七贤论》等。其四是箴砭风俗，鞭挞世风浅薄，批判社会的丑恶现象，如朱穆《绝交论》、干宝《晋纪总论》、鲁褒《钱神论》、刘峻《广绝交论》等。其五则是讨论礼制。六朝人特重礼学，所以关于丧、祭、冠、婚等方面的礼仪，常常往复多次，展开详细的讨论。其六是论科学艺文之事，涉及天文、音乐、舞蹈、书法、围棋、诗文等内容，如阮籍的《乐论》、虞喜《安天论》、裴子野《雕虫论》等。其中最值得一提的是文论，也就是有关文学的理论或评论。

东汉以降，文集代子书而兴起，成为新时代常用的一种著作载体，成为人们追求不朽的精神寄托，从而填补了子书退潮后所腾出的部分文化空间。古代学者早已经注意到这一点，并根据他们的观察，表述了这种变化。梁元帝《金楼子·立言篇》："诸子兴于战国，文集盛于二汉。"清章学诚《文史通义·诗教篇》："子史衰而文集之体盛，著作衰而辞章之学兴。"文集既盛，辞章之学既兴，对于文章亦即对于文学的各种评论自然随之兴起，第一篇单篇文论即蔡邕《铭论》就在东汉末年出现了。

如果从片断的言语来看，中国最早的文论，自然不始于东汉。通常我们可以追溯到《尚书·尧典》中的那段话："诗言志，歌永言，声依永，律和声。"或者《论语》中的若干片断，如《为政篇》："诗三百，一言以蔽之，曰思无邪。"或《阳货篇》："小子何莫学夫诗？诗可以兴，可以观，可以群，可以怨。迩之事父，远之事君，多识乎鸟兽草木之名。"我们还可以在先秦的《孟子》、《庄子》、《荀子》以及汉代的《毛诗序》、《史记·太史公自序》、《法言》、《论衡》、《汉书·艺文志》、《两都赋序》等书或篇章中，找出一些有关文学理论文学批评的文字。但这都不是单篇的文学论文，而且绝大部分文字的本来目的都不在于论文，而是附带言及，或者像"序"一样只是另一种著述的附属体。蔡邕《铭论》旨在讨论铭这一文体，既不是某书的一部分，也不是某一篇章的附属品，而是实实在在独立的论文文字，因而是最早的一篇单篇文论，也是最早的一篇文体专论。

早期文论文字的出现，与子书有着密切的关系，这一背景很值得我们注意。王充在《论衡·书解篇》中把当时的儒者分为两种："著作者为文儒，说经者为世儒。”在某种程度上，这两种儒的区别就是后世的学者与文人之间的不同。而在东汉以前，只有学者型的思想家，而没有纯粹的文人。这些学者型的思想家也就是子书的作者，子书实际上就是他们的文集。他们往往博学多闻，对政治对哲学以及对文学常常有独到的见解。因此，在他们的言论和著述中，涉及对文学总体或个别文章的评论，就不奇怪了。至今为止，除了少数经典以外，谈论先秦两汉的文学理论和批评，《论语》、《孟子》、《庄子》、《荀子》、《法言》（尤其其中的《吾子》篇）、《新论》（尤其《道赋》篇）、《论衡》（尤其《艺增》、《自纪》等篇）等子书仍然给我们提供了最宝贵的一些材料。例如，扬雄晚年认为辞赋乃童子雕虫篆刻而悔其少作，即见之于他仿《论语》而作的子书《法言·吾子》。扬雄关于文学创作的著名观点，“能读千赋，则善赋”的说法，最早见于桓谭《新论·道赋》（《意林》三转引）。

这一现象的余波，到魏晋南北朝仍可发现。魏晋南北朝文学理论批评的发达，一方面固然是自建安之后进入了文学的自觉时代，文人士大夫普遍对文学的观念和价值获取了新的认识，充分肯定了文学的地位和价值。另一方面，子书衰退之后，文人学者将其思想精力转移到文学理论的建立和文学批评上来，也是一个重要的原因。魏晋南北朝时代最重要的一些文学批评，不仅与子书没有脱离关系，反而与其息息相关。曹丕《与王朗书》说：“生有七尺之形，死唯一棺之土，唯立德扬名可以不朽，其次莫如著篇籍……故论撰所著《典论》、诗赋，盖百余篇。”他最重要的文学观点，几乎都见之于《典论·论文》。他关于文学的最著名的一段话“盖文章，经国之大业，不朽之盛事。年寿有时而尽，荣乐止乎其身，二者必至之常期，未若文章之无穷。是以古之作者，寄身于翰墨，见意于篇籍，不假良史之辞，不托飞驰之势，而声名自传于后”，也就发表在这里。子书之中而设有论文专篇，也许是始于桓谭《新论·道赋》篇，但《道赋》只存三四条片断，莫知其详，其对后代的影响自然不及《典论·论文》。以论文名著《文赋》称名于世的陆机，临终之前仍以所作子书未成为憾。东晋葛洪作《抱朴子》，在《钧世篇》中提出的文学进化的观点，也是广为人知的。梁元帝《金楼子》、颜之推《颜氏家训》等子书中，都有文学理论批评的材料。另外一些文学理论批评文献，如挚虞《文章流别论》、李充《翰林论》、裴子野《雕虫论》，虽然不是子书，也都成一家之言。它们都以论名书或名篇，则更可以看到由子书到论说文到文论的发展痕迹。

曹丕《典论·论文》除了确立文学的不朽价值之外，还谈到文人相轻的积习，并指出其原因是"文非一体，鲜能备善。是以各以所长，相轻所短。"谈到评文论人的正确态度，他主张"审己以度人"。这是建安时代文人的一种共识。曹植在《与杨德祖书》中也对刘季绪好讥弹时人之文而失之轻率表示过异议。曹丕对作家的风格、才气和个性以及彼此之间的关系，也有过很好的看法，指出"文以气为主。气之清浊有体，不可力强而致"。他并且分析了建安七子的个性及各人之所长，认为徐幹时有齐气（舒缓之态），孔融体气高妙，而"公干有逸气"（《与吴质书》）等等。这当然与后汉以来的人物品藻不无关系，但其中显然也有曹丕个人的思考。《典论·论文》还讨论了不同文体的风格特征："夫文本同而末异，盖奏议宜雅，书论宜理，铭诔尚实，诗赋欲丽。此四科不同，故能之者偏也。唯通才能备其体。"这可以算是对文学形式很切实的评论。

在另外一些书信，例如《与吴质书》、《与王朗书》中，曹丕也表达了他的文学观点。虽然文论的专篇专书已经屡见不鲜，但是书和序，仍然是魏晋南北朝文论存在的两种主要形态。陆云的《与兄平原书》就是与陆机往来讨论文学创作的一批书信，其中有十分重要的文学评论材料。信中讨论作品，探讨文章作法，往往具体翔实，甚至超出陆机《文赋》。

《文赋》第一次以文学作品的方式，通过艺术形象的方法，来阐述文学理论，展开文学批评。这无疑是一个新颖的尝试、大胆的开创，对于后代层出不穷的以论诗诗（论诗绝句）为首要代表的谈艺文学（从论赋赋到论书诗），起着导夫先路的作用。

《文赋》文采斐然，篇幅不长，却内容丰富。它的文体论，在《典论·论文》的基础上有所发展。曹丕的"四科不同"，在陆机手里进一步分作十种，并有更细密周到的辨析："诗缘情而绮靡，赋体物而浏亮。碑披文以相质，诔缠绵而凄怆。铭博约而温润，箴顿挫而清壮。颂优游以彬蔚，论精微而朗畅。奏平彻以闲雅，说炜晔而谲诳。"虽然用韵文（赋）的形式，却言简意赅，而且令人信服。在这一方面，《文赋》不仅充分展示了陆机富盛的文才，而且充分发挥了以文学形象阐释文学现象的特长。例如文中对于创作过程中艺术形象思维的形容，“其始也，皆收视反听，耽思傍讯，精骛八极，心游万仞。其致也，情曈昽而弥鲜，物昭晰而互进；倾群言之沥液，漱六艺之芳润；浮天渊以安流，濯下泉而潜浸”。对形象思维这种本来就属于玄而又玄的文学现象，通过文学形象来表述，自有其得天独厚的地方。《文赋》还重点讨论了篇章修辞、立意、创作技巧、方法、形式以及文病等问题，也涉及了创作中的音韵问题：“暨音声之迭代，若五色之相宣。”他提出，诗文要“立片言而居要，固一篇之警策”，追求警拔之句，这对于晋以后诗文中秀句的出现，显然也有影响。至于《文赋》中“伫中区以玄览，颐情志于典坟”等处，也表明陆机的文学理论思想，也确实受到过当世盛行的玄学的影响。

挚虞《文章流别论》和李充《翰林论》，都散佚了。从今存佚文来看，这两种文论似乎都以文体论为中心，至少文体论在其中占有相当重要的位置。《文章流别论》以文体为本，兼有对具体作品的评论。存世的关于赋、七等文体的片断，颇受后人看重，常被征引。李充《翰林论》也以文体论的形式展开。陆机、挚虞、李充等人的文学思想与观点中的合理成分，被后来的钟嵘、刘勰二人所吸收，虽然他们对一些问题与前贤持有不同看法，甚至有所批评。

公元6世纪初，刘勰（约465—约532）《文心雕龙》和钟嵘（471—518）《诗品》相继出现于文坛。从建安直到此时，各体文学经历了四百年的发展与进步，其中五言诗创作的成就又特别突出，对这一段文学历史作一番梳理总结的时机已经具备。同时，文学评论早已蔚为风气，玄学佛理又提高了人们的思辨能力，也为这些文论著作的出现，提供了可能性。

《文心雕龙》一书可以说是刘勰的子书。中国古代文学批评著作中，体大思精者，惟有《文心雕龙》与《文史通义》。此书内在逻辑结构之严密、思理之谨严，可能受到佛家思维的影响。刘勰曾师事当时的著名僧侣僧祐十余年，参加译经。他在梁朝开始入仕，仕至东宫通事舍人，深受昭明太子萧统的信任，晚年出家为僧，更名为慧地。虽然刘勰与佛教有密切的联系，但从《文心雕龙》中的《原道》、《征圣》、《宗经》诸篇来看，他的思想包括文学思想中，儒家思想仍然占着主导的地位。

《文心雕龙》全书恰好由五十篇组成，这是一个颇有完整圆满意味的整数，表明作者在篇章设置和结构安排上是煞费苦心的。此书内容丰富，囊括了当时的文学理论和文学批评的各项内容，既有文学历史的批评，也有文学理论的阐述、文学作品的评论、创作技术的讨论，结构严谨，气象宏大，足以上追《吕氏春秋》，下启《文史通义》。

从总体上看，《文心雕龙》一书包括总论、文体论、创作论、批评论和序志五个部分。总论五篇，即《原道》、《宗经》、《征圣》、《正纬》、《辨骚》，首先阐明为文之准则和论文之原则，是正本清源之论。作者自言"盖《文心》之作也，本乎道，师乎圣，体乎经，酌乎纬，变乎骚，文之枢纽，亦云极矣"(《序志》)。也就是说，道为万物之本原，而"道沿圣以垂文"(《原道》)，由于"道心惟微，圣谟卓绝"(《宗经》)，所以，师圣又必须宗经。前三篇密切相关，一脉相承。至于纬和骚，则是附经而生，依经而存，在思想渊源上近于总论，值得参酌，在外在形态上又似于文体，需要另眼相待，所以，刘勰将其列在总论和文体论之间，正可以承上启下，左右逢源。

《文心雕龙》的文体论由二十篇组成，包括《明诗》、《乐府》、《诠赋》、《颂赞》、《祝盟》、《铭箴》、《诔碑》、《哀吊》、《杂文》、《谐隐》、《史传》、《诸子》、《论说》、《诏策》、《檄移》、《封禅》、《章表》、《奏启》、《议对》、《书记》。这二十篇或者专论一种文体，或者将相近的两种乃至多种文体合而论之，涉及了当时所有的文体。其中，《谐隐》以上十篇所论，属于所谓"文"，多是讲究音韵情采之文；《史传》以下十篇所叙，属于所谓"笔"，则不重音韵文采。在这一部分，刘勰"论文叙笔，则囿别区分，原始以表末，释名以章义，选文以定篇，敷理以举统"(《序志》)，全面论述了各体文学，包括各种文体的名义、起源以及历史发展的情况，并分别列举代表作家与优秀作品，阐述其创作要求和风格特点，对前人的创作经验作了一次全面总结，也是对梁以前汉语文学遗产的一次总清理。与此前的文体论相比，刘勰的文体论不仅内容全面、具体、细密，其深刻度与系统性也远远超出前人，为中国古代文体论打下了坚实的基础。

按刘勰本人的看法,《文心雕龙》一书可以分为上下两篇,各二十五篇。上篇正好包括我们所谓总论和文体论,下篇则可分为我们所谓创作论、批评论和序志三个部分。创作论由十九篇组成,即《神思》、《体性》、《风骨》、《通变》、《定势》、《情采》、《熔裁》、《声律》、《章句》、《丽辞》、《比兴》、《夸饰》、《事类》、《练字》、《隐秀》、《指瑕》、《养气》、《附会》、《总术》,即《序志》所谓"至于剖情析采,笼圈条贯,摛神性,图风势,苞会通,阅声字"。形象思维或艺术构思是文学创作的根本特点,《神思》一篇专论这一问题,可以看作是《文心雕龙》创作论的总纲,足以统摄以下各篇。从《体性》到《熔裁》的六篇,分别从体与性、风与骨、情与采、熔与裁等两个相对的范畴出发,也就是从情与辞亦即内容与形式两个方面,论述创作中的一些带有普遍性的问题。从《声律》到《总术》的十二篇,则讨论创作中的一些具体技术问题,例如前七篇,主要讨论有关文学修辞的问题,如声律、比兴、夸饰、事类、练字,后五篇则涉及其他方面的创作技巧问题。正如在《文心雕龙》一书中创作论诸篇列在文体论各篇之后一样,刘勰的创作论也是在研究和总结前人的各体文学遗产的基础上建立起来的。正因为如此,所以,刘勰的创作论才不仅能够包容丰富,涉及文学创作中各个方面的重要问题,比如艺术构思、风格与个性、内容与形式、继承与创新、文学与现实、文学的修辞以及表现手法等问题,而且能分析更加细密,论述更加深入。《神思篇》对于形象思维的探讨,显然继承并发展了此前陆机《文赋》中的相关论述,并对其后的文学理论批评产生了显著的影响。刘勰以前,对于文学创作中的形象思维,人们所用名称各异,刘勰以后,多数人倾向于使用"神思"这一名词。以前的文论中早有关于"气"的说法,气在内则为才性,形之于文则为风骨。在《文心雕龙》中,刘勰遂析为《才性》、《风骨》两篇,对这一问题作了详细的讨论。《体性》不仅将艺术风格区分为八体:典雅、远奥、精约、显附、繁缛、壮丽、新奇、轻靡;而且分析了才、气、学、习诸因素对于风格形成的影响。在今天看来,刘勰的风格论也许还有偏颇和未尽之义,但与曹丕《典论・论文》的"文以气为主"的泛泛之谈,陆机《文赋》中的"夸目者尚奢,惬心者贵当,言穷者无隘,论达者唯旷"的粗略之论相比,刘勰的文论显得更为全面、富有独创,也是毋庸讳言的。从这些事例上可以看出，刘勰的文论正是晋宋齐梁二百年文学理论批评精进深入的突出代表。

《文心雕龙》的批评论包括《时序》、《物色》、《才略》、《知音》、《程器》等五篇，即"崇替于《时序》，褒贬于《才略》，怊怅于《知音》，耿介于《程器》"。《时序》是文学的社会历史批评；《物色》则是从自然景物季节变迁方面来评论文学描写；《才略》评论作家的创作才能；《程器》评论作家的器识修养。由此可以看出，刘勰认为要进行文学批评，必须结合文学的内部因素与外部环境，兼顾文学发展的社会环境与自然环境，综合作家的才性与品德，加以全面的衡量；同时，评论家还必须具备充足的知识素养，掌握正确的方法，怀抱恰当的态度，才能得出公正持平圆融的见解，而不导致误解或厚诬。因此，在他看来，文学批评实非易事。《知音》作为其批评论的中心，从主客观两方面分析了文学批评中存在的种种困难，并提出了具体的文学批评方法或角度，即六观："一观位体，二观置辞，三观通变，四观奇正，五观事义，六观宫商。"刘勰的批评论虽然未见得纤细无遗，但却贯串了他的学术理论的一贯的严肃慎重的态度。

《序志》介绍著书宗旨和全书体例。他认为近代以来虽有不少论文著作，但都"各照隅隙，鲜观衢路"，未能"振叶以寻根，观澜而索源"。他著《文心雕龙》，不仅以之表达自己的文学理论思想，而且以之寄托他的学术思想，"文果载心，余心有寄"。本书思维缜密，方法折衷。"及其品列成文，有同乎旧谈者，非雷同也，势自不可异也；有异乎前论者，非苟异也，理自不可同也。同之与异，不屑古今；擘肌分理，唯务折衷。"大可作为一部"刘子"来看。值得指出的是，尽管刘勰的文学理论和批评十分重视历史，重视继承和发扬文学遗产，它仍然有着相当明确的现实目的性和十分强烈的现实针对性。《通变》中谈到的继承与革新的观点，文体论及创作论中一再强调的要注意内容与形式统一、情采兼美、不要舍本逐末，对于一味追新务奇、存在片面追求形式讲究词采倾向的晋宋以来的文坛来说，其意在"补偏救弊"（黄侃《文心雕龙札记》），也是不言而喻的。

与《文心雕龙》泛论各体文学创作不同，《诗品》则专论梁以前的五言诗，也堪称是钟嵘的一家之学。在《诗品序》中，作者系统表达了自己的诗学观点。他论述诗歌的产生及其功用,认为"气之动物,物之感人,故摇荡性灵,形诸舞咏",自然界万物与节序变迁感动人心,内心的不同感触外发而为不同的诗作,驰骋性情,皆"可以群,可以怨,使穷贱易安,幽居靡闷"。接着,他追踪了五言诗的产生及其发展历史,对晋宋以来五言诗的盛衰起伏,也有详细的论评,相当于一篇梁以前的五言诗小史。钟嵘十分看重五言诗体的历史地位,认为"五言居文词之要,是众作之有滋味者也"。这种以滋味论诗的观念,具有强烈的主观情感投射和鲜明的主体审美特性,对于宋代严羽、清代王士祯等人的诗论都产生了深远的影响。钟嵘不仅对前代的诗论诗评不太满意,故乃作此书以发表自己的评论观点,而且对于晋宋以来诗坛上所存在的问题,也有敏锐的察觉,对于当时诗坛上某些流行的风尚,颇不以为然。例如,他指责刘宋大明、泰始中"文章殆同书钞"的风气,批评任昉、王融等人"词不贵奇,竞须新事"的作风。在他看来,诗歌创作不必专以用典为贵,而是贵在自然,贵在写"即目所见","古今胜语","多由直寻"。因为"文多拘忌,伤其真美",所以,他对王融、沈约等人所提倡的四声八病之说,也毫无崇敬之意。他坚持声病之说没有王、沈诸子所说得那么神秘、高贵,直言不讳地说"平上去入,则余病未能,蜂腰鹤膝,闾里已具"。他理想中的诗歌,应当是自然真率的。这些观点并非绝无可议之处,但钟氏不从流俗坚持己见的勇气则是值得赞赏的。

在序之外,全书将梁以前的五言诗人分作上中下三品,加以品评。其中上品十一人,中品三十九人,下品七十二人,计一百二十二人。这种品第高下的做法,远源于班固《汉书·古今人表》中的九品评人的做法,近承魏晋以来所实行的九品中正制以九品论人的制度。既然序中已经论及时代背景对诗歌的影响,对某一时代诗坛风貌已有所勾画,对其存在的流弊也已有指摘,如批评西晋永嘉诗坛"平典似道德论"、"理过其辞,淡乎寡味"等,品评中就较少涉及诗史的线和诗坛的面,而专就语言艺术形式方面,追索其艺术渊源,描述其风格特性。序评二者分工明确,相辅相成。钟嵘特重追源溯流,在追溯中体现出他的历史观念和对诗史发展派系的认识。他所论的古今诗人源流及所属品次,略如下表所示:

- 国风
  - 古诗（上）—刘桢（上）—左思（上）
  - 曹植（上）
    - 陆机（上）—颜延之（中）
      - 谢超宗（下）
      - 丘灵鞠（下）
      - 刘祥（下）
      - 檀超（下）
      - 钟宪（下）
      - 颜则（下）
      - 顾则心（下）
    - 谢灵运（上）
- 小雅—阮籍（上）
- 楚辞—李陵（上）
  - 班姬（上）
  - 王粲（上）
    - 张华（中）
      - 谢瞻（中）
      - 谢混（中）—谢朓（中）
      - 袁淑（中）
      - 王微（中）
      - 王僧达（中）
    - 潘岳（上）—郭璞（中）
    - 张协（上）—鲍照（中）—沈约（中）
    - 刘琨（中）
    - 卢谌（中）
  - 曹丕（中）
    - 应璩（中）—陶潜（中）
    - 嵇康（中）

在钟嵘笔下，古今五言诗人不仅有着连贯清晰的源流师承脉络，而且分别以《国风》、《小雅》、《楚辞》为源，形成三大系列。这可以看作是后代以诗派论诗的滥觞。晚唐张为作《诗人主客图》，将中晚唐诗人析为六派，分别以白居易、孟云卿、李益、鲍溶、孟郊、武元衡为主（宗主），下分上入室、入室、升堂、及门等四等，皆属于所谓客，就分明受到钟氏的影响，并对宋人诗派之说，起了直接的引导作用。在具体的品评中，钟嵘阐述了他确立源流关系的理由，大多数是言出有据的。但由于他所见的诗歌文献至今失传已多，因此，他的一些看法在今天看来，有的似乎失之简单化，有的则似乎不好理解。从宋代叶梦得《石林诗话》开始，历代都有人指出《诗品》三品裁士不公，如指摘其以曹操居下品，而刘桢、王粲居上品；提出中品之潘、陆宜在中品；中品之刘琨、郭璞、陶潜、鲍照、谢朓、江淹诸人宜在上品；下品之徐幹、谢庄、王融、汤惠休宜在中品，诸如此类，见仁见智。这在很大程度上是由于后人所拥有的文献视野和所处的诗坛风气与钟嵘大有不同。后人所见既未必足为定论，更未足为钟嵘之大病。至于钟嵘在字里行间流露出来的轻视民歌、对七言诗体亦不置评等观点，则表明他仍受正统诗学和传统观念的影响。

钟嵘以三品论诗，深受汉魏以来人物品评的影响。他的每一篇短评，就有如《史记》中的传记，有专传，如上品诸人；有合传，如秦嘉徐淑夫妇、刘琨卢谌之属；有类传，如中品谢瞻以下五人皆源出于张华；等等。在批评方法上，《诗品》也有着鲜明的特点。比较同异是《诗品》中最常用的方法之一，在追源溯流与品第高下之中，其实也兼寓比较之意。在品评中，钟嵘还善于使用一些生动优美的意象，从形象与审美的角度来描述诗作的品格，如中品论范云丘迟诗："范诗清便宛转，如流风回雪，丘诗点缀映媚，似落花依草。"这一方法的自觉运用，是与他以"滋味"论诗的思想一脉相承的。陆机以后，诗中颇有秀句，刘宋以来的诗坛，更是以"争价一句之奇"为风尚。《诗品》中经常称引诗人的名句，如序中称引徐幹《室思》"思君如流水"、曹植《杂诗》"高台多悲风"，中品评陶渊明，称引其"欢言醉春酒"（《读山海经》），"日暮天无云"（《拟古》），等等。这是有意识的摘句批评，既反映了齐梁的时代风气，又为后代诗话开此风习。《诗品》中还常引用趣闻轶事，如下品评吴迈远诗："汤休谓远云：'我诗可为汝诗父。'以访谢光禄，云：'不然尔。汤可为庶兄。'"又如下品评袁嘏诗："嘏诗平平耳，多自谓能。尝语徐太尉云：'我诗有生气，须人捉着。不尔，便飞去。'"这类故事不仅保存了当代人的诗歌评论资料，透露了当代的诗歌价值观，也可资谈助，使后人对诗史获得一份更亲切更感性的理解，同时还为宋以后专门记谈资录轶事一类诗话的出现，起了导夫先路的作用。

此外，作为今存魏晋南北朝时代最重要的总集类著作，《文选》一书也很值得注意。该书收录了诸多梁以前各体文学的名家名篇，对保存梁以前的文学遗产，具有重要的意义。在编排上，该书按照文体，加以妥善有序的编录。对于收录作品最多、同时也是当时文学创作中最为重要的两个文体——诗与赋，编者还按照题材内容，将赋分作十五类，将诗分作二十三类，在分类编排当中，寓有题材类型研究之意。《文选序》叙述该书编选宗旨，以“事出于沉思，义归乎翰藻”界定本书所选文学作品的范围，既说明当时文学创作界的风气，也表明时人对于文学的认识正越来越明晰。正是在这样一种文学进步的潮流中，文学逐步脱离了经学、学术而独立为一门自觉自足的学科，文学理论批评也摆脱了子书、论说的羁绊，而独立为一门富有前景的学问。

第九章　五言诗的成熟和发展

汉末无名氏古诗的产生背景、意义与主题　　建安诗坛与曹操、曹植　　正始时代的阮籍　　傅玄与太康时代诸诗人　　左思、张协、刘琨等人的突围　　从永嘉到东晋的玄言诗风　　郭璞的游仙诗　　晋宋之际山水诗的兴起与殷仲文、谢混、谢灵运　　陶渊明：古今隐逸诗人之宗与有托而逃

建安时代(196—220)是中古文学史上一个极其重要的时代。它标志着儒学的衰微，带来了一次思想解放的浪潮，文学的独立价值也得到确认。在此基础上，文学的内容和形式都获得了空前的发展。这一点在五言诗中反映得特别显著。

东汉时代，五言诗正式成立，出现了文士创作的乐府歌辞和不入乐的五言古诗。最重要的是，稍前于建安时代，出现了一大批无名氏的杰作。这些作品，有的已经失去作者名，统称为古诗，如《文选》所载古诗十九首；有的虽有作者姓名，但据我们今天所知，实系后人妄托，如《玉台新咏》指为枚乘所作的古诗中的若干首；有的则是后人代作或拟作的代言体，久而久之被误认为前人的诗作，如《文选》所载苏武诗四首、李陵《与苏武诗》三首。这些诗作抒写忧愤、彷徨、怨慕、悲伤，善用比兴，“文温以丽，意悲而远，惊心动魄，可谓几乎一字千金”(钟嵘《诗品》上品)，堪称汉语五言古诗的最早典范。

从以古诗十九首为代表的无名氏古诗中所表达的思想内容及其情调来看，它们只能产生于社会动乱、儒家经术已经不能维持旧有的社会政治和思想文化格局，佛教已经传入中国，而老庄思想逐渐扩大其影响的汉末时代。在建安以前，作者个人的主体意识还不像后来那么强烈，文学的独立价值还不为一般人所肯定，作者或者是“行有余力，则以学文”(《论语·学而》)，或者是“意有所郁结，不得通其道……退而论书策以舒其愤”(司马迁《报任安书》)。他们所注重的只是作品本身所代表的思想感情，并不一定在意作品的署名。《诗三百篇》、《楚辞》、乐府歌辞中无主名的作品如此之多，除了年代久远以致作者姓名失传外，这乃是一个很重要的原因。

至于旧传苏武李陵赠答诗及枚乘诗，从诗史发展的实际看，早在西汉武帝时代，是不可能产生这样成熟、这样具有高度艺术性的五言诗的，其年代有可能比无名氏古诗更晚，可能是汉末建安以后文人同情苏李等人的不幸遭遇而假托的。不仅如此，旧说作者为西汉人士的那些五言(包括五言乐府)诗作，如旧题为卓文君的《白头吟》、班婕妤的《怨歌行》等，也都属于这一种情况。汉末建安以后，文学的独立价值开始被认识到了，而西汉扬雄以来文坛盛行的模拟风气仍然流行着，并且由模拟发展为代作，即不一定以前人的原作为基础，而是替前人设身处地，模拟前人的身份口吻来写作诗歌，也即所谓代言体。随着建安以后五言诗的大量用于社交场合，代言、拟人、赠答等种种诗坛风习就开始流行了。以代拟来说，其中虽有练习的成分，但往往也为了借他人的酒杯来浇自己心中块垒。因此，从作者的原始动机来说，署名为苏武、李陵、卓文君、班婕妤等的诗作最初并非是有意作伪的产物。但客观上，由于作者一开始就没有署自己的真名，久而久之真正的作者反而被遗忘了，又由于它们如此逼真地再现出苏、李、卓、班等人的当时当地的情境，后人不明原委，自然容易将其误认作苏、李、卓、班等人的作品。

从风格上看，这些诗也不是民间作品，而是文人模仿民间五言乐府创作的成果。从作品所反映的思想感情来看，其作者很可能出于当时的士人阶层。东汉桓、灵二帝以来，“主荒政缪，国命委于阉寺，士子羞与为伍”，一些正直的士人采取了“匹夫抗愤，处士横议”(《后汉书·党锢传序》)的反抗方式,于是酿成了党锢之祸。与此同时,一些士人则转向内心的反省,体验着失意的彷徨、不遇的悲愤、别离的感伤、生命的忧思、现实的苦难……又一一将这些苦闷融化于诗中,使诗歌透露出消极的情绪,笼罩上灰暗的色彩。这一特征构成了古诗的基调。

驱车上东门,遥望郭北墓。白杨何萧萧,松柏夹广路。下有陈死人,杳杳即长暮。潜寐黄泉下,千载永不寤。浩浩阴阳移,年命如朝露。人生忽如寄,寿无金石固。万岁更相迭,圣贤莫能度。服食求神仙,多为药所误。不如饮美酒,被服纨与素。

今日良宴会,欢乐难具陈。弹筝奋逸响,新声妙入神。令德唱高言,识曲听其真。齐心同所愿,含意俱未伸。人生寄一世,奄忽若飙尘。何不策高足,先据要路津?无为守穷贱,轗轲长苦辛。

在颓唐中夹杂着愤慨,在今日的享乐中预感着未来的死亡,在入世的肯定中包含着对现实政治的否定,这显然是汉帝国崩溃过程中政治黑暗、社会混乱的反映。士人阶层在这种社会环境中产生了信念动摇和心理绝望,不可避免地给诗歌涂上了暗淡的色调。这种动摇和绝望是那么深刻,以致诗中那些灰暗苦闷的情绪往往无所不在,驱之不去,又难以具体落实。

除了这些比较抽象的消极情绪外,古诗还具体反映了当时一部分社会现实,例如战乱给人民带来的痛苦,在托名苏武诗的第二首就有很诚挚的描写:

结发为夫妻,恩爱两不疑。欢娱在今夕,燕婉及良时。征夫怀往路,起视夜何其。参辰皆已没,去去从此辞。行役在战场,相见未有期。握手一长叹,泪为生别滋。努力爱春华,莫忘欢乐时。生当复来归,死当长相思。

这是一幕缠绵而悲壮的别离。这一首诗中的战士和他的妻子对未来还抱有一点渺茫的希望,但这一点希望却往往产生了下面这首古诗中所表现的后果：

> 十五从军征，八十始得归。道逢乡里人，“家中有阿谁？”“遥望是君家，松柏冢累累。兔从狗窦入，雉从梁上飞。中庭生旅谷，井上生旅葵。”舂谷持作饭，采葵持作羹。羹饭一时熟，不知贻阿谁。出门东向望，泪落沾我衣。

这些诗歌充满了“逐臣弃妻，朋友阔绝，游子他乡，死生新故之感”（沈德潜《说诗晬语》卷上），从社会、人生等不同的侧面，深刻地表现离弃的主题，直接或间接地反映了那个大动乱的时代。而且，从乐府中变化出来的五言诗，到了这些不知名的文人手里，在艺术上闪现出新的光辉：一方面，它保留着民间文学语言朴素风格自然的特点，另一方面，它在表现手法、形式结构等方面又经过了加工。所以，《文心雕龙·明诗》说：“观其结体散文，直而不野，婉转附物，怊怅切情，实五言之冠冕也。”建安时代诗坛出现“五言腾踊”的局面，就是以此为基础和先兆的。

以三曹（曹操、曹丕、曹植）、七子（孔融、陈琳、王粲、徐幹、阮瑀、应玚、刘桢）为主体的邺下文人集团的诗歌创作，即以五言诗为主。从历史发展来看，那些无名氏的古诗确是他们的先驱和楷模。就作品情调而言，二者又有较大的不同。而这种差异的产生又显然与当时政治经济领域的变革和学术文艺思潮的变迁有着密切的关系。

建安时代，以宦官养子曹操为首的寒门政治势力击败了以袁绍、袁术兄弟所代表的高门世族的政治势力，在北中国建立了统治权，并奠定了魏、蜀、吴三国鼎立的局面。这股新的统治力量的胜利，改变了两汉社会的政治经济结构，随即也给思想文化等领域带来了新的面貌。儒学被老庄取代，礼法让位于刑名，惟才是举成了选择人才的口号，伦理道德在生活中的比重大为缩小，个性解放成为这个时代精神的主要特征。如果说这些变化在汉末已经不同程度地展开，那么，曹氏的胜利，就是从政治上促进并确认了这样的变化。作为当时的政治首领，曹操父子不仅爱好文学，都是很有成就的诗人，而且他们对文学的认识已经摆脱了传统观念的支配,认为:“盖文章经国之大业,不朽之盛事。年寿有时而尽,荣乐止乎其身,二者必至之常期,未若文章之无穷。是以古之作者,寄身于翰墨,见意于篇籍,不假良史之辞,不托飞驰之势,而声名自传于后。”(曹丕《典论·论文》)这对于当时文学发展起了很大的推动作用。文学价值被肯定了,文人地位也随之提升。当时的文人不再是俳优,他们和曹氏父子的关系一方面是君臣,另一方面也是文友,常在一起共同创作和讨论。由是形成的同题共作和互相赠答的风气盛行于邺下文坛,这也促进了文学创作的发达,促进了文学批评的专篇的出现。因此,他们不仅形成了一个政治集团,而且形成了一个文学集团。“慷慨以任气,磊落以使才”(《文心雕龙·明诗》)是这个集团文学创作的基本倾向。

刘勰在《文心雕龙·时序》中对这个共同倾向作了更深入的分析:“观其时文,雅好慷慨。良由世积乱离,风衰俗怨,并志深而笔长,故梗概而多气也。”风衰俗怨是旧体制崩溃、旧秩序解体的结果,而建功立业、澄清天下则反映了士人建设新体制新秩序的志向。这也正是这一慷慨风格的思想内涵之一。具体地说,它悲壮而不哀愁,明朗而不阴暗,华美而不柔弱。这是一种积极向上的风格,这是一种上升的气象,它伴随着曹氏政治势力在建安时代的壮大,而支配了整个文坛。

建安诗歌的主题,除了描写离乱,反映民生疾苦,还有许多是“怜风月,狎池苑,述恩荣,叙酣宴”(《文心雕龙·明诗》),但都体现了强烈的功名心,洋溢着积极入世的精神。这种心态自然是和当时的社会现实密切结合着的。所以,在描写离乱的现实和人民的苦难时,也就往往混合着人道主义的精神和建功立业的壮志。例如曹操(155—220),作为当时的政治和文学的领袖,同时也是新主题和新风格的创始者之一,他的激烈壮怀便屡屡见于篇咏,“老骥伏枥,志在千里,烈士暮年,壮心不已”(《龟虽寿》),“不感年往,忧时不治”(《秋胡行》)。另一篇《蒿里行》则十分同情地描绘了人民在军阀内战中所受的痛苦,并严厉斥责了军阀们的尔虞我诈:

> 关东有义士,兴兵讨群凶,初期会盟津,乃心在咸阳。军合力不齐,踌躇而雁行。势利使人争,嗣还自相戕。淮南弟称号,刻玺于北

方。铠甲生虮虱，万姓以死亡。白骨露于野，千里无鸡鸣。生民百遗一，念之断人肠。

《诗品》评论曹操的诗说："曹公古直，甚有悲凉之句。"古直是由于主观的个性和素养，悲凉则系于客观的环境和题材。而他的儿子曹植则被评为："骨气奇高，词采华茂，情兼雅怨，体被文质。"敖陶孙《诗评》也说："魏武帝（操）如幽燕老将，气韵沈雄。曹子建（植）如三河少年，风流自赏。"曹氏父子由于整个时代、个人环境的不同而产生的风格上的差异，实质上也表明建安诗歌随着时代发展而演进。

曹植（192—232）虽然也说自己"生于乱，长于军"，但他从事创作活动却是在曹操已经巩固了自己的政权以后。他不像父亲是个创业的英雄，也没机会像其兄曹丕那样成为继位之君，他只是一个华贵公子。由于出生在一个文学气氛很浓厚的环境里，从小受父兄的影响和朋友的熏陶，加上资质聪颖，他在文学方面很早就积累了丰厚的修养，并为日后的发展打下了坚实的基础。从民间乐府来的五言诗到了他手里，比起古诗来，语言上有了更多的加工。所以，曹操的风格只是古直，也就是有风骨，有气魄，而曹植除了这种奇高的骨气外，更有华茂的词采，而且能把二者巧妙地统一在他的诗作中。这一进步是同时的其他诗人所共有的，但在曹植的诗作中表现得特别鲜明。因此，他就成了建安诗人的代表。

这些诗人都有反映当时社会状况的诗歌，例如曹植的《送应氏》：

步登北邙阪，遥望洛阳山。洛阳何寂寞，宫室尽烧焚。垣墙皆顿擗，荆棘上参天。不见旧耆老，但睹新少年。侧足无行径，荒畴不复田。游子久不归，不识陌与阡。中野何萧条，千里无人烟。念我平常居，气结不能言。

这是曹植送别诗人应玚、应璩兄弟的诗。经过战乱，东汉首都洛阳的残破景象给他留下了难忘的印象。不仅洛阳，其他地方也都如此。在地位仅次于曹植的另一位五言诗人王粲的《七哀诗》里，我们看到长安也是同样的情形。在这些作品中,诗人对人民确实是怀有丰富的同情心的。

西京乱无象,豺虎方遘患。复弃中国去,委身适荆蛮。亲戚对我悲,朋友相追攀。出门无所见,白骨蔽平原。路有饥妇人,抱子弃草间。顾闻号泣声,挥涕独不还。“未知身死处,何能两相完。”驱马弃之去,不忍听此言。南登霸陵岸,回首望长安。悟彼《下泉》人,喟然伤心肝。

在当时整个时代风气的影响之下,曹植虽然是一个贵公子,过着豪华的生活,然而也同样希望靖乱立功,“戮力上国,流惠下民”(《与杨德祖书》)。但他的地位比较特殊,除了早年比较自由以外,由于其兄魏文帝曹丕和其侄子魏明帝曹叡的忮刻,他后半生不断地遭受着疑忌、排挤和压迫。因此,他希望建功立业的心,就格外迫切。他想用功业来证明自己,解放自己,肯定自己。在曹植的诗中,就有着更强烈的自我表白、自我赞颂,比如下面这一篇出以比兴的《美女篇》:

美女妖且闲,采桑歧路间。柔条纷冉冉,落叶何翩翩。攘袖见素手,皓腕约金环。头上金雀钗,腰佩翠琅玕。明珠交玉体,珊瑚间木难。罗衣何飘颻,轻裾随风还。顾眄遗光采,长啸气若兰。行徒用息驾,休者以忘餐。借问女安居,乃在城南端。青楼临大路,高门结重关。容华耀朝日,谁不希令颜?媒氏何所营,玉帛不时安。佳人慕高义,求紧良独难。众人徒嗷嗷,安知彼所观。盛年处房室,中夜起长叹。

这个“盛年处房室,中夜起长叹”的美女,就是年富力强而怀才不遇的曹植的化身。这首诗,在内容上,代表着曹植创作的一个重要方面,就是希望别人认识重视自己的才华,希望自己有所表现,而在形式上,又代表着他创作的艺术成就,就是“文采缤纷而不离闾里歌谣之质”(黄季刚《诗品讲疏》),总起来说,就是“情兼雅怨,体被文质”。这首诗的原型是乐府《陌上桑》。乐府歌辞本来偏重叙事，建安诗人加以改造，用它们的调子来写抒情诗。这样，乐府和古诗在文学上的区别就逐渐消失了。这种现象，从曹植起才显著，《美女篇》也可以为证。

在诗史上，紧接着建安时代的，是魏废帝曹芳的正始时代(240—248)。继曹植而起的大作家则是阮籍(210—263)。他是建安七子之一、曹植的诗友阮瑀的儿子。曹植死时，阮籍已经二十三岁了。由于曹植晚年行动不自由，我们没有发现这两个诗人相互交往的迹象。而且由于政治局势、社会思想的改变，建安诗人"梗概多气"的传统到了阮籍的时代不仅没有获得进一步发展，反之，阮籍在自己的创作中表现了几乎与前一阶段相反的感情和风格。

阮籍生活在曹魏由隆盛转到衰微的时期。从魏废帝起，魏国的政治实权已落到了出身高门的司马氏手里。高门地主再度得势，寒门地主所建立的曹魏政权则日趋没落了。司马懿父子继承着曹魏那一套政治权术，翦除了以曹爽为首的宗室大臣，又大杀拥护曹魏的知名人士。249年的高平陵之变，不仅曹爽等被夷三族，而且同日斩戮，名士凋零过半。在这种情况下，汉末以来的隐逸思想更加发展了。老庄哲学成为不愿意与新政权合作的人们的精神避难所。这样就产生了名教、自然两派的对立。当时的自然派中，主要人物为嵇康、阮籍、山涛、向秀、阮咸、王戎、刘伶等人，他们"相与友善，游于竹林，号为七贤"(《三国志·魏志·嵇康传》裴松之注引《魏氏春秋》)，而阮籍则是其中最有文学成就的一位。

自然派这种消极的不合作主义和反抗精神，一方面固然是对旧政权的拥护和对新政权的反对，有时也发展到对一切统治阶级都加以反对，认为名教的出现就是祸患的根苗，秩序的规定，就是争夺的开始，因此希望回到原始社会的生活中去。当然，这两者的区别有时并不十分明确，但就其反对统治阶级、鄙视虚伪的礼法名教来说，却有其积极进步的意义。

《晋书》本传说："籍本有济世志，属魏晋之际，天下多故，名士少有全者，籍由是不与世事，遂酣饮为常。""发言玄远，口不臧否人物。"但同时，阮籍又"尝登广武，观楚汉战处，叹曰：'时无英雄，使竖子成名'"。"时率意独驾，不由径路，车迹所穷，辄痛哭而反"。这种互相矛盾的思想感情和行为其实泄露了他内心难以名状的痛苦。就是在这种矛盾和痛苦的基础上，产生了他“志在刺讥，而文多隐避，百代之下，难以情测”（颜延年《咏怀诗注》）的《咏怀诗》。

《咏怀诗》九十五首（其中五言八十二首）不是一时一地之作，但其风格情调却颇为一致。在这些诗中，最容易使我们深受感动的是作者所暗示的由于政治上的窒息而引起的消极的人生嗟叹。

> 嘉树下成蹊，东园桃与李。秋风吹飞藿，零落从此始。繁华有憔悴，堂上生荆杞。驱马舍之去，去上西山趾。一身不自保，何况恋妻子。凝霜被野草，岁暮亦云已。

同时，对于司马氏势力及司马氏新政权的不合作态度，对于传统礼法名教的反抗，在一些篇章中也比较明显。

> 二妃游江滨，逍遥顺风翔，交甫怀环佩，婉娈有芬芳。猗靡情欢爱，千载不相忘。倾城迷下蔡，容好结中肠，感激生忧思，萱草树兰房。膏沐为谁施，其雨怨朝阳。如何金石交，一旦更离伤。
>
> 洪生资制度，被服正有常。尊卑设次序，事物齐纪纲。容饰整颜色，磬折执圭璋。堂上置玄酒，室中盛稻粱。外厉贞素谈，户内灭芬芳。放口从衷出，复说道义方。委曲周旋仪，姿态愁我肠。

前一首暗指司马氏和曹氏之间有始无终的关系，讥刺所谓的“金石交”比男女之爱还要反复多变，显然表示了作者的政治立场。后一首更是对当时虚伪的“礼法之士”的尖锐攻击。在《大人先生传》中，阮籍曾指出：“古者无君而庶物定，无臣而万事理。……君立而虐兴，臣立而贼生。造制礼法，束缚下民。”诗中所写的这个儒生矫言饰行，道貌岸然，其实正像《大人先生传》中所描绘的那个“动静有节，趋步商羽，进退周旋，咸有规矩”的儒生一样虚伪可厌。

阮籍的内心无疑是痛苦的，常常怀着愤激的情绪。然而在当时的形势之下，他又常常有意掩蔽这种痛苦，无处也无法痛快地发泄自己的愤激，所以只能通过日常事物，以朴素的外表隐约地露现心灵的痕迹，这也就是前人讲的“阮旨遥深”(《文心雕龙·明诗》)，“言在耳目之内，情寄八荒之表。”(《诗品》)

西晋是一个只有五十二年的短命王朝。在这个非常短促的时代里，统治阶级内部的矛盾却非常激烈，这些矛盾的集中爆发便是八王之乱。这个时候，自然派与名教派的矛盾已经由于统治阶级的大杀自然派，而逐渐消除了。例如与阮籍齐名的嵇康是被司马昭借口违反名教杀了的，嵇康的儿子嵇绍却做了官，并成为晋朝死节的忠臣。山涛荐举嵇绍做秘书丞时，就是这样对嵇绍说的：“为君思之久矣。天地四时犹有消息，而况人乎？”(《世说新语·政事》)同时，王戎问阮籍的侄孙阮瞻：“圣人贵名教，老庄明自然，其旨同异？”阮瞻回答：“将毋同。”王戎大为赞赏，即刻请他做官(《晋书·阮瞻传》)。在晋武帝太康时代(280—289)，国家统一，政治达到短期稳定，文坛上又热闹起来。历来认为能代表这一时期文学的，是张华、三张(张载、张协、张亢)、二陆(陆机、陆云)、两潘(潘岳、潘尼)、一左(左思)，在他们的创作成就中，诗歌又是最突出的。

傅玄(约217—278)的时代较这些太康诗人稍早。他学识渊博，长于音律，是西晋郊祀宗庙乐曲的主要作者之一。他的诗善于叙写儿女之情，模拟汉魏乐府而略加变化，注意辞藻的修饰。张华(232—300)少年贫贱，后来贵为晋室老臣，以博闻强记、提携后进为时所称。他的诗雍容温雅，辞藻雕丽，有时不免斫伤其自然灵动之气。这一倾向在二陆、两潘的诗作中也有不同形态的表现。潘岳(247？—300)情深辞丽，史称“辞藻绝丽，尤善为哀诔之文”(《晋书·潘岳传》)。《悼亡诗》抒写丧偶之痛，以情驱辞，情文相生。其同时代的诗人孙楚《除妇服诗》和嵇含《伉俪诗》同写伉俪之情，也颇有名于时，可与潘诗鼎足而三，但仍不免略逊一筹。陆机(261—303)天纵多才，他的诗作着意于词藻形式方面的经营，虽然词采富丽，句式工整，但气韵稍嫌不足。《赴洛道中作》、《猛虎行》等名篇，则是他自觉或不自觉地摆脱积习的结果。陆机以才学为凭恃，炼词琢句，其诗中开始出现“清露坠素辉，明月一何朗”(《赴洛道中作》)一类的佳句，从此，中国诗史进入了有句可摘的“秀句”时代。《诗品》曾说:“陆才如海,潘才如江。”《世说新语·文学篇》注引孙绰语云:“潘文烂若披锦,无处不善,陆文如排沙简金,往往见宝。”都指出了潘、陆诗的特点及其长短之处。潘尼与潘岳、陆云与陆机诗风相近,而才学较后者则有所不及。总的来看,他们的这种倾向固然是由其所处的时代及生活情感所致,也反映了魏晋诗歌由质趋文的历史趋势,同时恐怕也是五言诗语言艺术实验的必经之路。因此,我们可以总结西晋诗坛的时代风气为:华美而有些缛丽,典雅而有些芜杂、板滞。

西晋后期,左思、张协、刘琨、郭璞等人从这种风气之中突围而出。左思(约250—约305)出身寒微,在政治上又不十分得意,因而,他的诗比较能够继承建安时代慷慨任气的传统。在《杂诗》中,他曾说:“高志局四海,块然守空堂。壮齿不恒居,岁暮常慨慷。”表达了自己壮志不得伸展的慷慨之情。在《招隐》中,他则抒发了追求高蹈逍遥的隐居生活的愿望:“非必丝与竹,山水有清音。”“相与观所尚,逍遥撰良辰。”这也正是左思的代表作《咏史》八首中的两种基调。这组诗突破了班固《咏史》以叙事为主、规行矩步的旧格式,以咏史为表,以咏怀为心。诗人全以己意驱使史事,或专咏一事,或合写数人,直抒胸臆。他满腔热血,胸怀着宏伟的抱负,“长啸激清风,志若无东吴。铅刀贵一割,梦想骋良图”(其一),期望建功立业,创立不朽英名。然而,现实社会政治中的门阀制度,只给他带来压抑和蜷曲:“世胄蹑高位,英俊沉下僚。地势使之然,由来非一朝”(其二),这也正是所谓“上品无寒门,下品无士族”(刘毅《上疏请罢中正除九品》)。但是,左思在思想上并没有屈服,在精神上并没有萎缩。他以“振衣千仞冈,濯足万里流”的高蹈豪情,以骄傲倔强的自我,藐视豪族,鄙富贵如浮云。因此,他常引“功成不受爵,长揖归田庐”(其一)的先贤段干木、鲁仲连等人为同调,并借高歌燕市、旁若无人的荆轲,显示自己的傲骨。他也以古代不遇的冯唐、寂寞的扬雄来自我安慰。由压抑而生的愤慨之气,使其诗作显得气势充沛饱满,这也就是前人所谓“左思风力”(《诗品》中品陶渊明条)。正是这种情感力量激发了他的艺术创造激情,避免了为文造情和意为辞蔽的毛病。左思还有一篇《娇女诗》,描摹女儿天真活泼的娇憨情态，充满纯真的童趣，体现深挚的父爱，也是富有独创的。

三张之中，张协（？—307）“诗独劲出”（张溥《汉魏六朝百三家集·张孟阳景阳集题辞》）。张协与其兄张载不贪禄位，知命见机，有高尚之怀。他的《杂诗十首》善于写景状物，清丽警策，忧时叹世，感慨贪荣躁进之流俗，都以比兴之笔出之。这一表现手法显然出自阮籍《咏怀》。张诗深曲不及阮籍而明朗过之，健拔不如左思而细密过之。

和左思一样，刘琨（271—318）也曾奔走权门，为当时贵戚贾谧门下二十四友之一。他早年曾追慕老庄，放旷不羁，日常生活奢豪浮华。307年，他出任并州刺史，目睹人民流散、国家离乱，衷心感动，乃自我矫励。他的诗现存四篇，都是在“既体良材，又罹厄运”的中年以后所作，属于《诗品》中所谓“善叙丧乱，多感恨之词”一类的作品。《扶风歌》和《重赠卢谌》是刘琨的代表作，篇中充满了清刚超拔之气。早在赴任并州刺史时，他就有一些不祥的预感：“惟昔李骞期，寄在匈奴廷。忠信反获罪，汉武不见明。我欲竟此曲，此曲悲且长。弃置勿复陈，重陈令心伤。”（《扶风歌》）结果却不幸言中。由于偏安江左的小朝廷不肯大力支持他的抗敌事业，权臣王敦又蓄意谋害他，也由于他自己在政治策略上犯了错误，轻信了鲜卑族的段匹磾，刘琨终于为段匹磾所害。在被段匹磾所执自知必死之时，他惦念的不是一己的安危，而是：

> 功业未及建，夕阳忽西流。时哉不我与，去乎若云浮。朱实陨劲风，繁英落素秋。狭路倾华盖，骇驷摧双辀。何意百炼刚，化为绕指柔。
>
> ——《重赠卢谌》

诗句中所写的英雄途穷的幽愤和无奈的长叹，是深刻动人的。

可惜的是，左思寂寞委曲的歌唱，刘琨孤独幽愤的沉吟，在两晋诗坛上都缺少应和者。两晋之际，特别是东晋，弥漫诗坛的乃是玄言诗派。崇尚老庄的思想，始于建安，盛于正始。在最初，老庄之学专为自然派所尊奉，其中往往寄寓着对现实不满或反抗的思想倾向。到后来，名教自然两派合流，成为士大夫的典型的人格构成，玄学清谈也就变成了当时士大夫生活的一种点缀，成为生活情调和人生风度不可缺少的一部分。永嘉之乱，西晋灭亡，中原士大夫纷纷随晋室南渡。他们不敢面对现实，而是苟且偷安，在江左的自然山水中继续他们的玄学清谈。于是，玄学清谈更加发达起来，而且侵入了诗的领域，使当时的诗歌成为老庄哲学的口诀。例如，东晋权臣桓温屡次北伐，曾经收复洛阳，还提议将迁都洛阳，以便进一步恢复中原。而著名的玄言诗人孙绰却上疏反对，认为："校实量分，不得不保小以固存。自丧乱以来，六十余年，苍生殄灭，百不遗一。……播流江表，已经数世。存者长子老孙，亡者丘陇成行，虽北风之思感其素心，而目前之哀实为交切。"(《晋书》本传)这种苟安心理，正是创作玄言诗的一个重要基础。对于这一时期的文学发展，刘勰曾有很精辟的概括："自中朝贵玄，江左称盛。因谈余气，流成文体。是以世极迍邅，而辞意夷泰。诗必柱下之旨归，赋乃漆园之义疏。故知文变染乎世情，兴废系于时序，原始以要终，虽百世可知也。"(《文心雕龙·时序》)

玄言诗缺乏形象，平典似道德论，虽然盛极一时，却是没有艺术多少价值的。历史长河大浪淘沙，玄言诗传到今日的已为数不多。玄言诗的代表人物许询只有两个残篇和一联断句，孙绰还有若干作品传世。但孙绰即使在赠答送别友人的诗作，如《赠温峤诗》、《答许询诗》、《与庾冰诗》之类的作品中，也同样"理过其辞，淡乎寡味"(《诗品序》)，读来不免兴味索然。在刘琨以后，陶渊明之前，这一百年是玄言诗盛行的时代，其时比较有成就的诗人是两晋之际的郭璞(276—324)。郭璞的诗题为《游仙》，其实"词多慷慨，乖远玄宗。其云：'奈何虎豹姿。'又云：'戢翼栖榛梗。'乃是坎壈咏怀，非列仙之趣也。"(《诗品》中)不仅钟嵘所举的这两句佚诗如此，《游仙》诗中到处都能读到诗人的不平之鸣。例如：

京华游侠窟，山林隐遁栖。朱门何足荣？未若托蓬莱。临源挹清波，陵冈掇丹荑。灵溪可潜盘，安事登云梯？漆园有傲吏，莱氏有逸妻。进则保龙见，退为触藩羝。高蹈风尘外，长揖谢夷齐。(其一)

郭璞的所谓游仙，其实就是隐遁。他所面临的出世和入世的矛盾和困惑，其实反映了他所代表的中下层地主在门阀制度压抑下的困惑。

> 逸翮思拂霄，迅足羡远游。清源无增澜，安得运吞舟？珪璋虽特达，明月难暗投。潜颖怨青阳，陵苕哀素秋。悲来恻丹心，零泪缘缨流。（其五）

可见他的隐逸实在是走投无路的现实所逼迫的，在萧然放旷轻松高举的外表之下，掩盖的是诗人的忧生愤世之心。他以飘忽的诗思、瑰异的辞采、幽深的诗境，试图扭转永嘉诗坛的平典寡淡的诗风，虽因势单力薄而未能成功，但仍不愧为东晋“中兴第一”（《诗品》）。

东晋末年，当玄言诗已成强弩之末，颓势不可逆转，殷仲文、谢混起来革除孙绰、许询等人的玄言诗风，因而，山水诗继之而兴。从殷仲文、谢混到谢灵运（385—433），从东晋太元（376—396）到宋初元嘉（424—453），山水诗经历了约半个世纪的时间，才真正成熟。太元之时的殷仲文尚未尽除玄气。义熙中（405—418），谢混续以清新的山水景物描写，扫荡玄言诗的余氛。谢混《游西池诗》：“惠风荡繁囿，白云屯曾阿。晨昃鸣禽集，水木湛清华。”这几句诗也正可以移评他的山水诗。但直到谢灵运，山水诗的影响和成就才真正令人刮目相看。

《文心雕龙·明诗》叙述这一变迁和它的表现说：“宋初文咏，体有因革，庄老告退，而山水方滋。俪采百字之偶，争价一句之奇。情必极貌以写物，辞必穷力而追新。此近世之所竞也。”作风由平淡变为清新，题材由玄理变为山水，这一变化无疑为南朝诗歌发展开辟了一条新的路径。然而，从诗史脉络和早期山水诗发展的情况来看，山水诗又可以说是以新姿态出现的玄言诗，在它们之间，存在着密切的关系。

山水诗继承玄言诗而起不是偶然的。在中国文学史上，除了楚辞中反映了南方明丽的景色、汉赋中有若干山林景物的片断的陪衬性的描写以外，东晋以前的诗中，写景的成分是不多的，而且比较集中于行旅和宴游这两类题材的诗里。永嘉乱后，士族南渡，南方美丽的山川自然令他们流连忘返,优游其中,也可以使他们暂时逃避现实。东晋一代的名士,无不与山水结下不解之缘。玄言诗人孙绰、许询,也正是著名的山水爱好者。在他们看来,关注山水正是文学创作所不可或缺的条件。从在山水自然中谈玄论理,过渡到以山水形象来表达玄理,是很自然的。因此,早期的山水诗主要不是为写山水而写山水,而是为表达玄理而写山水,或者说,在山水描写背后,还拖着一条玄言的尾巴。即使在谢灵运的诗作中,也不例外。

谢氏是南朝富有文学传统的大世族之一。谢灵运作为出身高门的贵公子,具有良好的文学素养。他对山水诗的贡献,主要是在艺术技巧方面。

> 潜虬媚幽姿,飞鸿响远音。薄霄愧云浮,栖川怍渊沉。进德智所拙,退耕力不任。徇禄反穷海,卧痾对空林。衾枕昧节候,褰开暂窥临。倾耳聆波澜,举目眺岖嵚。初景革绪风,新阳改故阴。池塘生春草,园柳变鸣禽。祁祁伤豳歌,萋萋感楚吟。索居易永久,离群难处心。持操岂独古,无闷征在今。
>
> ——《登池上楼》

由于赋体文学长于体物,也较早有山水描写的经验,所以,早期山水诗受赋体影响较多,最明显的是有条不紊的细致铺叙。谢灵运本人就是一个有名的赋家,其《山居赋》即以写山水著称。他的山水诗在铺排景物方面,也以用赋笔为特点。这是造成谢诗"繁富"、"富艳"的一个原因。本诗在对偶、音节的安排以及风景的刻画等方面,极力追求工巧。"池塘生春草,园柳变鸣禽"则以善于捕捉大自然的细微变化、感觉尖新、含情绵邈,而被人们称为名句。此外,如《过始宁墅》中的"白云抱幽石,绿筱媚清涟",《登江中孤屿》中的"乱流趋孤屿,孤屿媚中川",《石壁精舍还湖中作》中的"林壑敛暝色,云霞收夕霏"等,也都以选词精确、刻画工细见长。

陶渊明(365? —427)是和谢灵运同时代的诗人。他的家世、生活与谢氏颇不相同,在诗的成就上也彼此截然不同。在当时,陶的声誉远不及谢，在唐朝以前，陶氏也很少为人重视。然而，在今天看来，陶的价值却比谢高得多。

陶渊明是晋大司马陶侃的曾孙，但到了他这一代，家道已经没落。在《五柳先生传》中，他曾提及自己的家境是："环堵萧然，不蔽风日，短褐穿结，箪瓢屡空。""性嗜酒，而家贫不能恒得。"这种贫困的境遇，使他在生活上、思想上比较接近人民。他也曾做过小官，但终于因为"不能为五斗米折腰"而辞官归隐。他是一个真正的隐士，正如朱熹说的，"晋、宋间人物，虽曰尚清高，然个个要官职，这边一面清谈，那边一面招权纳货。渊明却真个是能不要，此其所以高于晋、宋人也。"(《朱子语类》卷三十四)他的思想上承阮籍、嵇康，有着正始时代自然派名士的那种洁身自好，能真正体会老庄哲学的无为和自然。他生性喜欢田园生活，而且通过自己的生活实践，对田园生活产生了亲切满足的情感。在诗篇中，他歌颂田园风光，也歌颂自己的躬耕。这种情感，是假隐士所不可能体会到的。这为他赢得了"古今隐逸诗人之宗"的称号。他对隐居生活的真实的喜悦，对于耕作的朴素的感受，在《归去来兮辞》和许多诗篇中都有清晰的反映。

> 少无适俗韵，性本爱丘山。误落尘网中，一去三十年。羁鸟恋旧林，池鱼思故渊。开荒南野际，守拙归园田。方宅十余亩，草屋八九间。榆柳荫后檐，桃李罗堂前。暧暧远人村，依依墟里烟。狗吠深巷中，鸡鸣桑树颠。户庭无尘杂，虚室有余闲。久在樊笼里，复得返自然。
>
> ——《归园田居》其一

> 野外罕人事，穷巷寡轮鞅。白日掩荆扉，虚室绝尘想。时复墟曲中，披草共来往。相见无杂言，但道桑麻长。桑麻日已长，我土日已广，常恐霜霰至，零落同草莽。
>
> ——《归园田居》其二

田园生活使他远离了尘俗的喧嚣，使他接近了人民，养成了朴素、诚实的人格和风格，因此，他的诗也迥异于当时雕琢工巧的风气，而是“文体省净，殆无长语，笃意真古，辞兴婉惬”（《诗品》中），成为六朝诗人中高出流辈独树一帜的作者。

但陶渊明并非生来就是一个隐士或田园诗人。他之所以归田，正是他在现实社会中挣扎、苦闷而希求解脱的结果。在《饮酒》诗中，他说：“颜生称为仁，荣公言有道，屡空不获年，长饥至于老。虽留身后名，一生亦枯槁。”可见他是不安于枯槁的。这一点，杜甫在《遣兴》诗里早就指出：“陶潜避俗翁，未必能达道。观其著诗集，颇亦恨枯槁。”韩愈在《送王秀才序》中更具体地说：“及诵阮籍、陶潜诗，乃知彼虽偃蹇，不欲与世接，然犹未能平其心，或为事物是非相感发，于是有托有逃者也。”

陶渊明作为一个晋朝大功臣的后代，不可能对桓玄篡位，特别是后来的刘裕篡晋毫无感触。他的家族和这个王朝，在他的主观上，是休戚相关的。司马氏政治的腐败和刘裕取司马氏而代之的行为，不能不在他心上打下深刻的烙印。只是这种触犯时忌的感触，是以十分隐蔽的方式表达的。例如《拟古》中的这一篇：

> 种桑长江边，三年望当采。枝条始欲茂，忽值山河改。柯叶自摧折，根株浮沧海。春蚕既无食，寒衣欲谁待？本不植高原，今日复何悔！

此外如在《咏荆轲》中，他赞美为国复仇的刺客荆轲：“惜哉剑术疏，奇功遂不成。其人虽已没，千载有余情。”可见他咀嚼的是这段历史故事在当时的回味。在《读山海经》中，他歌颂古代神话中不向困难低头、不向强权屈服的精卫和刑天：

> 精卫衔微木，将以填沧海。刑天舞干戚，猛志故常在。同物既无虑，化去不复悔。徒设在昔心，良辰讵可待！

这同样也表达了一种政治态度。

和阮籍一样，陶渊明因为对现实不满，就进一步企图否定现实政治。在著名的《桃花源记》和《桃花源诗》中，他把东晋以来各地在战乱中筑坞壁以自保的那种比较安定的生活加以理想化，幻想出一个“不知有汉，无论魏、晋”（《桃花源记》）和“儿孙生长与世隔，虽有父子无君臣”（王安石《桃源行》）的世界。这一方面显示他和阮籍一派思想相通的地方，虽然因为时移世异，已经比阮籍平和得多；另一方面，也正证明他之成为隐士，乃是“有托而逃”的。

本质上，陶渊明是一个性情高洁而真诚的人，所以，对于当时的社会现实、势利庸俗的官场、斫杀不断篡逆相继的政治，他有的只是厌倦、憎恶、反抗和逃避。他以素朴的语言来描写自然，他用诗的语言建造了一个隐士的世界。他笔下的农村风貌，那么恬静、美好，那么纯洁静穆，使人疑心进入了一个回荡着牧歌的羲皇时代。这当然是经过诗人之心过滤的，与现实有相当大的距离。事实上，现实世界也并不是那么理想，他甚至难免饥饿：

> 饥来驱我去，不知竟何之。行行至斯里，叩门拙言辞。主人解余意，遗赠副虚期。谈话终日夕，觞至辄倾杯。情欣新知欢，言咏遂赋诗。感子漂母惠，愧我非韩才。衔戢知何谢，冥报以相贻。
>
> ——《乞食》

但与精神上的穷困相比，物质上的贫乏还是比较容易度过的，正如诗中所描写的，交结新知的快乐显然远远胜过乞食有得。基本上，陶渊明是满足于隐士生涯的，亲友的情谊，邻里的往来，琴书遣兴，诗酒娱情，给他并不富足的隐居生活带来了很多快乐和安慰，虽然他有时也不免借酒消愁，纵酒寄意。

在《题未定草》中，鲁迅先生曾经指出：“被选家录取了《归去来辞》和《桃花源记》，被论客们赞赏着‘采菊东篱下，悠然见南山’的陶潜先生，在后人心目中，实在飘逸得太久了。但在全集里，他却有时很摩登，‘愿在丝而为履，附素足以周旋，悲行止之有节，空委弃于床前。’（见《闲情赋》）竟想摇身一变，化为‘阿呀呀，我的爱人呀’的鞋子，虽然后来自说因为‘止于礼义’，未能进攻到底，但那些胡思乱想的自由，究竟是大胆的。就是诗，除了论客们所佩服的‘悠然见南山’之外，也还有‘精卫衔微木，将以填沧海。刑天舞干戚，猛志故常在’之类的‘金刚怒目’式，在证明着他并非整天整夜的飘飘然。这‘猛志故常在’和‘悠然见南山’的是一个人，倘有取舍，即非全人，再加抑扬，更离真实。”这是对陶渊明的人格及风格的精辟阐述。我们即以此来终结我们对从汉末到宋初三百年诗歌发展大势和重要诗人风貌的粗略的描述。

第十章　文的骈化和诗的律化

骈化的三个表现　汉语骈化的根源与起源　六朝文章骈化的进程　南朝徐陵、庾信的骈文　律诗构成的基本条件　永明声律论与新变体　谢朓等人与齐梁诗的律化　声律论的深化与新变体向律体的过渡　鲍照的七言诗创作　七言诗的律化　绝句的产生与律化　小结

文的骈化和诗的律化，是中古文学史上一个非常重要的现象。这一变化萌芽于建安时代，而初步完成于南朝，其标志是骈文形式的成立和律诗形式的基本完成，并由此导致文言与口语分家并且日益疏远。

这一变化主要体现在三个方面。首先是句子由奇句变成偶句，也就是刘知几所说的“编字不只，捶句皆双。修短取均，奇偶相配。故应以一言蔽之者，辄足为二言；应以三句成文者，必分为四句”。（《史通·叙事》）只有这样，才能使文字在内容上、形式上（字义、语法……）都整齐对称。其次是句子与句子之间音节和谐。利用平仄或四声造成相间相重，除了诗赋句尾原须押韵外，文章句尾一字也须平仄互用，乃至于每句之中，平仄也有定式。这也就是刘勰所说的“异音相从谓之和，同声相应谓之韵”（《文心雕龙·声律》）和沈约所说的“若前有浮声，则后须切响。一简之内，音韵尽殊；两句之中，轻重悉异”。（《宋书·谢灵运传论》）第三，就是用典或隶事。用典本来属于修辞范围，和文学的骈偶、声律没有直接联

系，而且它是在骈文、律诗产生以前就在文学中存在的。但是在南朝时代，它却和前二者密切结合，成为当时文学中十分流行的风气，这正如钟嵘所说的“辞不贵奇，竞须新事”（《诗品序》），或者如萧子显所说的“缉事比类，非对不发”（《南齐书·文学传论》）。

宋、齐以来，这种骈偶、声律、用典的风气盛行于文坛，到梁、陈时代发展到了最高点。这与汉语言文字的特点、魏晋以来的社会文化背景、文人的生活形态以及当时的文学思想都有一定关系。

汉语言文字绝大多数一字一音、一音一义，可以在字义上、语法上、音节上用许多人为的方式来排列和组合，使骈偶成为可能。魏晋以来，由于佛经转读方法从印度输入，促进了汉语声韵学的研究，到南朝时代，四声的辨析已经相当明确。同时，由于逐渐与音乐分家，诗歌也要求有本身的形式美和音节美，促进了对诗歌形式和音节的讲究。三国魏之后，类书越来越多，既便利了创作中的逞才骋学，也助长了诗文中的用典风气。

从文学本身的发展看，建安文学虽然已经较多地注意艺术技巧，但那时的文学仍然不脱慷慨磊落的特征；它美丽，却不失其健康。西晋潘陆以后，文胜质成为文坛风气，绝大多数文士越来越沉醉于艺术形式的钻研。宋齐以来，诗文创作中的贵游生活题材所占比重越来越大，在梁代宫廷特别是简文帝萧纲在东宫之时，以描写贵族们奢侈艳逸生活为主、以靡丽流荡为特征的宫体诗盛极一时，也助长了文学中的骈偶、声律以及用典的风气。《隋书·经籍志》说：“梁简文（萧纲）之在东宫，亦好篇什。清词巧制，止乎衽席之间，雕琢蔓藻，思极闺闱之内。后生好事，递相放习。朝野纷纷，号为宫体。流宕不已，讫于丧亡。陈氏因之，未能全变。”追源溯流，这类文学创作其实在宋、齐之时就已开始，直到陈朝亦未消歇，只是在梁简文帝之时弥漫朝野、风气最盛而已。

个别的骈偶句子在汉语文学中出现是非常早的。《诗三百篇》的第一篇《关雎》就有“参差荇菜，左右流之，窈窕淑女，寤寐求之”这样对仗十分工整的句子。其他如“学而不思则罔，思而不学则殆”（《论语·学而》）、“不敢请耳，固所愿也”（《孟子·公孙丑下》）、“举世而誉之而不加劝，举世而非之而不加沮，定乎内外之分，辩乎荣辱之境”，“日月出矣，而爝火不息，其于光也，不亦难乎！时雨降矣，而犹浸灌，其于泽也，不亦劳乎”（《庄子·逍遥游》），诸如此类的话，在先秦文学中真是俯拾皆是的。这说明汉语中确实存在一种易于构成骈偶的因素。

从东汉开始，文学语言开始在句意方面由单趋复，发展出骈偶的倾向。魏晋以后，由于开始重视和讲求文学的艺术技巧，扇扬了质文递嬗的风气，也推动了骈偶的潮流。显著的骈偶现象随之在作品中出现。但这是就总体倾向而言的，具体到各体文学上的影响、表现，则参差不齐。连珠大概是最早骈化的一种文体。当西汉末年扬雄初创此体时，只是粗略偶对而已，句式也并不整齐。东汉时代，班固、蔡邕等人拟作，对偶已相当工整。到曹丕、王粲等人拟作时，连珠以对偶形式设喻以明理的体格已经成为定型了。西晋陆机继作《演连珠》五十首，不仅整体规模大大超过前人，而且裁章置句，对偶工整，精致明丽，熟而生巧，后来居上。试举其中一首：

> 臣闻鉴之积也无厚，而照有重渊之深；目之察也有畔，而眡周天壤之际。何则？应事以精不以形，造物以神不以器。是以万邦凯乐，非悦钟鼓之娱；天下归仁，非感玉帛之惠。

这一组作品中，半数以上的对偶句的句末声调前后抑扬互异，音调爽利。陆机曾经说过：“暨音声之迭代，若五色之相宣。”（《文赋》）虽然他对此有朦胧的感觉，却还不能明确、自觉地追求这种效果。而与之相比，年代较早的曹植《与杨德祖书》则更加粗糙：

> 盖有南威之容，乃可以论于淑媛；有龙泉之利，乃可以议于断割。刘季绪才不能逮于作者，而好诋诃文章，掎摭利病。昔田巴毁五帝，罪三皇，呰五霸于稷下，一旦而服千人。鲁连一说，使终身杜口。刘生之辩，未若田氏，今之仲连，求之不难，可无叹息乎？

很显然，二者的骈化程度不平衡。其中既有文体的原因，又有时代的原因。曹植这段文章句法奇偶相兼，偶句当中，有的仅仅意思相对而结构不对，有的句子结构相对而句中词性不对。而声律方面，则还没有开始讲求。这正是文章初期骈化的特征。

到了晋宋时代，就更进一步以偶句和复意为主，然而在音节、词性等方面，仍然不是十分规律化的。如范晔《后汉书·逸民传》：

> 是以尧称则天，不屈颍阳之高；武尽美矣，终全孤竹之絜。自兹以降，风流弥繁。长往之轨未殊，而感致之数匪一：或隐居以求其志；或回避以全其道；或静己以镇其躁；或去危以图其安；或垢俗以动其概；或疵物以激其清。然观其甘心畎亩之中，憔悴江海之上，岂必亲鱼鸟乐林草哉，亦云性分所至而已。

这段文章全由偶句复意构成。范晔自称“性别宫商，识清浊”（范晔《狱中与诸甥侄书》，见《宋书》本传），也就是说他掌握了声律的规律，但实际上，他所掌握的可能还只是一些基本的规律，应用起来自然不够纯熟。

到了齐代，周颙、沈约、王融之流开始正式研讨四声、八病之类的问题，并在诗文创作中进行实践。骈偶、声律和用典的风气结合起来，使骈文达到了成熟的境地。其代表作家则是梁陈时代的徐陵（507—583）和庾信（513—581）。受南朝民歌和当时宫体艳诗风气的影响，不少骈文都写得十分绮丽。徐陵的《玉台新咏序》就是这一时代风气中产生的典型作品：

> 凌云概日，由余之所未窥；万户千门，张衡之所曾赋。周王璧台之上，汉帝金屋之中，玉树以珊瑚作枝，珠帘以玳瑁为柙。其中有丽人焉。其人也……妆鸣蝉之薄鬓，照堕马之垂鬟。反插金钿，横抽宝树。南都石黛，最发双蛾；北地燕脂，偏开两靥。……惊鸾冶袖，时飘韩掾之香；飞燕长裾，宜结陈王之佩。虽非图画，入甘泉而不分；言异神仙，戏阳台而无别。真可谓倾城倾国，无对无双者也。加以天情开朗，逸思雕华，妙解文章，尤工诗赋。琉璃砚匣，终日随身；翡翠笔床，无时离手。清文满箧，非惟芍药之花；新制连篇，宁止蒲萄之树。九

日登高，时有缘情之作；万年公主，非无诔德之辞。其佳丽也如彼，其才情也如此。

庾信早年的作品也和徐陵的一样，以贵游生活题材为主，充满宫体文学的绮丽色彩。如“出丽华之金屋，下飞燕之兰宫。钗朵多而讶重，髻鬟高而畏风。眉将柳而争绿，面共桃而竞红。影来池里，花落衫中”（《春赋》），就是一例。梁末大乱，庾信羁留北地，由魏入周，屈身异族，家国沧桑之感，北地风云之气，使得他的作品平添老成健笔，变得悲壮苍凉。代表当时骈文最高成就的《哀江南赋》，就是他在北周时回想侯景乱梁前后的情形而作的，堪称是一篇萧梁王朝的衰亡史。现实生活的惨痛教训使他超越了宫体文学的那种感情、题材和风格，使他能用骈体这种十分精致的形式，蘸着血泪，写出了这篇悲哀危苦之辞：

天道周星，物极不反。傅燮之但悲身世，无处求生；袁安之每念王室，自然流涕。昔桓君山之志事，杜元凯之平生，并有著书，咸能自序。潘岳之文采，始述家风；陆机之词赋，先陈世德。信年始二毛，即逢丧乱，藐是流离，至于暮齿。燕歌远别，悲不自胜；楚老相逢，泣将何及。畏南山之雨，忽践秦庭；让东海之滨，遂餐周粟。下亭飘泊，高桥羁旅，楚歌非取乐之方，鲁酒无忘忧之用。追为此赋，聊以记言。不无危苦之辞，惟以悲哀为主。

由上面的一些例子可以看出，骈文的基本规律首先是多用骈偶。在偶句之中，语法的结构和文字的意义都要相对。但每句字数并无限制，唐以来虽进一步形成所谓“四六”，但也仅是四字句和六字句较多，并非不可以使用其他字数的句子。同时，在偶句中，也仍然有奇句存在，并非一直偶对到底。其次则是讲求声律，只特别注意句末音节的相间相重，如单句末字是仄，则双句是平，反之亦然。但构成每一个句子本身的音节平仄，并没有严格的限制。因此，比起律诗来，它还不算是规律最严格的样式。

律诗的构成，基本上要包括这样一些条件：一、全篇要以五言句或七言句构成，不能长短参差。二、每篇除了起头两句和结尾两句外，一定要用偶句。三、句中某处必须用平声，某处必须用仄声，某处可以随意使用，都有规律，不能违反。四、在音节上，每四句构成一个单元，每八句体现一次相间相重，因此至少要四句才能成为一首绝句，至少要八句才能成为一首律诗。五、除了第一句以外，只有逢双的句子才能押韵，而且必须押韵。六、所押之韵必须平声，而且全篇都要一韵到底，不能中途更换。这种格律形式的奠立，经过了一个长期的实践摸索的过程。在唐以前，还很少见到完全符合这许多条件的作品，偶有所见，也是天成偶得，而非有意为之。所以，齐梁以来的诗还处于古诗与律诗之间的过渡时代。它标志着古诗逐步走向律化，对于这种诗，我们称之为新变体。

从建安以来，诗已经和文一样地倾向骈偶。到了谢灵运，竟有全篇都用对句写成的诗。但律诗的完成，除了骈偶以外，还有一个声律的问题。齐武帝（萧赜）永明七年（489），竟陵王萧子良在当时的京城建康召集了许多善声沙门和审音文士，造经呗新声。受印度梵音学特别是佛经转读及梵呗经声的启发，周颙首先发现了汉语中的平、上、去、入四种声调，著成《四声切韵》一书。这就使得从曹植、陆机、谢灵运、范晔以来不断摸索的声律问题获得了初步的系统的认识。当时的著名诗人沈约，又根据自己对四声的理解，特别是关于对诗文中声调配合以及声病避忌的领悟，撰为《四声谱》。同时文士，如王融、谢朓等人也从而竞相扇扬，并在创作中进行试验，永明声律论盛极一时。《梁书·庾肩吾传》说："齐永明中，文士王融、谢朓、沈约，文章始用四声，以为新变，至是转拘声韵，弥尚丽靡，复逾于往时。"《南史·陆厥传》也说："吴兴沈约、陈郡谢朓、琅琊王融以气类相推毂，汝南周颙，善识声韵。约等文皆用宫商，将平上去入四声，以此制韵，有平头、上尾、蜂腰、鹤膝。五字之中，音韵悉异；两句之内，角徵不同，不可增减，世呼为永明体。"从诗歌形式特别是声律方面来说，永明体是对古诗的变革，因此也称为新变体。

永明声律论的主要内容，从积极方面说，就是调谐平上去入四声，力求做到"一简之内，音韵尽殊；两句之中，轻重悉异"（《宋书·谢灵运传论》）。从消极方面说，则是要避免所谓八病，即平头、上尾、蜂腰、鹤膝、大韵、小韵、旁纽、正纽。平头即在五言诗两句之中，第一字与第六字、第二字与第七字同声；上尾指在五言诗两句之中，第五字与第十字同声；蜂腰是形容五言诗一句之中，第二字与第五字同声；鹤膝则是形容五言诗第五字与第十五字同声；大韵指两句之内，除韵字外其他九字用了同韵部的字；小韵则是指除所用韵外，其他九字中另有同韵相犯的；旁纽指五言诗一句之中用了有双声关系的字；正纽是指同一句中用了同音而不同调的字。需要指出的是，永明声律说虽然确立了平、上、去、入四声，但他们还是将四声当作四个不同声调来使用的，还没有四声二元（即分作平和仄）的概念，也就是说，他们所谓同声异声，都是指四声彼此之间的同和异，而不是近体诗中的平和仄（包括上去入）的同和异。同时，他们将五言分作前二后三两个小句，因而对句中第二字、第五字的声调规定就特别重视，也特别严格。

在永明时代诸诗人中，谢朓（464—499）是最重要的。在南朝诗歌发展史中，他是一个过渡性的人物。一方面，他是谢灵运一派山水诗的结尾，以清丽流转的诗风来纠补艰涩的偏弊；另一方面，又是梁陈宫体艳诗的开头。一方面，他的诗集中有很多古体诗作，另一方面，又出现了一些新变体。例如《之宣城郡出新林浦向板桥》，就与谢灵运的情趣风格很相似，却更加清丽：

> 江路西南永，归流东北骛。天际识归舟，云中辨江树。旅思倦摇摇，孤游昔已屡。既欢怀禄情，复协沧洲趣。嚣尘自兹隔，赏心于此遇。虽无玄豹姿，终隐南山雾。

而《夜听妓》一类的诗，则基本上已经内容是艳情，而形式是新变体了：

> 上客光四座，佳丽直千金。挂钗报缨绝，堕珥答琴心。蛾眉已共笑，清香复入衿。欢乐夜方静，翠帐垂沉沉。

随着时间的推移，到梁代前期，就有更多的诗人，如范云、柳恽、吴均、何逊、王籍、朱超等人，能够比较熟练地掌握调谐声调的技巧，选字用词也越来越讲究：

居人行转轼，客子暂维舟。念此一筵笑，分为两地愁。露湿寒塘草，月映清淮流。方抱新离恨，独守故园秋。

——何逊《与胡兴安夜别》

艅艎何泛泛，空水共悠悠。阴霞生远岫，阳景逐回流。蝉噪林逾静，鸟鸣山更幽。此地动归念，长年悲倦游。

——王籍《入若耶溪》

这一时期的五言诗，每篇的长度已经比较稳定，即集中在八句到十二句之间，而八句押平声韵的作品也越来越多起来，以上所举的两篇就是其代表。此外，像吴均《答柳恽》（十句，入声韵）、何逊《赠范记室云》（十句，去声韵）这样的诗篇，虽然在句数多少、押韵特点方面与律诗距离较大，至于炼句选境，却用笔老到，颇见功力。这也是在诗歌律化过程中逐渐成熟起来的艺术。

这种由新变体走向律诗的趋势，在梁代中后期又有了进一步的发展。其标志是刘滔在周颙、沈约等人的四声论的基础上，提出了一套更严密系统的诗律理论。他总结了平声的声调特点，首先将四声区分为平、仄（上、去、入）两大类，并指出五言诗句中第二字与第四字亦不得同声相犯。其后，隋代的刘善经又沿着这一思路，推演出与近体诗非常接近的五言诗句的平仄格式。初唐时代，声律学家元竞进一步明确了平声与上去入的对称关系，从而确立了以平声与上去入声相配对的原则，并提出了换头实质上也即拈二（粘二，即两联之间声调格式基本相同）理论。粘对理论实际上是近体诗格律架构的重要柱石，根据这一理论结句成联，接联成篇，很容易就可以全面确立近体诗的声律模式。经过初唐四杰、沈佺期、宋之问、李峤、杜审言等诗家的共同努力，这一声律格式终于在 7 世纪末 8 世纪初奠立了。

从梁代中后期直到唐初，可以说是由新变体向律体的过渡时期。其间，从梁代中后期到陈代，阴铿、张正见、徐陵、庾信等人的一些作品，已经十分接近唐人律诗。在隋代，杨素、卢思道、薛道衡等人，结合南朝靡丽词采和北地清刚之气，创作出一些清健秀拔的诗歌，为过渡期诗歌的发展指出了向上一路。其中，薛道衡的《昔昔盐》已经具备了排律的雏形。

> 大江一浩荡，离悲足几重？潮落犹如盖，云昏不作峰。远戍唯闻鼓，寒山但见松。九十方称半，归途讵有踪？
>
> ——阴铿《晚出新亭》

> 袅袅河堤树，依依魏主营。江陵有旧曲，洛下作新声。妾对长杨苑，君登高柳城。春还应共见，荡子太无情。
>
> ——徐陵《折杨柳》

> 垂柳覆金堤，蘼芜叶复齐。水溢芙蓉沼，花飞桃李蹊。采桑秦氏女，织锦窦家妻。关山别荡子，风月守空闺。恒敛千金笑，长垂双玉啼。盘龙随镜隐，彩凤逐帷低。飞魂同夜鹊，倦寝忆晨鸡。暗牖悬蛛网，空梁落燕泥。前年过代北，今岁往辽西。一去无消息，那能惜马蹄？
>
> ——薛道衡《昔昔盐》

以上这些，都是就五言诗的律化而说的。如果说五言古诗在汉末即已成熟，那么，五言律诗直到南朝后期才逐渐走向成熟，其间相距三四百年。至于七言诗，它虽然起源甚早，但其势力直到南朝才逐渐发展壮大。由于所处的特殊的时代环境，七言古诗甫一出现，就开始律化。因此，七言古诗和七言律诗成熟的时间是十分接近的。用一句俗语来说，这就叫“起了个大早，赶了个晚集”，或者叫“来得早，不如来得巧”。

年辈略晚于陶、谢的鲍照（约 414—466），是唐以前最重要的七言诗人，也是六朝七言诗的奠基者。他的清寒家世和他的骄傲个性使他能够较少受世俗和传统的文学观念的束缚，大量创作七言这种新的诗体，以自己的艺术创造力培育这棵细弱的文学幼苗。从张衡、曹丕以来只是偶尔被文人们试作的、在西晋时代还被人指为俚俗的七言诗体，到了鲍照手里，才发展到和五言诗一样的高度，焕发出前所未有的光辉。鲍照出身寒门，却生长在士族制度正盛的刘宋时代，“才秀人微，故取湮当代”（《诗品》中），令人感慨。这种人生境遇使他和左思、郭璞一样，在诗中有一股压抑不住的愤激情绪。他申诉自己的困苦，“长叹至天晓，愁苦穷日夕”（《代贫贱苦愁行》）。他指责世俗社会的愚昧，“小人自龌龊，安知旷士怀”（《代放歌行》）。这种不平的声音、愤怒的激情，在长期习惯了清雅华美的诗风的南朝读者看来，当然是对传统的叛逆，是对既有秩序的反抗和破坏，因此，他在当时诗坛的地位是并不高的，但他却对后代诗人特别是唐代大诗人李白产生了很大的影响。

事实上，鲍照本身就是一个有大家气魄的诗人。他的创作取资多方，诸体皆工，诗风亦有多种面目。他从汉魏乐府、文人五言诗、南朝民歌中吸取了多方面的艺术营养，因此，他的诗歌创作也呈现多角度的贡献。他的诗歌题材多样，拟古、咏史、题赠、行旅、咏物，都有佳作，对五言、七言、杂言各体都有相当高的造诣。他的五言诗中有张协的奇诡，也有张华的华丽，有谢混的高峻，却没有他的浅弱，有颜延之的雕藻，而融入了一股超迈之气。他的《咏史诗》像左思一样劲健，而更加夸丽。他的拟古诗，包括诗题中以“代”（或“拟”）字开头的拟古乐府、《拟古诗》、《绍古辞》、《学古诗》、《学刘公干体诗》、《学陶彭泽体诗》等，像陆机一样技巧娴熟，却感慨良深。他有《玩月城西门廨中》那样长于刻画景物的清绮之作，也有《吴歌》三首、《采菱歌》七首、《幽兰》五首这样的艳情丽词，前人所谓鲍照诗“雕藻淫艳，倾炫心魄”（萧子显《南齐书·文学传论》），指的主要就是这一部分作品。至于所谓“险俗”（《诗品》中），则应包括他的以《拟行路难》十八首为代表的七言和杂言体乐府诗。这是鲍照作品中最值得注意、最具独创性的：

泻水置平地，各自东西南北流。人生亦有命，安能行叹复坐愁？

酌酒以自宽，举杯断绝歌路难。心非木石岂无感？吞声踯躅不敢言。

对案不能食，拔剑击柱长叹息。丈夫生世会几时，安能蹀躞垂羽翼。弃置罢官去，还家自休息。朝出与亲辞，暮还在亲侧。弄儿床前戏，看妇机中织。自古圣贤尽贫贱，何况我辈孤且直。

——《拟行路难》

中庭杂树多，偏为梅咨嗟。问君何独然？念其霜中能作花，露中能作实，摇荡春风媚春日。念尔零落逐寒风，徒有霜华无霜质。

——《梅花落》

在声律对偶方面，鲍照的这些诗篇还不是十分讲究的。他的奔放的激情、雄肆的诗笔不愿受整齐划一的诗句的限制，更不愿意规规矩矩地按七言诗的传统做法句句押韵。在这一组诗里，他表达了自己对门阀士族制度的强烈不满，他描写了戍卒生活的苦辛和思妇旷离的悲哀，对于妇女的不幸命运表示了深切的同情。篇中充满了一个被压抑禁锢的灵魂渴望平等向往自由的呼声，以及伴随着这种渴望而来的躁动、失落和无奈。这种激情冲口而出，不拘一格，正是所谓"发唱惊挺，操调险急"（萧子显《南齐书·文学传论》）。传统的模式被鲍照勇敢地打破了，他赢得了自由，七言诗体也因而获得了解放，赢得了广阔的发展空间。也许可以说，是鲍照的振作，带动了七言诗体的振作。鲍照之后，吴均、江总、庾信、卢思道等人在七言诗的创作方面，都各有贡献。他们不仅为唐人七言古诗奠定了基础，也促进了六朝七言诗的律化。例如，庾信、江总等人吸收了当时五言诗律化的成果，发展出六朝七言诗的"新变体"，成为唐人七言律诗的先驱。如下面这一篇：

促柱繁弦非《子夜》，歌声舞态异《前溪》。御史府中何处宿，洛阳城头那得栖？弹琴蜀郡卓家女，织锦秦川窦氏妻。讵不自惊长泪落，到头啼乌恒夜啼。

——庾信《乌夜啼》

很显然，庾信的这种“新变体”七言诗虽然在形式方面比鲍照精致，但它在精神上的鲜活与力度却不能与鲍照的《拟行路难》一类的作品相提并论。同样，卢思道的《从军行》虽然在内容上没有太多新意，在形式方面却是一篇十分成熟的七言歌行，也可以说是初唐歌行的先声：

朔方烽火照甘泉，长安飞将出祁连。犀渠玉剑良家子，白马金羁侠少年。平明偃月屯右地，薄暮鱼丽逐左贤。谷中石虎经衔箭，山上金人曾祭天。天涯一去无穷已，蓟门迢递三千里。朝见马岭黄沙合，夕望龙城阵云起。庭中奇树已堪攀，塞外征人殊未还。白雪初下天山外，浮云直上五原间。关山万里不可越，谁能坐对芳菲月？流水本自断人肠，坚冰旧来伤马骨。边庭节物与华异，冬霰秋霜春不歇。长风萧萧渡水来，归雁连连映天没。从军行，军行万里出龙庭。单于渭桥今已拜，将军何处觅功名？

除了七言诗的律化现象而外，当时还有一种以四句组成的小诗也开始了律化，这就是后来所谓的绝句。由于它篇幅短小，绝句在唐代又被称为“小律诗”。它有两个不同的来源。一个是民间歌曲。吴歌、西曲的最基本的形式就是五言四句，上文提到的鲍照《吴歌》三首、《采菱歌》七首、《幽兰》五首等篇，就是模仿江南民歌五言四句的形式。另一个来源则是古诗。从晋以来，就有一种联句的风气，即由两人或多人共作一首诗，甲先做几句，乙再做几句……凑成一篇。彼此作成了，就称为联句（连句）。只有一个人作成，别人没有联或联不下去，就称为绝句（断句）。这是魏晋以来兴起的许多种文学游戏（包括离合体、建除体、药名诗、集句、字谜等）之一，在当时很盛行。宋明帝（刘彧）曾批评吴迈远说：“此人连（联）、绝之外，无所复有。”（《南史・文学传》）这里，“连（联）、绝”被用作诗的代语，可见它是当时相当流行的一种作诗方式。联句有两人共作的，如：

洛阳城东西，长作经年别。昔去雪如花，今来花似雪。（范云）

濛濛夕烟起，奄奄残晖灭。非君爱满堂，宁我安车辙？（何逊）

——《范广州宅联句》

也有三个人以至更多人参预的联句。如：

家本青山下，好上青山上。青山不可上，一上一惆怅。（何逊）
匣中一明镜，好鉴明镜光。明镜不可鉴，一鉴一情伤。（范云）
少知雅琴曲，好听雅琴声。雅琴不可听，一听一沾缨。（刘孝绰）

——《拟古三首联句》

除了极少数例外，这一时期的联句都是五言体，每人四句，可以押同韵，也可以换韵，总之，是各作各的，并不要求风格、意境等融为一体，因此，每一部分都有很强的独立性，完全可以各自成篇。当这种诗体逐渐摆脱了联句的母体，形成一种独立的五言四句的小诗时，还仍然保留着绝句的名称。同时，文士也在大量拟作吴歌、西曲一类的民歌。这样一来，五言四句的民歌和外形相同的绝句的区别就逐渐消除了。

随着当时文坛之走上骈偶和声律的道路，这种小诗也就一步步地接近新变体，而最终成为后来的"小律诗"。

燕戏还檐际，花飞落枕前。寸心君不见，拭泪坐调弦。

——何逊《为人妾怨》

觉罢方知恨，人心定不同。谁能对角枕，长夜一边空。

——姚翻《梦见故人》

委翠似知节，含芳如有情。全由履迹少，并欲上阶生。

——庾肩吾《咏长信宫中草》

立春才七日，离家已二年。人归落雁后，思发在花前。

——薛道衡《人日思归》

由七言诗发展出来的七言四句的小诗，也就是后来发展为七言的“小律诗”的，在唐以前还不多见，但也并非不可以找出少数的例子：

杨柳青青著地垂，杨花漫漫搅天飞。柳条折尽花飞尽，借问行人归不归？

——（隋）无名氏《送别》

南朝文学自陶渊明和鲍照以后，差不多两个世纪中间，没有产生一个伟大的作家。这一时期的文坛大体上是精致的、萎弱的，只有庾信入北以后的创作，能够振起，融入了北地刚健之气。但是，另一方面，由于南朝作家们追求文学形式之美，对于汉语的语言形式和音节之美，有所钻研，有所发明，因而完成了文的骈化，基本完成了诗的律化。这对于丰富后来古代文学的样式来说，是做出了显著贡献，因而是有积极意义的。

骈文到了徐陵、庾信，可以说是达到了一根曲线的顶点，因此，唐代便展开了一个“起八代之衰”的反骈复古运动。几种主要诗体，从五言古诗、五言律诗、五言绝句到七言古诗（包括杂言古诗）、七言律诗、七言绝句，除了五古以外，在六朝都还处于萌芽状态。诗国的疆土还是十分广阔的，它完全可以继续让唐代的作家们大显身手。于是，唐代就成为中国文学史上诗歌的黄金时代。

第十一章　汉魏六朝小说

小说溯源　汉代的小说著录及两汉小说的主要内容　汉代小说的渊源与所受的影响　佛道二教对六朝小说的影响　干宝《搜神记》与志怪小说　汉译佛经对小说的影响　志人小说　裴启《语林》　代表一个时代的《世说新语》　六朝小说的特点与贡献

"小说"这两个字，最早见于《庄子·外物》："饰小说以干县令，其于大达亦远矣。"其原义是指那些微不足道的细碎言谈，后来就用来指来自街谈巷议的故事传说、短书杂说。桓谭《新论》说："若其小说家，合丛残小语，近取譬论，以作短书，治身理家，有可观之辞。"(《文选》卷三十一江淹《杂体诗·李都尉从军》李善注引)班固《汉书·艺文志》也说："小说家者流，盖出于稗官，街谈巷语，道听途说者之所造也。孔子曰：'虽小道，必有可观者焉，致远恐泥，是以君子弗为也。'然亦弗灭也。闾里小知者之所及，亦使缀而不忘。如或一言可采，此亦刍荛狂夫之议也。"可见在西汉末东汉初，小说已有了指一种文学形式的含义。稗官意即小官，大概就是《左传》襄公十四年中所谓"史为书，瞽为诗，工诵箴谏，大夫规诲，士传言"中的"士"。其职责在于采集街谈巷语道听途说，使王者知闾巷风俗。班固所引的那段孔子的话出自《论语·子张》，其实不是孔子而是其"文学科"的弟子子夏说的。但这可以代表秦汉以后大多数儒家学者对于小说的态度：既轻视又不全盘否定。

《汉书·艺文志》有小说家十五家，一千三百八十篇，从数量上说是颇为可观的，从内容上说，又是极为庞杂的。已知的这些作品所涉及的题材，有封禅、养生、医巫、厌祝、方术等，有不少反映了原始道教的思想。其中如《伊尹说》二十七篇、《师旷》六篇、《天乙》三篇、《黄帝说》四十篇，都是假托古圣先贤以立言叙事，意在取信于人。《虞初周说》九百四十三篇和《百家》一百三十九卷是其中篇幅最大的。据《汉书》原注，虞初是武帝时的方士，河南人，其书内容与通常讲厌祝术数之类的方士书当无大区别。张衡《西京赋》云："小说九百，本自《虞初》。"就是指这一部《虞初周说》。《百家》则是刘向集编而成的。刘向在秘阁校书时，将其故事可观者条其篇目，以类相从，编成《说苑》一书。其余浅薄不中义理者，另外编为《百家》，这就是后世所谓百家短书一类的东西。可见，诸如此类的丛残小说，在西汉时代民间是颇有流传的，可惜后来多数失传了，在梁朝的时候，传世的已经只有《青史子》一卷。因此，对于它们的内容，我们也就不能详言了。

两汉时代流传下来或旧说相传为两汉时代的小说作品有《燕丹子》、《神异经》、《海内十洲记》、《飞燕外传》、《汉武故事》、《汉武内传》、《汉武帝别国洞冥记》、《汉杂事秘辛》和《西京杂记》等。这些作品中有两个引人注目的题材热点：一是宫廷隐秘，一是与汉武帝有关的故事。这种题材能够吸引大众的兴趣是不用多说的。汉武帝迷信方术热衷求仙，因此，在关于他的小说故事中，常常有一个海外仙境存在。《燕丹子》写燕太子丹遣荆轲入秦刺秦王事，文辞古雅可观，而情节不免夸诞，但很多人认为此书不是汉代而是六朝人的作品。《西京杂记》是葛洪采集汉魏以来流传的百家短书集编而成，属于杂史类的小说，其所叙皆西汉故事，涉及政治斗争、宫闱秘闻、社会风俗、名流佚事以及文章制作等。其中的一些片断，如关于赵飞燕的故事，如记王昭君故事的《画工弃市》，记司马相如卓文君故事的《相如死渴》以及关于汉初宫闱生活的《戚夫人侍儿言宫中乐事》等，都委曲生动，文笔秀逸，在同类作品中是比较突出的。

作为叙事文学，中国小说的最早的渊源应该说是神话传说。神话传说无论把人神化，还是将神人化，多的是以人为中心，而人物也正是小说艺术的中心因素。在汉代小说的发展中，在那些怪诞神异的故事里，仍然可以清楚地看出这些神话传说的影响。另外，战国时代诸子著作中的寓言故事，以及以《左传》、《史记》为代表的史传文学传统对小说也有显著的影响。寓言短小的篇章、深刻的寓意，对汉代小说以及以后的小说创作都有影响。史传文学传统，使小说关注社会，关注现实人生，并以特殊的方式模仿正史，补充正史的不足。在汉代小说中，已有一些杂史或野史类的作品，以"外传"、"内传"、"杂记"命名，就足以表明其朝传记文学靠拢的倾向。同时，道家以及原始道教已经显示了它们对小说的渗透力。最后，小说出于稗官采集这一学术渊源，也对后代小说的产生形式有深远的影响。甚至可以说，中国小说从诞生之日起，就是来自民间，是具有民间传统的文艺。从汉代开始，采集来源丛杂的故事传说编为一书，就成了很常见的小说生产方式。但是，由于受到封建正统政治文化的压抑和排挤，加上文人对小说抱着轻视、游戏的态度，很多小说的作者或编者之名湮没无传，其身世也往往不为人所知。这一状况不仅在汉魏六朝，而且持续到唐宋以后的中国小说史。

佛道二教思想对于六朝小说的影响是很大的。自汉末建安开始，老庄思想在文人中的影响日益显著。素喜通脱旷达的文人，常持一种轻松滑稽的生活态度，日常生活中也好以小说之类的东西自娱娱人。因此，小说也更多地受到了文人的重视。曹植不仅承认"街谈巷说，必有可采"(《与杨德祖书》)，而且还能"诵俳优小说数千言"(《三国志·魏志·王粲传》裴松之注引《魏略》)。在曹植的朋友中有一位就是《笑林》的作者邯郸淳，曾在现场欣赏过曹植的表演和谈说。显然，这是邯郸淳《笑林》、《世说新语·排调》、杨松玢(一说当作阳松玠)《解颐》以及侯白《启颜录》一类书或篇章出现的背景。

从汉明帝以来传入中国的佛教，对文人的影响越来越广泛。同时，佛教的因果报应观念，结合道教的鬼神冥界观念，形成了六朝时代十分普遍的民间信仰。在这种思想基础上，产生了六朝时代为数相当可观的一批志怪小说。例如干宝《搜神记》、旧题陶渊明《搜神后记》、刘敬叔《异苑》、祖冲之《述异记》、祖台之《志怪》、刘义庆《宣验记》、《幽明录》、王延秀《感应记》、朱君台《征应传》、东阳无疑《齐谐记》、吴均《续齐谐记》、王琰《冥祥记》、颜之推《还冤志》等。在这些小说中，篇幅最大、内容最丰富的是干宝《搜神记》。据《晋书》本传，干宝（？—336）少年勤学，博览书记，以才器召为著作郎，领国史，著《晋纪》二十卷，简略直婉，当时号为良史。当时人刘惔称干宝为“鬼之董狐”（《世说新语·排调》）。干宝又性好阴阳术数，其父先有所宠侍婢，母甚妒，及父亡，推婢于墓中。干宝其时年幼，未明其事详情。过了十余年，母丧，开墓，婢伏棺上如生，载还家，过若干天才苏醒，具言与其父恩情如生。后来将其出嫁，还生了一个儿子。宝兄曾生病气绝，后来复活过来，说看见了天地间的鬼神，仿佛从一场梦中醒来，不觉得是死了一回。干宝因此受到触动，遂撰集古今神祇及灵异人物的变化事迹，成《搜神记》三十卷。其中大部分采自前人成书，也有一些是作者本人的见闻。

像其他志怪小说一样，《搜神记》的主要意义也并不全在于猎奇，其宗旨也不全是为志怪而志怪，至少从客观效果上说，其中的很多故事都是有其现实立场的。明代吴承恩在他的《禹鼎志序》中说：“虽然吾书名为志怪，盖不专明鬼，时纪人间变异，亦微有鉴戒焉。”这话也可以借来说明以《搜神记》为代表的六朝志怪小说。六朝志怪小说中，很多都具有鲜明的现实性，在《搜神记》中不乏这一类的例子。例如写鬼，也总不失其真，只有“真”的鬼才是可信的，而未必可怖。在著名的宋定伯捉鬼的故事中，宋定伯不仅捉到了鬼，而且变鬼为羊卖羊得钱。作者在轻松的叙述中，赞扬了人的机智，嘲讽了鬼的愚笨。阅读这段故事，毫无闻鬼寒栗的恐惧，反而体会到一种诙谐幽默。

志怪小说中的神仙故事，有很多来自民间故事和神话传说。牛郎织女故事中的董永是个卖身葬父的孝子。天帝得悉此事后，命织女下凡，为董永妻，日织缣一百匹还债，事毕，遂凌空而去。这段故事最初的主题在于劝孝，后来逐渐转变为表现夫妻之恋与母子之情，从伦理的浅表层次，升华到人道人性的高度，但都没有脱离现实的社会。事实上，《搜神记》中也有不少美丽的爱情故事。与美丽的姑娘何氏相爱的韩凭，面对宋康王横刀夺妻的淫威，以自杀表示抗议，何氏也随之跳下高台，双双殉情。埋葬之后，在他们的坟上长出一株相思树，根交枝错，他们的精魂化作鸳鸯一对，在树上交颈悲鸣（卷十一《相思树》）。这与当时流传的孔雀东南飞故事、敦煌《韩朋赋》以及后来的梁祝故事，同是歌颂坚贞不屈的爱情的名篇。此外还有卷十五《河间郡男女》、卷十六《紫玉》、《谈生》等，写人鬼之恋、死生之爱、神鬼幻想，正体现了民间文学的特色。《搜神记》中还塑造了一些具有坚毅和反抗性格的人物形象。例如卷十一《三王墓》中誓死为父亲干将复仇的赤比以及借头勇士，又如卷十九《李寄》中因家贫而卖身饲蛇、最终独力斩妖的英雄李寄，都是值得关注的。

现存的《搜神记》虽然已不完整，但其篇幅还是可观的。它的意义还在于搜罗保存了晋以前神怪灵异的故事和民间传说。有些故事情节虽然简单，却为后来的文学创作提供了素材和想象发挥的基础，例如卷十一《东海孝妇》是王实甫等人的诸种《于公高门》及关汉卿《窦娥冤》所自出，《三王墓》则为鲁迅的小说《铸剑》提供了题材原型。在《搜神记》之后，志怪小说类型吸引了很多后来者的仿学。然而，继起者往往遗神取貌，或者一味追求其怪诞神异，或者以实录相标榜，或者津津乐道三教神鬼冥界鬼域的名目，缺乏文采想象，更无情思，只有自称"才非干宝，雅爱搜神"（《聊斋志异序》）的蒲松龄《聊斋志异》，堪称其最佳后劲。

佛教对小说的影响不限于思想方面，也包括一些具体故事情节。特别是魏晋以后日益增多的汉译佛经，在民间以及知识界都有很大影响，对小说的影响也是多方面的。例如三国吴康僧会译《旧杂譬喻经》，其中都是一些印度的寓言故事，是佛教为了说明某种理论或某种道理而作。在一段意在说明"天下不可信，女人也"的故事中，有下面这样的情节：

> 时道边有树，下有好泉水。太子上树，逢见梵志，独行来入水池浴，出饭食。作术吐出一壶，壶中有女子，与于屏处，作家室。梵志遂得卧。女人则复作术，吐出一壶，壶中有年少男子，复与共卧，已，便吞壶。须臾，梵志起，复内妇著壶中，吞之已，作，杖而去。

就是后来梁代吴均《续齐谐记》中著名的“阳羡书生”故事的蓝本：

> 阳羡许彦，于绥安山行。遇一书生，年十七八，卧路侧，云脚痛，求寄鹅笼中，彦以为戏言。书生便入笼。笼亦不更广，书生亦不更小，宛然与双鹅并坐，鹅亦不惊。彦负笼而去，都不觉重。前行，息树下，书生乃出笼，谓彦曰：“欲为君薄设。”彦曰：“善。”乃于口中吐出一铜奁子，奁子中具诸肴馔，海陆珍羞方丈。其器皿皆铜物，气味香旨，世所罕见。酒数行，谓彦曰：“向将一妇人自随，今欲暂邀之。”彦曰：“善。”又于口中吐出一女子，年可十五六，衣服绮丽，容貌殊绝，共坐宴。俄而书生醉卧，此女谓彦曰：“虽与书生结好，而实怀外心。向亦窃得一男子同行。书生既眠，暂唤之，君幸勿言。”彦曰：“善。”女子于口中吐出一男子，年可二十三四，亦颖悟可爱。乃与彦叙寒温。书生卧欲觉，女子口吐一锦行障遮书生。书生乃留女子共卧。男子谓彦曰：“此女子虽有情，心亦不甚尽。向复窃得一女子同行，今欲暂见之，愿君勿泄。”彦曰：“善。”男子又于口中吐一妇人，年可二十许。共宴酌戏谈甚久。闻书生动声，男子曰：“二人眠已觉。”因取所吐女人，还纳口中。须臾书生处女子乃出，谓彦曰：“书生欲起。”乃吞向男子，独对彦坐。然后书生起。谓彦曰：“暂眠遂久，君独坐，当悒悒邪。日又晚，当与君别。”遂吞其女子、诸器皿，悉纳口中，留大铜盘，可二尺广，与彦别曰：“无以藉君，与君相忆也。”彦太元中为兰台令史，以盘饷侍中张散。散看其铭题，云是永平三年作。

这段故事的作者与故事背景在吴地，而《旧杂譬喻经》正是吴人所译，这当然不是偶然巧合。显然，在《续齐谐记》中，这段印度故事经过了本土化，故事的情节大大丰富了，文字也增加了修饰，而主要人物、道具及至讽喻的主题还保留不动。

按鲁迅《中国小说史略》的说法，魏晋南北朝小说可分为志人和志怪两大类型。志人小说的产生，离不开汉末以来品鉴人物的风气以及魏晋以来越来越盛的清谈玄风。这种品评，包括人的学问文章、容貌举止、言语应对、气量见识、性格行事等等。魏晋南北朝最重要的志人小说——《世说新语》的全书内容分为三十六门，依次为：

> 德行、言语、政事、文学（以上孔门四科）、方正、雅量、识鉴、赏誉、品藻、规箴、捷悟、夙惠、豪爽、容止、自新（以上大抵为正面评述）、企羡、伤逝、栖逸、贤媛、术解、巧艺、宠礼、任诞、简傲、排调、轻诋（以上或褒或贬）、假谲、黜免、俭啬、汰侈、忿狷、谗险、尤悔、纰漏、惑溺、仇隙（以上多为反面叙述）。

从这些门类标题中，也能看出当时人物品鉴的大概内容。

裴启《语林》是比《世说新语》更早的一部志人小说。裴启，字荣期，河东闻喜人，少有才气，好论古今人物，而终生未仕。东晋隆和中（362—363），他撰集汉魏以来至东晋之时贤人君子的嘉言懿行，著成《语林》一书。其书一出，“大为远近所传，时流年少，无不传写”（《世说新语·文学》），影响之广，以致当时人称为“裴氏学”。当时的名流世家子弟也争相传抄并谈论此书。庾亮的小儿子庾道季就在谢安面前称述此书。《世说新语·轻诋》记：

> 庾道季诧谢公曰：“裴郎云：‘谢安谓裴郎乃可不恶，何得为复饮酒？’裴郎又云：‘谢安目支道林，如九方皋之相马，略其玄黄，取其隽逸。’”谢公云：“都无此二语。裴自为此辞耳。”庾意甚不以为好，因陈东亭《经酒垆下赋》。读毕，都不下赏裁，直云：“君乃复作裴氏学！”于此《语林》遂废。今时有者，皆是先写，无复谢语。

谢安以名公巨卿的身份，对一个布衣文士的书作如此苛刻的评论，一言九鼎，使此书声誉一落千丈，其影响大为衰减，最终导致此书在唐初过早散佚了。但在当时以及后世，此书并没有完全销声匿迹。宋临川王刘义庆命门下文学之士纂集《世说新语》和《幽明录》，其中《世说新语》一书有八十二条采袭自《语林》，占后人辑佚所得的《语林》全部一百八十余条佚文的将近一半。其中所记史实，如关于晋成帝时庾氏专权之类，可以弥补史传阙文，其他记载也往往可以广见闻、证风俗。如记钟会语曰："吾少年时一纸书，人云是阮步兵书，皆字字生义，既知是吾，不复道也。"说明了时人贵远贱近的风俗。又如关于桓温的一段逸事：

> 桓温自以雄姿风气，是司马宣王、刘越石一辈器，有以比王大将军者，意大不平。征苻健还，于北方得一巧作老婢，乃是刘越石妓女，一见温入，潸然而泣。温问其故，答曰："官家甚似刘司空。"温大悦，即出外修整衣冠，又入，呼问："我何处似司空？"婢答曰："眼甚似，恨小；面甚似，恨薄；须甚似，恨赤；形甚似，恨短；声甚似，恨雌。"宣武于是弛武解带，不觉昏然而睡，不怡者数日。

文字轻松诙谐，涉笔成趣，颇得幽默三味。

《语林》的同类书还有东晋袁宏的《名士传》。无独有偶，《名士传》甫出，也被谢安当头泼了一盆冷水："我尝与诸人道江北事，特作狡狯耳，彦伯（袁宏字）遂以著书。"（《世说新语·文学篇》）但书中所记，也颇有可采者，如：

> 伶字伯伦，沛郡人，肆意放荡，以宇宙为狭。常乘鹿车，携一壶酒，使人荷锸随之，云"死便掘地以埋"。土木形骸，遨游一世。
>
> ——《世说新语·文学》"刘伶著《酒德颂》"条注引

《世说新语》成书在上述二书之后。一方面，它取材更广，搜罗更富，后出转精，是同类书中的集大成之作；另一方面，由于临川王的地位和影响，由于梁代作家刘孝标为之作了很翔实的注，补充了很多材料，得以相互参照发明，大大丰富了它的内容，提高了它的价值；因此，《世说新语》面世以后，才能流传千载，并以其简约隽永的文笔、生动活泼的记事，吸引了千百年来的读者。

《世说新语》正好可以代表一个时代。它记事志人的时间起讫，大约是后汉末年至东晋末年，正好是一个时代的开始与终止。这是一个思想解放和自由的时代，是儒学破坏和老庄佛道思想兴盛的时代，是清议清谈玄风畅行的时代，也是学术文化发展重心由北往南、从通都大邑到高门世族的时代，是文学开始自觉到文学即将被立为官学（宋文帝始立文学馆，与儒玄史三学并列）的时代，也是门阀士族最春风得意的时代。它的出现，既有文学上的划时代的意义，也有为一个时代的历史作终结和总结的意义。

要了解这一时代的士人的形象与心态，《世说新语》中有最好的史料。书中所记既有“我与我周旋久，宁作我”（《品藻》记殷浩语）之类明确的个性觉醒的自我表白，更多关于个性化的行为和人生的记录。刘伶脱衣裸形在室中，人或讥之，则答以“我以天地为栋宇，屋室为裈衣，诸君何为入我裈中”。“阮仲容（咸）居道南，诸阮居道北，北阮皆富，南阮贫，七月七日，北阮盛晒衣，皆纱罗锦绮。仲容以竿挂大布犊鼻裈于中庭。人或怪之，答曰：‘未能免俗，聊复尔耳。’”（《任诞》）阮咸与阮氏宗人共集饮酒，“围坐，相向大酌。时有群猪来饮，直接上去，便共饮之”（同上）。这是放荡的人生，也是鄙视世俗的人生，具有极其独特的个性。诸如此类匪夷所思的言行，在其他时代可能只会偶或一见，在《世说新语》的时代则屡见不鲜。这一类名士狂士，各有各的风采，各有各的个性魅力。或以风雅见称于世，如王子猷（徽之）雪夜往访戴安道，“乘兴而行，兴尽而返”（《任诞》）；或以见机知名于史，如张翰在洛阳见秋风起，思吴中莼菜羹、鲈鱼脍，遂命驾归里（《识鉴》）。有时，他们不免矫饰，如谢安正在下棋，得报淝水前线晋军大捷，表面上不动声色，轻描淡写地说：“小儿辈大破贼”（《雅量》），随后入门之时，却激动兴奋得几乎跌跤（《晋书·谢安传》）。处事不惊自然潇洒的风度固然为时人看重，雅量也颇为人称赏。太傅郗鉴想在琅琊王氏中选一个女婿，王家诸后生“闻来觅婿，咸自矜持。唯有一郎，在床上坦腹卧，如不闻”。这就是后来被郗鉴选为女婿的王羲之。《雅量》中这段坦腹卧东床的著名故事，既描写了王羲之的风操，更赞扬了郗鉴的雅量。当时很多人有非同寻常的癖好，如祖约好财，阮孚好屐（《雅量》），杜预有《左传》癖，和峤有钱癖，王济有马癖（《术解》），等等。《世说新语》以赞赏的口吻，津津乐道这些极具个性化的行为。这也说明了当时人的宽容和雅量。酒和药与这些名士关系密切，特别是酒。毕茂世宣称："一手持蟹螯，一手持酒杯，拍浮酒池中，便足了一生。"张翰更声称："使我有身后名，不如即时一杯酒。"（《任诞》）在出处问题上，当时人每脱略世事，以隐逸为高，但在实际生活中，也不免产生矛盾。所以，当谢安出仕时，有人赠以小草，以"处则为远志，出则为小草"（《排调》）相讽。

此外，当时士族对自然人生常持一种艺术的审美的态度。无论是对外界的自然山水美、社会生活美，还是对内心的人格美，他们都能以敏感的心，去观照，去印证，因此，对山，对水，对草木，都一往深情，常能推己及人，睹物伤情。"桓温北征，经金城，见前为琅琊时种柳，皆已十围，慨然曰：'木犹如此，人何以堪。'"（《言语》）日常生活中的一些琐碎小事，在这种态度的映照下，也能化俗为雅，具有特别的韵味。如"顾长康啖甘蔗，先食尾，问所以，云：渐至佳境。"（《排调》）

除了反映士人的形象与心态，《世说新语》中也有对当时社会生活、风俗图画的生动描绘。《汰侈》中写到富豪石崇与国戚王恺斗富，一个作紫丝布步障碧绫里四十里（重），一个作锦步障五十里（重），石崇击碎王恺的珊瑚树，王济家以人乳饮豘等等，无不是当时贵族极端奢侈的见证。在大多数场合温情脉脉的面纱之下，也隐藏着士族与寒族、士族与士族之间的矛盾与竞争。谢夫人（道蕴）认为谢家人才之盛，超过王家，对夫君王凝之的资质才地颇不以为然，因而意大不悦（《贤媛》）。"王右军郗夫人谓二弟司空、中郎曰：'王家见二谢，倾筐倒庋，见汝辈来，平平尔，汝可无烦复往。'"（《贤媛》）又《简傲》："王子敬兄弟见郗公，蹑履问讯，甚修外生礼。及嘉宾死，皆著高屐，仪容轻慢。命坐，皆云：'有事不暇坐。'既去，郗公（愔）慨然曰：'使嘉宾（郗超）不死，鼠辈敢尔。'"王家与谢家、郗家都是当时的高门大族，在这些家常事中，却透露出大族之间的势利和矛盾。

《世说新语》的文笔隽永简约，寥寥数笔描摹，淡淡几句言谈，就可以凸显人物的风神，饶有余味。作为一部志人小说，它所记人物的轶闻趣事，不一定件件都有案可稽、确凿无疑，考证起来，传闻异辞、张冠李戴的事时或可遇。但也不可否认，从时代精神上，这些记述又有极其精确、生动的纪实性，具有不可替代的价值。后人常责备《晋书》将这些轶事采入史传，生动有余，谨严不足，然而，这些事、语的穿插点缀，使读者对传主如见其形，如窥其神，觇知一代风气与一代人才之心，也不无积极的意义。同时，《世说新语》还是后代文学创作中许多常见的成语故实之渊薮，如坦腹东床、叠床架屋、卿卿我我、乘兴而来兴尽而返、天壤王郎、难兄难弟、日下长安等，不一而足。

总的来看，汉魏六朝小说在志人小说和志怪小说两大类型上的贡献最为突出。介乎二者之间，还有一种异闻琐语类的小说作品，例如王嘉《拾遗记》和张华《博物志》等，影响较小。在志人小说中，语林体和世说体在后世并行不废，宋有王谠《唐语林》，明有何良俊《何氏语林》，唐有王方庆《续世说新书》，宋有孔平仲《续世说》，明有林茂桂《南北朝新语》，清有王晫《今世说》……至今，这两种文学形式仍为人继承，时见其作品。这说明了六朝人首创的这种小说体裁是受人欢迎的，也是很有生命力的。

无论志怪小说还是志人小说，汉魏六朝小说都受到史传传统的强大影响。小说常以志、记、录、传等命名，就说明了它所承受的史传的传统。即使述奇志怪，也重视提供具体的时间空间人物背景及事件经过，也贯彻信而不诬的原则，具有史的意识。干宝序《搜神记》曰："今之所集，设有承于前载者，则非余之罪也。若使采访近世之事，苟有虚错，愿与先贤前儒分其讥谤。及其著述，亦足以明神道之不诬也。"至于传人记事，更重实录。"苟爱而知其丑，憎而知其善，善恶必书，斯为实录。"(《史通·惑经》)如此写人，不仅真实可信，而且可以塑造全面立体的性格。小说与史传的密切联系，一方面表明了它的艺术渊源，另一方面也说明汉魏六朝小说艺术还不够成熟。文人脱离史传传统而开始进入有意为小说的阶段，是唐以后的事。着意好奇，通过有意识的想象虚构加工，并讲究文采，正是唐代传奇家的能事。

汉魏六朝时代，小说著作绝大多数仍是集撰之书，完整的个人著作还很少见。所以，不少故事重复见于多种小说书目中。如葛洪《西京杂记》、张华《博物志》和干宝《搜神记》三书中，就有很多彼此重出、文字全同的作品。另外有些故事的情节或文字小有异同，大概是编者编集之时作了一些修饰加工，也是屡见不鲜的。另一方面，这一时代的小说故事，往往无法考知其作者（有不少则是属于集体的创作），兼之年代久远，散佚相当严重。《博物志》和旧题任昉《述异记》皆出于后人补缀。《搜神记》原书三十卷，今本只有二十卷，是出于明人胡应麟补辑。胡辑存在着不少误收和补缀不当的情况，经过今人汪绍楹的复校加工，才比较可信。《殷芸小说》也有赖于后人的辑佚整理（如鲁迅《古小说钩沉》）。包含有九日登高、七夕牛女、天台遇仙、伍子胥等有趣的故事的《续齐谐记》也很早散佚。这都是让后来的读者和研究者感到遗憾的。

第十二章 南北朝民歌

北朝异族的汉化与北朝民歌　北朝民歌中的草原气息和尚武精神　《木兰辞》　婚姻爱情题材的北朝民歌　南朝的商业都市与吴歌西曲的产生　吴歌　神弦歌　西曲　《西洲曲》　南北朝民歌的比较

汉末到三国是一个分裂的时代,那时文人大多仕于曹魏,因而魏国就成为文学的重心。吴、蜀二国的文学风气相对来说是淡薄的,只有个别作家,如吴国的闵鸿、张纮、杨泉等人的辞赋创作尚有可观。魏及西晋时代,北方的许昌、邺下、洛阳都曾经是当时文学活动的中心。从东晋起,中国陷入南北分裂局面。由于中原世家大族纷纷随晋室南渡,文学的重心也移到了江南。这期间,在文学方面,北朝始终是南朝的追随者——但是,这只是就文士创作的情况而言的。如果就民间文学来说,南北朝时代的民歌,却依据各自的社会情况发展着,走出了两条差异明显的路线。

北朝民歌中最早的是随着异族的内侵而传入的"虏歌",也就是异族用他们自己的语言写的歌辞,配合他们自己的音乐来歌唱的。据《旧唐书·音乐志》,这种民歌在唐代尚存五十三章,然而"其词虏音,竟不可晓",所以后来都亡失了。现存的六十六首"梁鼓角横吹曲"是梁代传入南方的北方歌辞,虽然是以汉语记录,仍然杂有所谓"虏音",正如汉代的铙歌一样,有许多地方今天已不可解。

北魏是以鲜卑拓跋氏为主建立的异族政权。多年来，他们习惯了逐水草而居的游牧生活，一旦进入汉族文化的根据地黄河流域，不能不受到中原先进的生产和生活方式的影响。定居下来以后，他们的生产方式逐渐转为以农业生产为主，并且在与汉族杂居的过程中，日渐汉化。这是进入文明更发达地区的落后部族共同的、难以回避的选择。在当时，对这些异族来说，接受汉化是一个文明进步开化的过程，同时也是一个充满思想斗争感情矛盾的过程。民族的融合和文化的交流，是渐进性的、双向性的，语言无疑是其间的关键。

北魏的汉化，始于太武帝统一北方以后。孝文帝时实行汉化改革，在朝廷上禁止使用"北语"（即胡语，或所谓"虏音"），可见语言确是汉化改革的一项重要内容。《北史·咸阳王禧传》说："孝文引见朝臣，诏断北语，一从正音。禧赞成其事。于是诏年三十以上，习性已久，容或不可卒革。三十以下，见在朝廷之人，语音不听仍旧。若有故为，当降爵黜官。"在这种厉禁之下，语言的汉化很快产生了效果。在这一背景下，北朝异族用汉语写的民间歌辞越来越多。这些歌辞绝大部分都保存在上述的"梁鼓角横吹曲"中。《折杨柳歌》就是其中的一篇："遥看孟津河，杨柳郁婆娑。我是虏家儿，不解汉儿歌。"显然，这个"虏家儿"很想能听懂"汉儿歌"，让自己也融入那歌声里。如果没有这篇用汉语写下来的歌辞，他那可爱的形象、纯朴的歌唱，恐怕也不可能为我们所知了。

尽管北方民间的汉歌是在汉化开始以后才大量出现的，但从歌辞的内容来看，却大半是游牧生活的反映。这类民歌中所散发出来的强烈的草原气息，给我们留下了深刻的印象。

> 敕勒川，阴山下，天似穹庐，笼盖四野。天苍苍，野茫茫，风吹草低见牛羊。
>
> ——《敕勒歌》

> 健儿须快马，快马须健儿。跶跋黄尘下，然后别雄雌。
>
> ——《折杨柳歌》

这些歌辞在我们面前展开了无比壮阔的边塞风光。前篇也是一篇翻译成汉语的作品。歌中对于草原风光的咏唱是那么生动。后一篇则洋溢着草原儿女迅猛刚健的英雄气概。像这样体现尚武精神的作品，在北朝民歌中屡见不鲜：

新买五尺刀，悬著中梁柱。一日三摩娑，剧于十五女。

——《琅琊王歌》

男儿欲作健，结伴不须多。鹞子经天飞，群雀两向波。

——《企喻歌》

他们的愿望是腰佩利刃，身跨骏马，驰骋草原，所向披靡。但是，独自飘泊或长年戍守在塞外那些荒凉寒冷的地方，也并不是一件令人愉快的事情。因此，下面的这首《陇头歌》中就有了艰难困苦之音，有了悲壮幽咽的歌声：

陇头流水，流离山下。念吾一身，飘然旷野。
朝发欣城，暮宿陇头。寒不能语，舌卷入喉。
陇头流水，鸣声幽咽。遥望秦川，心肝断绝。

也正是在这种尚武精神的基础上，产生了足以与《焦仲卿妻》媲美的《木兰诗》。这篇歌辞演出了一幕女扮男装、代父从军的英雄喜剧，和建安时代那一幕夫妻殉情的爱情悲剧遥遥相对。它们同是中国文学史上叙事诗的杰作，也一样给后代的文学以很大的影响。

唧唧复唧唧，木兰当户织。不闻机杼声，唯闻女叹息。问女何所思，问女何所忆。女亦无所思，女亦无所忆。昨夜见军帖，可汗大点兵。军书十二卷，卷卷有爷名。阿爷无大儿，木兰无长兄。愿为市鞍马，从此替爷征。

东市买骏马，西市买鞍鞯。南市买辔头，北市买长鞭。朝辞爷娘去，暮宿黄河边，不闻爷娘唤女声，但闻黄河流水鸣溅溅。旦辞黄河去，暮宿黑山头，不闻爷娘唤女声，但闻燕山胡骑鸣啾啾。

万里赴戎机，关山度若飞。朔气传金柝，寒光照铁衣。将军百战死，壮士十年归。

归来见天子，天子坐明堂。策勋十二转，赏赐百千强。可汗问所欲，木兰不用尚书郎；愿借明驼千里足，送儿还故乡。

爷娘闻女来，出郭相扶将；阿姊闻妹来，当户理红妆；小弟闻姊来，磨刀霍霍向猪羊。开我东阁门，坐我西阁床；脱我战时袍，著我旧时裳。当窗理云鬓，对镜帖花黄。出门看火伴，火伴皆惊惶。同行十二年，不知木兰是女郎。

雄兔脚扑朔，雌兔眼迷离。两兔傍地走，安能辨我是雄雌。

这篇歌辞在最初产生之时，可能依据了现实中某段相类似的故事情节，但在辗转流传的过程中，已经糅合了不同层次、不同地区人们的生活经历和情感体验，因此，诗中所涉及的人名、地名以及具体数量的描述，都不可拘泥。其诗句中也留下了后人添改的痕迹，例如“万里赴戎机”以下四句显然经过文人的律化修饰；“策勋十二转”所反映的也是唐代的制度；等等。但通篇来看，它所保存的民歌的结构和风格特征仍然很多。歌辞的首尾两节、“东市买骏马”以下十二句、“爷娘闻女来”以下十句，都是相当典型的民歌风调。一方面，对木兰这一艺术形象不能孤立地理解。游牧部族强悍尚武的社会风气，应该说正是木兰赖以产生的基础。木兰积极主动地代父从军，没有丝毫扭捏。在这个男权社会里，在这个从来只是男性天下的军营里，她毫不示弱。她以充分的自信，向这个男权社会提出挑战，并以自己的成功，为巾帼扬眉吐气。因此，诗中始终充溢着一种女性的胜利的喜悦。另一方面，对木兰这一艺术形象，又只能当作个案特例来看待。像木兰那样彻底冲破封建男权的束缚、达到男女平等，在当时毕竟是高于现实的想象，因此，在木兰身上又寄托了人民特别是广大妇女的浪漫的理想。

关于男女婚姻恋爱问题的健康、明朗的描写，是北朝民歌中的另一项重要内容。

侧侧力力，念君无极。枕郎左臂，随郎转侧。
摩捋郎须，看郎颜色。郎不念女，不可与力。
——《地驱乐歌》

腹中愁不乐，愿作郎马鞭。出入擐郎臂，蹀坐郎膝边。
——《折杨柳歌》

这些歌辞中对爱情的表白，十分朴素和豪爽，没有羞涩，没有做作，和同时代南方的同类作品是截然不同的。正因为这些生活在草原上的儿女具备这样爽朗的性格，所以，只有北朝民歌中的妇女们才敢于直截了当地提出迟婚的问题，并对此表示大大的不满：

门前一株枣，岁岁不知老。阿婆不嫁女，那得孙儿抱？
敕敕何力力，女子临窗织，不闻机杼声，只闻女叹息。
问女何所思，问女何所忆？"阿婆许嫁女，今年无消息。"
——《杨柳枝歌》

黄桑柘屐蒲子履，中央有丝两头系。小时怜母大怜婿，何不早嫁论家计？

谁家女子能行步，反著裌禅后裙露。天生男女共一处，愿得两个成翁妪。

——《捉搦歌》

"丈夫生而愿为之有室，女子生而愿为之有家"（《孟子·滕文公下》），本来是十分正常的、健康的感情，但在封建礼教压迫之下，这种感情却长期被压抑、歪曲了。因此，我们才对古代作品中这些偶尔爆发出来的火星感到一种新鲜的、陌生的喜悦。

北朝的民歌基本上是一种牧歌，它飘荡在北方广阔的草原之上，回响在边塞原野辽阔的天际。在农业社会的南方的民歌却并不是农歌，而主要是城市平民的歌曲，是商业都市的产物。按照其产生的地区，它们大体上可以分为吴歌和西曲两个部分。吴歌又称吴声歌曲。《晋书·乐志下》谓："吴歌杂曲并出江南。东晋以来，稍有增广。……始皆徒歌，既而被之管弦。"宋郭茂倩认为："盖自永嘉渡江之后，下及梁、陈，咸都建业。吴声歌曲，起于此也。"(《乐府诗集》卷四十四)他又指出："西曲歌出于荆、郢、樊、邓之间，而其声节送和与吴歌亦异，故因(?)其方俗谓之西曲云。"(《乐府诗集》卷四十七)吴歌西曲合计近五百首，绝大部分都是恋歌。吴歌中有一部分称为"神弦歌"，虽然是为宗教服务的祭歌，却和《九歌》一样，其中也杂以人神恋爱的描写，大体上也可以归入恋歌的范畴。

《宋书·沈昙庆传》(史臣曰)说："荆城跨南楚之富，扬部有全吴之沃。"长江上游的荆襄地区和下游的扬州(以建业为中心。六朝扬州刺史治所在建业)一带，不仅是南朝政治的也是商业的重镇。当时商业的盛况，据《宋书·孔琳之传》(史臣曰)记载，是："竞收罕至之珍，远蓄未名之货，明珠翠羽，无足而驰；丝罽文犀，飞不待翼。"当日的社会风气，按《宋书·周朗传》的记载，则是："凡厥庶民，制度日侈。商贩之室，饰等王侯；佣卖之身，制均妃后。凡一袖之大，足断为两，一裾之长，可分为二。见车马不辨贵贱，视冠服不知尊卑。"活跃在这些商业发达的都会里的，一方面是有权有势的贵族官僚和富裕的大商人，另一方面则是依靠卖艺甚至卖身为生的歌儿舞女。同时，在整个社会风气的支配下，城市中的一般平民也一样追求着享乐生活。吴歌和西曲就是在这样一种环境里大量产生的。

吴歌中比较著名的曲子，有《子夜》、《上柱》、《凤将雏》、《欢闻》、《前溪》、《丁督护》、《懊侬歌》、《团扇郎歌》等。让我们先来读几篇：

> 宿昔不梳头，丝发披两肩。婉伸郎膝上，何处不可怜。
> 始欲识郎时，两心望如一。理丝入残机，何悟不成匹。
> 揽枕北窗卧，郎来就侬嬉。小喜多唐突，相怜能几时。

夜长不得眠，明月何灼灼。想闻欢唤声，虚应空中诺。

——《子夜歌》

自从别欢后，叹音不绝响。黄蘗向春生，苦心随日长。（春歌）
反覆华簟上，屏帐了不施。郎君未可前，待我整容仪。（夏歌）
别在三阳初，望还九秋暮。恶见东流水，终年不西顾。（秋歌）
途涩无人行，冒寒往相觅。若不信侬时，但看雪上迹。（冬歌）

——《子夜四时歌》

未敢便相许。夜闻侬家论，不持侬与汝。
相送劳劳渚，长江不应满，是侬泪成许。
啼着曙，泪落枕将浮，身沉被流去。
奈何许，天下人何限，慊慊只为汝。

——《华山畿》

这些歌曲显然都是女性的歌唱，或者是描写相爱的欢乐，或者是抒发别离的感伤。吴歌中表现痴心女子负心汉的悲哀以及离愁别绪的成分特别多，这固然反映了妇女在以男性为中心的社会中的地位，同时也反映了商人职业上的流动性。白居易《琵琶行》中所写的故事，是可以部分地用来说明这些歌曲的。

《神弦歌》也产生于建业一带，前人虽然把它和吴歌分开，但事实上也是吴歌中的一种，不过其用途在祭神而已。

白石郎，临江居，前导江伯后从鱼。
积石如玉，列松如翠。郎艳独绝，世无其二。

——《白石郎曲》

开门白水，侧近桥梁。小姑所居，独处无郎。

——《青溪小姑曲》

当时民间所祭的神,并无关于天地山川之大,如白石郎、青溪小姑之类,事实上都是一些不见经传的杂鬼,比起那些庄严的神道来,他们是更被人民所喜爱的。祭神时所用的歌舞,对人来说,也就是一种娱乐。《晋书·隐逸传》记,夏统"从父敬宁祠先人,迎女巫章丹、陈珠二人,并有国色,庄服甚丽,善歌舞,又能隐形匿影。甲夜之初,撞钟击鼓,间以丝竹。丹、珠乃拔刀破舌,吞刀吐火,云雾杳冥,流光电发……在中庭轻步徊舞,灵谈鬼笑,飞触挑柈,酬酢翩翻。"可以想象,当时一定有许多观众围观这一边祭神、一边娱人的场面;当那些美丽的女巫向明艳的男神献祭的时候,情景也一定是十分动人的。在这些不登大雅之堂、不入正人君子之眼的淫祀杂鬼身上,也寄托和体现了人民对浪漫爱情的想象和渴望。

大体上说来,吴歌的风格是纤弱的、细腻的,而西曲则要勇敢些、热烈些。《石城乐》、《乌夜啼》、《估客乐》、《莫愁乐》、《襄阳乐》、《三洲歌》、《江陵乐》、《寻阳乐》、《寿阳乐》都是西曲中常见的曲名。从这些曲名上,可以大致推测它们最初产生的地域都是在所谓荆襄地区。至于其内容,则可以从下面的例子中窥其一斑:

吴中细布,阔幅长度。我有一端,与郎作袴。
微物虽轻,拙手所作,馀有三丈,为郎别厝。

——《安东平》

"闻欢下扬州,相送江津湾。愿得篙橹折,交郎到头还。"
"篙折当更觅,橹折当更安。各自是官人,那得到头还。"

——《那呵滩》

可怜乌臼鸟,强言知天曙。无故三更啼,欢子冒暗去。

——《乌夜啼》

夜来冒霜雪,晨去履风波。虽得叙微情,奈侬身苦何!

——《夜度娘》

鸡亭故侬去，九里新侬还。送一却迎两，无有暂时闲。

——《寻阳乐》

朝发襄阳城，暮至大堤宿。大堤诸女儿，花艳惊郎目。

人言襄阳乐，乐作非侬处。乘星冒风流，还侬扬州去。

——《襄阳乐》

和吴歌一样，西曲中所写的情侣多半不是夫妇关系，而只是恋爱关系。商人出外贸易，多半是孤身前往；某些官员仕宦于外，有时也不带眷属。他们或者在外地另娶外室，或者就狎娼。吴歌西曲中的女子，有很多是属于这类处于社会底层的无助的妇女。因此，她们对情人的思念、对别离的幽怨的倾诉，就格外令人感动。

代表南朝民歌最高造诣的是《西洲曲》：

忆梅下西洲，折梅寄江北。单衫杏子红，双鬓鸦雏色。西洲在何处，两桨桥头渡。日暮伯劳飞，风吹乌臼树。树下即门前，门中露翠钿。开门郎不至，出门采红莲。采莲南塘秋，莲花过人头。低头弄莲子，莲子青如水。置莲怀袖中，莲心彻底红。忆郎郎不至，仰首望飞鸿。鸿飞满西洲，望郎上青楼。楼高不可见，尽日栏杆头。栏杆十二曲，垂手明如玉。卷帘天自高，海水摇空绿。海水梦悠悠，君愁我亦愁。南风知我意，吹梦过西洲。

这是一篇叙写离愁别绪的典型作品。在南朝民歌中，它的篇幅之长是很引人注目的。长大的篇幅又保证了它的深刻、细腻与丰富。作者把握了这个女主人公情绪发展的时间过程，通过极其具体的形象体现出来。修辞中蝉联格的运用，又使全诗具有一种回环往复的音韵美。西洲、梅花、莲子、乌臼树等等，本是江南特有的地理环境或风物，加上女主人公的低吟柔唱，处处暗示了本诗的地域文化特征，与北方的《木兰诗》形成了鲜明的对照。

从整体上说，南北朝民歌的确呈现截然不同的艺术风貌。从风格上说，北朝民歌粗犷豪爽，即使女子的口吻也斩截痛快；而南朝民歌则细腻柔婉，以女子的歌唱为主。在表现上，北朝民歌直抒胸臆，没有一点忸怩遮掩；南朝民歌则喜欢用谐音（如以“丝”谐音“思”，以“莲”谐音“怜”）、双关（如以“布匹”之“匹”双关“匹偶”之“匹”）等修辞手段来暗示，通过景物描写、比兴等来渲染、烘托。如果说北朝民歌是英雄文学，富有阳刚之气；南朝民歌就是儿女文学，饶有阴柔之美。这也是从一个特定的方面反映了南北朝社会、文化的不同。

第十三章　诗的黄金时代

唐诗繁荣的表现及原因　　从贞观诗坛到上官仪　　初唐四杰的挑战　　宫体的改造和律体的形成　　陈子昂以复古为革新　　盛唐之盛　　孟浩然、王维和储光羲、裴迪、綦毋潜、丘为、常建等诗人　　边塞诗与高适、岑参、王之涣、王昌龄等诗人　　李白　　杜甫　　大历十才子和江南诗人群　　韦应物、戴叔伦、顾况　　元和诗坛　　韩孟诗派：韩愈、孟郊、贾岛、姚合、李贺　　元白诗派：白居易、元稹、李绅、张籍、王建　　柳宗元和刘禹锡　　晚唐诗风　　晚唐前期：张祜、杜牧、李商隐、温庭筠、许浑等人　　晚唐后期诗歌的三个系列

唐代是中国文学史上诗的黄金时代。在数量上，唐代二千三百多位诗人给我们留下了近五万篇的作品，其中包括李白、杜甫、白居易以及许多大家名家和他们的名篇佳作。在内容方面，唐诗所表现的比过去任何时代更为广阔。在形式方面，唐诗所运用的也比过去任何时代更为丰富。

这个百花齐放的局面的出现不是偶然的。首先，唐代社会经济基本上是呈上升势头的。不仅从高祖登基直到玄宗时代一百余年间，农业生产达到空前发展，手工业和商业也同时繁荣起来。即使在安史之乱后，其经济发展也没有停滞。这种经济日趋富饶同时各种矛盾也日益突出的社

会，就是唐代文学的温床。其次，由五胡乱华到隋唐统一，是一个由民族斗争到民族大融合的过程。南北的统一，促进了南北文化的融合。几百年中种族血液的混合，风习的吸收，都使得唐代文化呈现出新的面貌。从不间断的中外交流以及与唐朝的对外战争相伴随而发展的中西交通，沟通了中西文化，这不仅丰富了唐人的生活，开阔了他们的视野，也使他们的精神更加活泼了起来，并给诗人提供了有利的创作基础。再其次，唐朝在政治思想方面基本能保持比较宽松自由的气氛，属于在文化方面开放活跃、在精神方面充满自信的时代。大多数时候，统治者对儒、道、释三教采取兼容并蓄的态度。意识形态领域的这种宽容而较少拘忌的氛围，对于唐代文学特别是诗歌的繁荣无疑有积极的作用。复次，李唐皇室基于自己的政治利益，通过进士科举制度来选拔人才，这不仅拓宽了王朝的统治基础，更满足了中下阶层广大士人的政治要求。同时，进士科以诗赋为主的考试内容，又直接刺激了广大读书人爱好和钻研文学的风气，并在全社会提倡和培养了爱好文学的风尚，从而保证了诗人的层出不穷。因此，唐代诗歌的作家作品数量之多，就远远地超过了前代。最后，唐代是诗歌形式的完成期。五七言古诗、律诗、绝句这些最基本的体裁，经过六朝先驱者的努力，到了唐代，已经可以由作者自由采用。诗体的多种多样，使得作家们更容易驰骋自己的才力，抒发自己的感情，反过来又充实丰富了唐诗的内容。

在以上五点之中，前四点是唐代一切文学发达的总的原因，也可以说是外因，而后一点则是唐诗发达的本身的要素，是诗史发展的内在动力。

唐诗的发展呈现出明显的阶段性，人们一般将其依次称为初唐、盛唐、中唐、晚唐。初唐的诗风仍多沿袭六朝。如《新唐书·文艺传序》所说："高祖、太宗，大难始夷，沿江左余风，绨句绘章，揣合低昂。"因此，在唐朝开国之初的五十年中，诗坛还没有呈现新鲜的特色。贞观时代(627—649)，围绕在太宗身边的是以虞世南、褚遂良、李百药等为代表的宫廷诗人。他们已试图扩大诗歌的题材范围，但创作中仍然带有不少南朝宫体诗艳丽雕饰的痕迹。唐太宗在治国余暇所作的《帝京篇》藻赡精华，颇见王者气象。不以诗人名的政治家魏徵(580—643)，在隋唐之际的风云时势中，以《述怀》一诗慷慨高歌着建功立业的激烈壮怀，既卓然独立于时流之外，也拔萃于他本人集中众多郊庙应制篇章之上。在隐逸中消磨了大半生光阴的王绩(585—644)，在唐诗史上是最早的一位引人注目的隐者。他从陶渊明及其田园诗中发现了自己的知音和心灵慰藉，怀着和这位前辈一样的恬淡闲逸的心情，轻轻地吟赏着暮色中的东皋，并在盛唐诗坛上引起了巨大的回响。魏徵胸次的自然流露，王绩诗笔的平淡闲远，殊途同归，都为初唐诗歌洗净铅华浮艳做出了自己的贡献。

高宗时代显赫一时的上官仪(约608—664)，是初唐诗史上一个承上启下的人物。他的绮错婉媚的诗风和以应制奉和为主的内容，无疑是前一时代宫廷诗风的延续；而他对诗歌形式特别是诗歌对偶经验的探讨和总结，则为沈佺期、宋之问等人导夫先路。在上官仪春风得意的7世纪五六十年代，效仿他的诗风的很多，一时形成了所谓"上官体"。但是时隔不久，他就受到了来自王勃(650—676)、杨炯(650—693?)、卢照邻(634?—686?)、骆宾王(约622—684)等年轻一辈诗人的挑战。

被后人称为"初唐四杰"的这四位年轻诗人是从7世纪60年代陆续登上诗坛的。虽然年岁相去二十多岁，他们却有大体一致的文学目标。虽然有着各擅胜长的文学才华，他们的仕途却一样坎坷。这使他们较多地接触了社会，开阔了视野。他们的题材和主题由宫廷的淫靡改变为都市的繁华和正常的爱情，由台阁应制扩大到江山之美和关塞之情，风格也由纤靡卑弱转化为明快清新，他们的边塞诗中则涌现出俊爽刚健的诗风。这些都为唐诗开拓出新的领域。他们并不曾将宫体诗一脚踢开，而只是将宫体诗中所习惯于歌咏的感情从堕落、邪恶恢复到正常、健康的状态。在这一点上，卢照邻《长安古意》有着划时代的意义。虽然诗中大量的篇幅仍写的是"娼家日暮紫罗裙，清歌一啭口氛氲。北堂夜夜人如月，南陌朝朝骑似云"。然而，它已没有宫体诗中所习惯于运用的那些病态、颓废乃至下流的话，他也描写爱情，用的却是"得成比目何辞死，愿作鸳鸯不羡仙"这种明朗热烈的句子。而且，最后，还以下列对于宫体诗来说十分生疏的带有讽刺性的感情作结：

> 别有豪华称将相，转日回天不相让。意气由来排灌夫，专权判不容萧相。专权意气本豪雄，青虬紫燕坐春风。自言歌舞长千载，自谓骄奢凌五公。节物风光不相待，桑田碧海须臾改。昔时金阶白玉堂，即今惟见青松在。寂寂寥寥扬子居，年年岁岁一床书。独有南山桂花发，飞来飞去袭人裾。

这首诗之所以重要，正因为它是宫体诗中一个破天荒的转变，用闻一多先生的话来说，它是“一手挽住了衰老了的颓废，教给他如何回到健全的欲望，一手又指给他欲望的幻灭”(《宫体诗的自赎》)，以此来涤荡宫体诗的毒素。

《长安古意》和骆宾王《帝京篇》、刘希夷《代悲白头翁》、李峤《汾阴行》一起，突出地显示了初唐歌行在改造宫体诗上的努力和所达到的全新的境界。张若虚(660? —720?)的《春江花月夜》的产生可以说是这一改造运动的顶点。

> 春江潮水连海平，海上明月共潮生。滟滟随波千万里，何处春江无月明？江流宛转绕芳甸，月照花林皆似霰。空里流霜不觉飞，汀上白沙看不见。江天一色无纤尘，皎皎空中孤月轮。江畔何人初见月，江月何年初照人？人生代代无穷已，江月年年只相似。不知江月待何人，但见长江送流水。白云一片去悠悠，青枫浦上不胜愁。谁家今夜扁舟子，何处相思明月楼？可怜楼上月徘徊，应照离人妆镜台。玉户帘中卷不去，捣衣砧上拂还来。此时相望不相闻，愿逐月华流照君。鸿雁长飞光不度，鱼龙潜跃水成文。昨夜闲潭梦落花，可怜春半不还家。江水流春去欲尽，江潭落月复西斜。斜月沉沉藏海雾，碣石潇湘无限路。不知乘月几人归，落月摇情满江树。

这首诗体现了永恒的世界与短促的生命的对立，真纯的爱情与惆怅的离别的对立，无情和有情的对立。诗人惊愕地注视着这个神奇的不朽的宇宙，以高度的敏感和多情歌唱着人世间的别绪离愁。它发源于南朝的宫体而大大地超越了宫体，因而也就替盛唐以下无数美丽的抒情诗铺下了道路。

初唐四杰的诗歌变革专注于诗的思想内涵，同时吸收了南朝以来在调声协律偶对等方面的经验，他们的一些五七言诗已接近律体。差不多与此同时，以沈佺期(656—715)、宋之问(656—713)和文章四友中的杜审言、李峤、崔融等人为代表的一批诗人，在山水行旅方面也各有一些名篇佳作：

阳月南飞雁，传闻至此回。我行殊未已，何日复归来？江静潮初落，林昏瘴不开。明朝望乡处，应见陇头梅。

——宋之问《题大庾岭北驿》

卢家少妇郁金堂，海燕双栖玳瑁梁。九月寒砧催木叶，十年征戍忆辽阳。白狼河北音书断，丹凤城南秋夜长。谁为含愁独不见，更教明月照流黄。

——沈佺期《古意》

独有宦游人，偏惊物候新。云霞出海曙，梅柳渡江春。淑气催黄鸟，晴光转绿苹。忽闻歌古调，归思欲沾襟。

——杜审言《和晋陵陆丞早春游望》

但他们的历史功绩主要表现在继承了六朝诗人对于诗形的研究，在诗律探索上付出了不懈的努力，终于完成了五七言近体诗格式的塑造。其中，沈、宋二人的贡献尤其突出。所以，《新唐书·宋之问传》说："魏建安后迄江左，诗律屡变，至沈约、庾信，以音韵相婉附，属对精密。及之问、沈佺期，又加靡丽，回忌声病，约句准篇，如锦绣成文。学者宗之，号为'沈宋'。"至此，对偶修辞声病回忌之类的知识，乃逐渐成为更周密精严、更加实用的技术。在宫廷应制作诗的场合，作为宫廷女官的上官婉儿经常代表朝廷，从词采和格律两方面评骘高下。这也推动了新的诗体格律的流行，很快，写律诗就明确地成为一种风气。

这时候，胸怀大志的陈子昂(661—702)却独辟蹊径，通过从汉魏作家的创作中汲取力量的方法，来开拓唐诗的疆土。他在《与东方左史虬修竹篇序》中大声疾呼："文章道弊五百年矣。汉、魏风骨，晋、宋莫传，然而文献有可征者。仆尝暇时观齐、梁间诗，彩丽竞繁，而兴寄都绝，每以永叹。思古人，常恐逶迤颓靡，风雅不作，以耿耿也。"这种以复古为革新的手段和以风骨兴寄来涤荡齐梁余风的主张，既体现了他的"高蹈"(韩愈《荐士》)的觉悟，又显示出很强的现实针对性。沈宋新声和陈子昂风骨兴寄说的结合，为唐诗新局面的开创注入了一股强大的推动力。陈子昂是一个有着远大的抱负和强烈的历史使命感的诗人，但同时又感受着寂寞、悲壮和苍凉：

> 前不见古人，后不见来者。念天地之悠悠，独怆然而涕下。
>
> ——《登幽州台歌》

显然显示了一种高远的意境和豪迈的气概，一种对于超现实的理想的向往。更能说明他的诗歌创作成就的是以《感遇》三十八首为代表的五言古诗。这组诗在题材上包括咏史、咏怀、感事三大类，无论借古说今，还是直抒怀抱，或是讽世刺时，都风格高古，兴寄深悠，并直接影响了张九龄的《感遇》十二首和李白的《古风》五十九首。正如张若虚《春江花月夜》是出于四杰而又超越了四杰一样，张九龄(678—740)平和清雅的诗风，也已经跨越了陈子昂，而迈入了新时代的门槛。

在诗歌史上，这个新时代被称做盛唐，大约从 8 世纪初到 60 年代。在这个时代，诗人层见，名家辈出，诗的形式各体皆备，题材内容空前丰富广泛，流派并立，风格多样，异彩纷呈，并在此基础上形成了乐观自信、高华浑厚、带有理想主义色彩和强烈的浪漫气息的盛唐气象。这种浪漫气息有时候表现为希企隐逸、爱好自然，诗中的代表人物形象是隐士；有时候表现为追逐功名，向往边塞，诗中的代表人物形象是侠少。这两方面，事实上乃是诗人生活中失意和得意的反映；由于生活情况不同，因此有的形成退守的高蹈者，有的形成热情的进取者，或者兼有两种倾向。

孟浩然、王维、常建、储光羲等人的许多作品，极为成功地描绘了山水田园自然景色中那种幽洁静穆的境界，借以反映其宁谧的心境，表现其对现实人生的高蹈退守的态度。在艺术上，他们远承陶渊明的田园诗和谢灵运的山水诗，吸取陶诗平淡自然和谢诗描摹景色的艺术经验，状物写景，传神达意，往往手法高妙，后来居上，并下开中唐韦应物、柳宗元一派。在这些诗人中，孟浩然（689—740）出生较早，而且死于安史之乱以前。在他身上集中体现了盛唐诗人心中时常交织着的仕与隐、进与退的矛盾交战。他早年隐居在鹿门山，直到四十岁，才出来应进士举，但据说由于当着玄宗皇帝朗诵了下列诗句，开罪了这位“明主”，结果只好终身做隐士了：

> 北阙休上书，南山归敝庐。不才明主弃，多病故人疏。白发催年老，青阳逼岁除。永怀愁不寐，松月夜窗虚。
>
> ——《岁暮归南山》

可见，他的隐逸是有些不得已的。《临洞庭上张丞相》中，就明显表露了请求张九龄汲引推荐的意思：“欲济无舟楫，端居耻圣明。坐观垂钓者，徒有羡鱼情”。长期的隐居生活，使他能细致地欣赏自然，深刻地描写自然，形成了古淡闲远的诗风。他擅长写景，着意刻画，流传下来的名句往往与写景有关，如“天边树若荠，江畔洲如月”（《秋登万山寄张五》），“荷风送香气，竹露滴清响”（《夏日南亭怀辛大》），“微云淡河汉，疏雨滴梧桐”（《秘省联句诗》），意境清峭，也比王维更清远透劲，有时也透出一些悲凉的人生感喟。同时，孟浩然对于农家的朴素的田园生活，具有一种特别亲切的感怀，能以平淡省净的语言，表达真挚深厚的情怀。

> 夕阳度西岭，群壑倏已暝。松月生夜凉，风泉满清听。樵人归欲尽，烟鸟栖初定。之子期宿来，孤琴候萝径。
>
> ——《宿业师山房期丁大不至》

故人具鸡黍，邀我至田家。绿树村边合，青山郭外斜。开轩面场圃，把酒话桑麻。待到重阳日，还来就菊花。

——《过故人庄》

孟浩然长于五言诗，特别长于五律，但也能把五绝写得像《春晓》和《宿建德江》那样既平淡自然，又悠远深厚。

王维(？—761)在歌咏自然这一方面和孟浩然齐名，但他比孟浩然更才具多方，他兼通音乐，更是南宗写意画的开创者。孟诗的题材大半限于田园山水，王维则在各种体裁、题材的诗歌创作上都有很高的造诣，无论是应制律诗，还是七言歌行，无论是酬赠唱和，还是咏史叙事，都能得心应手。他最著名的山水田园诗多写于其晚年，以晚年所居的辋川别墅为生活背景和题材，每一首都像是一幅山水画，画意盎然，诗味深长。在辋川系列之外，王维还有大批优秀的山水田园诗作，其中包括含有许多耳熟能详的秀句的名篇《渭川田家》、《过香积寺》、《山居秋暝》、《终南山》、《汉江临泛》等。

独坐幽篁里，弹琴复长啸。深林人不知，明月来相照。

——《竹里馆》

木末芙蓉花，山中发红萼。涧户寂无人，纷纷开且落。

——《辛夷坞》

人闲桂花落，夜静春山空。月出惊山鸟，时鸣春涧中。

——《鸟鸣涧》

不知香积寺，数里入云峰。古木无人径，深山何处钟。泉声咽危石，日色冷青松。薄暮空潭曲，安禅制毒龙。

——《过香积寺》

空山新雨后，天气晚来秋。明月松间照，清泉石上流。竹喧归浣女，莲动下渔舟。随意春芳歇，王孙自可留。

——《山居秋暝》

苏轼赞美王维“诗中有画”、“画中有诗”(《书摩诘蓝田烟雨图》)。王维的山水田园诗的确是诗情画意的美妙结合，清美而静穆。他善于将绘画中把握色彩、动静、光感、线条以及空间位置等的经验融入诗歌创作，使诗充分体现色彩美、线条美、构图美，画面具有极强的空间立体感和冷暖明暗感，既体物精妙，又遗貌取神。他的这类诗的意境往往以静为主，再加以清冷色调的渲染和声音动感的反衬，追求浑穆澄洁，有时也不免透出些孤寂幽冷。这反映了王维晚年因人生挫折而灰心颓丧，退隐山林，学佛习禅，纵情于大自然的那种冷寂清静的心境。诗中所塑造的澄澈空明的境界，也闪现着他所追崇的禅宗精神的光芒。他使山水田园诗的艺术表现更上一层楼。

除了是一个杰出的山水田园诗人以外，他还擅长写离别怀人诗和边塞题材诗。其离别怀人诗情韵悠然，读后齿颊留香。“劝君更尽一杯酒，西出阳关无故人”(《送元二使安西》)、“独在异乡为异客，每逢佳节倍思亲”(《九月九日忆山东兄弟》)、“惟有相思似春色，江南江北送春归”(《送沈子福归江东》)之类千载传诵的佳句，触目可见。他的边塞题材的诗则豪迈劲健，壮丽开阔。《使至塞上》中“大漠孤烟直，长河落日圆”一联，苍茫雄浑，不愧为千古壮观的名句。《出塞作》也以它的雄健清壮，拔萃于盛唐七律之林：

居延城外猎天骄，白草连天野火烧。暮云空碛时驱马，秋日平原好射雕。护羌校尉朝乘障，破虏将军夜渡辽。玉靶角弓珠勒马，汉家将赐霍嫖姚。

储光羲(706？—763)、裴迪(716—？)、綦毋潜(692—749？)、丘为、刘昚虚、祖咏、常建(以上诸人生卒年不详)等人，诗风与王孟相近，虽然总体成就不及王孟，但却各有特色。储光羲、裴迪、綦毋潜、丘为、祖咏都是王维的朋友。储光羲的《同王十三维偶然作十首》、《田家杂兴八首》和《钓鱼湾》，清雅温润，可以作为其山水田园诗的代表。裴迪、綦毋潜、常建三人善写方外之情，以清隽脱俗的诗笔，塑造幽寂的境界。刘眘虚、祖咏多描绘自然景色和田园风物，在幽美的环境和清淡的笔调中，咀嚼着隐逸和悠闲的情味。

边塞题材的诗歌在唐以前虽时或可见，但对诗坛并没有产生显著的影响。初唐四杰和陈子昂继之而作，推阐风气。到盛唐，边塞诗才全面成熟，成为当时诗歌创作的热门题材，并由此发展成以高适、岑参为代表的边塞诗派。这一类诗作产生的时代背景之一，是当时边境上由民族矛盾而引发的民族战争。士人为谋求出路，寻找建功立业的时机，毅然秉笔参幕或投笔从戎。但边塞诗人并不限于亲身经历边塞生活的那些人，并未涉足边关的人也可以通过传闻、阅读和想象找到创作灵感。边塞诗向诗人敞开了新奇而广阔的题材天地。莽苍的塞外景色，瑰异的边塞风物，将士们的情感世界，闺中人的离悲别怨，战斗中的激烈场面，和平时的生活场景……都激发了诗人的生活热情和艺术创造的激情，更扩大了诗的表现空间。在情感内涵上，边塞诗也极为丰富复杂，既有对慷慨从戎建功立业的赞颂，也有对征夫旷妇的深切同情；既有对穷兵黩武的大胆非难，也有对将士矛盾的勇敢揭露；既有对战争苦难的哀悯，也有对战士爱情的歌唱；糅合着爱国主义、英雄主义和人道主义的精神光辉。边塞诗的总体风格是慷慨雄壮而又沉挚深厚的，这从一个侧面反映了盛唐诗人积极进取执著热烈的人生态度，体现了盛唐气象。其勇武刚健的气概，浪漫理想的气息，则与中晚唐时代的边塞诗有所不同，体现了盛唐边塞诗独特的社会价值和审美价值。适宜表现豪迈雄健一路风格的七言特别是乐府歌行，理所当然地成为边塞诗人的第一选择。

高适(702? —765)、岑参(715? —770)是边塞诗人中的佼佼者。李颀(690—751?)、王之涣(688—742)、王昌龄(? —756?)诸人也不甘示弱。被称为高适“第一大篇”的《燕歌行》、岑参的《白雪歌送武判官归京》和《走马川行》，纵横开阖，气势雄壮，内涵丰富，堪称是边塞诗的压卷之作。《燕歌行》笔墨凝炼，描绘了一场边塞战争的全过程。诗中不仅有对出师的浩浩荡荡和战况的如火如荼的生动描绘，也谴责了将帅荒淫失职，轻敌致败。少妇的哀怨、征人的苦辛穿插其间。古与今、将与士、胜与败的对比，更加强了对轻开边衅冒进贪功的讥刺。诗人利用自己丰富的边塞生活经历和情感体验，使形象更加集中典型，含义更深刻，更具普遍性。全诗感慨悲壮，淋漓尽致，平仄相间，铿锵有力。岑参也到过西域塞上，《白雪歌》从壮奇瑰丽的边地雪景展开，突出边塞雪中送别的情与景，奇情妙思，交织成一首壮丽的乐章。《走马川行》则在凛凛的寒风中展开出师行军的画幅，宣扬了将士们的坚毅豪迈和必胜信心，格调激越雄健。岑参好奇，所以诗风偏于清峻；高适粗犷，因而气势较为雄壮；正是各有千秋。此外，两家还都有一些声情并茂的边塞小诗，如高适的《营州歌》、《别董大》、《塞上听吹笛》；岑参的《武威送刘判官赴碛西行军》、《逢入京使》、《碛中作》，也都脍炙人口。

王之涣、王昌龄都是高适的朋友。王之涣擅长写边塞风光，他的一些小诗极有韵味。“白日依山尽，黄河入海流。欲穷千里目，更上一层楼。”（《登鹳雀楼》）气象雄阔，又富于哲理。“黄河远上白云间，一片孤城万仞山。羌笛何须怨杨柳，春风不度玉门关。”（《凉州曲》）那么辽阔，那么苍茫，却丝毫没有衰飒，没有迷惘。被尊为“诗家夫子”的王昌龄是七绝圣手。他的诗含蓄蕴藉，情味悠永，诗语优美，却平凡易诵。“青海长云暗雪山，孤城遥望玉门关。黄沙百战穿金甲，不破楼兰终不还。”（《从军行七首》之四）“秦时明月汉时关，万里长征人未还。但使龙城飞将在，不教胡马度阴山。”（《出塞二首》其一）边塞诗外，王昌龄的宫怨诗、离别诗也极为出色，前者如《春宫曲》、《西宫秋怨》、《长信秋词》，后者有《送魏二》、《芙蓉楼送辛渐》、《送柴侍御》等。李颀也喜欢以乐府古题写边塞题材，《古从军行》、《古意》、《古塞下行》、《塞下曲》等篇都是托古讽今，发调清越，修辞峻秀，情怀豪迈。而《听董大弹胡笳声兼寄语房给事》则形容音乐，绘声绘色，篇末寄托感慨，也令人欷歔。此外，王翰、崔国辅也写过一些新奇可喜的边塞诗。

盛唐对中国诗史的贡献，还在于诞育了李白、杜甫这两位伟大的诗人。虽然在上举诸人之外，我们还可以列举出一连串有特色的诗人，但他们只如众星拱月一般，衬托着李、杜的伟大与崇高。李白(701—762)的诗歌创作生涯正好与盛唐诗史相始终。他祖籍陇西成纪(今甘肃秦安西北)，先世流寓西域碎叶城(今吉尔吉斯斯坦托克马克附近)，李白即降生于此。他五岁随父迁居今四川江油青莲乡，二十五岁离家，漫游襄汉、吴越、齐鲁等地。天宝初年，李白入长安，老诗人贺知章读了他的《蜀道难》，大加赞赏，称为"谪仙人"，旋被玄宗召见，供奉翰林；又因受宦官高力士和杨贵妃的谗毁，离开长安，游历鲁越等地。安史之乱中，李白被永王李璘辟为幕僚，永王起兵失败，李白受牵连而流放夜郎，行至白帝城，遇赦得返，又开始了晚年的风尘飘泊。762年，这颗诗坛巨星在当涂(今安徽马鞍山)陨落了。

李白一生向往人生自由，追求事业成功。但是，由于李白拥有广为人知的"谪仙人"、"诗仙"的称号，后人就产生了一种误解，好像李白之所以伟大，就在他的人和诗具有他人所无的超现实性。这是可悲的误会。其实，李白毫不掩盖自己对功名事业的向往，同时又对那些取得功名富贵利禄的附加条件而弃之如敝屣。他热爱现实生活中一切美好的事物，而对其中不合理的现象毫无顾忌地投之以轻蔑。这种已被现实牢笼，又不愿意接受，反过来却想征服现实的态度，正是李白的独特性的表现，也是和杜甫那种始终以严肃的、悲悯的心情注视、关心和反映祖国和人民的命运的现实主义精神相反相成的。

李白是一个天才的诗人，也是一个勤奋的诗人。他继承了前代文学的优秀遗产，广泛吸收了从《诗经》、楚辞、汉乐府、六朝诗歌直到当代诗家的创作经验和技巧，推陈出新，后来居上。屈原作品中的热烈情感和奇幻想象，庄子寓言中的狂放意绪与悠谬构思，道教的长生游仙思想，史传中任侠豪杰之士回肠荡气的英雄作为，都融会于其心灵与诗歌的血脉之中，塑造了他热爱自由反抗羁縻的豪迈天性，也成就了他"笔落惊风雨，诗成泣鬼神"(杜甫《寄李十二白二十韵》)的艺术境界。

李白的感情世界极其丰富，他的诗歌题材也极为广泛。他以诗描绘祖国的壮丽山河，歌颂纯洁的友谊和爱情；他以诗表达自己对时事的关注和观点，揭露和鞭挞封建社会的黑暗和丑陋；他以诗宣告自己“安能摧眉折腰事权贵，使我不得开心颜”（《梦游天姥吟留别》），却毫不掩饰和吝惜对普通人民的同情的眼泪。无论赠行送别（如《赠汪伦》、《黄鹤楼送孟浩然之广陵》），还是登临游览（如《望庐山瀑布》、《登金陵凤凰台》）；无论山川边塞（如《山中问答》、《塞下曲》），还是怀古讽今（如《夜泊牛渚怀古》、《古风》之十五），他都投入了炽热真挚的情感，做出了创造性的贡献。

李白留下了一千余篇各体诗作，其中五言诗多于七言诗，乐府歌行多于律绝。他的五言古诗如《古风》五十九首，近承陈子昂、张九龄，遥接汉魏风骨，苍劲雄浑，词采复以古淡取胜。他的五律诗雄健高远，可与孟浩然颉颃。五绝诗玲珑剔透，清空明静，只有王维可与之相提并论。七绝含蓄蕴藉，意境深远，在盛唐与王昌龄旗鼓相当，并称大师。乐府歌行如《蜀道难》、《将进酒》、《行路难》、《梦游天姥吟留别》等，皆一气贯注，酣畅淋漓，不仅当时少有其匹，后人也难望其项背。他的诗集中七律最少，这是因为他生性放达不羁，不愿为格律所束缚。偶有所作，也是以气运词，别具一格。《登金陵凤凰台》一诗，就是以一股天才豪纵之气贯串诗的章法意脉。总之，凡是李白用心留意的诗体，都能达到当时诗艺的顶峰，佳什之多，同样让人叹为观止。

仙、侠、酒是李白诗中最多见的三个意象，分别代表了他思想感情的三大特征：飘逸、勇武和热烈。浓烈的情感，瑰奇的想象，夸张的笔墨，在李白豪放的诗风中得到了完美的统一。在豪放的基调以外，他的诗风又表现出多姿多态、五彩斑斓的丰富性，或雄浑，或悲壮，或飘逸，或清峻，或奇险，或古淡，或深情绵邈，或萧疏自然。风格的多样性与一致性的辩证统一，构成了李白诗歌的总体风貌。

玄宗天宝十四载（755）爆发的安史之乱，是唐王朝由盛而衰的转折点。这场持续八年的叛乱，给唐代的社会、经济、文化造成了极大破坏。杜甫（712—770）是不幸地遭遇了这个离乱时世而又幸运地生存下来的少数几个盛唐诗人之一。他生命的最后几年实际上已跨入中唐。从其成长的历史环境来看，杜甫无疑是盛唐的最后一位诗人；从其对诗坛的影响来看，杜甫也可以说是中唐的第一位诗人。最早对杜诗作出崇高评价的正是中唐的两个重要诗人元稹和韩愈。

如果说李白更多地接受了老庄思想的影响，那么，杜甫则是自幼接受儒家思想文化的熏陶。他一生抱着“致君尧舜上，再使风俗淳”（《奉赠韦左丞丈二十二韵》）的远大志向，以满腔热忱关注着社会政治现实和人民生活。他是从《诗经》、汉乐府开始的我国诗歌的现实主义传统的继承者和光大者。杜甫对社会有一种执著的责任心，他在观察自然、审视时势时，能保持清醒的理性和现实的态度。这使杜甫透过开元盛世花团锦簇的繁华外表，看到了其中潜藏着的危机。这使他的诗歌有同时其他诗人所不及的深沉的忧患感。在他的后半生中，这种责任心和忧患感尤其显著。十年长安的困守，理想愿望的落空，令人失望的政治和丧乱冷酷的现实，使饱经沧桑的诗人越来越清醒，也越来越勇敢。他维护祖国的统一，反对军阀的割据叛乱，把自己的命运同国家的盛衰和人民的哀乐联系在一起。“许身一何愚，窃比稷与契”（《自京赴奉先县咏怀五百字》）的报国大志，“穷年忧黎元，叹息肠内热”（同上）的忧民感叹，“感时花溅泪，恨别鸟惊心”（《春望》）之类对国事的忧念，“安得壮士挽天河，尽洗甲兵长不用”（《洗兵马》）等对和平的美好向往，“安得广厦千万间，大庇天下寒士俱欢颜”（《茅屋为秋风所破歌》）的博大胸襟，这些旋律经常回荡在他的诗歌中。杜甫以如椽之笔，生动地反映了唐王朝由盛而衰的历史真实，形象地描绘了安史之乱前后唐代社会的方方面面。他的诗不仅关注现实，而且理直气壮、憎爱分明地干预现实。杜诗在反映现实的广泛性和深刻性上都达到了前所未有的高度。现实主义诗歌传统在杜甫手里实现了一次新的飞跃。后人称杜甫为诗史，其意义之一即在于此。

杜诗的基本风格是沉郁顿挫，这与他饱经忧患的人生经历和博大的爱心是一致的。《登高》、《秋兴八首》、《咏怀古迹五首》都是体现这种诗风的典型。为了成功地、艺术地反映社会现实，抒发内心情怀，杜甫在诗学上作了多种大胆的尝试。“别裁伪体亲风雅，转益多师是汝师”（《戏为六绝句》），实亦夫子自道。杜甫出身书香门第，家世有诗学传统，先天聪颖，后天又十分刻苦。他在总结前人的创作经验和技巧的基础上，勇于创新，在对偶、声律、修辞、谋篇布局、运气遣词等方面，都有成功的实践，留下了宝贵的启示。杜甫晚年尤其专力于诗律的精严完善，一方面是“老去诗篇浑漫与”（《江上值水如海势聊短述》），一方面是“晚节渐于诗律细”（《遣闷戏呈路十九曹长》），“语不惊人死不休”（《江上值水如海势聊短述》）。近体诗格律在杜甫手里曲尽其妙，不管是成语典故还是口语俗词，经过他的锤炼，都各得其所，闪耀出新的光辉。同时，经过杜甫的努力，近体诗的表现范围大为拓宽，而其内涵也显著丰富。

元稹在《唐故工部员外郎杜君墓系铭》中这样评价杜甫：“上薄风骚，下该沈宋，古傍苏李，气夺曹刘，掩颜谢之孤高，杂徐庾之流丽，尽得古今之体势，而兼人人之所独专矣。”杜甫乐府诗“即事名篇，无复依傍”（元稹《乐府古题序》），影响了随后的元结和中唐元、白等人的新乐府诗。他的五七言巨篇如《北征》、《奉赠韦左丞丈二十二韵》、《自京赴奉先县咏怀五百字》等，纵横捭阖，起伏跌宕，气势磅礴，充分发挥了长篇诗歌叙事而兼抒情的功能。他的五言排律显示了深厚的学养和精湛的艺术功力，他的创作使五言排律从此成为诗国中的一个重要体裁。五七言律诗是杜甫最得心应手的抒情工具。格律对他来说不但不是束缚，反而是能最大限度地展现美的一种形式。七律诗体到杜甫才最后成熟完善，真正表现出情感的巨大容量和特殊的艺术表现力。他不仅把政治内涵引入七言诗体，使七律从应制奉和的狭窄天地步入广阔的世界，成为抒写时事表达情意的重要诗体，而且将议论引入近体绝句。著名的《戏为六绝句》开创了论诗绝句（组诗）的传统。为进一步扩大古近体诗艺术表现的深度和广度，杜甫创造并大量运用了五七言组诗或联章诗的形式，如《三吏》、《三别》、《前出塞五首》、《后出塞五首》、《秦州杂诗二十首》、《绝句漫兴九首》、《诸将五首》等等。总之，杜甫对诗歌尤其近体诗的创造性的贡献是多方面的。他不仅继承了传统，而且光大了诗歌艺术，对后代产生了巨大而深远的影响。他的“诗圣”的冠冕，杜诗集大成的荣誉，就是这样获得的。

安史叛乱带来的社会残破和精神打击，使乱后的许多诗人心上蒙上了一层荫翳。活跃于大历（766—779）年间的诗人们已不再有盛唐诗人那种豪爽、乐观、自信，他们的歌唱也不再那么高亢、雄阔。与几十年前相比，这一时期的诗坛比较低落沉寂，是两次高潮之间的低谷。代表大历诗歌的特点和成就的，是大历十才子和包括刘长卿、皇甫冉、严维、张继、李嘉祐、朱放等人的江南诗人群，以及韦应物、戴叔伦、张志和等人。

大历十才子指钱起、卢纶、司空曙、李端、苗发、耿湋、崔峒、吉中孚、夏侯审、韩翃等十人。十才子和江南诗人群是当时诗坛的两大创作群体，艺术倾向比较相近。他们多以山水风景为题材，力图追步盛唐，写得清淡闲远，却不免在字里行间流露出凄然的身世感慨。他们的诗多用以送行酬赠，诗中出现最多的是对节序变迁的敏感，对人事升沉离合的吟叹，以及对日常生活情事和场景所作的精细的描绘和品味，常夹带着柔美的感喟，而缺乏盛唐诗的浑厚。在诗体上，他们倾向于选用律体，用力于锻字炼句，使诗体变得更加圆润精美。追求深婉柔丽的格调，塑造淡泊宁静的诗境，注重主观情趣的宣达，这种对稍后的韦应物、戴叔伦以及刘禹锡、柳宗元等人特别是晚唐诗坛产生了影响的美学风气，是由大历诗人开创的。在他们当中，成就较高、艺术特色较显著的是刘长卿、钱起、卢纶、李益、司空曙五人。

刘长卿（？—790?）工五言诗，自诩为“五言长城”。他善于即景抒情，写景如画，诗语凝炼，意境清远，堪称王孟的后劲。例如《逢雪宿芙蓉山主人》、《送灵澈上人》等篇。在七言诗上，他也有很深的造诣。《长沙过贾谊宅》就是一首成功的怀古七律。“汉文有道恩犹薄，湘水无情吊岂知”一联，幽怨之中含讥讽。《别严士元》则是一首幽美的赠别诗。刘长卿年辈与杜甫接近，而成名在大历时期，与钱起齐名，并称“钱刘”。

钱起（710?—780?）又与郎士元齐名，并称“钱郎”，他名列十才子之首，在大历诗坛有很高的声望。大历末年，高仲武编《中兴间气集》，把他列为卷上第一人，称他的诗“体格新奇，理致清淡”。这其实也是大历诗坛的普遍风气。钱起最为人称赏的那首《省试湘灵鼓瑟》的空灵的结尾：“曲终人不见，江上数峰青。”也仍然不脱这一风气。

卢纶（？—799?）和李益（748—829）的诗歌题材比较广泛。二人都擅长边塞诗，李益尤以边塞诗著名，有《从军北征》、《过五原胡儿饮马泉》、《边思》、《夜上受降城闻笛》等名篇，反映征人的乡思和悲壮的情怀。卢纶的《和张仆射塞下曲》五绝六首颇有名。卢纶的《晚次鄂州》、《逢病军人》

反映战乱现实，李益的《喜见外弟又言别》和卢纶的《送李端》则在离情别绪中渗出离乱沧桑的慨叹。李益《宫怨》“似将海水添宫漏，共滴长门一夜长”，极尽夸张之妙；《江南曲》“嫁得瞿塘贾，朝朝误妾期。早知潮有信，嫁与弄潮儿”，则饶有民歌风韵。

司空曙（720？—790？）的诗亦多描绘山川景色，抒写羁旅乡愁和悲欢离合的感慨，有时不免有萧瑟之感。《云阳馆与韩绅宿别》与李益《喜见外弟又言别》异曲同工，抒写的是不堪聚散匆匆的黯淡心境和凄冷情调。“雨中黄叶树，灯下白头人”（《喜外弟卢纶见宿》），这种苍凉的感受很有时代特色，但离盛唐之音也愈来愈远了。

韦应物、戴叔伦、顾况等人的创作时代稍晚，介于大历与元和之间。韦应物（737—792？）擅长写山水田园风光，是王孟诗派在中唐的继承者。他的诗风清淡闲雅，与陶渊明相近。《秋夜寄邱二十二员外》清幽古淡，可谓已入化境。《滁州西涧》在萧疏闲逸之中露出不得志的淡淡忧伤。《寄李儋元锡》中“身多疾病思田里，邑有流亡愧俸钱”的自我表白，证明他并未忘记职责，令人肃然起敬。戴叔伦（732—789）一方面以乐府歌行描写农村和边塞，情真词直；一方面以五七绝题咏自然山水景物，清丽蕴藉。顾况（727？—816？）受道家隐逸思想影响，自称华阳真逸，其创作态度与诗风却和元结等人相近，以古雅为宗。他的《囝》、《公子行》较著名。

元和（806—820）时代，盛唐的繁荣已经消逝，虽然王朝倾覆的威胁暂时解除，深刻的政治危机和社会危机并未根除，土地兼并、宦官专权、藩镇割据等严重的社会问题依然存在。诗人普遍怀着中兴的愿望，并深感危机的潜伏，因此立志改革，并企图以诗歌干预现实，传达心声。这集中体现在诗人尤其是元白诗派的创作中。从创作态度与方法上看，这派诗人是现实主义的，从创作目的看，又有较明显的政治功利倾向。而另一些诗人则更多致力于探索诗歌境界的开拓和表现手段的更新，在开拓现实世界的同时，更注重开拓心灵世界和艺术世界。韩孟诗派突出表现了这种美学倾向。元白和韩孟两派互补，构成元和诗坛的主要景观。

如果说，大历诗人还有意无意地效仿盛唐诗风，那么，贞元（785—805）、元和时代的诗人们已越来越强烈地感到独辟蹊径、别开生面的必要性和紧迫性了。韩愈(768—824)是最自觉最突出地在创作中追求新变、创造与盛唐诗迥然不同的风貌的一个诗人。在诗歌上,他创造性地运用了以文为诗的创作手法,更新并丰富了诗的艺术表现手段。

所谓以文为诗,即努力吸收散文句法、章法、结构等因素,剥落诗中过多的词藻、音色的装饰,使诗更明显地露出它的骨干和本质,从而打破诗歌尤其是近体诗发展到中唐时代已日益深厚牢固的对仗、粘连、平仄等传统格式,突破各种陈规旧式,通过局部的反均衡、反和谐,达到整体的新的和谐和均衡。为避免诗语流滑,韩愈在诗中大胆使用生硬奇崛的字词与意象,发掘前人不敢或不屑使用的诗料,开辟出狠重奇险的艺术境界。许多原来不美的甚至丑的东西经他的诗笔点化,变腐朽为神奇,放出令人惊讶的光辉,虽然这也导致某些诗作的险怪晦涩,佶屈聱牙。可以说,韩愈诗以不美为美、以丑为美、以非诗为诗,为诗歌树立了一个新的美学标准。这一新标准对当时的年轻诗人李贺、贾岛、卢仝等人很有吸引力,他们都以不同方式起而响应。

韩愈以散文笔法创作的诗作有清劲疏畅和怪僻生涩之别。后者如《南山诗》、《城南联句》、《陆浑山火》、《月蚀》等篇,奇才博学,光怪陆离,比较难读。前者则一般读者比较容易欣赏,因而知名度更高,如《山石》、《雉带箭》、《谒衡岳庙遂宿岳寺题门楼》、《八月十五日夜赠张功曹》和《左迁至蓝关示侄孙湘》等。今举古今体诗各一首:

山石荦确行径微,黄昏到寺蝙蝠飞。升堂坐阶新雨足,芭蕉叶大栀子肥。僧言古壁佛画好,以火来照所见稀。铺床拂席置羹饭,疏粝亦足饱我饥。夜深静卧百虫绝,清月出岭光入扉。天明独去无道路,出入高下穷烟霏。山红涧碧纷烂漫,时见松枥皆十围。当流赤足踏涧石,水声激激风吹衣。人生如此自可乐,岂必局束为人鞿?嗟哉吾党二三子,安得至老不更归。

——《山石》

一封朝奏九重天,夕贬潮州路八千。欲为圣明除弊事,肯将衰朽惜残年。云横秦岭家何在？雪拥蓝关马不前。知汝远来应有意，好收吾骨瘴江边。

——《左迁至蓝关示侄孙湘》

《山石》写一天游踪，纯用山水游记笔法，跌宕起伏，照应从容，章法自然，针线细密，简洁中见遒劲，流畅中寓壮美。《左迁至蓝关示侄孙湘》纵横开合，以文章之法行于律诗，以虚词连串直叙，浑成而沉雄，可谓善于学习杜甫七律而别开生面。

韩愈学力深湛，才具多方。他的诗不仅能“横空盘硬语，妥帖力排奡”（《荐士》），显得古朴苍劲，也会“奸穷怪变得，往往造平淡”（《送无本师归范阳》）。七绝如《晚春》、《早春呈水部张十八员外二首》等，清新明丽，自然淡雅，体现了他传趣写景的技巧和深厚的艺术功底。

韩愈的好友孟郊（751—814）字东野，对韩愈诗风的形成起过一定的影响。他一生穷困潦倒，前人以“寒瘦”评他和贾岛的诗，其实正是清苦的生活经历和心理体验的自然流露。他长于五言诗，工于锻炼字句，语言精警，而总体风格却以古淡瘦劲为主。穷愁寒苦的声音经常自觉或不自觉地渗入诗作的字里行间。他嗟叹老病穷愁的《秋怀》其二可以代表这一类型的诗风：

秋月颜色冰，老客志气单。冷露滴梦破，峭风梳骨寒。席上印病文，肠中转愁盘。疑虑无所凭，虚听多无端。梧桐枯峥嵘，声响如哀弹。

这里的色调是冷峭的（“冰”“冷露”“峭风”“梳骨寒”），气氛是衰飒的（“老”“单”“破”“骨”“枯”），情绪是低沉的（“病”“愁”“疑虑”“哀”），而造句却十分凝炼有力，露能滴进梦里，风可梳理瘦骨，尤为奇警。金代元好问《论诗三十首》之十八评价他为：“东野穷愁死不休，高天厚地一诗囚。”应当说，孟郊是自愿作诗神的奴隶，将穷困的一生奉献给了诗歌创作。虽然他也有一些质朴自然情真意切的小诗佳作，如歌颂伟大而高尚的母爱的《游子吟》,但人们往往只记住他的瘦硬诗风和苦吟态度。在这个时候,他的名字往往跟贾岛一起出现。

贾岛(779—843)的生活经历和创作态度与孟郊相似,而苦吟的名声比孟郊更大。作诗几乎是他生活的全部,成为他生命的支柱。“一日不作诗,心源如废井”(《戏赠友人》)。他的一些传诵甚广的诗句,如“鸟宿池边树,僧敲月下门”(《题李凝幽居》)、“秋风吹渭水,落叶满长安”(《忆江上吴处士》)、“独行潭底影,数息树边身”(《送无可上人》)都是在极其痴迷忘我的状态中创作出来的。贾岛也喜欢创造幽僻清奇的意境,感叹自己愁苦坎坷的际遇。他擅长五律,尤爱锤炼五律中间两联。这一艺术嗜好及风格取向对中晚唐诗尤其是晚唐的苦吟诗人有显著影响。与贾岛齐名的姚合(775? —855?)以五律见长,多写萧条荒凉的凋弊风景,洗静秾丽色泽而趋向浅淡,与贾岛的艰硬瘦苦不同,以《武功县中作》三十首最著名,但也仍有格局窄小、气度衰弱的缺点。

9世纪初年,青年诗人李贺(790—816)像一颗闪亮的流星划破中唐诗史的天空。李贺是个胸怀大志、十分自负而又极端敏感的诗人,却不公平地受到排挤压迫。他将自己的忧郁、苦闷、悲伤、愤懑、控诉一概倾注于诗,成为中国诗史上最著名的歌唱忧郁和苦闷的诗人。李贺对时间怀着飘忽、虚幻以及浓重的感伤意识。他喜欢用沉重的色彩、凄冷的字眼,喜欢使用坟墓、鬼魂、地狱、黑夜、血泪、死亡、哭泣等意象,正是与他内在的幽冷悲苦的情感心理同构的。诡怪的想象,诞幻的构思,冷艳的色彩,跳跃的空间,奇异的感觉,塑造了李贺与众不同的审美个性。奇情异想、大胆夸张和变形手法使李贺诗歌的措辞具有极其强烈的主观色彩和个性化特征。“独携大胆出秦门,金粟堆边哭陵树”(《吕将军歌》),“一双瞳人剪秋水”(《唐儿歌》),“缸花夜笑凝幽明”(《河南府试十二月乐词·其十月》),“天若有情天亦老”(《金铜仙人辞汉歌》),“羲和敲日玻璃声,劫灰飞尽古今平”(《秦王饮酒》)。这些非常规、非理性的遣词造句、意象组合,却是很主观化、感性化、风格化的。李贺善于把精微的感觉印象化为曲折峭奇的艺术形象,如《李凭箜篌引》:

吴丝蜀桐张高秋，空山凝云颓不流。江娥啼竹素女愁，李凭中国弹箜篌。昆山玉碎凤凰叫，芙蓉泣露香兰笑。十二门前融冷光，二十三丝动紫皇。女娲炼石补天处，石破天惊逗秋雨。梦入神山教神妪，老鱼跳波瘦蛟舞。吴质不眠倚桂树，露脚斜飞湿寒兔。

运用现代美学所谓艺术通感的原理，再现了丰富的感觉印象，使这首描绘音乐的诗别出心裁，光怪陆离而又动人心魄。他继承了从屈原到李白的浪漫主义诗歌传统，又从六朝乐府、齐梁艳体诗中搜奇猎艳，加以新奇的感觉、丰富的想象、峭奇诡异的语言，创造了冷艳幽美的诗的意境。“笔补造化天无功”（《高轩过》），正是这个诗坛鬼才呕心沥血的原因和目的。

总之，在审美心理上，正如余光中所说的，韩愈周围的几个诗人几乎都有因精神压抑苦闷而造成的心理变态和灵魂扭曲。在李贺，是一面玩赏自己凄冷悲伤的心境，一面表现自大与才能，“在孟郊和贾岛，这种变态是自卑加上自怜”。在艺术表现上，他们的诗歌世界往往是超世俗、怪异、畸形的，他们的诗写得晦涩、乖戾、背理，在“文字上古僻生冷，浓重拙露；在结构上，不规则而且不流畅；在习用的古风之中显示出散文的倾向；在音响上，好用突兀险仄之声，狭促而不谐和；在意象上，轮廓显著而笔触有力，往往纷繁而且复叠”（《从象牙塔到白玉楼》）。

元白诗派及其新乐府诗在元和长庆（821—824）间异军突起。所谓新乐府是针对古乐府（乐府古题）而言。建安时代曹操等人已借用乐府古题写时事，初唐长孙无忌、刘希夷等人在乐府古题外，间或创用新题。杜甫《悲陈陶》、《哀江头》、《兵车行》、《丽人行》等篇，以乐府诗体写时事，并即事名篇，其中所蕴涵的现实主义精神与创作方法，对于中唐诗人有重要启迪。最初，李绅创作了《新题乐府》二十首，接着元稹作《和李校书新题乐府二十首》。白居易更推广为《新乐府》五十首，正式将新题乐府定名为新乐府。诗的形式多为杂言歌行体，内容则多写时事，有所讽刺。虽然标名乐府，其实只有内在的现实精神与古乐府相通，形式上已全不入乐。白居易提出了“文章合为时而著，歌诗合为事而作”（《与元九书》），“惟歌生民病，愿得天子知”（《寄唐生》）的主张，力图以诗歌反映中唐时代的现实和社会矛盾，对时政有所裨益。他对新乐府诗要求“其辞质而径，欲见之者易喻也；其言直而切，欲闻之者深诫也；其事核而实，使采之者传信也；其体顺而肆，可以播于乐章歌曲也”（《新乐府序》），还效法《诗经》和《诗小序》，采取“首句标其目，卒章显其志”的写作方法，使主题显豁。总之，通俗化和明确的目的性是新乐府的两大特点。张籍、王建二人在创作中参用乐府新题古题，在反映民生疾苦、揭露社会黑暗方面，对元白等人起了先导作用。

白居易（772—846）曾将自己的诗分为讽谕诗、闲适诗、感伤诗、杂律诗四类。《秦中吟》十首和《新乐府》五十首都属于他所谓讽谕诗。《秦中吟》中的《重赋》、《轻肥》、《歌舞》、《买花》等篇，《新乐府》中的《上阳白发人》、《红线毯》、《杜陵叟》、《缭绫》、《卖炭翁》、《新丰折臂翁》、《涧底松》等篇，都讽谕时事，语言浅显易懂，笔法爽直，主题豁然，传诵甚广。《轻肥》讽刺那些乘肥马衣轻裘、奢侈腐化而不顾人民死活的达官贵人。《卖炭翁》中斥责扰民的宫市，其题下小注：“苦宫市也”，即所谓“首句标其目”，末句“半匹红纱一丈绫，系向牛头充炭直”，即“卒章显其志”。白居易的新乐府诗还长于叙事，善于塑造人物的典型形象，在叙事中融入鲜明的感情倾向，曲折动人。他又善于以新锐的立意，在通俗浅显的语言中制造峭奇的警句，如“是岁江南旱，衢州人食人”（《轻肥》）和“一丛深色花，十户中人赋”（《买花》），“地不知寒人要暖，少夺人衣作地衣”（《红线毯》），常能收到触目惊心的艺术效果。

被白居易划归感伤诗的《长恨歌》和《琵琶行》，是长篇叙事诗的杰作。这两首诗都有曲折的故事情节和浓郁的抒情气氛，叙事状物求实而又不拘泥于实，在流丽的描绘中寓有隽永的情味。《长恨歌》叙述唐玄宗和杨贵妃的爱情故事，虚实相间，详略得当，在比喻的运用、神态的描摹、情景的传达、气氛的烘托等方面都有独到的功夫。《琵琶行》中描写琵琶音乐一段，绘声绘色，妙喻迭出，尤见功力。这两首长篇歌行使白居易享誉当世及后世，足见其艺术魅力。白居易闲适诗为数不多，也有一些好的篇章，包括一些流连诗酒光景的“小碎篇章”，虽然情趣盎然，韵味悠永，但不足以代表其诗歌成就。

元稹(779—831)与白居易关系密切,唱和甚多。数十年的友谊,使他们在诗的风格、题材、作法、主张等方面都相互呼应、彼此影响。元稹乐府诗的数量、质量都不及白居易。他的两首有名的长篇叙事诗《连昌宫词》和《会真诗》,与《长恨歌》、《琵琶行》相比,也略逊一筹。从诗里看,元稹异常珍视友谊和感情,他与白居易、刘禹锡等人的深厚情谊在中唐诗坛传为佳话。他与友人的酬赠诗篇写得一往情深,如《闻乐天授江州司马》、《酬乐天频梦微之》、《得乐天书》、《重赠乐天》等。他的悼亡诗以缠绵哀婉的音调,吟唱夫妻之间的燕婉恩爱,表达了对其亡室韦丛的怀念。“惟将终夜常开眼,报答平生未展眉”(《遣悲怀三首》之三),“曾经沧海难为水,除却巫山不是云”(《离思》),都是感人至深的凄艳情语。

李绅(772—846)先于元白创作了《新题乐府》二十首,遗憾的是,这些诗作全都失传。传世的《追昔游诗》三卷“饰智矜能,夸荣殉势”(《直斋书录解题》卷十九),缺乏艺术欣赏价值。倒是那不起眼的《古风》二首四十字使我们看到诗人的仁爱之心,为他赢得了不朽的诗名。

张籍(766? —830?)、王建(766? —830?)虽然与韩、孟等人也有交往,但从创作倾向上说主要属于元白一派。张、王乐府兼用古题和新题,较注重用笔的含蓄、叙述的具体,议论铺叙较少,语言于平易晓畅中见简净,这就减少了直、露、尽一类的疵累。张籍《野老歌》、《猛虎行》、《征妇怨》、《估客乐》、《成都曲》、《凉州曲》等都是其乐府诗中的佳作。《秋思》诗云:“洛阳城里见秋风,欲作家书意万重。复恐匆匆说不尽,行人临发又开封。”以异常的行为表达异常浓厚的思念,既精巧别致,又平淡自然,确是“看似寻常最奇崛,成如容易却艰辛”(王安石《题张司业诗》)。王建乐府诗风格与张籍大同小异,《望夫石》、《水夫谣》、《羽林行》、《温泉宫行》是其代表作。《望夫石》以少总多,蕴蓄丰富,仿佛信手拈来,实则笔力遒劲。其五七绝新巧清美,饶有意趣,如《新嫁娘词三首》其一和《十五夜望月》。《宫词》一百首当时传播颇广,仿效者亦多,但水平参差不齐,有凑数之嫌。

此外,当时诗坛上能卓立于韩孟元白二派之外、自成一家的人只有柳宗元(773—819)和刘禹锡(772—842)二人。诗歌只是柳宗元多方面成就的一部分,他的诗“发纤秾于简古,寄至味于淡泊”(苏轼《书黄子思诗集后》)。古淡是柳宗元和韦应物诗风的共同特征,渊源于东晋陶渊明和盛唐王孟一派。但柳宗元同时吸收了谢灵运山水诗创作的艺术经验,古淡之中蕴涵有精密的构思。他以细致的观察,洗炼的句法,在冷寂的山水间寄寓了骚人的郁悒幽怨,呈现出与韦应物不同的精深峻洁的风貌。其山水诗多用五古体,多作于寄情山水的贬谪岁月,如《南涧中题》、《秋晓行南谷经荒村》、《雨后晓行独至愚溪北池》、《中夜起望西园值月上》。

杪秋霜露重,晨起行幽谷。黄叶覆溪桥,荒村唯古木。寒花疏寂历,幽泉微断续。机心久已忘,何事惊麋鹿?

——《秋晓行南谷经荒村》

千山鸟飞绝,万径人踪灭。孤舟蓑笠翁,独钓寒江雪。

——《江雪》

晚秋幽谷,黄叶堆积;荒村古木,寒花幽泉;幽冷甚至凄清的意境是柳宗元山水诗所偏爱的。《江雪》则以漫山遍野的雪与一个微不足道然而孤傲的老翁相对,突出了诗人清高峻洁的人格形象。柳宗元的近体诗最工于酬寄赠别,《与浩初上人同看山寄京华亲故》、《登柳州城楼寄漳、汀、封、连四州刺史》、《别舍弟宗一》、《酬曹侍御过象县见寄》,或深情绵邈,或沉郁壮阔,音韵清畅,与五古山水诗相比,别是一番风味。

刘禹锡和柳宗元一样在政治失败后被贬,但贬谪并没有摧毁诗人坚韧的性格,反而使他更接近民生和民间文化。刘禹锡从民歌中吸取营养,创作了一批清新活泼情趣盎然的好诗,如《插田歌》、《竹枝词九首》、《踏歌词四首》、《杨柳枝词》、《浪淘沙九首》,取得了时人无法匹敌的成就。他的诗歌语言洗炼明朗,风格清新婉丽,既没有元白那么率尔直露,也不像韩孟那么恣意挥洒,而有婉转含蓄之妙。他的七绝大多玲珑巧妙,意味深长,咏史怀古诗尤其脍炙人口。《金陵五题》曾博得白居易的高度赞扬,其中的《石头城》、《乌衣巷》两篇尤其广为传诵。刘禹锡与柳宗元同中有异:柳诗峻洁,而刘诗华美;柳诗精深,而刘诗婉丽;柳诗幽折,而刘诗明快;柳诗得力于谢灵运,刘诗受益于民歌。

从整体上看，中唐是唐诗的中兴期，诗人追求新变，在盛唐诗丰厚的基础上又有所发展，盛极一时，是唐诗史上承先启后的重要阶段。

从9世纪20年代中期开始，唐诗迈上它最后一段里程——晚唐(825—906)。这一时期，由于藩镇割据尾大不掉，愈演愈烈，日益威胁中央政权的统治；经济衰竭，阶级矛盾加速激化，造成政治混乱不堪和社会动荡不安，唐王朝最终在农民起义和藩镇叛乱的双重打击下倾覆。诗人在这种萧飒衰微的社会文化心理氛围中，歌唱心灵的郁闷和忧伤，抒写旅途的见闻和感触，感慨历史的沉重，赞叹黄昏的凄美。他们也用诗讽刺揭露时弊，但他们的诗笔更深入内心幽隐之处，更重视抒写性灵。同时，咏史怀古诗的显著增多也是晚唐诗坛的一个突出现象。晚唐诗努力的方向不是气象的雄健阔大，而是艺术的幽深精整。他们的胸襟气魄和诗的格局一起渐次衰减萎缩，比不上中唐前辈，更比不上盛唐诗人。这不是因为他们江郎才尽或禀性柔弱，而是时代大气候使然。晚唐诗所表现的阴柔美和病态美，除了受美学思潮的辩证发展规律的支配和新兴的以柔丽清婉为宗的词体的影响以外，本质上是病态软弱的现实社会的反映。

从敬宗宝历初到宣宗大中末(825—859)，是晚唐的前期。这一时期的主要诗人有张祜、杜牧、李商隐、温庭筠。许浑、陈陶、李群玉、雍陶等人也颇有诗名。张祜(782？—852?)在当时颇著诗名，后来诗作多佚，诗名一度湮没不彰。他的诗受张籍、王建影响较深，风格与王建尤近。他善于写乐府诗和宫词，也和王建相同。其《宫词》云："故国三千里，深宫二十年。一声何满子，双泪落君前。"这首诗以凝炼之笔写宫怨，连用四个数字而不觉堆砌，在遥远的空间上重叠以漫长的时间，更加重了怨情凝聚的分量，很受时人赏识。张祜七绝《题金陵渡》用笔细腻轻灵，意境宁静清幽，情景宛然可见。《集灵台二首》意在言外，语浅意深，辛辣讽刺了杨氏一门的嚣张气焰，并巧妙揭露了杨贵妃的三姐虢国夫人与玄宗的暧昧关系。《纵游淮南》的"人生只合扬州死，禅智山光好墓田"，以死入诗，措辞奇险，语调斩截，出奇制胜。

杜牧(803—852)出身仕宦之家，是清贵子弟，他的思想既有积极入世、抱负远大的一面，又有轻狂薄幸的浪漫一面。他最擅长七绝，几乎可以说是晚唐第一高手，只有李商隐差可与之比肩。其特点是俊爽流美，风流蕴藉，内容与形式相辅相成。叙述自己罗曼蒂克的经历，洋溢着浪漫情调，间或散发着轻狂意味的诗占去杜牧七绝的一大部分，如《寄扬州韩绰判官》、《赠别二首》、《遣怀》等。以下是《赠别》之一和《遣怀》：

娉娉袅袅十三余，豆蔻梢头二月初。春风十里扬州路，卷上珠帘总不如。

——《赠别》之一

落魄江湖载酒行，楚腰纤细掌中轻。十年一觉扬州梦，赢得青楼薄幸名。

——《遣怀》

而在《过华清宫绝句三首》中表现出来的则是一个截然不同的热诚参预政治生活的正直的杜牧。他的咏史诗有情有识，意味深长，时而露出旖旎的风韵，如《赤壁》、《泊秦淮》、《金谷园》、《题乌江亭》等。杜牧还有一些写景纪行的小诗，清丽生动，人见人爱，如《清明》、《秋夕》、《将赴吴兴登乐游原一绝》。他的古体诗和律诗学习杜甫、韩愈，抒写理想抱负和表现社会政治题材，往往豪健跌宕，流丽遒劲，只是传诵不如其七绝广。

与杜牧并称小李杜的李商隐（813—858）字义山，号玉溪生，以其独创的迷人风格吸引了后世众多诗人和读者。李商隐一生沉沦下僚，夹在牛李党争中左右为难，尝尽风尘苦辛。他的诗感时伤事或自伤遭际，往往出以比兴寄托，用意精微幽深。李商隐转益多师，杜甫、韩愈的句法在他手里变得更加精密多样，庾信、李贺的色调在他手里变得更为绚丽斑斓。典故的正用、反用、明用、暗用、连用、活用等，更是义山诗的一大特长和贡献，虽然有时也难免艰僻晦涩。在杜甫以下七律诗体后难为继的境况下，李商隐以勇敢的开拓和天才的创造，使七律形式更精致，内涵更丰富，开辟了新的艺术境界。他的七绝往往寄托深而措辞婉，与杜牧异曲同工。“君问归期未有期，巴山夜雨涨秋池。何当共剪西窗烛，却话巴山夜雨时”

(《夜雨寄北》),即以情深辞婉为人称诵。五古长诗《行次西郊作一百韵》远绍杜甫《北征》,气势磅礴,是一首史诗式的鸿篇。另一首五古长诗《骄儿诗》远承西晋左思《娇女诗》而别出心裁,纯用白描,在充满怜爱的生动活泼的情趣中,透露出父亲的谆谆叮嘱、沉重感慨和殷切期望。

李商隐无题诗题旨最朦胧,却最负盛名。从形式上说,无题诗包括标名无题或径取首句前二字为题这两种类型。从内容上说,有的无题诗纯为描写爱情经历和恋爱心理,有的无题诗则有深隐曲折的比兴寄托。对于一首诗是否有寄托以及具体寄托什么,往往有多种不同的说法,《锦瑟》诗最为典型:

> 锦瑟无端五十弦,一弦一柱思华年。庄生晓梦迷蝴蝶,望帝春心托杜鹃。沧海月明珠有泪,蓝田日暖玉生烟。此情可待成追忆,只是当时已惘然。

有人认为是自伤身世,有人认为是悼亡诗,有人认为乃描写锦瑟适怨清和之声,有人认为是恋爱诗或艳情诗,还有人认为其意在自题诗集以开卷,众说纷纭,见仁见智。即使我们难以准确把握此诗的内在意旨,仍会为其词藻声色的美丽而击节赞叹。这正是义山诗的独特魅力所在。

李商隐咏物诗更是词婉意深的典范,寄托了诗人的高情远意,如《落花》、《柳》和下面这首《蝉》:

> 本以高难饱,徒劳恨费声。五更疏欲断,一树碧无情。薄宦梗犹泛,故园芜已平。烦君最相警,我亦举家清。

既没有虞世南咏蝉的清华,也没有骆宾王咏蝉的高洁,只是自伤遭际的悲惋之语,空灵传神,自是咏物诗的上乘之作。他还擅长咏史怀古,名篇有《贾生》、《咏史》、《北齐二首》、《隋宫》、《筹笔驿》等,深婉精妍,颇多警策之句。他又善于以七律写时事,最得杜诗沉郁顿挫的神韵,笔力雄健,气格浑厚,其用典精巧,措辞深婉,较杜甫有过之而无不及,如《重有感》抒发诗人对甘露之变后昭义军节度使刘从谏上书指斥宦官一事的感慨，雄厚而沉重；《马嵬》借玄宗被六军所逼在马嵬赐死杨贵妃之事，讽刺玄宗的自私和虚伪，词锋犀利。

温庭筠(812—870)的诗风和李商隐相近，与李商隐齐名，并称温李。但他的诗一方面不如义山诗雅正，一方面又比义山诗清浅，繁密秾丽胜过义山，而用意微婉寄托遥深则有所不及。温诗艺术渊源主要是南朝的吴歌西曲、梁陈宫体诗和李贺诗，还有当时新兴的清丽艳缛的曲子词风。《湘宫人歌》、《三洲词》等作品中都能看到吴歌西曲和李贺诗的影响。温庭筠的咏史怀古诗和山水行旅诗也颇有特色。咏史怀古诗往往沉郁、清健、深厚；山水行旅诗则写景新切，体物工细，意境清朗，别具一格。《蔡中郎坟》中“今日爱才非昔日，莫抛心力作词人”的沉重感慨，深远寄托，可与《过陈琳墓》并读。《商山早行》中“鸡声茅店月，人迹板桥霜”一联，情景交融，状难写之景如在眼前，含不尽之意见于言外，是极负盛名的写景佳句。

许浑(788？—858)擅长律诗，尤工怀古登高题材。他的诗圆稳律切，与温、李、杜均不同。所谓圆稳律切，是指他律法圆熟，属对工稳，组织密致，虽时有挺拔精警之句，总的趋势却朝着稳妥的方向走。这使他的诗易于揣摩体会，便于初学。许浑对律诗的中间两联特别用力雕炼。《秋日赴阙题潼关驿楼》中的“残云归太华，疏雨过中条。树色随关迥，河声入海遥”，《登洛阳故城》中的“水声东去市朝变，山势北来宫殿高”，《咸阳城东楼晚眺》中的“溪云初起日沉阁，山雨欲来风满楼”，都是为许浑赢得盛誉的名联。《金陵怀古》一篇雄浑清壮，感慨淋漓，写出了人生的悲剧感和历史的沧桑感。

当时及稍晚的有名的诗人还有写过“可怜无定河边骨，犹是春闺梦里人”(《陇西行》)的陈陶；诗语通俗的李涉；仕宦贵显并编过《御览诗》的令狐楚；以《黄陵庙》诗著称的李群玉；诗人姚合的女婿李频；诗风接近于姚合、贾岛一派的雍陶、方干、马戴；作风与许浑相近似，以《长安秋望》之“残星几点雁横塞，长笛一声人倚楼”一联警句而得名“赵倚楼”的赵嘏；十分自负、喜欢标新立异的薛能；以及并称曹刘，常以诗指刺时弊，在精神上与元白新乐府运动相通的诗人曹邺、刘驾等。

懿宗大中元年(859)以后,唐王朝在此起彼伏、持续不断的农民起义、藩镇的争权割据、宦官的专横弄权中摇摇欲坠。这是一个走向穷途末路的时代,诗人心灵更加幽暗、消沉,更加悲哀、凄凉。“久经离乱心应破,乍睹升平眼渐开”(罗隐《送章碣赴举》)。“虽然诗胆大如斗,争奈愁肠牵似绳”(陆龟蒙《早秋吴体寄袭美》)。在无望和无奈之中,他们或者坚持抵抗,或者悲愤难言,或者更严密地掩盖起自己,在诗歌世界里构筑一个没有狂风暴雨的平静港湾。他们在诗的形式、体裁上投入更多精力,如皮日休、陆龟蒙相与唱和的杂体诗种种,以此排遣闲暇的愁闷,从中获得一些成功的喜悦和快慰,恢复心理的平衡。与当时的文艺美学思潮相对应,这一时期的诗歌从宏观上可以区分为三大系列或类型。第一类风格质实朴素,多是反映现实关怀民生疾苦的诗,以罗隐、皮日休、陆龟蒙、杜荀鹤、聂夷中等人为代表。第二类诗风清淡自然,以韦庄等人为代表。第三类诗作清丽绮艳,为韩偓、吴融、郑谷等人所倡导。

皮日休(834? —883?)与陆龟蒙(? —881?)并称皮陆。他们不仅写小品文讽刺时弊,还用诗来暴露现实的丑恶、政治的黑暗。皮日休的《正乐府十篇》是中唐新乐府在晚唐的嗣响。《橡媪叹》、《农父谣》、《哀陇民》等是其中的代表作。他的怀古诗也反映出忧时愤世的情绪。《馆娃宫怀古》和《汴河怀古》讥嘲前代统治者,议论有独到之处。陆龟蒙忧时愤世诗作的数量不及皮日休,锋芒也不如皮日休尖锐,但《新沙》“蓬莱有路教人到,应亦年年税紫芝”之句,却设想新奇,语调爽利,是对晚唐时代苛捐杂税的深刻揭露和辛辣讽刺。杜荀鹤(846—904)的名篇《山中寡妇》中有两句:“任是深山更深处,也应无计避征徭”,正可引为陆龟蒙诗的注脚。《松陵集》是皮陆的唱和诗集,其中有不少吟赏风物、流连光景的优游恬淡之作。他们还试作了不少杂体诗,如双声叠韵诗、四声诗、离合诗等,表现出对诗歌形式的浓厚兴趣。《和袭美春夕酒醒》是恬淡诗中写得较好的一篇,这说明皮陆二人在愤世嫉俗之外还有闲旷的一面。

罗隐(833—910)诗多为近体,用口语,通俗晓畅。他的讽刺诗善于运用比兴,托物寓志,往往冷隽新奇,颇有锋芒,如《蜂》、《柳》、《金钱花》、《鹦鹉》、《黄河》等。“采得百花成蜜后,为谁辛苦为谁甜?”(《蜂》)已是流传众口的名句。罗隐另有一批悲慨身世的诗作也写得真切动人，只是情绪不免愤激颓唐："今朝有酒今朝醉，明日愁来明日愁"(《自遣》)。"我未成名君未嫁，可能俱是不如人?"(《赠妓云英》)

聂夷中(837—884?)和唐彦谦(? —893?)也以比较朴素浅显的诗歌语言，直面现实，意旨颇为深刻。聂夷中《公子家》与《咏田家》通过对不同社会阶层的两个家庭苦乐的描写，浓缩地展现了末世的腐败和没落，倾注了诗人强烈的爱憎。唐彦谦《采桑女》与聂夷中《咏田家》相辅相成，殊途同归。杜荀鹤诗反映的现实生活面较广，或感讽时事，或咒骂昏官污吏，或同情孤苦无助的人民，落笔大胆直率，语言通俗晓畅，但有时也摆出闲远的姿态，发些迂拙的议论。《山中寡妇》写得悲愤而沉痛。《再经胡城县》以匪夷所思的构思，在读者心中激起义愤填膺的美感效应。

韦庄(836? —910)一生辗转播迁，诗中有浓厚的思乡怀旧情绪，有沉重的沧桑感慨，笼罩了一层凄迷忧伤的色调。他的诗风介于淡泊自然和清丽绮艳之间，以清丽为主，其律绝最为典型。不同的是，绝句更清新蕴藉，律诗则较深婉圆整。在他写时事的诗作中，最重要的是那首失传近千年而于本世纪初在敦煌石窟重见天日的叙事长篇《秦妇吟》。诗人假托一个黄巢占领长安时逃难离京的秦妇之口，生动地描绘了黄巢占领长安前后那一地区的社会状况，场面壮阔，既写到黄巢部队的破坏行为和对人民的骚扰，也揭露了统治者昏庸腐朽和藩将拥兵自保，更大胆尖锐地控诉了官军的贪婪残暴。这是一篇既有认识意义、又有艺术价值的优秀的叙事诗。

韩偓(844—923)一生以挽救风烛残年的唐王朝为己任，然而内忧外患交至，使他独木难支，束手无策，留下终生遗恨。韩偓是个早熟的诗人，才华富赡，词采密丽。他继承了杜甫、李商隐以七律写时事的传统，把律对精切和清丽绮艳相结合，将沉郁顿挫苍凉悲慨的意绪纳入这种词章形式的轨道，熔铸出凄迷芊丽、悲凉沉痛的诗风。他的七律颇存杜、李风调，代表了唐末七律诗的最高水准。《惜花》、《春尽》借时序和景物抒发内心的落寞沉哀；《故都》以故都象征国运，家愁国恨打并到一起，笔调凄婉而激越。他的七绝清新芊丽，如："碧阑干外绣帘垂，猩色屏风画折枝。八尺龙须方锦褥,已凉天气未寒时。”(《已凉》)这也是他的《香奁集》中许多诗的风格特点。《香奁集》诗多以男女情爱女色为题材,有的偏于靡丽绮艳,有些甚至泛滥为下流,成为后代色情诗人的范本。但是,自宋至今,始终有人认为《香奁集》是以男女艳情写君臣际遇,含有政治比兴。

吴融(？—903)诗词采靡丽,音节谐雅,尚存中唐遗韵。他善于写景状物,往往精工。《子规》中的杜鹃啼声,《途中见杏花》中的一枝红杏,都融入乡关之思、行旅之愁、流离之悲、故国之恨。他的感怀时事的诗不如韩偓多样而深沉,风格也较韩偓为疏淡。郑谷(851?—910?)著诗名于懿宗咸通(860—874)间,与张乔、喻坦之、剧燕、任涛、吴罕、张蠙、周繇、李栖远、温宪、李昌符、许棠等十二人合称“十哲”,后世称为“咸通十哲”。他的《鹧鸪》诗遗貌取神,以环境烘托神韵,颇为警绝,当时人称他“郑鹧鸪”。总的来看,他的诗轻快流丽,以写景咏物或个人感兴为主。

此外,晚唐还有一些有创作特色的诗人,如章碣、曹松、崔道融、女诗人鱼玄机、崔涂、僧齐己和专攻《游仙诗》的曹唐。好写咏史诗的胡曾、汪遵、周昙、孙元晏等人,诗作气格卑浅,上乘作品不多。而当他们频频回顾过去的时候,唐诗也一步步走进了历史。

第十四章　古文运动及其前后

古文运动的远源　　唐代古文运动的社会文化基础　　古文运动的基本内容　　古文运动与辟佛　　韩愈的文学主张:使命感、语言新创、言与气　　韩愈的古文创作　　柳宗元与《永州八记》　　柳宗元的其他古文创作　　柳宗元的创作主张　　宋代古文运动的推阐　　中唐:新的文学语言的上升点

六朝时代,对文学作品有“文”、“笔”之分,历来虽然有种种不同的解释,但都承认其最基本的区别为:“文”是抒情的,“笔”是应用的。所以在那个时代,凡是有色彩、对仗、音节之美的作品,无论诗、赋还是骈文,都可以归之于“文”。凡是一切诏令、奏议之类,则都可以归之于“笔”。但当时整个文坛是被以骈偶、声律、用典等为特征的文学风气所支配的,这样一来,“笔”也就渐渐浸染“文”风。在南朝后期,此风越演越烈,在北朝也有相当大的影响,直到北朝后期,这一风气才遇到一些抵抗。北朝宇文泰时代,曾经为了推行其关陇本位政策,提倡文体改革。他所宠信的文臣苏绰仿照《尚书》的文体,写了一篇《大诰》,作为复古文章的榜样。隋文帝开皇四年(584),又曾诏令“公私文翰,并宜实录”。当时李谔也曾上书文帝,批评江左齐、梁文风的弊病:“连篇累牍,不出月露之形,积案盈箱,唯是风云之状。……至如羲皇、舜、禹之典,伊、傅、周、孔之说,不复关心,何尝入耳。以傲诞为清虚,以缘情为勋绩,指儒素为古拙,用词赋为君子。

故文笔日繁，其政日乱。良由弃大圣之轨模，构无用以为用也。”（《隋书·李谔传》）

这一系列起源于北朝的文体改革运动，由于种种原因，没有发生很大的效果，但却成为唐代古文运动的重要源头之一。唐代继承了北朝的政治文化传统，在创作上，唐代初年明显地受着南朝文学轻艳作风的影响，然而在理论上，却是一贯地反对那种唯美的倾向的。这些论点，主要地保存在唐初所修的六朝史书的文苑传、文学传的序赞中，例如《隋书·文学传序》说：“梁自大同之后，雅道沦缺，渐乖典则，争驰新巧。简文、湘东启其淫放，徐陵、庾信分路扬镳。其意浅而繁，其文匿而彩，词尚轻险，情多哀思。格以延陵之听，盖亦亡国之音乎？”《北齐书·文苑传赞》还总结出了“雅以正邦，哀以亡国”的原则。这就完全可以看出，唐朝统治者要求作为上层建筑之一的文学更多地关心自己的基础，更多地为当时的政治服务，这也就是这一种文学复古运动产生的政治文化基础。

从8世纪起，逐渐有人从创作方面来实践这些理论，如李华、萧颖士、元结、独孤及、梁肃、柳冕等人，都曾在这一方面努力过。他们的文章，以奇句代偶句，以朴素代华丽，形成了与骈文相对立的古文。事实上，古文也就是散文。其所以要称为古文，则是与载道这一观念密切相结合的。在理论上，特别是在有关文与道、气与言的论述中，韩愈也显然受到了这些前辈的影响，对他们的理论主张有所继承，也有所修正和发展。经历了安史之乱的沉重打击以后，唐朝统治阶级迫切要求恢复封建秩序，而新兴进士阶层也普遍怀着中兴的希望。以满足统治阶级这一要求为手段，以达到自己的政治要求为目的，他们举起了反对骈俪的古文的旗帜。韩愈是古文运动的中坚人物，也就是古文这一名词的创造者。他说：“愈之为古文，岂独取其句读不类于今者耶？思古人而不得见，学古道则欲兼通其辞。”（《题欧阳生哀辞后》）这和萧梁时代昭明太子萧统《文选序》将经史子书都排除于文学之外，而认为只有“事出于沉思，义归乎翰藻”的作品才可以称为文学作品的观念，是完全不同的。先秦两汉时代，经、史、子书和散文不分界限，事实上在先秦时代，除了经、史、子书之外，也很少有散文。魏晋以后，它们之间的界限逐渐分清了，因而使散文以及整个文学获得了独立的生命。中唐以后，又在已经分清了它们之间的界限的基础上，适应了当时的政治要求，开展了古文运动，再回过头来，从先秦两汉的经、史、子书中吸收思想和艺术的养分，从而使散文提高到一个新阶段。

这个在9世纪前半期展开的、以韩愈和柳宗元为中坚人物的古文运动，包括这样一些基本内容：

第一，在思想上，韩愈是儒学的宣扬者。在《原道》中，他将尧、舜、禹、汤、文、武、周公、孔、孟排成一个“道统”，在“孔子传之孟轲”这一句话底下，意味深长地接着说：“轲之死不得其传焉。”言下之意是自命为道统的继承者。从这一点上说，韩愈不仅是一个文学大家，而且是一个极有使命感的思想家。

第二，在文学的作用上，韩愈注意以文载道。所以，在《送杨支使序》中，他说：“侈之以诗书六艺之学，先圣贤之德音，以成其文，以辅其质。”文是道的外观，道是文的内质，古之道与古之文相结合，弘道与弘文相一致，这就是古文运动的基本精神。他反对片面追求形式主义、思想内容单薄的骈文，而立志以古文宣扬儒学，通过文学的途径来复兴儒学。因此，在哲学思想上，他可以说是宋明理学的先驱，尽管取径不同，最终却殊途同归。

第三，在文学的传承关系上，韩愈和柳宗元都很注意向先秦两汉的经、史、子书学习。在《进学解》中，韩愈自赞其文是：“上规姚、姒，浑浑无涯。周诰、殷盘，佶屈聱牙。《春秋》谨严，左氏浮夸。《易》奇而法，《诗》正而葩。下逮《庄》、《骚》，太史所录，子云、相如，同工异曲。先生之于文，可谓闳其中而肆其外矣。”他们取径广博，有很强的文学吸收力，寓言、排比、夸张、诗谣韵语、魏晋志怪小说，无不广收博纳，总而言之，学习古代的文章，用这种文章来宣传古代的正统思想。

第四，在文体的改革上，古文运动也取得了多方面的显著成果。韩、柳二人改革了碑、志、书、序等文体，以自如流畅地表达自己的思想感情和理论主张；赠序也是韩愈最擅长的文体之一，他的赠序文中常有以诗为文的笔法，感慨淋漓，具有诗的韵味和诗的意境；原先的一些边缘性或附庸性的文体，例如游记、寓言等，经过韩、柳等作家的努力，也得以独立或引起了世人的瞩目，并成为后世文人抒情达意的新工具；……总的来看，古文运动不仅扩大了古文的适用性，也提升了古文的地位。韩、柳等人的古文创作成就，既提高了古文的思想和艺术境界，也有利于扩大这种文体和其中所体现的思想在当时社会上的影响。

但和任何文学现象一样，古文运动不是从韩愈、柳宗元的头脑中凭空产生的，而是当时社会现实的反映。韩愈提倡古之道，正因为当时社会上流行的有非古之道，那就是佛、道二教，尤其是佛教。他要提倡古之文，正因为当时社会上流行的有非古之文，那是些六朝文学的余波。古之道与古之文密切联系本来是公开的、众所周知的，因为从汉以来，就认为儒家的六经不仅是至高之道，也是至高之文，而史和子则是由经书派生的；所以扩大地说，经、史、子书就都是道与文的统一体。至于佛教和六朝文学，即非古之道与非古之文，也以一种比较隐蔽的方式密切联系在一起。六朝时代的文学和佛教不仅不互相排斥，反而相得益彰。佛教既抚慰了高门士族颓废绝望的心灵，也助长了他们在生活享受和文学创作上纵情声色的倾向；在文学上，佛教的梵呗新声既促进了声律说的形成，促进了雕饰绮丽杂糅声华的文风，这种文风又反过来影响了佛教的赞颂文体。因此，唐代古文运动必须在文与道两个方面同时展开，才能奏效。例如韩愈，他一方面积极宣扬儒家之道，树立儒家道统；另一方面则坚决反对佛教。

以古之道攻击非古之道，从思想史上看，是代表儒学向佛教的一次新的反击。但是，仅从这一方面来理解其意义，是远远不够的。还应该看到，这不仅是统治阶级内部的世俗地主与僧侣地主在思想上冲突的表现，而且是他们在经济上冲突的表现。

从六朝以来，佛教兴盛，信徒众多。由于教义盛行，就和儒学发生矛盾；又由于逐渐广拥资产，取得免税免役的特权，成为僧侣地主，又和世俗地主发生矛盾。南朝时代关于神灭的论争，就已经接触到这两方面的问题。唐初傅奕上疏辟佛，文中的警句是："不忠不孝，削发而揖君亲；游手游食，易服以逃租赋。"（《清除释教疏》）也是从思想和经济两方面立论的。这两者当中，经济当然是更为根本的问题。僧尼的增多，就是普通人民的减少。佛教的过分兴盛，就必然使整个社会消费和生产的情况愈来愈不平衡，不仅严重地影响了人民生活，而且也使世俗地主的利益受到影响。这在安史之乱以前，还不十分严重，而在乱后，因为农村凋敝，壮丁减少，就使得这个问题突出地严重起来。正如韩愈在其所著《原道》中说的："古之为民者四，今之为民者六。古之教者处其一，今之教者处其三。农之家一，而食粟之家六。工之家一，而用器之家六。贾之家一，而资焉之家六。奈之何民不穷且盗也！"

但韩愈从世俗地主立场出发的辟佛运动，最终是失败了。元和十四年(819)，宪宗迎佛骨，他上表谏阻，被贬为潮州刺史，"浮屠之徒，讙快以抃。"(皇甫湜《送简师序》)此后，佛教反而更兴隆了。这主要是因为僧侣地主虽然侵蚀了世俗地主的权益，但世俗地主中并非都是儒学的信徒，反之，却有许多是佛教的信徒。作为一种宗教，佛教对人民的麻醉效果有时更大于儒学的愚民政策；这也使它在封建社会中、在封建统治者眼里获得了客观存在的理由。因此，对于韩愈来说，反佛教和提倡古文固然是一件事情的两个方面，而对于后代的古文家来说，二者之间则不一定有什么不可分割的关系。不过，后来做古文的人，字里行间，总要牵扯一点古圣先贤，那倒还是韩愈遗留下来的影子。

辟佛失败了，古文运动在文学上却取得了成功。从文学史上看，古文运动反对的非古文主要是骈文，这是汉魏六朝文章由散趋骈的一个反动。其所以能够获得成功，是因为远则北朝隋代，近则唐朝，先驱者们已经在理论和创作上为这一运动打下基础。而徐陵、庾信时代已经达到高峰的骈文，到了唐代，也在走着下坡路，一般化、庸俗化的弊端越来越突出。到了韩愈，总结了前人的经验，又倔强地推行着自己的主张，从而为散文开辟了一个新的境界。虽然在推行古文运动上，在创作实践上，与韩愈同时的古文家如柳宗元、李翱、张籍等人，各有其显著的贡献，但韩愈的功绩不能不推为第一。韩愈《与冯宿论文书》自称：

> 仆为文久，每自测：意中以为好，则人必以为恶矣。小称意，人亦小怪之；大称意，即人必大怪之也。时时应事作俗下文字，下笔令人

渐。及示人，则人以为好矣。小渐者亦蒙谓之小好，大渐者即必以为大好矣。不知古文直何用于今世也？然以俟知者知耳。

在这种社会风气之中，他居然对自己的作品有这么坚定的信心。《进学解》同样表现了他致力于古文革新的坚定的立场和顽强的信念。他和许多友人共同鼓吹，形成一个运动，形成一个新的文学流派，其勇气和胆识也不能不令人敬佩。所以，他的学生李汉替他的文集作序说："时人始而惊，中而笑且排，先生志益坚，其终人亦翕然而随以定。呜呼，先生于文，摧陷廓清之功比于武事，可谓雄伟不常者矣。"

文章骈化的末流，使文言变成了与口语几乎绝缘的书面语言，而古文的发展，却使与口语几乎绝缘的书面语言又回到在词汇、语法、音节各方面比较接近口语的情况，因而就使它在此后一千年中，成为一种比较适于应用的书面语言。这种书面语言的形成，自然不始于唐代，其所以能广泛流行，也绝非韩愈等少数几个古文家的力量，然而自从有了这个运动，唐以后的作家才更多地注意到这种近于口语的书面语言，而且自觉地将其作为一种文学语言来使用。这就实质上推动了散文的进展。

韩愈对语言所下的功夫是很深的。他非常注意语言的独创性。在《答刘正夫书》里，他说："或问'为文宜何师？'必谨对曰：'宜师古圣贤人。'曰：'古圣贤人所为书具存，辞皆不同，宜何师？'必谨对曰：'师其意，不师其辞。'"在《答李翊书》中，他也提到，虽然在学习的时候，是"非三代、两汉之书不敢观，非圣人之志不敢存"，但写作的时候，却又是"唯陈言之务去，戛戛乎其难哉！"在他眼里，所谓"陈言"，既包括文章修辞中的那些浮华的陈词滥调，也包括主题内容上的那些庸滥的老生常谈。在《南阳樊绍述墓志铭》，他更指出，"唯古于词必己出，降而不能乃剽贼。后皆指前公相袭，从汉迄今用一律。"将这些论点和他的《荐士》诗中的"齐梁及陈隋，众作等蝉噪"等句合看，就可以知道，他之不满意魏晋六朝以来的作品，不仅是内容问题，也还有语言等形式问题。

不仅如此，他还进一步着重指出了思想感情和语言、音节的一致性。他说："气，水也；言，浮物也。水大而物之浮者大小毕浮。气之与言犹是也。气盛则言之长短与声之高下皆宜。”(《答李翊书》)在这一方面,孟子为人立论好辩,为文“善养浩然之气”,对韩愈的影响是较然可辨的。一方面,韩愈的语言主要是向书本语言学习得来的,长年的勤奋和出众的才华使他能够从中获得丰厚的滋养,他的大师手笔又使之在崇尚独造的同时,兼能率意为文,挥洒自如;另一方面,这一取径显然还是偏窄的,因此,在韩愈的一些同道及后学如樊宗师(如《绛守居园池记》)、段成式(如《靖居寺碑》)、宋祁等人的文章中,我们也看到了由于这一倾向的偏失而导致的生造僻涩的弊端。

其他古文家虽然没有像韩愈这样发表过许多的理论,但却朝着同一方向努力过,因而也获得了可观的成绩,只是比起韩愈来,未免相形逊色一些。韩愈在叙事、说理、抒情各方面,广泛地施展了他的散文创作才华,几乎无体不可用古文,无事不可入古文,反映了自觉的弘道弘文的意识。叙事名篇有《圬者王承福传》、《张中丞传后叙》;说理的散文有《原道》、《原毁》、《师说》等;抒情的名篇更是不胜枚举,以书、序二体最为突出。试举一篇抒情小品为例:

> 燕赵古称多感慨悲歌之士。董生举进士,连不得志于有司,怀抱利器,郁郁适兹土,吾知其必有合也。董生勉乎哉!
>
> 夫以子之不遇时,苟慕义强仁者,皆爱惜焉。矧燕赵之士出乎其性者哉?然吾尝闻风俗与化移易,吾恶知其今不异于古所云耶?聊以吾子之行卜之也。董生勉乎哉!
>
> 吾因子有所感矣。为我吊望诸君之墓,而观于其市,复有昔时屠狗者乎?为我谢曰:“明天子在上,可以出而仕矣!”
>
> ——《送董邵南游河北序》

韩愈一生写过许多赠序,其中的著名篇章,就有《送孟东野序》、《送李愿归盘谷序》、《送董邵南游河北序》、《送杨少尹序》、《送石处士序》、《送温处士赴河阳军序》等,虽然体裁相同,而用笔因地制宜,各有千秋。这些赠序的寄赠对象大多是年轻一辈,在这些文章中往往寄托了韩愈对后辈不遇于时的爱惜抚慰之情。在当时，读书人如果不能取中进士，而还想求取功名，就只有北走河朔投入藩镇集团。这一现实也反映了中央和地方统治阶级的内部矛盾。作者从内心里是不愿意董邵南北行的，却又没有办法阻止他。抑郁的感情和曲折的文脉，使这篇小品跌宕起伏，涡流回旋，感人至深。

柳宗元是影响仅次于韩愈的古文家，也是韩愈的好友。他以优秀的创作实绩，有力地支持了古文运动。在对待佛教的问题上，他却没有韩愈那么绝对，而是认为佛教与儒道既有彼此相合也有互相矛盾之处。他与佛教人士有较多来往，也接受了一些佛教思想特别是禅宗的影响。在政治上，他的立场与观点也与韩愈颇有不同。由于参加了唐顺宗时代的永贞革新，他被贬到永州（今湖南零陵）一带。永州幽丽的山水给这位生长北方的作家打开了一个新的境界，作为迁客骚人，他将自己的“堙厄感郁，一寓诸文”（《新唐书·柳宗元传》）。因此，他文集中一些描写山水的小品就成为古典散文的珍品。

从小丘西行百二十步，隔篁竹，闻水声，如鸣佩环。心乐之，伐竹取道，下见小潭，水尤清冽。全石以为底，近岸卷石底以出，为坻，为屿，为嵁，为岩。青树翠蔓，蒙络摇缀，参差披拂。

潭中鱼可百许头，皆若空游无所依。日光下澈，影布石上，佁然不动，俶尔远逝，往来翕忽，似与游者相乐。

潭西南而望，斗折蛇行，明灭可见。其岸势犬牙差互，不可知其源。坐潭上，四面竹树环合，寂寥无人，凄神寒骨，悄怆幽邃。以其境过清，不可久居，乃记之而去。

同游者，吴武陵、龚古、余弟宗玄，隶而从者，崔氏二小生，曰恕己，曰奉壹。

——《至小丘西小石潭记》

这就是有名的《永州八记》中的一篇。这一组作品不仅以最简洁精练的语言作最形象的景物描绘，而且也暗示了作者徘徊于欣赏山水和抗拒寂寞、优游自然与抵抗失败之间的心情，在其深处蕴蓄着作者的郁愤。它以高洁、冷峭、幽邃的风格，显示了柳宗元山水散文极为独特的个性。它又是对韩愈古文的重要补充，是古文运动的创作成就的重要组成部分，同时，也大大推动了游记散文的发展。

政治上的失败和废弃，促使从小立志仕进的柳宗元转而肆力于文。贬谪永州的十年，是柳宗元文学人生中最辉煌的一段岁月。他不仅写作了《天说》、《天对》、《封建论》、《贞符》等富有深刻见解的论文，而且创作了《童区寄传》、《段太尉逸事状》等传记作品。同时，他的三篇寓言作品《三戒》，是最早的不依附于某一论著的独立的寓言创作。作者通过这些短小凝炼、趣味盎然、生活气息浓郁的故事，表达了一种深刻的寓意。应该说，柳宗元对于寓言体和寓言这种表现手法都是有偏爱的。贞元末年他在长安时所作的《种树郭橐驼传》和永州时期创作的《捕蛇者说》，都是立意深警而带有寓言性的作品。柳宗元才华卓著，文思富盛，确实如韩愈所说，“雄深雅健，似司马子长”(《新唐书·柳宗元传》)。另一方面，也应该指出，在柳宗元的古文创作中，特别是在其山水散文创作中，还有楚骚之幽深和禅宗的静寂的影子。

柳宗元在《答韦中立论师道书》中曾谈到自己学习作文的经过：“始吾幼且少，为文章，以辞为工。及长，乃知文者以明道，是固不苟为炳炳烺烺，务采色，夸声音，而以为能也。”他主张“文以明道”，认为文章要有充实的思想内容，而不能只计较辞采声韵。在这方面，他的观点是与韩愈相同的，虽然两个人心目中的“道”不一定相同。柳宗元又谈到他的写作经验：“抑之欲其奥，扬之欲其明，疏之欲其通，廉之欲其节，激而发之欲其清，固而存之欲其重。”能扬能抑，或通或节，既明快畅达，又曲折多变，既深刻透辟，又凝重含蓄。这是柳宗元的创作主张，也从一个角度概括了他的古文创作成就。

古文运动在中唐虽然展开了第一幕，取得了初步的成功，然而，它取得更为广泛的社会基础，却是北宋以后的事。北宋时代接连出现了几个大古文家，那就是欧阳修、曾巩、王安石、苏洵、苏轼、苏辙，以欧阳修为领导和核心，形成了一场新的古文运动。因此，后人将他们与韩愈、柳宗元一起并称为唐宋八大家。宋六家远绍秦汉魏晋的散文传统，近承唐代古文运动，结合本身的社会历史环境，适应自己的时代需要，从理论和创作两方面推动了宋代散文的发展。在这场运动中，欧阳修不仅自觉地大力倡导言之有物、“纡余委备，往复百折，而条达疏畅，无所间断”（苏洵《上欧阳内翰书》）的文风，而且团结并提携了一批作家，形成了古文运动的强大阵营和浩大声势。曾巩为文布局谨严，古雅平正；王安石为文曲折畅达，议论透辟，笔力峻健；苏洵之作雄奇老辣，颇有战国纵横家的色彩；苏轼则才华横溢，天纵多能，嬉笑怒骂，皆成好文字，论序书传，无不得心应手，既平易畅达，又气势雄伟，既挖掘了古文文体的巨大潜力，又显示了古文艺术的广阔前景；苏辙清拔淡雅，也饶有唱叹之致；正可谓争奇斗艳，各擅胜场。总之，宋代六家进一步丰富了古文的思想艺术内涵，扩大了古文的影响，提高了古文的表现力，使古文在其后数百年对骈文的斗争中立于不败之地，并奠定了在散文创作中的正宗地位。他们的功绩是显著的。

在唐代古文运动获得初步胜利的同时，从中唐开始，随着社会政治和文化形态的变化，随着人民生活的改变，汉语文学中开始较多地出现了一种更新的、更接近于口语的文学语言，而文言作为文学创作的惟一正统语言的局面则逐渐被打破了。在唐代曲子词、传奇小说，特别是在敦煌出土的大量来自民间的文学作品中，我们已经看到了这种民间语言所蕴藏的巨大的文学表现潜力，看到了它在汉语文学中日益上升的势头。

第十五章　唐代传奇小说

与汉魏六朝笔记小说的不同　传奇小说兴起的多重背景　传奇小说与进士集团　传奇小说与政治的关系　传奇小说与城市　爱情故事　女子形象塑造　豪侠故事　作意好奇：语言与结构　唐代传奇小说的后劲及影响

汉魏六朝的笔记小说，由于过于短小，所以场面很难展开；因为偏重叙述记录，所以描写常欠细致，不容易显示人物与环境，以及两者之间不可分割的关系；因为还处在比较幼稚的阶段，所以反映现实的深度和广度还不够。唐代传奇小说产生以后，在这些方面都有了进一步的提高。它首尾完具，结构完整，体制也更接近于近代观念上的所谓小说，虽然它还只是短篇小说，但它的出现，在文学史上的意义是十分重要的。从传奇这一名称上，也可以看出它与汉魏六朝笔记小说的不同。

“传奇”本来是 9 世纪末叶的作家裴铏所写的一部小说集的专名。由于这一名称富有代表性，比较准确地说明了这一类作品既有真实、又有虚构的特点，因此，从宋朝起，就将这一类的小说作品一概称为传奇。为了免于和也称为传奇的明代戏曲相混，我们采用了传奇小说这一名称。

传奇小说产生的背景是多方面的。首先，就文学的传承关系来说，它一方面直接继承了汉魏六朝笔记小说的传统，另一方面又继承了汉魏六朝史传文学的传统。六朝虽然是散文骈化的时期，但由于笔记小说在当时文人眼里，还是不登大雅之堂的东西，所以使它们对骈文产生了免疫力，保持了语言的朴素，这对于唐传奇小说的发展，是有很大的好处的。同时，笔记小说也给唐传奇树立了叙述故事的榜样，前者包含的大量宗教故事，又使传奇具备了幻想的基础。史传文学中所描绘的则主要是社会人物，又使唐传奇知道如何有意识地反映现实生活，刻画人物；它较为丰长的篇幅以及由此而产生的艺术效果，也给了传奇以有益的启示。唐传奇中有许多作品，例如《任氏传》、《补江总白猿传》、《柳氏传》、《霍小玉传》、《南柯太守传》、《李娃传》、《虬髯客传》、《离魂记》、《枕中记》等，都是以传、记等命名，即说明了它与史传文学传统的关系。唐代传奇小说的作者沈既济本人以史才见称于时，又出其绪余为传奇志怪之体，有讽世之意，更是唐传奇与史传密切结合的例证。

其次，传奇小说和它同时代的古文也有密切的关系。它们是互为影响的。事实上，在初盛唐时代，已经出现了一些唐人传奇作品，只是数量不多，内容上虽然有些新意，规模上也有一些扩充，但还不到令人刮目相看的境地。其中，最常为人提及的《古镜记》，缕述古镜灵异故事十余则，从内容和规模上看，确实可以说是六朝以来有关灵镜神异故事的综合、集成，叙述之中，又穿插了王度、王绩兄弟的家世仕履，为故事增添诙诡眩惑的色彩。但故事的安排，仍严格依照时间的先后平铺直叙；每一则故事之间，也缺乏有机的缀合，篇章结构显得拘谨、平板、单调。《补江总白猿传》则是六朝志怪小说的路数，也没有很高的立意。《游仙窟》以骈词俪句叙写，作者为了充分展现或者说炫耀自己的诗赋才华，随处穿插艳诗、俪赋、对句，肆意挥洒他的丽词艳语，甚至在对话中也未革除积习，这就导致故事情节推进缓慢，小说在艺术上不得不付出了相应的代价。在8世纪中叶以后，传奇小说才有了迅速的发展，这与古文运动的开展不无关系。一方面，古文是最适合传奇小说的文体，古文家利用这种新文体试作传奇小说，而传奇小说的发达又反过来帮助了古文的推行。在当时的文坛上，从事古文写作的，并不止于韩、柳一派人，元、白等人也曾以实践支持过这一由骈趋散的文体改良运动。韩、柳一派的文体，高古简练，《毛颖传》（韩愈）、《种树郭橐驼传》、《河间传》（以上二篇柳宗元）等作品写得凝炼严谨。

而元、白等人的文体则丰缛委婉，他们所作的小说，如元稹《莺莺传》、白居易作歌、陈鸿作传的《长恨歌传》，则文情摇曳，饶有诗韵。

第三，诗歌在唐代的繁荣发达，对唐传奇的发展也不无影响。传奇中的系诗，以及诗中的故事性、叙事性，同样来自民间文学的影响。另外，传奇作品在构思上敢于展开绮思幻想，以梦入文，如沈既济《枕中记》、李公佐《南柯太守传》等作品以入梦写人生如梦世事空幻，梦成为作品中的重要结构因素，并使小说含蓄而有余韵。《毛颖传》以寓言故事的形式，写韩愈叹息其兄韩会及本人仕途坎坷，以笔为喻，作不平之鸣，也富有诗意。

第四，传奇小说风行唐代还有更直接的政治原因。它是被文士们用为应进士科举时"求知己"的工具的。从高宗、武后以后，进士科举已成为文士们最好的出路，而文士为了一举登第，也想方设法来钻营，这样，就产生了所谓"求知己"和"温卷"的现象。"王公大人，巍然于上。……天下之士，什什伍伍，戴破帽，骑蹇驴，未到门百步，辄下马，奉币刺，再拜以谒于典客者，投其所为文，名之曰'求知己'。如是而不问，则再如前所为者，名之曰'温卷'。如是而又不问，则有执贽于马前，自赞曰'某人上谒'者。"（《文献通考·选举考》）所投的文，除了当时最主要的样式即诗歌外，就是传奇小说。"唐世举人，先藉当世显人，以姓名达之主司，然后以所业投献。逾数日，又投，谓之'温卷'，如《幽怪录》、《传奇》等皆是。盖此等文备众体，可以见史才、诗笔、议论。"（赵彦卫《云麓漫钞》卷八）可见许多传奇小说乃是适应当时文士的实际需要而写作的。为了让主司在一篇作品中，就能看出作者在叙事、抒情、说理三方面的才能，传奇小说显然是一种最为理想的样式。再就现存的几十篇单行的传奇小说，及近十种传奇总集的作者来看，其作者可以确定为进士科举出身的约占三分之一，根据这一事实，也可以确认唐传奇与新兴进士集团的关系。

如果换一个角度，从题材内容上看，唐代传奇小说与这个新兴的进士集团也有密切的联系。很多传奇小说中的主角都是这些举子进士，故事往往就发生在他们奔走于江湖坊市的途中。在《霍小玉传》故事的开始，主角李益是"以进士擢第，其明年，拔萃，俟试于天官。夏六月，至长安，舍于新昌里"。《柳毅》中的柳毅，则是一个"应举下第，将还湘滨"的儒生，故事也正发生在他“念乡人有客于泾阳者，遂往告别”的途中。《枕中记》中的卢生，以及情节相类似的《樱桃青衣》中的范阳卢子（《太平广记》卷二八一），都是频年不第的落魄举子。相反，在六朝时代的一篇情节类似的故事（《太平广记》卷二八三引《幽明录》）中，主角却是一个到庙里祈梦的商人（贾客）。这一对比，是很能说明时代特点的。这些落魄的举子，时刻都在梦想着有朝一日飞黄腾达，进士及第，娶妻高门，出将入相，是他们的现实理想。《枕中记》和《南柯太守传》中卢生和淳于棼的白日梦，也正是这种现实心理的折射。而作者所设计的黄粱一梦和南柯一梦的情节，正是对这种功名利禄熏心的针砭。

进士集团是唐代社会中一支十分重要的政治力量。它们往往卷入当时的政治斗争，这使得唐代传奇小说与政治特别是党争摆脱不了干系。初唐时代，就有人利用小说《补江总白猿传》，指名道姓地攻击当时的著名书法家欧阳询。有的学者更进一步指实，认为这是当时的另一位书法家褚遂良为争夺书坛领袖之名，以巩固其政治地位，授意手下文人诬蔑欧阳询而作。在中晚唐以后，这种通过小说攻击或诬蔑对手的做法更为常见。其中的一个重要原因，是中晚唐以来政治上的党争愈演愈烈。特别是新兴进士阶层和山东旧族之间的斗争，经过长时间的酝酿，到了 9 世纪前半期，利害冲突表面化，逐渐形成了两个互相对立的政治集团——代表进士阶层的、以牛僧孺为首的牛党和代表山东旧族的、以李德裕为首的李党。两党相争，前后长达四五十年之久。这是中晚唐政治史中最重要的矛盾之一。很多唐代传奇小说自觉或不自觉地、从正面或侧面，反映了当时的各类政治矛盾和政治斗争。只是从表现形态上说，有的公开；有的隐蔽；有的委婉，只是指责个人性格上的毛病；有的则猛烈攻击，必欲从政治上置对手以死地而后快。例如《霍小玉传》的作者蒋防，在政治立场上是属于山东旧族集团的李党的，他的政治感情使他深深厌恶进士阶层的浮薄，因此在笔下狠狠谴责了李益的薄情，并嘲笑了他的多疑。而《上清传》则是柳珵为迎合李德裕，毁谤陆贽，为窦参、李吉甫洗刷，并攻讦陆贽的门生李绛等人而作。最厉害的是据信为李德裕门客韦瓘所作的小说《周秦行纪》。这篇小说托名牛僧孺自叙，实质上意在攻击诬陷牛氏：

(薄)太后问余:“今天子为谁?”余对曰:“今皇帝,先帝长子。”太真笑曰:“沈婆儿作天子也,大奇!”太后曰:“何如主?”余对曰:“小臣不足以知君德。”太后曰:“然无嫌,但言之。”余曰:“民间传圣武。”太后首肯三四。

这篇小说流传后,李德裕又接着作了一篇《周秦行纪论》,彼此呼应。他说这篇作品“至戏德宗为沈婆儿,以代宗皇后为沈婆,令人骨战,可谓无礼于其君甚矣”。结论是:“须以太牢(古人称牛为太牢,这里用作牛僧孺的代称)少长咸置于法,则刑罚中而社稷安。”但小说的这一栽赃手段太明显也太笨拙了,以至于连文宗皇帝(李昂)看了也不能相信,使得这一政治阴谋没有得逞。

还有一些作品影射时事,发泄不平;或者针对丑闻,指桑说槐;不细心甄考体会,就很难察觉。例如,《任氏传》是沈既济讽刺刘晏无行,背叛元载,连畜生都不如,以抒发其内心的怨愤。《枕中记》是作者受了杨炎功高被杀的刺激,而渲染人生如梦。李公佐不满唐德宗姑息藩镇,把几个公主下嫁给逆息虏胤,他在《南柯太守传》中写到淳于棼成了槐安国的驸马和南柯郡太守,即有影射现实之意。白行简是李公佐的好友,白氏《李娃传》也受《南柯太守传》影射笔法的影响。白行简针对唐德宗滥封三个节度使的妾媵为国夫人、从而败坏国法有伤名教的现实,也怀着对乃兄白居易无辜被诬指甚伤名教一贬再贬的愤慨,撰写此篇,以讽刺名教的虚伪。另外一些传奇小说则直接对前代政治提出讽刺。陈鸿《长恨歌传》和《东城老父传》,对唐玄宗、杨贵妃荒淫生活及对国家造成的严重后果,有所批评。

传奇小说与城市的关系也是十分明显的。中晚唐以来城市的发展和市民阶层的兴起,为传奇小说提供了丰厚的社会土壤,也为传奇小说提供了一些新的思想内容和艺术表现方法。首先,许多传奇小说的故事背景都在城市里,特别是当时的首都长安。例如《李娃传》和《霍小玉传》的主要故事情节,便都是在长安城坊展开的。《李娃传》中写到的东西二肆较优劣一幕,就是一幅栩栩如生的唐代坊市繁荣生活的图画。传奇小说中写到的街道坊曲,按之《长安图志》和《北里志》,也往往一一可考。其次,传奇小说中的人物，大多是城市中生活的各色人物。李娃本是长安娼女，谢小娥则是估客之女。不管是娼妓，还是估客，其实都是与城市以及从城市中发展起来的商品经济相伴随而存在的。《会真记》中所谓“真”，有人认为就是《游仙窟》中所谓“仙”，也就是当时对娼妓的隐喻之称。《游仙窟》之窟，也可以理解为娼寮的隐喻，其中的五嫂即是鸨母一类的角色。再次，城市中的生活和语言，也不可避免地在传奇小说中留下痕迹。即使像《游仙窟》这样以骈俪语言为主的作品中，也依然保留了不少唐代城市民俗、俗语、隐语等。至于当时城市中流行的讲唱文学包括变文的韵散结合的文章形式，更给传奇小说以影响。元稹《酬翰林白学士代书一百韵》“光阴听话移”句下自注云：“尝于新昌宅听说《一枝花话》，自寅至巳，犹未毕词也。”李娃旧名一枝花，《李娃传》所根据的故事题材就是当时流行的《一枝花话》。

士人生活与城市繁荣相结合，自然产生了诸多或真或假、或久长或短暂、或深挚或浅薄的爱情。其中，就题材和主旨来说，《长恨歌传》都是比较特殊的。故事所讲述的不是一般人而是帝王与妃子之间的爱情，对于这段世人艳称的李杨爱情故事，作者既有怜惜，又有痛恨，他的态度是矛盾的、复杂的。元稹《莺莺传》、蒋防《霍小玉传》、白行简《李娃传》三篇也是描写爱情的名作，可以代表唐传奇小说在这一方面所达到的水平和所取得的成就。婚宦是唐代士人最为关心的两件事，以宦求婚，以婚促宦，二者相辅相成。三篇小说中的女主角都是小户人家，其中二人还是沦落风尘的女性。在可称为元稹自述的《莺莺传》中，张生先是千方百计追求崔莺莺，最终又断然抛弃，是因为要娶韦丛，“城南韦杜，离天尺五”。作者对于始乱终弃不仅公开宣扬，而且竟骂莺莺是“妖孽”，以自己的负心为“善补过”，后来一帆风顺做到宰相。这反映了当时的社会风气。在《霍小玉传》中，李益当面信誓旦旦，转身就背叛了，因为家里让他与高门卢氏攀上了亲。这种痴心女子负心汉的爱情悲剧，既是对薄情男子的鞭挞，也是对这种假名教假道德的封建思想的批判。

在形象的塑造上，唐代传奇小说取得了很大的成功，特别是在爱情故事中，唐人创作了一组各有光彩的不同的女子形象。长安名妓霍小玉，是一个美丽而坚强、明快而倔强的姑娘。她自知地位卑微,相爱不能久长,却依然执著地追求爱情:“妾年始十八,君才二十有二,迨君壮室之秋,犹有八岁。一生欢爱,愿毕此期,然后妙选高门,以谐秦晋,亦未为晚。妾便舍弃人事,剪发披缁,夙昔之愿,于此足矣。”这么低的要求,这么有限的愿望,也不可能实现。她最终以死明志,以死抗争,化作厉鬼,进行仇恨的报复。如果说《霍小玉传》是一出悲剧,那么,《李娃传》则可以说是一出悲喜剧。李娃与霍小玉同为长安名妓,她心地善良,温柔贤慧。痴恋李娃的郑公子黄金用尽之后,鸨母逼她与郑公子断绝关系,并设计抛弃了郑公子。郑公子沦为挽歌郎,其父常州刺史荥阳公不但不予援助,而且鞭之数百,几乎致之死地。郑公子沦为乞丐,在走投无路的风雪之夜,来到李娃门前。李娃容留了他,精心护理,出钱助学。在郑公子金榜题名、功名得意之后,她却功成身退,只愿归养老姥,从此离去。最后,在她的品德感召之下,郑氏父子和好如初,而且“备六礼以迎之,遂如秦晋之偶”。在唐代的律令之下,这一结局恐怕不是现实的,而是理想化的,充满了浪漫色彩。《莺莺传》刻画莺莺的个性,和她与封建势力搏斗、由挣扎而失败的过程。待月西厢那一幕,最为动人,写女子性格也最为可信。莺莺对张生的挑逗先冷后热,假冷真热,外冷内热,半推半就,其中既有女子本身固有的羞怯矜持,也反映了她对张生真心未曾了解之前的谨慎。这就写出了大胆,也写出了周围的压力,描写既有真实感,又很好地把握了分寸。

在其他类型的传奇小说中,也有塑造得很成功的女子形象。谢小娥就是这样的一个。她性格刚强,忍辱负重,立志为父夫报仇雪恨,表现出了常人难以想象的意志力,终于如愿以偿,最后遁入空门,平静地度过自己的一生,堪称是一个女中豪杰。《任氏传》中的任氏,则是一个美丽多情的女子,由于过分柔顺,迁就郑氏,她献出了自己的生命。但她的温柔不是毫无原则的,对韦氏的坚辞以对就体现了她性格中坚强的一面。作者描写任氏之死的那一段文字,哀惋抒情,表达了对这个女子的真挚的同情和怜爱。

唐代社会思想开放,在士人之中,游侠任气的风气十分流行。这些风气不仅影响了他们的思想,见之于歌咏,也反映到他们的行为中来。同时，中唐以来，中央与地方，士大夫、宦官与藩镇集团常有矛盾冲突，当各种复杂的政治矛盾纠缠在一起时，暗杀常常被人作为一种政治斗争的手段来使用。这一手段与道教迷信相结合，又在口耳相传中被渲染神化，于是人间的侠客好汉便成为具有飞空隐形等不可思议的本领的人物。一般的城市平民，也想象着世上有一些济困扶危、安良除暴的侠客，以充实他们平淡的日子，或者发泄他们心中的不平之气。这也是唐代传奇小说中常有豪侠英雄出现的重要原因。

不同的侠客豪士形象在唐代传奇小说中也有着不同的意义。在小说中，他们有的是主角，在小说中占据中心位置，如《虬髯客传》；有的是次要人物，是主角的陪衬，例如《霍小玉传》中的黄衫豪士和《柳氏传》中的许俊，还有《传奇》中的《昆仑奴》，都写侠士对青年男女爱情的玉成，而居于配角地位。从气质上讲，《柳毅传》中的书生柳毅也是一个具有侠气的人物，也算得上一位侠士。在反映统治阶级内部矛盾方面，袁郊《甘泽谣》中的《红线》一篇最有代表性。它叙述魏博节度使田承嗣企图兼并潞州节度使薛嵩，薛氏因侠女红线的出力而转危为安。裴铏《传奇》中的《聂隐娘》一篇，与此同类。沈亚之《冯燕传》则歌颂江湖好汉式的道德观点。

明人胡应麟《少室山房笔丛·二酉缀遗》曾指出“变异之谈，盛于六朝，然多是传录舛讹，未必尽幻设语，至唐人乃作意好奇，假小说以寄笔端”。这是从艺术价值方面来肯定唐传奇的。唐人之所以能“作意好奇”，是与他们有意创作小说的文学态度相关联的。唐代出现了许多有名的传奇小说作家，例如李公佐、沈既济、裴铏、沈亚之、陈鸿等人，正可以说是唐人有意创作小说的一个证明。具体说来，唐人传奇小说的“作意好奇”主要表现在语言运用和结构经营两方面。

传奇小说在语言运用方面，很见功力。在叙述语言方面，《柳毅传》中写钱塘君勃然大怒，飞去惩治泾阳君之次子的情景，以节奏短促的语句表现当时的紧张气氛，栩栩如生，如闻其声，似见其容。在描写语言方面，也有颇多写景如画、画面感极强的好片断。例如《任氏传》中写到任氏为苍犬所杀后，郑氏出资埋葬了她的遗体，心里不胜悲痛，“回睹其马，啮草于路隅，衣服悉委于鞍上，履袜犹悬于镫间，若蝉蜕然。唯首饰坠地，余无所见，女奴亦逝矣”。真是此处无画胜有画，此地无声胜有声。《长恨歌》写道：“花钿委地无人收，翠翘金雀玉搔头。君王掩面救不得，回看血泪相和流。”“马嵬坡下泥土中，不见玉颜空死处。”这一段语言也富有诗的韵味，可以与之媲美，堪称异曲同工。

在结构经营方面，唐代传奇小说也有独到之处。《枕中记》和《南柯太守传》两篇，同样是以梦为重要的结构因素来展开整个故事，教人在一场梦寐中历尽荣华富贵的一生，然后指出，现实生活中的一切也不过是一场梦而已，这显然是一种高蹈者的思想，而这种思想又是作者对现实不满而企图解脱的表现。但在各自的表现上，两篇大不相同。前者委婉引导，层层深入，而收结直截。后者起笔直截，而收得曲折委婉，呈现出不同的美学风貌。《游仙窟》也许可以称为后世屡见不鲜的才子佳人小说（或者，更准确地说，香艳小说）之初祖，它开创了在小说中大量穿插诗作的风气，在以赋笔描写铺叙渲染情景方面，也可以说是后代长篇小说中同类作法的先驱。

唐代传奇小说以相当丰富而且高明的艺术手法，开始广泛地反映唐代社会各阶层的内部矛盾和各种社会问题，这一类矛盾和问题有不少在此后很长的一段时期内仍然存在，因此，宋以后的作者也时有继作。但正如鲁迅先生所说的，这些后出的传奇作品颇“好劝惩，摭实而泥，飞动之致，眇不可期”（《唐宋传奇集序例》）。拘泥于实录以及过于明确的现实的功利目的，反而使他们失去了艺术上的飞扬灵动之趣，于是，传奇小说在宋以后就不再产生高潮，但是，在后代的文言小说乃至近代的一些白话小说中，仍能窥见其持久的影响：《聊斋志异》和《阅微草堂笔记》中多的是《任氏传》一类的以狐女为主角的爱情故事；晚清的才子佳人小说、狭邪小说，在讲究藻饰和选择北里狭邪之地为背景方面，与《游仙窟》如出一辙；现代武侠小说中渲染的某些杀人秘术、飞檐走壁、夜行衣靠等，在唐代豪侠小说的读者看来也是似曾相识。

另一方面，唐代传奇小说中所反映的各种思想主题，对后代作者、读者都具有历久弥新的意味，经常给他们以艺术启迪和美的享受，因此，唐代传奇小说又是后来其他形式的小说以及各种戏剧的题材的重要来源之一。后来的作家们还常常从唐代作家们所首先发掘出来的一些题材中找到灵感，进行艺术再加工。例如元剧中，王实甫《西厢记》、尚仲贤《柳毅传书》、郑光祖《倩女离魂》，都是以唐代传奇小说为素材加工改写的。明代话本小说作家以之为题材原本，创作了许多拟话本小说。明代戏曲家汤显祖著名的传奇作品《临川四梦》中，《紫钗记》出自《霍小玉传》，《邯郸记》出自《枕中记》，《南柯记》出自《南柯太守传》，诸如此类，不胜枚举。由于这些故事和人物是人民所喜爱的，因而这种加工也是为人民所喜闻乐见的。

第十六章　民间通俗文学与词的成长

变文　　唐代话本　　俗赋　　从文艺史和社会史两方面看词的起源　　敦煌民间歌词　　文人作词与花间鼻祖温庭筠　　西蜀词客韦庄的词品　　树立新典范的南唐二主词

除了雅文化、雅文学，唐代的俗文化、俗文学也十分发达。本世纪初敦煌遗书的发现，使我们获得了大批宝贵的文献，也使我们对唐代民间通俗文学有所了解。概括来说，这些民间通俗文学中最主要的是变文、俗赋、歌词和话本。

为了配合佛教宣传，魏晋南北朝时代的佛教讲经到隋唐时代就发展为俗讲，首先在城市中发展起来。俗讲包括将佛教经义通俗化、故事化的讲经文，和讲说经变故事和历史人物故事的变文。一般来说，后者离纯粹的宗教宣传较远，较贴近民间生活和市民欣赏趣味，因而，其世俗性和故事性也超过前者，其文学价值就更高一些。与此一发展趋势相呼应，作为一种讲唱文学，变文的讲唱者由最初的僧人发展到以此谋生的民间艺人，其影响也从寺院发展到市井，其内容也从佛门走向民间生活。

从内容上看，变文所讲唱的故事包括佛经故事和世俗故事两种。前者例如《维摩诘经讲经文》、《降魔变文》、《破魔变文》、《目连救母变文》，后者例如《伍子胥变文》、《孟姜女变文》、《张义潮变文》，多数作品讲说历史人物、历史故事，少数叙述当代史事。从形式上看，这种新兴的讲唱文学，语言上韵散相间，文白夹杂，句式长短灵活多变，基本上以口语为主，通俗可喜，充分体现了民间文艺活泼新鲜的特点；另一方面，它又吸收诗歌俗赋等文体的艺术养分，利用了绘画与音乐等作为辅助的艺术表现手段，大胆展开想象，善于幽默夸张，又表现了民间文艺敢于创新的特点，并为以后的讲唱文学打下了一个良好的基础。

敦煌遗书中还发现了一些唐代的话本小说，如《唐太宗入冥记》、《韩擒虎话本》、《庐山远公话》。这些以白话创作的小说虽然在艺术表现上还比较粗糙，却代表了唐人致力于小说开拓的另一个方向，更对宋元话本的发展起了先导作用。

以《韩朋赋》、《晏子赋》、《燕子赋》为代表的俗赋，既延续了自荀况《赋篇》至曹植《鹞雀赋》一脉相承的辞赋的通俗化发展的路线，又糅合了讲唱文学的一些特点，形式活泼，语言通俗，体现了民间文学的特点，其艺术风貌与作为唐代士大夫的精神文化形态之一、在唐代赋史中占主流地位的律赋是迥然不同的。

敦煌文献中还保存了许多唐代的民间歌词，它们不仅具有独特的思想艺术价值，而且衔接了从汉魏乐府发展到唐宋词的中间环节，对我们理解词体的起源和发展，提供了很大的帮助。

词是8世纪中叶以后、13世纪以前这几百年中间最为流行的一种音乐歌词和抒情诗样式。因为它最初是以音乐歌词的身份出现的，所以就称为“曲子词”，或者简称为“曲子”，至于简称为词，却反而比较迟些。这意味着当初社会上对于“曲子词”即曲子（音乐）加词（歌词）这一复合的概念，是更加侧重在音乐方面的。而其后，如《诗三百篇》、汉乐府歌辞所走过的道路一样，它本身逐渐取得了独立的文学生命，词才成为一个更带普遍性的名称。

词的产生，可以从文艺史与社会史两方面来考察。

从文艺史方面来说，词既然首先是“曲子词”，必须是和当时的音乐有着密切的关系的。音乐与歌词的配合，自来只有两种基本方式：一种是由乐定词，或者说因声而作歌；另一种则是选词配乐，或者说因歌而造声。词由胡夷、里巷之曲产生的，大致属于前一种方式；由固有的律绝诗产生的，大致属于后一种方式。

《旧唐书·音乐志三》说："自开元以来，歌者杂用胡夷、里巷之曲。"《新唐书·礼乐志十二》也说："天宝乐曲，皆以边地名，若凉州、伊州、甘州之类。"唐代的政治和文化中有很多是沿袭南北朝和隋朝而来的，其音乐中杂有胡乐的成分，毫不足怪；只是到了开元、天宝时代，胡乐比以前更为流行。但在那时，胡乐和雅乐并不相混杂，而且其流行还限于边疆州县和一定的阶层。天宝十四载(755)后，随着安禄山乱军的侵入以及平乱中借重的异族武装的涌入，异族文化才进一步深入到中原各地，蔓延至社会各阶层，其势力与影响也越来越大了。元稹《法曲》说得很明白："明皇度曲多新态，宛转侵淫易沉著。……雅弄虽云已变乱，夷音未得相参错。自从胡骑起烟尘，毛毳腥膻满咸洛。女为胡妇学胡妆，伎进胡音务胡乐。……胡音胡骑与胡妆，五十年来竞纷泊。"为了配合这种流行的新乐，就需要有新的歌词。初期词调之中，如《甘州遍》、《甘州子》、《甘州曲》、《苏幕遮》、《酒泉子》之类，都是出于胡乐的。

所谓里巷之曲，就是当时的民歌。文士们接受了它的音乐部分，而改作了它的歌词部分，于是就产生了一批新词。中唐诗人刘禹锡就是最初从事这一工作的作家之一。《乐府诗集》卷八十一说："《竹枝》本出于巴渝。唐贞元中，刘禹锡在沅湘，以俚歌鄙陋，乃依骚人《九歌》作《竹枝》新辞九章，教里中儿歌之，由是盛于贞元、元和之间。"而刘禹锡和白居易的春词，题中也说："和乐天春词，依《忆江南》曲拍为句。"除了《竹枝》、《忆江南》，初期词调之中，如《渔歌子》、《采莲子》、《河渎神》之类，都是出于民歌的。在初期，这一类的歌词还有一个特点，就是词调的名称往往也就是歌词的主题，如《渔歌子》就咏渔父，《采莲子》就咏采莲之类。但很快地，词的主题就摆脱了词调的拘束，获得了抒写发挥的自由。

词也有出于律绝诗的。这是因为唐代的律诗和绝句本来都是可以用来配乐的。而七言绝句，更是其中最容易入乐的诗歌样式。在后代人所艳称的"旗亭画壁"的轶事中，歌女们所演唱的，就都是绝句，而七绝占多数。律绝诗有固定的形式，如果这种形式和某种乐调可以很适当地配合，那自然可以将其直接当作歌词使用，而不必加以改动。但实际上，音乐是一种很复杂的、而且变异性很大的艺术，律绝诗不必改动字句就可以作为歌词的情况，是不很多的。在多数情况下，需要改动增删词句以配合音乐，往往是将泛声和和声填上实字，如《全唐诗》所说："唐人乐府，原用律绝等诗，杂和声歌之。其并和声作实字，长短其句以就曲拍为填词。"如张志和《渔歌子》，就是将七绝略加改动、以便入乐而成为词的：

西塞山前白鹭飞，桃花流水鳜鱼肥。青箬笠，绿蓑衣，斜风细雨不须归。

而下面这两首，则是将五律和七绝入乐时的泛声填入实字而成为词的：

宝髻偏宜宫样，莲脸嫩，体红香。眉黛不须张敞画，天教入鬓长。莫倚倾国貌，嫁取个有情郎。彼此当年少，莫负好时光。

——唐玄宗《好时光》

秋夜香闺思寂寥，漏迢迢。鸳帏罗幌麝烟销，烛光摇。　正忆玉郎游荡去，无寻处。更闻帘外雨潇潇，滴芭蕉。

——顾敻《杨柳枝》

从社会史方面来看，民间流行的歌曲中，又有相当一部分是和秦楼楚馆、北里绮筵分不开的。唐代城市经济和市民文化的发展，使一批秦楼楚馆、酒筵歌席应运而生。许多小令词，如果追溯其源起，本来就是酒筵歌席之类场合所行的酒令，其题目、内容乃至形式，都带有明显的游戏娱乐的色彩。例如《十六字令》、《如梦令》和下面的这两篇《调笑令》：

胡马，胡马，远放燕支山下。跑沙跑雪独嘶，东望西望路迷。迷路，迷路，边草无穷日暮。

——韦应物《调笑令》

边草，边草，边草尽来兵老。山南山北雪晴，千里万里月明。明月，明月，胡笳一声愁绝。

——戴叔伦《调笑令》

最流行、最需要这类歌曲的也就是这些场合。文人进士们由于涉足其间，自然而然就产生了如上举两首那样的作品，这更促进、刺激了这类歌曲的创作和流行。陈寅恪先生曾经指出："唐代新兴之进士词科阶级异于山东之礼法旧门者，尤在其放浪不羁之风习，故唐之进士一科与倡妓文学有密切关系。"（《唐代政治史述论稿》）这是词体由民间流行的里巷之曲上升到新兴进士官僚阶层的关键。在传奇小说中，我们已经看到了当时进士和妓女所演出的悲剧和喜剧，当黄巢的大兵逼近潼关时，当时的举子还在一面嫖妓女，一面考进士。晚唐的唯美文学，特别是词，之所以大量产生，正由于此。可以说，在词体从民间歌曲上升到文士手里的过程中，一开始是带有一种香艳的气息的。对此，欧阳炯《花间集序》说得很清楚："则有绮筵公子，绣幌佳人，递叶叶之花笺，文抽丽锦；举纤纤之玉指，拍按香檀。不无清绝之辞，用助娇娆之态。自南朝之宫体，扇北里之倡风，何止言之不文，所谓秀而不实。有唐已降，率土之滨，家家之香径春风，宁寻越艳；处处之红楼夜月，自锁嫦娥。"这也正是《花间集》中的大量词作所赖以产生的社会和艺术土壤。

然而，另一方面，那些仍在民间流行的歌词，却与此有所不同。它们的内容大多数也以叙写男欢女爱为主，但却透露出比较健康和清新的气息。敦煌文学宝库中的许多宝贵的抄本，使我们能够更贴近地了解唐代民间流行的歌词，也使我们听到了一些朴素的歌唱。例如：

天上月，遥望似一团银。夜久更阑风渐紧，为奴吹散月边云，照见负心人。

——《望江南》

枕前发尽千般愿，要休且待青山烂，水面上秤锤浮，直待黄河彻底枯。　　白日参辰现，北斗回南面。休即未能休，且待三更见日头。

——《菩萨蛮》

叵耐灵鹊多谩语，送喜何曾有凭据。几度飞来活捉取，锁上金笼休共语。　　"比拟好心来送喜，谁知锁我在金笼里。愿他征夫早归来，腾身却放我向青云里。"

——《鹊踏枝》

绿窗独坐，修得君书。征衣裁缝了，远寄边隅。想得为君贪苦战，不惮崎岖。终朝沙碛里，只凭三尺，勇战奸愚。　　岂知红脸，泪滴如珠。枉把金钗卜，卦卦皆虚。魂梦天涯无暂歇，枕上长嘘。待公卿回故里，容颜憔悴，彼此何如？

——《凤归云遍》

珠泪纷纷湿绮罗，少年公子负恩多。当初姊姊分明道："莫把真心过与他。"子细思量着，淡薄知闻解好么？

——《抛球乐》

这些作品给我们提供了萌芽状态的词的样本。它们语言通俗、口语化，时常掺杂着民俗的内容，风格浑朴、真挚，具有浓郁的民歌气息。词上升到文士手中以后，由于作者身份和文化背景的变化，这些语言和风格的特点也相应发生了一些变化，而以爱情描写为主的内容特点却保持下来了。这样，与其他的抒情诗样式比较起来，词的题材一开始就显得比较窄狭。

中唐以来的著名诗人有许多作词的，白居易、刘禹锡、王建、韩偓都有词作流传。但他们对于这一种新样式的运用，都还不过是尝试的性质。一直到了晚唐温庭筠，才特别致力于词的写作。在文学史上，他是第一个以词人身份出现比以诗人身份出现更为重要的作家。《旧唐书》本传称他

“士行尘杂，不修边幅，能逐弦吹之音，为侧艳之词”。这证明他之所以能成为一个典型的词人，正是由于他首先是一个典型的浪子。由于他的出现，就使民间粗放朴素的情歌发展成为婉约、精致、典雅的艳歌，并因此在词史上开创了一个传统：从《花间集》起，以婉约的风格来写艳情就成为词的主要特征，并在相当长的时间里，被树立为词体艺术表现的传统规范，而温庭筠正是“花间鼻祖”。他那种以精丽细腻的笔触表现女性的生活环境及其心理的词风，从以下诸词中可见一斑：

小山重叠金明灭，鬓云欲度香腮雪。懒起画蛾眉，弄妆梳洗迟。
照花前后镜，花面交相映。新帖绣罗襦，双双金鹧鸪。

——《菩萨蛮》

玉楼明月长相忆，柳丝袅娜春无力。门外草萋萋，送君闻马嘶。
画罗金翡翠，香烛销成泪。花落子规啼，绿窗残梦迷。

——《菩萨蛮》

玉炉香，红蜡泪，偏照画堂秋思。眉翠薄，鬓云残，夜长衾枕寒。
梧桐树，三更雨，不道离情正苦。一叶叶，一声声，空阶滴到明。

——《更漏子》

唐亡以后，形成了五代十国军阀割据的局面。其中只有西蜀（包括前蜀后蜀）和南唐处在一个较为安定的环境中，因此，这两地也就成为词体成长的温床。词作安慰着偏安君臣们的灵魂，装饰着他们悠闲的生活和柔弱的梦境。在后蜀赵崇祚所编的《花间集》中，选录了晚唐五代词人十八家的词作五百首，其中蜀地词人或入蜀词人就有十二家。

蜀地最主要的词人是韦庄。他的作品的特点，就是并没有完全追随温庭筠流传下来的那种通过语言的色彩、音响和线条去全力从事女性的外表与心理描写的方法，有时反而摆脱了那些艳丽的气息，以秀淡的笔墨写出了他在唐亡仕蜀一段生活中的身世之感、家国之哀，为晚唐词开出新的一脉。

红楼别夜堪惆怅，香灯半卷流苏帐。残月出门时，美人和泪辞。
琵琶金翠羽，弦上黄莺语。劝我早还家，绿窗人似花。

——《菩萨蛮》

人人尽说江南好，游人只合江南老。春水碧于天，画船听雨眠。
垆边人似月，皓腕凝霜雪。未老莫还乡，还乡须断肠。

——《菩萨蛮》

四月十七，正是去年今日。别君时，忍泪佯低面，含羞半敛眉。
不知魂已断，空有梦相随。除却天边月，没人知。

——《女冠子》

王国维在《人间词话》中曾说："'画屏金鹧鸪'，飞卿（温庭筠字）语也，其词品似之。'弦上黄莺语'，端己（韦庄字）语也，其词品亦似之。"温词喜欢用秾丽的色彩、物象来堆砌、装饰词境，类似于画中的工笔描绘，而难免留下人工的痕迹；韦词的语言更加自然、明白如话，类似于写意渲染。这种风格上的区别，不仅是他们的不同艺术个性的反映，也是其所表现的不同的感情内涵所要求的。

南唐的作家与作品都比蜀地少，但从词史上的地位来看，却比《花间集》中的那些蜀地词人更为重要，因为他们代表了词史的一个新的发展方向。中主李璟、后主李煜和冯延巳，都是南唐杰出的词作家，在词史上占有很重要的地位。

中主李璟（916—961）的词，流传的只有三首，其中却有两篇是历来所传诵的：

菡萏香销翠叶残，西风愁起绿波间。还与韶光共憔悴，不堪看。
细雨梦回鸡塞远，小楼吹彻玉笙寒。多少泪珠无限恨，倚阑干。

——《摊破浣溪沙》

手卷真珠上玉钩，依前春恨锁重楼。风里落花谁是主？思悠悠。
青鸟不传云外信，丁香空结雨中愁。回首绿波三峡暮，接天流。

——《摊破浣溪沙》

这类春愁秋悲、无可奈何的情绪，在后主李煜的前期词中也有流露，与后主的后期词作相比，不免显得轻、浅。后主前期的词作与中主相近，也显得比较轻浅，而后期的词作由于身世遭际的突变，而发生了明显的变化。

后主李煜(937—978)的作品以 975 年为界，截然地分成了前后两个不同的阶段。在亡国以前，他是以一个贵族的身份歌唱的，所写的无非是歌舞宴乐的生活，不是“别殿遥闻箫鼓奏”，就是“春殿嫔娥鱼贯列”。但在亡国以后，他却是以一个俘虏的身份歌唱着。

帘外雨潺潺，春意阑珊。罗衾不耐五更寒。梦里不知身是客，一晌贪欢。　　独自莫凭栏，无限江山，别时容易见时难。流水落花春去也，天上人间。

——《浪淘沙》

春花秋月何时了，往事知多少。小楼昨夜又东风，故国不堪回首月明中。　　雕阑玉砌应犹在，只是朱颜改。问君能有几多愁，恰似一江春水向东流。

——《虞美人》

人生愁恨何能免，销魂独我情何限。故国梦重归，觉来双泪垂。
高楼谁与上，长记秋晴望。往事已成空，还如一梦中。

——《菩萨蛮》

这些作品中所表现的虽然只是一个亡国之君的悲哀，但是其深度却是以前的文学作品中所没有达到的，更是词体本身所未曾见的。它的意义就在于透过那些美丽的哀愁、那些深哀巨痛，揭示了一个命运的悲剧。

李氏父子，特别是后主对词的贡献，使词这种样式突破了局限于描写男欢女爱那样一个狭窄的天地。所以，《人间词话》说：“词至李后主而眼界始大，感慨遂深。”这是他以自己的巨大的亡国之痛、无边的悔恨换来的。他的词语言朴素而又精纯，自然而又明丽，善用白描而又深含意境，体现了极高的艺术造诣，成为后人追踪的榜样。南唐灭亡了，但词史却兴起了一个新的典范，这是文学对政治的又一次揶揄。

第十七章　诗世界的开拓

宋初诗坛：白体、西昆体和晚唐体　开创宋诗面目的梅尧臣　苏舜钦诗作与苏梅异同　欧阳修与诗文革新　精深华妙的王安石诗　王令与曾巩　大师级的诗人苏轼　苏轼影响下的诗人群　黄庭坚的诗歌创作与江西诗派的出现　吕本中、陈与义、曾几与后期江西诗派诗风的转变　陆游、杨万里、范成大等人对江西诗派的扬弃　永嘉四灵和江湖诗人对江西诗风的反拨　独树一帜的严羽《沧浪诗话》　晚宋诗坛的战士悲歌与遗民哀吟

宋诗的发展历史，从根本上说就是对唐诗这座艺术高峰的攀登和突破，从而逐渐形成自己独特的风貌的过程。开拓唐诗未及开拓的诗歌世界，形成在诗史上足以与唐诗相抗衡的另一个诗歌典范，是时代对于宋代诗人的一个不容回避的挑战，是历史交给宋代诗人的责无旁贷的重任，也是宋代诗人惟一的明智选择。艰难与光荣俱来，压力与机遇并存。出现在唐诗之后，是宋诗的不幸，也是它的幸运。

宋初五六十年，文坛基本上还继承着晚唐、五代的风尚，不管作者的身份是当朝的达官贵人，还是流落山野的隐者高士，就诗歌来说，中晚唐诗都是当时诗坛的主要样板，先后流行过白（居易）体、西昆体和晚唐体。

从中晚唐以迄五代，白居易诗在社会上流传甚广，产生了持久的影

响。这种影响经由五代十国入宋的官僚文人李昉和徐铉、徐锴兄弟等人而带入宋朝，并通过他们的地位和声望，逐渐扩大这种影响。同时，在中晚唐诗坛十分流行、在白居易集中尤其多见的诗歌唱酬风气，也连带而传入宋朝，在宋初不仅余韵未歇，而且由于它可以作为新朝粉饰盛世、歌舞升平的重要手段，而盛极一时，从而成为当时诗歌创作的重要方式之一。这些官僚文人所接受的白居易诗是片面的，他们特别重视白居易集中那种细碎小巧的篇章，以之歌咏唱酬，交流彼此吟咏风月流连光景的生活感受，风格安雅闲适，而对白集中并不罕见的对现实社会的深切关怀则视而不见，归根结底还是典型的台阁文学。

王禹偁(954—1001)是宋初白体诗人中较早突破台阁文学局面，而放眼民生的一位。面对漫天飞雪，他笔下出现的不是诗酒风雅，而是戍卒辛劳苦力负重的惨淡景象，并因此自省自责："自念亦何人，偷安得如是！深为苍生蠹，仍尸谏官位。"(《对雪》)这首诗作于诗人仕途春风得意的时候，而能关注民生疾苦，实属难能可贵，其思想境界显然大大高出前此那些台阁诗人。这当与他的贫寒家世、三遭黜免而不屈的耿直性格、有志作为的志向有关。作为一个早慧的诗人，当时的风气使他很早就喜爱并熟悉了白诗。他人生的坎坷历练，特别是罢黜外州，使他更多接近了社会现实，也促成了诗风的转变。他从学习白居易新乐府诗入手，进而学习杜甫诗，从中寻找诗歌艺术的新突破点。这就扩展了他的心胸和眼界，使他取得了远非流辈所及的诗歌成就。他既有《畬田词》、《秋霖》、《感流亡》等讽谕现实、朴素流畅的诗作，也有《杏花》、《村行》之类清健精练写景抒情的诗作，在铸辞造境上颇见功力。他的诗句"本与乐天为后进，敢期子美是前身"(《前赋春居杂兴诗二首，间半岁，不复省视，因长男嘉祐读〈杜工部集〉，见语意颇有相类者，咨于予，且意予窃之也。予喜而作诗，聊以自贺》)，道出了他学诗的初衷和努力的目标。

台阁诗人的白体失于浅尽，在流行了五十余年之后终于衰退，代之而起的是推崇晚唐诗人贾岛的晚唐体和效法另一个晚唐诗人李商隐的西昆体。依然盛行的唱和诗风将他们的诗歌创作主张及影响推广开来，俨然成为一个诗派的规模。晚唐体的诗人主要是一些身在山野林泉的隐士僧侣，代表诗人有潘阆、种放、魏野、林逋、寇准以及九僧等人。其风格比较接近，大抵是晚唐贾岛、姚合的寒苦清奇一路，在诗体方面长于五律，写景喜用白描，少用典故，好锤炼字句，尤其是爱在中间二联下工夫。潘阆、种放、魏野、林逋等人都是隐士，啸傲林泉，放情湖山。诸人之中，潘阆年代较早，种、魏、林三人继之。而隐居西湖孤山的林逋因有所谓梅妻鹤子的佳话，而得名最盛。就诗作来说，潘阆诗清丽孤峭，魏野诗清淡野逸，都有独到之处。林逋(967—1028)诗清淡闲远，七言不及五言，其最负盛名的七律诗《山园小梅》，写得其实不及五律《秋日西湖闲泛》、《湖楼晚望》等篇精深。从历史上看，这些人的隐居多少都有些矫饰，实际上，他们往往乐于与达官贵人周旋唱酬，言清而意俗。在这一点上，后来的南宋永嘉四灵及江湖诗人与他们颇为相近。九僧指当时九个能诗的僧侣，包括剑南希昼、金华保暹、南越文兆、天台行肇、沃州简长、青城惟凤、淮南惠崇、江南宇昭、峨眉怀古，其中惠崇工诗善画，最为有名。他们的诗作被合并为一集，称《九僧诗集》，大多以精练的五律写幽情僻境，题材有限，意境也不开阔。比较特殊的是寇准(961—1023)。他虽然是朝廷的高官，却与诸隐士和九僧结为诗友，往来唱和，诗风也与之接近。他的《春日登楼怀归》写道："野水无人渡，孤舟尽日横。荒村生断霭，古寺语流莺"，杂之贾、姚集中，也难以分辨。《江南春》一类的小诗清思凄婉，饶有小词的韵味。

西昆体的作者成分比较单纯，基本上是在朝的官僚。宋真宗景德二年(1005)九月，真宗命杨亿等人编纂一部大型类书《历代君臣事迹》(后来改名为《册府元龟》)，参加编纂的人都聚集在作为皇家图书馆的秘阁里。在编纂工作的余暇，他们相与唱酬遣兴，日久渐多，在真宗大中祥符元年(1008)秋，杨亿将这些诗作编为一集，根据《山海经》和《穆天子传》中都曾记载昆仑山之西有玉山册府的典故，将此集定名为《西昆酬唱集》。集中共收十七位诗人的五七言近体诗二百五十首，其中的二百零二首，占全集五分之四以上，是杨亿、刘筠、钱惟演三人的唱酬诗作。这是因为此三人都自始至终在秘阁参与编纂工作，其他十四人则未必，甚至未必在京城。集中的诗作以学李商隐为主，追求用典精巧，属对工切，词采缛丽，音韵浏亮。但由于秘阁和编纂生活的单调，视野的局促，这些诗的题材内容也就不免贫乏单调，基本上不出咏物、咏史、拟古三类。可以说，他们只学到了李商隐诗的精丽的外形，而忽略了李商隐诗中的比兴寄托，绝大部分诗就空有一身丽服，却苍白而不能感动人。但以杨、刘等人在文坛的地位和影响，这部诗集在当时仍然风行一时，形成了所谓西昆诗派，直到宋仁宗时代，朝中大臣如晏殊、宋庠、宋祁、文彦博、赵抃、胡宿等人的诗风仍为西昆体所笼罩。后人乃至以西昆体称李商隐诗，以讹传讹，并约定俗成，也未始不是西昆体的影响之表现。

西昆体当其出现之初，本来只是优裕安雅生活的点缀，是盛世雍容典赡气象的展示。就杨亿(974—1020)本人而言，他的《武夷新集》中也有类似《狱多重囚》、《民牛多疫死》之类朴素真挚关心民瘼的篇章。但后进争相效法，竟流为专事模仿剽窃的作风，以致宫中内宴时，“优人有为义山者，衣服败裂，告人曰：‘吾为诸馆职挦扯至此！’”(刘攽《中山诗话》)另一方面，以石介为代表的一些正统理论家，也从道学的角度，攻击西昆派诗歌的浮艳缛丽。这样，11 世纪 40 年代以后，这种诗风就逐渐退出诗坛，继起的欧阳修、苏舜钦、梅尧臣等人开创了新的诗风，在文坛打开了新的局面。

梅尧臣(1002—1060)以其独特的成就，为宋诗指出向上一路，是开创宋诗独特面目的祖师。在仕途方面，他很不顺利，是欧阳修所谓诗穷而后工的一个典型。他的诗风深微淡远，深是说他诗作的用意，微指其构思，淡则是其语言风格，远指其诗作的饶有余味的效果。在他自己看来，这种诗风的核心乃是平淡。“作诗无古今，唯造平淡难。”(《读邵不疑学士诗卷》)“因吟适情性，稍欲到平淡。”(《依韵和晏相公》)所谓平淡，并不是平庸肤浅，乃是“意新语工，得前人所未道者”，“状难写之景如在目前，含不尽之意见于言外”(《六一诗话》记梅语)，是相当高的一种艺术境界。总之，梅尧臣力图以朴素和平淡，来纠正西昆体那种做作、矫饰和贫乏。在思想上，梅尧臣主张诗要关心社会现实，要反映民生疾苦，有美刺，有兴寄。他写了不少反映下层劳动人民生活和当时政治现实的诗作，其间充满对人民的同情和对统治者的指斥，例如其中的名篇《田家语》、《汝坟贫女》、《猛虎行》，多为五古，其作风近于杜甫《三吏》、《三别》及白居易新乐府，极富现实主义精神。就诗体而言，梅尧臣古今体兼工，尤长于五言。五古往往好用散文笔法入诗，古淡清切。五律如《鲁山山行》、《东溪》等诗状物写景，语工意新，在千锤百炼之后，呈现给读者的仍是一副平淡面目，富有余味。如：

适与野情惬，千山高复低。好峰随处改，幽径独行迷。霜落熊升树，林空鹿饮溪。人家在何处？云外一声鸡。

——《鲁山山行》

苏舜钦(1008—1048)是贵介公子出身，因为支持庆历新政，而受到保守派的诬陷打击，削职为民，退居苏州，筑沧浪亭。他虽然出生晚于欧阳修，但自少年时代起，就与穆修、石延年等人提倡文学的复古革新，不顾别人的讥笑，而坚持自己的文学主张。他诗文兼工，在迁谪之中所作的古文《沧浪亭记》合叙事、写景、抒情为一体，凝炼幽洁，颇得柳宗元《永州八记》之传。在诗歌方面，他用功更深，成就更大。他敢于以诗干预政治，反映现实，描写饥荒旱情，痛斥达官贵人昏聩无能、丧师辱国。《宋史》本传称其"时发愤懑于歌诗，其体豪放，往往惊人"。这种惊人既指其诗中所反映的政治激情的豪迈大胆、无所顾忌，也还包括他诗作用意措辞的激昂放达。苏舜钦也有一些五七言近体诗写得清丽明快，但古诗尤其是七言歌行似乎更适合他的个性。《和菱溪石歌》借溪石抒发胸中愤懑不平之气，使用散文笔法，句法峭劲，沉郁顿挫，颇得韩愈诗的神韵。《中秋夜吴江亭上对月怀前宰张子野及寄君谟蔡大》写对月怀人，意新语奇，情与境会，则有李白诗的风味。从发展的角度来看，他前期的诗较为明快，后期诗作则偏于沉郁，这显然与政治上所遭遇的挫折失败有关。

欧阳修在《水谷夜行寄子美圣俞》中，曾比较苏、梅二人诗风的异同："子美气尤雄，万窍号一噫。有时肆颠狂，醉墨洒滂沛。譬如千里马，已发不可杀。盈前尽珠玑，一一难拣汰。梅翁事清切，石齿漱寒濑。作诗三十年，视我犹后辈。文词愈清新，心意难老大。譬如妖韶女，老自有余态。近诗尤古硬，咀嚼苦难嘬。初如食橄榄，真味久愈在。"也可以说，苏诗如高山奔流，长在豪纵；梅诗如平野渊潭，长在深远。苏诗缺少梅诗的细密，梅诗也不及苏诗洒脱不羁。作为多年的诗友，欧阳修的评价是十分准确的。

确如欧阳修自言，在诗文革新特别是诗歌方面，他的起步较晚于苏、梅二人。在北宋中期的诗文革新运动中，欧阳修（1007—1072）是一个至关重要的人物。他是宋朝开国以来第一个在诗、词、文及文学思想方面都卓有建树、在政治上又颇有地位的文学家。他在文学和政治上的地位，使他成为当时文坛公认的领袖，在诗文革新运动中所发挥的作用及取得的成绩也后来居上。北宋中叶兴起的第二次古文运动，是针对晚唐五代的文弊和当时的西昆体文风，以提倡恢复韩愈之道统和文统为号召，坚持明道、致用的原则。在欧阳修之前，王禹偁、柳开、穆修、石介、尹洙、范仲淹等人已提出文学革新的主张，但是或有偏颇，或不系统，虽然取得了一些创作实绩，但影响有限。欧阳修承上启下，摆脱了柳开、穆修、石介等人重道轻文的道学倾向，强调文学本身的特殊性，主张文章要为社会服务，反映社会生活和现实内容，而不能只成为狭隘的伦理道德的传声筒，肯定了作家的才华和艺术技巧的重要性。因此，他主张学习韩愈文从字顺的一面，反对艰深怪涩的文风，提倡自然为文、明白晓畅。他利用知贡举的机会，力纠当时太学士子中流行的太学体，纠正因离弃浮艳巧丽而堕入险怪奇涩的文风（宋祁就是这类文风的代表之一）。他用自己的一系列创作，身体力行，树立了新文风的榜样。他文备众体，书、序、论、记、碑志、史传，无体不工。他改造了传统的骈体文，开创了宋代四六文的新局面。他吸收骈文在语言及声律方面的长处，改造了骈赋和律赋，创立了文赋。苏轼说他“论大道似韩愈，论事似陆贽，记事似司马迁，诗赋似李白”（苏轼《六一居士集叙》），证明他在各方面确实都取得了很高的成就。欧阳修一以贯之的文风，是“纡余委备，往复百折，而条达疏畅，无所间断，气尽语极，急言竭论，而容与闲易，无艰难劳苦之态”（苏洵《上欧阳内翰书》）。如果说韩文深厚雄博，偏于阳刚之美，那么，欧文则和婉曲折，偏于阴柔之美；两人同样富有大家风度。

梅尧臣以古淡之词、苏舜钦以豪健之气来扭转西昆体的不良倾向，欧阳修则是以他最擅长的、无往不利的平易疏畅之文，来进一步革新诗风。他主张诗作平易疏畅，言必有物，反对无病呻吟。他和梅、苏等人发扬了韩愈以文为诗的传统，以古文的气势以及古文特有的某些艺术手法来丰富诗歌的表现手段，使宋诗趋向平易畅达，同时，也加强了宋诗散文化、议论化的倾向，显露了宋诗的创作个性和时代特征。他的诗题材广泛，内容丰富，风格多样。近体诗富于情韵，清新自然，佳作有《戏答元珍》、《黄溪夜泊》等。古体常能熔叙事、抒情与议论于一炉，如他本人极为自负的《明妃曲和王介甫作》、《再和明妃曲》，在流畅平易的行文中，有宛转的叙事，有深切的同情："谁将汉女嫁胡儿，风沙无情貌如玉。""玉颜流落死天涯，琵琶却传来汉家。汉宫争按新声谱，遗恨已深声更苦。"（《明妃曲和王介甫作》）更有不俗的议论："虽能杀画工，于事竟何益！耳目所及尚如此，万里安能制夷敌?"（《再和明妃曲》）从艺术渊源上说，欧阳修主要学习韩愈，也学李白，时而上溯杜甫。他很重视转益多师，取资多方。其峭健曲折处，多得力于韩愈，其奔放畅达处，则确有近于李白之处。

欧阳修虚心好学，乐于提携后进，王安石、曾巩、三苏等人都是经过他的提携，而登上全国文坛的。这些人既大大扩展了诗文革新运动的声势，又以各自的成熟的艺术创造，巩固和发展了欧、苏、梅等人的革新成果，奠定了宋诗的雄厚基础，使宋诗的独特面目完全显现出来了。

王安石（1021—1086）首先是一个政治家，其次才是一个文学家。他在政治上重实践，在文学上认为创作要反映国计民生，有补于世，特别强调文学的思想内容，而对艺术形式的看法不免有些过激。在他的心目中，杜甫、欧阳修的地位列在韩愈、李白之上，因为韩愈有时过于讲究文辞，而李白诗多言醇酒妇人。他博览群书，知识渊博，加上自负坚强而近乎执拗的个性，造成了他的深刻精能的诗文风格。他的奏事，如《上仁宗皇帝言事书》、《本朝百年无事札子》，逻辑谨严，笔力雄伟，富有见识。短篇书札、史论、游记，如《答司马谏议书》、《伤仲永》、《读〈孟尝君传〉》、《书刺客传后》、《游褒禅山记》等，抒写杂感，既有议论的锋芒，又有抒情的笔调，情韵与哲理兼而有之。总之，其散文师法孟子、韩愈，兼取荀子、扬雄，以议论精警、分析透辟、说理缜密为特征，将先秦以来的中国传统哲理散文的艺术发扬光大。

王安石的诗歌同样有这种以议论见长、峭刻简劲的风格，但比散文更重视抒发情韵、状物写景、营造意境等。他的诗风从年轻时的“直道其胸中事”到晚年的“尽深婉不迫之趣”(叶梦得《石林诗话》卷中)，可以看出经历和学历的日益老成。他的诗特别是前期诗中，政治诗占了很大比重，这些诗从各种不同角度切中时弊，尖锐指斥。例如《河北民》、《出塞》、《收盐》、《感事》、《秃山》等，涉及当时边疆、内地民生的诸方面，在深切关心时事的同时，也表达了自己的政见。王安石的咏史怀古诗也很突出，从中经常可以读到他对历史事件及社会人生的独到理解和精辟的论断。例如《桃源行》和《明妃曲》二首。《明妃曲》中所表达的“意态由来画不成，当时枉杀毛延寿。”“家人万里传消息，好在毡城莫相忆。君不见，咫尺长门闭阿娇，人生失意无南北。”(其一)以及“汉宫侍女暗垂泪，沙上行人却回首；汉恩自浅胡自深，人生乐在相知心。”(其二)等等，构思立意，善于翻新出奇，传诵一时，当时名流如欧阳修、司马光、刘敞、曾巩等人纷纷和作。此外如《孟子》：“何妨举世嫌迂阔，故有斯人慰寂寥。”《贾生》：“一时谋议略施行，谁道君王薄贾生？爵位自高言尽废，古来何啻万公卿。”都巧运诗笔，作翻案文章，体现了他一贯的峭劲的诗格。王安石在近体诗特别是七绝方面，有很深的功力，可以用精深华妙四字来概括。精深是说其诗律精严，华妙是说其兴象玲珑美妙。这些诗多作于其退居江宁的晚年，题材以描摹风物写景抒情为主，其中有脍炙人口的《书湖阴先生壁》以及《北山》、《北陂杏花》等，极为后人称赏。此外，他喜欢造硬语、立生意、押险韵、好改窜古人诗句、好用典、追求对仗工巧等倾向，也给后来的江西诗派以明显的影响。

很受王安石推重的王令(1032—1059)是个短命的天才诗人。他的诗雄伟奔放，想象丰富而奇诡，充满奇情异彩，具有鲜明的个性。故《四库全书总目》卷一五三《广陵集》提要评他“才思奇轶，所为诗磅礴奥衍，大率以韩愈为宗，而出入于卢仝、李贺、孟郊之间。”古体长篇《梦蝗》出自卢仝《月蚀诗》，极奇玮瑰怪非常之观，构思立意出脱凡俗，风格奇崛可喜。《暑旱苦热》虽然只有短短八句：“清风无力屠得热，落日着翅飞上山。人固已惧江海竭，天岂不惜河汉干？昆仑之高有积雪，蓬莱之远常遗寒。不能手提天下往，何忍身去游其间。”大有先忧后乐的仁人之心，“骨气老苍，识度高远”（《后村诗话·前集》卷二）。近体诗中，也有不少境界开阔、诗思奇瑰的好诗。

曾巩（1019—1083）是著名散文家，有人说他不会作诗，这是不公平的。其实，他的诗“平实清健，自为一家”（方回《瀛奎律髓》卷十六），颇有感时写实的篇章，如《追租》、《边将》、《秋日感事示介甫》等。咏史诗也比较出色，如《咏虞姬》、《明妃曲》、《读五代史》等。《明妃曲》有句云“丹青有迹尚如此，何况无形论是非”，道前人所未道，堪称精警。就诗体而言，曾巩对七言近体最为娴熟，写景抒怀，往往思新语劲，《北归》、《西楼》等七绝，很像王安石晚年那些流连山川风物锤炼精纯的小律诗。如《西楼》：

> 海浪如云去却回，北风吹起数声雷。朱楼四面钩疏箔，卧看千山急雨来。

苏轼（1037—1101）是继欧阳修、王安石之后而起的北宋另一位文学大师。在散文创作中，他与父亲苏洵、弟弟苏辙都主张有为而作，并十分强调气势，而三人的风格又各有千秋。苏洵散文取法战国诸子及贾谊、陆贽，长于议论，有战国纵横家的遗风。苏辙之文“汪洋澹泊，深醇温粹”（《苏文定公谥议》）。苏轼取径更为广博，贾谊、陆贽的政论，孟子、庄子的文章，都曾给苏轼以启迪。他的文章“大略如行云流水，初无定质，但常行于所当行，常止于所不可不止，文理自然，姿态横生”（《答谢民师书》），风格介乎洵、辙之间。他的文章题材范围极广，可以说是“嬉笑怒骂皆成文章”（黄庭坚《东坡先生真赞》）。他的政论史论，气势磅礴，援古证今，说理透辟，又善于用生动、形象的比喻，来说明深刻的哲理，真是所谓“横说竖说，惟意所到，俊辩痛快，无复滞碍”（《鹤林玉露》丙编卷三）。他的山水游记名篇极多，往往既有诗情画意，又富含哲理。书札、序跋及杂文之类，挥洒自如，触处生春，尤能体现他风趣、幽默、乐观的个性。明代公安派文人从苏轼的这一类小品文中吸取营养，促成了晚明小品文的兴盛。

如果说欧阳修将文学革新由古文推广到诗歌，那么，苏轼则进一步在诗文领域扩大了革新运动的成果，而且将其影响与成果推展到词体。乌台诗案、贬谪黄州、远谪儋州，一次又一次越来越残酷的政治打击并没有使这个胸怀旷达坚强乐观的大诗人低下他的头颅，相反，却是更加开阔了他的心胸，成就了他的文学。正是在谪居黄州期间，他的思想和文学创作才进入全面成熟和丰收的阶段，他的一系列千古名篇就产生于这一时期。在贬谪海南遇赦的时候，我们更听到了他爽朗豪放的笑声：

> 参横斗转欲三更，苦雨终风也解晴。云散月明谁点缀，天容海色本澄清。空余鲁叟乘桴意，粗识轩辕奏乐声。九死南荒吾不恨，兹游奇绝冠平生。
>
> ——《六月二十日夜渡海》

苏轼诗题材丰富，无事不可入诗，而且因地制宜，风格多样，但无不表现了他的倔强、幽默，体现了他的丰富而敏感的诗心。对上至《诗三百篇》、《楚辞》，下迄欧阳修的历代诗歌，苏轼都曾深入钻研。陶渊明的冲淡高远、杜甫的现实精神、李白的超迈豪放、韩愈的以文为诗、白居易的流畅、柳宗元的峻洁、刘禹锡的怨刺笔法等等，钟毓于苏轼一身，并以他的高才博学为熔炉，熔铸出一个新时代的文学大师。他擅长用侧面讽刺的方法，来表达自己对政治和现实的观点立场。他以自己对生活的无限热爱、对困境的永不屈服，来表示对政敌迫害的极度蔑视、对艰难寂寞的顽强抵抗。同时，对于大自然的热爱，对于亲情友谊的歌颂，对于生死离合的咏叹，使这个有着天才仙气的诗人显得非常具有人情味，使他的诗歌读来亲切动人。苏轼兼擅各体诗歌，其中七言古诗最能体现其恢张豪迈、波澜壮阔、才思泉涌、浮想联翩的特长。他的诗歌语言清新流畅，无幽不达，无隐不显，用典也善于“以故为新，以俗为雅”（借用苏轼《题柳子厚诗》语）。同时，他还喜好“以文字为诗，以才学为诗，以议论为诗”（借用严羽《沧浪诗话·诗辨》语），这是以他充沛的才情和渊博的学识为基础的，所以能自然顺畅，如水到渠成，而丝毫没有艰苦俭涩之态。他的个性和诗歌艺术的魅力，使这些在苏轼以前就存在的诗歌倾向对后来的宋诗发展产生了更显著的影响。

苏轼身后，他的文学事业有很多的追随者。在北方，金国凭恃军事实力颠覆了北宋王朝，掳走徽、钦二帝；而在文学上，金国著名的文学家如蔡松年、赵秉文以及金代最杰出的诗人元好问，却都是苏轼的崇拜者和苏诗艺术的俘虏。他们特别是元好问的诗歌成就，就得力于学习苏轼并进而上溯到李白、杜甫。在南方，苏轼所培养或影响下的一批后进文人，以苏门四学士和苏门六君子为代表，还包括李格非、李之仪、唐庚、张舜民、毛滂和孔氏三兄弟（孔文仲、孔武仲、孔平仲）等，成为哲宗、徽宗时期的文坛主力。这个在苏轼影响下的作家群，各有所长，风格亦自不同，在文学艺术取向上与苏轼趋向分流，从而造成了文坛多样化的繁荣局面。

苏门四学士是指黄庭坚、张耒、晁补之、秦观，六君子则是在四学士之外，加上陈师道、李廌。张（1052—1112）、晁（1053—1110）二人诗文词并擅，张文汪洋冲淡，朴素自然，其诗长于乐府，效法张籍、白居易，风格平易，内容则多“哀哉天地间，生民常苦辛”（《粜官粟有感》）之类的感叹。绝句也颇有韵味。晁氏也以乐府诗见长，风格接近张耒，不同的是其古文较多波澜，诗也较多俊逸之气。李廌长于文而不以诗名。秦观长于词，而诗作则温婉清丽，饶有小词韵味，富有阴柔之美。他的《春日》诗：“一夕轻雷落万丝，霁光浮瓦碧参差。有情芍药含春泪，无力蔷薇卧晓枝。”甚至被元好问评为“女郎诗”。（《论诗绝句》第二十四首）此外的唐庚、张舜民以及三孔都颇有诗才，仅就诗歌创作来说，他们的成就不及黄庭坚和陈师道。

黄庭坚（1045—1105）是一个博学多才的诗人，其父黄庶是一个专学杜甫、韩愈的诗人，这对他有影响。他的思想中兼有儒道佛的成分，诗作中也常驱遣儒道释三教经典。他以学杜来反对学李商隐的西昆体，而特别强调杜诗在句律字句等形式上的特点。关于他的创作方法，有所谓“点铁成金”、“脱胎换骨”等说法，说明他是很注重从古人、从书本中寻找灵感的。他认为“老杜作诗，退之作文，无一字无来处。盖后人读书少，故谓韩杜自作此语耳。古之能为文章者，真能陶冶万物，虽取古人之陈言入于翰墨，如灵丹一粒，点铁成金也。”（《答洪驹父书》）又说：“不易其意而造其语,谓之换骨法,窥入其意而形容之,谓之夺胎法。"(《冷斋夜话》卷一)换骨即易其辞而达其意,如《再次韵四首》之四:"公有胸中五色线,平生补衮用功深。"出自杜牧《郡斋独酌》:"平生五色线,愿补舜衣裳。"夺胎是以旧有辞、意为基础,加以变化,使诗意更深刻,句法更峭劲,意境更深美。如改徐陵《鸳鸯赋》中"山鸡映水那相得,孤鸾照镜不成双",成其《睡鸭》诗:"山鸡照影空自爱,孤鸾舞镜不作双。"总之,夺(脱)胎换骨的目的是推陈出新,化腐朽为神奇。同时,黄庭坚还好用拗律,押险韵,好用奇字僻典,刻意苦吟,在韵律与文字方面尽量避免圆熟和俗格,追求生新瘦硬的效果。就黄庭坚来说,这是他苦心独创的作诗的活法,虽然偏重艺术形式,题材范围不很宽广,运用起来还是得心应手、比较成功的,特别是在律诗方面,佳作较多,如《登快阁》、《寄黄几复》、《次元明韵寄子由》等。

黄庭坚把包括苏轼在内的他以前的宋诗发展中逐渐形成的一些特点,加以凝聚放大,使他的诗具有最鲜明的宋格,形成自己独特的风味。他的诗歌无论在谋篇、章法、造句、炼字、音韵等方面,都有其独到之处,但也容易导致掉书袋、生硬晦涩等诗病。这类弊端在最早师法黄庭坚的陈师道身上还不甚明显。由于性格孤介,又一生沉沦下僚,陈师道(1053—1102)作诗耽于苦吟,一意求深,形成了生硬僻涩的诗风。但他的佳作则能突破这些局限,深情笼罩,韵高格峻,有朴拙之致,如有关师友的三首诗:《妾薄命》、《怀远》和《九日寄秦觏》。

由于黄庭坚的诗法提出了一些比较具体的可以遵循操作的技术规范,而这种重视形式和技法、重视向书本学习的风气,特别适合那些诗才一般、生活经验也不太丰富的文士,因此,很多后进诗人起而从之,在北宋末年开始蔚然成风。崇宁元年至二年间(1102—1103),吕本中(1084—1145)作《江西诗社宗派图》,奉黄庭坚为宗派之祖,列陈师道、潘大临、谢逸等 25 个受黄氏影响的作家为诗派中人。这些诗人籍贯分布很广,彼此间多有交游唱和,只是由于黄庭坚是江南西路(简称江西)人,谢逸等十一位诗人也是江西人,所以得名江西诗派。南渡以后,诗派的成员与范围不断扩大,吕本中、陈与义、曾几等是后期诗人的主要代表。宋末元初,承继江西诗派衣钵的方回又提出了所谓"一祖三宗"的说法,即尊杜甫为一祖,奉黄庭坚、陈师道、陈与义为三宗，由此可以看出江西诗派的声势之广远及影响之持久。

靖康之难激发了诗人的爱国激情，促成了后期江西诗派诗风的转变，诗学门径也有所拓宽。吕本中首先提出学诗要悟入活法："所谓活法者，规矩备具，而能出于规矩之外，变化不测，而亦不背于规矩也。是道也，盖有定法而无定法，无定法而有定法。知是者，则可以与语活法矣。"（《夏均父集序》）作为活法的具体例证，他举出了谢朓所说的"好诗流转圆美如弹丸"，这种主张显然与黄陈的瘦硬生新或朴拙重大的主张不完全吻合。吕本中是江西诗派承先启后的关键人物。他的诗清丽和婉，鲜活流动，还有一些伤时感乱主张抗战的诗篇。陈与义（1090—1138）是诗派的后起之秀，"其诗虽源出豫章，而天分绝高，工于变化，风格遒上，思力沉挚，能卓然自辟蹊径"（《四库全书总目》卷一五六《简斋集》提要）。由于经历了与杜甫相似的山河破碎的时代，靖康以后，陈与义的诗像杜甫安史之乱以后的创作一样，风格发生了变化。他继承杜诗的现实主义传统，高扬忧国忧民之声，"以简洁扫繁缛，以雄浑代尖巧"（《后村诗话·前集》卷二）。如著名的《伤春》诗，抑扬顿挫，寄意深切，最得杜律三味，末三句脱换自杜诗的痕迹尤为明显。和大多数江西诗派诗人一样，陈与义工于律体，精于对仗，"客子光阴诗卷里，杏花消息雨声中"（《怀天经智老因访之》）、"孤臣霜发三千丈，每岁烟花一万重"（《伤春》）等联，不求字面之工稳，而追求整体境界的圆融。他常用宽对、流水对，以造成诗句的流动。他吟咏光景的诗作，还师法陶、谢、韦、柳诸家，有清远平淡之致。曾几（1084—1166）传吕本中诗法，也主张"学诗如参禅，慎勿参死句"（《读吕居仁旧诗有怀其人作诗寄之》），故其诗清新活泼，又细密有韵味。曾几享年较高，他对年轻一辈诗人如陆游、杨万里、萧德藻、赵蕃、韩淲等人的影响，甚至超过了吕、陈二人。

在这些年轻诗人中，包括尤袤、杨万里、范成大、陆游在内的所谓中兴四大诗人（一说为范成大、杨万里、萧德藻、陆游四人）或包括尤袤、范成大、杨万里、陆游、萧德藻五人的中兴五大家最为突出。他们都曾经直接或间接、自觉或不自觉地受到江西诗派的影响，但最终都能逐步摆脱其束缚，而形成自己的诗风。尤袤（1127—1194）早年学诗于吕本中的学生汪应辰，萧德藻（生卒年不详）则曾学诗于曾几，跟江西诗派都有一定的渊源关系，但都能有所超越。如萧德藻明确提出，“诗不读书不可为，然以书为诗，不可也。”（范晞文《对床夜话》卷二）二人的诗作享誉当时，但诗集很早就已失传，尤诗大约只有百分之一流传下来。从留存的篇章来看，尤诗颇能写景，细润圆转。《雪》、《淮民谣》等关心国计民生的诗作，则是朴素鲜明。萧氏仕途困顿，其诗奇峭工致，别具一格，对其侄婿姜夔的诗风有影响。杨万里评论尤诗“平淡”，萧诗“工致”（《千岩摘稿序》），是有根据的。

陆游（1125—1210）是南宋最杰出的诗人。这个长寿的诗人经历了南宋的前半期，历任地方和中央官职，曾亲身从戎，前往南郑前线，有比较丰富的生活经验。他个性豪放不羁，富有激情，敏于感发，对祖国、对人民、对山川景物、对人情世态，都投注热情，形于歌咏，创作力异常充沛，诗篇内容异常丰富。他自称“六十年间万首诗”（《小饮梅花下作》），后来编定诗集时，删去一些早年习作，现存《剑南诗稿》八十五卷，诗作九千三百多首，古今诗人罕有其匹。

陆游诗歌风格的发展经过三个阶段。他童年时代私淑吕本中，青年时代又师事曾几，颇受江西诗派的影响。因此，他早年的诗以藻绘为工，颇重技巧。浪漫豪放的性格，使他特别重视吕本中提出而为曾几所接受的活法：“我得茶山一转语，文章切忌参死句”（《赠应秀才》），诗作倾向于师法江西诗派中的清新绚烂，而舍弃其中的瘦硬生涩。随着学力、阅历和自信心的增长，他的诗风也渐渐开始变化。乾道六年（1170），陆游出任夔州通判，入蜀途中，游历苏、皖、赣、鄂、湘、川等省，眼界和心胸都随之开阔。随后他又到达南郑前线，置身于全新的军旅生活之中，雄心壮志经常受到感发而激动。他在《示子遹》诗中说：“我初学诗日，但欲工藻绘。中年始稍悟，渐欲窥宏大。”这个“中年”，可以说是从乾道六年开始的。从这一年往后，他的诗风跨越了江西诗派的藩篱，诗境变得开阔，风格也趋向博大宏肆。绍熙元年（1190）以后，诗人退居绍兴故里，诗题多吟咏村居生活，风格转向闲适淡泊。

爱国主义是陆游诗中最主要、最重大的主题，他从不同的角度来表现这一主题。他歌颂抗金斗争，为每一场战役的胜利而欢欣鼓舞，如《闻武均州报已复西京》；他描写在金兵压迫下人民的痛苦，表达他们对于故国的深厚感情，如《秋夜将晓出篱门迎凉有感》、《追忆征西幕中旧事》；他斥责统治者为了自私的荒淫奢侈的享受而奉行偏安和投降的政策，如《关山月》、《追感往事》；……胜利和希望总是那么短暂，失败和失望总是那么频繁，严峻而残酷的现实使他时时沉浸在悲愤的情绪中，在《书愤》、《登赏心亭》等篇中，我们看到的就是这样一个面对寂寞和失败而绝不甘心的英雄形象。正如其临终绝笔《示儿》所显示的，陆游至死不忘恢复中原。沉重的时势虽然压抑着他的豪迈的英雄主义，却不能阻止它们不屈不挠地通过浪漫的想象，通过梦境得到缓释，得到补偿。他有一首纪梦诗题为《五月十一日夜且半，梦从大驾亲征，尽复汉唐故地，见城邑人物繁丽，云：西凉府也。喜甚，马上作长句，未终篇而觉，乃足成之》，以超卓的诗笔和崇高美丽的想象，寄寓了一腔无尽的爱国激情。

陆游也有不少描写自然风物、山川景物、农村生活景象的诗作，反映了广泛的社会生活面。与爱国之诗充满豪迈的激情和悲愤的感慨有所不同，这些诗或者朴素真纯如《岳池农家》、《游山西村》等农家诗；或者刻画真切如《南定楼遇急雨》、《临安春雨初霁》等山水行旅诗；或者深挚凄婉如《沈园》等爱情诗也是颇为突出的。

陆游曾对其子说："汝果欲学诗，工夫在诗外。"（《示子遹》）所谓诗外工夫，在他看来，就是要丰富生活和情感体验。从文学传统上说，屈原、杜甫的忧国忧民的精神、李白的浪漫气息、岑参的雄伟豪迈的气魄、陶渊明和王维的恬淡，都给了陆游以滋养。他的诗取材广，命意新，各体兼工，最长于七言古诗和七言律诗，其次是五言古诗和七言绝句。他的"对仗工整，使事熨帖"（沈德潜《说诗晬语》卷下）的律法，对稍后的永嘉四灵以及戴复古、刘克庄等人都有明显的影响。在后来历史上那些国势危蹙的时代里，救国图强的仁人志士们常常发现陆游是他们的知音。

杨万里（1127—1206）与陆游同时而以诗擅名。他早年学诗也是从江西诗派入手，用力甚勤，三十六岁（绍兴三十二年，1162）那年，尽焚其少作，开始变革诗风，在五十一岁（淳熙四年，1177）那年，最后形成了独具风格的诚斋体。诚斋体的总的特点是语言通俗流畅，明白如话，注重诗味，词婉意新，长于七言特别是七绝。他的政治诗现实性较强，婉而多讽，用意颇深，例如《初入淮河四绝句》之一：

船离洪泽岸头沙，人到淮河意不佳。何必桑干方是远，中流以北即天涯。

他描写农民劳动生活的诗也立意求新，如《悯农》：

稻云不雨不多黄，荞麦空花早着霜。已分忍饥度残岁，更堪岁里闰添长！

诚斋体中最多见的则是吟咏自然风物、抒写日常生活之情的诗作。如：

莫言下岭便无难，赚得行人错喜欢。正入乱山圈子里，一山放出一山拦。

——《过松源晨炊漆公店》

才近中秋月已清，鸦青幕挂一团冰。忽然觉得今宵月，元不粘天独自行。

——《八月十三日望月》

梅子留酸软齿牙，芭蕉分绿与窗纱。日长睡起无情思，闲看儿童捉柳花。

——《闲居初夏午睡起》

诗人善于发掘日常生活中一些富有诗意而往往被人忽略的细节，以通俗流畅而又轻松风趣的语言表达出来，塑造了全新的意境，形成一种小巧、诙谐、活泼的风格。他有不少诗直接以“嘲”、“戏”等字为题，也正是这种诗风的一种体现。在诙谐嘲戏之中，有时也寓有对时事的感讽讥刺，如《嘲淮风进退格》。对杨万里来说，这只是他一贯幽默机趣的性格的表现，但如果处理不当，也容易导致浅俗油滑。江湖诗派末流的一些诗作即有此病。

清末诗评家陈衍《石遗室诗话》卷十六说，杨万里的诗“大抵浅意深一层说，直意曲一层说，正意反一层、侧一层说”。“又能俗语说得雅，粗语说得细，盖从少陵（杜甫）、香山（白居易）、玉川（卢仝）、皮（日休）、陆（龟蒙）诸家中一部脱化而出”。构思新巧、想象奇妙是诚斋体的一个重要特点，从中仍可以看出江西诗派特别是“活法为诗”对他的影响。与他同时的葛天民就是以“死蛇解弄活泼泼”（《葛无怀小集·寄杨诚斋》）来称赞他的。不是从书本而是从生活中直接吸收明快鲜活的口语，使他避免了江西诗派诗语硬涩之病。他强调独创，极力要跳出江西诗派的藩篱，但他并没有完全排斥江西诗派。他的推崇并效法中晚唐诗，对四灵及江湖诗人也有影响。

前人常以陆游比杜甫，以杨万里比李白。陆、杜才学相近而个性相远，杨、李则情才相似而气魄不同。

范成大（1126—1193）的诗，无论其内容还是风格都基本上介于陆、杨之间。杨万里《石湖集序》评他“清新妩丽，奄有鲍谢；奔逸俊伟，穷追太白”。也可以说，他的“清新妩丽”近于杨万里，而“奔逸俊伟”则近于陆游。范成大曾四次出任疆臣大吏，周知各地风土民情，诗中有很多关于行旅、风土、名胜的篇什，也有不少反映社会生活和民生疾苦的作品，如《姑恶》等描写农民生活的诗，如《催租行》、《后催租行》等悯农诗。《后催租行》诗曰：“去年衣尽到家口，大女临歧两分首；今年次女已行媒，亦复驱将换升斗；室中更有第三女，明年不怕催租苦。”冷隽的反语，掷出深刻的讥刺，表达了十分沉痛的心情。这一方面，他受张、王乐府和晚唐诗的影响较大。但他的诗风又有偏于清峭、好用奇字及佛家禅语的一面，则也在有意无意中袭用了苏（轼）、黄（庭坚）的遗法。

乾道六年（1170），范成大出使金国，在强敌面前表现了坚强的气节，不辱使命而还。他写的七十二首使金纪行诗和一卷《揽辔录》，享誉一时。这组诗描绘了北方的山河风物，记录了北方人民的苦难和希望，也从一个特殊角度反映了他们的爱国心情。《州桥》、《翠楼》等诗中所写到的北方父老争迎汉使忍泪失声的场面，是十分珍贵、动人的。晚年退休以后，范成大写了一批以《四时田园杂兴》七绝六十首和《腊月村田乐府》为代表的田园风情诗，广泛描写江南水乡农民的劳动生活、风土人情，反映他们的忧乐。这些诗题材新颖别致，读来淳朴亲切，风格清新闲雅，即使有所指斥，也用温婉之笔。请看《四时田园杂兴》中的下列几首：

昼出耘田夜绩麻，村庄儿女各当家。童孙未解供耕织，也傍桑阴学种瓜。

垂成穑事苦艰难，忌雨嫌风更怯寒。笺诉天公休掠剩，半偿私债半输官。

新筑场泥镜面平，家家打稻趁霜晴；笑歌声里轻雷动，一夜连枷响到明。

吕本中和曾几的改造和中兴诸诗人的背离，使江西诗派的影响逐渐淡出诗坛，继起的永嘉四灵、江湖诸诗人以及严羽，正式倡导师法唐诗，于是在晚宋诗坛上，唐诗特别是唐人的今体律绝诗重又成为诗坛的典范。与此同时，长期的失败和偏安，将英雄壮志消磨殆尽，吟咏风月、啸傲湖山的作品一时又流行起来。

永嘉四灵是指永嘉（今浙江温州）地区的四位诗人徐照（？—1211，字灵晖）、徐玑（1162—1214，字灵渊）、赵师秀（1170—1220，字灵芝，或说字灵秀）、翁卷（生卒年不详，字灵舒），因为他们的字中都有一个灵字，诗风相近，又都出自永嘉学派的理学家叶适门下，叶适曾编选《四灵诗选》以刊行，所以合称四灵。四灵不满于江西诗派专学杜甫一家，重新尊崇唐体特别是晚唐的律体，以相对抗。他们学晚唐，实际上专学贾岛姚合一派的五律，与杨万里之偏重七绝不同。同时，他们提倡生造苦吟，主张字琢句炼，工于对仗，多用白描，而反对江西诗派的以书为诗、好用成语故实的倾向。四灵或为布衣，或位居下僚，生活清苦，其诗风也与贾、姚相近，偏于野逸清瘦。诗的内容主要是抒发个人情感，互相唱酬，或描绘田园山水，或反映土俗民情，也有一些关心民生疾苦的作品。他们的七绝也写得灵秀清逸，如翁卷《野望》、《乡村四月》，赵师秀《数日》、《约客》等，传诵甚广。总的来看，四灵的诗题材比较狭窄，境界也不开阔，陷于雕琢琐碎。四灵的出现，从诗学上看是对江西诗派的反动，从思想上看则是永嘉学派对抗当时贬抑唐诗、崇尚以诗载道，乃至把诗写得如同议论文的程朱理学的表现，在当时产生了相当大的影响。

从诗史上看，四灵其实正是江湖派的先驱。两者的诗歌主张和风格并没有太大的分别。他们同学晚唐，四灵偏向清苦，江湖则趋于圆熟。江湖派的得名，缘于宝庆三年(1227)的江湖诗祸。它的成员构成，主要是一些山林隐士、奔走江湖的游士谒客以及一些不得意的下层官吏，是一个散处各地、流品甚杂的松散的创作群体。起初，杭州书商陈起将他所结识的一些山林隐士、小官幕僚以及江湖谒客游士等的诗集以丛刊的方式刻印出版，总名为《江湖集》。不料其中的一些诗句，如“未必朱三能跋扈，都缘郑五欠经纶”(刘克庄《黄巢战场》)，“东风谬掌花权柄，却忌孤高不主张”(刘克庄《落梅》)，“秋雨梧桐皇子府，春风杨柳太师桥”(陈起，一说为敖器之)，被言官诬为影射时事，讽刺奸相史弥远，同情被史弥远废黜逼死的原皇位继承人济王竑。于是，刘克庄、敖器之、曾极以及陈起等人均遭到迫害，书版亦被劈毁。这一事件之后，很多诗人噤若寒蝉，更少感时伤事忧国忧民之作，而流连光景诗酒应酬之诗则多起来了。

和四灵一样，江湖派诗人也崇尚晚唐诗，只是格局比四灵较为开阔，取材取径也较为灵活多样。在语言方面，他们也和四灵一样主张多用白描，反对掉书本为诗，反对堆砌典故。江湖诗人中，刘克庄、戴复古二人成就比较突出。戴复古(1167—1250?)曾学诗于陆游，其诗仍有雄放纵横的一面，有独创，也颇有一些忧民忧国的诗篇，风格和内容比较复杂，与一般的四灵江湖诗人有所不同。刘克庄(1187—1269)早年困顿下僚，六十岁后仕宦显达，是江湖诗人中的例外。他的诗学陆游、杨万里和四灵，颇为用功，数量甚多。他早年曾到过真州前线，写过一些反映当时政治腐败军中黑暗的乐府，如《国殇行》、《军中乐》等；后来贪多，率尔成篇，逞才炫博，往复酬唱，不免粗糙熟滑；晚年仕途得意，思想上反而趋于保守。他的诗歌的长处主要表现在写日常生活的五律，思新语工，颇长于偶对。他的《后村诗话》，内容丰富，体现了作者的博览和学识。

严羽（1192—?）自号沧浪逋客，以布衣终身，曾游历浙、赣、湘等地，与江湖诗友往来颇多，从身世、经历以及情趣来看，他也可以说是一个江湖诗人。严羽亦能诗，而使他垂名中国文学史的则是他的《沧浪诗话》。宋人好议论，好作诗话之书以载录轶闻，评骘高下，辩证讹误，考订句法。从欧阳修作《诗话》（后人多称之为《六一诗话》）起，后继的作者层出不穷，蔚为一时风气。宋代诗话著作已知者约有一百三十九部，至今仍流传者尚有四十二部，残存或由他人纂辑成书者四十六部，佚失者五十一部。这些诗话观点各异，侧重不同，内容庞杂，大多数并没有形成自己的理论系统，而严羽《沧浪诗话》是其中的一个例外。这部书由《诗辨》、《诗体》、《诗法》、《诗评》、《考证》五个部分组成，分别探讨了诗歌的理论、体裁、流派、风格和作法诸问题，并评论了历代诗家作品，对某些诗作诗人加以考订，结构完整，也系统地提出了一套自己的诗学理论。他对江西诗派末流的弊端提出了批评，对于四灵和江湖诗人偏重学晚唐也表示不满，而推尊盛唐。他反对苏轼、黄庭坚以降“以文字为诗，以才学为诗，以议论为诗”（《沧浪诗话·诗辩》）的倾向，特别强调诗的形象思维和诗的韵味，并提出了“别材”和“兴趣”之说：

> 夫诗有别材，非关书也；诗有别趣，非关理也。而古人未尝不读书，不穷理。所谓不涉理路、不落言筌者，上也。诗者，吟咏情性也。盛唐诸人，惟在兴趣，羚羊挂角，无迹可求。故其妙处莹彻玲珑，不可凑泊，如空中之音，相中之色，水中之月，镜中之像，言有尽而意无穷。
>
> ——《沧浪诗话·诗辨》

以禅喻诗是他的诗论的特点之一。禅宗有大小乘、南北宗，具正法眼者称为第一义，声闻、辟支等都只是第二三等。严羽认为汉魏晋及盛唐之诗，是第一义的，而中晚唐之诗只是声闻、辟支之类。而且，“妙悟”是学诗的关键：

> 大抵禅道惟在妙悟，诗道亦在妙悟。且孟襄阳学力下韩退之远甚，而其诗独出退之之上者，一味妙悟而已。惟悟乃为当行，乃为本色。然悟有浅深，有分限，有透彻之悟，有但得一知半解之悟。汉魏尚矣，不假悟也。谢灵运至盛唐诸公，透彻之悟也。
>
> ——《沧浪诗话·诗辨》

这种重视兴象、韵味、妙悟的诗论，上承《诗品》和吕本中、曾几等人的活法、悟入之说，下开清代王士祯的神韵说和袁枚的性灵说，确立了它在诗歌理论史上承先启后的地位。

当晚宋诗坛正如“乱蝉无数噪斜阳”（戴复古《论诗十绝》之六）之时，当严羽高倡妙悟兴趣之时，浩劫的阴影正一步步逼近。1234 年金国的灭亡，曾给南宋晦黯的天空带来一线阳光，时隔不久，蒙元的铁骑就踏碎了偏安的美梦。1279 年，南宋灭亡了。野蛮的统治者在南北大地上施行残暴掠夺的政策，激起了尖锐的民族矛盾。当此国破家亡前后，一些不屈的爱国者奋起抗争，他们强忍亡国的耻辱和悲痛，唱出了激扬慷慨的战歌。民族英雄文天祥（1236—1283）就是这些英勇的战士的代表。在毁家赴敌捐躯为国的艰苦卓绝的斗争中，文天祥给后人留下了一批读来令人回肠荡气的英雄诗篇：《过零丁洋》、《金陵驿》、《扬子江》、《正气歌》。他的奋不顾身的气节，他的虽九死其犹未悔的坚强斗志，他的知其不可而为之的悲壮情怀，无不淋漓尽致地宣泄于诗的字里行间。在失败被俘之后，在威逼利诱之前，他有悲痛，有苦闷，却没有一点奴颜媚骨，没有丝毫动摇退缩。他无意为诗，而只是情动乎中，不得不发，直抒忠愤之怀，豪迈雄浑，其境界卓然高于他早年的那些优游山水或诗友应酬之作。谢枋得、谢翱、林景熙和郑思肖等人都是文天祥的战友和诗侣，都在诗中表达了宁死不屈的民族气节。谢翱诗的风格精致奇崛，往往含有隐讽。林景熙诗幽婉清健，也常常托物比兴，透露对故国的忠爱。郑思肖为人为诗都爽朗明快，直明心迹，不加掩饰。

另一些遗民诗人遭此黍离麦秀之痛，也发为歌咏。汪元量(生卒年不详)曾以琴艺供奉内廷，早年诗学江湖派，乱离后作了不少组诗，如《醉歌》、《湖州歌》、《越州歌》等，篇中充满“亡国之戚，去国之苦，艰关愁叹之态”，“亦宋亡之诗史也”。(李珏《湖山类稿跋》)而在表达上，则如“再嫁妇人，望故夫之陇，神销意在，而不敢出声哭也。”(周方《书汪水云诗后》)另一些遗民如真山民、许月卿、方凤、萧立之等，宋亡以后都隐居不出，自放于山林江湖之间，抚摸心灵的创伤，低声悲吟。他们的诗虽然风格不同，但都不免“亡国之音哀以思”，也一样寄寓了忠爱之心。此外，以南宋故都杭州为中心，包括浙江和江南的其他地方，一些遗民诗人还经常结社吟诗，互通声气，如月泉吟社、杭清诗社、孤山社、武林社等，以杜甫离乱诗为楷模，抒发自己的凄凉怨慕之怀。天崩地坼的巨变使遗民诗歌走出了四灵江湖的狭窄门径，走进了关注生活时事的广阔天地，以致明人钱谦益说“宋之亡也，其诗称盛”(《牧斋有学集》卷十八《胡致果诗序》)。

第十八章　倚声家的盛世

宋词发达的时代背景　延续五代南唐词风的晏殊、欧阳修　晏几道自成风貌　范仲淹、张先异军突起　发展长调慢词的市井词人柳永　以诗为词革新词体的苏轼　清婉柔丽的秦观词　侠气柔情的贺铸词　典雅精美的周邦彦与大晟词人　南宋初的爱国词作　李清照的词及其《词论》　辛弃疾的爱国词及其豪放词风　辛词的同调　姜夔与南宋格律派的复兴　从晚宋到宋末的格律派词人

词在晚唐五代，已经有了很高的成就。但从这一样式发展的轨迹上看，它在9、10两个世纪中并没有发展到顶点。无论就内容、形式、风格来说，词的园地都还有许多值得开拓的地方。而两宋词人，正是在文学史上完成了这一使命，使宋代成为倚声家的盛世。

词这一新兴的抒情诗样式在宋代之所以特别发达，是要从当时的经济情况和思想文化两方面来理解的。经过晚唐五代的发展，这个起源于民间的文体已日益文人化、城市化。宋帝国对士大夫的优待和城市的高度繁荣，更使词的兴盛有了良好的社会基础和有利的条件。赵宋帝国的统治，从太祖赵匡胤"杯酒释兵权"开始，就以在政治上集权、在经济上分惠、在文化上附庸风雅的办法来控制和拉拢士大夫为其策略。因此，对待士大夫很仁厚，就成为宋朝政治的特点之一。待遇优厚的士大夫过着悠

闲优裕的生活，商业的繁盛，都市的发达，声乐伎艺的流行，都超越前代，又增添了士大夫生活享受的内容。同时，宋朝又是一个在思想上较多钳制的时代，朋党之争和文字之祸自宋初开始，历朝绵延不绝。宋代理学的盛行，对文学的发展也有显著的影响。从宋初石介开始，就扛起道统的旗帜，后来二程（程颐、程颢）、朱熹等一般理学家，更片面地将封建伦理道德观念推到极致。在这种风气之下，宋代的古文是“道貌岸然”的，而诗也注意雅正。但是，人终究是有感情的，那时候的士大夫们的感情生活，也需要有发泄的地方和时候。而词在当时一般的人心目中，还只是一种非正统的东西，用词来抒发一点不登大雅之堂的感情，主要是他们私人生活中的悲欢离合之情，在酒边花外，歌唱一番，正是无伤大雅的。这也就促成了词的发达，促成了词与诗、文体格的不同，而且使它在某种限度内成为理学的反动。对于用词来作为抒发感情和点缀尘俗忧乐的工具，文士们主观上也有一些具体的要求，久而久之，就形成了传统的习惯。不同文士对于这种要求的不同认识，也就形成了他们各自不同的词学观念，并影响了其创作的趋向。这既是宋词发展的一个基本动力，也在大体上规定了词体的发展道路，造就了宋代词坛繁盛的局面。

宋朝开国以后五六十年间，虽然王禹偁、寇准、潘阆、林逋、钱惟演等人都有一些小令佳作，但只是偶尔弄笔而已。其时的词坛还不是很活跃的。直到 11 世纪初期，由于社会经济的恢复，词人们才活跃起来。揭开这一新时代的幕布的，是当时的几个达官，而以晏殊（991—1055）、欧阳修为其领袖。他们的词乃是五代特别是南唐词风的继续，脱去了其中的脂粉气，以婉丽见长，在词境上也有所创新。南唐词人冯延巳对他们有很大的影响。刘攽《中山诗话》说：“元献（晏殊的谥号）尤喜冯延巳，其所自作，亦不减延巳。”至于欧阳修，在风格上更和冯延巳相近。因此，下引最后两篇《蝶恋花》至今难以确定为何人所作。

> 金风细细，叶叶梧桐坠。绿酒初尝人易醉，一枕小窗浓睡。
> 紫薇朱槿花残，斜阳却照阑干。双燕欲归时节，银屏昨夜微寒。
> ——晏殊《清平乐》

小径红稀，芳郊绿遍，高台树色阴阴见。春风不解禁杨花，濛濛乱扑行人面。　　翠叶藏莺，朱帘隔燕，炉香静逐游丝转。一场愁梦酒醒时，斜阳却照深深院。

——晏殊《踏莎行》

几日行云何处去？忘了归来，不道春将暮。百草千花寒食路，香车系在谁家树。　　泪眼倚楼频独语：双燕来时，陌上相逢否？撩乱春愁如柳絮，依依梦里无寻处。

——《蝶恋花》

六曲阑干偎碧树。杨柳风轻，展尽黄金缕。谁把钿筝移玉柱，穿帘海燕双飞去。　　满眼游丝兼落絮，红杏开时，一霎清明雨。浓睡觉来莺乱语，惊残好梦无寻处。

——《蝶恋花》

这些作品中充满了对光阴节物的细腻描写，显示了贵族华丽的生活场景与安详的生活气度，也流露了他们在这种环境中所体会的感伤情绪。这种感伤写得缥缈空灵，如梦如醉，在意象的营造、情境的烘托方面都很成功。词人并不透露或落实这种情感的本事背景，只是反映出一种无奈的怅惘、无端的忧愁，却往往更幽怨动人，吸引了广大读者。

晏几道（约1030—1106）是晏殊的小儿子。他生活在宰相家里，却因为天真痴绝，“磊隗权奇，疏于顾忌，文章翰墨，自立规模，常欲轩轾人而不受世之轻重……遂陆沉于下位”。（黄庭坚《小山词序》）因而，他的作品中那些关于爱情的悲欢离合的描写，往往通过细腻曲折的词境，透露了他的孤傲和寂寞，透露了一种哀怨感伤的情调。他的词没有晏殊的雍容和欧阳修的放旷，却有他们的深婉和明丽。他一生所经历的人事盛衰世态炎凉，使他对那些歌儿舞女们有更多的同情和理解，也使他的《小山词》读来更有一种真挚和深切动人之致，形成了自己独特的风貌：

梦后楼台高锁，酒醒帘幕低垂。去年春恨却来时，落花人独立，微雨燕双飞。　　记得小苹初见，两重心字罗衣。琵琶弦上说相思，当时明月在，曾照彩云归。

——《临江仙》

醉别西楼醒不记，春梦秋云，聚散真容易！斜月半窗还少睡，画屏闲展吴山翠。　　衣上酒痕诗里字，点点行行，总是凄凉意。红烛自怜无好计，夜寒空替人垂泪！

——《蝶恋花》

几乎与晏、欧同时，范仲淹(989—1052)、张先(990—1078)异军突起，彰显了时人试图摆脱南唐西蜀词风的努力。范仲淹词也有柔情丽语，但他的军旅生涯和疆场生活体验，使他的词风突破了晏、欧一类的格局，写出了以《渔家傲》(“塞下秋来风景异”)为代表的那样具有爽朗的风格、开阔的意境和悲壮的情调的佳作，以苍凉高旷一洗五代旧习。在这一方面，范仲淹可以说是苏轼词风的先行者。张先的词作追求构思的新巧和意境的独创，如《一丛花令》以新奇的比喻表现女主人公深刻的悲剧感：“沉恨细思：不如桃杏，犹解嫁东风！”他在炼字造句方面也很见功力，特别是“云破月来花弄影”(《天仙子》)一句中的“弄”字，尤为传神。他很善于用“影”这一意象，来表现悠闲而朦胧的意境，达到含蓄的效果。同时，张先也很熟悉市井生活，用民间流行的乐调谱写了一些慢词。在这一方面，他可以说是柳永的同道，虽然他在长调写作方面用功不及柳永专注，在长调的结构层次以及铺叙艺术方面也有待完善。从风格上说，他的词“有含蓄处，亦有发越处，但含蓄不似温、韦，发越亦不似豪苏、腻柳”，“适得其中”(《白雨斋词话》卷一)，与范仲淹一样在词史上起着承先启后的作用。

柳永(987—1053)有意识地以慢词来代替令词，并自觉地以市民情调代替贵族情调，在词中开拓出另外一番境界。这主要是当时繁华的城市生活促成的。孟元老《东京梦华录序》描写全盛时代的北宋首都汴梁(今河南开封)的繁华时说：“举目则青楼画阁，绣户珠帘。雕车竞驻于天街，宝马争驰于御路。金翠耀目,罗绮飘香。新声巧笑于柳陌花衢,按管调弦于茶坊酒肆。八荒争凑,万国咸通。集四海之珍奇,皆归市易;会寰区之异味,悉在庖厨。”在这种情况下,晚唐以来在词坛占尽优势的、比较短小的、以在酒席间行令得名的令词,就不能满足人们的需要了。于是,为了适应铺叙丰富的城市社会生活和反映日益复杂的思想感情的需要,与小令词同时兴起、而自晚唐以来长期为人忽视的长调慢词也就更多起来了,而当时最著名的慢词作家就是柳永。他是第一个以全力写作慢词、发展慢词、复兴慢词的词人。由于深明音律,他能够利用民间原有的曲调或旧曲,加以改造翻新;或者将一些小令扩展为慢词,将短章铺叙为长篇;或者自创新调;使慢词的曲牌大为丰富,为其后的词的发展奠定了良好的基础。

柳永的身份背景与上述诸词人颇有不同。作为一个落魄的读书人,他在生活和思想上与广大市民是比较接近的,“教坊乐工每得新腔,必求永为词,始行于世。”他的词中所反映的城市面貌市井风情,较其他人更为广阔和新鲜。他在词中歌唱郎才女貌的市民爱情观,以热烈细腻、少所顾忌的描写取代含蓄的作风,以通俗流利的语言取代雅致精丽的修辞。柳永使词作大规模走向市井坊巷,在民间广为传播,以致当时“凡有井水处,即能歌柳词”(叶梦得《避暑录话》卷下)。大概当时词作流传之广,是没有超过他的了。

严有翼说:柳词“大概非羁旅穷愁之词,即闺门淫媟之语”(《苕溪渔隐丛话》后集卷三十九引《艺苑雌黄》)。的确,柳永词中相当多一部分是为妓女所作的歌词,表现她们的生活和情感,供她们在酒筵歌席演唱,其中也确有一些庸俗不堪的描写,而且,也许当时最受欢迎的,也正是这一类作品。但另外一些作品,却证明作者对于市民生活有着很深刻的体会,在表现手段上有着极娴熟丰富的才能。在他的词作中,开始显示了五代和宋初词中所没有的境界。

对潇潇暮雨洒江天,一番洗清秋。渐霜风凄紧,关河冷落,残照当楼。是处红衰翠减,冉冉物华休。惟有长江水,无语东流。　不忍登高临远，望故乡渺邈，归思难收。叹年来踪迹，何事苦淹留？想佳人妆楼凝望，误几回天际识归舟。争知我，倚阑干处，正恁凝愁。

——《八声甘州》

寒蝉凄切，对长亭晚，骤雨初歇。都门帐饮无绪，方留恋处，兰舟催发。执手相看泪眼，竟无语凝咽。念去去千里烟波，暮霭沉沉楚天阔。　　多情自古伤离别，更那堪冷落清秋节。今宵酒醒何处？杨柳岸，晓风残月。此去经年，应是良辰好景虚设。便纵有千种风情，更与何人说。

——《雨霖铃》

这类词作中主人公的远行，可能是仕宦，可能是经商，可能是赴京应试，也可能是因别的事情而人在旅途，这种羁旅行役离愁别恨的经验很多人都有过，因此有广泛的社会基础，容易在各类读者心中引起共鸣。这类词实际上是一种市井罗曼斯(romance)文学，在歌曲的吟唱中，吟味把玩这种情感，满足市民对于爱情和生活状态的浪漫想象，想象自己就是词中那个“千种风情”、“多情”的主人公，是“妆楼凝望”或被凝望的那个人，无疑可以在心理和情绪上得到满足和安慰。在艺术上，这些词作长于铺叙，构思细密，布局完整，层次分明，风格高远。相比之下，柳永另一些堆满“千娇百媚”、“佳人才子”、“愿奶奶兰心蕙性”(《玉女摇仙佩》)之类字句的应酬词作，就不免浮浅粗俗了。

柳永曾有一首词说：“才子佳人，自是白衣卿相。”“忍把浮名，换了浅斟低唱。”(《鹤冲天》)这种和现实政治游离的态度，乃是他的创作基础，因而他也就能将流行于士大夫中间的令词，发展为流行于市民中间的慢词。同时，柳永不仅发展了慢词的调式，也发展了慢词的铺叙艺术，扩大了词体的容量和词的表现力。

不过，柳永对词的创造性的贡献主要在词调和艺术方面。从内容上说，他对传统的继承多于革新。真正能使词这种样式摆脱它与生俱来的绮罗香泽的传统，而使它走上一条崭新的道路的，是苏轼。苏轼是中国文艺史上一个多方面的天才,他以诗文革新运动的精神来填词,在柳永的基础上进一步开拓了词的意境,使歌者之词变成了诗人之词,同时也使词从酒筵歌席、市井坊巷之曲变成文人的案头读物,从注重口唱耳听的听觉享受到更重视诵读以及由此而引起的心灵感动。

词,由于它从唐以来就是供歌妓或教坊歌唱的曲子,所以,一开始就将题材局限在男欢女爱、离愁别绪,将风格局限于裁花剪叶、镂玉雕琼。在苏轼以前,作家们在从事词创作时,总要先考虑什么样的情感才能用词这种样式来表现。只有苏轼,以他的天才勇敢地打破了这一束缚,开始"以诗为词"。所谓以诗为词,也就是词的诗化,就是打破词体的题材内容局限,凡是可以用诗表现的题材和主题,也都大胆地以词来表现,这就使词境空前扩大。苏轼首创在词前添加小序,使词的主题以及从中流露出来的词人的个性更完整更鲜明地表达出来。他的词作语言极具个性,"一洗绮罗香泽之态,摆脱绸缪宛转之度,使人登高望远,举首高歌,而逸怀浩气,超然乎尘垢之外"(胡寅《题酒边词》),这也就是后人所概括的"豪放"。同时,他不屑于以内在的情感韵律迁就音律的外形,不屑于牺牲文意以迁就声情,在一定程度上摆脱了音律的束缚,"横放杰出,自是曲中缚不住者"(晁无咎语,见《苕溪渔隐丛话》后集卷三十三引《复斋漫录》)。总之,苏轼大胆突破词的多种传统束缚,使词在内容上可以容纳更丰富更复杂的情感,在形式上更自由开放,因而,词作为音乐歌词的身份特征就被逐渐淡化,而作为一种抒情诗的新样式的身份特征则日益明确了。这种革新在当时产生了惊世骇俗的效果,连与他同时、名列"苏门六学士"之一的陈师道也表示不能理解:"子瞻(苏轼字)以诗为词,如教坊雷大使之舞,虽极天下之工,要非本色。"(《后山诗话》)苏门弟子中,秦观、张耒、晁补之、黄庭坚等人也没有追随苏轼,仍然走着传统的路子,这也说明了苏轼词学理论和实践的超前性。

苏轼词作的内容极为丰富,从个人襟抱,到农村风光,从咏物咏史到儿女之情,既有创新的豪放的一面,也有继承的婉约的一面。他擅长从平凡的生活琐事中写出自己不平凡的精神风貌:在射猎中表达抗敌报国的激烈壮怀(〔江城子〕《密州出猎》);在赏月中寄托自己对于人生的高情奇慨(《水调歌头》"明月几时有")；在行旅风雨中展现自己宠辱不惊的处世姿态(〔定风波〕《三月七日，沙湖道中遇雨。雨具先去，同行皆狼狈，余独不觉。已而遂晴，故作此》)；从溪水西流中体悟坚忍不拔的人生观(〔浣溪沙〕《游蕲水清泉寺，寺临兰溪，溪水西流》)；……处处反映着他的豪迈、乐观、真率和幽默的天性。对于千秋历史、人生荣辱和死生聚散，苏轼具有一种超然达观的卓识，又时时洋溢着浪漫的生活激情：

大江东去，浪淘尽、千古风流人物。故垒西边，人道是三国周郎赤壁。乱石穿空，惊涛拍岸，卷起千堆雪。江山如画，一时多少豪杰。

遥想公瑾当年，小乔初嫁了，雄姿英发。羽扇纶巾，谈笑间、樯橹灰飞烟灭。故国神游，多情应笑我，早生华发。人间如梦，一尊还酹江月。

——《念奴娇》

夜饮东坡醒复醉，归来仿佛三更。家童鼻息已雷鸣。敲门都不应，倚杖听江声。　　长恨此身非我有，何时忘却营营？夜阑风静縠纹平。小舟从此逝，江海寄余生。

——《临江仙》

十年生死两茫茫，不思量，自难忘。千里孤坟，无处话凄凉。梦里相逢应不识，尘满面，鬓如霜。　　夜来幽梦忽还乡，小轩窗，正梳妆。相顾无言，惟有泪千行。料得年年肠断处，明月夜，短松冈。

——《江城子》

第一首题为"赤壁怀古"，第二首是黄州谪居时所作，都表现了他凌跨世俗的思想。第三首则是他悼念亡妻的篇章，渗透着深厚的爱情。苏轼在词坛上是以柳永的反对派面目出现的。俞文豹《吹剑录》载："东坡在玉堂日，有幕士善歌。因问：'我词何如柳七？'对曰：'柳郎中词，只合十七八女郎，执红牙板，歌"杨柳岸晓风残月"。学士词，须关西大汉，铜琵琶，铁绰板，唱“大江东去”。’东坡为之绝倒。”这段文坛逸事极其形象地表现了柳、苏二人词风的差异。苏轼的出现，在柳永风靡一时的词坛上树起了另一杆大旗，他们从不同的方向推动了词的发展。

苏轼的豪放词风经过一段时间才为人理解和接受，而柳永开创的以慢词写市井风情的作风，很快就影响了许多人。稍后的秦观、贺铸以及北宋末年的周邦彦，都是沿着这一方向发展的，虽然各人词风又有雅俗深浅之别。

秦观(1049—1100)的令词大多仍走晏欧的传统路线，其上者则能自出机杼，独具匠心，如《鹊桥仙》。他也擅长以长调写缠绵柔情，能以清婉洗涤柳词的俗利，在章法方面仍可看出柳永的影响。他的名作《满庭芳》(“山抹微云”)用辞精确传神，将艳情与身世之感打并到一起，更明显地受到柳永的影响。但他晚年在政治上遭受打击、迫害，经历了种种艰难坎坷，环境和心境的变化，也影响了他的词风，使他的词凄婉感伤，情词相互感发，更加深刻动人，开始摆脱柳永的影响，而开辟了周邦彦的雅正一路。可叹其寿不永，这一苗头刚一出现就被风暴扑灭了。

贺铸(1052—1125)长于度曲，个性中则兼有侠气和柔情。因此，正如张耒在《〈东山词〉序》中所指出的，他的词风兼有盛丽、妖冶、幽索、悲壮四种特色，刚柔相济，尤善于以健笔写柔情，如著名的《横塘路(青玉案)》、《半死桐(鹧鸪天)》。像《六州歌头》(“少年侠气”)一类词中的意气风发，则能看出苏轼豪放词风的一些影响。从晏殊到秦观，词人们早就有在词作中化用或袭用前人诗句的先例，由于晚唐五代诗的语言风格与以绮语写柔情的词的风格比较相近，因此，这一时期的诗最经常被化用或袭用。贺铸更有意识地选择这些诗人所使用过的语言来填词，甚至直接引用其成句，如《柳色黄》中的“芭蕉不展丁香结”(李商隐《代赠》)和《小梅花》中的“衰兰送客咸阳道，天若有情天亦老”(李贺《金铜仙人辞汉歌》)。这一方面丰富了词体的文学语言，加快了词句成熟精纯的速度，不失为消化吸收和继承文学遗产的一个方法，同时也促使词的语言走向典雅精致化。这也正是周邦彦所选择的道路。

周邦彦(1056—1121)是当时国家音乐机构大晟府的提举，也是一个精通音乐的宫廷词人。他以精美的音律抑制了苏轼“横放杰出”的词风的影响，又以典雅的词句冲淡了柳永词的市井情味，而锻造出浑厚醇雅的词风。从艺术上说，周邦彦总结吸收了前此词学发展的成就，而有新的发展。在长调慢词的写作上，他善于铺叙，而又富艳精工，讲究章法结构，严谨之中又有变化，布局疏密相间（疏者如苏轼，密者如后来的吴文英）。他的词作善于隐括前人诗作，〔西河〕《金陵怀古》就是一个突出的例子。他又善于融铸前人成句，以致有人说他字字有来历，尊他为词中的杜甫（周济《宋四家词选》、王国维《清真先生遗事》）。在音律方面，他在提举大晟府期间，致力于整理词乐，审音创调，颇有功绩。他十分注意词作音乐的和谐，他所创制的新词调不仅对用字平仄有严格的要求，连仄声中的上去入也仔细分辨，一丝不苟。因此，在正统词论家眼里，周邦彦《清真词》是最为雅正、最有法度的。他既不像柳永那样“词语尘下”，又不像苏轼一派那样“不协音律”（李清照《词论》评两家语），所以常被推崇为词的集大成者。例如南宋沈义父《乐府指迷》就认为：“凡作词当以清真（邦彦）为主。盖清真最为知音，且无一点市井气，下字运意，皆有法度，往往自唐、宋诸贤诗句中来，而不用经史中生硬字面，此所以冠绝也。”从长调写作上说，他是北宋柳永的后继；从音律上说，他又是南宋专门注重格律一派词人的先驱。由此说来，他在两宋词史上的地位也是继往开来的。

作为宫廷词人，周邦彦圆熟精美的艺术技巧是和他的比较狭窄单薄的题材内容并存于一体之内的。他不以小令见长，但也有如〔蝶恋花〕《早行》、《玉楼春》（“桃溪不作从容住”）的佳作，虽然所写不外乎离愁别绪。他所擅长的长调的主要题材也仍然是男女爱恋、羁旅行役和个人得失之类：

> 风老莺雏，雨肥梅子，午阴嘉树清圆。地卑山近，衣润费炉烟。人静乌鸢自乐，小桥外新绿溅溅。凭阑久，黄芦苦竹，疑泛九江船。
>
> 年年，如社燕，飘流瀚海，来寄修椽。且莫思身外，长近尊前。憔悴江南倦客，不堪听急管繁弦。歌筵畔，先安簟枕，容我醉时眠。
>
> ——〔满庭芳〕《夏日溧水无想山作》

柳阴直，烟里丝丝弄碧。隋堤上，曾见几番，拂水飘绵送行色。登临望故国，谁识京华倦客。长亭路，年去岁来，应折柔条过千尺。

闲寻旧踪迹，又酒趁哀弦，灯照离席。梨花榆火催寒食。愁一箭风快，半篙波暖，回头迢递便数驿。望人在天北。　凄恻，恨堆积。渐别浦萦洄，津堠岑寂，斜阳冉冉春无极。念月榭携手，露桥闻笛。沉思前事，似梦里，泪暗滴。

——〔兰陵王〕《柳》

《满庭芳》是他任溧水县令时的作品，委婉曲折地表现了一个江南倦客的无奈的感受，有无限低徊之致。“雨肥梅子”、“人静乌鸢自乐”、“且莫思身外”都自杜甫诗中融铸而来，“黄芦苦竹，疑泛九江船”则出自白居易《琵琶行》：“住近湓江地低湿，黄芦苦竹绕宅生”。白居易贬谪江州的境遇与词人当下的心境相互映衬，感慨由是更加深沉。《兰陵王》则是咏物的杰构，以柳寄寓别离的惨戚，“妙在才欲说破，便自咽住，其味正自无穷”（陈廷焯《白雨斋词活》卷一），前人称周词沉郁顿挫，就是指这种笔法。两首词同样流露了作者飘零身世的感慨，而境界却优美而深沉，体现了清真词善用比兴寄托的长处。

作为一个宫廷词人，周邦彦通过词乐的收集厘定，实现了宋王朝制礼作乐、推行雅乐、妆点升平的意图。与他同时供职大晟府而词作风格相近的有万俟咏、晁端礼、晁冲之、田为、徐伸等人，形成了大晟词人群体，他们的御用作品从一个角度反映了靖康之乱前士大夫逃避现实粉饰太平的思想倾向和精神面貌。

1127年，北宋被金灭亡。神州陆沉，山河破碎，敲碎了词客的迷梦，一向以抒发个人感情为主的词，也放射出前所未有的爱国主义的光辉，北宋末年以来词坛逃避现实粉饰太平的倾向有较明显的改变。苏轼所开创的“横放杰出”、“以诗为词”的独特作风，显著地解放了词体，虽然未能立即风行词坛，却为南宋爱国词人和豪放词派开辟了道路。在这一点上，可以欣慰地说：北宋虽然结束，而宋词却刚刚开始。

在国难当头的形势之下，不仅词人们奋起以词笔支持抗战反对投降，发出了愤怒的吼声，一些武将也唱出了雄壮的歌声。岳飞留下的〔满江红〕《写怀》和《小重山》（“昨夜寒蝉不住鸣”），给我们描绘了一个抗金名将和爱国英雄的慷慨悲壮的形象，也表露了一个志士悲切苦闷的心曲。1138年，秦桧倡议向金求和，胡铨上疏请斩秦桧等奸臣，力斥宋高宗“竭民膏血而不恤，忘国大仇而不报”的投降政策，被贬新州，词人张元幹（1091—1170?）作《贺新郎》为他送行：

梦绕神州路。怅秋风，连营画角，故宫离黍。底事昆仑倾砥柱，九地黄流乱注？聚万落千村狐兔。天意从来高难问，况人情老易悲难诉。更南浦，送君去。　凉生岸柳催寒暑。耿斜河，疏星淡月，断云微度。万里江山知何处？回首对床夜语。雁不到，书成谁与？目尽青天怀今古，肯儿曹恩怨相尔汝！举大白，听金缕。

词人为胡铨的遭遇疾呼声援、愤愤不平，胸怀磊落慷慨。由于作词鼓励胡铨和被排挤的忠臣李纲，张元幹被秦桧下狱消籍。尽管遭受政治迫害和黑暗压力，他始终坚定不屈。在自订词集时，他将赠胡、李的两篇《贺新郎》词置于卷首，定为压卷之作，表明他始终为自己的词作从早年的婉丽转变为南渡后的慷慨悲壮而感到自豪。

张孝祥（1132—1169）也曾因替岳飞辩冤而被秦桧迫害，复职以后，又因积极赞助张浚北伐而被劾去职。这个具有雄略远志却不幸早卒的词人，留给我们一批可观的蹈厉骏发的英雄词，“寓诗人句法，继轨东坡，观其所作，气概亦几几近之”。“忠愤慷慨，有足动人者”（《四库全书总目》卷一九八《于湖词》提要）。下面这一首《六州歌头》是他传诵一时的名篇：

长淮望断，关塞莽然平。征尘暗，霜风劲，悄边声。黯销凝。追想当年事，殆天数，非人力，洙泗上，弦歌地，亦羶腥。隔水毡乡，落日牛羊下，区脱纵横。看名王宵猎，骑火一川明。笳鼓悲鸣，遣人惊。

念腰间箭，匣中剑，空埃蠹，竟何成？时易失，心徒壮，岁将零。渺神京。干羽方怀远，静烽燧，且休兵。冠盖使，纷驰骛，若为情？闻道中原遗老，常南望，翠葆霓旌。使行人到此，忠愤气填膺，有泪如倾。

这首词对统治者忍辱求和，表现了极大的愤慨，“淋漓痛快，笔饱墨酣，读之令人起舞”（《白雨斋词话》卷六）。相传当时张孝祥写了这首词，在建康留守席上歌唱，在座的大将张浚竟为之“罢席而入”（《朝野遗记》）。可见它是如何使人感动了。这一类词纯以气概胜，有时候不免显得直露浅尽，如本词中的“忠愤气填膺，有泪如倾”一句，就留下篇终而踬的瑕疵。相比之下，他的另一篇名作〔念奴娇〕《过洞庭》以高洁之境寓高洁之怀，情景交融，更自然浑成。

两宋之际的另一些词人，也受了时代现实的影响，而突破了个人旧的词风和格局。累官至龙图阁学士的叶梦得（1077—1148）早年词作受贺铸影响，多写个人闲情，“绰有温、李之风”，南渡以后，转而向苏轼的豪放词学习，“能于简淡时出雄杰”（关注《题〈石林词〉》）。隐士出身、南渡后才出仕的朱敦儒（1081—1159），在北宋末年曾满足于懒散疏狂的隐逸生活，歌吟着“给露支风”、“留云借月”的林下逍遥。南渡以后，他也创作了不少感慨家国兴亡今昔盛衰的作品。总的来看，在南渡之初，很多词人都加入了这类刚壮雄浑的歌唱，虽然声音有强弱之别，但对婉约派和大晟词风多少都有突破，成为辛弃疾爱国词作的先导。

女词人李清照（1084—1155?）卓然自立于这一潮流之外，在词学批评和创作方面，都做出了突出的贡献。实际上，她不仅精于填词，诗文创作也极其出色。诗风豪迈纵横，英气逼人，无论咏史写志，感物伤怀，一一举重若轻。《金石录后序》情文并茂，不仅记录了作者个人生活哀乐和情波心影，更是那一段动荡时世的实录。胡仔《苕溪渔隐丛话》后集卷三十三载其《词论》云：

逮至本朝，礼乐文武大备。又涵养百余年，始有柳屯田永者，变旧声作新声，出《乐章集》，大得声称于世，虽谐音律，而词语尘下。又有张子野、宋子京兄弟、沈唐、元绛、晁次膺辈继出，虽时时有妙语，而破碎何足名家？至晏元献、欧阳永叔、苏子瞻，学际天人，作为小歌词，直如酌蠡水于大海，然皆句读不葺之诗尔，又往往不协音律者。何耶？盖诗文分平侧，而歌词分五音，又分五声，又分六律，又分清浊轻重。且如近世所谓《声声慢》、《雨中花》、《喜迁莺》，既押平声韵，又押入声韵；《玉楼春》本押平声韵，又押上去声，又押入声。本押仄声韵，如押上声则协；如押入声，则不可歌矣。王介甫、曾子固文章似西汉，若作小歌词，则人必绝倒，不可读也。乃知别是一家，知之者少。后晏叔原、贺方回、秦少游、黄鲁直出，始能知之。又晏苦无铺叙；贺苦少典重；秦即专主情致而少故实，譬如贫家女，虽极妍丽丰逸，而终乏富贵态；黄即尚故实，而多疵病，譬如良玉有瑕，价自减半矣。

协律、浑成、铺叙、典重、情致、故实，是李清照提出的论词的六条原则，而其词论的中心则是词“别是一家”说。她维护词的婉约传统，强调词体的特殊性，极力追求当行本色，其观点近于周邦彦大晟词派。她对前辈词人的犀利批评，也说明她眼界之高和持论之严。没有丰富的创作经验，是不可能具有如此真知卓识的。不过，从历史的观点看，她的观点偏于保守，很少人能够奉行无碍，虽然她自身的创作可以当之无愧。

李清照的词以靖康之乱为界，分为前后两个时期。前期的词，如《如梦令》（“常记溪亭日暮”），主要表现一个少女、少妇风雅悠闲的生活情趣，洋溢着青春的活力。婚后的生活是幸福的，但有时又不免别离，这又给她的词抹上一层淡淡的忧郁色彩。她以女词人特有的多愁善感和敏锐的感觉，将思妇的离情写得更细腻缠绵、更贴切真实。《一剪梅》（“红藕香残玉簟秋”）、《醉花阴》（“薄雾浓云愁永昼”）和《凤凰台上忆吹箫》（“香冷金猊”），所写的都只不过是人生中一些最普通的情感，撷取的不过是生活中一些微小的波澜，却表现新颖，语言朴素而精警，令人玩味不已。南渡以后，李清照经历了国破、家亡、夫丧的苦难，她在词中也以自己特殊的方式，表达这种痛苦和爱国情绪。在《永遇乐》（“落日镕金”）中，她通过元宵节的今昔对比抒发盛衰之感，流露出家国兴亡之恨。《声声慢》将笔触深入内心，开篇由“寻寻觅觅，冷冷清清，凄凄惨惨戚戚”十四个叠字组成，以独创的形式反映了丰富而微妙的心理活动，重叠的齿音更巧妙地传达出轻细凄清的音韵效果，以浅语写深情，百转千回，分外悲凉。《武陵春》以狂风中的落花象征身世，将“物是人非”的沉重悲苦写得低徊往复。“只恐双溪舴艋舟，载不动，许多愁”，推陈出新，极为形象。

李清照博学多才，前人的词作给她提供了丰富的艺术滋养。她的词集中甚至有《渔家傲》(“天接云涛连晓雾”)那样倜傥豪迈的作品。她善于采用白描手法，表现深挚的感情，与此相适应的是她那独具个性的浅近清新的语言。历来公认她的语言功力深湛，既善于提炼日常生活中的口语，“用浅俗之语，发清新之思”(彭孙遹《金粟词话》)，如《声声慢》中“守着窗儿，独自怎生得黑”，“这次第，怎一个愁字了得”以及《武陵春》中的“闻说”、“也拟”、“只恐”诸领字，都表现出化俗为雅化腐朽为神奇的手段；又能自铸伟词，如《如梦令》中的“绿肥红瘦”、《声声慢》中的叠字等，从而形成清新自然而又精警真切的语言风格，以致被后人称为“易安体”，而奉为学习的榜样。

辛弃疾(1140—1207)就是推崇李清照的后代词人中的一个。他与李清照都是山东济南人，不过他出生时，北中国沦陷在女真族手中已经十余年了。他的少年时代就是在沦陷区度过的。在二十二岁那一年，他集合了两千义勇，加入了当时山东、河北地区以耿京为首的义军。不久，叛徒张安国杀害了耿京，投降金国。辛弃疾立即带了五十几个勇士，冲到金营，活捉了这个败类，使他得到了应得的惩罚。词人也在这一年回到了祖国的怀抱中。但在当时那个满足于偏安的小朝廷中，辛弃疾虽然具有文武全才，却是难以有所作为的。他先后担任了很多官职，采取一些改良措施，改善了人民的生活，但他坚持抗战的主张和精通策略的才能却始终没有被承认、被采用，他向朝廷献计献策，也没有被采纳，最终让悠闲岁月消磨了勇士的悲壮情怀。但他留下的六百多首词作，却以雄杰豪放的词风，多方面表现了他的爱国思想和战斗精神，展示了他个人和时代的悲剧。徐釚《词苑丛谈》(卷四引《借荆堂词话》)云：“稼轩当弱宋末造，负管、乐之才，不能尽展其用。一腔忠愤，无处发泄。……故其悲壮慷慨，抑郁无聊之气，一寄之于词。”这评论是中肯的。

辛弃疾在词中表现的早年的战斗生涯，大都是在回忆中展现的，在今昔对照中，更突出了命运的悲剧。当晚年回忆起自己逮捕叛徒张安国这件事时，他曾有一首词说：

壮岁旌旗拥万夫，锦襜突骑渡江初。燕兵夜娖银胡䩮，汉箭朝飞金仆姑。　追往事，叹今吾，春风不染白髭须。却将万字平戎策，换取东家种树书。

——《鹧鸪天》

这种国仇未报、而自己被迫赋闲、却又日渐衰老的悲愤，是辛词中的基调，在这首词中表现得格外沉痛。在另外两首《鹧鸪天》中，他说："不知筋力衰多少，但觉新来懒上楼。""十分筋力夸强健，只比年时病起时。"语气虽然和缓，但心情却是十分沉重的。在他六十五岁时，听说朝廷有意北伐，还跃跃欲试，"凭谁问：廉颇老矣，尚能饭否？"(《永遇乐》)可以看出，他的斗志是至老不衰的。

辛弃疾随时以词抒发自己的政治感情，表明自己的政治立场。他的赠人之作，也充满了战士的激情。他念念不忘恢复失地，对主张抗战的人总是多方鼓励，因此，对被召入京的好友范昂也寄予期望和祝愿(〔木兰花慢〕《滁州送范倅》)。他的朋友、政治家和词人韩元吉过生日，他用以祝贺的《水龙吟》词不是作泛泛应酬语，而是一方面感慨"长安父老，新亭风景，可怜依旧"，另一方面，寄希望于有朝一日，"绿野风烟，平泉草木，东山歌酒。待他年整顿，乾坤事了，为先生寿。"再如《为陈同甫赋壮词以寄之》：

醉里挑灯看剑，梦回吹角连营。八百里分麾下炙，五十弦翻塞外声，沙场秋点兵。　马作的卢飞快，弓如霹雳弦惊。了却君王天下事，赢得生前身后名。可怜白发生。

——《破阵子》

这些词写得有气概，有血肉，真是所谓“激昂排宕，不可一世。”（彭孙遹《金粟词话》）如果对照一下柳永以及宋初其他词人的作品，就更能体会辛词的刚健作风和阔大境界了。在其他词作，如登山临水、怀古咏史的篇章中，像〔菩萨蛮〕《书江西造口壁》和〔永遇乐〕《京口北固亭怀古》，往往抒发了词人的无限悲慨。此外，还有寓悲壮于闲淡的词作，如〔水龙吟〕《登建康赏心亭》，就是一篇兼有壮美与柔美的佳制。

辛词多用赋体，直陈其事，但也有深于比兴妙于托讽者。他词中有一部分以婉约风格写成的作品，通过传统的比兴手法，表达了对现实政治的深切关怀：

> 野棠花落，又匆匆过了，清明时节。刬地东风欺客梦，一枕云屏寒怯。曲岸持觞，垂杨系马，此地曾经别。楼空人去，旧游飞燕能说。
> 闻道绮陌东头，行人曾见，帘底纤纤月。旧恨春江流不尽，新恨云山千叠。料得明朝，尊前重见，镜里花难折。也应惊问，近来多少华发？
>
> ——《念奴娇》

> 更能消几番风雨，匆匆春又归去。惜春长怕花开早，何况落红无数。春且住！见说道，天涯芳草无归路。怨春不语。算只有殷勤，画檐蛛网，尽日惹飞絮。　　长门事，准拟佳期又误。蛾眉曾有人妒。千金纵买相如赋，脉脉此情谁诉？君莫舞！君不见，玉环飞燕皆尘土。闲愁最苦。休去倚危阑，斜阳正在，烟柳断肠处。
>
> ——《摸鱼儿》

这两篇作品秾丽婉约，都是以春光零落，象征国运衰微，表面上是宣泄个人的苦闷，实际上是牵萦国家的安危，因而与其他词人浅斟低唱自己小天地以内的感情，是有本质的不同的。

辛弃疾博览群书，感情充沛，他的词作内容广泛，无所不写，其中有抒情，有议论，有英雄气概，也有儿女情长，有田园风光，也有壮阔的人生画卷，既有悲壮慷慨的爱国情怀，也有清新活泼或平淡简静的作品。十八年的隐居乡村生活，使他更接近了大自然，接近了乡村生活和农民的感情，写作了许多优美的田园词。政治上的失意，使他更倾全力作词，将自己的悲喜哀乐所思所感一一宣泄于词。他以自己的努力，进一步扩大了词体的表现范围。

辛弃疾词风格多样，这是与其广泛的内容相适应的。自来苏、辛并称，这自然是因为他们的词都具有豪放的作风，而在这一方面，辛弃疾又无疑是苏轼的进一步发展。但豪放只是他们的主导风格而已，即使苏轼，也同样会写出“萦损柔肠，困酣娇眼，欲开还闭”（《水龙吟》）或者是“采索身轻长趁燕，红窗睡重不闻莺”（《浣溪沙》）这一类的句子。辛弃疾也自不例外。他也有刚柔相济，疏密相间，婉约参以豪放的一面。在上举例子外，还有〔祝英台近〕《晚春》这样的作品，传写女子伤春伤别口吻，写得“昵狎温柔，魂销意尽”（沈谦《填词杂说》）。所以，刘克庄《辛稼轩集序》说：“公所作大声鞺鞳，小声铿訇，横绝六合，扫空万古，自有苍生以来所无。其秾纤绵密者，亦不在小晏（几道）、秦郎（观）之下。”

辛词的语言十分丰富。他不仅从前人的文学语言和当时的民间口头语言中吸收营养，提炼出有生命力的语言，更大胆突破诗、词、文各样式的语言界限，从群经、子、史、小说中发掘语言材料，加以融铸隐括，运用于自己的词作中，形成了独具特色的辛词语言风格。前人称辛弃疾是以文为词，除了说他在题材内容方面无所拘忌之外，也指他在语言等艺术形式方面的博采广取，如韩信将兵，多多益善。在这一点上，他显然大大超过苏轼和贺铸。〔贺新郎〕《别茂嘉十二弟》将昭君出塞、长门谪居、卫庄姜送妾、李陵别友、荆轲入秦等五种离恨并列，结构别致，堪称词中之《别赋》，就是在章法上向赋学习的一例。

总之，辛弃疾的词“慷慨纵横，有不可一世之概，于倚声家为变调，而异军特起，能于翦红刻翠之外，屹然别立一宗，迄今不废”（《四库全书总目》卷一九八《稼轩词》提要）。与辛弃疾差不多同时，还有韩元吉、陈亮、刘过、袁去华、杨炎正等人，都曾经以同样的创作态度从事词的创作，而在政治态度方面，他们也与辛弃疾接近。其中，韩、陈、刘三人与辛弃疾都有过往唱酬,词作的个性也更突出。

南宋后期,虽然姜夔的影响较大,仍有刘克庄、戴复古、陈人杰、刘辰翁等人继承了辛弃疾的英雄词风。刘克庄豪迈奔放,雄健疏宕。他自认为"粗识《国风·关雎》乱,羞学流莺百啭,总不涉闺情春怨"(〔贺新郎〕《席上闻歌有感》)。他志在有所作为,勉励友人"男儿西北有神州,莫滴水西桥畔泪"(〔玉楼春〕《戏呈林节推乡兄》),但同时又伤时念乱,时时处于"披衣起,但凄凉感旧,慷慨生哀"(〔沁园春〕《梦方孚若》)的悲凉境地。戴复古、陈人杰的词也抒发了他们感叹国势危蹙热望恢复中原的心情。刘辰翁身受亡国之痛,词中充满了眷怀故国之思,大部分作品更充满了亡国之音,风格较辛弃疾、刘克庄等人都更为沉痛。他曾经模拟李清照作《永遇乐》,"虽词情不及,而悲苦过之"。在他心里,亡国所带来的痛苦显然比李清照所遭遇的靖康之乱更为巨大。

另一方面,在南宋词坛上,也有一批词人继承着周邦彦的词风和李清照的词论,讲究字句和音律,追求雅正婉约。其中最主要的代表是姜夔(1155—1221?)。他的生活年代跨越南宋前后期,词风影响了后来的史达祖、吴文英、周密、王沂孙和张炎等人,而通过王沂孙和张炎,这种词风又被带入元初的词坛。

姜夔早年的诗学江西诗派,后来转以晚唐清新流利的诗风(陆龟蒙尤其是他学习的重点)改造江西诗派,以清新秀逸的诗风吟咏性情,这种诗法可以说是后来永嘉四灵和江湖诗派的先导。他的词在讲究格律、锤炼字句、善于咏物用典等方面,都与周邦彦相近,而在风格意境方面,则明显地受其诗学的影响。他的词实际上是江西诗法、晚唐诗风和传统的柳、周婉约词风的结合,擅长以清峭瘦劲的语言来表达缠绵宛转的情感。一方面,他以晚唐体的圆活补救江西诗派的生涩之弊;另一方面,又用江西诗派的清劲瘦硬剥除柳、周词中的绮靡软媚,精思巧运,穷力追新,创作了诸如"数峰清苦,商略黄昏雨"(《点绛唇》),"嫣然摇动,冷香飞上诗句"(《念奴娇》),"阅人多矣,谁得似长亭树;树若有情时,不会得青青如此"(《长亭怨慢》)等等的佳句。姜夔词的独特意境,就是通过这一类既清新又峭拔的词句凸显出来的。

姜词的内容主要是描述个人生活，抒发身世之感。他一生过着江湖游士和清客的生活，既时有奔走衣食之苦，又常能领略啸咏湖山之乐，既有名士潇洒孤洁的风姿，又有飘泊江湖的疲惫厌倦，词中常流露出淡淡的哀愁。萍踪不定甚至导致了他在合肥时期一段情感的失落，时隔二十多年，在他写的怀念这段旧情的《琵琶仙》、《淡黄柳》、《鬲溪梅令》、《长亭怨慢》、《踏莎行》、《鹧鸪天》等词作中，回忆依然那么鲜活，恨惋仍然那么深挚，其中所塑造的“淮南皓月冷千山，冥冥归去无人管”(〔踏莎行〕《自沔东来，丁未元日至金陵，江上感梦而作》)的悲惋凄迷的词境和抒发的“肥水东流无尽期，当初不合种相思”(〔鹧鸪天〕《元夕有所梦》)的悔恨，都是无比动人的。

姜词还善于咏物，从中寄托怀抱，以咏梅、柳之作为最多，如同是咏梅的两篇自度曲《暗香》、《疏影》：

> 旧时月色，算几番照我，梅边吹笛。唤起玉人，不管清寒与攀摘。何逊而今渐老，都忘却、春风词笔。但怪得、竹外疏花，香冷入瑶席。　　江国，正寂寂。叹寄与路遥，夜雪初积。翠尊易泣，红萼无言耿相忆。长记曾携手处，千树压、西湖寒碧。又片片吹尽也，几时见得？
>
> ——《暗香》

> 苔枝缀玉，有翠禽小小，枝上同宿。客里相逢，篱角黄昏，无言自倚修竹。昭君不惯胡沙远，但暗忆、江南江北。想佩环、月夜归来，化作此花幽独。　　犹记深宫旧事，那人正睡里，飞近蛾绿。莫似春风，不管盈盈，早与安排金屋。还教一片随波去，又却怨玉龙哀曲。等恁时、重觅幽香，已入小窗横幅。
>
> ——《疏影》

这两篇咏物都介于若即若离不即不离之间。前篇借梅花抒发今昔之感，寄托自己的身世飘零之慨和伤离念远之情；后篇则通过昭君入北暗喻徽钦二帝北行，以深宫梅落隐指日益衰亡的南宋王朝，表达了词人对国家命运的关切，用笔比较隐晦曲折。相比之下，《扬州慢》中对时事的感叹就明确多了：

> 淮左名都，竹西佳处，解鞍少驻初程。过春风十里，尽荠麦青青。自胡马窥江去后，废池乔木，犹厌言兵。渐黄昏，清角吹寒，都在空城。　　杜郎俊赏，算而今、重到须惊。纵豆蔻词工，青楼梦好，难赋深情。二十四桥仍在，波心荡，冷月无声。念桥边红药，年年知为谁生？

敌军铁蹄过后，繁华名都变为荒芜空城，词人以如此秀劲之句，写直面此景的悲凉之慨，是有特殊的哀切伤感的韵味的。

姜夔精通乐理，重视审音协律，或依调填词，或自创新调，或改订旧调，无不讲究格律，追求音节谐婉。他的创调是先写出歌词，然后配合谱曲，不仅唱腔流美，而且声情契合。流传至今的十七首带有旁谱的歌词，就是他在这一方面的成就的证明。他的词语言清峭凝炼，即使是艳情词，也用硬笔淡墨写柔情蜜意，淡雅疏宕，有效地戒除了词语俗媚、腻丽、熟滥等毛病。这是姜词语言的一大专长和特色。他还喜欢在词前加一段小序，清拔秀丽，极有韵致，往往与词文相映成趣。他的用典灵活多变，常能变熟为生，化俗为雅，转实为虚。张炎《词源》称其词兼有清空骚雅之长。所谓清空，就是用笔灵动，虚处落墨，不着实处，重视烘托陪衬；所谓骚雅就是有比兴寄托，含蓄蕴藉，余韵悠长。这就为婉约词开拓了新的词境，在词史上具有重要的意义，对南宋后期词人乃至清代浙西词派都有极大的影响。

南宋后期的姜派词人亦可称为格律派词人，因为他们都精通词乐，讲究格律，能自度曲。他们作词擅长琢句炼字，使事用典，融化前人诗句，追求雅正的语言风格。其词作题材比较狭窄，有时也因过于雕琢而损伤自然真率的意趣。其中，史达祖、高观国、卢祖皋、吴文英等人年代较早，活跃在宁宗时期或稍后；蒋捷、陈允平、周密、王沂孙和张炎等人已入宋末，并亲历了宋朝的亡国，可称为遗民词人。他们作词远祖周邦彦，近师姜夔，但也各有所成，由于取舍不同，风格大同而小异。王沂孙、张炎二人步趋姜夔，可谓嫡派真传，吴文英则转益多师，独树一帜，自成面目。传统词学奉此派为正宗，因此，它对后世词学的发展影响甚大。

姜夔曾为史达祖（生卒年不详）的词作序，称他的词“奇秀清逸”，“融情景于一家，会句意于两得”（黄升《花庵词选·中兴以来绝妙词选》卷七）。他的《梅溪词》中，咏物之作占了很大比重，〔双双燕〕《咏燕》和〔绮罗香〕《咏春雨》是其中有代表性的两篇。两词都不正面落墨，而是通过侧面烘托形容，形神兼备，情思宛转，可谓构思工巧，语言清峻秀逸，“全章精粹，所咏了然在目，且不留滞于物”（张炎《词源》卷下）。前篇的“还相雕梁藻井，又软语商量不定。飘然快拂花梢，翠尾分开红影”，后篇的“临断岸、新绿生时，是落红、带愁流处”，都善于捕捉物态，而遗貌写神，富有意趣。“做冷欺花，将烟困柳”，更见出其遣词造句的功力。史达祖还有一些爱情词和感慨身世表达忠爱之思的词作。他主张抗金报国，曾一度为韩侂胄所用，韩败亡之后，亦被治罪，晚年穷愁潦倒，而词风却转为遒劲，气势也较为豪宕了。高观国作词也善炼句，精于刻画，颇多警策，与史达祖有唱和，作风也相近。

吴文英（1212？—1272？）是一个江湖游士，喜欢交结权贵，以词章谋食于权贵之门，难免有一些投赠应酬之作。他和周邦彦、姜夔二人一样，也精通音律，能自制新腔，故作词重视格律，好以周、姜的创调填词。在词论上，他以周邦彦为楷模，同时也受了李清照和姜夔的影响。沈义父《乐府指迷》将他的词法概括为四点：音律欲其协，不协则成长短之诗；下字欲其雅，不雅则近乎缠令之体；用字不可太露，露则直突而无深长之味；发意不可太高，高则狂怪而失柔婉之意。可以说，他恪守词别是一家的立场，将传统婉约派的观点发扬光大。他的词主要是一些感旧怀人和伤今思古之作。怀人词作如：

听风听雨过清明，愁草瘗花铭。楼前绿暗分携路，一丝柳、一寸柔情。料峭春寒中酒，交加晓梦啼莺。　　西园日日扫林亭，依旧赏新晴。黄蜂频扑秋千索,有当时、纤手香凝。惆怅双鸳不到,幽阶一夜苔生。

——《风入松》

清丽流畅,在吴文英词中算是比较疏快流美的。吊古词作如〔八声甘州〕《灵岩陪庾幕诸公游》,抒发千古盛衰兴亡之感,隐喻时局,以吊古寄寓今日的身世之情:

渺空烟四远,是何年、青天坠长星。幻苍崖云树,名娃金屋,残霸宫城。箭径酸风射眼,腻水染花腥。时靸双鸳响,廊叶秋声。　宫里吴王沉醉,倩五湖倦客,独钓醒醒。问苍天无语,华发奈山青。水涵空、阑干高处,送乱鸦、斜日落渔汀。连呼酒,上琴台去,秋与云平。

另外,〔莺啼序〕《春晚感怀》写与旧情人的悲欢离合生离死别,笔势纵横开合,大起大落,被称为长调名篇。措辞新妙,结构绵密,修辞用典,刻意求工,都体现了吴文英词的特长。他的词以质实见长,与姜夔恰好形成疏密虚实之对比。所谓质实就是写景寓情,注重装饰堆砌,色彩丽密,光怪陆离,典故深僻,措辞隐晦,未能深入浅出,所以王国维以吴文英的词句"映梦窗,零乱碧"(《秋思》)来评他的词。由于吴文英的词中意脉经常跳跃,时空错综交错,结构灵活,传统读者不能习惯,故有晦涩难通的感觉。

宋元易代之际的一些姜派词人,都擅长咏物之作,借助比兴手法,寄托黍离之恨。周密、王沂孙、张炎等人曾填词分咏龙涎香、白莲、莼、蝉、蟹五物,隐喻南宋帝后陵墓被掘之事,编为《乐府补题》一卷。由于时势所迫,这些词不得不采取隐晦曲折的写法。蒋捷参以苏辛词风,明快典雅。陈允平淡雅和平。周密受吴文英影响较多,宋亡以后的词作苍凉幽咽,颇有寄托。王沂孙长于使事用典,咏物寄托,风格沉郁。他的〔水龙吟〕《落叶》、〔齐天乐〕《蝉》、〔眉妩〕《新月》,感时伤世,托之于物,写得精丽绵密。张炎本是贵游公子出身,宋亡后也常以词抒发自己的亡国之痛和身世之感,风格俊爽清逸,最接近姜夔。〔南浦〕《春水》和〔解连环〕《孤雁》,借咏物抒情寄意，宛转贴切，为他赢得了“张春水”、“张孤雁”的称号。

> 楚江空晚，怅离群万里，怳然惊散。自顾影、欲下寒塘，正沙净草枯，水平天远。写不成书，只寄得、相思一点。料因循误了，残毡拥雪，故人心眼。　　谁怜旅愁荏苒？谩长门夜悄，锦筝弹怨。想伴侣、犹宿芦花，也曾念春前，去程应转。暮雨相呼，怕蓦地、玉关重见。未羞他、双燕归来，画帘半卷。
>
> ——〔解连环〕《孤雁》

张炎的《词源》是一部有系统的词论著作，其主旨标榜清空，提倡雅正，讲究音律，推尊姜夔。这是张炎一生理论研究和艺术经验的总结，更是这一派审美思想的张扬。他的词学思想通过受业及再传弟子仇远、陆行直（著有《词旨》）、张翥等人，通过《词源》，对元代词坛产生了影响。

第十九章　说话与话本

说话的起源　宋代说话四家　话本在形式和结构上的特点　话本的语言特点　话本的文体特点　市井生活与市民价值观的体现　宋代话本的地位和影响

在唐宋人的语言中，说话的话字，就是故事的意思；说话，就是讲故事；话本，就是说话时所用的底本，也是后来白话小说的前身。说话虽然盛于两宋，但唐代已经萌芽。《元氏长庆集》卷十《酬翰林白学士代书一百韵》："翰墨题名尽，光阴听话移。"自注："又尝于新昌宅听说《一枝花话》，自寅至巳，犹未毕词也。"说明当时的说话至少在时间长度上已有相当的规模。李商隐《娇儿诗》描写其子学当时说话人的表演："或谑张飞胡，或笑邓艾吃。"唐郭湜《高力士外传》也记载着："上元元年(760)七月，上皇(唐玄宗)移杖西内安置，每日上皇与高公(力士)……或讲经、论议、转变、说话，虽不近文律，终冀悦圣情。"可见，这种民间文艺在8世纪中就很发达，甚至上升到宫廷中去了。

根据目前所能掌握的史料，唐朝人已经开始白话小说的创作。在敦煌石室中发现的唐写本《唐太宗入冥记》、《庐山远公话》、《韩擒虎话本》等，即是今天所能看到的最早的出自民间的白话小说。从它们所用的口语俗语来看，也应当就是唐代说话人的底本。但由于材料的缺乏，对于唐代说话的具体情形，我们知道得很少。

随着手工业和商业的发达，都市中就必然出现一些供市民娱乐的游艺场。这种游艺场在宋朝称为瓦舍或瓦子。据北宋时代孟元老《东京梦华录》、南宋时代灌园耐得翁《都城纪胜》、西湖老人《繁胜录》、吴自牧《梦粱录》、周密《武林旧事》等书所载，当时瓦舍的声乐伎艺是非常兴盛的，其种类也非常复杂。这些游艺的表演者，由于他们的身份既不是皇家的供奉，也不是贵族的承应，而是职业性地、经常地为广大市民服务的艺人，所以，首先，他们所表演的东西必须受市民兴趣的支配；其次，彼此之间必须互相竞争，推陈出新。这就使得瓦舍伎艺产生了他们的多样性、复杂性、专门性以及某些艺人所曾经达到的高度的艺术性。说话就是其中的一种，而他们所使用的话本，也就是最早的一批白话通俗小说。

说话有诸种不同的家数或派别，上述各书的记载也互有出入。按明抄本《说郛》卷三《古杭梦游录》的说法，当时的说话可以分为如下四家：第一种是“银字儿”，其内容包括“烟粉、灵怪、传奇、说公案，皆是抟（搏）拳提刀赶棒及发迹变泰之事”，包括了后来所谓恋爱小说、神怪小说、侠义小说和市民英雄小说（城市生活小说）；第二种是“说铁骑儿”，是讲“士马金鼓之事”，相当于后来所谓战争小说；第三种是“说经”，包括“说参请”，其内容是“演说佛书”，或“宾主参禅悟道等事”；第四种是“讲史书”，或称“讲史”，其内容是“说前代兴废争战之事”，即后来的历史小说。这四家说话，在宋代只有“银字儿”又被称做“小说”，其他三类，当时并无“小说”之名。所以“小说”这一名词，在那时涵义是比较狭的。按《武林旧事》卷六记载，南宋临安（杭州）一带的各家说话艺人中，就有讲小说的五十二人，讲史的二十三人，说经的十七人，其中有一些是享誉一时的名家，也有一些女艺人。而且，这些说话艺人已经有了自己的行业组织——书会。

宋代这四种说话的底本，今天都有流传。如《清平山堂话本》（又名《六十家小说》）、《京本通俗小说》、《古今小说》（又名《喻世明言》）、《警世通言》等话本集中，保存宋代“银字儿”、“说公案”、“说铁骑儿”的话本不少，而《东坡居士佛印禅师语录问答》（简称《问答录》）则是“说参请”的话本，《新编五代史平话》是“讲史”的话本。这些作品，从文献学的角度来考察，有的经过元代以来的人的修改，而从风格学的角度来考察，却仍然可以相信,它们基本上保存了宋人话本的本来面貌。

从这些话本上,可以体察它们在艺术上的特征。这些特征一方面使我们深信这一文学样式是从唐代以来的市井说话中发展出来的,因而解决了它的血统问题;而另一方面,又使我们明确了古典白话小说中某些特有的、今天还为广大人民所爱好的民族形式是怎样产生的,因而有助于今天的借鉴。

第一,为适应瓦舍说话的需要,话本逐渐形成了故事性很强、具有自己特殊的形式和结构等特点。由于话本最初都不是写给人看的,而是讲唱给人听的;作者不是背后受群众考验,而是当场受群众考验,所以每说一段话时,就必须首先掌握故事之相对的完整性,使之娓娓动听。即使是说经,也并不只是讲说佛教经义,而不过是利用经文作引子而已。这对于专讲佛经章句文义的旧方法来说,实在是一项重要的改革。对于情节的发展,人物的相貌、服饰、行动,说话时都必须仔仔细细、有头有尾地交代清楚。这样,才能使听众立刻发生兴趣,有身临其境的感觉。在必要的时候,加以穿插、盘旋,或带过,或夸张,或耸人听闻。在起头,为了等候或招徕更多的听众,也为了引人入胜,正文之前,常有一段"入话",或者称做"得胜头回"。如《京本通俗小说》中的"错斩崔宁"一回,正文是说崔宁的故事,但却先拿魏进士的故事作为引子:

> 这回书单说一个官人,只因酒后一时戏笑之言,遂至杀身破家,陷了几条性命。且先引下一个故事来,权做个得胜头回。

这种"入话",也称"致语"、"楔子",或引几句诗文,发点议论,总结大意,概括主题,或说一个甚至两个比较完整、立意相类似或相反相成的故事,长短不拘。这种引子,也称为"笑耍头回"(《清平山堂话本·刎颈鸳鸯会》),或称为"德(得)胜头回"(《醒世恒言·十五贯戏言成巧祸》),后来长期保留在话本小说和带有话本痕迹或受话本影响的章回小说中。例如,"三言"中每一卷小说前面,基本上都有一则"入话",有些入话故事十分完整,在别处甚至成为正话;《水浒传》开篇的"洪太尉放走妖魔",《儒林外史》第一回中的王冕故事,也都属于这一类的引子。而每一段话说完以后,为了吸引听众,使他们下回非再来听不可,也总是奇峰突起地制造一个高潮。如《京本通俗小说》中的《碾玉观音》就是分成两回的。上回的末尾说到玉工崔宁和由郡王府逃出来的养娘秀秀逃到潭州同住,却在出外做工回家的时候,被郡王府中的郭排军碰见了。这正是故事最吃紧的关头,然而话本却在这个地方突然煞住,戛然而止:

> 正行间,只见一个汉子,头上带个竹丝笠儿,穿着一领白缎子两上领布衫,青白行缠扎着裤子口,着一双多耳麻鞋,挑着一个高肩担儿,正面来,把崔宁看了一看,——崔宁却不见这汉面貌,这个人却见崔宁。——从后大踏步尾着崔宁来。正是——
>
> 谁家稚子鸣榔板,惊起鸳鸯两处飞。

两句下场诗一念,说话人就走了。"欲知后事如何,且听下回分解。"他给听众留下一个悬念,从而有效地利用了听众的好奇心,吸引他们继续关注故事的进展,加强了说话的现场效果。这种结构形式在后来的章回小说中也被继承下来了,同样加强了阅读欣赏的效果。

第二,话本的语言有生动、朴素、简洁等优点。敦煌宝藏中所发现的唐代民间文学作品,用的或者是比较通俗化的文言,甚至于骈文,或者是幼稚阶段的白话,这些语言常常混合地存在于一篇作品中。这说明人们已经努力在创造一种新的越来越重要的文学语言,这种新的文学语言正是在与远离口语的书面的文学语言相对抗的过程中成长起来的。其所以有这种需要,是因为新的反映城市生活的题材和新的群众都要求新的工具。其所以能迅速成长,则是因为文言对于讲唱文学的适应性,比对其他传统样式的适应性更其微弱。而白话通过无数天才的民间艺人的吸收、加工,形成为一种新的越来越重要的文学语言。文言作为惟一的文学语言的局面被打破和白话作为文学语言的出现,对汉语文学的发展有着重大的意义。这不仅因为从 13 世纪以后,小说戏曲是古典文学的重要样式,其间涌现的杰作大多数都是用白话写的;而且因为这些白话文学杰作为我们提供了汉语文学语言的另一类重要典范。如《错斩崔宁》中的这一段：

> 刘官人驮了钱，一步一步捱到家中敲门，已是点灯时分。小娘子二姐独自在家，没一些事做，守得天黑，闭了门，在灯下打瞌睡。刘官人打门，他那里便听见？敲了半晌，方才知觉，答应一声："来了。"起身开了门。刘官人进去，到了房中。二姐替刘官人接了钱，放在桌上，便问："官人何处挪移这项钱来？却是甚用？"那刘官人一来有了几分酒；二来怪他开得门迟了；且戏言吓他一吓，便道："说出来，又恐你见怪；不说时，又须通你得知。只是我一时无奈，没计可施，只得把你典与一个客人。又因舍不得你，只典得十五贯钱。若是我有些好处，加利赎你回来。若是照前这般不顺溜，只索罢了。"那小娘子听了，欲待不信，又见十五贯钱堆在面前；欲待信来，他平白与我没半句言语，大娘子又过得好，怎么便下得这等狠心辣手？疑狐不决，只得再问道："虽然如此，也须通知我爹娘一声。"刘官人道："若是通知你爹娘，此事断然不成。你明日且到了人家，我慢慢央人与你爹娘说通，他也须怪我不得。"小娘子又问："官人今日在何处吃酒来？"刘官人道："便是把你典与人，写了文书，吃他的酒才来的。"小娘子又问："大姐姐如何不来？"刘官人道："他因不忍见你分离，待得你明日出了门才来。这也是我没计奈何，一言为定。"说罢，暗地忍不住笑；不脱衣裳，睡在床上，不觉睡去了。那小娘子好生摆脱不下，"不知他卖我与甚色样人家？我须先去爹娘家里说知。就是他明日有人来要我，寻到我家，也须有个下落。"沉吟了一会，却把这十五贯钱，一垛儿堆在刘官人脚后边，趁他酒醉，轻轻的收拾了随身衣服，款款的开了门出去，拽上了门，却去左边一个相熟的邻舍叫做朱三老儿家里，与朱三妈借宿了一夜。说道："丈夫今日无端卖我，我须先去与爹娘说知。烦你明日对他说一声，既有了主顾，可同我丈夫到爹娘家中来讨个分晓，也须有个下落。"那邻舍道："小娘子说得有理。你只顾自去，我便与刘官人说知就里。"过了一宵，小娘子作别去了。

这段语言的叙述朴素生动，准确而优美地描绘了故事的社会环境、当下情景，两个人的对话写得绘声绘色，近情近理，性格的展现和故事情节的发展有条不紊，丝丝入扣。从这个例子看，宋代一部分瓦舍艺人使用语言的能力，确实已经达到令人惊叹的艺术高度了。

第三，在文体上，话本虽然以说为主，也仍然有唱的成分。变文兼有讲和唱两种表达方式，而在话本之中，说的成分相对地扩充，而唱的成分则相对地缩减了。但开头的入话的一篇或一回的结尾都常用诗词，首尾呼应。当故事发展到关键环节或重要场景，当对人物需要作出色的描写时，往往也"有诗为证"，或加上一段音韵铿锵、可供朗诵的骈文或诗词歌赋。说的部分大多为散文，展开故事情节；而唱的部分则多是韵文，进行必要的描写和咏叹或渲染。韵散相兼，这也是话本语言的一个特点。这在后代的话本小说以及章回小说中也都留下了印迹。

虞候道："小娘子有甚本事？"待诏说出女孩儿一件本事来，有词寄《眼儿媚》为证：

深闺小院日初长，娇女绮罗裳。不做东君造化，金针刺绣群芳样。　斜枝嫩叶包开蕊，唯只欠馨香。曾向园林深处，引教蝶乱蜂狂。

原来这女儿会绣作。

——《碾玉观音》

惠光禅师坐在法堂上，年纪高大，十分精神，端的是罗汉圣僧。怎见得？

双眉垂雪，碧眼横波。衣披六幅烈火鲛绡，拄杖九环锡杖。霜姿古貌，有如南极老人星。鹤骨松形，好似西方长寿佛。料应元寂光中客，定是楞严会上人。

惠光长老坐定，用慧眼一观……

——《清平山堂话本·花灯轿莲女成佛记》

这说明原始的白话小说，并不是纯粹的散文，说话人在表演的时候是说唱并用的。这种方式在当时可以调节现场的气氛，加强听众的注意，因而宋人的说话虽然以说为主，仍然没有完全放弃歌唱朗诵。这就构成了古典白话小说中的一种特殊形式，因而也就获得了诗话、词话的名称。后世文人创作的章回小说中，有些仍然沿用了这类名目。

线索分明，结构完整，形象鲜明，语言简练，而且善于在关键时刻控制听众和读者的思想感情，正是古典小说传统的诸特点和优点。而这是与广大民间艺人所创造的话本分不开的。

说话主要是为都市中的平民服务的，因此，从它出现的时候起，就比其他前代的文学更其广泛地反映了各阶层人民的生活。例如，《新编五代史平话》不仅描写了五代统治阶级之间的不义战争，也为统治阶级镇压黄巢农民起义留下了一些侧面的记录。甚至“说参请”的话本《问答录》中，也有譬如“撑肩努眼恶精神，捏合从来假似真。刚被法门借权势，不知身自是泥人”的句子，对威风凛凛的金刚作了嘲弄。

与说经和讲史的话本相比，宋代“小说”的话本不仅是最富有艺术性的，而且是最富于现实性的，也因而最为广大人民所喜爱，逐渐成为一个总的名称。在现存的宋人“小说”话本中，故事的背景多在临安、建康之类的城市，其中不仅有贵族、官僚的活动，而且还有很多以主要或次要人物的身份出现的商人、店员、手工业工人、读书人、僧侣、妓女、媒婆、强盗、小偷等等。题材的广阔，正说明了话本作家们视野的开阔，也就形成了作品内容的丰富性和现实性。同时，说话是市民重要的娱乐方式，说话人本身也就是市民的一分子，他们自然要肯定市民的爱情观，通过小市民的不幸遭遇，揭露法律的不公正和社会的黑暗，如《错斩崔宁》一类故事所表现的；但另一方面，他们也不可避免地受到市民阶层所特有的庸俗、势利、妥协诸性格的制约，以至于局限了作品在思想性方面所可能达到的高度。例如《冯玉梅团圆》，是《京本通俗小说》中、也可以说是现存宋人话本小说中现实性较强的一篇。它说的是一个参加过农民起义的读书人范希周与一个官吏的女儿冯玉梅悲欢离合的故事。在《得胜头回》中，作者又先说了一段相似的故事。因为金兵南寇，陈州人徐信与妻子崔氏：

收拾细软家财，打做两个包裹，夫妻各背了一个，随着众百姓晓夜奔走。行至虞城，只听得背后喊声振天，只道鞑虏追来，却原来是南朝杀败的溃兵。只因武备久弛，军无纪律，教他杀贼，一个个胆寒心骇，不战自走；及至遇着平民，抢掳财帛子女，一般会扬威耀武。徐信虽然有三分本事，那溃兵如山而至，寡不敌众，舍命奔走，但闻四野号哭之声，回头不见了崔氏，乱军中无处寻觅，只得前行。

在正文的故事中，建州饥荒，民不聊生，官府只顾横征暴敛，不管百姓死活，很多人民被迫逃入深山，相聚为盗，奉"仗义执言，救民水火"的范汝为为首领。范希周本是个功名未就的读书君子，"被范汝为所逼"，"不得已而从之"。这篇话本大胆暴露了官兵对敌人的无能和对人民的残害，描写了人民的苦难和被迫揭竿而起的情况，是很有现实性的。但对于渴望安定维持现状的市民阶层来说，农民起义又如洪水猛兽般可怕。他们感兴趣的只是"双镜重圆"这一类的故事，因此，作者就从最初肯定官逼民反的立场上后退下来了，而赋予范希周以"我本非反贼，被族人逼迫在此；他日受了朝廷招安，仍做良民"的思想，在此基础上与官宦小姐冯玉梅"结为眷属"。这种情节安排当然也有一定的真实性，但更重要的是，它反映了市民的一种人生理想和思想意识中妥协动摇的局限性。

但无论如何，成熟的口语化的文学语言的出现，古典样式中某些优秀传统的建立，较广阔的社会生活面的展现，都使话本在中国文学史上占有一个不可忽视的地位。无论是从题材上还是从艺术上，话本都为后来的小说创作，提供了宝贵的基础。如果没有《大唐三藏取经诗话》、《大宋宣和遗事》、《武王伐纣平话》、《七国春秋平话》、《秦并六国平话》(后三种作品现存的虽是元代刻本，但也是以宋人的话本为基础的)之类的作品，很难想象会有后来的《西游记》、《水浒传》、《封神演义》、《东周列国志》之类名作的出现。

第二十章　声乐伎艺的繁兴和戏曲的形成

戏剧与戏曲　唐宋以来声乐伎艺的繁兴　大曲、法曲、曲破、队舞、转踏等歌舞伎艺　滑稽戏、傀儡戏、影戏与扮演伎艺　鼓子词、赚词、诸宫调等与讲唱伎艺　宋杂剧的形成　体制、结构、角色、剧目　南方：宋元南戏的出现

戏剧是一种综合的艺术。它的底本是要通过演员在舞台上演出的，不仅需要具备一定的情节，而且必须依靠剧中人物本身的语言行动展开这些情节。这也就是说，它是代言体，而不是叙述体。戏剧中的语言，有说白，也有歌唱。戏剧中的行动，有动作，也有舞蹈。一般地说，说白与动作是戏剧中最基本的，而歌唱与舞蹈则是由前者派生的。而中国古典戏剧却充分发挥了歌唱与舞蹈方面的长处——古典戏剧的说白，虽然不是歌唱，却也是极其富有音乐旋律之美，或者说是音乐性的语言；古典戏剧的动作，虽然不是舞蹈，却也是极其富有舞蹈之美，或者说是舞蹈化的动作。因此，严格地说，它乃是一种歌剧或戏曲。近代学者王国维作《戏曲考原》和《宋元戏曲考》，开始把具有中国民族特色的传统戏剧定名为“戏曲”，这是十分准确的，故一直沿用至今。

中国古典戏曲形成于宋代。这种综合的艺术有着复杂的来源。它和当时的民间声乐伎艺有多方面的、密切的联系。唐宋以来商业和手工业的发达，大都市的兴起，市民阶层的形成和他们对于文化娱乐的要求，保

证了声乐伎艺的空前发达，也就促进了戏曲的产生。如果没有城市生活的物质基础，没有广大的观众，戏曲的产生将是不可能的。南戏最早出现于永嘉（温州），而永嘉正是当时国际贸易的大都市之一，也是一个例证。

唐宋以来的民间声乐伎艺是十分丰富多样的，其中有关戏曲的部分往往也正是当时声乐伎艺的主要部分。如果从影响戏曲产生与形成的角度来划分，这些声乐伎艺大致可以分为歌舞伎艺、扮演伎艺和讲唱伎艺三大类。

首先，从音乐舞蹈上讲，法曲、大曲、曲破、转踏、队舞等，本来都是载歌载舞的形式，其中不仅有化了装的歌舞演员，有伴奏乐队，而且在歌舞中，也包含一些简单的情节。这一些，不仅为戏剧提供了丰富的曲调，其舞蹈身段、舞台经验等对戏曲的形成也有影响。队舞之中，有“竹竿子”负责演员调度，还有出场念致语口号的形式；转踏中也有勾队词、放队词，通常由诗或词组成；这显然对南戏中的演员调度、自报家门、开场及下场诗等有影响。宋代大曲之中，已经有许多以叙事为主的作品。例如曾布的《水调歌头》：

〔排遍第一〕魏豪有冯燕，年少客幽并。击球斗鸡为戏，游侠久知名，因避仇，来东郡，元戎逼属中军。直气凌貔虎，须臾叱咤，风云凛凛座中生。　　偶乘佳兴，轻裘锦带，东风跃马，往来寻幽访胜，游冶出东城。堤上莺花掩乱，香车宝马纵横。草软平沙稳，高楼两岸，春风笑语隔帘声。

〔排遍第二〕袖笼鞭敲镫，无语独闲行。绿杨下，人初静，烟淡夕阳明。窈窕佳人，独立瑶阶，掷果潘郎，瞥见红颜，横波盼，不胜娇软倚云屏。　　曳红裳，频推朱户，半开还掩，似欲倚咿哑声里，细诉深情。因遣林间青鸟，为言彼此心期，的的深相许，窃香解珮，绸缪相顾不胜情。

〔排遍第三〕说良人滑将张婴，从来嗜酒，回家镇长酩酊长醒。屋上鸣鸠空斗，梁间客燕相惊。谁与花为主，兰房从此，朝云夕雨两牵萦。　　似游丝狂荡，随风无定。奈何岁华荏苒，欢计苦难凭。惟见新恩缱绻，连枝并翼，香闺日日为郎，谁知松罗托蔓，一比一毫轻。

〔排遍第四〕一夕还家醉，开户起相迎。为郎引裾相庇，低首略潜形。情深无隐，欲郎乘间起佳兵。　　授青萍，茫然抚弄，不忍欺心。尔能负心于彼，于我必无情。熟视花钿不足，刚肠终不能平。假手迎天意，一挥霜刃，窗间粉颈断瑶琼。

〔排遍第五〕凤凰钗，宝玉凋零。惨然怅，娇魂怨，饮泣吞声。还被凌波唤起，相将金谷同游，相见逢迎处，揶揄羞面，妆脸泪盈盈。

醉眠人醒来晨起，血凝螓首，但惊喧，白邻里，骇我卒难明。致幽囚推究，覆盆无计哀鸣。丹笔终诬服，圜门驱拥，衔冤垂首欲临刑。

〔排遍第六带花遍〕向红尘里，有喧呼攘臂，转身避众，莫遣人冤滥，杀张室，忍偷生。僚吏惊呼呵叱，狂辞不变如初，投身属吏，慷慨吐丹诚。　　仿佛缧绁，自疑梦中，闻者皆惊叹，为不平。割爱无心，泣对虞姬，手戮倾城宠，翻然起死，不教仇怨负冤声。

〔排遍第七攧花十八〕义城元靖贤相国，嘉慕英雄士，赐金缯。闻此事，频叹赏，封章归印，请赎冯燕罪。日边紫泥封诏，阖境赦深刑。

万古三河风义在，青简上，众知名。河东注，任流水滔滔，水涸名难泯。至今乐府歌咏，流入管弦声。

这篇歌词，写的是中唐时代的一段真人真事。由于冯燕具有勇于承认错误的侠义性格，为广大的人民所钦佩，这个故事一直在社会上流传。唐代传奇小说作家沈亚之(《冯燕传》)和诗人司空图(《冯燕歌》)都曾经用这一题材写成作品。但在《冯燕传》中，冯燕杀张妻的情节是基于误会，带有很大的偶然性，而大曲则淡化了误会一节，而添加了“欲郎乘间起佳兵。授青萍，茫然抚弄，不忍欺心。尔能负心于彼，于我必无情”一段，不仅加重了女方的责任，减轻了冯燕的罪愆，而且解释了其行为的心理依据，也加强了故事情节的合理性。更重要的是，这说明宋代大曲已经变抒情为叙事，以歌舞敷演故事。这一种样式运用上的发展，代表了歌词向戏曲迫近的倾向。

其次，在扮演伎艺中，比较重要的有滑稽戏、傀儡戏和影戏等。滑稽戏和现在的相声、小品十分相似，其源头是唐以前的优伶表演和唐五代的参军戏。通常由两个人扮演，主角称为参军，配角称为苍鹘，其特点是见景生情，编造故事，通过问答，展开嘲讽。

宋高宗时，饔人瀹馄饨不熟，下大理寺。优人扮两士人，相貌各异；问其年，一曰甲子生，一曰丙子生。优人告曰："此二人皆合下大理。"高宗问故。优人曰："铗子、饼子皆生，与馄饨不熟者同罪。"上大笑，赦原饔人。

——刘绩《霏雪录》

秦桧以绍兴十五年四月丙子朔，赐第望仙桥。丁丑，赐银绢万匹两，钱千万，采千缣。有诏就第赐燕，假以教坊优伶。宰执咸与。中席，优长诵致语，退。有参军者，前褒桧功德，一伶以荷叶交椅从之，诙谐杂至。参军方拱揖谢，将就椅，忽坠其幞头。乃总发为髻，如行伍之巾，后有大巾镮，为双叠胜。伶指而问曰："此何镮"曰："二圣镮。"遽以朴击其首曰："尔但坐太师交椅，请取银绢例物，此镮掉脑后可也。"一坐失色。桧怒，明日下伶于狱，有死者。于是语禁始益繁。

——岳珂《桯史》卷七

壬戌省试，秦桧元子熹、侄昌时、昌龄皆奏名，公议籍籍，而无敢辄语。至乙丑春首，优者即戏场误为士子赴南宫，相与推论知举官为谁，指侍从某尚书、某侍郎当主文柄。优长者非之，曰："今年必差彭越。"问者曰："朝廷之上，不闻有此官员。"曰："汉梁王也。"曰："彼是古人，死已千年，如何来得？"曰："前举是楚王韩信。彭越一等人，所以知今为彭王。"问者嗤其妄，且叩厥旨。笑曰："若不是韩信，如何取得他三秦？"四座不敢领略，一哄而出。秦亦不敢明行谴罚云。

——洪迈《夷坚志》丁集卷四

绍兴间，内宴，有优人作善天文者，云："世间贵官人必应星象。

我悉能窥之。法当用浑仪,设玉衡。若对其人窥之,则见星而不见其人。玉衡不能卒办,用铜钱一文亦可。”乃令窥光尧,云:“帝星也。”秦师垣,曰:“相星也。”韩蕲王,曰:“将星也。”张循王,曰:“不见其星。”众皆骇,复令窥之。曰:“中不见星,只见张郡王在钱眼内坐。”殿上大笑。俊最多资,故讥之。

——罗点《闻见录》

这些来自民间的艺人,惯于随机应变,用讽刺讥嘲的方法来对付社会中黑暗腐朽或不合理的事物。这就构成了滑稽戏本身的思想性和艺术性,并且哺育了后来的戏曲。滑稽戏的表演者是以剧中人物的身份出现的(尽管还不是最严格的),在它被戏曲吸收以后,就使剧中人物的语言发展为独立的对白体,而不是像其他说唱文学一样,人物的说话必须通过讲唱者的叙述,而且代言的部分和叙述的部分必须结合在一起。这是一个重要的区别。只有代言体确立了,戏剧才算正式形成。而这一点,我们首先是从滑稽戏中找到鲜明的迹象的。滑稽戏是戏曲的萌芽形式,它与宋杂剧也只有一步之遥,难以截然区分。在某些文献中,有些滑稽戏段子就被称为杂剧,因为在最初,杂剧正是许多其他伎艺的笼统称号。

宋代的傀儡戏和影戏对于古典戏曲的形成也是一个不可缺少的因素。这两种民间伎艺娱乐性很强,至今还为人民大众所喜爱。傀儡戏就是木偶戏,早在汉代就已发明,而到了宋朝,它们的技巧已达到很高的程度。当时的傀儡戏有杖头傀儡,就是现在的托偶;有悬丝傀儡,就是现在的提偶;有水傀儡,是在水上表演的,《东京梦华录》中曾经详细记载了它的表演方法;最后,还有肉傀儡,这是傀儡戏的最高发展。肉傀儡是“以小儿后生辈为之”(《都城纪胜》),也就是由人来扮演的。这些傀儡戏的内容也极复杂,“敷演烟粉、灵怪故事、铁骑、公案之类,其话本或如杂剧,或如崖词,大抵多虚少实,如《巨灵神》、《朱姬大仙》之类是也。”(《都城纪胜》)

影戏至迟在北宋仁宗时代即已产生,高承《事物纪原》卷九云:“仁宗时,市人有能谈三国事者,或采其说加以缘饰,作影人,始为魏吴蜀三分战争之象。”张耒《明道杂志》中就有当时一富家子因贪看三国故事的影戏而被骗去酒食的记载。在南宋时代，都城杭州的影戏更加发达。《梦粱录》卷二十“百戏伎艺”条记：“杭城有贾四郎、王昇、王闰卿等，熟于摆布，立讲无差。其话本与讲史书颇同，大抵真假相半，公忠者雕以正貌，奸邪者刻以丑形，盖亦寓褒贬于其间耳。”和傀儡戏发展成肉傀儡一样，影戏后来也发展为用人扮演的“大影戏”（《武林旧事》卷二“元夕”条），成为当时民间很受欢迎的一种娱乐节目。艺人取代了傀儡或影人而登台表演，不仅拓展了情节内容的丰富性复杂性，增强了戏目的可看性，也使原先的叙述体就过渡到了代言体，第三人称的旁白也渐渐变成了第一人称的自赞。而代言体和自赞，正是后来戏曲中最典型的两种表现形式。影戏中根据人物的忠奸不同，施加不同的彩色装饰的做法，也正是后代戏曲中沿用的脸谱的先声。今传诸宫调中有《傀儡儿》唱词（《董西厢》卷七），南戏中有《大影戏》曲牌（《张协状元》第十六出），也从一个角度表明了傀儡戏和影戏对早期戏曲的显著影响。

第三，是宋代的音乐歌词和讲唱文学。词的发展，民间歌曲的繁兴，变文的演化，构成了宋代音乐歌词与讲唱文学异常复杂的内容。从戏曲文学方面讲，大曲、法曲、转踏等属于比较单纯的歌词一类，而赚词、鼓子词、诸宫调等则属于歌词和叙述的散文结合的讲唱一类。在结构上，这些歌词有一个共同的特色，就是无论它们是用词写的，还是用其他民间歌曲写的，都不是孤立的一篇，而是将许多篇连成一套。这显然是一种进步，而这一种进步，既适应了日益繁华的城市生活的发展，又适应了戏曲艺术的需要。在功能上，它们也不只用来抒情，同时也用来叙述故事。其中，诸宫调甚至完全是长篇的叙事作品。这显然是受了变文的影响才产生的。

与其他叙事歌词相比，长篇讲唱文学诸宫调和戏曲更为接近。在宋代社会盛行的各种歌词和讲唱中，词只是一种抒情的短曲，每一篇都是独立地存在着的。少数由同一词牌构成的一组词，也只是从不同的侧面来描写某些生活画面，并不前后相接，更不是叙说一个完整的故事。因而，各篇也完全可以独立存在。大曲和转踏等才演进为用许多同样的曲调来反复歌唱一个故事，因而形成了叙事诗的新形式，如上引曾布的《水调歌头》。鼓子词又进了一步，除了用许多同样的曲调来反复歌唱一个故事外，有时还在歌词中间加上一段散文的说明，形成了变文以后的一种新型的讲唱文学。这方面的作品，最常为人提及的是赵令畤写《莺莺传》故事的鼓子词《商调蝶恋花》。这套鼓子词共十章加首尾二阕，说白部分取自《莺莺传》原文，韵文部分则是自撰的《蝶恋花》词。法曲如曹勋《道情》，赚词如《事林广记》续集卷七所载《圆社市语》，其中虽然没有散文的部分，但它们却是用同一宫调中许多不同的曲调组成一个套数来演唱的，这比起仅仅局限于许多同样曲调的反复歌唱，当然又进步了一些。但诸宫调却比上述一切更为进步。它不只是用同一宫调中许多不同的曲调组成套数，而是用许多不同宫调的套数连接起来，组成长篇的叙事诗。它不只是在歌词中夹着便于说明的散文，而且，无论在歌词还是在散文中，都有着一些以作品中人物的身份来讲唱的痕迹。这样，除了不是扮演而是弹唱，不是完全的代言体而是杂有叙述体外，诸宫调与戏曲已非常近似了。

诸宫调创始于北宋时代。王灼《碧鸡漫志》卷二称："熙（熙宁，1068—1077）、丰（元丰，1078—1085）、元祐（1086—1093）间……泽州有孔三传者，首创诸宫调古传，士大夫皆能诵之。"可惜这位瓦舍艺人的创作，已经完全失传了。现存的诸宫调，有无名氏的《刘智远诸宫调》、金章宗时（1190—1208）董解元的《西厢记诸宫调》和元代王伯成的《天宝遗事诸宫调》三种。而完整留存下来的，又只有《西厢记诸宫调》一种。解元是宋以来对读书人的通称，《西厢记诸宫调》的作者董解元可能就是一位为瓦舍编写唱本的寒士。虽然自从1127年女真族攻破汴梁之后，金人统治了中原，但中国的先进文化，特别是保存在民间的文学艺术并未被毁灭，相反地，却顽强地成长起来，以致在12、13世纪之交，产生了《西厢记诸宫调》这样的伟大作品。

《莺莺传》的故事，在北宋赵令畤的《商调蝶恋花》鼓子词中，还完全依照元稹的原作，但到了董解元手里，这个悲剧便发展为悲喜剧了。在唐代，和高门女子结亲是读书人取得政治地位的有利条件之一，也是构成这个悲剧的基本因素之一。在金代，随着社会风习的改变，这一悲剧的因素也就消失了。同时，市民阶层的经济政治势力的逐步成长，市民阶层男才女貌的爱情价值观的日益深入人心，使得董解元可以而且必须用新的市民观点来处理这一题材。他增加了原来和莺莺有婚约的郑恒来具体地代表封建婚姻制度的势力，又增添了好心的法聪和尚、热情的白马将军这两个人物，加强了婢女红娘的性格，使他们成为男女主角反抗这种婚姻制度的有力的援军，终于使得崔莺莺和张君瑞在反对包办婚姻、坚持自由恋爱这一方面获得了全面胜利。这就是《西厢记诸宫调》最主要的贡献，而这种贡献又是通过作者所安排的比原作远为复杂的情节和高度的艺术手腕来完成的。作者激动的情绪，透过优美的语言，感染了广大读者。应该说，这个作品在一定程度上反映了当时人民对于婚姻爱情问题的愿望。

此外，从戏曲文学的角度来说，当时城市中盛行的说话伎艺和话本，对处于形成过程之中的戏曲也有积极作用。宋元以来的戏曲，就是从上述这些声乐伎艺中逐步形成的。由于当时政治局势的变迁而引起的地区文化差异，又先后产生了宋杂剧和南戏两个不同的剧种。

杂剧一词最早见于晚唐，指的是歌舞杂戏。在宋代，它最初也只是当时的各类娱乐性的伎艺的总称，后来逐渐在歌舞杂戏的基础上，发展成为综合性的戏曲。据《辽史》和《宋史》的《乐志》记载辽宋宫廷庆典演出中，都有杂剧一项，它综合了各种伎艺来演出，其中有歌唱舞蹈，也有参军戏那样的幽默故事和滑稽表演。有的杂剧像今天的相声或小品，称小杂剧，还有规模较大的大杂剧（如《目连救母》杂剧竟要连演八天）、只舞不歌的哑杂剧、宫廷演出的内殿杂剧、民间演出的浪子杂剧。在初期，杂剧先与诸色伎艺混杂，后来一枝独秀，到南宋已独占鳌头，并形成了自己的体制和角色。据《梦粱录》卷二十“妓乐”条，宋杂剧的体制结构一般分三节四段。第一节是艳段，一般演出日常生活中的内容，是杂剧的序幕；第二节是正杂剧，分两段，或滑稽嘲笑，或讽刺时政，含有鉴戒意义，兼有念白、歌唱、动作、舞蹈各项；第三节是杂扮或杂班，是杂剧之后的散段，是以打趣取笑田舍村夫村妇为主要内容的闹剧。在结构上，这一节有相对独立性，可有可无，也可以单独搬演。宋杂剧整体上这种四段结构，对元杂剧一本四折的固定结构形式的形成，有明显的影响。

宋杂剧演员也从参军戏的两个角色发展为四人或五人。这些演员有来自官方机构教坊乐部或钧容直(军乐班)的,称为杂剧色,也有来自民间勾栏的,则称为露台子弟,从中也涌现出像杂剧女伶丁都赛这样广受人们喜爱的名角。随着杂剧的发展,角色的分工也就越来越专业、越细密。《梦粱录》卷二十“妓乐”条云:“末泥色主张,引戏色分付,副净色发乔,副末色打诨。或添一人,名曰装孤。”末泥即优伶之长,相当于领班、主演,扮演男主角,发展为后来南戏中的生和北剧中的正末。引戏色分管舞台调度,有时也登台演出,必要时可装旦。副净也称次净,故意装呆卖傻,以供笑谑;副末专事插科打诨;这显然是从参军戏中的参军、苍鹘两个角色发展而来的。装孤就是装扮官员。这些角色后来又发展出专事杂剧艳段演出的戏头、由男演员扮演旦角的装旦以及仅次于女主角的旦角次贴等角色。从角色上看,宋杂剧已为后来的南戏和元杂剧打下了很好的基础。

宋杂剧的剧目相当丰富,现在可以考知的即有二百九十六种,最集中的著录见于《武林旧事》卷十,有官本杂剧段数二百八十本。当然,这还只是一个很不完全的统计。从音乐上看,这些剧目用大曲、法曲、曲破、诸宫调或其他杂曲来演唱,其内容既有滑稽戏,又有正杂剧和小杂剧等。关于它的舞台形制和人物形象,从古迹遗存、传世宋画或考古发掘出土的宋墓砖雕等文物中,我们还可以得知其大概情况。遗憾的是,至今还没有发现它的文学剧本流传下来,不能从文学角度深入探讨。但是,这些剧本对南戏及金元杂剧剧本有影响,则是可以确定无疑的。

杂剧传入南方以后,在今浙江、福建、四川等地都颇为流行,并且结合当地的音乐语言及生活形态,产生了一些变化,形成了一些地方性特征比较明显的戏曲,如川杂剧、永嘉(温州)杂剧。在温州杂剧的基础上,综合闽浙等地的戏曲、民间音乐舞蹈以及其他艺术因素,终于在温州一地形成了南戏这种新的戏剧形式。这不是偶然的。从六朝唐代以来,永嘉就是一座具有深厚的经济基础和悠久的文化传统的城市,又是当时重要的通商口岸和国际贸易的大都市,同时,它离南宋的政治文化中心杭州不远,并曾一度成为南宋中央机构所在地,各种民间伎艺云集于此,以满足商品经济和城市生活的需要。以上种种,都为南戏的形成提供了有利的土壤。祝允明《猥谈》记:“南戏出于宣和(1119—1125)之后。南渡之际,谓之温州杂剧。余见旧牒，其时有赵闳夫榜禁，颇述名目，如《赵贞女蔡二郎》等，亦不甚多。”徐渭《南词叙录》也说：“南戏始于宋光宗（1190—1194 在位）朝，永嘉人所作《赵贞女》、《王魁》二种实首之，故刘后村有‘死后是非谁管得，满村听唱蔡中郎’之句；或云宣和间已滥觞，其盛行则自南渡。号曰永嘉杂剧，又曰鹘伶声嗽。”这说明南戏最早出现于 12 世纪初叶，12 世纪末已颇为盛行。

这种来自民间的古典戏曲，很快便风行一时，先在江浙地区流行，继而在南方各地，元朝统一中国后，又流入北方。在传播过程中，其音乐曲调又根据各地的语言特色，形成风格各异的地方声腔。现在可考的宋元南戏剧目有二百四十多种，其中很多经过辗转修订后先承袭，时代比较模糊，比较可以确定为宋人作品的有《赵贞女》、《王魁》、《王焕》、《乐昌分镜》、《韫玉传奇》及《张协状元》。《赵贞女》、《王魁》和《张协状元》属于传统的痴心女子负心汉的故事，谴责了蔡伯喈、王魁、张协的忘恩负义，歌颂了贫妇赵贞女、王氏和妓女桂英纯洁的爱情。《王焕》、《乐昌分镜》、《韫玉传奇》都是写男女爱情故事。《张协状元》则是惟一现存的宋代南戏剧本，在情节和场次的安排上都还比较粗疏，保留了民间的原始风貌。总之，南戏在宋代虽然已走过一百多年的历程，但基本上还限于民间艺术的层次，处于其发展的初期，艺术上还比较粗糙，其体制结构也直到元末明初才成熟定型。后来的南戏多为长篇，通常有四五十出，而《张协状元》尚未分出；南戏第一出为开场，或称家门，一般用两首词分别报告演出宗旨和剧情梗概，而《张协状元》的家门只泛说宗旨，而用另一段诸宫调陈述剧情。在角色方面，南戏有生、旦、净、末、丑、外、贴七种，既在宋杂剧的基础上有所发展，也为后来的戏曲角色设定奠定了基础。

南戏流行于南方之时，北方正是金院本的时代。金院本与宋杂剧其实是同实异名，只是因为强调它是在行院（剧院）演出用的剧本，因此称为院本。元陶宗仪《辍耕录》载有院本名目七百多种，可见其盛极一时。从时代和地域上说，金院本正好可以说是宋杂剧到元杂剧的过渡形态。无论宋杂剧或金院本，和金元之间产生的杂剧，即一本四折用北曲来演唱的戏曲都还有一定的距离。至于南戏与北曲杂剧，其间区别就更为明显了：

在音乐方面,是使用南曲和北曲的不同;在语言方面,南戏用南方的语言,分辨四声,而北曲杂剧则用北方的语言,没有入声,两者用韵也不同;在剧本结构方面,南曲戏文有家门而无楔子,杂剧有楔子而无家门;在篇幅方面,戏文可以长到数十出,而杂剧通常只有四折;在表演方面,南戏人人可以演唱,杂剧则每折中只有主角一人可以歌唱。这两种戏剧在长期发展过程中,相互渗透,彼此影响,推动了中国民族戏曲的发展。

第二十一章　抒情新体:散曲的勃兴

散曲的体制和音乐构成　前后期:不同的活动中心与风格　散曲的语言风格与体性　主题表现的传统倾向　离弃浊世功名的散淡人生　爱情诗的新开拓　咏史怀古中的沉重感叹　少而有特色的政治题材散曲

继宋词之后,散曲以其新鲜的曲调和歌词形式成为中国文学史上的新的抒情诗样式。它勃兴于13世纪前期,到了14世纪末叶,逐渐走向低潮。古典戏曲包括杂剧、戏文及传奇中的歌唱部分,由于音乐上存在地域性的区别,有北曲和南曲之分。在散曲方面,也同样是如此。从1234年到1367年,由于蒙元政权在北中国和南中国的相继建立,其音乐歌词是以北曲为主的。以南曲来写作和歌唱的散曲,直到明代即散曲创作的高潮已经过去之后,才开始流行。在散曲中,以北曲为主的元人的作品最有代表性。

在体制上,散曲大体上可以分作小令和套数两种。小令绝大多数是以一篇歌词即一篇抒情诗为一个独立的单位,间或有以两个或三个宫调相同而曲调不同的歌词结合起来写成一篇诗的带过曲,如无名氏的中吕《十二月带尧民歌》;或是以若干个相同的曲调写成一篇诗的重头曲,如《雍熙乐府》中所载〔小桃红〕(《西厢百咏》)就是以小令百篇歌咏崔莺莺和张生的故事。套数则是以同一个宫调(宫调虽异而乐调风格相近者亦可)

中的多个曲调联结起来，由长短不等的各段构成有起头有尾声、首尾一韵的篇幅较长的诗。从诗史上看，散曲中的小令近于词，而套数则近于赚词或诸宫调。散曲，特别是套数，常被应用到戏曲中，就成为它的歌唱部分。杂剧每一折中的唱词，多数是用一套散曲构成的。

作为继词而起的歌词，散曲的音乐成分很复杂。它包括当时来源不同的各种可唱的乐曲：旧有的或新创的，本土的或外来的，宫廷的或民间的。但其中旧有曲调并不很多，主要的来源乃是当时民间流行的里巷歌曲以及异域传来的胡夷之曲。从 12 世纪初期开始，北中国先后处于女真族和蒙古族统治之下，其文化也不可避免地受到这些民族的影响。正如《南词叙录》所说的："今之北曲，盖辽、金北鄙杀伐之音，壮伟狠戾。武夫马上之歌流入中原，遂为民间之日用。宋词既不可被弦管，南人遂亦尚此。"这一方面说明了北曲的来源之一是胡夷之曲，另一方面也说明了里巷之曲与胡夷之曲的统一过程。而散曲，就是根据这些音乐写作的新诗体。

这一种来自民间的、生气勃勃的新样式，在当时被各阶层的人普遍爱好着。其作者上至达官贵人，下至伶工妓女。同时，由于前人受正统文学观念的局限，视散曲为小道，不加重视，因而作品亡佚甚多，但就现存的作品来说，其思想品质和艺术水准仍然相当可观。它是关于那个时代人们的生活、思想和心理的一面镜子。

在元代，汉人地位低下，汉族读书人的社会地位尤其低下。宋遗民谢枋得《送方伯载归三山序》说："滑稽之雄，以儒为戏者曰：我大元制典，人有十等：一官，二吏，先之者，贵之也。七匠，八娼，九儒，十丐，后之者，贱之也。吾人品岂在娼之下、丐之上乎？"九儒十丐的说法，又见于郑思肖的《心史》，虽未必有法律明文规定，却反映了当时的某种大众观念和社会现实。这就决定了元曲作家们沉沦下位的命运。另一方面，元曲作者又以平民和小吏为主。除了作品以外，他们的生平事迹往往湮没无闻，无从详考。这也间接说明了他们在当时的卑微地位。

正是由于多数元散曲作家身处下层，他们才有机会接近人民，熟悉并运用民间的活的语言，丰富于文学语言的内涵，推动其进一步向前发展，从而奠定了近代文学语言的基础。散曲作家们在创作中大量使用方言、土语、行话、外来语,不避俚俗,造就了元曲崭新的美学风貌。相对于诗词来说,散曲在文学语言和美学追求上进行了双重革新,其语言通俗流利,风格泼辣放肆,有对世态的嘲笑,发出相当深刻的讽刺,也有对于性爱的描写,大胆而少有顾忌,有时也不免轻薄无聊。总之,其艺术表现是朝俚俗的方向更迈进了一步,而在这种俚俗中,往往又同时蕴含着清新、生动、活泼的美。

根据现有的史料来分析,金末元初以迄南宋灭亡不久,即14世纪以前,元曲作家的活动主要集中在北方的大都(今北京),其作品风格也比较浑朴自然。14世纪以来,作家的活动中心转移到南方的杭州,由于南方的生活和文风的影响,其作品风格逐渐变成清雅典丽。这也是散曲的文人化程度逐渐加深的一个表现。从通俗化走向文人化,本是元曲风格的自然发展过程,在散曲中表现得尤其显著。同时,后期也出现了一些专力写作散曲的曲家,如刘致(生卒年不详)、张可久(1274?—1348后)等人。张可久大胆地以词为曲,并将分题、分韵、次韵等风习引入曲苑,其作品题材广泛,语言典雅,手法含蓄,是散曲由市民歌曲转变为文士的新的抒情诗样式的关键性人物之一。实际上,在前期的作者中,马致远(1250?—1324?)的创作即有较多的文人气息。他的散曲有的含蓄,有的明朗,还有不少悲放清壮的歌曲。例如,他的散套〔双调·夜行船〕《秋思》"气势开阔,色泽鲜明,放逸宏丽,而不离本色"(王世贞《曲藻》);而小令〔越调·天净沙〕《秋思》,则以最平白而简洁的语言创造了富含情韵的意象,而受到历来读者的喜爱和评论家的推崇;都肇示了散曲语言由俗转雅的趋向。

如果我们将前一时期的关汉卿(生卒年不详)、白朴(1226—?)和后一时期的张可久、乔吉(?—1345)等人的作品作一比较,就会更清楚地体会到这一风格的转变:

> 盼断归期,划损短金篦。一搦腰围,宽褪素罗衣。知他是甚病疾?好教人没理会。拣口儿食,陡恁的无滋味。医,越恁的难调理。
>
> ——关汉卿《双调·碧玉箫》

从来好事天生俭，自古瓜儿苦后甜。奶娘催逼紧拘钳，甚是严，越间阻越情忺。

——白朴〔中吕·阳春曲〕《题情》

黑海春愁，浑无处躲，嫩香腻玉渐消磨。瘦呵也不似今春个。无奈何，自画双蛾，越添得愁多。

——乔吉《双调·春闺怨》

月笼纱，十年心事赋琵琶。相思懒看帏屏画。人在天涯。春残豆蔻花，情写鸳鸯帕，香冷荼蘼架。旧游台榭，晓梦窗纱。

——张可久《双调·殿前欢》

而贯串在这两种不同风格之中的，却是作家的个人情志的抒发。具体说来，这种情志又以厌倦功名、游戏人生、玩世不恭、追求隐逸自足、闲适逍遥、及时行乐最为常见。这种思想的盛行，当然与其时的时代环境和作家的卑微的社会地位有关。既然作家们处于"娼之下，丐之上"的地位，他们即使志向远大，想有所作为，也很难实现自己的抱负。他们在生活中更多地体验到的是感伤、逃避、喟叹和失败等消极情绪，这也使他们在人生态度上容易受老庄哲学的影响，而散曲正是他们抒发这种思想和情绪的最合适的样式。

在当时，一方面，散曲以其在语言音韵上比词更为新颖而且轻松活泼的形式（如韵脚密、韵部宽、不分四声、多用衬字等）而引人注目；另一方面，它在美学上较词更甚的俚俗化倾向，又使之难以遽登大雅之堂，不适宜于那些庄重的场合、严肃的事件或题材，而偏宜抒写那些更加轻盈的、个人化的情绪和感觉。事实上，他们对于现实处境既有密切的关注、勇敢的抗争，也有游离的闲逸、无奈的叹息，只不过他们把这些不同的感触有选择地加以表现。他们倾向于以杂剧、诗歌或其他形式表现前一种感触，表现那些正面的攻击、刚强的血泪、恒久的热心；而在散曲中，则倾向于表现后一种感触，表现那些对现实的嘲讽、冷眼、不屑和鄙夷，或者体现对人生的散淡和闲适的态度。久而久之，散曲就逐渐形成了自己在主题表现上的传统倾向，也就是形成了自己的体性，即散曲作为一种文体或样式所具有的特殊性格和品质。这与词体初起之时的处境颇为相似。这也就是为什么即使像关汉卿这样在其杂剧创作中十分关注现实的作家，在散曲作品中所反映的却是另外一种截然不同的情绪。例如《南吕·四块玉》：

旧酒没，新醅泼，老瓦盆边笑呵呵。共山僧野叟闲吟和。他出一对鸡，我出一个鹅，闲快活。

南亩耕，东山卧，世态人情经历多。闲将往事思量过。贤的是他，愚的是我，争甚么？

另一位著名散曲作家白朴也在一首《仙吕·寄生草》中表示：

长醉后，方何碍？不醒时，有甚思？糟腌两个功名字，醅渰千古兴亡事，麹埋万丈虹霓志。不达时皆笑屈原非，但知音尽说陶潜是。

世情久谙，壮志消磨，抛却功名，饮酒自悦，这是关汉卿、白朴二人的共同选择。关汉卿和白朴都没有出入官场，但其实这种抉择在很大程度上是时世所逼迫的，从他们的作品中，我们可以体会到抑制在字里行间的深深的无奈。

值得注意的是，另外一些涉足官场，甚至曾经有过高官厚禄的散曲作家，也在其作品中表达类似的感受。例如曾经担任过江浙行省官吏的马致远，最后也发出了“空岩外，老了栋梁材”(《南吕·金字经》)的慨叹，感慨“半世逢场作戏，险些儿误了终焉计”(《般涉调·哨遍》)。在他的名作套数《秋思》中，他诉说了自己对历史和人生的认识，堪称是关汉卿和白朴的知音：

〔双调〕〔夜行船〕百岁光阴如梦蝶，重回首往事堪嗟。今日春来，明朝花谢，急罚盏夜阑灯灭。

〔乔木查〕想秦宫汉阙，都作了衰草牛羊野，不恁么渔樵没话说。纵荒坟，横断碑，不辨龙蛇。

〔庆宣和〕投至狐踪与兔穴，多少豪杰。鼎足三分半腰里折，知他是魏耶？晋耶？

〔落梅风〕天教你富，莫太奢。没多时好天良夜。看财奴硬将心似铁，争辜负了锦堂风月。

〔风入松〕眼前红日又西斜，疾似下坡车。不争镜里添白雪，上床与鞋履相别。休笑鸠巢计拙，葫芦提一向装呆。

〔拨不断〕利名竭，是非绝，红尘不向门前惹。绿树偏宜屋角遮，青山正补墙头缺，更那堪竹篱茅舍。

〔离亭宴带歇指煞〕蛩吟罢，一觉才宁贴。鸡鸣时，万事无休歇。何年是彻？看密匝匝蚁排兵，乱纷纷蜂酿蜜，闹穰穰蝇争血。裴公绿野堂，陶令白莲社，爱秋来那些：和露摘黄花，带霜分紫蟹，煮酒烧红叶。想人生有限杯，浑几个重阳节？人问我，顽童记者：便北海探吾来，道东篱醉了也。

对短促人生、沧桑世变的感喟，使作者勘破红尘，而以陶渊明为自己追踪的人生榜样。这可以解释为作者看透了黑暗污浊的官场，产生了难以抑制的厌倦和鄙弃，但与散曲的传统主题倾向恐怕也不无关系。从姚燧(1238—1313)和张养浩(1270—1329)的下面两篇作品看来，似乎前一个因素更为重要：

笔头风月时时过，眼底儿曹渐渐多。有人问我事如何？人海阔，无日不风波。

——姚燧〔中吕・喜春来〕

才上马齐声儿喝道，只这便是那送了人的根苗。直引到深坑里恰心焦。祸来了何处躲，天怒也怎生饶，把旧来时威风不见了。

——张养浩〔中吕・红绣鞋〕

姚燧和张养浩虽曾出仕,但作为汉族文人,面对种族的歧视和政治的混乱,有这样的感触也是很自然的。

但实际上,这一类对现实的失望和逃避情绪在当时颇为流行,来自其他民族包括贵族阶层的散曲作家也在作品中抒发了同样的感想。蒙古族作家不忽麻位至平章,却也高唱"宁可身卧糟丘,赛强如命悬君手"(《仙吕·点绛唇》套)。孛罗御史也说过:"利名场不再行踏,风波海其实怕他。"(〔南吕·一枝花〕套)畏吾(维吾尔族)作家贯云石学士(1286—1324)也曾欢呼:"弃微名去来,心快哉!一笑白云外。知音三五人,痛饮何妨碍,醉饱袖舞嫌天地窄。"(《双调·清江引》)他们所表达的对宦海风波的畏惧,对世俗名利的鄙弃,无疑与其身份形成极大的反差。至于这种抒发是否真诚无欺,是否丝毫没有为文造情的矫饰,则因人而异,需要作具体分析。

在吸收民间语言的同时,散曲创作也承受了民间通俗文化特别是新兴的都市文化的影响。有一些作品就直接描写城市风光和都市生活场景,如关汉卿〔南吕·一枝花〕《杭州景》写杭城迷人的山光水色,与柳永《望海潮》词异曲同工;又如马致远〔般涉调·耍孩儿〕《借马》,以漫画之笔描绘吝啬鬼的形象,也是市井中常见的图画,语言通俗,又带有浓郁的民间色彩。某些散曲作品中,也渗透了市民阶层的心理和趣味。例如杜善夫有一套题为〔般涉调·耍孩儿〕《庄家不识勾阑》的,就是以市民的眼光,嘲笑初次走进剧场的农民,表现了市民的倨傲和自得。同时,散曲不仅表现了士人的思想感情,也有大量叙写相思歌颂情爱的作品。这些作品大胆冲破了封建礼教的樊篱,展现了都市生活的重要一角,同时也适应了歌儿舞女酒筵歌席的职业需要。一些散曲作品可能就是在酒筵歌席边风流游戏调笑之作,例如关汉卿咏秃指甲的那篇《仙吕·醉扶归》。乔吉也曾在散曲中歌咏过钉鞋儿、红指甲、花篮髻等。关汉卿散曲中关于爱情的歌咏很突出,他在〔南吕·一枝花〕《不伏老》中所表现的隐士加浪子的形象,也正是对散曲作者在这一类作品中所体现出来的形象的典型概括。这类作品中有相当一部分描写显然融入了作家本人的情感体验,或者就是他们自己的爱情经历的自白,不愧为深刻、漂亮的情诗。例如:

碧纱窗外静无人，跪在床前忙要亲。骂了个负心回转身，虽是我话儿嗔，一半儿推辞一半儿肯。

多情多绪小冤家，拖逗得人来憔悴杀。说来的话先瞒住咱！怎知他一半儿真实一半儿假。

——关汉卿〔仙吕·一半儿〕《题情》

云笼月，风弄铁，两般儿助人凄切。剔银灯欲将心事写，长吁气一声吹灭。

从别后，音信绝，薄情种害杀人也。逢一个见一个因话说，不信你耳儿轮头热。

——马致远《双调·寿阳曲》

若还与他相见时，道个真传示：不是不修书，不是无才思，绕清江买不得天样纸。

——贯云石《双调·清江引》

平生不会相思，才会相思，便害相思。身似浮云，心如飞絮，气若游丝。空一缕余香在此，盼千金游子何之。证候来时，正是何时？灯半昏时，月半明时。

——徐再思《双调·折桂令》

一尊别酒断肠词，难说心间事。行李匆匆怎酬志。自寻思，从今别却文章士。至如小子，十分不是，好处也想些儿。

——乔吉《越调·小桃红》

与谁，画眉？猜破风流谜。铜驼巷里玉骢嘶，夜半归来醉。小意收拾，怪胆禁持，不识羞谁似你？自知理亏，灯下和衣睡。

——张可久《中吕·朝天子》

这些作品角度各异，设想并描摹了爱情恋爱婚姻生活中的各种不同情境，风格多样，有的高远，有的缠绵，有的热烈，有的含蓄，有的狂想飞扬，有的形容细腻，有的以大白话打情骂俏，通俗可爱，有的用平行并列的修辞手段，显得别致清雅，总的来看，其中所包含的情感都是十分丰富、真实的。可以说，散曲以其明朗通俗的美学特征，开拓了爱情题材的抒情诗歌的新境界。

一般说来，散曲中直接反映现实政治的作品为数不多。大多数作家并不直接在散曲中宣泄自己在政治方面的情感，而是倾向于将自己对现实的失望、对黑暗政治的不满收敛浓缩，以怀古或咏史的方式，更凝炼地表达出来。这与历史题材极多的元代杂剧趋向一致。例如张养浩《中吕·山坡羊》：

> 峰峦如聚，波涛如怒。山河表里潼关路。望西都，意踟蹰。伤心秦汉经行处。宫阙万间都做了土。兴，百姓苦。亡，百姓苦。

又如张可久《双调·卖花声》：

> 美人自刎乌江岸。战火曾烧赤壁山。将军空老玉门关。伤心秦汉，生民涂炭，读书人一声长叹。

传统上，抒情诗人面对历史古迹，偏爱发思古之幽情，或在其上涂饰一层古典的绮丽色彩。张养浩和张可久两人却拒绝了这种浪漫的情怀，在作品中引入了历史背后的一个严肃而沉重的话题：王朝无论兴亡成败，一样给人民带来深切的苦难，最终，不约而同地发出了“伤心秦汉”的感叹。他们充分发挥了〔山坡羊〕和〔卖花声〕的特殊的句式结构的长处，以犀利痛快的笔墨，在悲凉旷达的氛围中，完成了沉郁豪放的歌唱。

在为数不多的以现实政治为题材的作品中，我们也能发现一些很有特色而且锋芒毕露的作品。这也有力地证明了散曲作家绝非对现实问题漠不关心。14 世纪中叶，刘时中（生卒年不详）以《上高监司》为题，写作了两篇《正宫·端正好》。第二篇是暴露当时政府发行纸币，剥削人民，吏役又从中弄权作弊，表达了读书人对奸商猾吏的极端愤慨。第一篇本意在歌颂高监司拯救灾荒的德政，却以大量的篇幅描写了当时人民在饥饿线上挣扎的惨状，以及官吏豪强利用这一机会实行残酷的掠夺的罪恶行为：

众生灵，遭魔障，正值着时岁饥荒。谢恩光，拯济皆无恙，编做本词儿唱。

〔滚绣球〕去年时，正插秧，天反常。那里取若时雨降？旱魃生，四野灾伤。谷不登，麦不长，因此万民失望。一日日物价高涨。十分料钞加三倒，一斗粗粮折四量，煞是凄凉！

〔倘秀才〕殷实户欺心不良，停塌户瞒天不当。吞象心肠歹伎俩：谷中添秕屑，米内插粗糠，怎指望他儿孙久长！

〔滚绣球〕甑生尘，老弱饥，米如珠，少壮荒。有金银那里每典当？尽枵腹高卧斜阳。剥榆树餐，挑野菜尝，吃黄不老胜如熊掌，蕨根粉以代糇粮。鹅肠苦菜连根煮，荻笋芦莴带叶咗，则留下杞柳株樟。

〔倘秀才〕或是捶麻柘稠调豆浆，或是煮麦麸稀和细糠，他每早合掌擎拳谢上苍。一个个黄如经纸，一个个瘦似豺狼，填街卧巷。

〔滚绣球〕偷宰了些阔角牛，盗斫了些大叶桑，遭时瘟无棺活葬，贱卖了些家业田庄。嫡亲儿共女，等闲参与商，痛分离，是何情况！乳哺儿没人要，撇入长江。那里取厨中剩饭杯中酒？看了些河里孩儿岸上娘，不由我不哽咽悲伤。

〔倘秀才〕私牙子船湾外港，行过河中宵月朗。则发迹了些无徒，米麦行牙钱加倍解，卖面处两般装，昏钞早先除了四两。

〔滚绣球〕江乡相，有义仓，积年系税户掌。借贷数补搭得十分停当，都侵用过将官府行唐。那近日劝粜到江乡，按户口，给月粮。富户都用钱买放，无实惠尽是虚桩。充饥画饼诚堪笑，印信凭由却是谎，快活了些社长、知房。

〔伴读书〕磨灭尽诸豪壮，断送了些闲浮浪。抱子携男扶筇仗，尪羸伛偻如虾样，一丝好气沿途创，搁泪汪汪。

〔货郎〕见饿莩成行街上，乞丐出拦门斗抢。便财主每也怀金鹄立待其亡。感谢这监司主张，似汲黯开仓，披星戴月热中肠，济与枭，亲临发放。见孤孀疾病无皈向，差医煮粥分厢巷。更把赃输钱分例米，多般儿区处的最优长。众饥民共仰，似枯木逢春，萌芽再长。

〔叨叨令〕有钱的贩米谷，置田庄，添生放。无钱的少过活，分骨肉，无承望。有钱的纳宠妾，买人口，偏兴旺。无钱的受饥馁，填沟壑，遭灾障。小民好苦也么哥！小民好苦也么哥！便秋收，鬻妻卖子家私丧。

〔三煞〕这相公爱民忧国无偏党，发政施仁有激昂，恤老怜贫，视民如子，起死回生，扶弱摧强。万万人感恩知德，刻骨铭心，恨不得展草垂缰，覆盆之下，同受太阳光。

……

作品充分发挥了散曲这一样式的特点，对灾荒中人民生活的真相作了委曲详尽的描写。它所使用的接近小民声口的俚俗语言，使其艺术表现显得格外自然本色。虽然作品最后曲终奏雅，赞扬了爱民忧国的高监司，同时也表达了人民的善良愿望，但从整体上看来，对人民痛苦的关注、对现实黑暗的批判，客观上已经成为作品的重心，成为作品中最动人的部分。

与刘时中这篇作品在思想上可以媲美而在艺术上则更胜一筹的是睢景臣以《高祖还乡》为题所写的《般涉调·哨遍》。如果说《上高监司》中有的是下层人民的血泪，那么，《高祖还乡》中则多的是对上层统治者的嘲弄。在这篇作品中，衣锦荣归的汉高祖刘邦被轻蔑地描写成一个地痞无赖、政治流氓。作者将刘邦作为统治阶级的典型来处理，剥去了其华丽、高贵、装模作样的外表，还原其流氓无赖的本相，给以犀利的批判和辛辣的讽刺：

社长排门告示，但有的差使无推故，这差使不寻俗。一壁厢纳草也根，一边又要差夫索应付。又言是车驾，都说是銮舆，今日还乡故。

王乡老执定瓦台盘，赵忙郎抱着酒葫芦。新刷来的头巾，恰糨来的绸衫，畅好是装么大户。

〔耍孩儿〕瞎王留引定火乔男女，胡踢蹬吹笛擂鼓。见一彪人马到庄门，匹头里几面旗舒：一面旗白胡阑套住个迎霜兔，一面旗红曲连打着个毕月乌，一面旗鸡学舞，一面旗狗生双翅，一面旗蛇缠葫芦。

〔五煞〕红漆了叉，银铮了斧，甜瓜苦瓜黄金镀。明晃晃马镫枪尖上挑，白雪雪鹅毛扇上铺。这几个乔人物，拿着些不曾见的器仗，穿着些大作怪的衣服。

〔四煞〕辕条上都是马，套顶上不见驴。黄罗伞柄天生曲。车前八个天曹判，车后若干递送夫。更几个多娇女，一般穿着，一样妆梳。

〔三煞〕那大汉下的车，众人施礼数。那大汉觑得人如无物。众乡老屈脚舒腰拜，那大汉挪身着手扶。猛可里抬头觑，觑多时认得，险气破我胸脯。

〔二煞〕你须身姓刘，你妻须姓吕，把你两家儿根脚从头数。你本身做亭长，耽几盏酒。你丈人教村学，读几卷书。曾在俺庄东住，也曾与我喂牛切草，拽坝扶锄。

〔一煞〕春采了桑，冬借了俺粟，零支了米麦无重数。换田契强秤了麻三秤，还酒债偷量了豆几斛。有甚胡突处？明标着册历，见放着文书。

〔尾〕少我的钱，差发内旋拨还。欠我的粟，税粮中私准除。只道刘三，谁肯把你揪捽住？白甚么改了姓，更了名，唤做汉高祖！

从主题上说，这篇作品介于历史题材和政治题材的作品之间，它以古喻今，巧妙地表达了自己的政治态度。它非常艺术地写出了“大人物”的渺小，表达了对“高贵者”的鄙夷，使人情不自禁地产生一种恍然大悟的快感。与睢景臣大致同时的散曲家乔吉曾说过，作曲“大概起要美丽，中要浩荡，结要响亮，尤贵在首尾贯穿，意思清新”（《辍耕录》卷八引），即所谓“凤头、猪肚、豹尾”。被钟嗣成《录鬼簿》称做“制作新奇”的睢景臣，在这篇作品中是达到了乔吉的要求的。值得注意的是，文人出身的睢景臣，在作品中却完全是以一个没有见过多少世面,以至于对当今皇上盛大的舆驾仪仗也懵然无知、信口雌黄的村夫的口吻来发言,惟其如此,他的轻蔑才显得更加合理,他的讽刺才显得格外无情。从远的来看,这种抒写的立场,有些类似前代诗史中的"代言"体(如陆机《代顾彦先赠妇》)或"拟作"体(如谢灵运《拟邺中七子诗》、江淹《杂体诗》)。而就近考察,其拟人的惟妙惟肖、口吻的鲜活粗犷,更显然受到了当时正盛行于世的杂剧艺术的启发和影响。正是在这一些地方,我们看到了散曲和杂剧这两种文学形式之间的血肉联系。

第二十二章　杂剧的繁盛

杂剧繁盛的诸重背景　杂剧作者成分的分析　题材的历史化处理　清官、污吏与冤狱故事　士人与商贾的矛盾　婚姻爱情故事　梁山故事的意义　后期杂剧的文人化倾向　小结

元代杂剧的繁盛，是以宋、金杂剧的发展为基础的，遗憾的是，早期的北曲杂剧剧本无一流传下来。从 1234 年到 1367 年，是北曲杂剧繁盛的一百多年。特别是 1300 年前后的几十年，是元朝政治相对稳定都市繁华的时期，是杂剧的黄金时代。这一时期的作家以大都(今北京)为活动中心。14 世纪以后，作家的活动中心南移杭州，虽然也出现过一些较好的作品，但与前期相比显然逊色多了。

明初，朱权作《太和正音谱》，书中著录元人杂剧达五百三十五种之多。事实上，元代杂剧总数还不止这个数字。今天我们所能够看到的、完整的元杂剧，也还有一百七十种，其中包含着许多杰作，是珍贵的文学遗产。

元代之所以成为杂剧繁盛同时也是古典戏曲繁荣的重要时期，有其社会文化背景。首先是社会经济发展引起的大都市的繁荣，这为剧场、道具及一切戏剧演出所需要的物质基础创造了条件。其次，随着城市的发展，城市平民在数量上扩大，使戏曲拥有了经常的、大量的观众。贵族官僚们往往以“唤官身”的方式，征发艺人到自己的衙门或住宅里去演唱；而

绝大多数市民百姓则是到勾阑(剧场)中去看戏。市民是当时剧场中最主要的观众,也是戏剧最广大的支持者。戏剧对他们的生活、心理乃至行为产生潜移默化的影响,而他们的情感、愿望也透过戏剧或隐或显地表露出来。其三,宋、金以来戏剧事业本身的进步,对于元人杂剧的发达来说,也是一个重要的原因。在搬演方面,12 世纪中,大都市中已经有了固定的剧场——勾阑。勾阑中有固定的表演场所——戏台或乐台,戏台后面还有后台——戏房,也有职业性的男女演员——路岐。路岐们分担着末、旦、净、丑等脚色,除了本名以外,他们还有艺名——乐名。他们组成的剧团,经常固定在一个城市公演——做场,有时也各处行走,作流动性的演出——冲州撞府,或称打野呵。在做场的前一日,先将海报——招子张挂出去,向观众作宣传。这些招子有的是彩色的,因此就叫做花招儿。道具——砌末、服装——行头、效果等都已经很完备。而演员们如何装扮——梳裹,也有具体的规定——穿关。同时,许多剧作家——才人也应运而生。才人有自己的行会组织——书会。书会彼此之间也有竞争。另一方面,当时雕版印刷已经很流行了。因此,剧本脱稿以后,就可以出版,以供剧团采用。而刊印的中心也正是前后期两个戏剧艺术的中心——大都和杭州。很显然,戏剧事业的发达和戏剧文学的发达,是互为因果的。

才人亦即杂剧作者的来源成分比较复杂,除了一般失意的读书人以外,有武将、文官、商人、医生等,而演员或教坊中其他的人也不少,他们的社会地位一般比较低。进一步来说,杂剧作者都是汉族文人,特别是受过教育的汉族小吏或市民。关于杂剧作者的这种特殊的种族和身份背景,王国维在《宋元戏曲史》第九章中曾经指出:“元初,名臣中有作小令、套数者;唯杂剧之作者,大抵布衣;否则为省掾令史之属。蒙古色目人中亦有作小令、套数者;而作杂剧者,则唯汉人(其中唯李直夫为女真人)。盖自金末重吏,自掾史出身者,其任用反优于科目。至蒙古灭金,而科目之废,垂八十年,为自有科目来未有之事。故文章之士,非刀笔吏无以进身,则杂剧家之多为掾史,固自不足怪也。”可见,造成杂剧作者这种特殊的身份背景构成的,还是当时的社会政治和文化政策。至于何以小令、套数能够拥有多民族多阶层的作者群,而没有这种特殊的身份背景分野,这恐怕与当时人们对散曲、杂剧有不同的看法有很大关系。散曲虽然较词曲俚俗，却不妨作为吟咏情性自娱消遣的一种工具，亦不妨视为广义的抒情诗歌的一体，即令个别词句有些不妥，其影响范围也有限。而作杂剧则必须与勾阑路歧倡优之流为伍，自然与名臣贵族之类的身份不符；剧本一旦搬演，流播甚广，也不是他们所乐于看到的。再者，从创作上说，杂剧与散曲相比多为长篇巨制，音律及文学上的限制更多也更严，一个剧本就体具多方，要求有综合多样的表现艺术，难度较高，客观上，这显然会将某些对杂剧不存偏见、饶有兴趣，而汉文化修养相对较低的非汉族文人排斥于杂剧作者之外。

从题材处理上看，元人杂剧有一个很显著的特点，那就是所有的剧本，几乎都是历史剧。这些历史性的题材，有的出于前代的古典作品，有的出于作者臆造，有的则分明是当时的真人真事，也要将其时代倒退若干年，给剧中人物戴上古代的衣冠。这种题材上偏重历史化处理的特点，自然有一些传统习惯的影响。例如早在中唐，白居易《长恨歌》明明歌咏当代人事，开篇却说："汉皇重色思倾国，御宇多年求不得。"但更重要的是作家基于当时的政治现实而采取的一种自我保护措施。《元史·刑法志》上载明："诸乱制词曲为讥议者，流。""诸妄撰词曲诬人以犯上恶言者，处死。"这一类严苛的律条，对作家的创作态度与题材处理方式也不能不产生一些影响。于是，作家们不约而同地发掘具有现实意义的历史题材，加以扩充、改编，就成了一种比较明智的做法。关汉卿《包待制智斩鲁斋郎》是以北宋包拯的故事为内容；马致远《江州司马青衫泪》取材于白居易《琵琶行》；王实甫《崔莺莺待月西厢记》取材自元稹《莺莺传》；马致远《破幽梦孤雁汉宫秋》根据的是昭君出塞的故事；白朴《唐明皇秋夜梧桐雨》写的是唐玄宗李隆基与贵妃杨玉环的恋爱悲剧；《黑旋风双献功》是高文秀所写的宋代梁山泊故事系列之一；郑光祖《迷青琐倩女离魂》是根据唐代陈玄祐的小说《离魂记》改写的；宫天挺《死生交范张鸡黍》则以东汉时代范式和张劭的真诚友谊为题材。从这一点上说，元代杂剧作家堪称是古为今用的典范。

《包待制智斩鲁斋郎》是关汉卿的代表作之一，也是元代公案剧的代表作之一。关汉卿是元代最杰出的杂剧作家，元代曲家钟嗣成在其所编《录鬼簿》这部最早的元剧目录中，将关汉卿列为“前辈已死名公才人有所编传奇行于世者”的第一人。关汉卿一生的大多数时间，是在花街柳巷、行院勾阑中混过去的。他自己宣称：“我是个普天下郎君领袖，盖世界浪子班头。”“我玩的是梁园月，饮的是东京酒，赏的是洛阳花，扳的是章台柳。我也会吟诗，会篆籀，会弹丝，会品竹。我也会唱鹧鸪，舞垂手，会打围，会蹴鞠，会围棋，会双陆。”（〔南吕·一枝花〕《不伏老》）这使他得以充分接触下层社会，广泛了解市井生活。同时，他还会演剧，“躬践排场，面敷粉墨，以为我家生活，偶倡优而不辞”（臧懋循《元曲选序》）。这使他获得了丰富的舞台经验，因而也使他的戏剧创作更加当行本色，具有结构紧凑、排场妥贴、冲突尖锐、观赏性强等特点和优点。关汉卿一生创作了六十多个剧本，由于多产，各本之间水平也难免有高下之分。现存十余种剧作，涉及的题材相当广阔多样。许多剧本揭示了当时所存在的尖锐的社会矛盾和社会问题：如《包待制智斩鲁斋郎》所涉及的清官与污吏问题，《感天动地窦娥冤》所涉及的冤狱问题，《赵盼儿风月救风尘》所提出的士人与商贾的矛盾问题，等等。

《包待制智斩鲁斋郎》写的是权豪势要鲁斋郎屡次强占民妻，结果被清官包公用计斩杀的故事。包公是古代作家和人民一致肯定和崇敬的清官的典型，在现在流传的元人剧作中，写包公故事的作品就不下十个。这反映了处于黑暗与压迫之中的人民对清廉政治的期盼。在剧本中，皇帝往往被粉饰为超阶级的存在，而包公的力量的根源也被描写为由上而下的。在李行道的《包待制智勘灰阑记》中，包公曾有一段自述：“老夫立心清正，持操坚刚，每皇皇于国家，耻营营于财利。……谢圣恩可怜，官拜龙图待制、天章阁学士，正授南衙开封府府尹之职。敕赐势剑金牌，体察滥官污吏，与百姓伸冤理枉，容老夫先斩后奏。以此，权豪势要之家，闻老夫之名，尽皆敛手；凶暴奸邪之辈，见老夫之影，无不寒心。”在最后关头，包公往往搬出皇帝圣旨、尚方宝剑，这是当时政治的需要，也是斗争的策略。因为包公的敌人是恶毒、强大的，因此，剧作家就设计了一些机智的计谋，使包公得以巧妙地战胜敌人，从而也相应产生了剧中曲折的情节。这既反映了人民的愿望和他们对客观现实的理解，更增强了剧本的戏剧性。因此，这里所提到的两部包公戏的标题中都有一个“智”字，也绝不是偶然的。在《包待制智斩鲁斋郎》中，包公故意向皇帝面奏有一个叫鱼齐即的人，霸占人家妻女，残害良民，无恶不作，从而获得圣旨同意判斩。然后，在“鱼”字下添“日”，“齐”（齊）字下添“小”，“即”字上添一点，“鱼齐（齊）即”转眼变成了“鲁斋（齋）郎”。最后，皇帝也不得不承认这种人“合该斩首”，肯定了包公的为民除害。包公所采取的其实是先骗取圣旨、再篡改圣旨的做法，这样一种美丽而幼稚的幻想，在现实中显然未必可行。但在这种幻想当中，确实寄托了作家和人民的美好愿望，希望高高在上的皇帝能够主持正义，希望正义得到伸张邪恶受到惩处，希望官吏都能像包公那样不畏强权，以至不惜冒欺君罔上的罪名。这种想象和愿望体现了人民在那个时代的悲哀和无奈。

关汉卿在《包待制智斩鲁斋郎》中，设计了罪恶的鲁斋郎终于伏法、被害人银匠李四和张珪的家庭得以保全的圆满结局。在《望江亭中秋切鲙旦》中，他又描写了一个姬妾出身的谭记儿依靠自己的勇敢机智，使得权豪势要杨衙内的卑鄙阴谋未能得逞，从而保全了自己的婚姻和爱情的故事，富有喜剧的特色。但实际上，他对现实政治并不总是这么乐观，他清醒地意识到现实中更多的是残酷和绝望。《感天动地窦娥冤》的故事原型出自《汉书·于定国传》和《搜神记》卷十一《东海孝妇》。《于定国传》的着眼点在于表彰于公善于断狱，故事的主角是于公；《东海孝妇》意在说明“神道之不诬”（干宝《搜神记序》）；而关汉卿《窦娥冤》则一把拨开清官这一封建法治的遮羞障扇，而揭露出一个血淋淋的天大冤狱。贫寒士子窦天章因为借了蔡婆二十两银子的高利贷，无法归还，被迫将自己的女儿窦娥抵给她做儿媳妇。成亲不到两年，蔡婆的儿子又死掉了。有一次，蔡婆去向赛卢医讨债，债主还不出，就要勒死她，恰巧被张驴儿父子救下。这两个市井无赖恃恩搬入蔡婆家里，要硬娶蔡氏婆媳为妻，被窦娥坚决拒绝了。张驴儿便想趁蔡婆患病，先将她毒死，再来制服窦娥。哪知放下毒药的羊肚汤却误被张驴儿的父亲吃了，顿时毒发身亡。张驴儿就告到官里，而断案的是自称“我做官人胜别人，告状来的要金银。若是上司当刷卷，在家推病不出门”的昏庸的楚州太守桃杌。在酷刑拷打之下，窦娥并没有屈服；最后，为了让年老的婆婆不受同样的酷刑，富有孝心和爱心的她终于屈服了。这些细节都增加了全剧的悲剧气氛。

在悲剧的高潮，窦娥冤苦悲愤至极，“一腔怨气喷如火”，被刑之前，她发下了三大誓愿：血溅八尺旗枪；六月飞雪；楚州亢旱三年。后来，这三个誓愿一一应验了，更显得“皇天也肯从人愿”，而“官吏每无心正法，使百姓有口难言”，显得窦娥“委实的冤情不浅”。这三个荒诞的誓愿及其应验，反映了封建司法十倍的荒诞无理。最后，由于窦娥的托梦，她的做了廉访使的父亲出来平反了这一冤狱，使罪人受到了应有的裁判，使正义得到了伸张。这一结局显然带有很大的偶然性，但它反映了人民的愿望，更反映了这种愿望的脆弱性。另外，《感天动地窦娥冤》中塑造的诸人物形象也是值得注意的。士子窦天章父女的穷苦无靠、高利贷者蔡婆的软弱势利、赛卢医的市井庸医形象、张驴儿父子的流氓无赖嘴脸、窦娥的由苦难造就的刚强而又富于牺牲精神的反抗性格，代表了当时城市中的几个不同阶层以及他们的境遇。

元代读书人的社会地位的普遍下降，与豪商大贾的社会地位随着商品经济和都市的发展普遍上升形成了鲜明的对照。在《赵盼儿风月救风尘》中，关汉卿提出了这个当时社会中普遍存在的问题。事实上，从宋以来，作家面对这一对矛盾的现实存在，就以各种文体加以表现，使之成为文学作品中常见的主题之一。王实甫《苏小卿月夜贩茶船》就是一个具有典型性的故事。由于经济力量的差异，商人逐步排斥了士人在社会和生活中原占的某些位置，甚至剥夺了他们的恋爱机会。这正如王晔在其散曲《题双渐小卿问答》中所写的“书生俊俏却无钱，茶客村虔倒有缘”（《凌波仙》），或者如双渐的情敌茶商冯魁所坦白指出的，“双通叔你自才学，我揣与娘通行钞。他掂了咱传世宝，看谁能够凤友鸾交”（同上）。在元杂剧中，由于作家几乎都是不得意的读书人，因此，他们在处理这个题材的时候，自然要注入自己的情感和想象。他们笔下的妓女往往羡慕风雅，品格高尚，很有节操，士子则往往多才多艺，有情有义，俊俏温柔，以此来贬抑商人，加重商人用金钱收购爱情的罪恶。这类作品中所铸造的有情人终成眷属的美满结局,对在现实中屡遭挫折失败的读书人不失为一个安慰。

但现实却未必皆如这些剧中所安排的,即使在《赵盼儿风月救风尘》中,关汉卿所写的妓女宋引章,也是自愿嫁给豪富之家出身的纨绔子弟周舍的,因为他同时也是一个有钱的人。她全然不听热心肠而又精通人情世故的妓女赵盼儿的劝阻,结果周舍虚情假意,宋引章受骗上当,大吃苦头。幸亏热心而机智的盼儿相助,骗得了周舍的一纸休书,宋引章才和真心爱她的秀才安秀实结合了起来。剧本塑造了泼辣讲义气的赵盼儿和天真幼稚的宋引章这两个性格互为对照的人物形象,揭示了妓女们悲惨的命运和深刻的精神痛苦。剧末安排的宋、安二人终成眷属的结局,显然寄托了读书人的一种理想,但这一故事本身也反映出当时妇女们所受的封建礼教的束缚还没有放松,而商业资本已透过金钱使爱情沾上它的铜臭味来了。元杂剧中的爱情故事大都围绕商人(势利、金钱)和礼教这两个方面展开。马致远《江州司马青衫泪》与关汉卿《赵盼儿风月救风尘》同属于前者;王实甫《崔莺莺待月西厢记》和白朴《裴少俊墙头马上》则属于后者,同样以歌颂反封建礼教的爱情为主题。

王实甫和关汉卿、马致远、白朴是大都时代的四大剧作家。崔莺莺和张生的恋爱故事自中唐以来就深受人们喜爱。王实甫《崔莺莺待月西厢记》突破了杂剧中以四折加上楔子成为一本以写一个故事的成规,而创造性地以具有连续性的五本杂剧来写这段完整的浪漫故事。同时,他也突破了每折只让一人独唱的成规,在必要时,使一折中可以有两个角色歌唱。这些革新对扩展杂剧的表现力具有重要意义。另一方面,作者充实了董解元《西厢记诸宫调》中所已经塑造出来的人物,赋予他们以更鲜明的性格,更美丽的生命。同时,他几乎完全摆脱了封建礼教对于恋爱婚姻的支配,而以“情”为号召,提出了“有情人终成眷属”这样一个口号,这实际上道出了当时观众的心声,是对新兴的市民群众的恋爱观的总结,堪称是《西厢记》的重要思想突破。作者把握这一主导思想,使剧中代表封建礼教的老夫人屈服,使代表旧式父母之命媒妁之言的婚姻制度、却不甘心失败屈服的郑恒死亡。这是王实甫对这一老题材的新开拓。

在描写崔、张二人一见钟情时,作者调动了一些让人类灵魂的最底层都受到震撼的笔墨，唤起了观众和读者对崔、张的同情，使大家认为他们的相爱是完全应当的。而在张生退了贼兵，夫人却悔了成约之后，作者又以十分哀怨的诗句，替莺莺传达了她的痛苦心情。在红娘的支持和协助之下，张生、莺莺用实际行动粉碎了礼教的枷锁，有情人终成眷属。由于老夫人发现了他俩的私情，新旧两种恋爱观之间的冲突达到表面化。红娘在其中也起了重要作用。她积极主动、理直气壮，给崔、张二人以精神鼓舞和实际帮助，终于迫使老夫人鼻子碰了墙，不得不拐弯。后来，当郑恒来夺婚时，和他作正面斗争的也是红娘。当郑恒倚仗自己的出身卖弄富贵，并嘲笑张生是个穷书生时，红娘痛快地驳斥他："你道是官人则合做官人，信口喷，不本分。你道穷民到老是穷民，却不道将相出寒门?"(《圣药王》)这不仅反映了市民的道德观点，也反映了他们的人生观。正是由于这个恋爱喜剧根据市民群众的思想立场作过改编，于是产生了红娘这一身份低微却闪闪发光的角色，作者赋予她机智、勇敢、明朗的性格，使她成为舞台上最活跃的人物。从元稹手里的崔莺莺到王实甫笔下的红娘，可以看到这个故事中女性形象的丰富和成长过程，也可以看到故事的思想境界不断提高的过程。

马致远《破幽梦孤雁汉宫秋》和白朴《唐明皇秋夜梧桐雨》写的是汉唐深宫中发生的两段爱情故事，被公认为两个作家的代表作。《破幽梦孤雁汉宫秋》写的是汉元帝与宫女王昭君的恋爱悲剧，而《唐明皇秋夜梧桐雨》写的则是唐玄宗和杨贵妃之间的恋爱悲剧。汉元帝和唐玄宗这两个君主本身失德，而致遗祸家国，最终只能通过牺牲一个弱女子来维护自己的统治，原来是很难教人同情的，但在马致远和白朴的剧作中，他们却被处理成两个沉痛的忏悔者，处理成爱情悲剧的男主角，以此博得人们的好感，成为受欢迎的舞台形象。这是因为，一方面，时间的激流已经淡化了他们的君主身份，也冲淡了历史对他们的谴责，而更突出了悲情故事的哀婉憾恨。政治如过眼烟云，爱情传说却代代常新。另一方面，剧作所描写的那种因恋爱悲剧而极端痛苦的心情，在心理和艺术上都具有普遍意义，不仅给市民们带来艺术的感动，也增加了他们追求爱情自由的勇气，给他们以精神上的支援。总的来说，沉重的宫闱政治题材在作家笔下已作了轻松化、市井化的处理，并被套进才子佳人戏剧的模式；君妃关系也促使作家大肆点缀风流绮丽，纵笔描写其间的旖旎情趣，发抒悲凉的叹慨。

在描写因爱情悲剧而引起的心理痛苦方面，这两个剧本都深情动人。例如在王昭君出塞时，汉元帝唱道：

〔七弟兄〕说甚么大王不当恋王嫱，兀良！怎禁他临去也回头望？那堪这散风雪旌节影悠扬，动关山鼓角声悲壮？

〔梅花酒〕呀，俺向着这迥野悲凉，草已添黄，色早迎霜，犬褪得毛苍，人搠起缨枪，马负着行装，车运着餱粮，打猎起围场。他、他、他伤心辞汉主，我、我、我携手上河梁。他部从入穷荒，我銮舆返咸阳。返咸阳，过宫墙；过宫墙，绕回廊；绕回廊，近椒房；近椒房，月昏黄；月昏黄，夜生凉；夜生凉，泣寒螿；泣寒螿，绿纱窗；绿纱窗，不思量？

〔收江南〕呀！不思量，除是铁心肠。铁心肠，也愁滴泪千行。美人图今夜挂昭阳，我那里供养，便是我高烧银烛照红妆。

〔梅花酒〕一段歌唱，词句曲折往复，层层进逼，修辞上别具匠心，音韵上亦有悲旷苍凉之致。而唐玄宗听雨的歌辞则是：

〔蛮姑儿〕懊恼，窨约，惊我来的又不是楼头过雁、砌下寒蛩、檐前玉马、架上金鸡，是兀那窗儿外梧桐上雨潇潇。一声声洒残叶，一点点滴寒梢，会把愁人定虐。

〔滚绣球〕这雨呀，又不是救旱苗，润枯草。洒开花萼，谁望道秋雨如膏？向青翠条、碧玉梢，碎声儿㓟剥，增百十倍歇和芭蕉。子管里珠连玉散飘千颗，平白地瀽瓮番盆下一宵，惹的人心焦。

〔叨叨令〕一会价紧呵，似玉盘中万颗珍珠落；一会价响呵，似玳筵前几簇笙歌闹；一会价清呵，似翠岩头一派寒泉瀑；一会价猛呵，似绣旗下数面征鼙操。兀的不恼杀人也么哥，兀的不恼杀人也么哥，则被他诸般儿雨声相聒噪。

这些富有情感的曲文所显示的现场气氛、人物性格，就是它们最吸引人的地方。从这里，我们体会到的显然不只是帝王深宫里的愁怨，而是天下所有失恋人的共同心曲。

基于元代剧作家创作中使用历史题材的习惯，南宋以来已经见于文学作品的梁山故事，就很自然地被许多人采用，而且得到了创造性的发展，这使后来伟大的小说家施耐庵写《水浒传》时，获得一些方便。在这些剧本中，作者都以其不可掩饰的心情，赞赏着这一些杀富济贫的英雄好汉。在马致远的《都孔目风雨还牢末》里，宋江念的下场诗是："俺梁山泊远近驰名，要替天行道公平。忠义堂施呈气概，结交尽四海豪英。"更妙的是无名氏的《争报恩三虎下山》。作者通过济州通判夫人李千娇的口说："我一向闻得宋江一伙，只杀滥官污吏，并不杀孝子节妇，以此天下驰名，都叫他做呼保义宋公明。"还居然让李千娇半夜烧香为宋江等好汉祷告。这当然有些夸张，但它说明了，在充满不平的社会里，梁山泊好汉和开封府的包青天是人们的两大希望。

故乡就在梁山泊所在的山东东平的剧作家高文秀生卒年不详，在他短暂的一生中就写了八个关于黑旋风李逵的剧本，称得上是元代作家中写梁山泊故事的专家。他写的水浒戏，占现在我们所能知道的全部元剧中这类剧本数量的三分之一弱，占他个人创作数量的四分之一弱。可惜他的这些剧本至今仅存《黑旋风双献功》一种。孔目孙荣要和妻子郭念儿去泰安烧香，到梁山请李逵做护臂。谁知白衙内与念儿有奸，便事先约好，在半路里将她拐走了。剧本写出了孙孔目的动摇、店小二的畏缩，更写出了李逵的勇烈性格。孙孔目想通过告状讨回公道，结果正碰上借坐衙门的白衙内，被下在死囚牢里，险些丧了性命。这种借坐衙门的现象并不是作家的臆造，而是当时现实的反映。它甚至有一个专门名词，称为"乔坐衙"。《元史・王磐传》就有西域大贾"恃势干官府，直来坐厅事，指挥自若"的记载。《策丹传》也载有："时有以驸马为江浙行省丞相者，其宦竖恃公主势，坐杭州达噜噶齐位，令有司强买民间物，不从，辄殴之。"最后，李逵用智谋放走了关在死牢里的孙孔目，又用武力杀死了奸夫淫妇，替孙孔目报仇雪怨，伸张了正义。这个故事说明，清官并不常有，告状在那个时代也没有多大意义，有时候梁山泊好汉比起开封府更能解决实际问题；同时也说明了元剧作家常常借古讽今，历史题材的杂剧往往有现实寓意。值得注意的是，高文秀笔下的李逵，不仅勇猛，而且机智多才艺，赋诗、斗鸡之类的把戏也样样精通。而在康进之《李逵负荆》中，李逵则是一个嫉恶如仇而又勇于认错、个性澄澈透明的好汉。可见，在元杂剧中，李逵的形象还没有固定于后来人们所熟悉的那个程式。

14 世纪以后，杂剧的发展进入了后期，其创作的中心南移到杭州。这一时期最重要的作家作品有郑光祖（生卒年不详）《迷青琐倩女离魂》、乔吉《玉箫女两世姻缘》、宫天挺（1260？—1329？）《死生交范张鸡黍》等。郑光祖和乔吉的两本剧作都是以恋爱为主题的。前者写的是张倩女生魂离窍，随着丈夫王文举入京应试的故事。后者写的是妓女韩玉箫和韦皋热恋，由于韦皋应考做官，耽搁太久，玉箫含恨而死，转世投胎，仍然嫁给了她的爱人。超现实的写法，浪漫的想象，是这两本剧作的共同特点。这种艺术处理也有利于显示封建制度下妇女们争取爱情幸福的强烈决心，连死亡也无法阻隔她们的心。同时，这些作品也反映了杂剧中心南移以后，由本色逐渐走向文华的语言风格。如倩女因离魂而生病时所唱的：

〔迎仙客〕日长也，愁更长，红稀也，信尤稀；春归也，奄然人未归。我则道相别也数十年，我则道相隔着几万里，为数归期，则那竹院里刻遍琅玕翠。

〔红绣鞋〕去时节杨柳西风落日，如今又过了梨花暮雨寒食。则兀那龟儿卦无定准，枉央及喜蛛儿难凭信，灵鹊不诚实，灯花儿何太喜？

〔普天乐〕想鬼病最关心，似宿酒迷春睡。绕晴雪杨花陌上，趁东风燕子楼西。抛闪杀我年少人，辜负了这韶华日。早是离愁添萦系，更那堪景物狼藉。愁心惊一声鸟啼，薄命趁一春事已，香魂逐一片花飞。

又如《两世姻缘》中韩玉箫临死前作自画像时所唱的：

〔金菊香〕怕不待几番落笔强施呈，争奈一段伤心画不能。腮斗上泪痕粉渍定，没颜色鬓乱钗横，和我这眼皮眉黛欠分明。

〔柳叶儿〕兀的不寂寞了菱花妆镜，自觑了自害心疼。将一片志诚心写入了冰绡帧，这一篇相思令寄与多情，道是人憔悴不似丹青。

这些诗句典雅丽密，细致而准确地刻画了女主角性格的特征，而在语言风格的文人化方面，则显示了一种新的发展倾向。这是与元散曲中前后两期风格不同相对应的。这种倾向到了明代传奇剧作家汤显祖等人的剧作中表现得更加突出。

宫天挺的《死生交范张鸡黍》虽然以东汉时代范式和张劭的真诚友谊为题材，但其用意却在为自己、为自己所生活的时代中的士子们发泄在黑暗政治中没有出路的悲哀。《录鬼簿》中称宫天挺“历学官，除钓台书院山长，为权豪所中，事获辨明，亦不见用”。这个剧本可能就是从作者的生活实感、从遭遇不平的愤激情绪中产生的。如下面这一段：

〔寄生草〕将凤凰池挡了前路，麒麟阁顶杀后门。便有那汉相如献赋难求进，贾长沙痛哭谁偢问，董仲舒对策无公论；便有那公孙弘撞不开招文馆内虎牢关，司马迁打不破编修院里长蛇阵。

〔幺篇〕口边厢奶腥也犹未落，顶门上胎发也尚自存，生下来便落在那爷羹娘饭长生运，正行着兄先弟后财帛运，又交着夫荣妻贵催官运。你拼着十年家富小儿娇，也少不得一朝马死黄金尽。

〔六幺序〕您父子每轮替着当朝贵，倒班儿居要津，则欺瞒着帝子王孙。猛力如轮，诡计如神，谁识您那一伙害军民聚敛之臣。现如今那栋梁材平地上刚三寸。你说波，怎支撑那万里乾坤。都是些装肥羊法酒人皮囤。一个个智无四两，肉重千斤。

这样的气愤和咒骂，反映了读书人对社会严重不公的极大愤慨。

元代杂剧中也有一些游戏调笑的成分，但总的说来，现实主义仍然是它的主要倾向。而高度艺术化的语言，又使得剧中人物形象栩栩如生。

但是在形式上，元杂剧仍然存在若干缺陷。由诸宫调的影响所形成的每一场只能由一人主唱的制度，妨碍了主角以外的人物性格的深入开掘。每本四折的固定程式，也妨碍了情节的充分展开。此外，诸如结构不够完整，故事近于捏合，过分追求戏剧性而导致情节发展不够自然真实，更是元人杂剧的通病。这一切，都有赖于戏剧本身的发展及其艺术的进一步提高。

第二十三章　由戏文到传奇

杂剧和戏文：南北两种戏剧文学的消长　南北合腔合套与传奇的产生　宋元南曲戏文三种　戏文向传奇的过渡：高明《琵琶记》和《荆》、《刘》、《拜》、《杀》　明初戏曲的偏向　昆腔登场与16世纪中叶戏曲复兴　从《浣纱记》到临川、吴江二派　万历时代戏曲的全盛：汤显祖的“临川四梦”及其他　清初传奇的两部杰作

从1127年到1279年之间一百五十多年，即从宋室南渡至蒙元统一中国，中国大地被人为地割裂为两个互相敌对的政治区域。这一时期的古典戏曲，由于语言、音乐以及其他文化因素的差异，形成了南北两个剧种，即北方的杂剧和南方的戏文，它们各自在不同的道路上发展着。元朝统一中国之后不久，杂剧和戏文的发展又有了新的趋势。

南北两种戏剧文学的消长，在一定程度上反映了当时的南北政治态势的变迁。随着金元二朝的力量的扩张，北曲盛而南曲衰；又随着它们力量的减弱，南曲盛而北曲衰。宋元南戏除了下面将要叙述的几个重要作品外，绝大多数都已散佚。从现存的《永乐大典戏文三种》及其他剧作的一些佚文来看，它们比起同时期的杂剧来，艺术成就显得比较低。其中部分原因是这些宋元戏文多半出自民间，也流行于民间，缺少有才能的作家对之进行艺术加工，亦即缺乏所谓“名人题咏”。这既有碍于它们的提高，

也使得它们更容易散佚。而元代杂剧则吸引了较多才华突出的作家从事创作加工,在这个时期内取得了较大的成就。

大体上说,在元代以前,南北两个剧种之间还没有发生密切的关系,南北合腔是直到元代中叶才开始的。但这一趋向到了戏文又趋发达的元末明初,就十分显著了。为了与杂剧竞争,戏文吸取了杂剧的某些特点,主要是在音乐方面融合了北曲,不仅在一套之中有南有北,形成南北合腔,而且在一个剧本之中,也加入整套的北曲,形成南北合套。这样,音乐从无宫调发展到有宫调,音乐系统也趋于谨严,于是戏文就发展为传奇。

传奇这个明清时代古典戏曲的主要形式,一方面是以宋元时代南曲戏文为主,融合北曲杂剧的某些成分而形成的;另一方面,它本身也适应舞台艺术的发展需要,做了一系列革新和调整。例如:最初,舞台上只演整本戏,而不是在一个剧本中挑出若干精彩部分来上演。到了明代,由于物质条件的改善,舞台装置、剧团组织等方面有了更多保障,剧本的篇幅也由原来的可长可短而趋向于长篇巨制。在这种情况下,也就同时产生了仅仅演出全部剧本中某些精彩片断的习惯。于是传奇就固定地分成若干出,分别加以标目,以便选择。又如:元人杂剧在每一个剧本的最后,都附有两句或四句“题目正名”;宋元戏文在每一个剧本的最前面,也附有四句“题目”;其内容都是说明作品的题材和主题,因此,语句中都藏有剧本的名称。同时,这种“题目正名”或“题目”是写在纸上,悬挂于剧场,类似今天的海报或节目单和说明书之类的东西,而不是剧本的有机组成部分。到了明代的传奇,既分了出,又有了出目,题目就失去了存在的必要,因而转变为传奇第一出中的下场诗。第一出通常称为“标目”,一般用以说明创作缘起和剧情梗概,是从南戏中的家门发展而来的,故也称为“家门引子”。总之,在戏剧艺术上,传奇对于宋金元时代的古剧来说,乃是一个推陈出新的发展。

完整而未经后人改动的宋元时代的南曲戏文,目前仅存《张协状元》、《小孙屠》、《宦门弟子错立身》等三种。它们是明成祖永乐元年至五年(1403—1407)间修撰的按韵字编排的大型类书《永乐大典》“戏”字韵所收戏文三十三种中的仅存部分。这三种戏文中,《张协状元》写成的年代较早，一般认为产生于南宋；其他两种已经采用南北合腔，表明是元代中叶以来的作品。它们都是杭州书会中的才人为供给路歧人在勾阑中搬演而创作的，不仅在形式上保存了戏文的原始面貌，在内容上也反映了一些当时人民在生活中所关心的问题。《张协状元》基本上是一个“赵贞女蔡二郎”型的故事。《小孙屠》写的是孙必达娶妓女李琼梅为妻，琼梅与一个官吏私通，被必达弟必贵（外号小孙屠）揭破。兄弟二人都被奸夫淫妇陷害，几乎送命，后来才获得昭雪。两篇作品同样鞭挞了生活中的丑恶和黑暗。

特别值得注意的是《宦门弟子错立身》这本短戏。完颜同知的儿子延寿马本来是“宦门之裔”、“富豪之后”，因为迷恋散乐王金榜，竟然自愿去做行院人家的女婿，“一意随他去，情愿为路岐，管甚么抹土搽灰，折莫擂鼓吹笛，点拗收拾。更温习几本杂剧，问甚么妆孤扮末诸般会，更那堪会跳索扑旂。只得同欢共乐同鸳被，冲州撞府，求衣觅食”（《六么令》）。完颜同知得知后，拆散了这对恋人，并将王金榜一家赶走。延寿马居然实践了自己的诺言，赶上了王金榜，做了他家的女婿。后来，两个年轻人在一个偶然的机会里遇到了完颜同知，获得了他的宽恕，团圆而归。

这个故事在某些地方有些像唐代传奇小说《李娃传》和元代杂剧家石君宝据之改编的《李亚仙诗酒临江池》。但这两部作品中的荥阳公子或郑元和是被迫才去行乞的，并不曾为了爱情而情愿脱离自己的家庭，抛弃自己的地位。延寿马则将男女的相爱看得比其他一切更高，认为这才是婚姻的主要条件，这种爱情至上的观点冲破了封建正统观念的樊篱，是新兴的城市平民意识的体现。剧中塑造的这两个主要人物，女子单纯而坚定，男子热烈而执著。剧本中也有很优美的唱词，如王金榜一家被赶走以后，在路上唱的一支曲子，就是富有诗意的。它不但细致地描绘了旅途风景，而且通过各人对于自然的感受，显示了彼此不同的内心世界。

与同一时期的北曲杂剧相比，这些宋元南戏还显得较为稚拙。直到元末高明《琵琶记》出现以后，南曲戏文中才有了在艺术上足以与北曲抗衡的作品。这一部与北曲《西厢记》齐名的杰作，和元末明初的另外一些剧作如《荆钗记》、《刘知远白兔记》、《拜月亭》、《杀狗记》四种剧作都是由戏文走向传奇的过渡阶段的产物，“乐府家推此数种，以为高压群流……

盖以其指事通情，能与人说话相似，不假词采绚饰，自然成韵。”（《曲海总目提要》）

高明《琵琶记》是根据民间流行的南戏《赵贞女蔡二郎》改编的。据《南词叙录》，民间原本的情节是“伯喈弃亲背妇，为暴雷震死”。在《琵琶记》中，蔡伯喈的三不孝（生不能养，死不能葬，葬不能祭）变成了三不从（辞试不从，辞婚不从，辞官不从），他的入京应考、再婚牛氏、为官不归，都不是出自本心，因而也就没有责任。于是原来不忠不孝的人，变成了全忠全孝的人；原先的悲剧，换成了大团圆的结局。

高明虽然对民间原本的情节和结局作了很大改动，但在赵五娘、蔡伯喈这两个人物形象的塑造上，他还是比较尊重生活的逻辑和真实的。第二十一出《糟糠自厌》中“吃糠”场面是全剧中最动人的一幕。显然，吃糠是对赵五娘现实处境的苦难痛切的反映，而“糠”这一意象左右逢源，在这一幕中叠映出多层意义：糟糠之妻隐喻赵五娘的身份，糠米分离比喻她的旷离，贱如糠秕则象征了她的悲惨命运。赵五娘贤慧善良、忍辱负重的性格在这一幕中得到了充分的体现。对于蔡伯喈这个人物形象，剧本也没有简单化地处理。当他背亲弃妇、再婚牛氏、入居相府，生活在温柔富贵之乡时，他在思想感情上也不是毫无犹豫和斗争。有时，他也不免思念父母和原配妻子，想到“这壁厢，咱是个不撑达害羞乔相识；那壁厢，咱是个不睹亲负心的薄幸郎”（第二十四出《宦邸忧思》）。但遇到功名富贵和父母妻子不能兼顾的时候，他最后选择了个人的功名富贵，“只要保全金榜挂名时，他事急且相随”了（第三十出《几言谏父》）。这就写出了这个人物的动摇和自私，使其形象显得更为真实可信。

《荆钗记》传系元人柯丹邱所作，《拜月亭》传系元人施惠所作，《刘知远白兔记》则出于元代无名氏之手，《杀狗记》一说系元人萧德祥所作。这些作品大体上都有旧本和改本的区别，今传本多是明人的改写本，如《杀狗记》明代徐晒、冯梦龙等人就作过改编。从这种改动中，也能窥见戏文演进而为传奇的若干痕迹。这些作品当初还不是案头的读物，而是剧场的脚本，它会随着艺术本身的需要和观众的要求而有所改动，这是必然的。以《白兔记》为例，汲古阁本（《六十种曲》本同）和富春堂本虽然情节上还大致相同，其他方面却差别甚大，几乎是两个作品。《拜月亭》将爱情故事和悲欢离合置于动乱时世的大背景中，展现了较广阔的生活面，具有较深刻的意义，刻画人物也比较成功，在上述四部剧本中成就是最高的。此外，无名氏的《苏武牧羊记》也是元末南戏中一部值得重视的作品。它比较成功地刻画了苏武这个人物形象，歌颂了他宁死不屈的民族气节，弘扬了爱国主义的思想，从元末到清代数百年间，这个剧本一直在剧场搬演不衰。

总体上说，从戏文到传奇的发展，一方面是格律从自由趋于严整，另一方面是语言由本色而趋于文雅。于是，这种野生的艺术就逐渐上升为都市艺术以至于宫廷艺术，作家也由民间书会的才人逐步换成了士大夫。明初，统治者在加强专制统治的同时，也对戏曲艺术施加了种种严厉限制。洪武二十二年(1389)，明太祖朱元璋下旨：在京军官军人但有学唱戏曲者，作割舌惩处。永乐九年(1411)，明成祖朱棣也批准了曹润等人请求“今后人民倡优装扮杂剧，除依律，神仙道扮、义夫节妇、孝子顺孙、劝人为善及欢乐太平者不禁外，但有亵渎帝王圣贤之词曲、驾头、杂剧，非律所该载者，敢有收藏、传诵、印卖，一时拿送法司究治”的奏议，并下旨：“但这等词曲，出榜后，限他五日都要干净将赴官烧毁了；敢有收藏的，全家杀了。”(明顾起元《客座赘语》卷十“国初榜文”条)另一方面，统治阶级又极力以自己的思想和美学观点来影响当时的戏曲。于是，从洪武到嘉靖(1368—1566)之间两百年，真正的戏曲杰作绝少，而一批充满迂腐的道学气息、迎合封建政治需要的剧作则应运而生。例如，邱濬(1420—1495)的《伍伦全备忠孝记》连篇累牍是封建道德纲常礼教的宣传，当时的批评家就已经斥为“纯是措大书袋子语，陈腐臭烂，令人呕秽。”(徐复祚《三家村老曲谈》)邵璨的《香囊记》追随前者，更加上“大套丽语藻句，刺眼夺魂”，结果是“愈藻丽愈远本色”(同上)。戏曲创作中的这种被徐渭讥为“以八股作南曲”(《南词叙录》)的道德化、陈腐化的倾向，是这一时期剧作中相当普遍的现象。

直到16世纪中叶以后，这种状况才有了转机，出现了一些“丽语藻句”而较有真情实感的作品。同时，一种富于魅力的传奇新腔——昆腔也在16世纪后半期登上歌坛。苏州昆山籍的音乐家魏良辅以元末以来流行于昆山地区的昆山腔为基础,加以变革,并融会吸收了当时比较流行的南曲中的弋阳腔、海盐腔和北曲中的某些声腔,推出了昆腔这种以“流丽悠远”(《南词叙录》)、“清柔而婉折”(《客座赘语》卷九“戏剧”条)为特色的新腔。戏剧家梁辰鱼首先利用这种改良的新腔,创作了《浣纱记》一剧,旋即广为流传。梁辰鱼声誉鹊起,以致“为一时词家所宗。艳歌清引,传播戚里间。白金文绮、异香名马、奇伎淫巧之赠,络绎于途。歌儿舞女,不见伯龙(梁辰鱼字),自以为不祥也。”(徐又陵《蜗亭杂订》)《浣纱记》的演出和成功,使昆腔更加盛行,昆腔的盛行又反过来推动了其后戏剧创作的发展。

《浣纱记》在当时能够风靡一时,主要是因为它较为充分地体现了南曲中的这一新腔的特点,发挥了它的长处。在艺术上,它“罗织富丽,局面甚大”(吕天成《曲品》),语言十分华美,堪称是曲中骈俪派的代表作之一,但也存在“关目散缓,无骨无筋”(《三家村老委谈》),也就是笔力纤弱、结构松散的弊病。在思想内容上,剧本较为正确地处理了个人幸福与祖国利益之间的矛盾。作者首先描写了越国大夫范蠡和浣纱女子西施一见倾心的爱情。越国被吴国击败以后,他们为了替祖国复仇,情愿牺牲自己的幸福,让西施到吴王那里行使美人计,藉以保存濒于灭亡的祖国。在越国终于胜利以后,他们才重新团圆,功成身退,飘然隐去。剧中最主要的人物西施的形象塑造得也比较成功。第三十四出《思忆》,细致地刻画了西施身处吴宫、关心祖国、怀念家人的痛苦而复杂的心情,婉曲动人。在以男性为中心的社会里,西施和王昭君一样,以一个弱女子而能够承担祖国的深重灾难,因而就一直为作家所歌咏,为人民所同情。

昆腔和以昆腔歌唱的《浣纱记》的出现,是明代戏曲繁荣时代到来的先声。明神宗万历(1573—1620)时代,吴江沈璟和临川汤显祖(1550—1616)各自以其独特的成就,照耀了艺坛。吴江、临川二家的作风趣味颇有不同,由此形成了当时戏曲创作中的两个派别。王骥德《曲律》曾十分扼要地指出了他们之间的区别:“临川之于吴江,故自冰炭。吴江守法,斤斤三尺,不欲令一字乖律,而毫锋殊拙。临川尚趣,直是横行,组织之工,与天孙争巧，而屈曲聱牙，多使歌者齚舌。”大概来讲，吴江派强调音律，注重戏曲的娱乐性，语言比较浅近，思想内容上也不免凡俗，而临川派则强调意趣，注重戏曲的抒情性，语言讲究文采，思想内容上也较有个性。沈璟曾经把汤显祖的杰作《牡丹亭》中某些不合音律的字句加以修改，汤显祖颇不以为然，写信给人说：“彼恶知曲意哉？余意所至，不妨拗折天下人嗓子。”（事载《曲律》）吴江重律，临川重意，对于在戏曲创作中音乐与文学哪一方面更为重要的问题，两家的看法显然有很大分歧。同时，汤显祖的观点也说明，在那个时候，某些优秀剧本已经取得了独立的戏剧文学的地位，因而，即使它们仅仅是“案头之书”而非“台上之曲”，也不能贬低其价值。

沈、汤二家在当时齐名，但从文学史的角度来看，沈璟的地位远不如汤显祖。汤显祖的剧作，除了《牡丹亭还魂记》（简称《牡丹亭》）以外，都是根据唐人传奇小说创作的，即根据蒋防《霍小玉传》创作的《紫箫记》（后来改写成《紫钗记》），根据李公佐《南柯太守传》创作的《南柯记》，根据沈既济《枕中记》创作的《邯郸记》，合称“玉茗堂（汤显祖斋号）四记”或“临川四梦”。其中，前两种是其早年的创作，后两种则是其晚年的作品。

在政治生活中，汤显祖是一个不肯随波逐流的人。他曾拒绝过宰相张居正的延揽，抗议过政府“信私人，塞言路”（钱谦益《列朝诗集小传》丁集中），指斥过当时官僚们“鬻狱市荐，以渔厚利”的“罔识廉耻”（《明史》本传）。这导致他被褫夺职位，家居二十年，穷老以死。对于当时黑暗政治的攻击，对于功名富贵的游离，这种人生态度也反映在他的作品的主题里。

概括说来，政治和爱情是汤显祖剧作中的两大主题。《紫钗记》和《牡丹亭》主要是对爱情的歌颂，而《南柯记》及《邯郸记》则是对黑暗政治的攻击和对丑恶现实的游离。二者的共同目标在于透过针砭时弊，张扬合理的人性，追求美好的人生。吴梅先生曾经指出：“明之中叶，士大夫好谈性理，而多矫饰，科第利禄之见，深入骨髓。若士（汤显祖字）一切鄙弃，故假曼倩诙谐、东坡笑骂，为色庄中热者下一针砭。其自言：‘他人言性，我言情。’又曰：‘理之所必无，安知情之所必有。’……世之持买椟之见者，徒赏其节目之奇、词藻之丽，而鼠目寸光者，至诃为绮语，诅以泥犁，尤为可笑！”（《霜厓曲跋》）汤显祖高举“情”的旗帜，对束缚人性的封建道德、虚伪的道学和迂腐的礼教形成了巨大的冲击力，是应当充分肯定的。某些站在卫道立场的论客深为嫉恨，甚至恶毒诅咒汤显祖堕入地狱。

《牡丹亭》是汤显祖的代表作，也是一部歌唱青春、赞颂生命和爱情的伟大创作。它的素材来自话本小说《杜丽娘慕色还魂记》。汤显祖对原小说中的情节有所增删，使人物形象更加集中、鲜明、突出。陈最良和杜宝的形象塑造得都十分成功。腐儒陈最良作为深受八股毒害的塾师的典型，在作者笔下显得既可笑又可怜；杜丽娘之父杜宝政治上清廉正直，而道德观念上却陈旧顽固，也写得十分真实可信。中心人物杜丽娘的形象尤其血肉丰满。与《西厢记》中的崔莺莺相比，杜丽娘为争取自己的生命和爱情的幸福而作的斗争，也显得更加主动、机智、顽强，闪现出人性的光辉。如果说王实甫在《西厢记》中标榜的“情”，更多的指其社会人伦的内涵，那么，《牡丹亭》中的“情”，则直指正常的爱情和欲望，包括“食色性也”等正常的人性需要，从中我们可以看出时代进步的轨迹。

剧本深刻地解剖了一个人性从压抑到苏醒、爱情从禁锢到解放的过程，具有跨时代和超地域的意义。少女杜丽娘因为不愿意“如花美眷”在“似水流年”中虚度，在一个幸福的梦里遇到了少男柳梦梅，梦醒之后竟相思成疾，忧郁而死。三年后，柳梦梅来到她的坟场，拾到她的自画像，对之日夜祝祷，终于使杜丽娘复活了。因爱而死，为爱而生，在这部具有浓郁的浪漫气息和强烈的抒情色彩的剧作中，贯串了一条“情”的主线。汤显祖题词道：“如杜丽娘者，乃可谓之有情人耳。情不知所起，一往而深。生者可以死，死可以生。生而不可与死，死而不可复生者，皆非情之至也。梦中之情，何必非真？……自非通人，恒以理相格耳！第云理之所必无，安知情之所必有邪？”为了这一份“情”，主人公白日痴梦，出生入死，又起死回生，使戏剧的艺术表现更有振聋发聩的效果。

剧本的第十出《惊梦》“着意发挥怀春慕色之情，惊心动魄”（高奕《新传奇品》），是一幕美丽的戏剧场面，也是一篇上等的抒情诗歌，历来被称为中国戏剧文学中的经典段落。其中最为人传诵的片断是：

原来姹紫嫣红开遍，似这般都付与断井颓垣。良辰美景奈何天，赏心乐事谁家院？朝飞暮卷，云霞翠轩，雨丝风片，烟波画船，锦屏人忒看的这韶光贱。遍青山啼红了杜鹃，荼蘼外烟丝醉软。牡丹虽好，他春归怎占的先。闲凝眄，生生燕语明如翦，呖呖莺歌溜的圆。

园林春色实际上就是外面世界的缩影，美丽而短暂的春天一如青春，一如人生。一向封闭于深闺内院、桎梏于封建礼教之下的少女，初临此境，春心唤醒，感慨万端，"不到园林，怎知春色如许"，并惊叹"恁般景致，我老爷和奶奶再不提起"。惊喜之余，不免自怜自叹，因思成梦，因梦而引起以下的情节发展。作为一位浪漫诗人，汤显祖常在剧作中以梦作为重要的结构框架，并赋予一定的象征意义。《邯郸记》和《南柯记》中的梦是唐人传奇小说中原本就有的，《牡丹亭》中的梦则是汤显祖的独创。惊梦、寻梦、圆梦，梦在剧本结构中处于中心位置，象征对美好愿望的无拘束的追求，也赋予剧本以浪漫奇幻的色彩。

此外，《牡丹亭》还在广阔的画面上展开了对虚伪的封建伦理道德的讽刺和批判，把反封建的主题和要求个性解放的主题结合到一起，笔锋所及，也时而对时局投以隐讽婉刺，表达了作者的现实关怀。

在《紫箫记》和《紫钗记》中，汤显祖让李益和霍小玉获得了团圆的结局，这可能受了《西厢记》将原作《莺莺传》由悲剧改为喜剧的影响。这两部作品同样显示了汤显祖突出的抒情才华。《紫钗记》中的《折柳阳关》等出，也一直被认为是最美丽的诗篇而广为传诵。

《邯郸记》则通过对一些卑劣形象的辛辣讽刺，抨击了晚明官场的污浊和势利。在第二十五出"召还"中，作家描写了一个"长梦做个高官"的崖州司户。开始，他听说被贬崖州的卢生"与朝廷相知，还有钦取之日"，就"再也不为难他"。后来，卢生的仇敌宇文丞相要他害死卢生，并许以"不次重用"，他马上就变了脸。正当他对卢生施用非刑，还要"铁钳生头，火烙生足"的时候，恰好有朝命召卢生还朝，这只刚才还凶狠万分的变色龙又立即换上了一副谄媚的嘴脸。这就彻底暴露了这个无耻的小官僚的卑污灵魂。作品"备述人世险诈之情，是明季官场习气，足以考镜万历年间仕途之况”(吴梅《霜厓曲跋》)。正因为汤显祖看透了当时的人世险诈之情,因此,在《南柯记》中,他着重发挥了原著《南柯太守传》中的高蹈思想。在《南柯记》结尾的一首诗中,作家写道:“不须看尽鱼龙戏,浮世纷纷蚁子群”,这和原著结尾所载李肇的赞语:“贵极禄位,权倾国都。达人视此,蚁聚何殊?”在思想上是一脉相通的。这说明他对现实政治的态度在游离之外,还有消极的反抗。这也是万历时代的政治生态在作家思想上的反映。

万历时代是明代戏曲的全盛时代,更是传奇的繁盛时代。旧题王世贞(1526—1590)而更可能是出于无名氏之手的《鸣凤记》和孙仁孺的《东郭记》,都是万历时代出现的。元明时代的剧作,无论是杂剧、传奇,大多数都是以古代生活为题材,陈古以刺今。《鸣凤记》则突破了这一传统表现方式,以当代重大政治事件作题材,直接描写16世纪中叶忠臣夏言、杨继盛等人和奸臣严嵩、严世蕃父子等的斗争。它不仅对当时的腐朽政治有所揭露,而且比较成功地塑造了某些正面人物如杨继盛的形象。虽然全剧的结构缺乏重心,多数人物的性格不够鲜明,甚至思想迂腐,但其强烈的现实感和积极的主题在当时的剧作中却是很突出的。

和《鸣凤记》不同,《东郭记》是取材于《孟子·离娄下》中齐人有一妻一妾那一段著名的寓言,糅合《滕文公篇》中所记陈仲子之事等材料,在孟子的讽刺基础上加以发挥。这段寓言描绘出那些趋炎附势、上谄下骄的小人的丑陋嘴脸,讥刺尖锐,含义深刻,为历代作家所喜爱,并被改编为各种样式的文学作品。据孙仁孺自序,此剧作于万历四十六年(1618),也就是明朝亡国前二十六年。作者正是有感于“末世苟安,人多秽德”(《蕖猗室曲话》)的晚明政治现实,而借此寓言,传达讥弹。剧本中所刻画的齐人、淳于髡、王驩等人的卑劣无耻、唯利是图的下贱形象,在当时的官场中是具有典型意义的。在反面人物的描写中,作者发挥了自己独特的讽刺才能,同时,他也塑造了洁身自好的隐士陈仲子,两相对照,褒贬更加鲜明。在第八出中,作者借绵驹之口,以古喻今,对那些不讲行藏的书生、堪称民贼的官吏、尸位素餐的朝臣、古道不存的乡间,无不嬉笑怒骂,投以鄙夷。他希望人们能记取这段笑骂,并奉劝“客官果是个中人,只日后富贵时莫忘却唱曲的日子”。这也表露了作者的创作动机。

在明清之际动荡的几十年间，作家的戏剧创作呈现出两种不同的走向：阮大铖《燕子笺》、《春灯谜》等作品，模仿玉茗堂的作风，刻意追求精致的形式、雅丽的曲词，在语言形式上高度文人化，实际上与汤显祖貌同而心异；吴伟业的《秣陵春》传奇、《通天台》、《临春阁》杂剧，以及王夫之的《龙舟会》杂剧，则表达了深沉的亡国之痛和遗民之恨。同时，戏剧创作和舞台表演经过数百年的发展，在实践中已经获得、积累了相当丰富的经验，在理论上加以探讨和总结的时机到明清之际也已经成熟了。王骥德的《曲律》和李渔的《闲情偶寄》就是在这种背景下产生的。前者主要讨论戏曲渊源、流派、南北曲风格差异、宫调声韵以及戏剧创作方法等方面的问题，有分析有比较，是第一部具有完整体系的曲学专著。后者中有《词曲部》，专论戏剧创作方法，有《演习部》，专谈戏剧表演方法，比较深入细致地提出了关于这两方面的一些重要理论和法则。有些理论和法则直到今天仍能启发我们的思考。从历史上看，李渔的戏曲理论不仅总结了过往的戏曲历史，而且在一定程度上，指导和推动了此后两个世纪中的戏剧发展。

17 世纪下半段，以《长生殿》和《桃花扇》为代表，清代戏剧文学创作进入了一个丰收期。《长生殿》是洪昇(1645—1704)在 1679 年写的。它取材于众所周知的唐玄宗李隆基和贵妃杨玉环的恋爱故事。从中唐以来，这一故事在民间流传颇广，成为文人赋咏的常见题材，而小说家也据之附会增饰，形成了一个传说故事的系统，如唐代的《明皇杂录》、《安禄山事迹》、《开元天宝遗事》和宋代乐史《杨太真外传》等。宋元杂剧院本中更有十余种抒写李杨故事，白朴《梧桐雨》无疑是其中的佼佼者。这些作品中所体现出来的作家们对李、杨爱情的态度，往往是混杂着谴责与同情的复合体。一方面，他们的腐败和姑息是造成安史之乱的一个原因；另一方面，在安史之乱中，李、杨二人也确实受到了损害，杨贵妃还成了政治的牺牲品。洪昇作《长生殿》，前后“经十余年，三易稿而始成”(《例言》)。他对这一题材的处理，既尊重历史真实和生活真实，也尊重艺术的真实和传统的主题表现方法，在此基础上对细节加以调整或充实，对主题也作了更全面的发挥。

洪昇既着重戏剧的政治主题，更着重其爱情主题。在他笔下，李、杨二人既是政治角色，更是爱情主角。为了突出李、杨的中心地位，他淡化、改变或删除了一些不必要的情节故事和人物关系，“义取崇雅，情在写真”(《例言》)。作者集中笔墨，以大量篇幅，描写李、杨二人在生前死后的恋爱纠葛，一波三折，起伏跌宕。在第二出《定情》时，两人的关系还是比较浮浅的。第二十二出《密誓》，两人的感情发展到顶点。第二十四出《惊变》，形势急转直下，乐极生悲。此后的生离死别，则使爱情得到了考验而更坚定，人物形象也更为突出。对这一过程的描写，《长生殿》不仅比《长恨歌传》、也比《梧桐雨》更为委曲详尽。如果说，剧本的前半部(第二十五出之前)既有历史故事也有爱情故事，那么，后半部的重点显然转向了爱情故事。全剧正是以恋爱故事为中心，展开广阔的社会历史画面，揭示了当时社会的复杂矛盾以及各种政治力量之间错综复杂的关系，篇幅长大，规模和气势也相当宏大。

《长生殿》成功地塑造了李隆基、杨贵妃等人物典型。剧中的李隆基显然不能简单等同于历史上的唐玄宗。作者有意淡化了李隆基生平和生活背景中某些与表现爱情主题不和谐的成分，特别是在后半部中，皇宫和天子的身份更淡化成了故事的背景，李隆基也只像是个恋爱中失落悲伤的男人。第九出《复召》中写杨玉环被放出宫后李隆基烦躁易怒的心理，是真实可信的。《闻铃》、《哭像》、《雨梦》等出中，都有细腻的内心描写、委婉美丽的抒情，都有助于突出李隆基的个性形象。随着情节的进展和故事的展开，杨贵妃这一人物形象也在不断丰富发展。在不同阶段不同的戏剧环境中，她展现了自己性格形象的不同侧面，这些侧面的合理组合融会，便构成了立体的、丰满的杨贵妃形象。在剧本的前半部，为了专宠，她有嫉妒和刻薄的一面；在剧本的中间，她有悲惨和可怜的一面；在剧本的后半，她又有浪漫多情的一面。在《梧桐雨》的马嵬一幕中，杨贵妃向李隆基求救，李隆基则表示无奈，不知如何是好；在《长生殿》中，杨贵妃明知求救无济于事，在临死关头表示的只是爱人生离死别的恋恋不舍。这是李杨和解的基础，同时也是后来升仙团圆的前提。作者设置了杨贵妃死前礼佛忏悔的情节，也是基于这一目的。

除了李、杨，剧本还写到其他人物，反映了其他阶层的生活：靠裙带关系而位极人臣，骄横跋扈，“君王舅子三公位，宰相家人七品官”（《贿权》）的杨贵妃的哥哥杨国忠；“兽心假人面”、“窃神器上逆皇天”（《骂贼》）的安禄山；忠于祖国的郭子仪（《疑谶》）；在深重的灾难中顽强地生活下去的人民（《进果》），与淫逸奢侈的宫廷生活（《偷曲》、《舞盘》）形成鲜明对比。乐工雷海青是洪昇着意塑造的一个令人难忘的形象。他虽然未戴乌纱，身份卑贱，却不惜一死，敢于当面斥骂安禄山。作者有意将雷海青的气节与“那满朝文武，平日里高官厚禄，荫子封妻，享荣华，受富贵，哪一件不是朝廷恩典？如今却一个个贪生怕死，背义忘恩，争去投降不迭，只图安乐一时，那顾骂名千古”，“平日价张着口将忠孝谈，到临危翻着脸把富贵贪，早一齐儿摇尾受新衔，把一个君亲仇敌当作恩人感”（《骂贼》），作一个力透纸背的对比。这使人油然联想到明末剧变那一段记忆犹新的历史，联想到明末那些失节降敌的士大夫。作者在剧中特别强调安禄山叛乱的民族矛盾性质，异族的猖狂肆虐也使人联想到清兵对江南人民抗清的血腥镇压。这一类笔墨显然寄寓了作者对现实的感讽。

《长生殿》“措词协律，精严变化”（徐麟序），“爱文者喜其词，知音者赏其律”（吴人序），面世以后，各地竞相搬演，影响甚大。在《长生殿》出现二十年之后，即 1699 年，孔尚任（1648—1718）经过十余年经营，三易其稿，写出了可以与之媲美的《桃花扇》，孔尚任也因此得以与洪昇并称“南洪北孔”。

这两部剧本都以剧变中的时代为背景，同样都通过儿女之情的描写，展现波诡云谲的时代风云画卷。不同的是，首先，《长生殿》所写的是深宫内苑的爱情，较多涉及上层的政治斗争；《桃花扇》则写的是名士与名妓的爱情，较多涉及市井社会生活。其次，《长生殿》主于情，重传说，故虚幻多奇；《桃花扇》主于事，重历史，故所叙求实，“朝政得失，文人聚散，皆确考时地，全无假借。至于儿女钟情，宾客解嘲，虽稍有点染，亦非乌有子虚之比”（《桃花扇凡例》），所谓“实事实人，有凭有据”（《先声》）。作者还专门作《桃花扇考据》一篇，详细列举其文献依据。第三，《桃花扇》的故事不是发生于九百年前，而是近在五十年前，剧中时间起于 1643 年，迄于 1648 年，那正是明清之际风云动荡的大变乱时代。显然，它比《长生殿》更具有现实感。

正如作者自言，此剧“借离合之情，写兴亡之感”(《先声》)，“南朝兴亡，遂系之桃花扇底”(《桃花扇本末》)，感慨兴亡是本剧的重点。他以名士侯方域和名妓李香君的恋爱故事为纽带，以爱情为表，以政治为里，深刻而宽广地描写了民族矛盾和阶级矛盾异常尖锐复杂的明清之际的社会和时代：内部相互争权夺利，而又耽于选色征歌、苟且偷安的南明小朝廷，苦心维持政权而拼得一死的民族英雄史可法，具有正义感的士人代表陈贞慧、吴应箕等，那些身份卑微却又很有民族气节的市井人物柳敬亭、苏昆生等。而名妓李香君更是这些小人物的杰出代表。对这个被侮辱和被损害的秦淮名妓，孔尚任不仅赋予同情、理解，更大笔赞赏、歌颂。在李香君身上，对爱情的忠贞与祖国的忠贞，其精神本是相互贯通的。她虽然没有高贵的名分，却有着坚定的爱国立场和忠贞的爱情。她的出现和存在，她自始至终的坚强、正义和警惕，她的个性的光辉，不仅使南明昏君、奸臣自惭形秽，也使软弱动摇的侯方域黯然失色。李贞丽的庸俗、杨文骢的摇摆，还有阮大铖的阴险势利，在与李香君的对照中得到了突出的刻画。当阮大铖用卑鄙的手段诱惑侯方域的时候，她立刻表示了严正的态度，从而阻止侯方域走入歧途；当田仰要强娶她的时候，她以生命捍卫自己的爱情，不惜血溅扇面(后来，扇面上的血迹被加工成一幅折枝桃花，成为本剧的重要线索)；当被传去唱歌的时候，她竟当筵痛骂马士英、阮大铖等无耻官僚；最后，当她不幸被掠入南明昏君福王宫中，又从宫中逃出，终于见到侯方域时，她毅然割断情丝，出家修道。作家笔下的这个人物形象是相当完整的，这个小人物的命运与国家时代也息息相关，构成了剧本的主线。

《桃花扇》中出场的人物甚多，作者的安排有条不紊，并巧妙地以侯方域串起边镇和东林党人，以李香君串起城市和宫廷，关目安排灵活多变，针线细密，独辟境界。作者打破了传统戏剧以大团圆为结局的惯例，为几个正面人物安排了悲剧的结局：史可法跳江自杀，柳敬亭做了渔翁，苏昆生做了樵夫，侯方域和李香君在国破家亡以后，双双出家修道。这不仅是剧情的自然发展和表现悲剧主题的需要，也体现了那段历史中国破家亡的沧桑巨变。在孔尚任的时代，清政权已经巩固，作者仍然没有宽恕那些助敌为虐的降臣和噤若寒蝉的遗老，在剧本中斥责为“开国元勋留狗尾，换朝逸老缩龟头”(《余韵》)。这无疑是需要正义感和勇气的。

在剧本的最后一出《余韵》中，作者通过柳敬亭所唱的《秣陵秋》弹词和苏昆生所唱的《哀江南》套曲，强烈地宣泄了自己的亡国之痛，也集中体现了作者老辣苍凉的咏叹。《秣陵秋》是一篇写实的感慨兴亡的作品，把那些“俺们耳闻眼见的”，说得“一些不差”，“虽是几句弹词，竟似吴梅村一首长歌”。《哀江南》这一套曲子也见于与孔尚任同时的贾应宠(木皮散人)的《历代史略鼓词帽》和徐旭旦的《世经堂乐府》，因而未必出自孔尚任的手笔，但作家将其巧妙地融入于剧中，已经成为《桃花扇》的有机组成部分了。套曲的最后一支是《离亭宴带歇指煞》：

> 俺曾见金陵玉殿莺啼晓，秦淮水榭花开早，谁知道容易冰消！眼看他起朱楼，眼看他宴宾客，眼看他楼塌了。这青苔碧瓦堆，俺曾睡风流觉，将五十年兴亡看饱。那乌衣巷，不姓王；莫愁湖，鬼夜哭；凤凰台，栖枭鸟。残山梦最真，旧境丢难掉，不信这舆图换稿！诌一套《哀江南》，放悲声唱到老。

吊古伤今，集中体现了诗人世事无常、沧桑倏忽的感慨。这种感慨，也是全剧所抒发的感情的一个凝缩，是其主题的提炼和升华，增加了剧本深切动人的力量。确实如前人所说，此剧“慷慨悲歌，凄凉苦语。……读之而不堕泪者，其心必石，其眼必肉”(叶藩《桃花扇跋语》)。

在这两部杰作产生前后的两个世纪中，还产生过许多传奇，其中也有较好的，如吴伟业《秣陵春》、李玉《一捧雪》、《清忠谱》，但其成绩总的来说没有超过洪、孔二人。孔尚任《桃花扇》的语言虽然典雅精丽，但有时谨严有余而生动不足，已经显示出朝案头剧发展的趋势。从18世纪以后，这一倾向就更为明显，以越来越柔媚的昆腔来歌唱的传奇，也逐渐让位于从民间上升的另一种新的戏剧样式了。

第二十四章　四大长篇章回小说

章回小说释义　水浒故事的流行、成型　逼上梁山与替天行道　江湖社会里的正统政治格局　法度问题　江湖草莽生活与酒　市井生活画面与城市、妇人　英雄图谱与呼唤英雄　《三国演义》的成型　三国正统问题及其处理　诸葛亮、刘备、关羽、张飞、曹操、周瑜等形象分析　战争等大场面的描写与布局　通俗的文言　小说的多重文化意义　《西游记》故事的形成　孙悟空形象的生活依据：市井和江湖　唐僧形象及其作用　猪八戒形象分析　喜剧风格　童话《西游记》　《金瓶梅》西门庆及众多妇人、市井小人　市井风俗画与淫风金钱政治和市侩哲学　语言艺术、冷笔、热景　说部中之《七发》

元、明以来盛行的古典长篇小说的最典型的样式就是章回小说。其所以称为章回小说，是因为它在结构上，将整部小说的情节分为若干章，每章称为一回，将每一回的故事内容以一至两句（后来通常是两句）的七言（有时也用八言、六言，偶而还有五言、九言乃至四言）句子作题目来加以概括。以一句七言作小说的题目，可能渊源于宋代讲史艺人说话时的分回标题，现在可以见到的最早使用这一体裁的，则是北宋刘斧编的《青琐高议》和《青琐摭遗》。这两本笔记小说集中的故事，除了正标题，还用七言一句作副标题，如《流红记》这一篇故事又题“红叶题诗娶韩氏”之类。这一个办法，由于它明白清楚、引人入胜的优点，从元以来就为戏曲和话本小说所吸收。随着社会生活和小说艺术本身的发展，短篇的话本小说扩大成为长篇小说，分回标目，就更加重要了。由于每一回里所包含的情节日益复杂，一句话比较难以概括周全，于是，标目的形式也就由单句到双句，从参差不齐发展到整齐划一。同时，为求艺术上的精巧美观，这两句又往往以一副七言或八言对联的形式出现。例如《水浒传》的第一回就是《张天师祈禳瘟疫　洪太尉误走妖魔》（本章所论《水浒传》，据明万历间袁无涯刻百二十回本）；第二回的题目则是《王教头私走延安府　九纹龙大闹史家村》。这一小说艺术形式既具有鲜明的民族特色，又为广大人民所喜闻乐见，自其产生以来，世代沿用，以至于今。

14 世纪以来，在话本小说的基础上，逐渐出现了许多部长篇章回小说。它们的杰出代表，同时也标志着元、明两代作家在这一方面的最高成就的，是被称为四大奇书的《水浒传》、通称《三国演义》的《三国志通俗演义》、《西游记》和通称《金瓶梅》的《金瓶梅词话》。

《水浒传》写的是北宋末年梁山泊上一批反抗贪官污吏的江湖豪杰的英雄故事。这个故事虽然有一定的历史文献依据，如《宋史》中的《徽宗本纪》、《张叔夜传》，《东都事略》中的《侯蒙传》和《三朝北盟会编》中的《童贯别传》等，但其中的记载都是片言只语，极其简略，不足为凭。它主要是由南宋到元末明初这三百多年间，在民间逐步丰富发展起来的。在南宋时代，三十六个人物的姓名就已经出现，南宋遗民龚开就曾作《宋江等三十六人赞》来歌颂他们。后来，在故事流传的过程中，人物各自的性格也逐渐明确、成型，而越来越多的故事情节也不断附益其中，情节越来越复杂，规模也越来越大，人物从三十六人发展到一百零八人，篇幅随之得以扩充，而艺术创作和想象的成分也相应增加。具体来说，则在宋代的说话中已有一些零散的片断的水浒故事，在元人杂剧中，也有不少是以梁山泊故事为题材的，但有些故事情节彼此雷同，大多数人物的形象也欠分明。今天我们看到的各种本子的《水浒传》，则是作家们对几百年来的民间创作逐步综合和加工的结果，其中某些地方还依然可以看出民间说话的痕迹。书中最精彩的那些故事、刻画得最为成功的那些人物形象，基本上也就是流传最久、可以说是经过千锤百炼的作品。

《水浒传》旧题《江湖豪客传》，是施耐庵根据南宋以来流行的各种梁山泊故事集撰而成的，从根本上说，《水浒传》主要是一部英雄传说，而不是历史演义。它吸收了民间英雄传说和其他文体特别是杂剧创作的精华，更融入了作家本人的人生经验和艺术造诣，因此，其思想艺术内涵都有了较大提升。这也就是为什么《水浒传》中对江湖众相、对市井百态的描绘显得特别举重若轻的一个原因。

在施耐庵以后差不多三个世纪中，《水浒传》出现了许多不同的本子，说明作家们还在根据丰富的传说和自己的经验继续加工，其中包括罗贯中和其他人。直到17世纪前期，即明朝末年，出现了一百二十回本，增加了征田虎和征王庆的故事，《水浒传》的创作才算告一段落。明末清初，金圣叹又将一百二十回本的后半部删掉，改为七十回本。这个七十回本实际上包括了《水浒传》最主要的和最精彩的部分，而且在语言方面，也比其他版本洗炼统一一些，所以成为后来最通行的本子。但金圣叹删去了后来宋江被招安、为统治者效命立功、最后为统治者杀害等情节，并在第七十回中伪造了卢俊义的一个幽梦，一百零八条好汉在梦中尽被处斩。这不仅篡改了小说的结局，也严重损害了原书的主题，破坏了原书在艺术上的完整性。

在封建时代，像梁山好汉那样的江湖豪客是不见容于当政者的，尽管梁山泊上有聚义厅，后来又改名为忠义堂，以“义”为标榜，以替天行道为旗帜，这一类的英雄故事的叛逆色彩还是毋庸讳言的。在第四十二回中，作者特地设置了一个宋江遇九天玄女授三卷天书的情节，力图为这群叛逆者披上一层神秘的外衣，给他们寻找合法的掩护。书中多次表明，“如今世上，都是那大头巾弄得歹了”(第三十二回)，逼迫得豪杰义士们“有家难奔，有国难投”(第三十四回花荣语)。书中的每个江湖好汉，几乎都有一个被逼上梁山的经历，所谓官逼民反，民不得不反。连身为八十万禁军教头的林冲和世赐丹书铁券的周世宗嫡系后代柴进都身罹不白之冤，被迫走上造反的道路，其他人更不用说了。

事实上，梁山好汉不仅来自五湖四海，而且来自三教九流各种阶层，正如第七十一回的一篇赞语中所说“八方共域，异姓一家。……相貌语言，南北东西虽各别，心情肝胆，忠诚信义并无差。其人则有帝子神孙，富豪将吏，并三教九流，乃至猎户渔人，屠儿刽子，都一般儿哥弟称呼，不分贵贱……或笔舌，或刀枪，或奔驰，或偷骗，各有偏长，真是随才器使”。他们团结在“义”的旗帜之下，共同成就一番杀富济贫替天行道的事业。这里的“天”不是别的，指的正是大宋皇帝。确实，他们曾经寄希望于皇帝，寄厚望于清官能主持公道，但残酷的现实让他们的希望破灭了。他们被迫无奈，才走上啸聚山林的道路，自己来代表皇帝，代表政府，代表清官，承担他们不能完成的责任。这正是第十九回阮小五所唱歌中道的“酷吏赃官都杀尽，忠心报答赵官家”。甚至连梁山泊的组织，也在很大程度上受到封建政治格局的影响，是比照封建正统格局建立的江湖社会。在第四十一回里，率直的李逵曾大叫，“放着我们有许多军马，便造反，怕怎地！晁盖哥哥便做了大皇帝；宋江哥哥便做了小皇帝；吴先生做个丞相；公孙道士便做个国师；我们都做个将军；杀去东京，夺了鸟位，在那里快活，却不好！”虽然梁山泊没有实现他这个天真的理想，但在这个江湖社会中，我们确实可以看到，上下等级位次分明，各色好汉各司其职，俨然像政府中的各职能部门：总兵都头领二员有如皇帝和皇后，军师二员有如宰相和参知政事，马军、步军、水军一应齐全，行刑、赏罚、钱粮也莫不有专人负责，组织严格，井然有序。正因为各种角色齐全，所以，梁山泊好汉要假扮官军或官府要员及其仪从时易如反掌。事实上，这也正是他们常用的出其不意克敌制胜的奇计之一。

作为一个前所未有的有秩序、讲法度的江湖社会，梁山泊反映了在缺乏公平正义和安全保障的社会里人们对法度和秩序的向往。封建社会中即使有一些法律条文，也往往被贪官污吏们所践踏破坏，这些英雄好汉们倒往往循规蹈矩，虽然他们并没有因此而得到公正的待遇。小说中多次提到“法度”问题。第三十三回里，花荣大骂刘高“乱行法度，无所不为”；第三十六回写花荣要为宋江开枷，却被宋江以“此是国家法度，如何敢擅动”的理由加以拒绝；第四十六回中，石秀劝杨雄莫要莽撞行事时，也说：“你既是公门勾当的人，如何不知法度?”可见，他们并不否定整个封建制度，而且，从终极立场上说，他们与作为这一制度象征的皇帝以及积极维护这个制度的清官廉吏是一致的。只反贪官，不反皇帝，这就是梁山好汉终于接受招安的根源。

庙堂法度与江湖草莽在很大程度上是矛盾的。江湖行径的纵情任性，总要与本来就未必公正的法度产生矛盾冲突。无论好汉们立下多少汗马功劳，也终究不为统治者信任。于是，在身经百战九死一生之后，他们还是被视为眼中钉肉中刺，统治者千方百计必欲除之而后快。一百零八条好汉们的悲剧归宿，说明了宋江等人对于当时政治黑暗社会腐败还没有足够深刻的认识，也揭露了统治者的阴险和残忍。在统治者身上寄予希望，只能带来更大的失望。

《水浒传》交织着江湖草莽与市井生活的两幅社会风俗画面。出没江湖和流落市井，正是这一批绿林好汉的两大活动场所。在江湖上，他们或者啸聚山林，打家劫舍，占山为王，落草为寇，或者路见不平，拔刀相助。他们各有一身的本领和满腔的江湖义气，在很大程度上，江湖义气较之武艺本身更受人重视，更能为他们挣下声名。很多时候，他们就是靠名而生活、为名而存在着的。这些栩栩如生的人物形象，连同他们那些富有个性的绰号，包含了在小说形成的长期过程中人们对江湖人物的认识和这一类生活经验的总结，并对从清代迄于当代新武侠小说的后代侠义小说特别是长篇小说产生了深远的影响。剪径、蒙汗药之类的江湖行径，仗义疏财的豪爽性格，四海之内皆兄弟的侠义心肠等，处处显示了《水浒传》在侠义小说的历史上所具有的承先启后的重要位置。

在江湖好汉故事展开的过程中，特别值得一提的是酒。酒既是梁山好汉们生活中的重要伴侣，在很多章回中，更是激发小说情节戏剧性转变的关键媒介。第十六回《吴用智取生辰纲》，酒是重要的道具；第二十三回《景阳冈武松打虎》凭的是酒力；第二十九回则是《武松醉打蒋门神》；第三十九回《浔阳楼宋江吟反诗》，也是因醉酒而发生。武松痛打蒋门神之前，曾对施恩说：“你怕我醉了没本事？我却是没酒没本事。带一分酒便有一分本事,五分酒五分本事。我若吃了十分酒,这气力不知从何而来!”那快活林酒店酒旗上写着“醉里乾坤大”,“壶中日月长”,正好道出了这帮江湖豪杰们的心声。只有在醉中,才能有胆有势,才敢于敞开英雄的胸襟,蔑视“法度”,肆意作为。酒激发了英雄的激情和胆量,也使书中的有关场景带上浪漫的诗意。

小说中所展现的市井风俗画面,与《三言》、《二拍》中的短篇小说异曲同工。小说中对于社会生活的描绘,显示了强烈的风俗画的色彩。酒肆茶楼、元宵节俗、婚丧嫁娶、佛寺道观等,在这一广阔的画卷中都有所展示。大体上说,梁山好汉向往的是江湖草莽的生活环境,广渺的江湖更适合他们粗豪的本性,他们在其中感到自由自在,无所拘束。而在熙攘繁华的世俗的市井,他们的身份和价值往往受到严重的挑战,以致面临败亡的危机。市井之中固然也不乏义夫节妇、孝子顺孙、安分的良民、清慎的官吏,但数量不多而能量不小的贪官污吏、市井小人、收受贿赂上下其手的衙役公差、把持诉讼的强人,也无处不有。这使得小说中所描写的市井往往弥漫着一种势利庸俗的气息,江湖好汉们对此极端厌恶,但也时常感到失落、无奈,体验到英雄气短。本质上,这种描写代表了乡村农民和城市中某些不得志的文士官吏(这也正是梁山好汉的最主要的组成成分)对新兴城市的离弃乃至否定的情感倾向。这从小说所描绘的几个市井妇女画像中也能得到佐证。

基本上,《水浒传》是一部男性的小说,书中讲的都是男子汉英雄豪杰的故事,那是跟儿女情、脂粉气不沾边的。梁山好汉中也有少数几员女将,比如母夜叉孙二娘、母大虫顾大嫂、一丈青扈三娘等,但都不是书中最主要的角色,作者对其个性形象的塑造也并不十分着力。就其行事风格及性格特征来说,这几个女英雄可以说已相当男性化。她们能完全和谐地融入这个男性化的江湖社会里,就是有力的证明。她们本身的性别色彩既然已经如此淡化,那么,如果要在《水浒传》中找寻女性人物形象的代表,这几位显然不是最合适的人选。相反,倒是一些淫妇的形象使人印象深刻。淫妇奸夫往往一同出现,例如阎婆惜与张三,潘金莲与西门庆,潘巧云与和尚裴如海,卢俊义妻贾氏与李固。此外,还有九纹龙史进的旧相好娼妓李瑞兰和刘高的恭人。从整个小说的观点看来，这些女人几乎个个毫无见识，贪图眼前的物欲享受，有眼不识英雄好汉，浑身散发着浓厚的势利庸俗的市井气息。对英雄好汉来说，她们简直如同祸水，沾惹不得。宋江、武松、石秀、杨雄、卢俊义、史进、花荣等人都因为她们而吃了不少苦头，甚至几乎丧命。在第三十二回里，宋江笑矮脚虎王英"要贪女色，不是好汉的勾当"，这显然不是一句普通的调侃之言，而是他经历磨难之后得出的惨痛教训。从总体上看，《水浒传》所塑造的女性形象当然不及《三言》、《二拍》全面，所体现的女性观也有些偏激，这一点在《金瓶梅》等小说中仍可看出其影响。

《水浒传》是一卷各色性格的江湖豪客的英雄图谱，"或精灵，或粗卤，或村朴，或风流"(第七十一回)，纷然杂陈。突出的性格描写，细致的故事结构，明朗朴素的语言，使故事情节起伏跌宕，叙述节奏也变化多样。花和尚鲁智深、豹子头林冲、青面兽杨志、行者武松、黑旋风李逵是书中创造得最成功、最有光彩的几个英雄形象。他们都是武艺高强、敢作敢为的好汉，但性情又颇不相同。鲁智深性格急躁、嫉恶如仇；林冲忍辱负重、直至仇恨之火勃发；杨志清高自负，而怀才不遇；武松使酒任性，而不免带些无赖气；李逵行事鲁莽，而真率可爱。在第二十三回《景阳冈武松打虎》中，武松初时不信有虎，只是盲勇；到遇见猛虎之时，身处绝境之中，才焕发出真勇；最后精疲力竭，再看到猎人装成的假虎时，却不禁惊吓起来，叙事一波三折，曲折动人，真实感极强。第三回《鲁提辖拳打镇关西》写鲁智深先是极端蔑视镇关西，及至三拳打死镇关西，又怕受官司牵扯，就假装不知而快速离开，可谓粗中有细，勇而有智。透过人物的行动，主人公的性情跃然纸上。这一类的片断在小说中随时可见，它们的叙述堪称是古典小说中的典范。

在南宋以来的几百年间，梁山泊故事一直深受人民的喜爱。其中的原因，除了江湖景观的传奇色彩和精彩动人的故事本身具有持久的吸引力以外，与宋元两朝的社会和政治局势也有密切的关系。宋朝的积弱到南宋变本加厉，分裂的国土无望统一，被动挨打的政治弱势愈演愈烈，直至南宋覆亡。人民心中希望有这样一批英雄横空出世，创造统一祖国、重建汉族政权的奇迹。于是，在小说中，梁山英雄被赋予征辽凯旋的光荣使命。另一方面，南宋元朝政治的黑暗，也使许多士人灰心、痛心；明朝士大夫的失节堕落元气斫丧，更使有识之士痛心疾首；这些情绪在小说中也有所抒发。因此，小说中描写的虽然是北宋末年的污浊的官场和混乱的社会，其实也包含创作者对其所处时代的影射。从这一方面说，《水浒传》表达了12世纪以来人民对于刚健雄猛、义勇双全的英雄品格的呼唤，对于“死生相托，患难相扶”（第七十一回）的理想人格的追寻。这一基调实际上在前七十回中就已牢固奠定，后来的情节发展并没有对此产生多大影响，其中大部分都似乎无足轻重了。

《三国演义》的成型也有一段漫长的历史过程。它经过了民间传说、艺人讲唱和作家加工等三个阶段。晚唐诗人李商隐曾在《骄儿诗》中，描写他的孩子调皮地把父亲的朋友比作张飞、邓艾：“门有长者来，造次请先出。客前问所须，含意不吐实。归来学客面，闵败秉爷笏。或谑张飞胡，或笑邓艾吃。”可见早在9世纪中，三国故事就已经在民间流传了。苏轼《东坡志林》卷一也说：“王彭尝云‘涂巷中小儿薄劣，其家所厌苦，辄与钱，令聚坐听说古话。至说三国事，闻刘玄德败，频蹙，有出涕者；闻曹操败，即喜，唱快。以是知君子小人之泽，百世不斩’。”据孟元老《东京梦华录》卷五记载，北宋末年的瓦舍说话，“说三分”即讲三国故事的已经有了专家。这些文献记载都说明，《三国演义》的故事基础和人们对《三国演义》中的人物的评价，早在11世纪就已基本上奠定了。

三国故事进入文字记录阶段，至迟在北宋时代。宋人讲说三国故事，也应当有话本，可惜至今都已亡佚。从金院本到元杂剧，都有关于三国故事题材的剧本。元杂剧中这类剧本有近二十种，其内容绝大多数和今传《三国演义》相同。而更重要的是，在元朝至正（1341—1368）年间出现了新安虞氏刊刻的《全相三国志平话》。书由上下两阑组成，上阑是图画，下阑是文字，形式上近似于连环图画。此书在艺术上还比较幼稚，情节荒诞无稽，人名、地名、官制等多错讹，语法疏忽之处也不少。这些缺点是由于书在民间流传、未经文人加工而致。实际上，后来的经过文人加工的《三国演义》传本亦未完全杜绝这些瑕疵。

在元、明之间，罗贯中对社会上流传的三国故事加以改编，或增或删，使之符合于史传，加强其历史的真实性；同时，也对之进行了艺术加工，增强其艺术感染力。本书题为《三国志通俗演义》，署“晋平阳侯陈寿史传，后学罗贯中编次”。这说明罗贯中十分重视历史的真实。到了清初，毛宗岗又对罗贯中的本子作了一些修正，就成了现在所通行的《三国演义》。

《三国演义》是属于讲史系统的作品。中华民族自古以来就是一个富有历史观念、尊重历史传统的民族，史传文学一向很发达，而基本上根据史实来叙述的讲史小说——一般所谓通俗演义也很盛行。讲史的写作要兼顾历史真实与艺术真实，既不能完全受客观历史真实的制约，所能驰骋的想象空间也有一定局限。鲁迅先生论《五代史平话》时曾说：“大抵史上大事，即无发挥，一涉细故，便多增饰。”（《中国小说史略》第十二篇《宋之话本》）这正是包括《三国演义》在内的讲史演义的共同特点。和《水浒传》一样，《三国演义》也是在漫长的世代里，凝聚了无数人的生活经验和艺术经验而形成的，在“大事”和“细故”、虚与实的巧妙融合上，在其他方面，都显示了其不可企及的成就。

反映着这部作品所产生的社会中的矛盾以及作家世界观中的矛盾，《三国演义》本身也体现着复杂的矛盾。首先是魏、蜀、吴三国在当时孰为正统的问题。早在西晋时代，史学家陈寿著《三国志》之时，是以曹魏为正统的。对于生长蜀国的陈寿来说，这实在有些迫不得已。因为西晋继承了曹魏的天下，否定了魏的正统，就等于否定了西晋的正统。而到了东晋时代，史学家习凿齿著《汉晋春秋》，就改以蜀汉为正统。因为东晋时代，北方中原地区已为异族统治者所占据。东晋虽然偏安江东，但它显然是西晋正统的继承者，这就有如蜀汉虽然僻居西蜀，仍然自认为汉朝政权的继承者一样。如果认为偏安西蜀的蜀汉不是正统，那就无异于认为东晋不是正统。与此同时，同样偏安江东的孙吴政权即使在东晋时代也未被视为正统。可见，正统的认定并不主要以历史或地理的因素为依据，而是更多地考虑政治传统、现实需要以及种族等方面的问题。北宋时代，司马光著《资治通鉴》，以魏为正统；而到了南宋，朱熹的《通鉴纲目》又改以蜀汉为正统，也是基于同样的原因。从南宋以来，由于异族侵略的灾难不断加深，而在与异族政权的对峙中，汉族政权往往在军事上处于劣势，正如在三国中实力处于下风的蜀汉一样，这样，以蜀汉为三国时代的正统，也逐渐形成了一个传统，广大汉族人民更借此传统表达自己的爱国主义和民族思想。罗贯中生当元、明之交，他在《三国演义》中黜曹操为篡汉的奸臣，而拥戴自称皇室中山靖王刘胜之后、当今皇上之叔的刘备，其拥刘反曹、以蜀汉为正统的立场是十分明确的。这样处理既体现了南宋以来对此问题的传统态度，也在一定程度上反映了当时人民维护正统同情弱者的愿望，符合他们的利益。

在尊重客观历史事实的创作理念与尊蜀汉为正统的主观政治感情之间，罗贯中显然面临着矛盾。在大的事实和结局方面，他不能违背或改变历史；而在小的细节，甚至人物形象的塑造方面，他就比较灵活自如了。一般说来，作家在人物形象的塑造中，势必要流露出自己的感情倾向，《三国演义》也概莫能外。罗贯中维护蜀汉正统的立场和感情，也贯彻于人物评价及形象塑造之中。他在这方面的成功"歪曲"，致使读者的感情天平也随之倾斜，并陷入与作者相似的主客观矛盾之中。因而，许多人读过《三国演义》之后，都会遗憾并且纳闷：既然蜀汉拥有英明的君主、智慧的丞相和无敌于天下的五虎上将，为什么仍然以失败告终？

扶刘抗曹的蜀汉丞相诸葛亮，其形象的本质是忠贞和智慧的高度结合，在小说中，他的形象显然有被拔高乃至被神化之嫌。这一倾向由来已久。一方面，封建统治阶级将"鞠躬尽瘁，死而后已"的诸葛亮作为忠臣的榜样，加以宣传，给予充分肯定。另一方面，普通民众既崇敬这个贤明的丞相，又同情国势最为弱小的蜀汉，乃将他视为智慧和谋略的化身，在他身上集中糅合了许多人民的智慧，也寄托了人民的善良的愿望和美好的想象，期望借由诸葛亮过人的智慧和谋略，支持蜀国兴复汉室江山，完成统一大业。这一点早在元人杂剧如描写周瑜诸葛亮斗智的《两军师隔江斗智》中就已显示出来，越到后来就越为明显，以至于在小说的巧借东风等场次中，诸葛亮简直不是一个正常的聪明人的化身，而近似于搬弄神怪邪术的妖道。纵观整部小说，有关诸葛亮巧计智谋的片断往往比较引人入胜，而描写诸葛亮北伐失败以及星陨五丈原等场面，也格外哀感动人。

这也是作者最着力之处。然而,历史往往是不以人的意志为转移的,三国的最终结局也并不顺从人们的一厢情愿。于是,小说只好将其归之于天意,归之于宿命,归之于某些不可把握不可理喻的因素。《三国演义》中的某些迷信描写,大体上都有这一类的心理背景。

诸葛亮无疑是整部小说描写中最着力、也是最重要的人物形象。实际上,不仅对诸葛亮,在对其他人物形象的塑造上,也有偏重和偏爱蜀汉的倾向。刘备宽厚待人,礼贤下士,因而深孚民望,小说第四十一回《刘玄德携民渡江》中就提供了一些这一方面的细节。他重视人才,并善于识拔贤士,加以任用,第三十七回《刘玄德三顾草庐》中对此有生动的描写。不过,刘备的个性中也有优柔寡断、寡人之仁的一面,有时显得平庸,甚至虚伪,过度美化反致失真。但总的说来,他仍不失为一个开国的英主,是值得辅佐的。

如果说诸葛亮在《三国演义》中是“智”的象征,刘备在小说中是“仁”的代表,那么,关羽在小说中就是“义”的化身。“义”其实是贯穿小说始终的一个重要文化内涵,而关羽更是这一文化价值的最高最集中的体现者。他的一举一动,几乎都是与“义”这一品质相伴随的。小说一开幕,就是人所艳称的刘备、关羽、张飞“宴桃园豪杰三结义”。“逃难江湖”的义士关羽,与“贩屦织席为业”的皇族刘备以及“卖酒屠猪”的张飞义结金兰,宣誓“不求同年同月同日生,只愿同年同月同日死”,并终生维持了这种关系。这种结义,体现了封建社会中中小生产者所向往的那种纯朴的社会关系和古朴的宗法感情。关羽这个形象正是中国漫长的封建社会中这种牢固的宗法网络的产物,由于它植根于文化传统的丰厚土壤之中,有充分的合理性和存在根据,因而这一形象至今仍有其独特的魅力,而以“华容道捉放曹”为代表的关公戏,至今仍是舞台上常演不衰的保留节目。小说第五十回《关云长义释曹操》也是作者完成关羽形象塑造的关键一幕,是关羽性格中的“义”发展的顶峰,“义”字显然是这一节的点睛之笔。关羽形象中“义”的夺目光芒,甚至遮盖了他个性中的其他方面的一些缺点,例如骄傲、狂妄、盲目、自大等等。而正是这些缺点,严重损害了蜀汉的政治事业,并导致了关羽最终的失败和死亡。尽管如此,关羽的形象依然深入人心，至今民间直至海外华人社群中盛行的对关公(包括关帝庙之兴建、关帝圣之称呼)的祭祀崇拜，在很大程度上即与三国故事的流传有关。

虎将张飞是一面“勇”的旗帜，他鲁莽直率，性格刚烈，爱憎分明。小说第二回写《张翼德怒鞭督邮》，就是体现张飞个性形象的一个精彩镜头。在第二十八回的古城会，更显示了他的高度原则性，他的粗中有细。在蜀汉大将之中，与张飞同样英勇善战，并且在个性上形成对照的还有赵云、马超和老将黄忠等，但他们的个性形象显然都不及张飞鲜明突出。

除此之外，小说中成功塑造的人物还相当多，其中，曹操和周瑜二人特别值得一提。在小说中，曹操是个阴险狡诈、疑忌心极重的奸雄的典型。但作者并没有将这一反面形象平面化、简单化，也没有用漫画的笔法来处理，而是充分揭示出他性格的多面性和复杂性。一方面，他狡猾自私，奉行“宁教我负天下人，休教天下人负我”的人生信条；另一方面，他又多才多艺，知人善任，雄心勃勃地要开创统一天下的大业。周瑜则年轻英俊，足智多谋，同时又心高气傲，气量狭小，终于害了自己。实际上，历史上真实的曹操和周瑜与小说中的艺术形象颇有一段距离。小说如此塑造他们的形象，一方面固然是为了突出人物的个性，而有所夸张，有所畸重；另一方面，也是为了以曹操的奸诈、疑忌反衬刘备的礼贤下士、仁义忠厚，以周瑜的刚愎自用衬托诸葛亮的宽怀雅量。以个性相似的人物互相映衬，以性格相反的人物彼此对照，正是小说所惯用的手法，也是其成功地塑造众多人物形象的秘诀之一。在特定的情节进程中，曹操、周瑜、司马懿等人都曾经是诸葛亮的陪衬，或者说彼此陪衬。这一类陪衬对比中寓有作者的褒贬扬抑，也再次表现了小说审美感情的总体倾向。

不可否认，《三国演义》中有许多描写极其精彩的场面，特别是关于战争场面的描写，堪称古典小说中的经典片段。小说中所描写的各种大小战役难以计数，官渡之战、火烧新野、长坂坡、赤壁大战、战长沙、濡须之战、彝陵之战、七擒孟获、六出祁山，等等，无不绘声绘色，绝不雷同。小说不仅在展开赤壁鏖兵那样壮阔的战争画卷时，能够举重若轻，娓娓叙来，条理井然，笔墨集中，有张有弛，富有节奏；在处理日常生活场景时，也善于从中把握政治斗争的微妙局势，写得丝丝入扣。例如，第二十一回《曹操煮酒论英雄》，就以针锋相对的写法，刻画出两个人物的不同性格。狡猾的曹操那时已经做了丞相，“挟天子以令诸侯”，因此，他虽然总在提防刘备，有时却不免得意忘形，暴露出深藏的心机。刘备正在不得志之时，更要处心积虑地隐藏自己，一举一动，都用心眼，显得深沉而有策略。无论曹操说的话是有意还是无意，他都步步提防着。表面上的友谊和事实上的敌意，通过栩栩如生的对话以及失箸闻雷等动作细节的描写，构成了一幅令人玩味的图画。两个人的个性，连同他们的环境、心事，都透过这一场面巧妙地反映了出来。

“三顾茅庐”一场，则运用了先声夺人的笔法。诸葛亮还未露面，却仿佛到处可以见到他的影响，听到他的声音。小说先通过徐庶和司马徽二人的郑重推荐，以徐庶初露锋芒大败曹军的才干和司马徽的声名，来衬托出孔明非同凡响的才干；再以诸葛亮的友人如崔州平、石广元、孟公威等人，亲属如弟弟诸葛均、岳父黄承彦等人，层层铺垫，渲染烘托，铺垫越多，蓄势越足；同时又以关、张的躁狂反衬刘备的真诚。本来，刘备对徐庶、司马徽、崔州平乃至石广元、孟公威的诚恳态度，已足以印证其求贤若渴之心。作者又特地把三顾都安排在特殊的情境里，第一次是人不在，接待的童子也不大客气；第二次是大雪纷飞，冒寒前往；第三次则是在诸葛亮午睡之时，需要耐心等待。这显然是主人对客人诚意的考验，也可以说是作者有意识的安排。这些地方体现了作者在章法布局上的老到功夫。

此外，《三国演义》的语言，也有很值得一提的地方。它是用文言写的，可是这种文言又与古典诗文中通行的文言有所不同，它是长期在民间艺人话本中流传着的一种特殊形式。它极其广泛地吸收了口头语言，使自己达到了非常通俗化的程度，因而其使用范围，也达到了前所未有的最宽广的幅度。《三国演义》的语言极具个性，正是由于它充分发挥了文言作为一种叙事文体的表现能力，体现了这种具有漫长历史的书面语言的不同寻常的弹性和张力。再者，作为一部历史演义小说，很多地方需要直接剪裁使用《三国志》中的历史材料，使用浅近文言能够最方便地达到这一目的。作为一种以上层政治斗争和军事战争为主的历史叙述，使用这种与当代日常生活有一定距离的语言，也可以造成审美的距离，并营造一种古雅的气氛。

《三国演义》是一部杰出的历史小说，同时也是一部伟大的政治小说。它深刻而真实地表现了封建社会的内部斗争，以全部的篇幅直接地在非常广阔的范围内表现了政治斗争的主题。在不同集团你争我夺勾心斗角的斗争中，显示了封建社会内部矛盾的紧张、尖锐和复杂，也展现和总结了历代相传的各种政治和军事的谋略。从这一方面说，《三国演义》既是一部封建政治和军事的教科书，也是一部谋略大全。这些关于政治斗争及其策略的艺术描写，不仅给后人带来了美学趣味上的享受，也同时给人民带来心智的启迪。从统治阶级方面来说，他们希望《三国演义》维护正统的严正立场，以及书中众多的忠臣贤相的形象，有助于维护他们本身的统治，消除乱臣贼子们的篡逆之心。而实际上，在另一方面，它也指导并培育了人民在反抗封建暴政斗争中的策略和经验，其影响是相当显著的。正如黄人《小说小话》所载："张献忠、李自成及近世张格尔、洪秀全等初起，众皆乌合，羌无纪律。其后攻城略地，伏险设防，渐有机智……闻皆以《三国演义》中战案为玉帐唯一之秘本。"民间相传还有所谓"少不看《水浒》，老不看《三国》"或"男不看《三国》"一类的说法，大抵也是着眼于此。在当代，成功的中外商人中都有人承认从这部小说中体会到经营策略，从而在商场上克敌制胜。无疑，这些都体现了《三国演义》在文化史上的深远而广阔的影响。它在文化史上的意义，可以也应该从多方面加以阐释和理解。

《西游记》故事的形成过程，与《水浒传》和《三国演义》一样，也经历了长期的历史积累。它取材于唐太宗时高僧玄奘赴印度取经的故事，玄奘本人的《大唐西域记》、他的徒弟慧立写的《大唐慈恩三藏法师传》、唐代民间白话小说《唐太宗入冥记》等都给它提供了一些历史的或神话的材料。南宋时代，民间艺人的话本中出现了《大唐三藏取经诗话》，为今本《西游记》初步奠定了规模。而产生于元代中叶或元末的古本《西游记》，较《大唐三藏取经诗话》又有了一些发展扩充，可惜至今只有《梦斩泾河龙》这一片断保留于《永乐大典》之中。当吴承恩(1500—1582)在其晚年创作《西游记》时，这些历史积累显然对他有所帮助。但比起《水浒传》和《三国演义》来,《西游记》的个人创作成分似乎更多一些。

《西游记》中最主要的人物不是赴西天取经的唐僧,而是一路中保护唐僧的孙悟空。虽然孙悟空是由花果山中一块吸收天地精气的仙石孕育诞生的,他的出生充满了神异的色彩,但这个神话人物的性格形象,却有丰富的生活依据及其现实基础。具体说来,在孙悟空这一形象的塑造中,融入了大量市井和江湖生活的经验和素材。悟空最初拜菩提祖师为师,这祖师虽然取的是佛家的名字,却又被人称作神仙,他的言行作为更是一个不折不扣的江湖市井人物。从他身上,孙悟空沾染了一些江湖气息,也开始获得了一些江湖生活的经验,他后来的英雄生涯包括大闹天宫在内,只是使他变得更加精明敏捷,江湖历练也积累得越来越丰富。从原型上说,大闹天宫其实只是明清时代小说中市井英雄大闹京都,如《喻世明言》中的《宋四公大闹禁魂张》、《七侠五义》中的白玉堂闹东京一类故事的翻版。他们的大闹根本上并没有什么明确的政治目的,往往只是恃才负气,不能容忍别人小觑轻视自己,而极力显露自家的本领;而他们赖以成功的手段,最主要的是神偷善骗的伎俩和随机应变的本事。孙悟空亦复如此,他的大闹天宫和后来在西天路上降妖伏魔,也主要是以巧偷善骗、灵巧善变这两种本事为凭仗而克敌制胜的。此外,书中的天宫灵霄宝殿、地府森罗宝殿、西天大雄宝殿,也都可以还原为人间的金銮宝殿。

孙悟空历尽劫难的西天取经故事的原型,其实是一种闯荡江湖的历险记。与市井英雄一样,非凡的本领要在这一过程中受到考验,好汉的形象也只有经历这种磨练才获得最好的证明。所不同的是,在这里,江湖风波幻化为美丽或狰狞的妖魔鬼怪、险山恶水、毒雾迷瘴、各种诱惑和骗局。至于现实社会的江湖风波中常见的占山为王、拦路打劫、谋财害命,以及英雄们行侠仗义、拔刀相助,在《西游记》中也是屡见不鲜的。这正成就了孙悟空的出凡入圣的英雄品格。本来,在《大唐西域记》中,西域本身已充满了瑰异的风土景色,经过艺术想象的加工渲染,生成了火焰山、子母河、女儿国等故事单元,更增加了小说的神异色彩。在这种加工渲染中,行旅客商往来江湖的生活经验提供了丰富的素材和现实依据,使小说中的取经故事内容充实,细节生动。而市民文学中的英雄传奇传统,也将孙悟空的形象从最初的取经故事中那个单薄的猴行者提升为一个江湖好汉，又从一个单纯的江湖好汉升华为富有使命感的英雄。孙悟空性格形象的形成过程，也正是取经故事不断丰富、发展，直至在《西游记》中完成、定型的过程。

在历史演进中，孙悟空的形象不断丰富充实，并完成了多样性的统一。在南宋《大唐三藏取经诗话》和元明之际杨景贤《西游记》杂剧中，唐僧占据了最突出的位置，孙悟空还没有成为整个故事的主角。《西游记》改变了取经故事的传统结构，将孙悟空作为小说的第一号主角隆重推出。小说前七回开门见山，通过对孙悟空神奇的身世和大闹天宫的描写，为英雄人物设计了一个漂亮的登场亮相。这是孙悟空英雄生涯的开始，接下来除了简短的一段介绍唐僧出场的穿插以外，就展开了西天取经的艰难而漫长的历程。西天取经当然是全书的主干，而前七回却为后面的故事发展奠定了基础，为孙悟空在取经路上的作为提供了充足、可信的理由。唐僧的出场被相应地后推至大闹天宫以后，仅这一位置的变更，就足以说明唐僧的重要性在小说中已相应降低了。

实际上，在《西游记》中，唐僧这个人物的作用已几乎淡化成故事的一个缘起，他是支撑取经故事框架的柱子，没有他，取经就失去理由，下面的故事也就无从展开了。在他完成了这一结构作用之后，作者似乎不再保持先前对他的那种浓厚兴趣，将其视同鸡肋，置之不理，因此他的形象相对单薄苍白，缺乏血肉，也不再有发展。尽管这样，他的软弱、不识世务、慢性子，仍然与坚强精明急性子的孙悟空、贪馋动摇的猪八戒、忠心耿耿沉默寡言的沙和尚形成鲜明的对照。唐僧虽然佛学修养深湛，却空有书本知识，缺乏实际处事能力，其原型来自那些不通世故的书生（书呆子）。小说对他时有温和的讽刺，也可以看作是对明代士人“头巾气”的嘲笑。观音传授的紧箍咒，在小说中是作为唐僧的权威的象征，更重要的是，它使唐僧、孙悟空、猪八戒三个人之间的关系不流于简单化，故事的戏剧性也因之增强了。

如果说孙悟空的生活原型来自市井，他见多识广，行走江湖，久经历练；猪八戒的生活原型则来自农村，更准确地说，他其实代表的是市井眼中的农民形象。猪八戒长期住在高老庄，是一个农村式的闭塞环境。他眷恋家园，也正是安土重迁的传统农民意识的反映。个性上，他朴实憨厚，而又常自私地为自己打算；他有一些农民的精明，实际上又目光短浅。他形象粗陋笨拙，可爱亦复可笑。他的武器九齿钉钯形状滑稽，让人忍俊不禁。这钉钯不见于传统兵器谱中，实在是从筑地种菜的农具中衍生想象出来的，却很吻合猪八戒的个性形象。猪八戒在危险关头的动摇畏缩与孙悟空的坚定百折不挠恰恰形成了对照。在小说中，他常常是孙悟空耍笑的对象，这正是初入城市的农民常受市民嘲笑的现实的反映。从这一点上看，《西游记》是站在城市立场上的，它的叙述立场与《金瓶梅》相近，而与《水浒传》的否定城市迥然不同。

猪八戒本身的形象特点与市民的审美趣味及其娱乐需要相结合，使猪八戒在小说中很容易被塑造成一个喜剧色彩浓厚的角色。事实上，在很多时候，猪八戒的喜剧使命的实现，有赖于其他人尤其是孙悟空的配合。孙悟空性格乐观自信，谈吐机智幽默，连妖魔鬼怪也照样戏弄。取经路上，他和猪八戒两人之间插科打诨，调笑戏谑，也为出生入死的漫漫征途增添了不少轻松诙谐的意味。猪八戒这一角色犹如戏曲中的丑角，他的形象塑造显然受了元明以来戏曲传统的影响。同时，《西游记》一书语言充满机智、俏皮和幽默，自然是吸收了包括民间说书在内的市井曲艺的语言特色的结果，这构成了全书语言的喜剧风格。

一般地说，真正的英雄人物都产生于悲剧之中，而孙悟空却是一个喜剧的英雄。这与小说本质上是一部童话有关。童话以儿童的眼光观察世界，洋溢着自由天真的游戏气氛，充满着生动活泼的想象，充满了乐观和希望。童话就是儿童的神话，在儿童的眼里，万物都有生命。《西游记》是神话题材的小说而富有儿童天真浪漫的意趣，是成功的童话；题材类似的《封神演义》在这方面则失败了，它败在过分虚诞。所谓儿童天真浪漫的意趣，首先指小说多以动物为主角。《西游记》中从孙悟空、猪八戒、龙马到大小山精水怪，几乎包括了所有的动物，构成了一个儿童们目不暇接的动物园。其次，对这些动物的观察描写，又处处透出儿童的心理、眼光和兴致，既保留动物的形象特征和生活习性，又融入儿童的心理及性格特征，深受儿童的喜爱。所以，尽管妖魔鬼怪凶恶狰狞，却并不令人恐惧，反而让儿童觉得新奇可喜。猴的顽皮好动，近似儿童。小妖的举止口吻、天真出洋相，也像一群快乐嘻闹的孩童。第三，孙悟空常视除妖为游戏，声称要顺便抓几个妖精耍耍，而且喜欢恶作剧，这都是儿童典型的生活形态，即生活的戏剧化与游戏化。最后，小说中某些情节的朴拙乃至不合理，甚至前后故事间的非逻辑关系，如神通广大的孙悟空有时不会变化，天蓬元帅出身的猪八戒有时竟不会腾云驾雾等，都是合乎童话思维原则，而不宜以成人世界的理性态度对之的，否则便索然无味了。明代中后期，一批激进文人致力于追求精神的自由和解放，如李贽提出“童心说”，提倡童心，即回到人的原初状态，回到心灵天真未凿的状态。《西游记》这一童话能在明代中后期出现，就是以明代中后期追求内心真诚心灵解放的社会文化思潮为背景的。从这里可以看出，《西游记》这样一部神话题材的童话小说同样反映了那个时代的文化精神。

在四大长篇章回小说中，《金瓶梅》是最具有现实感的。这部小说出现在明代万历年间，作者是一位笔名兰陵笑笑生的作家。至于兰陵笑笑生究竟为谁，有王世贞、李开先、赵南星、薛应旂、徐渭、冯惟敏、贾三近、屠隆诸说，至今莫衷一是。比较可以肯定的是，《金瓶梅》是一部个人创作，没有经过集体加工积累的阶段。作者按照当时小说界流行的风气，从书中三个重要女角潘金莲、李瓶儿、春梅的人名中各取一字，联成书名。《水浒传》中写到西门庆与潘金莲通奸，毒死武大郎，结果奸夫淫妇同为武松所杀。《金瓶梅》就在《水浒传》中的这一个小插曲的基础上，巧妙地加以铺陈生发，将情节改为武松没有杀死这两个人，却误杀旁人，因而刺配孟州，而使西门庆和潘金莲在作者笔下活了下来。表面上，《金瓶梅》是化用历史题材，写古代人物和他们的故事，实际上，书中所展现的正是晚明政治和社会的各种丑恶面相。

西门庆是这部小说的主角。一部《金瓶梅》，可以说就是西门庆这个反面典型人物的发家史，也是这个恶霸官僚的荒淫糜烂谋财害命史。他“原是清河县一个破落户财主，就县门前开着个生药铺。从小儿也是个好浮浪子弟……近来发迹有钱，专在县里管些公事，与人把揽说事过钱，交通官吏，因此满县人都惧怕他。……专一飘风戏月，调占良人妇女，娶到家中，稍不中意，就令媒人卖了。一个月倒在媒人家去二十余遍，人多不敢惹他”(第二回)。他毒死武大，占了武大的妻子潘金莲。他娶了寡妇孟玉楼，将她名下的家产也席卷而去。他和朋友花子虚的妻子李瓶儿通奸，花子虚气死后，他就娶了李瓶儿，人财两得。他的亲家陈洪政治上出了问题，他就趁机吞没了陈洪寄存的财产。后来，他投奔到太师蔡京门下，居然做起了山东提刑所的理刑千户。他从商人变成了官僚，一方面凭借经济力量来交通权贵，提高政治地位；另一方面，又依靠政治地位来贪赃枉法和扩大非法经营。这样，在数年之间，西门庆由大郎、大官人，扶摇而为朝廷的五品官，从拥有一间生药铺的商人变成拥有数家本银从五六千两到两万两的店铺的豪商和拥有许多债户的高利贷者了。最终，他的纵欲无度埋葬了他自己。

除了西门庆外，小说还成功地塑造了众多栩栩如生的人物形象，从富商官僚到仆从僧尼，从市井无赖、帮闲篾片到太监太师。大量突出的女性人物形象，更是这部小说的显著特色之一。这个家庭中的一妻五妾，加上成群的婢女、仆妇、来往于这个家庭的妓女、媒婆以及西门庆的众多外遇，从不同的角度显示着不同妇女或卑污、或势利、或庸俗的灵魂，也显示出市民生活五光十色的画面。西门庆的妻子吴月娘虽然恪尽妇道，却并不得宠，也不免嫉妒。她平日好善看经，打发时日，与这个家里的一群淫妇形成了对照。潘金莲就是这群淫妇中的淫妇。她专横善妒，工于心计，善于搬弄是非，也最善于依附和利用西门庆。她对西门庆的关系完全建立在纵欲享乐的基础之上。从她勾引武松、陈经济，毒死武大、嗾使西门庆陷害来旺诸事上，无处不显出她的淫、贪、泼、狠。起初，她与李瓶儿之间基本上还能相安无事。在李瓶儿怀孕生子之后，她的嫉妒心便一发不可收拾，必欲将李瓶儿母子除之而后快。她的使女春梅伶俐厉害，是潘金莲争风夺宠的得力助手。李瓶儿以及其前的宋惠莲、其后的如意儿，都曾是潘金莲争宠吃醋的对手。李瓶儿对西门庆倒有一些真情，却只会依附而不能利用他。她性格软弱，虽然生下一子，终于还是给潘金莲千方百计害死了。另外一妾孟玉楼知道自己不是潘金莲的对手，只能常常将自己置身事外，超然以自保。此外还有李娇儿、孙雪娥二妾和宋惠莲、王六儿等仆妇，在作者笔下也莫不惟妙惟肖。

风流浪子陈经济，表面老实，背地奸滑，在惯能窃玉偷香方面，他正是岳父西门庆不教自通的好门生。西门庆结交的十弟兄，其实是一群无赖闲汉，帮闲应伯爵是其中塑造得最为成功的艺术形象。他势利无耻，常跟在西门庆后面奉承拍马，胁肩谄笑，混吃骗喝，一副谄媚的市井小人嘴脸。西门庆一死，这一群卑鄙势利的所谓"十弟兄"们就作鸟兽散。应伯爵投奔了新主子张二官，而且帮张二官出谋划策，把西门庆的第二房娘子李娇儿娶到张家。另一帮闲吴典恩，先是在西门庆门下奔走，后来靠西门庆的关系混上一个驿丞的小官，西门庆死后，他对吴月娘马上恩将仇报。这一类俗不可耐的市井小人正是风俗隳败的表现，小说中借此传达了作者的讽世之意。这种讽喻，即使从这些人物的姓名中，也可窥见一二。张竹坡在《金瓶梅寓意说》中曾加以分析，举出车（扯）淡、管世（事）宽、游守（手）、郝贤（好闲）、安忱（枕）、宋（送）乔生（比喻色欲伤生）、应伯爵（白嚼）字光侯（喉）、谢希大（携带）字子纯（紫唇）、常时节（时借）等例子。此外，小说还刻画了贪财势利的媒婆、神仙、娼妓，如见西门庆当上理刑千户就来投靠做干女儿的丽春院粉头李桂姐，往往寥寥数笔，就现出一副市侩嘴脸。

这批小人群像既丰富了《金瓶梅》的人物画廊，又构成了市井风俗画的一部分。小说甫出，就受到了当时著名文人袁宏道、沈德符的称许，袁宏道甚至"以《金瓶梅》配《水浒传》为外典"（沈德符《顾曲杂言》，《万历野获编》卷二十五）。小说中众多的妻妾之间的争风吃醋，酒席歌筵的喧闹场面，节庆礼俗的描写，都勾画出活生生的当时社会风俗的画面。唱曲演剧，双关歇后，斗嘴打闹，这些市井日常生活场面一经作者写来，也莫不鲜活灵动，其细腻真实，非大手笔莫办。西门庆在家里家外花天酒地荒淫无耻的糜烂生活，乃是明代中后期以来社会盛行的淫风的反映，这一方面的表现也是小说的重要内容之一。在当时，封建道德的网络被新兴的市民撕毁了，这在一定程度上有它的进步意义，然而豪商大贾却利用这一种堤防的溃决，利用他们的金钱势力，来肆无忌惮地满足自己的兽欲。贵族官僚地主阶级也追逐着这些暴发户而更加堕落起来。鲁迅先生指出"成化

(1465—1487)时，方士李孜、僧继晓已以献房中术骤贵，至嘉靖(1522—1566)间，而陶仲文以进红铅得幸于世宗，官至特进光禄大夫柱国少师少傅少保礼部尚书恭诚伯。于是颓风渐及士流，都御史盛端明、布政使参议顾可学皆以进士起家，而俱藉秋石方致大位。瞬息显荣，世俗所企羡……世间乃渐不以纵谈闺帏方药之事为耻。风气既变，并及文林。故自方士进用以来，方药盛，妖心兴，而小说亦多神魔之谈，且每叙床笫之事也。”(《中国小说史略》第十九篇《明之人情小说(上)》)市侩们纵欲的动物主义将封建统治阶级的礼教腐蚀了，于是形成了这种弥漫朝野的可耻淫风。兰陵笑笑生在暴露西门庆的私生活时，也暴露了当时社会的这种风气。但是，有时候他不适当地强调了这一方面的描写，这就一定程度上分解了读者的注意力，冲淡了小说的暴露力量，成了这部佳作的一个缺点。与此同时，我们也不能因噎废食，将其简单地视为一部淫书，抹煞它多方面的价值。

透过西门庆的情欲活动，可以认识那个时代堕落的社会风俗。通过西门庆的社会活动，也可以认识那个时代的黑暗政治。小说对封建政治及司法体系的黑暗腐败的暴露是相当深刻无情的。从当朝太师到西门官人，无不贪财受贿；无论大小官司，有钱就能大事化小，小事化了。官商勾结，官官相护，说白了是权钱的交易。在小说中，当吴月娘劝西门庆少干几桩贪财好色的事儿的时候，西门庆却厚颜无耻地答道：“咱闻那佛祖西天也止不过要黄金铺地，阴司土殿也要些楮镪营求，咱只消尽这家私，广为善事，就使强奸了嫦娥，和奸了织女，拐了许飞琼，盗了西王母的女儿，也不减我泼天富贵。”(第五十七回)这是典型的市侩的人生哲学，其精义就在于“有钱能使鬼推磨”。这种思想基础显然只会促使西门庆之流更加贪婪荒淫，也更加败坏了社会风俗。

《金瓶梅》作为完全的个人创作，依傍极少，而作者却显示了深湛的语言功力和多方面的艺术修养。小说纯用白描，却能追魂摄影，由形而神，传达出人物的神采。作者对汉语白话的运用已达到炉火纯青的境界。小说中尤其擅长用个性化的语言，来刻画各种人物的形象，江湖市井，娼寮僧院，或艳或俗，或喜或怒，或尖酸或刻毒，神情口吻无不毕肖。第三十回前后，围绕着李瓶儿生子，描写各人的不同反应：西门庆的得意，吴月娘的关心，李瓶儿的紧张，孟玉楼的淡然，孙雪娥的趋附，应伯爵的献媚，潘金莲的妒恨和指桑骂槐，等等，而语言亦与之密切配合，恰到好处，即使抹去姓名，也不难分辨是何人声口。即使对潘金莲这样的人物，小说也没有作漫画处理，而是写出其内心性格的复杂性，写她也有伤感、怨恨、烦恼和自责等。小说的讽刺，常隐藏于冷峻的笔锋之下；透过那些缤纷杂沓喧闹繁荣的热景的描写，又常使人感觉到世态的炎凉。前者对《儒林外史》、后者对《红楼梦》都产生了显著的影响。

无疑，《金瓶梅》的使命在于暴露肮脏和丑恶，这是出于作者对黑暗的政治、堕落的道德风习以及市侩们的憎恨。他也试图探索正面人物，但找得到的只有一闪而过的武松、“清廉正气”的曾孝序御史和王杏庵居士那种淡得一缕轻烟似的影子；没有办法，最后只好让西门庆在纵欲身亡以后，转世投胎，做了自己的遗腹子，而又让他遁入空门，来了结前世的一切孽缘。正因为《金瓶梅》的艺术力量存在于暴露和讽刺之中。所以，袁中郎认为读《金瓶梅》，“云霞满纸，胜于枚生《七发》多矣”（《锦帆集·董思白》）。换句话说，小说正是通过俗人、俗事、俗语，从世俗中创造出艺术的美。

上述四部长篇小说是章回小说这种艺术形式的典范之作，代表了元明时代长篇小说创作所达到的艺术高度，它们是同类题材的小说作品中的佼佼者。当时乃至后来还产生了不少形式或题材与之类似的作品，但或者限于模仿，缺乏创新，或者叙写失去分寸，艺术上大欠火候，或失之过实，或失之虚妄，都不能与这四部小说相提并论。例如，《东周列国志》、《残唐五代史演义》之于《三国演义》，《封神演义》、《南游记》及《三宝太监下西洋》之于《西游记》，《隋史遗文》、《北宋志传》及《平妖传》之于《水浒传》，都是相形见绌，其他的就更等而下之了。

第二十五章　晚明话本小说集：市井生活画卷

话本与拟话本　《京本通俗小说》和《清平山堂话本》　《三言》、《二拍》产生的时代背景之一　《三言》题材类型：以市井生活为中心　《杜十娘怒沉百宝箱》和《卖油郎独占花魁》的分析与比较　《滕大尹鬼断官私》与市井家务事　当代政治故事《沈小霞相会出师表》　《二拍》的构成及其特点　《今古奇观》及后来的其他话本小说集　两个极端倾向

宋代说话艺术分为银字儿（包括烟粉、灵怪、传奇、说公案等）、说铁骑儿、说经和讲史四家，其中，银字儿一家又称为小说。它们在当时的瓦舍中流行，对后来文学样式的影响也很大。长篇讲史话本发展的结果，就出现了以《三国演义》为首的、为数众多的长篇通俗历史小说；而短篇的话本小说发展的结果，就出现了晚明时代的以《三言》、《二拍》为代表的一批短篇话本小说集。

从宋代的记载来看，当时在瓦舍中竞争着的诸种说话技艺中，似乎讲史还不如小说那么受人欢迎。《都城纪胜》曾经说到，“讲史书讲说前代书史文传战争兴废之事，最畏小说人。盖小说者，能以一朝一代故事顷刻间提破。”当时有个讲史艺人王六大夫，“诸史俱通……记问渊源甚广耳，但最畏小说人。盖小说者，能讲一朝一代故事，顷刻捏合。”（《梦粱录》卷二

十“小说讲经史”)捏合就是在说话中提出矛盾,提破就是在说话中解决矛盾。讲史既然基本上是按照史实长篇大段地逐日讲说,就不能依据艺术上的需要,随时捏合,任意提破,因而也就不如短小精悍的小说那么吸引听众了。值得注意的是,直接从宋代说话发展下来的说书,今天仍在全国范围内盛行,可是所说绝大多数是连续性的长篇,短篇几乎绝迹。可见这两种说话艺术在发展过程中,已经由相互竞争到彼此吸收长处,融合了起来,将讲史故事的连续性与小说题材的多样性及表现方式上富有吸引力诸优点统一起来了。这也正是宋以来说话艺术发展的重要动向之一。

短篇的话本小说虽然在书场中不大有人讲说了,但却由于读者的爱好,通过印刷的流通,作为一种新的短篇小说样式而保留下来。它与笔记小说、传奇小说鼎足而三,成为中国古典小说的重要的一支,受到读者和作者的普遍喜爱。在时序上,它与另外两种小说后先承继,篇幅上则更加丰长,并形成了自具特色的演进轨迹。于是,除了艺人们自己创作的、作为说话的底本的话本之外,我们还看到了作家们用这种样式来创作的许多拟话本。在一部话本小说集中,往往既有宋元以来民间艺人所创作的、曾经在瓦舍讲说的话本,也有明以来作家们创作的、只供阅读的拟话本。它们是古典白话短篇小说的宝库之一。

在这些话本小说集中,最重要的是《三言》,其次是《二拍》。《京本通俗小说》和《清平山堂话本》则是它们的先驱,我们可以从中了解了宋元话本的一些面貌。《清平山堂话本》是大约16世纪中叶(约1541—1551)由洪楩刊行的,分为六集,每集十篇,共有六十篇,所以又名《六十家小说》,现仅残存二十七篇。这些作品中,也杂有少数文言写的传奇小说和讲唱文学,但绝大多数是话本。《京本通俗小说》大约是书坊编辑的,年代很难确定。它只残存了七篇,都是话本。现存的《清平山堂话本》被改编后收入《三言》中的有十篇,现存《京本通俗小说》七篇则全部被改编收入《三言》,所以,《三言》乃是今天所能见到的由宋到晚明时代话本和拟话本小说的最重要的结集。

《三言》是原名《古今小说一刻》的《喻世明言》、《警世通言》和《醒世恒言》三部话本小说集的总称,都是由冯梦龙(1574—1646)于17世纪20年代(1620—1627)编辑的。冯梦龙是17世纪前期的一位兴趣广泛多才多艺的作家,他在保存、整理和传播民间通俗文学方面的功绩尤为显著。他自己创作了《万事足》、《双雄记》等传奇;改订了当时流行的一些传奇,称为《墨憨斋定本》;改编了《平妖传》、《新列国志》等章回小说;编印了《挂枝儿》、《山歌》等时调小曲;还辑录了《笑府》、《情史》、《智囊》、《古今谭概》等历代笑话、笔记、故事集。他曾一度出任县官,但不久就辞职了,他将生命的大部分贡献给民间文学的研究和整理。

冯梦龙和《二拍》的作者凌濛初(1580—1644)的家乡都在东南沿海一带,冯梦龙出生于江苏苏州,凌濛初则是浙江吴兴人,与苏州隔太湖相望。在明代,特别是在东南沿海一带,伴随手工业的大量发展,商品经济日益繁荣,资本主义因素的增长也更加显著。这种资本主义的因素受到封建统治阶级各种形式的压制和打击,在士大夫圈子中流行的"高雅"的正统文学也很少表达广大市民群众的声音和愿望。相反,在当时被视为不登大雅之堂的通俗文学,如话本小说、戏剧、时调小曲等作品中,却较多反映市民群众的声音和愿望,因而,也受到他们的特殊爱好和重视。当时以冯梦龙为代表的一些文人,已经注意到文化发展的这一新趋向,敢于走出大雅之堂,大力鼓吹通俗性小说的价值,并力图通过自己的实践,推广通俗文学的影响,提高其文学品位。其时,李梦阳等人"倡言复古,文必秦汉,诗必盛唐,非是弗道"(《明史·文苑传》)的复古主义已流行数十年,在正统文坛依然很有影响。而绿天馆主人在《古今小说序》中则极力推崇通俗性的小说:"大抵唐人选言,入于文心,宋人通俗,谐于里耳。天下之文心少而里耳多,则小说之资于选言者少,而资于通俗者多。试令说话人当场描写,可喜可愕,可悲可涕,可歌可舞,再欲捉刀,再欲下拜,再欲决脰,再欲捐金,怯者勇,淫者贞,薄者敦,顽钝者汗下,虽小诵《孝经》、《论语》,其感人未必如是之捷且深也。噫!不通俗而能之乎?"可一居士的《醒世恒言序》也肯定这部小说集与其他通俗小说有同等的价值,特别肯定小说的通俗性,更进一步指出了刊刻《三言》的用意:"六经国史而外,凡著述皆小说也。而尚理或病于艰深,修辞或伤于藻绘,则不足以触里耳而振恒心。此《醒世恒言》四十种所以继《明言》、《通言》而刻也。明者,取其可以导愚也；通者，取其可以适俗也；恒则习之而不厌，传之而可久。三刻殊名，其义一也。”《三言》的出现，也正是适应了当时广大市民群众的文化需要和启蒙要求，《三言》的题名，已经明确标示了它们对于文学的道德教化等社会功能的关注和重视。

《三言》每种都是四十篇，除了《警世通言》中的《蒋淑真刎颈鸳鸯会》的形式颇像是鼓子词外，其余都是话本小说。其中可以从文献学和风格学上考订和推断为宋元话本的近三分之一，可以定为明代拟话本的近二分之一。在七十篇以上的拟话本中，很可能有冯梦龙本人的创作在内。从这些作品中，我们可以看到这一文学样式由宋到明发展的印记，例如题材从烟粉、灵怪、传奇、说公案等趋于更现实更广阔的社会生活，语言风格由朴拙而趋于清新生动等，市民群众的道德、政治和经济等方面的要求和当时社会各阶层人民的精神状态，在作品中也有日益明确的反映。

《三言》中的话本小说题材是相当广泛的，其中大多数是围绕市民生活及其兴趣点展开的。小说集中有许多历史或现实中的发迹变泰的故事，例如《古今小说》中的《临安里钱婆留发迹》、《史弘肇龙虎君臣会》和《警世通言》中的《钝秀才一朝交泰》等。这类故事在一定程度上也反映了市民期望发迹变泰的心理。也有一些政治性的历史故事，如《古今小说》中写南宋奸相贾似道被杀的《木绵庵郑虎臣报冤》和《警世通言》中写王安石晚年辞官归隐南京的生活和思想的《拗相公饮恨半山堂》。《古今小说》中的《穷马周遭际卖䭔媪》和《范巨卿鸡黍死生交》，对世态人情作了深刻描摹，也正是市井百姓生活中屡见不鲜的。至于《古今小说》中的《陈御史巧勘金钗钿》和《蒋兴哥重会珍珠衫》，则通过报应情节的贯串，体现了对人生的宿命理解。

《三言》有很多作品以妓女的生活和感情经历为题材或背景，如《古今小说》中的《众名姬春风吊柳七》、《警世通言》中的《玉堂春落难逢夫》、《赵春儿重旺曹家庄》。这是市井生活题材的热点，从中也产生了《杜十娘怒沉百宝箱》及《卖油郎独占花魁》等一批名篇。

《杜十娘怒沉百宝箱》见于《警世通言》。故事人物涉及鸨母、名妓、富商、公子，显然都是市井百姓所喜闻乐见的。这篇拟话本小说虽然对话中夹杂许多文言，语言显得不够纯粹，仍不失为一篇十分精彩的作品。在简单的情节中，作品对这一传统烟粉题材的处理却显示了独特的视角和不同于凡俗的眼光。名妓杜十娘因为不能长久忍受非人生活，便嫁给了她认为靠得住的公子李甲。他们婚后不久，就在旅途舟中遇到一个好色的盐商孙富。孙富以利引诱李甲将十娘卖给他，在礼教面前露出怯懦原形的李甲居然答应了下来。杜十娘在愤怒地斥责李、孙二人后，跳江自沉。官僚世家的礼教和暴发商人的金钱，这两股势力终于联手扼杀了善良的小人物对于生活的最可怜的一点合理愿望。杜十娘是纯洁的，所以她要以自己的感情，而不是以金钱，去争取李甲的爱情。杜十娘也是明智的，所以她准备以金钱（自然同时也以自己对李甲的爱情）去打动公婆，争取自身的合法地位。她深谋远虑地积蓄了许多私房钱，巧妙地逃避了鸨母的敲诈，在三百两银子的赎身费中，她无论如何要李甲去筹措一半，借以考验李甲是否真心爱她。杜十娘更是悲剧性的，她最终没有逃脱礼教和金钱的围截，也没有能消灭礼教和势利在李甲心中播下的脆弱、动摇乃至卑劣、无耻的种子。在金钱礼教所代表的强大的社会经济势力面前，爱情所代表的个人幸福只能撞得粉碎。她所珍视的爱情留不住李甲的心，她所不屑的金钱却收买了李甲。最后，她以其人之道反治其人之身，用金钱财富狠狠地羞辱了这个负心人，表白了自己的纯洁爱情，读来有一种冷峻讽刺的快感。

小说最后一节，即怒沉百宝箱一幕，有十分成功的悲剧设计。杜、李二人尤其是杜十娘的心理变化，通过动作和语言层层推进，从“十娘抱持公子于怀间，软语抚慰”，“十娘大惊”，“十娘放开双手，冷笑一声”，“十娘即起身挑灯梳洗”，“十娘微窥公子欣欣似有喜色”，“十娘推开公子在一边，向孙富骂道”，到“十娘抱持宝匣，向江心一跳”，描写细腻而自然，一个宁为玉碎不为瓦全的刚烈而善良的风尘女子的形象跃然纸上。当然，我们也可以设想，如果杜十娘早些告诉李甲她富有万金，这个悲剧也就不会发生了。事实上，这种想法是没有意义的。杜十娘这个形象的意义，就在于她肯定心只能用心、而不能用其他任何东西来交换，她以死抗拒将自己纯洁的心标价出卖。小说中的三个主要人物李甲、孙富乃至杜十娘都用的是很虚泛化的名字，意在昭示这种“妾椟中有玉，恨郎眼内无珠。命之不辰，风尘困瘁，甫得脱离，又遭弃捐”的悲剧故事在世间的普遍性。在小说情节中，百宝箱是一个贯穿始终的重要道具，它不仅是杜十娘的价值的象征，也是对李甲之流有眼不识“千古女侠”、买椟还珠的莫大讽刺，这使小说又具有一种人生寓言的意味。

《醒世恒言》中的《卖油郎独占花魁》与《杜十娘怒沉百宝箱》同以名妓为题材，同以市井生活为背景，也同样是一篇非常出色的作品，但二者的意义却大不相同。如果说《杜十娘怒沉百宝箱》揭示了现实的丑陋邪恶和世态的冷酷无情，笔墨充满讥讽；《卖油郎独占花魁》则有不少浪漫色彩，也透出了人间的温情和真情。花魁娘子王美娘和卖油郎秦重的爱情和婚姻，构成小说情节的主线；王美娘堕落风尘的经过和她在妓院中的生活，以及王、秦二人与各自父母的悲欢离合，则是故事的辅线。卖油郎仰慕花魁娘子，竟不惜每日积蓄一分银子，经过三年之久，攒成十两银子，只为了和心爱的人作一夕的亲近。这本是一段浪漫的故事。恰值美娘醉酒，不省人事，秦重一片诚心，满怀关爱，为了照顾美娘而甘愿彻夜不眠。这又是一段动人的故事。这个“忠厚”、“老实”、“知情识趣”的“市井之辈”，与那些“任情使性，吃醋跳槽”、仗势欺人的“衣冠子弟”，如金二员外、吴八公子之流相比，显得多么善良和高尚。难怪自他走后，花魁娘子要记挂他、想念他。经过一番曲折，卖油郎终于独占花魁，两个人幸福地结合了。

像秦重这样的“志诚种子”，在受惯了玩弄、欺凌和蹂躏的风尘女子眼中，是难得一见的。所以，杜十娘和王美娘拥有不同的结局也是很自然的。实际上，“秦重”就是“情种”的谐音，也可以说，他便是情种的化身。作者笔下的秦重的个性形象与其经历也有很强的理想化色彩，他代表了市井审美的一个取向。出没于市井巷陌的卑微的秦重，与贵家公子李甲形成鲜明的对照；“作经纪本分人儿”的小卖油郎，与为富不仁的富商孙富也形成鲜明的对照；李、孙在作品中受到否定、批判，与秦重在作品中受到赞扬、歌颂，也形成了一个鲜明的对照。小说在权势与爱情、金钱与道德之间所作的价值判断和抉择，是毫不含糊的。它标举一个“情”字，对“风流”作了一种新的定义。《杜十娘怒沉百宝箱》篇末诗曰：“不会风流莫妄谈，单单情字费人参。若将情字能参透，唤作风流也不惭。”这正是市民群众在反对门阀婚姻和反抗买卖婚姻的生活中产生的一种对爱情婚姻的新认识，一种新的美学理想。以这种标准来衡量，才会得出“堪爱豪家多子弟，风流不及卖油人”（《卖油郎独占花魁》篇末诗句）这样具有叛逆性、先进性的思想认识。

这两篇话本小说处理的是典型的市井生活题材，也是这一类故事中的佼佼者。由于妓女是在社会地位上特殊的、卑贱的一群人，有传统道德所难以约束的一面，所以，这类故事容易被处理得浪漫一些，传奇色彩浓一些，而作者对道德教化的专注，也无形中消释了一些。同时，这一类故事中对市井生活风俗的描画，对市井人物形象的勾勒和心态的分析，在同时的诗歌散文中是难得一见的，这是晚明话本小说中最重要、也最成功的历史贡献之一。

话本小说中随处穿插一些在市井广为流传的谚语、俗语或者韵语，例如“春为茶博士，酒是色媒人”、“日前不做亏心事，半夜敲门不吃惊”、“火到猪头烂，钱到公事办”、“屋漏更遭连夜雨，船迟偏遇打头风”之类，不胜枚举。这些都可以视为市民生活经验和市井智慧的反映和总结。

《三言》中还有一些作品，从另外的角度描绘了市井生活中的众生相。《古今小说》中的《滕大尹鬼断官私》一篇描写倪太守死后的家变、遗产继承等问题。倪太守的作为和他死后这个官宦人家的遭遇，也没有逃脱市井生活的形态。倪太守晚年纳妾梅氏，生子善述，恐怕自己死后梅氏和善述受虐待，临死时表面上将家产都传给长子善继，暗中却在一间小屋地下埋了十坛银子、一坛金子。他把这秘密写在一张纸上，藏在自己的一幅画像里面，嘱咐梅氏好好收藏。后来，倪氏长子善继果然虐待其庶母和异母兄弟，于是梅氏母子拿着画像告到滕大尹处。这是一个很典型的市井家务事的题材。常言道，“清官难断家务事”。这个案子到了号称难得遇见的“贤明官府”滕大尹手里，果然有个不同寻常的结局。“最有机变”的滕大尹勘破这个机密以后，通过一番装神弄鬼，施展巧计，诈骗了一大笔钱财，而众人还以为这“真个倪太守许下酬谢他的，反以为理之当然”。面临这飞来横财和意外结局，各人的反应自然大不相同，所谓“喜杀善述，妒杀善继，唬杀众人，笑杀大尹”（本篇旧评语）。小说如此收结，显然含有对梅氏母子善良无助的同情，对善继欺凌孤寡的不义行为的斥责，对滕大尹这一类以才智济其贪污、从而坐获名利双收的所谓“贤明官府”，也作了犀利的讽刺。

与《滕大尹鬼断官私》相比，《古今小说》中的另一篇《沈小霞相会出师表》的政治色彩就浓厚多了。这篇小说的题材与传奇《鸣凤记》一样，写16世纪中叶一些正直的官吏和欺君误国的严嵩、严世蕃父子展开的斗争。严氏父子的罪状当时已经有了结论，因此，作者就突破了回避有关现代政治的题材这一习惯，而写出了这篇现代性、政治性的作品。

小说前半篇写沈炼反对严氏父子、杨顺等奸臣的斗争，被贬保安州，以至最终遇害屈死。后半篇写他的儿子沈襄（小霞）如何逃脱仇敌的魔掌、最终昭雪冤枉的故事。前半篇的情节，基本上都和《明史・沈炼传》相同。后半篇所写，据冯梦龙《情史》，大体上也是实有其事的。通过沈炼的贬谪异乡和沈襄的亡命江湖等情节，小说牵涉了许多市井生活场景的描写，同时也展示了这场政治斗争的广泛的社会背景。从艺术描写上看，后半篇比前半篇更为突出。

小说中的沈炼，具有刚强不屈、忠义慷慨这样一些英雄性格，同时，又是一个性情急躁、缺乏策略的书呆子。他恨严嵩，就扎个草人，把它当作严嵩，向它射箭。他恨杨顺，就写了骂杨顺的信和诗，当面交上（历史记载也是如此）。这就使人感到他是坚定地站在正义一边，但也同时使人感到，他在斗争中必然要失败。但沈炼在斗争中并不是孤独的，他得到了好友冯主事和贾石等人的支持。特别值得注意的是贾石这个人物的出现。据《明史・沈炼传》，沈炼被谪保安，“既至，未有馆舍。贾人某询知其得罪故，徙家舍之。”这个无名商人到了小说中被改为姓贾名石，而其职业也改为务农了。这种改动本身则暗示了各阶层对于这场以士人为主的正义斗争的普遍支持。在贾石身上所体现的人民对于沈炼父子的感情，也可以理解为市民群众反抗封建专制和贪官污吏的感情。冯主事实际上已将沈襄藏在家里，面对地方官或公差却装出极其害怕严氏父子的神情，把自己私藏钦犯的嫌疑洗刷得一干二净，显示了政治斗争中的机智和谋略。

在小说后半篇才出现的闻淑英，是拟话本中一个出色的妇女形象。她不是那种生长在深闺绣阁之中，虽然禀性纯良，却毫无社会生活经验，遇到意外祸事，就手足无措哭哭啼啼的女人。相反，她忠诚而勇敢，具有机智的才能。沈襄被捕时，她已经怀了两个半月的孕，却毅然决定与沈襄同行，并沿途照顾丈夫。途中，她发现公差张千、李万有谋害沈襄之意，定计教丈夫逃走；丈夫逃走以后，她又先发制人，立即告到官府，把这两个帮凶拴住，从而保障了自己和丈夫的安全。她巧妙地抓住公差的把柄和地方官的弱点，在这一场惊险的斗争中，终于获得了完全的胜利。

简称《二拍》的《初刻拍案惊奇》和《二刻拍案惊奇》在规模和重要性上都仅次于《三言》。这两种小说集的性质有所不同。《三言》主要选辑由宋到明的话本和拟话本，其中可能附有编者冯梦龙的一些创作；《二拍》则绝大多数是作家凌濛初的个人创作，其中有许多是根据古老题材进行再创造的。《初刻拍案惊奇》成于 1627 年，和《醒世恒言》同时，共收拟话本小说四十篇。《二刻拍案惊奇》成于 1632 年，共收拟话本小说三十九篇，另收有《宋公明闹元宵》杂剧一篇。从时间上说，《二拍》与《三言》的出现正好彼此接续。

在《初刻拍案惊奇》的自序中，凌濛初以即空观主人的笔名写道："龙子犹（冯梦龙的笔名）所辑《喻世》等诸言，颇存雅道，时着良规，一破今时陋习，如宋元旧种，亦被搜括殆尽。……因取古今来杂碎事可新听睹、佐谈谐者，演而畅之，得若干卷。"《二刻拍案惊奇》自序又说，在《初刻拍案惊奇》之外，"其为柏梁馀材、武昌剩竹，颇亦不少。意不能恝，聊复缀为四十则。"可见这两部话本小说集的编印，确实受到冯梦龙编辑《三言》的诱导。与《三言》相比，《二拍》同样描绘人情世态，摹写悲欢离合，大体上"叙述平板，引证贫辛，不能及也"（鲁迅《中国小说史略》第二十一篇《明之拟宋市人小说及后来选本》），但也有一些十分精彩的篇章。如《初刻拍案惊奇》中的《韩秀才乘乱聘娇妻，吴太守怜才主姻簿》和《卫朝奉狠心盘贵产，陈秀才巧计赚原房》之对于富商大贾的批判，前者还是一篇成功的喜剧故事；《张溜儿熟布迷魂局，陆蕙娘立决到头缘》和《顾阿秀喜舍檀那物，崔俊臣巧会芙蓉屏》之对于妇女遭受迫害的命运的描写和对于妇女们反抗迫害的赞扬;《二刻拍案惊奇》中的《痴公子狠使噪脾钱,贤丈人巧赚回头婿》、《两错认莫大姐私奔,再成交杨二郎正本》中的讽刺调侃笔调,都是很引人入胜的。在《二拍》的人物之中,来自政治舞台的更少,而来自社会下层的人特别是商人居其大半。作者似乎并不重视场景的描写,而喜欢借引子大发议论,有时离开小说主题作一些道德或政治的评论,对故事的结局也透出更强烈的宿命色彩的理解。

《三言》和《二拍》问世后,在当时社会上都十分流行。此后不久,大约在1633至1644年之间,抱瓮老人编选了一部拟话本选集,题为《今古奇观》,共计四十篇,全部选自《三言》和《二拍》,即:选自《古今小说》的八篇;选自《警世通言》的十篇;选自《醒世恒言》的十一篇;选自《初刻拍案惊奇》的八篇;选自《二刻拍案惊奇》的三篇。这部选集专选明代拟话本而不收宋元话本,由于它撷取的是《三言》、《二拍》中的较为精彩的作品,所以,它出版以后,很快就风行一时,并且取代了《三言》、《二拍》,成为清代最通行的一部白话短篇小说集。从历史上看,《今古奇观》既限制了作为一个整体的《三言》、《二拍》获得更广泛流通的机会,但同时又推广了拟话本小说的影响,使这一从18世纪以来就逐渐不为人所注意的文学样式能够不绝如缕地流传下去。

《三言》和《二拍》这两部话本小说集的成功,刺激了晚明话本小说的繁荣。在其后短短二十年内,就涌现了至少二十部话本小说集。其中大多数追随《三言》、《二拍》,题材和主题的视野比较狭窄,独创性也不够。也有不少作品的主题极端化,或者倾向于艳情庸俗,或者倾向于道德说教。前者如《鼓掌绝尘》和《欢喜冤家》等,这种倾向一方面显然受到明末重情的文艺美学思潮的影响,如冯梦龙通过编辑《情史》所宣扬的;另一方面也受当时淫俗的社会风气和《绣榻野史》、《痴婆子传》等色情小说的影响。后者如周楫的《西湖二集》(从"二集"这个名称来看,应该还有"初集",但从未见过,可能已佚)和东鲁古狂生的《醉醒石》。在清初,也还有作家们写的拟话本小说集出现,例如李渔的《十二楼》(一名《觉世雅言》)、艾衲居士的《豆棚闲话》和酌元亭主人的《照世杯》等。再后来,则有苏州墨浪子的《西湖佳话》、石成金的《传家宝》和杜纲的《娱目醒心编》等。总的来说，这些作品的成就都没有超过《三言》和《二拍》。

实际上，艳情庸俗和道德说教两种倾向并不只存在于前面提到的那几种小说集中，相当多明代话本小说作品中都存在这种缺点，只是程度不同而已。本来，话本和由它派生出来的拟话本就是“市人小说”，它既广泛地反映了市民社会的生活，反映了市民阶层各方面的进步要求，也难免要反映市民的庸俗思想，如冤报迷信、宿命论以及淫佚之念等。同时，话本小说的流行使其本身成为一种商品，也促使某些书坊某些作者为求牟利，而不惜降格以迎合某些低级趣味。凌濛初在《初刻拍案惊奇》的序文中曾经说道：“近世承平日久，民佚志淫。一二轻薄，初学拈笔，便思污蔑世界，得罪名教，莫此为甚。有识者为世道忧，列诸厉禁，宜其然也。”其实，在凌氏自己的创作中，就有不少“污蔑世界”的描写。明代统治者、官僚、富商们对于官能享乐的痴迷和畸形追求，和人民反对封建礼教对于婚姻爱情的横暴干涉、要求灵肉一致，原来是有本质区别的，但作家们却常常将这两者混淆了。在这种不够清醒明确的思想观念指导下，作家甚至对小说中这一类不适当的猥亵性的细节描写津津乐道，以迎合某些人粗俗的审美趣味。晚明的有识之士已经认识到这种倾向对世道人心的危害。清兵入关以后，从顺治九年(1652)起，就一直查禁所谓“淫词小说”(俞正燮《癸巳存稿》卷九“演义小说”条)。同治七年(1868)，江苏巡抚丁汝昌颁布的《应禁书目》中，就包括《拍案惊奇》、《今古奇观》、《石点头》、《十二楼》等话本小说集在内。这说明，这种倾向客观上是阻滞话本小说的推广和发展的。

统治阶级的正统思想作为当时社会思想的主体，也难免要给话本小说打上烙印，使明代许多话本小说也不同程度地存在着道德说教的弊病。这正如鲁迅先生所指出的：“宋市人小说，虽亦间参训喻，然主意则在述市井间事，用以娱心；及明人拟作末流，乃诰诫连篇，喧而夺主，且多艳称荣遇，回护士人，故形式仅存，而精神与宋迥异矣。”(《中国小说史略》第二十一篇《明之拟宋市人小说及后来选本》)

第二十六章　时调小曲的流行

北曲和南曲　明代时曲发展概略　早期时曲集　《童痴一弄》(《挂枝儿》)　《童痴二弄》(《山歌》)　文人的拟作及影响　清代时曲集　《时尚南北雅调万花小曲》　《霓裳续谱》　《白雪遗音》　时曲的思想艺术特点

元代新兴的抒情诗样式散曲，在元帝国崩溃以后，仍然在社会上流行着。它原来主要和北方系统的音乐相联系着，到了后来，由于南方系统的音乐势力逐步膨胀，许多作家也就把这种抒情诗配合着它来歌唱。这样，就使得散曲和当时的剧曲一样，有了北曲和南曲之分。从现存作品来看，从 14 世纪后期到 17 世纪中叶的近三个世纪中，明朝的散曲一直是在社会上流行的，其间也产生过一些比较优秀的作家和作品。只不过与元人相比，其声势、影响和成就都尚有较大的差距。

大约从 15 世纪起，又开始出现了一种更新的歌曲或抒情诗。它们在地理、音乐、语言各方面，都显示着复杂的来源。为了有别于流传已久的南北曲，当时人们就称之为时调小曲，或者简称时曲。所谓时调，是针对南北曲之为古调而言的；所谓小曲，是针对南北曲之为大曲而言的。“时”意味着时尚流行；“小”意味着轻巧灵活；既不受正襟危坐的束缚，也没有陈腐的说教。

从现有的文献材料来看，时调小曲多数是从乡村流入城市以后已经城市化的作品,或者原来就是产生于城市的作品。基本上可以说,时调小曲就是明清时代的市民歌曲。和六朝诗歌中的吴歌、西曲,宋词中的某些作品特别是柳永等人的词一样,时调小曲也反映了市民的生活情调。与前者相比,后者数量更多,反映市民生活和感情的幅度也很广。

对于时调小曲的产生和发展,沈德符《万历野获编》卷二十五《时尚小令》曾有比较详细的描述:

> 元人小令,行于燕、赵,后浸淫日盛。自宣(德)、正(统)至成(化)、弘(治)后,中原又行《锁南枝》、《傍妆台》、《山坡羊》之属。李崆峒(梦阳)先生初自庆阳徙居汴梁,闻之,以为可继《国风》之后,何大复(景明)继至,亦酷爱之。今所传《泥捏人》及《鞋打卦》、《熬鬏髻》三阕,为三牌名之冠,故不虚也。自兹以后,又有《耍孩儿》、《驻云飞》、《醉太平》诸曲,然不如三曲之盛。嘉(靖)、隆(庆)间,乃兴《闹五更》、《寄生草》、《罗江怨》、《哭皇天》、《干荷叶》、《粉红莲》、《桐城歌》、《银纽丝》之属,自两淮以至江南,渐与词曲相远,不过写淫媟情态,略具抑扬而已。比年以来,又有《打枣竿》、《挂枝儿》二曲,其腔调约略相似,则不问南北,不问男女,不问老幼良贱,人人习之,亦人人喜听之,以至刊布成帙,举世传诵,沁入心腑。其谱不知从何来,真可骇叹!又《山坡羊》者,李、何二公所喜,今南北词俱有此名,但北方惟盛爱《数落山坡羊》。其曲自宣、大、辽东三镇传来。今京师妓女惯以此充弦索北调。其语秽亵鄙浅,并桑、濮之音亦离去已远,而羁人游婿,嗜之独深,丙夜开樽,争先招致;而教坊所隶筝纂等色,及九宫十二调,则皆不知为何物矣!

据沈氏的记载,明代时调小曲的产生和发展可以大致分作三个阶段:从明宣宗宣德(1426—1435)、明英宗正统(1436—1449)至明宪宗成化(1465—1487)、明孝宗弘治(1488—1505),即从15世纪20年代至16世纪初,是时调小曲的始生期,其影响区域主要在中原。其中又以《锁南枝》、《傍妆台》、《山坡羊》三曲最为流行,并引起当时著名诗人李梦阳、何景明的高度重视。从明世宗嘉靖(1522—1566)到明穆宗隆庆(1567—1572)间的五十年,出现了更多的曲调,本身的特征进一步明确,空间上则由北往南发展,及于两淮及江南地区。隆庆以后,其发展又进入了一个新阶段。

沈德符的记叙,揭示了时调小曲来源的广泛性,成分的复杂性,以及它在内容和形式、语言和音乐各方面对过去的抒情诗——诗、词、曲等的突破。他注意到这一新兴的文学现象,但在审视这一新生事物时,还不免带着正统诗学的眼光,流露出一些轻蔑和不屑。与此同时,也有许多卓有见识的诗人和批评家充分肯定了时调小曲来自民间的那份天然、清新、真纯。作为"前七子"的领袖,李梦阳、何景明二人的诗学观点并不完全一致,但他们都酷爱这类新兴的歌唱,称赞这些出自民间的作品真纯可爱,非文人创作所能及。袁宏道也曾指出,由于时调小曲是"闾阎妇人孺子所唱","真人所作,故多真声"(《小修诗序》)。一向重视民间通俗文学的冯梦龙则说:"今虽季世,而但有假诗文,无假山歌。"并认为这些作品可以"借男女之真情,发名教之伪药"(《山歌序》)。卓珂月更大胆宣称:"我明诗让唐,词让宋,曲让元,庶几《吴歌》、《挂枝儿》、《罗江怨》、《打枣杆》、《银绞丝》之属,为我明一绝耳。"(陈宏绪《寒夜录》)总之,时调小曲不仅是一种崭新的文学形式,还包含着一些不见之于当时正统诗歌形式的新的风格和内容。

北方的时调小曲,产生不久就流入南方,为南方人民所模仿;同时,南方的山歌之类本来就很流行。这样,就使得时调小曲在全国范围之内都盛行起来了。正如明代著名曲家王骥德所指出的,"小曲《挂枝儿》,即《打枣杆》,是北人长技,南人每不能及。昨毛允遂贻我吴中新刻一帙,中如《喷嚏》、《枕头》等曲,皆吴人所拟,即韵稍出入,然措意俊妙,虽北人无以加之,故知人情原不相违。"人心不隔,民情相通,是北曲南传并在全国流行的重要基础。"北之《打枣杆》与吴人之山歌,不必文士,皆北里之侠,或闺阃之秀,以无意得之,犹诸郑、卫诗风,修《大雅》者反不能作。"(《曲律》)这说明时调小曲的流行有其社会文化基础。

最早的明代时调小曲集,是成化年间金台鲁氏刊行的《四季五更驻云飞》、《题西厢记咏十二月赛驻云飞》、《太平时赛驻云飞》、《新编寡妇烈女诗曲》等四种，其中许多采用了联曲的形式。这些集子只收录了当时社会上流行的作品中的极小部分，从质量上说，也不是最好的。相反，在明代刊行的许多戏曲选集乃至在包括《金瓶梅》在内的白话小说中，附录有许多更其优美的作品。这当中最多的是恋人之间缠绵的倾诉和深情的誓言，如：

傻俊角，我的哥，和块黄泥儿捏咱两个。捏一个儿你，捏一个儿我，捏的来一个似活托，捏的来同床上歇卧。将泥人儿摔碎，着水儿重和过，再捏一个你，再捏一个我。哥哥身上也有妹妹，妹妹身上也有哥哥。

——《锁南枝·风情》(《南宫词纪》)

一重山，两重山，阻隔着关山迢递。恨不得来见你，空想着佳期。默地里思一会，想一会，要写封情书捎寄，才放一只桌儿，铺着一张纸儿，磨着一池墨儿，拿起一枝笔儿。未写着衷肠，泪珠儿先湿透了纸。

——《急催玉》(《词林一枝》)

钦天监造历的人儿好不知趣，偏闰年，偏闰月，不闰个更儿。鸳鸯枕上情难尽，刚才合着眼，不觉又鸡鸣。恨的是更儿，恼的是鸡儿。可怜我的人儿，热烘烘丢开，心下何曾忍！

——《急催玉》(《词林一枝》，又见《八能奏锦》)

也有丈夫临别时妻子温存的嘱托，如：

临行时扯着衣裳问：冤家几时回？还要回只待等桃花桃花绽。一杯酒递与心肝，双膝儿跪在眼前。临行时祝付千祝付千遍：逢桥时须下雕鞍，过渡时切莫争先，在外休把闲花闲花恋。得意时急早回还，免得奴受尽熬煎，那时方称奴心奴心愿。

——《罗江怨》(《词林一枝》)

还有准备与情人私逃的妓女的内心悸动和对光明前途的勇敢追求，如：

俏心肝，咱和你难丢手，终日里住秦楼，却不是良谋。今宵准备双双走。打破牢笼去，脱离狼虎口。清白人家白人家，乖，天长与地久。

——《劈破玉·走》(《词林一枝》)

和散曲一样，时调小曲的基本形态也是以一支曲子即小令为单位的，但有时也因内容的需要，发展成为联曲，即以若干支同样的曲子联结起来写一个主题的重头曲，或以若干支不同样的曲子联结起来写一个主题的套曲。《玉谷调簧》和《摘锦奇音》中都曾予以记载的《娘女问答》，便是一篇由四支《劈破玉》组成的咏写私情的重头曲：

小贱人生得自轻自贱，娘叫你怎的不在跟前？原何唬得筛糠战？因甚的红了脸？因甚的掉了簪？为甚的缘由，甚的缘由，(儿，)揉乱青丝纂？(又)

——《娘问女》

告娘亲非是我自轻自贱，娘叫我一时不在跟前，因此上走将来得心惊战。搽胭脂红了脸，耍鞦韆吊了簪，墙角上攀花，角上攀花，(娘，)挂乱青丝纂。(又)

——《女回娘》

小贱人休得胡争辩，为娘的幼年间比你更会转湾。你被情人扯住心惊战，为害羞红了脸，做表记丢了簪，云雨偷情，云雨偷情，(儿，)弄乱青丝纂。(又)

——《娘复骂》

小女儿非敢胡争辩，告娘亲恕孩儿实不相瞒。俏哥哥扯住唬得心惊战，吃交杯红了脸，俏冤家抢去簪。一阵昏迷，一阵昏迷，(娘，)

我也顾不得青丝纂。(又)

——《女自招》

在这篇作品中,作者以极其经济的对话,刻画了一个为了爱而变得勇敢的女儿和一个虽然也曾勇敢过但后来却给自己的感情涂上了漆,并且也希望把漆朝女儿的感情上涂的母亲。新鲜的形式,活泼的对话,写出了两个真实动人的形象。

万历时代,冯梦龙编辑了两部民歌集,即别题为《童痴一弄》的《挂枝儿》和别题为《童痴二弄》的《山歌》。“童痴”之称,正体现了冯梦龙对时调小曲的看法,即特重其童真和痴情。《挂枝儿》现仅存浮白山人的选本,计四十一篇;《山歌》的三百四十多篇则全部保存下来了。这些作品中,有些经过冯梦龙的加工,还附录有极少数的文人拟作,但基本上保存了时调小曲的精神面貌。冯书一出,即广为流传,“海内盛传冯生《挂枝儿》曲”,“浮薄子弟,靡然倾动,至有覆家破产者。其父兄群起讦之”(钮琇《觚賸》),可见其影响之大。《挂枝儿》也和其他时曲一样,以情诗为主,例如下举几首,或抒写分离的思念,或斥责情郎的负心,都是《曲律》所赞为“措意俊妙”的作品:

对妆台忽然打个喷嚏,想是有情哥思量我,寄个信儿。难道他思量我刚刚一次?自从别了你,日日泪珠垂。似我这等把你思量也,想你的喷嚏常似雨。

——《喷嚏》

捎书人出得门儿骤,叫丫鬟唤转来,我少分付了话头:“你见他时,切莫说我因他瘦。现今他不好,说与他又添忧。若问起我身体也,只说灾病从没有。”

——《寄书》

这封书见了不由人不气,说来时,又不来,这话眼见得虚。那些个有缘千里能相会。亲口说的话儿还不作准，这几个草字儿要他做甚的？寄语我薄幸的情郎也，把这巧舌头儿收拾起。

——《见书》

其中也有少数偶尔接触到其他方面的，如《裹脚》一篇，就控诉了封建礼教对于妇女野蛮的生理摧残：

裹脚儿自幼的被你缠上，行双双，坐双双，到晚同床。白日里一步何曾松放？为你身子儿消瘦了，为你行步好郎当，为你绊住了我的跟儿也，只得随你同来往。

还有如讽刺时俗的，如《挂枝儿·山人》：

问山人，并不在山中住，止不过老着脸皮写几句歪诗。戴方巾称治民，到处去投刺。“京中某老先，近有书到治民处；乡中某老先，他与治民最相知。”临别，“有舍亲有一事干求也，只为公道没银子。”

明代山人最多，往往是假名士，这一首对其虚伪本质的针砭是够犀利的，可与李开先《一笑散》中讽刺贪小利者的《醉太平》一曲相媲美。

正如编者在序文中所指出的，《山歌》乃是一部“私情谱”。除了最后一卷《桐城时兴歌》是用通行语言写的以外，其余都是用吴语写的，其中也保留了从六朝吴歌中就存在着的某些传统表现方式，例如双关语的应用，以“幅”指“福”，以“园”指“缘”，以“丝”代“思”等。这种谐声隐语，是民歌语言运用方面的共同特征。以鲜活的语言，表达比六朝吴歌更加炽热的爱情愿望和对性爱解放的要求，则是明代《山歌》的新特点。例如：

滔滔风急浪潮天，情哥扳桩要开船。挟绢做裙郎无幅，屋檐头种菜姐无园。

——《别》

约郎约到月上时，那了月上子山头弗见渠。咦弗知奴处山低月上得早？咦弗知郎处山高月上得迟？

——《月上》

老公小，弗风流，只同罗帐弗同头。搭宅基一块好田只吃你弗会种，年年花利别人收。

——《老公小》

结识私情弗要慌，捉着子奸情奴自去当。拚得到官奴膝馒头跪子从实说，咬钉嚼铁我偷郎。

——《偷》

以上诸篇，冯梦龙称之为“私情四句”，是不入乐的徒歌，因而严格说来，它们也不是小曲。但在艺术上，它们却各有特点：《别》巧用双关语；《月上》虽用吴侬软语，但落想出奇，痴心可鉴；《老公小》善于用喻，语含幽怨；《偷》则热烈大胆；都给人留下了难忘的印象。

《山歌》中还有一些“曲白间用”的乐歌，篇幅一般比较长。其中如《门神》一篇，就深刻反映了一个被抛弃的恋人“结识私情像门神，恋新弃旧忒忘情”的哀怨心曲，和“私情四句”有异曲同工之妙。它句句写的是门神，却又句句讲的是被弃者。一年以前，初时光景是：

记得去年大年三十夜，捉我千刷万刷刷得我心悦诚服，千嘱万嘱嘱得我一板个正经。我虽然图你个糊口之计，你也敬得我介如神。……有介一起轻薄后生捉我摸手摸脚，我只是声色弗动。……我为你受子许多烹风露水，带月披星。……你当先见我颜色新鲜那亨介喝采，装扮得花噪，加倍介奉承。

才过了一年，情况就大不一样了，而痴心的女主人公心里却一直存有一丝希冀：

弗上一年个光景，只思量别恋个新人。你省我弗像个士女，我也道你弗是个善人。就要撚我出去，弗匡你起介一片个毒心。逼着介个残冬腊月，一刻也弗容我留停。你拿个冷水来泼我个身上，我还道你是取笑；拿个筅帚来支我，我也只弗做声；扯破子我个衣裳只是忍耐，撕破子我个面孔方才道你是认真。

这种巧妙的双关比喻手法，也正体现了无名作者的机智和民间文学的特征。

冯梦龙曾模拟时调小曲，创作了《夹竹桃顶针千家诗山歌》。明清的少数作家，如金銮、刘效祖、赵南星、冯惟敏、陈铎、王磐等人，也曾以时调小曲这种形式来作散曲，从而纠正了元末明初散曲创作中的典雅化倾向，也扩大了其题材内容。陈铎《滑稽余韵》中有不少作品写到城市下层人民的生活，如《雁儿落带过得胜令·机匠》写到机匠的艰辛；《雁儿落带过得胜令·媒人》讽刺了媒人的可笑；都有意识地以滑稽清活的风格，矫正雅丽板滞的作风。冯惟敏《海浮山堂词稿》也有较丰富的社会政治内容。王磐《王西楼乐府》中的《朝天子·咏喇叭》，继承了元代散曲的优良传统，以辛辣之笔挑战邪恶，与睢景臣《般涉调·高祖还乡》相似，而善用比兴过之。时调小曲的影响，使明代中后期的散曲创作有了新的成就与面目。

清代的时调小曲，从18世纪初叶起，开始进入了一个新的繁荣发展的阶段。仅刘复和李家瑞合编《中国俗曲总目稿》中，就收有单刊小册六千零四十四种，数目已相当可观。实际上，这一数目还只是当时民间创作的一部分，遗漏和亡佚的还有不少。乾隆九年(1744)刊行的《时尚南北雅调万花小曲》共有一百多篇，是清代出现较早的一部时曲集，因而，其中还保存了一些在明代就已流行的作品。其中题为“小曲”的一部分，有许多带有极为显著的民歌风格特征的篇章。如：

从南来了一行雁，也有成双也有孤单。成双的欢天喜地声嘹亮，孤单的落在后头飞不上。不看成双，只看孤单。细思量，你的凄凉和我是一般样。

《时尚南北雅调万花小曲》中最可注意的是《西调鼓儿天》。这是一套写思妇的作品，以十八篇《鼓儿天》作正文，以一篇《清江引》作尾声来组成的。曲中所写的“征西”，可能是指雍正七年至十二年(1729—1734)清军出征准噶尔部的战事。这场征战延续了四五年，糜费了大量钱粮，但并没有能取得胜利。人民对这场战争的不满，在这篇时曲中得到了反映。征夫思妇是一个在《诗三百篇》中就有表现的古老题材，这篇时曲充分发挥其形式上的特点和优势，十八篇《鼓儿天》从不同角度、侧面，反复铺叙思妇的生活和感情，其委曲细致显然超过了前人的同类作品。节录前一部分如下：

一更鼓儿天，(又)我男征西不见回还。早回还，与奴重相见，了呀！叫了一声天，哭了一声天，满斗焚香，祝告苍天。老天爷保佑他早回还，早回还，奴把猪羊献。了呀！

二更鼓儿多，(又)我男征西无其奈何。没奈何，叫奴实难过。了呀！叫了一声哥，哭了一声哥，我想我哥哥泪如梭，泪如梭，不敢把两脚错。了呀！

三更鼓儿催，(又)月照南楼奴好伤悲。一张象牙床，教奴独自睡。了呀！独守孤帏，又南来孤雁一声一声催。雁儿，你落下来，奴与你成双对。了呀！

四更鼓儿生，(又)我男征西在路径。在路径，叫奴身怀孕。了呀！你好很心！(又)是男是女早离了娘的身。山高路又远，谁人捎书信？了呀！

五更鼓儿发，(又)梦儿里梦见我的冤家，手搀手说了几句衷肠话。了呀！梦里梦见他，(又)架上金鸡叫喳喳，惊醒来忽听见人说话。了呀！

乾隆六十年(1795)，王廷绍刊行了当时的老曲师颜自德多年苦心搜集的时曲，题为《霓裳续谱》。这部集子汇编的作品多达五百四十七篇，“其曲词或从诸传奇析出，或撰自名公巨卿，逮诸骚客，下至衢巷之语，市井之谈，靡不毕具”(《霓裳续谱序》)。可见所收并不完全是民间创作。但对所收入的民间创作，作者一概保留其原貌，并没有进行加工，所谓“虽从友人之命，不过正其亥豕之讹，至鄙俚纰谬之处，固未尝改订”(同上)。因此，我们还可以从中看到一部分民间创作的本来面目。

《霓裳续谱》的编者把时曲分作西调和杂曲两大类。西调共有二百一十四篇，在书中所占比例甚大，但从风格上看来，大多数是出于不高明的文士之手，其价值还不及此外的各种小曲，亦即杂曲。杂曲中有一些很漂亮的情诗，如下面的《寄生草》：

> 熨斗儿熨不开的眉头儿皱；翦刀儿翦不断腹内的忧愁；对菱花照不出你我胖和瘦；周公的卦儿准，算不出你我的佳期凑。口儿说是“舍了罢”，我这心里又难丢，快刀儿割不断连心的肉。(重)
>
> 嗳哟哟，实难过！半夜三更睡不着。睡不着，披上衣服我坐一坐。盼才郎，脱下花鞋占一课。一只卸着，一只合着。要说是来，这只鞋儿那么着；要说是不来，那只鞋儿这么着！
>
> 情人送奴一把扇，一面是水，一面是山。画的山，层层叠叠真好看。画的水，曲曲弯弯流不断。山靠水来水靠山。山要离别，除非山崩水流断。(重)
>
> 相思牌儿在门前挂，买相思的来问咱：“借问声，这相思你要多少价？”“这相思得来的价儿大。”买的摇头，卖的把嘴咂：“请回来，奉让一半与尊驾。”(重)

由于其形式自由活泼，时曲往往能更多地突破传统抒情诗的某些局限或窠臼，有如奇峰突起，使人感觉格外尖巧清新。以上四篇都突破了旧有的格局，而以谋局之巧、设想之奇、意象之新引人注目。

道光八年(1828)华广生编《白雪遗音》刊行，本书共收时调小曲七百多篇，规模比《霓裳续谱》更大。其中所收以马头调最多，占全书五分之二。马头调可能是产生于码头亦即商业城市中的水陆交通枢纽的歌曲。如果这个推测准确，则这个调名本身已暗示了这些作品与城市及市民的关系。

《白雪遗音》中的情诗，风格与明代的《山歌》颇为相似。下面这一篇《马头调》和《满江红》即是其中的思新意奇之作：

热扑扑的离别去，凄凄凉凉独自回归。眼儿中掉下几点伤心泪，没奈何斜倚门框想滋味。这不是他吐的吐沫？那不是他磕的烟灰？这不是他照的影儿、坐的位？这才是“酒不醉人人自醉”。

要不咱俩散开罢？来来往往不是个长法。见了你，惶惶惚惚难招架；不见你，时时刻刻心坎挂。我也曾自己劝过我自家，是怎么空说丢门忘不下？到多咋你我二人不说话？

——《马头调》

俏人儿，我劝你回心转意，休想奴容颜好，奴是别人妻。将钗环赠与你，拿回家去，寻上一房妻，早早会佳期。到后来人谈论，反是奴误了你，反是奴误了你！

——《满江红》

唐代张籍《节妇吟》诗中那个面对“君知妾有夫，赠妾双明珠”的妇女，最终“还君明珠双泪垂，恨不相逢未嫁时”，可谓“发乎情止乎礼义”。相比之下，《满江红》中的这个女主人公一往深情，而温柔敦厚更令人感叹。《马头调》中所描绘的痴情女子的形象也给人留下了深刻的印象。

像这样一些发自普通人民内心的“深情苦语”，欢笑与悲哀，勇敢与疑惧，诚然是《白雪遗音》中的优秀作品，但这个集子中还有少数篇章，或者反映了那个时代另一些更重要的问题，或者更深刻揭露了人民生活的真相，也同样值得我们重视。如《马头调·带靶》写鸦片烟的危害：“鸦片烟儿真奇怪，吃烟的人儿，脸上挂着一个送命的招牌”；另一篇《马头调·带靶》写一少女“跑入公堂（告俺的爹娘），爱银钱将奴卖在烟花巷（丧尽天良）”，客观上反映了贫困对平民的压迫和对人性的摧残。贫困不仅逼良为娼，甚至沦落风尘也不能免于饥寒。如下面这篇《马头调》所唱的：

清晨起来门边站，身上无衣，怨着天寒。这几天何曾见个嫖客面？遇一人一把拉到勾阑院：“不当你是调情，只当你是可怜，可怜我三天吃了一顿饭。”叫爷们，“给我八个大钱吃碗面”。

读来让人不禁辛酸落泪。还有一篇《马头调·带靶》则大胆描写了小尼姑思念凡俗爱情的心理。

总的来看，时调小曲中所反映的思想感情是十分复杂的，其中既有面向生活的真实描写，也有一些庸俗无聊的东西。其中的一个显著特点，是其题材内容往往与妇女生活及其思想感情有关，从一般妇女的婚姻、恋爱、缠脚到奴婢、娼妓、尼姑等等，可以说是来自社会最底层的声音。她们的痛苦和欢乐，她们所承受的压迫和发出的反抗，在时调小曲中多有反映。这是妇女们的歌唱，或者拟代妇女的歌唱。时曲中为数众多的情歌中，有对私情的露骨咏唱，也有对性爱的夸张描写，实际上反映了在婚姻爱情上深受压迫和压抑的妇女所作的悲剧性反弹。这些时尚的作品虽然未必深刻，却往往以最真实、最裸露的形式，鲜活地勾勒出她们所处的时代。

这种新的歌曲和抒情诗样式，具有灵活多变、没有严整的格律的特征。在内容上，它以抒情为主，但也不缺乏叙事和咏物的篇章。除了少数谚谣以外，时调小曲直接介入政治斗争的不多，与时政的关系不密切，因为这一类题材非其重点，也非其所长。在结构上，它不仅有小令、重头、套数，而且有白有唱，有一人的独唱，有问答体的对唱。在口气上，叙述和代言也没有严格的区别。这些，都构成了它的新鲜活泼生动有力的优点。正是在这些地方，我们可以看出戏曲、诗歌和讲唱文学诸种样式的贯通和关联。至于它的语言反映了诗歌语言更进一步接近口语这一重要趋势，也是不言自明的。

第二十七章　儒林众生相和说不尽的《红楼梦》

与四大奇书的不同及互补　游离于儒林的浪子　范进、周进：对科举仕进的畸恋和讽刺　人性畸形、堕落与假名士　以功名富贵为中心　第一部"足称讽刺之书"　《红楼梦》：人物个性化和结构的独创性　晚期封建社会生活的百科全书　宝、黛、钗及其爱情悲剧　琳琅满目的人物画廊　偏重童真纯洁的境界的情感取向　诗化、抒情化及象征化　《醒世姻缘传》和《镜花缘》：高峰下的秀峦

《水浒传》重点铺展江湖社会；《三国演义》展开波澜壮阔的政治权谋和大场面军事战争的瑰丽画面；《金瓶梅》深入市民生活，描绘出市井风俗图画；《西游记》遨游神仙魔怪世界，充满童话般天真浪漫的情趣。它们在题材主题上各有千秋，又正好形成互补。不过，四大奇书对士人生活及其心理的深入刻画，对贵族家庭生活的全景描绘，则尚有不足。因此，《儒林外史》和《红楼梦》的出现，在文学史上有填补空白的意义。在清代众多的长篇章回小说中，真正足以上继四大奇书并能与之媲美的，也只有《儒林外史》和《红楼梦》。

这两部小说都产生于18世纪中叶。小说所处理的都是作者素日所熟悉的生活，他们曾经长期沉浸于这种生活方式的幸福与荣耀中，最终却

由于自愿或非自愿的原因，而游离了原来的社会阶层和生活方式。这一番出入升沉的人生经验，融入小说创作中，凸现了更亲切、清醒的现实感。这是与四大奇书的不同之处，也是它们艺术上获得巨大成功的原因之一。

吴敬梓（1701—1754）出生于安徽全椒一个靠科举制度而发达起来的士人家庭。在吴敬梓出生的时候，“五十年中，家门鼎盛”（《移家赋》）的荣光已是昨日黄花。青年时代，他也曾热衷于功名富贵，想走科举这条被当时读书人看作惟一正途的人生道路，但他的个性豪爽，又偏爱放荡风流的生活，逐渐挥霍了祖先留下的家产。他二十岁考上秀才之后，就一直没考取更高的举人进士。科场屡遭蹭蹬，日益消磨去他的功名心和进取的念头，使他逐渐从原来的那个阶层和群体中游离出来，成为被正统舆论所冷嘲热讽、所不齿的浪子。三十六岁时，安徽巡抚赵国霖荐举他到北京参加特别举行的博学鸿辞科考试，他也拒绝了。中年以后所经历的贫困的生活，更使他深刻体验了人情冷暖、世态炎凉，不仅使他扩大了眼界，更严肃而清醒地透视了现实人生。对于当时社会生活的诸种黑暗面，从八股取士的科举制度、那些野蛮而虚伪的封建礼教，到腐败而堕落的官僚政治，他的鄙夷是显然的，嘲笑是无情的，讽刺是辛辣的。这些揭露和批判，基于他经过巨大的精神痛苦和思想斗争后才得到的对这个社会的清醒而深刻的认识，因此，显得特别形象、具体、真实。

作者以悲悯而憎嫌的心情，塑造了一批深受科举制度的毒害，以致性格扭曲心态畸形的人物形象。周进和范进是这一类人的典型。两个人的名字都只有一个“进”字，也许不是巧合，而有讽刺其痴迷进学、进士亦即以科举进身之意。周进学了一辈子的八股制艺，却不得其门而入，到了六十多岁，依旧是个童生，不能进学，只好在乡下教蒙馆，受尽了羞辱。后来连蒙馆也教不成了，为生计所迫，跟着几个商人去做买卖，到了省城贡院门口，想挨进去看看，又被看门的大鞭子打了出来。可是他依然不死心，拿钱买通了看门的，到了晚间依旧进去看了。“周进一进了号，见两块号板摆的齐齐整整，不觉眼睛里一阵酸酸的，长叹一声，一头撞在号板上，直僵僵不醒人事。”几个商人见他着实可怜，筹了二百两银子，替他纳监进场。周进趴到地下，就磕了几个头，表示“若得如此，便是重生父母”，“变驴变马，也要报效”。苍天可怜，周进这次居然“巍然中了”，而且竟然接着又中了进士，三年之中，一路做到御史、广东学道，又以过来人的身份主持科考。在几百年间，历史裹挟着许许多多周进一流的人物，周而复始地循环，有力地支撑并维护了八股取士的制度，使其成为一种稳定的系统。

八股取士本来不全靠真才实学，也难说就有很客观的评判标准。满腹诗书经纶的人未必得中，巍然高中者却未必有什么学问和才干，科场中诸如此类荒唐可笑的故事实在太多。面黄肌瘦、花白胡须、冻得乞乞缩缩的童生范进引起了周进的怜悯，尽管原本是一篇坏卷子，最终还是自欺欺人地认为这样才是“一字一珠”的“天地间之至文”，将其取为第一名秀才。接着范进又考中了第七名举人。范进得知中举的消息，竟然欢喜得发疯，他的母亲在突如其来的生活变化面前，也激动得差点送掉性命。中举之前，范家已经穷得揭不开锅了。中举之后，来奉承趋附的络绎不绝，送钱物送田产送奴仆的都有，正是俗语所谓“书中自有黄金屋，书中自有千钟粟，书中自有颜如玉”。吴敬梓通过这些情节揭示了科举制度正是这样一条使人获得功名富贵，也使人趋于堕落的道路。多少士人在这条路上悲剧地拥挤着、奔逐着乃至互相排斥着，争先恐后。一些本性善良淳朴的人，在这一过程中被异化成虚伪卑鄙，顽钝无耻，或者迂腐愚昧，麻木不仁。范进原来也不是什么坏人，中举后也渐渐染上这类恶习，学会了一套虚伪作态。他死了母亲，到高要县打秋风，为了表示自己居丧守礼，硬是连牙筷也不肯用，但却可以用竹筷夹着虾圆子往嘴里送。

马纯上（马二先生）和王玉辉也是科举制度下成长的畸形士人。马二先生是个八股文选家，他以极虔诚的态度，宣扬应举做官是人生惟一的大事，除此之外，士人再没有别的事好做了。即使孔夫子生在今天，也不能例外。王玉辉是一个迂腐的老好人，科场上一辈子不曾得意，只“做了三十年的秀才”，但却深受封建伦理观念的毒害。女儿三姑娘在丈夫死后决心要殉节时，他不但不劝阻，反而认为“这是青史上留名的事”，加以鼓励，然后“在家，依旧看书写字”，居然安心等待女儿的死讯。女儿死后，他竟责怪悲痛欲绝的妻子说：“你这老人家真正是个呆子！三女儿她而今已是成了仙了，你哭他怎的？他这死的好，只怕我将来不能像他这样一个好题目死哩!”“因仰天大笑道:‘死的好! 死的好!’大笑着,走出房门去了。”可以想象得出,作者是以多么沉重的心情在描绘这一幅血淋淋的图画,是以多么愤怒的心情在控诉反动理学和封建礼教的罪恶。与吴敬梓同时的思想家和学者戴震说:“人死于法,犹有怜之者。死于理,其谁怜之!”(《孟子字义疏证》卷上)王三姑娘就正是这样一个“死于理”的女子,而她的父亲在精神上早已沦为反动理学和封建礼教的奴隶,他的灵魂可以说是虽生犹死。

不过,作者对马纯上、王玉辉这样的人物还是寓褒于贬的。说到底,他们也是封建礼教的受害者。因此,吴敬梓既痛恨腐朽的封建思想加于他们身上的毒害,怜悯他们的悲剧命运,同时又在另外一些场合赞扬他们所固有的善良品质,不掩盖他们的人性在某一方面闪射出来的光芒。这表明他已注意到人物性格的多重性和复杂性,在其他地方,他也同样注意到这一点。

作家犀利的笔锋,还主要指向另外一些利欲熏心、寡廉鲜耻的贪官污吏、假名士和豪商大贾。当时的官吏多数是靠科举出身的士人,其中也不乏庸俗、贪横、盗名欺世、贪污腐化之徒。例如以重办回教老师父为自己创造升迁条件的汤知县,用戥子、板子和算盘来压迫、剥削人民以求达到“三年清知府,十万雪花银”的南昌太守王惠,就是当时官场中的典型。不要说中举及第,做了官,便可以高人一等,作威作福,敲诈百姓,就是那些基层的乡绅,刚挨着一些科举的边,或者与当地或当权的官吏沾亲带故,也照样可以横行乡里,无恶不作。严贡生自称“为人率真,在乡里之间,从不晓得占人寸丝半粟的便宜”,实际上不但放高利贷,强占亡弟的遗产,无端扣押邻舍的肥猪,甚至连船钱也要赖掉。在这一卑劣的形象身上,我们同样可以嗅出八股制艺和虚伪礼教的气味。又如严监生,乃是一个家境富裕,却过着极端刻啬的日子的人。他临死的时候,因为油灯里多了一根灯芯,怕费了油,竟然不肯断气。作者对这种完全失去人生乐趣迷失人性本真的人,善于运用细节刻画形象,不动声色,却入木三分,令人不禁拍案叫绝。

《儒林外史》还以大量精彩的篇幅,描绘了当时一群假名士的生活。

这些人曾经也是科场上的功名势利之徒，由于感到在这条“正途”上博取功名富贵无望，就想走另一条终南捷径。他们和科举中人同样庸俗，甚至更加利欲熏心。他们自命清高，却依然奔走于权贵或富商之门，靠帮闲过活；他们自命风雅，却往往连诗也做不通。开头巾店的景兰江，“本来有两千银子本钱，一顿诗做得精光。每日在店里，手里拿着一个刷子刷头巾，口里还哼的是‘清明时节雨纷纷’”。牛浦郎偷了死去的老诗人牛布衣的诗稿，然后冒名顶替，到处招摇撞骗，终于弄出一场闹剧。他和另一个假名士牛玉圃认了祖孙之后，随着牛玉圃会见了大盐商万雪斋，就急于向旁人打听：“我这东家万雪斋老爷，他是甚么前程，将来几时有官做？”作者不仅准确地刻画了这些假名士的形象，而且剥开了他们的清高风雅的外衣，露出其空虚鄙陋的内心世界。

闲斋老人为本书所作序文说：“其书以功名富贵为一篇之骨。有心艳功名富贵而媚人下人者；有倚仗功名富贵而骄人傲人者；有假托无意功名富贵，自以为高，被人看破耻笑者；终乃以辞却功名富贵、品地最上一层为中流砥柱。”儒林各色人物对功名富贵的不同态度，构成了《儒林外史》的内容核心，吴敬梓也正是以这一标准来决定其是非憎爱的。尽管我们纵观全书，正面的为作者所肯定的人物极少，而反面的被作者否定的人物占了大多数，主导了全书的基调。他们来来往往，充斥各方，或者可笑，或者可恶，或者可怜，或者可悲，构成了一幅儒林众生相。但是，对于那些一贯讲究文行出处、鄙视功名富贵的人，他也从不掩饰自己的赞赏。第一回“说楔子敷陈大义，借名流隐括全文”虽然只是个楔子，却开宗明义，颇为引人注目，其意义的功能更大于其结构的功能。王冕视功名如敝屣，他的品格和他所处的时代，正好与全书中着力描绘的那种世相形成鲜明的对照。作者对现状的失望和感叹，以及对古典时代的向往和怀念，尽在不言之中。结尾的第五十五回“添四客述往思来，弹一曲高山流水”醒豁地点出此意，并寄托了对未来的期望。在这一回中，作者又写了擅长琴棋书画的季遐年、王太、盖宽、荆元等四个市井奇人，正好与开篇的楔子相互呼应。他们生活于市井中间，地位低贱，虽然不是所谓儒林人物，但在思想和性格上，却与书中另外一些为作者所肯定的儒林人物如虞博士、庄绍光、杜少卿等贤人君子相一致。作者以赞赏的心情，描绘了这些人萧散不羁的生活和思想，并通过他们表达了自己对于功名的鄙夷、对于个性的尊重以及对于个性解放的追求。这在一定程度上表现了他的思想的民主性和先进性。

这种思想还比较集中体现在作者对一些来自下层的小人物和女性人物形象的塑造方面。鲍文卿虽然有些封建意识，却是一个豪爽慷慨的善良的民间艺人。倪老爹则被科举制度害了一生，不得不靠修补乐器糊口，却又时刻为饥寒所威胁，连儿子都养不起。第二十五回中描写二人一见如故，一席对话，充满了人与人之间高贵的同情心，也流露了作者对沉沦于社会底层的卑微人物的尊重和怜悯、热爱和不平，闪射出人道主义思想的光辉。沈琼枝是作者所创造的一个十分出色的女性形象。她对骗她做妾的大盐商宋为富的勇敢而机智的强烈反抗，被作者寄予了极大的同情和尊敬。作者借杜少卿之口表示了对沈琼枝的支持和赞赏："盐商富贵奢华，多少士大夫见了就销魂夺魄。你一个弱女子，视如土芥，这就可敬的极了。"（第四十一回）

在18世纪以前，中国小说中虽有讽刺笔墨及成功的片断，但却没有一部完整的讽刺小说。"迨吴敬梓《儒林外史》出，乃秉持公心，指摘时弊，机锋所向，尤在士林；其文又戚而能谐，婉而多讽，于是说部中乃始有足称讽刺之书。"（鲁迅《中国小说史略》第二十三篇《清之讽刺小说》）作者对他所描写的儒林曾入乎其内，有十分贴近的观察；又能出乎其外，使思想境界超脱于流俗之上。他对士品之堕落既了然于心，又不能不忧愁、焦虑以至于愤怒、憎恶。这就构成了他的讽刺手法的思想力量和艺术力量。他对于反面典型的深刻概括，不仅栩栩如生地勾勒出那些丑陋的嘴脸，而且也目光四射地照明了产生这些丑恶的社会环境。他对平常生活现象的清醒透视和犀利剖析，往往在不动声色中见到锋芒，寓有沉痛，故鲁迅称之为"诚微辞之妙选，亦狙击之辣手"。（同上）《儒林外史》对中国小说讽刺艺术的贡献可以说是空前的。晚清时代出现的一批讽刺和谴责小说其艺术精神正是与《儒林外史》一脉相承的。

将《儒林外史》与有关历史文献作一对照，可以发现书中很多人物可能都有其历史原型，如杜少卿是作者本人，庄绍光是当时的著名经学家、以《骚赋论》驰名的程廷祚，马二先生则是徒步探访黄淮水道、著有《治河前后策》的冯祚泰（“冯”字拆开就是“马二”），虞博士就是以进士出任教官的吴培源（虞中含吴），等等。但作者显然结合了其他人物，并运用自己的艺术虚构，对这些形象作了艺术加工，使其更加鲜明突出。他还善于选择典型细节，凸显性格。全书文体省净，语言特别是白话以及方言口语的使用十分娴熟，也擅长用个性化的语言，寥寥数笔，就画出一个个鲜活的人物形象，如胡屠户、严监生等。

《儒林外史》的结构，在章回小说中也颇有独创性。它虽然是长篇小说，却更像一系列短篇小说的串接，章回之间的悬念安排颇具匠心。作家为了更便于选择生活的细节，充分反映那个时代的面貌，因而采取了在书中反映一个漫长的年代，并对于情节结构的某些环节予以放松的独特的艺术处理。换言之，作者是借一种既连续而又不十分连续的特殊结构来表达一个完整的主题，从而显示了结构的完整。第十八回往后开始收笔倒勾，回应篇首，也表明了作者对于结构的自觉把握。本书总的特点是形散而神不散。从表现本书主题、体现作者的艺术企图上看，这一独特结构是成功的。实际上，在明清人的笔记、笑话和小说中，早有不少因科举而产生的悲剧或喜剧或者令人啼笑皆非的短篇故事，《儒林外史》显然从中有所吸收、借鉴，它对名利场儒林相的曝光之所以能更集中更有力，结构的因素也是不能忽略的。

创作令我们骄傲的中国文学史上的不朽巨著《红楼梦》的曹雪芹（1724？—1763）是比吴敬梓晚一辈的作家。和吴敬梓在四十岁以后才开始写作《儒林外史》并且生前就把这部杰作完成不同，曹雪芹三十岁之前就以其早熟的天才开始写作《红楼梦》，直到他宝贵的生命终结时，全书才完成前八十回。八十回之后，只有一些片断的稿子。二十七年后，和曹雪芹同属汉军旗人的高鹗续成了后四十回，成了今天流传的一百二十回本的全书。高鹗比较忠实地保存了原作的创作意图及艺术风格，使全书成为一个完整的不可割裂的整体。

曹家曾是清初显赫一时的世家，从曹雪芹的曾祖到父亲，世袭江宁织造长达六十五年，其间还兼任过苏州织造和两淮盐政，都是当时的肥缺，可见所受恩宠之隆。但曹雪芹出生的时候，这个家族已日渐衰败。在短短的四十年中，作家亲历了家族由无比豪华到完全破落的整个过程。他根据这些家庭生活和社会生活的体验，以高度的典型化手段，清醒的现实主义精神，写出了这部封建贵族的衰亡史，在繁华灿烂的画面背后，是那个时代整个社会的满目苍凉。与《儒林外史》相比，《红楼梦》对封建观点和制度的鞭挞更加无情，批判更无保留，对于新的时代、新的理想的渴望也更加显著。

《红楼梦》是中国末期封建社会生活的百科全书。这部百科全书是围绕一个贵族家庭，特别是以生活在这个家庭里的一对青年男女追求爱情而终遭残酷迫害的故事为主要线索展开的。在这一对青年男女身上，作家体现了自己对生活中真和美的统一的追求。在由于另一位女性薛宝钗的介入而引起的三角恋爱纠纷中，作家对现实生活中没落和新生的事物都提出了正确的美学评价。理解这三个人物及他们之间的关系，是理解全部作品的关键。

贾宝玉作为《红楼梦》中最主要的正面人物，最引人注目的是他突出的叛逆性格，以及他身上透露出来的追求民主和个性解放的反封建意识和人道主义思想。他生长于贵族家庭，从小在女孩子中间长大，但却没有沾染那些贵族子弟庸俗淫乱的习气。他不但对她们不加以轻视和玩弄，反而格外同情和尊重。在他看来，这个世界上的女孩子，不管出身贵贱，都那么清纯可爱，因为她们没有受或少受浊世流俗的毒害和污染，而男人们追逐功名富贵，全那么虚伪、贪婪、庸俗，甚至有些妇女“只一嫁了汉子，染了男人的气味，就这样混账起来，比男人更可杀了”（第七十七回）。所以，他“见了女儿便清爽，见了男子便觉浊臭逼人”（第二回），甚至挨打时，只要叫姐姐妹妹，便不觉得痛楚了。这种看法无疑是对封建礼教的一个有力冲击，这种态度实际上反映了他对现实社会的否定。

宝玉对他所出生的那个家庭、阶级及其制度也是持否定态度的。他生长在功名富贵之家，却极为鄙视功名富贵。他生活在科举是正途出身的时代，却极端鄙弃科举制度。他处在封建伦理观念巩固等级制度森严的环境里，却“最厌峨冠礼服、庆吊往还等事”（第三十六回），嘲笑八股文是“拿他诓功名，混饭吃”的，却“还要说代圣贤立言”（第八十二回）。对于那些“文死谏，武死战”的“忠臣”，他认为这不过是“国贼禄鬼”的“沽名钓誉”（第三十六回）。因此，他本人“每日又不习文，又不学武，又怕见人，只爱在丫头群儿里闹”，见了仆人，“喜欢时，没上没下，大家乱玩一阵；不喜欢，各自走了”（第六十六回）。在当时那种社会环境里，这显然是一种典型的叛逆形象。因此，在流俗眼里，他自然是不折不扣的“似傻如狂”，“行为偏僻性乖张”（第三回）。

兰心蕙质的美丽姑娘林黛玉是书中性格塑造最为成功的人物形象之一。她的敏感、孤傲甚至尖刻，原本是她所经历的生活磨难在她心理上留下的印记。由于她坚守自己的个性，维护自己的理想，她的敏感、孤傲以及尖刻又同时成为她卫护自己的武器，成为她对自己所处的卑污的环境的近乎本能的抗拒的一种表现形式。在贾府中，贵族宗法关系早已严格规定了等级区别，人际关系表面上温情绵绵，实则明争暗斗，各谋私利，俨然一个封建社会的缩影。寄人篱下的林黛玉在心理上自然易生凛冽凄苦之感，所谓“一年三百六十日，风刀霜剑严相逼”。因而，她对爱之深笃的贾宝玉的心理期待就特别高，所以，宝、黛关系中出现的某些误会、斗嘴、吵架等不和谐，反映的是这一爱情的痛苦和沉重。实际上，贾宝玉和林黛玉的爱情，是建立在志同道合的基础上的。他们有共同的叛逆性格，共同的新生活思想，大多时候能相互理解，心意相通。尽管林黛玉爱赌气，宝玉却从来不恼她，因为林黛玉从来不劝他走读书考举人、进士然后为官作宰的世俗的人生道路，也不要他讲求那些仕途经济的学问，正如在第三十二回中宝玉所说的，“林姑娘从来说过这些混账话不曾？若他也说过这些混账话，我早和他生分了。”

薛宝钗则完整地体现了一切合乎正统标准的“大家闺秀”的性格，堪称是封建正统文化培养出来的才女。表面上，她是学识渊博，“品格端方”，“行为豁达”（第五回），“罕言寡语，人谓装愚；安分随时，自云守拙”（第八回），但实质上，她深于城府，富有圆融的社交手腕，因而一进贾府，就博得上上下下的认可、重视和喜爱。在宝、黛时时感到束缚、压抑和沉闷的社会环境里，她悠然从容，游刃有余，通过科举考试获得世俗荣华，对她始终有很大的吸引力。她期望早日成为贾家的主妇，并且想方设法诱导她的门当户对的意中人贾宝玉去博取功名富贵。为此，她谨言慎行，显得沉稳持重，时时处处注意维护一个大家闺秀的温柔敦厚的形象。为此，她甚至能委曲求全，迁就宝玉，而不像林黛玉那样自由任性，敢于袒露自己嬉笑怒哭的真情感。薛宝钗的出现和存在，既是作为林黛玉的爱情对手，又在明显的反差之中凸显了各自的性格。

从感情上说，钗、黛二人都是爱宝玉的，她们以不同的方式试图影响宝玉，争取宝玉的感情。林黛玉所希望得到的首先是一个有共同生活理想的知音的"宝哥哥"，而薛宝钗所希望得到的却首先是一个大贵族中主妇的地位，是花团锦簇中雍容华贵的"宝二奶奶"。对于宝玉来说，他在钗、黛二人之间的选择，实际上正是对于两种生活态度和人生道路的选择。在爱情抉择中，他不能不常将钗、黛二人比较。由于周围环境中各种因素和力量的掣肘，这一选择显得并不简单和轻松，为此宝玉有时甚至陷入矛盾彷徨之中。在这场争夺战中，林黛玉最终失败了，但薛宝钗也不是胜利者。在王熙凤设计、贾母等人赞同之下，他们利用贾宝玉精神失常，以薛宝钗冒充林黛玉与贾宝玉结婚。深谋远虑的薛宝钗虽然费尽心机获得了自己一直梦想着的地位，但在新婚之夜就受到了尴尬难堪的惩罚。

高鹗续书成功地续演并完成了这一幕悲剧。为了更集中地体现其戏剧性和悲剧性，作家特意把"黛玉气绝"安排在"正是宝玉娶宝钗的这个时辰"(第九十八回)。"都道是金玉良缘，俺只念木石前盟。空对着山中高士晶莹雪，终不忘世外仙姝寂寞林。叹人间美中不足今方信，纵然是齐眉举案，到底意难平！"(第五回)这场戏剧冲突更突出了各自的性格和悲剧命运。林黛玉用死，贾宝玉用出家，升华了不屈的叛逆个性。薛宝钗则在有名分而无实质的婚姻之后不久，就成了一个弃妇，亲手把自己的青春和幸福埋葬在寒灰里。这是一出爱情的悲剧，也是一出真、美和自由生活毁灭的悲剧。

在以贾、史、王、薛四大家族为脉络展开的这幅全景图画中，笼括了广阔的社会生活面。其中各式各样的人物即达数百人之多，男女老少，贫富贵贱，涉及不同阶层和文化背景。从贾贵妃到刘姥姥，绝大多数都有鲜明的个性，组成了一个琳琅满目的画廊，令人过目难忘。家族与家族之间以及家族内部人与人之间的各种复杂关系，政治的、经济的、伦理的，在作者笔下都有活泼泼的揭示。这些描写实际上可以视为当时整个封建社会的写照。道貌岸然实则虚伪庸俗的家主贾政，荒淫奢侈的贾珍、贾琏以及打死人却依然逍遥法外的蛮横的薛蟠，已足以体现这些贵族如何腐败、堕落，是注定要衰败的，再多几个王熙凤也无济于事。

王熙凤在小说中的出场就与众不同，引人注目。这个贾府中的少妇，同时也是贾府的当家人，她出身于诗书仕宦人家，自幼被当作男儿养大，性格中有男子的那种干练果断，也有市侩的势利狡诈。她机巧能干，也喜欢卖弄自己的权术和才干，确实算得上“脂粉队里的英雄”(第十三回)。她善于假公济私，谄上欺下，也费尽心机地撑持这个日趋没落的家族，维护着与她息息相关的这种制度与文化。最终，她也不得不承认徒劳和无奈。

王熙凤只是《红楼梦》成功地塑造了一系列各具风采的女性文学形象中的一个。《红楼梦》在这方面的成就只有《金瓶梅》略微近之，其他小说则难以企及。可以说，在对家族内部日常生活进行细致而成功的描写方面，《红楼梦》正是深受《金瓶梅》的影响，虽然在具体的表现上，两者有雅与俗、粗耍与精致之别。《红楼梦》也不同于吴敬梓《儒林外史》的冷峻的现实主义，它在人物的内心世界的开掘上最见功力，可以称之为心理的现实主义。它的描写中有大量具体而精确的个人生活经验、个人心理情感体验和诗的感悟，而且笔触深入到梦境和潜意识的层面，例如第三回写到宝黛初见时黛玉对宝玉的那种似曾相识的感觉，就是已被现代心理学揭示的深层心理现象之一。在这一方面，就总的倾向来说，《红楼梦》是传统中国小说集体历史化、非个人化倾向的反动，更是当时流行的只重情节不重人物性格形象的才子佳人小说的反动。

很明显，在曹雪芹的情感取向中，他认同更多的是入世未深的少男少女，而不是那些在功名利欲中浸淫已久的成年男人或纨绔子弟；是那些普普通通的并没有多少地位的侍女丫环倡伶乃至村姑乡妞等，而不是那些养尊处优的官僚贵族贵妇。换言之，这是一种偏重童真纯洁的境界的情感取向。它与晚明以来思想界涌现的个性解放的思潮特别是李贽哲学中的“童心说”一脉相承，代表了一种进步的思想倾向。作者设计了一个与外界包括与旧有的大家族生活环境有所疏离的大观园，有意以此回避现实环境的污浊，创造一个温馨和乐、恬淡宁静的清白世界，但这种环境也不能长久保持。不久，绣春囊事件和抄检大观园就撕破了温情脉脉的最后一层面纱，而揭开了悲剧的幕布，成为全书的一个重要转折点。美和丑，清和浊，最后都无可挽回地一起走向“千红一窟（哭）”，“万艳同杯（悲）”的终极归宿。

作者以凝聚着崇敬和同情之笔，描写了许多被统治被奴役的小人物的英勇反抗，如金钏儿、晴雯、芳官、龄官、司棋、尤三姐、鸳鸯以及石呆子、潘又安这些人，字里行间充满了对小人物被践踏的、无告的命运的深切关怀。这些人物的反抗，因为较少受到封建宗法及纲常伦理教条的束缚，显得更加激烈、无所掩饰，也因为没有任何势位的依托和屏障，显得更加无畏、奋不顾身。刚烈的尤三姐是她们中的典型。她表达对婚姻问题的看法，比宝玉和黛玉更加直爽：“这如今要办正事，不是我女孩儿家没羞耻，必得我拣一个素日可心如意的方跟他。若凭你们选择，虽是有钱有势的，我心里进不去，白过了这一世！”在第六十五回中，作者生动地描写了她对于贾珍、贾琏兄弟这两个淫荡而又卑劣的纨绔子弟的有力反击，那一通义正词严、酣畅淋漓的斥骂，正如在恶劣气候之中所迸发的疾雷暴雨。在这阵雷雨中，我们看到了这位一向在贫困孤苦的、被侮辱和被迫害的环境中成长起来的女子身上所放射的不可逼视的生命光辉，两个花花公子在这道强光的照耀之下，不由自主地露出了丑恶和怯懦的原形。

作家的文学天才和深沉炽热的情感，赋予了《红楼梦》难以追踪的诗意和蕴蓄丰厚的情采美。“满纸荒唐言，一把辛酸泪。都云作者痴，谁解其中味？”他在贫病交加中，呕心沥血，以生命谱写了中国小说史上最辉煌的篇章。脂砚斋批语谓其“哭成此书”，“泪尽而逝”，足见其一往情深。正是这种痴心，锻造出小说的抒情化特征。也不妨说，小说处理的是情的主题，“情”字乃是全书的中心，作为第一主人公的贾宝玉自然是当之无愧的“情种”。

曹雪芹并无诗词别集传世，但谁也不能否认，他是一个杰出的全能诗人。在小说中，古典诗歌的各种体裁和形式，诗、词、曲、赋、歌、谜、联句、唱和、酬赠，应有尽有，无不当行本色。最为难得的是，作者不仅善于以诗歌烘托全书意境，渲染情采，还特别擅长拟作各种不同风格、口吻的篇章，使诗歌成为人物性格塑造的一个重要而有效的手段。这确实是一项复杂而高难度的技艺，而作者却有如一位炉火纯青的口技演员，每一拟作，无不声形毕肖，或工或拙，或纤秾或淡雅，无不恰合其人身份。作者还以精要的诗句概括了书中主要人物的性格及其命运，林黛玉是"质本洁来还洁去，强于污淖陷渠沟"（第二十七回），薛宝钗则是"好风凭藉力，送我上青云"（第七十回），晴雯是"心比天高，身为下贱，风流灵巧招人怨"，而袭人则是"枉自温柔和顺，空云似桂如兰"（第五回），使人印象深刻。书中有不少优美的抒情段落，许多诗文，如《葬花辞》及《芙蓉女儿诔》等，是上等的抒情文字。从某种意义上也可以说，《红楼梦》是一部形象的诗学教科书。

本书的情节结构、人物姓名往往富有象征、暗喻，别有寄托，更是其无所不在的诗意的一种表现。作者深得庄骚之心，得意忘言，每有神来之笔。本书开篇，作者即借神话传说立局，不仅为小说构建了一个开放性的时空和意义结构，又增添了一种瑰异奇丽的意绪。远古时代女娲炼石补天，实用三万六千五百块，只余下一块顽石未用。这顽石吸收天地精气，化作鲜明莹洁的通灵宝玉，成为贾宝玉的胎根。顽石、美玉以及宝玉，都是钟灵毓秀之物，因而也就特别具有象征意义。"无才可去补苍天，枉入红尘若许年"（第一回）。石化为玉（美玉和宝玉实合二而一），古幻为今，时空变换，不改的是其共同的零余的特征。这种零余人的形象，也许会使我们联想到俄国文学中的多余人形象，虽然各自的时代和文化意义并不相同，却都有在传统禁锢下挣扎的无奈和痛苦。女娲炼石补天的大荒山、无稽（无稽之谈）崖之类自是假托；贾雨村（假雨村言）、甄士隐（真事隐）、警幻仙姑等亦莫非寓言。"金玉良缘"当然珠光宝气，却是不免世俗的富贵，"木石前盟"则隐喻幽洁灵秀，是命中也是性格所注定。这些无不体现了诗人天真恣意的浪漫情怀，同时也提示我们在阅读诠释时，要得鱼忘筌。其实，《红楼梦》全书既保存了生活的鲜活与丰富，又包容了缤纷多彩的学术文化背景，诗骚庄老只不过是其中一部分而已，这自然造就了它的多义性和开放性。

此外值得一提的是产生于《红楼梦》和《儒林外史》之前的西周生的《醒世姻缘传》和产生于这两部杰作之后的李汝珍的《镜花缘》。《醒世姻缘传》试图以现实主义的眼光观察封建社会中的婚姻和家庭问题，但作者把小说中的女主角薛素姐写成一个不近人情的悍妇，而她的丈夫狄希陈则被描写成了一个不近人情的惧内者，并且把他们之间的夫妻反目归结为因果报应、夙世业缘，显然受到了他的宿命论和虚无主义的世界观的局限。但不能否认，小说的描写也有颇多幽默生动的地方。《镜花缘》产生于乾、嘉时代，作者李汝珍是一个多才多艺颇有学问的文人。他在书中有意逞才炫博，这固然表现了乾嘉学术对于文学的渗透，却破坏了全书的艺术形象的完整性。但小说中也有不少奇妙的想象和有趣的描写，同时还体现了作者的一些民主进步的思想，比如要求妇女从物质到精神的真正解放，反对伪善、迷信和愚昧等。应该说，《红楼梦》和《儒林外史》这两座18世纪长篇小说的巍峨高峰的出现不是偶然的，在其前后左右还环绕着一批青翠的山峦，《醒世姻缘传》和《镜花缘》只是其中的两座而已。

第二十八章　弹词和鼓词:讲唱文学的新葩

讲唱文学的简要回顾及其形式结构　　弹词与鼓词的前身　　弹词的结构、题材和艺术特点　　《天雨花》、《再生缘》、《义妖传》　　鼓词的体制　　《快嘴李翠莲记》例析　　《万古愁》和《木皮鼓词》　　《东郭外传》　　子弟书　　韩小窗《露泪缘》和《得钞傲妻》　　弹词鼓词的两个特点

讲唱文学至少可以追溯到唐代的说话和变文。在宋代,它获得了巨大的发展,配合当时流行的各种不同音乐,分化为说话、鼓子词(以鼓为节拍,如南宋赵令畤《商调蝶恋花》)、赚词(赚是曲调名称的一种)、诸宫调等多种样式。其中只有说话中的小说一家后来更偏重于散文方面,可供歌唱的韵文退居次要地位,终于变得可有可无。其余的都以其有散有韵、可讲可唱的特色继续在民间盛行,并且以各种异名如陶真、涯词、词话、弹词、鼓词等在各个不同的时代出现。"陶"或作"淘",宋佚名《西湖老人繁胜录》:"唱涯词,只引子弟;听淘真,尽是村人。"明代田汝成《西湖游览志余》卷二十《熙朝乐事》亦记:"杭州男女瞽者多学琵琶,唱古今小说平话,以觅衣食,谓之陶真。大抵说宋时事,盖汴京遗俗也。"从唐迄清这数百年间音乐的发展变化,促使这些讲唱文学中的韵文部分发展出不同的唱法,拥有了不同的名称,也走上了不同的发展道路。

从结构上说,讲唱文学一般不外讲的散文和唱的韵文两部分。散文

方面的发展趋势是日益接近口语,与整个文学语言的发展方向一致。韵文方面则有诗赞体和乐曲体这两种不同的形态。两者基本上是平行发展的,但有时也相互交叉,互相影响,也有两者同时或先后出现在某种或某个讲唱文学作品中的情形。可以说,讲唱文学是一种中国特色的长篇叙事诗歌。

诗赞体是直接从唐代变文发展而来的。在唐宋时代,七字句(二、二、三)是其最基本的形式,有时也用三、三、七的句法。元明以来,又有了所谓“攒十字”的十字句(三、三、四)。诗赞体句式一般比较简单,语言较通俗,但仍然依照各种不同的音乐流派而有一定的声腔和唱法。它和乐曲体的区别是句子特别倾向于整齐,通常并不标明声腔、乐调。诗赞体是讲唱文学唱词部分源流最长、应用最广的一种形态。

乐曲体则是采用乐曲来演唱的。它们的特点是联成一套唱词的每一支曲子各有其不同的乐调(牌子),句式由乐调来决定,因而通常长短不齐。这些乐曲和乐调,都是当时最流行的,如宋代用词的乐调,而元、明以来则用南北曲、时调小曲的乐调。

讲唱文学从其诞生之日起,就和城市市民生活有密切的联系。由于它的表演不需要过多人力物力,在市民中间也比其他艺术如戏剧更易于流行。又由于它长期被视为下里巴人、不登大雅之堂的东西,因此,没有受到文人学士的更多重视,作品缺乏整理,散佚严重,艺术上也较粗糙。宋、元二代,讲唱文学也曾兴盛过,但其作品流传至今者不多,令人惋惜。

明代讲唱文学主要是南北通行的词话和流行于南方的陶真。至迟在16世纪中叶的嘉靖时代,弹词的名称即已出现。《西湖游览志余》卷二十《熙朝乐事》云:“其时优人百戏:击球、关扑、鱼鼓、弹词,声音鼎沸。”在17世纪的明、清之际,词话改称鼓词,同时又产生了小型的只唱不说的“段儿书”,在18世纪的乾隆时代又有了子弟书。以上这些构成了明清讲唱文学的主体。它们主要是诗赞体,也有一部分乐曲体。至于弹词与鼓词的区别,仍然是在音乐方面,文辞风格的差异不如音乐区别显著。弹词用三弦、琵琶伴奏,主要流行于南方地区;鼓词则用鼓和三弦等伴奏,主要风行于北方地区。直到今天,仍有南方的评弹和北方的鼓书两大系统。清代弹词中的开篇、鼓词中的“段儿书”和子弟书等，以唱为主，或只唱不讲，纯是唱词，可谓是讲唱文学中派生出来的一个支流。其渊源固然可以远推到唐代俗讲中的“董永变”、“季布骂阵词文”等，但不如将其视作明、清以来讲唱文学本身嬗变的一种结果更为妥当。

弹词可以分为叙述体和叙述兼代言体二种。叙述体是用第三者的身份对人物、故事加以描绘叙述的，无论散文或韵文部分，都是如此。叙述兼代言体则是除此之外，作者或表演者还以作品中人物的口吻和身份进行活动。前者有表、有唱而无白，后者则表、唱、白三者俱全。前者只能作案头读物，后者则可以供书场演唱。弹词中那些篇幅很短、无表无白、只能歌唱的开篇，则是宋代说话中的“入话”或“得胜头回”的遗留，如《海上冶游备览》所言：“开篇者，编成七言字句，于所说正书以前，先唱一篇……俟开篇唱毕，乃唱正书焉。”

弹词的主要题材是婚姻和爱情问题。由于受封建正统思想的支配尤其是市民审美趣味的影响，不少弹词对这一题材的处理比较庸俗，充满才子佳人、好事多磨、衣锦荣归、皆大欢喜之类的故事。在思想倾向上，虽然同情青年男女在婚姻爱情问题上追求自由、反抗礼教，总体上仍维护忠孝等传统的伦理价值观念。在写作上，很多弹词作品有程式化之病，显示了创造力的贫弱。对这一点，弹词作者本身也早有觉察。橘道人的《娱萱草弹词》曾将其概括为：“自从小说演虞初，瞎女盲人遍唱歌。七字雷同千首共，情词依样画葫芦。大凡及第探花客，多出江湖落魄徒。他若慧心灵性女，花园解佩结丝萝。或因文笔多平淡，好事偏教故折磨。淑质每遭权贵辱，或逢宫掖选嫔娥。后来团叙荣归乐，一部全书已看过。”更简单一些，也可以概括为“私订终身游花园，落难公子中状元”的公式。这种模式在其他古典文学体裁如小说戏剧中也程度不等地存在着，在弹词中却显得更加突出。

优秀的弹词作品往往在不同程度上突破这种模式，表现了出类拔萃之处。如弹词中有所谓南词一类，即以通用汉语而不是苏州方言写就的那种弹词，其中就有大胆反抗礼教、明确鼓吹婚姻自由的内容。清代诗人蒋士铨（1725—1784）在其《唱南词》诗中说：“君不见：杭州士女垂垂手，听词心动鸾皇偶。父母之命礼经传,婚姻私定南词有,"就证明了这一点。

刊印出来或流传下来的弹词比起艺人的底本来,已经简略得多,而实际上艺人表演时还有许多临场发挥。这是一项考验艺人本领的真功夫。弹词名家不仅谈言微中,还往往善于"节上生枝,枝上生叶,叶上生花果,不密不疏"(赵景深《弹词选・导言》引苏州光裕社艺人周培春语),反复渲染气氛,铺陈情节,使弹词铺叙宛转、细腻熨帖的艺术特征,在表演中体现得更加淋漓尽致。弹词作品大多为长篇,甚至能连续表演长达数月的时间,这也是其主要原因之一。

在数以百计的弹词中,陶贞怀《天雨花》、陈端生《再生缘》、丘心如《笔生花》和陈遇乾《义妖传》是比较有代表性的优秀作品。前三部作品都出自女作家之手。《天雨花》是清初的作品,写明末忠臣与阉党的斗争,作者的政治道德立场无疑是正统的,虽然表现的是政治斗争的题材,但其描写往往比较肤浅,人物形象特别是正面人物的形象(如左维明)也显得比较单薄。相反,倒是在一些对日常生活的琐细繁复的描写中,显示了作者对生活的娴熟理解,体现了女性特有的细腻的艺术感觉,虽然这些描写未必都有助于主题的深化和人物形象的突出。陈端生是乾隆间钱塘才女,《再生缘》写的是元代女子孟丽君与皇甫少华的婚姻爱情故事。两人经过种种波折,历尽磨难,终于成为眷属,从中也展开了比较广阔的社会生活图景。陈端生本人由于遭遇不幸的身世,以富有"女性阴柔美之笔",寄托其"哀怨缠绵"之怀,"其词语之优美,富于情感,不可与一般弹词七字唱之书等量齐观者也"(陈寅恪《寒柳堂集・论〈再生缘〉》)。

《义妖传》是18世纪末期或稍后的一位民间艺人陈遇乾根据一些旧有材料改编的,最早的本子刊行于嘉庆十四年(1809)。这部作品写的是人所共知的白蛇和许仙的恋爱被法海和尚横加破坏的悲剧。从文献记载上看,这个神话有相当长的历史。明代以来,作家和艺人不断地吸收着群众的智慧、想象和看法,并以小说、戏剧和讲唱文学等各种形式,对这一题材进行再创造和加工。在弹词《义妖传》中,这个悲剧的反封建主题更加明确了,白娘子、许仙、小青、法海这些人物的性格也更加鲜明了。

故事中的白娘子是人民根据自己追求自由幸福的愿望所塑造出来的

形象。她虽然是蛇变的，但却具有非常丰富的人性。她追求幸福的勇敢热烈、对待许仙的温柔善良和反抗法海的坚决顽强，合成了一个不顾生死捍卫自己的爱情和幸福的形象。作品以重点笔墨，诗意地歌颂了白娘子的善良多情。法海和尚虽然是人，却不通人情，坚持要超度许仙出家，千方百计破坏了他们的关系。这就引起了白娘子和法海之间不可调和的冲突。书生出身的许仙性格动摇、软弱。一方面，他和白娘子之间有着日益增长的爱情；另一方面，他的性格又使得他容易受法海那些危言耸听的蛊惑，因而，对白娘子又不能全无疑忌。当许仙和白娘子之间的隔阂由于爱情的加深而逐渐消失的时候，白娘子和法海的矛盾就达到了顶点。使女这种人物形象类型在以前的小说戏剧中也曾出现，《义妖传》中作为白娘子使女的小青的性格形象则有新的内涵。她是个忠诚、坚决、有正义感的姑娘。在白娘子被镇压之后，她一心要报仇雪恨，火烧雷峰塔，在故事发展中是不可或缺的一个人物。

将“义”和“妖”联系在一起，作为这一部作品的名字，这原本就是匪夷所思的。在作者以及广大民众心目中，这所谓“妖”比人更多情、更可爱，在她身上，有的是人性的集中和典型化，因此，其形象也显得十分真实。“妖”的身份不过使情节增添了波澜，给故事增加了瑰异色彩，却丝毫没有妨碍人们对白娘子的同情和认同。相反，作为礼教体统化身的和尚法海则被众人嫌恶地称为“贼秃”，雷峰塔更成了邪恶力量的代表和压迫的象征。长期以来，这种情感认同在广大听众或读者的心中引起强烈的共鸣。鲁迅先生就曾经说过，他小时候“惟一的愿望，就在这雷峰塔的倒掉”（鲁迅《论雷峰塔的倒掉》）。

鼓词的体制可以简单分为长篇和短篇两种。这种区别在其前身明代词话中即已存在。如杨慎（1488—1559）所作《历代史略十段锦词话》（又名《二十一史弹词》，是传到南方以后改用的当地名称）和明万历时人诸圣邻所作《大唐秦王词话》即属于长篇；而《清平山堂话本》中的《快嘴李翠莲记》则是短篇。这些作品，不论长短，基本上都是由韵散两部分组成。17世纪前期，在山东民间出现了短篇的、以唱为主的“段儿书”，因摘取长篇鼓词中的一段儿而得名。这种短小精悍的作品的出现，推动鼓词向前发展了一步。在18世纪中叶出现的子弟书，以及后来的快板书（说唱故事时自击竹板，以打节拍）、牌子曲（用各种曲牌连串起来演唱，有叙事，有抒情，有说理）、岔曲（相传在乾隆年间由民间盛行的戏曲高腔中的脆白发展而成）等，其唱词都是短篇韵文。随着近现代以来生活节奏的加快，各种形式的短篇鼓词越来越受欢迎，在今天的书场中，长篇的韵散兼备的大型鼓词已经为它们所替代而几乎绝迹了。

从文学角度来看，在今天遗留下来的鼓词中，短篇作品也是比较优秀的，例如《快嘴李翠莲记》。这是一部民间创作。有人认为是宋、元时代的作品，但就其中所写的一些服饰来看，则应出于明朝。这一类民间讲唱文学，在写定以前，通常已经在社会上流传过相当长一段时间，因而，年代特征往往比较模糊，至于主名，则更难指实。

李翠莲是个"年方二八，姿容出众"、"女红针指，书史百家，无所不通"的姑娘，但却心直口快，而不为婆家和娘家所容，最终剃度出家，勇敢而主动地与那种世俗社会及其生活方式决裂。作品着重对李翠莲的快嘴大事铺陈，给人留下了深刻的印象，并从中描绘出一个蔑视传统习俗、家长尊严和等级制度的女性形象。她性格粗犷而果决，乐观而自信。在她看来，出家为尼正好提供了云游四方的机会，满足了她对散澹逍遥的自由生活的追求。这本来是一幕悲剧，但李翠莲活泼的个性所散发出来的乐观气息，却荡涤了听众或读者心中可能有的悲哀和压抑，使作品自始至终保持了幽默、机智和轻松、风趣的特征，保持了风格的完整统一。

17世纪后半期的民族矛盾和民族斗争，在鼓词中也有清晰的反映。明清之际贾应宠（号凫西、木皮散人，约1590—约1676）的《木皮散人鼓词》，还有同时的熊开元或者归庄所写的《万古愁》（又名《击筑余音》）套曲，虽然采取的样式不同，但都以历史事实为题材，都体现了强烈的民族意识和崇高的爱国主义思想。在《万古愁》里，作者指出了当时令人痛心的政治局势："一霎时南人胆摇，北人气骄，长江水臊，钟山气消，已不是大明年号"，斥责了那些"金线鼠绦，红缨狗帽，恨不得向大鼻子把都们便做了亲爹叫"的无耻之徒，并表明了自己不与新政权合作的决心："任便是银青作饵，金紫为纶，漫天匝地张罗钓"，"俺自向长林丰草，山坳水峤，一曲伴渔樵”。

《木皮散人鼓词》的正式名称是《历代史略鼓词》，从开天辟地讲到明朝灭亡。“为什么说到此处便住手？只恐怕你铁打的心肠也泪如梭。”作者不隐讳自己对故国灭亡的沉痛之情。通过历代史实的概括叙述，他不仅表达了自己的民族意识，而且，更其重要地，还毫无掩饰地和毫无忌惮地写出了自己和传统观点不相同的对历代治乱兴衰的看法，从这些看法中，他揭开了一向为封建统治阶级所掩盖着的历史真实，对历史上和生活中的许多不公平提出严厉的质问：

> 古时比干、夷、齐，谁不称他那峻节高风，一个剖心于地，一个饿死于山。王莽、曹操，谁不恨他是老奸巨猾，一个窃位十七年，一个传国四五辈。人都说忠臣被屈，六月飞霜，我想那被屈的已是枉罪了好人，可为甚么又六月飞霜，打伤了天下的嫩禾苗？又说孝妇含冤，三年不雨，我想那含冤的已是没处去问天理，可为甚么又三年不雨，旱坏了四海的好百姓，究于忠臣孝子何益之有哉？
>
> 忠臣孝子是冤家，杀人放火享荣华；太仓的老鼠吃的撑撑饱；老牛耕地却肚儿瘪！河中游鱼犯了何罪？刮净鲜鳞还嫌刺杈札。那老虎前生修下几般福？生吃大肉不怕塞牙。野鸡兔子不敢惹祸，剁成肉酱加上葱花。

作者承认他的创作动机是“浪迹江湖，见些心中不平的事情”，“检开书本，便生出许多古今兴亡的感慨，云烟过眼的悲凉”。实际上，作者是以咏史怀古之外形，发泄自己愤世嫉俗的情绪，寄寓现实的批判和喟叹。

小说家蒲松龄也写过若干篇鼓词。其中，《东郭外传》、《逃学传》、《孔夫子鼓儿词》都是韵文和散文交织而成，而《学究自嘲》、《除日祭穷神文》、《穷神答文》则只有韵文部分。《东郭外传》的作者，除了蒲松龄外，还有贾庆宠、邱澄翠、马遵烈等异说。它和孙仁孺的《东郭记》一样，也是取材于《孟子》中“齐人一妻一妾”那一段著名的寓言。在《东郭外传》中，作者并没有加添人物、改变结构，而是紧紧地依照着原著所有的事实和线索，以恣肆横放的铺排、夸张以及漫画的笔法,生动描绘出齐人这一类寡廉鲜耻的人物的画像,并投以憎恶、轻蔑和嘲笑。需要说明的是,《东郭记》和《东郭外传》在明末和清初先后出现,其中可能还包含有作者对当时那些无耻无能的当权者的鄙夷和嘲弄。

在清代为数众多的鼓词流派中,子弟书是出现时代较早、同时其唱词的文学价值也较高的一种。震钧《天咫偶闻》中说:“旧日鼓词,有所谓子弟书者,始创于八旗子弟。其词雅驯,其声和缓,有东城调、西城调之分。”子弟书即得名于此。尽管如此,这类创作在当时也还属于不登大雅之堂者流,所以,流传下来的作品虽然不少,其作者姓名为我们所知的却并不多。其中,乾隆时代(1736—1795)的西城调子弟书作家罗松窗(有《红拂私奔》、《杜丽娘寻梦》等作品)和嘉庆、道光时代(1796—1850)的东城调子弟书作家韩小窗的作品,无论从数量和质量上看,都是比较出色的。而韩小窗的《露泪缘》和《得钞傲妻》更是其中的佼佼者。

《露泪缘》十三回是韩小窗的代表作。它是根据《红楼梦》中所写的宝黛的爱情悲剧进行再创作的。原书第九十六回《瞒消息凤姐设奇谋,泄机关颦儿迷本性》中,林黛玉从丫头傻大姐口中得知宝玉决定要娶宝钗的消息,这突如其来的巨大打击,使她心情变得非常复杂。在精神上遭受重大创伤的同时,她没有忘记去问一个究竟。这时,宝玉也正为她病着,精神已经失常,于是在书中就产生了会面以后,“两个人也不问好,也不说话,也无推让,只管对着脸傻笑起来”的惨痛场面。韩小窗在《露泪缘》的《痴对》一回中,透彻体会并忠实保持了原著的基本精神,并透过震撼人心的诗句,重演了这一幕撕裂心肠的悲剧。

以《金瓶梅词话》第五十六回《西门庆周济常时节》作底本的《得钞傲妻》,是韩小窗另一个精警夺目的短篇创作。他看透了“英雄气短是钱财的气短,夫妻情深是柴米的情深”,所以才“笔端怒把雷霆震”,写下了这么一段“世态文”。作者以极其酣畅的笔墨,把常时节妻子在她丈夫借到钱前后判若两人的两种精神状态作了可笑的对照,鲜明地揭露了这妇人的势利卑下的心态,从而对“有钱能使鬼推磨”的市侩哲学作了比较犀利的讽刺和批判,可以算是子弟书中的《钱神论》。

如前例所示，很多子弟书是根据既有的文学作品改编的。由于音乐的散失，子弟书已经很久没有人演唱了。但它的一些精彩唱词，却为另外一些曲艺形式所吸收，至今仍在歌场中流行着，证明着它的艺术生命力。

从题材上说，无论弹词还是鼓词，大多数有所依据或凭托。这种依据或凭托来源广泛，或者是经史中的故事寓言，或者是民间流传的神话传说，或者是前人的某些文学创作，如传奇、小说、戏曲等，毫无依傍的只是少数。铺陈、夸张以至漫画笔法，是这一类民间流行的讲唱文学的共同的艺术特征。这既是民众审美趣味的趋向，也是对旧题材内容进行再创造、发展出新的艺术生命所必需的。

第二十九章　传统样式的走势

传统样式的背离与回归　金元明诗文的走向　清诗的历史发展概略　清词中兴及其表现　清代散文与骈文的走向　文言小说的走势　《聊斋志异》的突破

汉语文学的传统样式即诗词散文及文言小说，在元明清三代的发展都没有也不可能摆脱如下三个因素的影响，只不过这种影响的程度有强有弱，其表现方式又略有不同而已：

第一，是当代社会政治和文化思潮的影响。元明清总体的社会环境是属于后期封建社会，具体的社会政治和文化环境各有不同，但对传统文体的发展，都有相当显著的影响。元代的异族统治以及所实行的压制儒生、定理学为官学的政策，使很多诗人逃避现实隐遁于山水自然之间。明清的八股考试，明代的专制统治，明末伴随着市民经济的发展和资本主义萌芽的出现而产生的市民思潮和启蒙主义思想，清初的文字狱和思想钳制，等等，对文学的发展也都各有影响。同样是复古学唐，元代诗人是为了避宋诗议论说理之弊，明代诗人的学唐，则有意从传统中寻找造血功能，呼唤盛世，再造辉煌。其出发点的不同，也体现了时代思潮的影响。

第二，是日益成长壮大的非传统文体的影响。从南宋后期开始，中国文学实际上已经开始转向，其重心开始倾向于以小说戏剧为代表的叙事文学。剧曲、散曲以及时调小曲等新的抒情样式相继诞生，并盛行一时；

话本、长篇白话小说、戏剧、说唱文学等通俗叙事文学则不断成熟壮大，成为文坛和社会生活中的活跃因素；八股文因其与功名利禄的特殊关系，而成为千万士子趋之若鹜的“时文”；……诸如此类，无不向诗词散文文言小说等传统样式的创作提出了种种挑战。如何应对这些挑战，与古为变，不断革新，开拓创造，是元明清诗人和古文作家所共同面临的问题。

第三，是积累深厚的传统文体的自身传统的影响。在唐宋时代被视为小道的文言小说和词体，在元明之后地位逐渐提升，终于和诗文一起成为古典正统文学的一部分。但无论诗、词还是散文、文言小说，到元明清都已度过其最繁盛的时代，整体发展的颓势是显而易见的。一方面，从总体趋势来说，这些传统样式早已成熟，并发展到相当的高度；它们都有自身的发展规律，某些发展机缘既不可再遇，其历史上曾经的鼎盛也不可重复。另一方面，从具体的作品和题材内容来看，也要承认每一种样式的发展又可能是无止境的，一定还有可待开拓的空间，完全有突破创新的余地。

沉重的传统，使诗词散文在元明清三代的发展，呈现出既对自身的传统有所背离，又不可避免地有所皈依的局面。从背离的方面说，则竭尽全力谋求突破，其手段则不外乎创意与创体两端。这需要胆识。从皈依的方面来说，则表现在步趋传统规矩、追慕传统风范。这需要自信，否则容易笼罩在前人的阴影中，不能自振。

从另一个角度来说，这也就是变与不变、自我作古与模拟学习的问题。这两者往往是结合在一起的。这几百年间成就较大的一些诗人，大多数对这一问题都有较清醒的认识，因此在实践中也能将二者的关系把握得比较好。如钱谦益《列朝诗集小传》丙集《李副使梦阳小传》写道：“天地之运会，人世之景物，新新不停，生生相续，而必曰汉后无文、唐后无诗，此数百年之宇宙日月尽皆缺陷晦蒙，直待献吉而洪荒再辟乎？”同集引杨循吉语：“大抵景物不穷，人事随变，位置迁易，在在成状，古人岂能道尽，不复可置语？”（《杨仪部循吉小传》）由此可见，钱、杨二人对这一问题已有比较清楚的认识。

回归与背离往往是相互依存、辩证统一的。作家对这一问题的不同倾向性，常取决于他对文学传统的认识，从中也反映出各时代的不同的思想文化的背景。从这一点上看，元明清许多文学论争和文学运动，并非是无谓的，而是文学家在理论和实践上努力挣扎的一种表现。以诗为例，在近体诗方面，最主要是唐宋诗之争，也就是学唐还是学宋、尊唐抑或尊宋之争；进而则在唐宋诸家各派之间，取舍侧重又各有不同。在古诗方面，争议虽然少一些，然而在选体和汉魏诗之间，各家也有不同的取向。就词而言，主要有南北宋之争，有婉约豪放之争，有苏辛与周姜之争；在同样师法婉约派的人当中，又有周、姜或周、张之争。

12 世纪 20 年代，金立国不久，就先后攻灭辽和北宋，定都于今北京地区，在其后的一百余年里，与南宋政权南北对峙。在文学上，金的成就虽然较辽胜出许多，但仍然笼罩在宋人的阴影下，在诗歌创作上，受北宋诗人苏轼、黄庭坚的影响最大。这是金人初入中原时所接受吸收的文学。金国前期的诗人，如蔡珪、党怀英、王庭筠、赵秉文等文学侍从之臣，多局限于模拟。金后期受新崛起的蒙古族的威胁，国势渐危，影响到诗人的心灵；同时由于金人入中原渐久，汉化渐深，诗歌风尚也发生了变化，出现了大诗人元好问(1190—1257)。元好问突破了当时诗坛流行的苏黄及江西诗派的诗风，转益多师，从汉魏古诗及杜甫诗中吸取营养，以沉郁苍凉悲壮豪迈的风格，抒写其亲历的亡国之痛，在写景、咏物、述怀等题材上，都有佳作，在诗体方面，尤长于七古七律，不愧为 13 世纪最为重要的诗人之一。《论诗绝句三十首》集中体现了他对建安以来诗歌的系统观点，借诗史批评表达了自己的诗论主张，在形式上以诗论诗，上承杜甫，下启王士祯等人。在词作方面，他悲壮慷慨，属于苏辛一派，也是金词中重要的一家。

元初文风，有南方和北方的不同。北方诗风中，受元好问的影响较大，如由金入元的刘因的七言诗；南方诗风中，江湖派余波犹在，如戴表元。延祐(1314—1320)以后，南北文风合流，逐渐形成了宗唐复古的格局。其代表是被后人称为元诗四大家、号称“虞杨范揭”的虞集、杨载、范梈、揭傒斯。这四个延祐前后享誉于大都地区的诗人，古诗宗魏晋，近体宗唐，由于取法不同，风格也各异，其实还不能算是元代最有成就的诗人。元代后期诗风中，中晚唐诗盛行一时，总体诗风则不免纤弱。有的人学习温（庭筠）、李（商隐），如萨都剌的诗受晚唐温、李乐府的影响颇大。有的人学习李贺、刘禹锡，如自负才气的杨维桢（1296—1370）。他的乐府诗得力于李贺诗尤多，不仅在修辞上袭得李贺诗的形貌，而且神情气势逼肖，想象奇诡，诗思往往不遵循正常路径，跳荡异常，类似蒙太奇画面，堪称是历来学习李贺的诗人中较为成功的一位。《鸿门会》、《五湖游》等诗，与李贺诗极像，一时风行，称为“铁崖体”杨维桢号铁崖。他以竹枝词描绘风俗画，在刘禹锡之后，对此体有新开拓，对明清以后竹枝词的发展也有影响。

与同时的词和文相比，元诗的成就还是比较突出的。但在新兴的戏曲、散曲面前，它则不免相形见绌。首先是独创较少，而因袭较多；其次是格局较小，气调较弱。所以，前人有元诗纤弱之说。

明代人多鄙薄元诗，轻者责其浅弱，重者乃谓宋元无诗，而以明朝直接唐朝。其实他们宗唐复古的做法，在宋末元代，已经发端。高棅《唐诗品汇》标举盛唐，成为明人学唐诗的重要范本，其实也可以从南宋严羽《沧浪诗话》和元代杨士弘的《唐音》中找到渊源。

整个明代诗文是以复古为主要特征的。明诗宗唐复古之风既源于宋末，自宋末以来盛行的结社之风，对明人也有影响。明人不仅结社，而且文人之间相互标榜之风更盛。明代文坛上派别、集团、争论之多，门户之见和意气之争之盛，几乎是前无古人的。彼此相轻，而又自大虚妄，在明代文人身上表现最为突出。

明初文坛，以地域分，有五个诗派：即以高启为代表的吴诗派，以刘基为代表的越诗派，以孙蕡为代表的岭南诗派，以刘崧为代表的江右诗派以及以林鸿、高棅为代表的闽中诗派（胡应麟《诗薮·续编》卷一）。其中，吴诗派最有创作实力，成就也最突出。高启、杨基、徐贲、张羽等人，合称“吴中四杰”。高启善于拟学古人，诗备众体，风格雄健奔放，是明代最杰出、最有大家气魄的诗人，在创作上无人企及。但在文学思想理论上，闽中诗派对后来影响最大。其主力是所谓“闽中十才子”，包括林鸿、郑定、王褒、唐泰、高棅、王恭、陈亮、王偁、黄玄、周玄（二玄为林鸿弟子）。在洪、永之际，以林鸿、高棅为代表的闽中诗派，倡言诗宗盛唐。高棅仿照其闽中先贤严羽《沧浪诗话》将唐诗分初唐、盛唐、大历、元和、晚唐的做法，在《唐诗品汇》中将唐诗分为初、盛、中、晚四期，详盛唐，次初、中唐，略晚唐，认为“汉魏质过于文，六朝华浮于实，得二者之中，备风人之体，惟唐诗为然”，唐诗之中，“初唐声律未备，晚唐气息卑下”（王偁《唐诗品汇序》），只有盛唐诗可作为楷模。他极力鼓吹、标举盛唐，这一选本就是为提供一个学习的范本。这种观点的出现，一方面固然是反拨元末诗坛的纤弱倾向，更主要的是继承和发扬了自严羽以来贯穿元代直至明初的闽中地区的特有的崇唐风气，并奠定了以后明诗的基本走向。

永乐（1403—1424）至成化（1465—1487）间，诗坛上先是出现了以三杨（杨士奇、杨荣、杨溥）为代表的台阁体诗。在程朱理学教条、专制统治、八股盛行的时代，这些仕宦显达的官僚文人，作诗内容不外乎应制、颂圣、酬赠，追求表面的宏大气势和安雅气度。在成化、弘治（1488—1505）间，湖南茶陵人李东阳继而以台阁大臣的地位领导诗坛，后进趋之，因成“茶陵派”。李东阳论诗，对音调、修辞与句法、结构等津津乐道，希望通过学习前人在这些方面的经验，来改造台阁体诗，也就是说，这实际上是台阁体内部的改良，而且只看重技术或法度等外形因素。从某种角度看来，李东阳与前后七子殊途同归，堪称是他们的先声，但在前后七子看来，他做得还远远不够。

弘治、正德（1506—1521）间，以李梦阳、何景明为首的前七子（另五人为徐祯卿、边贡、康海、王九思、王廷相）崛起，倡言“文必秦汉，诗必盛唐”（《明史·李梦阳传》）。他们的本意在于借秦汉盛唐的崇高的古典典范，打破台阁体和八股文统治的文坛局面；通过取法乎上，促进诗文创作，但由于过分盲目尊古以至顶礼膜拜，于是学习变成了模拟，作品也被人讥笑为假盛唐诗、假古董。

前七子的主张遭到了唐宋派王慎中、唐顺之、茅坤、归有光等人的反对，特别是在散文方面。于是，嘉靖（1522—1566）隆庆（1567—1572）间，以王世贞、李攀龙为首的后七子（另五人为谢榛、宗臣、梁有誉、徐中行、吴国伦），再次发起了复古运动。李攀龙谓“文自西京，诗自天宝而下，俱无足观，于本朝独推李梦阳。诸子翕然和之，非是则诋为宋学”（《明史·李攀龙传》）。他作诗有如临帖，事事拟学，佳者颇能得前贤形貌，下者则生吞活剥，徒以剽窃古人为能事。

前后七子的复古，是将前此的崇唐复古主张大肆张扬，扩大为一场运动。其实，他们所谓学盛唐，片面强调形式、语词、修辞、外观、格调。应该承认，他们在这一方面积累了一定的经验和认识，但从诗学上讲，离开了生活，而只从书本中讨取灵感，是不会有广阔前途的。而且，对于书本源泉，他们也自我封闭拘束，“文必秦汉，诗必盛唐”，甚至“文必西汉，诗必盛唐，大历以后书勿读”(《明史·王世贞传》)。比起前七子，后七子持论更偏激，标榜更甚，也就是宗派意识更强。王世贞主盟文坛二十年间，门下有所谓“前五子”、“后五子”、“广五子”、“续五子”、“末五子”等名目。都是相互标榜的产物。李攀龙《古今诗删》中所选的明诗，最多的是前后七子等小圈子中人的作品。谢榛也是后七子之一，但头脑比较清醒，文学主张与李攀龙等人也有不同，就受到李攀龙的排斥。在创作上，他们的好作品，往往并不严格遵循他们自己的主张。李梦阳、何景明、王世贞的诗作成就较高。

自唐宋两代的两次古文运动之后，古文终于战胜了骈文，成了散文的正宗。元人的散文，或宗韩愈的奇崛一派，或宗欧阳修的清畅一派，都没有超出唐宋人的水平。比较值得一提的是，虽然元代理学被定为官学，而散文创作并未被理学堙塞性灵，包括理学家刘因的文章在内。明代唐宋派的古文，推尊唐宋八大家，即韩、柳、欧、三苏、王、曾，不废三代两汉文，直写胸臆。其中，归有光由唐宋回溯秦汉，成就最高，其小品文字，尤其擅长写家事亲情，如《先妣事状》、《寒花葬志》、《项脊轩志》等篇，都十分真切感人。

万历(1573—1619)时代的启蒙思想家李贽同时也是一个文学革新理论家。他反对模拟，反对贵古贱今，提出“童心”说，主张以赤诚之心，写真挚的情感，为公安派奠定了理论基础。湖北公安袁氏三兄弟，即袁宗道、袁宏道、袁中道，厌弃仕宦，寄情山水，受当时王派心学、禅宗思想和市民思潮的影响，主张个性解放，发挥个人才智，在生活中纵情乃至纵欲。在文学主张上，他们认为文学随时代变，各有特色，反对一代不如一代的倒退的历史观，也反对复古、模拟；认为创作要“独抒性灵，不拘格套”(袁宏道《叙小修诗》),信口由心,乃见其真。因此,他们也重视通俗文学包括戏曲、小说、民歌等。在创作上,他们认为文学应当本色自然,流丽清新,反对矫饰、陈词滥调,但其末流不免走向俚俗、肤浅和油滑。

公安派的诗作平平,其文学创作成就主要表现在小品文方面。日记、游记、序跋、尺牍、传记这些比较个人化的文体,成了他们的首选,在他们手中焕发出特别的光辉,虽然其中多有流连湖山、吟赏风月,有颓放和疏狂,或散发着名士和山人的习气,但也有不平和怅惘。明末张岱《陶庵梦忆》、《西湖梦寻》、王思任和祁彪佳的游记等,都是在这种思潮下出现的。

竟陵派的出现,又是为了纠正公安派的偏颇。此派倡导者钟惺、谭元春是湖北竟陵(今天门县)人,因而得名。钟、谭二人通过评选《诗归》,表达自己的主张,强调写"幽情单绪,孤行静寄"(钟惺《诗归序》),以幽深孤峭补救公安之平、俗、俚、滑之病,最终走向神秘化和晦涩化的道路。在某种意义上,竟陵派可以说是变本加厉的公安派。

前后七子既自卑(对汉唐),又自大(对宋元及当世人),既推崇前贤,又割裂历史,截去宋元,直接以明继唐,造成了很大的声势。直到明末,还有很多人沉浸于他们所阐扬的复古风气中,甚至明清之际天翻地覆的大变局,也没有完全扫荡前后七子的复古文学的影响。不过,作为复社主将、几社创始人之一的明清之际的诗人陈子龙,虽然仍承前后七子余绪,但以盛唐之笔,写沧桑时世,凭恃其大才雄气,故能有所作为,并影响了当时及稍后的一些诗人。可见,文学上同途也可能殊归。

明清之际的时代剧变,在各类诗人特别是遗民诗人的创作中留下了印记。顾炎武、黄宗羲、王夫之、屈大均、梁佩兰、陈恭尹、归庄、吴嘉纪、钱澄之等遗民诗人,皆以诗抒写自己在这一动荡时代的心灵激荡,而具体面目各异。明清之际的文坛领袖钱谦益(1582—1664),早期作诗走复古路线,后来从复古派的圈子中跳出,反对模拟,提倡自写性情。由于他从内部倒戈反击,对复古派的打击就显得格外有力。同时,钱氏学识渊博,于诗能博采众长。他一反明代复古派的宗唐诗风,而推崇宋元,尊苏轼、元好问,开创了清代"专尚宋诗"的风气。钱氏也注意提携后进,培育新人,造就一代新诗风。他的诗作数量很多,所注杜诗和所撰《列朝诗集》也是其诗学的重要组成部分，很值得重视。与钱谦益差不多同时的吴伟业(1609—1672)，近体诗学习唐人的痕迹较著，歌行则融合初唐四杰的格律和中唐元白的叙事，叙事抒情兼擅，既有情韵，又有风华，自成一家，时称“梅村体”。他的以重大事件反映时代的《圆圆曲》最为著名。

顺康时代，随着清初六大家，即宋琬(1614—1674)、施闰章(1618—1683)、朱彝尊(1629—1709)、王士祯(1634—1711)、查慎行(1650—1727)、赵执信(1662—1744)的出现，真正的第一代清朝诗人走上诗坛。他们的共同特点是：大多成长或出生于清朝；大多在清朝以科举入仕；在地域上呈现南北对应相互呼应的局面。六家诗人地分南北，两两相对，彼此之间正好相差一辈。在他们的时代，清朝统治日益巩固，政治上逐渐稳定，经济已恢复发展，国势不断上升。所谓故国和前朝的影子逐渐离他们远去，甚至早年曾参加过抗清斗争的朱彝尊，也因为在康熙中以布衣出仕清廷，而对清朝感恩戴德。同时，清初统治者又加强了文化专制主义，顺、康、雍三朝屡兴文字狱，使不少士人罹祸。以清初这六家为例，宋琬、查慎行、赵执信皆曾因事牵连入狱，几致丧命。在这种社会环境里，诗人一方面有更多时间精力和更好的条件培养学术，钻研诗学，另一方面在诗歌创作中又不能不从重视内容转变到讲究形式，格调也不再像明清之际以及遗民诗人那样激愤沉郁，而是比较雍雅温和。从整体上看，这一时期诗坛上的唐宋诗之争，并没有结束，而是在一种新的历史环境、新的背景下展开了。

清初六家中，宋琬、施闰章年辈最早，并称“南施北宋”，在康熙间齐名于时。施长于五言，风格温和，涉及民生疾苦；宋则长于七言，诗风雄健，偏于个人境遇的描写和自我情感的抒发。稍后的朱彝尊、王士祯并称“南朱北王”。王士祯倡导神韵诗说，所作诗也以神韵相标榜，即要求诗要有含蓄不尽的韵致，象外寄情，言外寓意，但又神思摇曳飘渺，难以落实，风格上清空淡远。所以，他首选的典范是唐代王维、孟浩然、韦应物、柳宗元等诗人，特别是他们的山水田园隐逸闲适之作，注重揣摩古人的句法、腔调、用词，达到整体上清秀圆润、流畅蕴藉的境界。神韵说的历史渊源，可以追溯到旧题唐司空图《二十四诗品》中的“不著一字，尽得风流”、宋严羽

《沧浪诗话》中的“妙语”、“羚羊挂角，无迹可寻”等诗说以及始以“神韵”论诗的明代胡应麟《诗薮》中的有关论点。王士祯借用禅宗哲学中的一些话头，如“悟入”、“三昧”、“诗禅一致”等，以装饰其诗说，显得更加深不可测，有神秘色彩。他早年作于济南大明湖的传诵一时的《秋柳》即是这种诗的代表：

秋来何处最销魂，残照西风白下门。
他年差池春燕影，只今憔悴晚烟痕。
愁生陌上黄骢曲，梦远江南乌夜村。
莫听临风三弄笛，玉关哀怨总难论。

《秦淮杂诗二十首》之一也比较有代表性：

年来肠断秣陵舟，梦绕秦淮水上楼。
十日雨丝风片里，浓春烟景似残秋。

其中似乎有些寄托，有言外之意，又不好落实，这种表现手法符合康熙时代点缀太平盛世的政治和文化需要。王士祯通过自己的地位和影响，通过他提携的众多门人后进（其中包括吴雯、洪昇，甚至乾隆时期的著名诗人沈德潜、袁枚等人都是王士祯的再传弟子），通过自己的诗歌创作，还通过编选《唐贤三昧集》等选本，极力鼓吹自己的主张，造成了很大的影响，乃至被推为“一代正宗”，继钱谦益之后，主持风雅数十年。集中体现其神韵诗创作风貌的是《渔洋山人精华录》，集中体现其诗论的是《带经堂诗话》。神韵诗说重视全局和整体效果，这显然比明代前后七子支离破碎的拟古模仿乃至剽窃吞剥，要高明一些，但仍然免不了模拟，更重要的是限制了诗歌表现方法和风格的多样性，也促进了诗坛脱离严肃沉重的人生的倾向，使诗歌创作远离了厚重壮阔崇高的境界，有其偏颇之处。所以，袁枚讥评曰：“一代正宗才力薄，望溪文集阮亭诗”（《仿元遗山论诗》三十八首之一）。

朱彝尊的诗前后期的区别变化比较明显。他前期的生活动荡流离，诗歌内容充实，多为唐调。后期出仕之后，反而生活单调，眼光思想皆因政治生涯而受局限或牢笼，不免空廓颓唐，于是乃转而学习宋诗，以图自救，并以此相倡，成为继钱谦益之后提倡宋诗的一大家，并成为清诗中的浙派的领袖。朱氏学问渊博，泛滥四部，著述颇多，有《日下旧闻》、《经义考》三百卷、《明诗综》一百卷（附《静志居诗话》）以及诗文合集《曝书亭集》等。赵执信《谈龙录》曰："王才美于朱，而学足以济之；朱学博于王，而才足以举之。"相对而言，王氏恃才，而朱氏重学，以学力见长，喜用典，追求典雅。

并称"南查北赵"的查慎行、赵执信可以说是朱、王对应关系的延续。就社会关系来说，查慎行是朱彝尊的表弟，而赵执信则是王士祯的甥婿。就诗学观点来说，查慎行继续推阐朱彝尊的宗宋诗说，学习苏轼、陆游，成绩斐然；赵执信对王士祯的诗论主张则颇有异议，其《谈龙录》即为批评王氏而作。他的诗论私淑清初冯班，主张取法晚唐，诗思清新峭拔，格局不大，有时也伤于刻露。

雍乾时代，伴随着对诗歌艺术的探索，诗人们提出了各种不同的诗歌理论主张，并由此形成了若干诗歌流派。继王士祯神韵诗说之后，格调说、性灵说、肌理说也在这一时期的诗坛上先后出现，诸家争鸣，各得一端，造成了当时诗坛的繁荣局面。

沈德潜（1673—1769）属于雍乾时代诗学的正统一派，继王士祯之后主盟文坛。他的诗学观点集中体现在他所编选的《古诗源》、《唐诗别裁集》、《明诗别裁集》、《清诗别裁集》及诗话《说诗晬语》等书中。他的诗说的核心是所谓"格调"，即强调诗作要符合儒家的诗教，具有温柔敦厚的格调。在选诗时，他明确提出要"去淫滥以归雅正"，主张诗要有益于"和性情，厚人伦，匡政治，感神明"（《重订唐诗别裁集序》），风格上则要"微而婉，和而庄"（《唐诗别裁集》原序）。在明代前后七子的基础上，他进一步提出作诗要讲格调声律，并将其具体化为"先审宗旨，继论体裁，继论音节，继论神韵，而一归于中正和平"（《重订唐诗别裁集序》），可见其持论侧重点与神韵说有不同。在唐诗中，他特重盛唐浑厚正大的诗风，其《唐诗别裁集》尤其推尊杜甫，并有意选入一些“杜少陵所云鲸海碧海，韩昌黎所云巨刃摩天”（《重订唐诗别裁集序》）的诗作，所针对的就是王氏《唐贤三昧集》。

朱彝尊、查慎行而后，浙江诗人有厉鹗、严遂成、王又曾、钱载、袁枚、吴锡麒等人，清人并称为“浙西六家”。其中厉鹗、钱载、袁枚影响最大。厉鹗（1692—1752）诗词兼工，诗学宋人，尤好四灵、姜夔等人，好用僻典，风格幽洁生涩。他长于描写山水之作，但格局窘狭，缺乏大家气象。他的《宋诗纪事》是一部重要的诗学著作。浙江秀水人钱载（1708—1793）则推尊韩愈、黄庭坚，创作拗折瘦硬之诗，注意锤炼句法，而用字则较平易，形成所谓秀水派，在浙派中别树一帜。

袁枚（1716—1798）虽然出生于钱塘（今杭州），却不为浙派所牢笼而自成一家。他生性放纵，喜爱自由，不守故常，三十四岁就辞官闲居。在诗学上，他针对格调说，提出“艳诗宫体，自是诗家一格”（《再与沈大宗伯书》）。他主张诗要抒发诗人的性灵，符合自我，发扬天分，而不必有所拘束。只要其内容合乎性灵，则无不可写，无所顾忌，下层人民生活及日常生活情趣、男女之情，一一皆可入诗。这一方面扩大了诗的题材范围，但泛滥无涯，也带来一些浅薄无聊琐碎的内容。在创作上，他主张以灵心写性灵，明白如话，通俗晓畅，不假修饰，但也有俚俗油滑之病。他的诗论反映了艺术的创新要求和思想上追求自由的反封建倾向，对于解放受神韵、格调、肌理诸家诗说束缚的清诗，促进其发展，起了积极的作用。袁枚诗流传极广，弟子门生极多，影响广远。当时的郑燮、赵翼、张问陶、宋湘、黄景仁、舒位等都与袁枚同声气，或受过袁枚的影响。他的影响已超出浙派的范畴，而与赵翼、蒋士铨并称“江右三大家”。

赵翼（1727—1814）诗论也主张抒写性灵，强调创新，与袁枚相近。但他身兼史学家与诗人，故论诗更注意历史发展问题。他的诗作既长于写景，也长于议论，又因为有着博雅的学者素质，呈露出以文为诗的倾向，而总体上仍然自然流畅，风趣诙谐。蒋士铨（1725—1785）诗的突出主题在表彰忠孝节义，“每遇节妇烈女，忠臣孝子，则行以古文传记之法，不惟叙述其事，并将姓氏、年月、地名之类或顺或逆，或前或后，一一点出”（朱庭珍《筱园诗话》卷二)。赵翼也用诗称赞他:“谈忠说孝气崚峋,卅卷诗词了此身。”(《心余诗已刻于京师,谢蕴山太守觅以寄示,展阅累日,为题三律》之二)蒋诗抒写人伦情感,忠挚动人,艺术上则取法苏黄,上溯杜韩,雄健瘦硬,所病在于粗露。

杜甫《丽人行》诗曰:“肌理细腻骨肉匀。”博学的考据学者、金石学家翁方纲(1733—1818)从中拈出“肌理”二字以论诗。他主张作诗要有义理,从中透现经史学问和思想;又要有文理,即讲究诗法,针线细密。他认为应将经史学问作为作诗的根底,将诗(文学)与学(学术)结合到一起,大凡注疏考订题跋之类,无所不可为诗。在古代诗人中,他最推崇博学多才的苏轼,乃自号苏斋。他首创以诗体作金石题跋,这既是一个创格,也是以诗入学以学为诗的表现,反映了乾嘉考据之学对诗坛的影响。翁方纲的本意在于以学问考据的质实,补救神韵派的空浮和格调派的拘泥,但矫枉过正,导致沉闷窒塞,而被袁枚讥为“抄书为诗”。

从乾隆到嘉庆,历来称为中国传统考据学的盛世,但这一时期的诗学已呈衰退之势。崛起于南粤的宋湘(1756—1826)和从四川走出来的张问陶(1764—1814),都不同程度地受到袁枚的影响。来自江苏武进的年轻诗人黄景仁(1749—1783),则以杰出的诗才,在诗坛上刮起一阵旋风。他短促的一生贫病交加,落魄不偶,“好作幽苦语”(《两当轩集·自叙》)的诗作,实是其一生不幸的心影。《别老母》写为衣食奔走四方不忍别母的凄苦:“惨惨柴门风雪夜,此时有子不如无。”《都门秋思》之三写贫寒的生活处境:“全家都在西风里,九月衣裳未剪裁。”他的诗中常见衰败没落的意象,如落日、暮气、晚秋,更有寂寞危苦之言。《癸巳除夕偶成》二首之一:“千家笑语漏迟迟,忧患潜从物外知。悄立市桥人不识,一星如月看多时。”这种无人知晓、也无处倾诉的心灵的寂寞危苦,是对忧患时世的直觉感知,是时代的衰象即将出现的预兆。从诗学渊源上说,黄景仁的诗是李白的豪气和李商隐的哀情的结合。黄景仁的同乡兼好友洪亮吉(1746—1809)因事遣戍伊犁,写出了一批西北边疆风情诗,充满奇情壮彩,堪称清代边塞诗的翘楚。

此外,嘉庆时代较有个性的诗人还有舒位、王昙、孙原湘三人。孙原湘(1760—1829)擅长写山水景物,但才华与成就都不及舒、王。舒位(1765—1816)生长西南,《黔苗竹枝词》写西南人民的生活习俗、边疆及海外风光,很有特色。他的诗好用书卷,好逞奇肆,色彩秾丽,也有不少感慨个人身世、表达民间疾苦的作品。他的《乾嘉诗坛点将录》将当代诗人一一与《水浒传》中的人物相比拟,将小说与诗学批评结合起来,开创了一种新的诗歌批评方式,既有新意,又饶有趣味。王昙(1760—1817)恃才负气,诗风怪奇。由于身负奇技,而遭遇惨淡,故发愤为诗,多诡怪衰败之音。从这一点上说,他与黄景仁相近,都可以说是龚自珍的先导。

嘉、道诗坛上,黎简(1748—1799)、潘德舆(1785—1839)、陈沆(1785—1825)、程恩泽(1785—1837)等人的诗作也各有特色。程诗学韩愈、黄庭坚,以文为诗,注重学问,追求奇险拗折。他的诗学通过其友祁寯藻、其门下何绍基、郑珍、莫友芝,而影响到陈衍、陈三立、沈曾植等同光体诗人,对近代宋诗运动有较大的影响。

如果要比较明清人的诗创作,也许可以说明人作诗,表面上不自信,实质上很自信,乃至妄自尊大;清人作诗则反之,表面上自信,实质上很不自信,因而谨慎努力,终于有了自己的面目。从不同的基点出发,对清诗成就就有不同的评价。尊之者褒为诗道之盛,超越宋元明三代,抑之者则贬为衰落之极。客观地说,清诗的水平在元明之上,有独特个性的诗人的数量也超过元明两代。这说明传统样式并不是每况愈下,更不一定一代不如一代,即使历史悠久的诗体,也仍有开掘创新的余地。

词学在清代号称中兴,说明词体也大有可开掘的余地。金元词除少数词人如元好问、萨都剌、张翥、杨维桢等人外,整体水平不高。元后期词坛受曲学的侵袭,有明显的散曲化的倾向。明代词学从宏观上看,也无振起之象。至于清词,则有中兴之誉。其具体表现为如下几个方面:

首先,有清一代词人之多,前无古人。就个人而言,诗人文家大多兼擅词体,或同于诗,或异于诗。如龚自珍诗疏宕,而词绵丽,各不相同。清初诗人中,王士祯、吴伟业皆能词。王士祯的小令以深情绵邈见长。满族人中,男有纳兰性德,女有顾春(太清),都以善词著称。纳兰性德的词风近于南唐二主,长于白描,清新自然,以贵介公子,而自有一段凄婉情愫,萦回不尽,悼亡之篇,尤若不胜情者。他赠顾贞观的《金缕曲》,则出入苏辛,抒写君子磊落情怀,又说明其词多能,偏于婉约,只是得其性之所近而已。

其次,就宗派而言,清代词学大抵可分为豪放、婉约二派。婉约派中,又可分为浙西词派和常州词派。浙西词派创始于清初朱彝尊,师法姜夔、张炎,特别是张炎,辅以史达祖、吴文英;主张雅丽蕴藉,工丽精巧,讲究句律。其后,厉鹗继之,词境清幽峭拔,又讲究声律词藻,颇得白石之长。其后则有黄景仁、郭麐等人扬其波,清空而流为薄滑,柔婉而近于纤巧。乾嘉以后,此派逐渐衰微。选录唐宋元词的朱彝尊《词综》和王昶《清词综》,是反映浙西词派词学观点的两部重要选本。常州派倡自常州词家张惠言(1761—1802)。张氏为了推尊词体,倡言意内言外,主张词要有言外之意,要有寄托,风格上提倡深美闳约,沉着醇厚,推崇周邦彦,而鄙薄姜、张。周济(1781—1839)从而发挥其说,崇尚雅正,讲究比兴寄托,然而往往比事过情,扑朔迷离,迂阔晦涩,为学者所病。自常州派起,浙西词派渐次衰微,清代后期的词学发展,大多受常州词派的影响。词风豪放的陈维崧与朱彝尊齐名,宗苏辛,风格雄放姿肆,深厚沉郁,工壮语,有气魄,但也不免粗率之病。此外,一些规模和影响等而次之的词派,也不在少数。清中叶的项廷纪(莲生)、蒋春霖(鹿谭)诸人,也能在这二派之外自成一家。晚清国运虽衰,而词学复振。王鹏运、文廷式、郑文焯、朱孝臧、况周颐诸家,继轨常州词派而有所发挥或突破,各有所长,足称名家。

第三,清词创作中开辟了一些新的题材内容,产生了一批好的作品。清初吴兆骞以科场案流放宁古塔,曾作《念奴娇·家信至有感》。其友人顾贞观有寄词《金缕曲》二首,以词代书,明白如话,又痛快淋漓,纯为心声,最是深挚。邓廷桢、林则徐在禁烟斗争中并肩战斗相互勉励的《月华清》等词,反映了严峻的时局。张景祁《望海潮》及宦游台湾所作诸词,是在新的世界风云的背景下唱出的新声。

第四,清代词学研究极为兴盛。谈格律音乐者,则有万树《词律》、凌廷堪《燕乐考原》和戈载《词林正韵》;品评议论载录趣闻轶事者,则有众多的词话,其中最值得注意的是陈廷焯《白雨斋词话》、况周颐《蕙风词话》、王国维《人间词话》和徐轨《词苑丛谈》；词集选本更是难以计数。朱彝尊《词综》、厉鹗《绝妙好词笺》、张惠言《词选》、周济《宋四家词选》、冯煦《宋六十一家词选》、谭献《箧中词》、朱孝臧校刻唐宋金元词百六十家的《彊村丛书》，都是代表各家词学观点的重要著作，也是清代词学之盛的一个突出标志。

散文在清初，曾出现过侯方域、魏禧、汪琬等三大家，但直到桐城派出现，清代才形成了有自己独特面目的影响广远的散文流派。

明清两代，桐城一地人才辈出。在文学史上，最引人注目的是清代中叶的桐城派的出现。康熙时，戴名世（1653—1713）为文自然简净淡泊，论文强调道、法、辞三者兼备和精、气、神三者统一，可谓是桐城派的先驱。稍后，方苞（1668—1749）起而倡义法，义则言之有物，法则言之有序，义法相互作用，并以此为准则，把握正确的文体作法，对材料作适当取舍，注意文章的结构章法，达到文风雅洁的目的，奠定了桐城派文论的基础。随后，刘大櫆（1698—1779）续作开拓，姚鼐（1732—1815）集其大成，与方苞并称桐城三祖。刘氏论文重神气音节，创作雄奇高朗，其不平之气，不羁之才，可以弥补方氏为文朴质专以理胜的不足。姚鼐的文论和创作都能兼取方、刘之长，他在方苞的基础上发挥，提出义理（宗旨）、考证（材料）、文章（字句章法）三者相济，以调和与乾嘉汉学家的争议；又在刘大櫆的基础上，标举文章神、理、气、味和格、律、声、色的合一。他编的《古文辞类纂》是桐城派的圣典。姚文严而有法，简而能丰，又兼方、刘之长，格外见重于时。此外，他又提出了阳刚阴柔两种风格说，也是对文学批评的一大贡献。

桐城派论诗折衷唐宋，是唐宋诗之争中调和论的产物。姚鼐明确主张“熔铸唐宋”（《与鲍双五书》），以李白之豪迈、杜甫之阔大，兼采韩、苏、黄之劲健，熔铸出雄迈刚健、气象阔大的诗风，颇有阳刚清壮之气。他的《五七言今体诗抄》即是兼取唐宋的选本。

自姚鼐以后，桐城派声势日壮，门庭日广，其门下有方东树、管同、姚莹、梅曾亮等四大弟子，对前辈有继承，也有修正扩充，更传播至于桐城以外，及于江苏、浙江、广西、江西、湖南等地。道（光）、咸（丰）之间，湖南曾国藩及曾门弟子在新的时代环境里，对桐城派加以改造，使之在桐城以外复盛。直到清末民初，从严复、林纾、马其昶、姚永朴、姚永概等人的学术文章中，还能看出桐城的一线余脉相延。

总的来看，桐城派散文创作的长处在于凝炼雅洁，清通畅达。凝炼表现在其结构严密，取材有度，不事点染，亦无枝蔓，较少摇曳之姿，其失在枯淡；雅洁表现在追求醇雅，讲究用词用语，有选择，有避忌。方苞甚至明确主张，不能用语录中语、魏晋六朝人的俳语丽辞、汉赋中的板重字法、诗歌中的隽语、《南北史》中的俳巧语（沈廷芳《隐拙轩文钞》卷四《书方望溪先生传后》）。清通畅达体现了桐城文的总体风貌，这种风格显然有利于文章的流传，也有利于扩大影响，但清通则不免于平淡，畅达也不免孱弱。桐城派的不足，给乾嘉汉学家、嘉道骈文家、清末魏晋文派和五四新文学家留下了攻击的把柄。

张之洞《书目答问》分清代散文为桐城、阳湖和不立宗派三者，实际上，桐城、阳湖固然是清代散文最主要的两派，但两派间存在渊源师承关系，并无水火之势。阳湖派张惠言、恽敬等人颇受桐城派特别是刘大櫆的影响。二人并精音韵考据之学，以学问特别是经学为根底，初学骈文，及闻刘氏之说，才改而专治古文，从而上接阳湖之学并重骈散、推重学术考据的传统。由于恽、张先专力骈文，故其文论及创作中，都不废骈文，以补词采之不足。恽敬、张惠言之后，李兆洛继起，并称阳湖三家。此外则有陆继辂、陆耀遹、董祐诚、董士锡、谢士元等人，皆出阳湖，于是蔚然成风。

阳湖虽出于桐城，甚至有人将阳湖视为桐城的一支，但二家持论及文法却颇多异趣：桐城取法唐宋八大家与司马迁，溯源儒家经典；而阳湖派则重《文选》，不薄六朝辞赋，同时泛滥百家，参以诸子，以救桐城孱弱平庸之病。如果说桐城派文以简练雅洁见长，较多矜持，那么，阳湖派文则以博丽宏肆取胜，较多讲气势；桐城派文得力于法，为儒者之文，追求醇厚；而阳湖派文得力于学，为策士之文，不免驳杂。

骈文之体成立于六朝，即使在唐宋古文运动的时代，也仍有很多擅长骈文的人。唐代陆贽、李商隐自不必说，宋代四六文更呈一时之盛。元明二代，此道中衰，用途狭隘。清代一反其风气，号称骈文复兴，在清初，就有陈维崧、毛奇龄等名家。乾嘉之世，考据学兴，使崇学征典的骈文也随之复兴，当时有骈文八大家（袁枚、邵齐焘、刘星炜、吴锡麒、孙星衍、洪亮吉、孔广森、曾燠）之称。八家之外，胡天游沉博绝丽，纪昀朴茂精切，各有特色，而皆以学植为根基。同时，汪中上溯六朝，独树一帜，其《吊马守真文》、《哀盐船文》、《自序篇》，以散运骈，意脉流贯，而又萧疏淡雅，直接开启了从清末李慈铭、王闿运等人直到民国初年刘师培、章太炎等人的回归汉魏六朝诗文的运动。

在乾嘉桐城一派古文甚嚣尘上之时，李兆洛和阮元等人极力反对桐城派所提倡的散体单行之文，大声为骈文辩护，为骈体争正统，乃至指责古文为笔，意欲排斥于文域之外。李兆洛虽是阳湖派作家，却特重骈文。他编撰《骈体文钞》，目的就是与姚鼐《古文辞类纂》针锋相对，也确实产生了很大的影响。后起的桐城派作家如刘开、曾国藩在论文和创作中都兼取骈体，就是骈文影响上升的一个表现。

文言小说，在魏晋南北朝的志人志怪、唐代的传奇之后，依然不绝如缕。宋代以后，白话小说出现，并迅速崛起，以其灵活、朴素、贴近生活的语言，成为小说创作中最重要的语言形式。而由于广大士人仍花大量精力研读古典著作，在许多场合仍然使用文言，他们对文言的娴熟掌握，加上文言自身亦有相当的伸缩性、可调适性，因此，宋以后古典作家在进行叙事描述时，仍然时常使用文言，创作了数量相当可观的文言小说。

就题材而言，志人、志怪、丽情等唐前文言小说中常见的题材，在唐以后，还在连篇累牍地出现，或者模仿前人，或者翻新出奇。就体裁而论，宋元人的传奇小说，堪称是唐代传奇小说的新变，虽有不及，而自是不同。明清时代，文言小说全面复苏，不仅出现了大量文言小说的专集和别集，而且出现了对文言小说的理论研究；不仅志怪体、世说体相继复起，而且出现了传记体的文言小说。自《世说新语》以降，世说体一直流行不衰。唐王方庆《续世说新书》、宋王谠《唐语林》、明何良俊《何氏语林》，都是此体的小说集。明林茂桂辑《南北朝新语》，则是纂集南北史中的异闻轶事而成。清初王晫《今世说》，记顺康间文士言行，文笔简洁洗炼，颇能刻画人物，是较好的一种世说体的小说。沈复《浮生六记》是一部传记体小说的杰作，重抒情，重情韵，这种体裁也可以称为小品小说。此外，明代的《剪灯新话》、《剪灯余话》和《觅灯因话》也值得一提。但最值得注意的是康熙时代诞生的蒲松龄(1640—1715)《聊斋志异》，它标志着明清文言小说创作达到了一个新的高峰。

作者自述其生涯实况是："门庭之凄寂，则冷淡如僧；笔墨之耕耘，则萧条似钵。""集腋为裘，妄续幽冥之录；浮白载笔，仅成孤愤之书；寄托如此，亦足悲矣！"(《自序》)这种孤愤，一方面是他在现实生活中落拓不偶的遭遇的反映，另一方面也使他义无反顾地倾尽心血，来写作这种志异奇书。也就是说，孤愤不仅表现在他的创作态度上，也表现在他的具体的作品和内容中。他对科举制度的态度有揭露，有讽刺，而《王子安》篇中的"七似"最为沉痛。其故事中的主人公，有很多是落拓不遇的举子书生。《叶生》篇中的叶生就是这样一位。他"文章词赋，冠绝当时"，却"所遇不偶，困于名场"，而关东丁乘鹤(令威)对他有知遇之恩。后来，叶生贫病而卒，其魂魄却追随丁氏，并教丁氏子中举入仕。在篇末的"异史氏曰"中，蒲松龄感慨万千地写道：

> 嗟乎！遇合难期，遭逢不偶。行踪落落，对影长愁；傲骨嶙嶙，搔头自爱。叹面目之酸涩，来鬼物之揶揄。频居康子之中，则须发之条条可丑；一落孙山之外，则文章之处处皆疵。古今痛哭之人，卞和惟尔；颠倒逸群之物，伯乐伊谁？抱刺于怀，三年灭字；侧身以望，四海无家。人生世上，只须合眼放步，以听造物之低昂而已。天下之昂藏沦落如叶生者，亦复不少，顾安得令威复来，而生死从之也哉？噫！

这与其说是评论故事情节，不如说是作者自诉情怀。从愿意生死以追随知己的愤激之辞中，可以看出，他是看透红尘了。这骚怨孤愤，与屈子、太史公是一脉相承的。这一类感慨，使《聊斋志异》更有抒情的诗意美。

董元度题《聊斋志异》的《贺新凉》词云："庄语难谐世，拂残编，搜神博物，谈仙说鬼。"《聊斋志异》中的仙狐鬼怪，往往是有所寄托的。蒲松龄一生困于科场，穷途潦倒。书中有不少鬼狐教人致富的故事，这其实也体现了贫困交加的作者的幻想。现实的困顿，使他突破人鬼的界限，宁愿从鬼而游，与鬼为友。在《陆判》中，陆判官虽为鬼，却总能在紧要关头助朱生一臂之力，比起人间的世态炎凉人情冷暖，鬼界反而令人向往。难怪，蒲松龄表示如果陆判官还在，他“为之执鞭，所忻慕焉”。

由于长期生活在社会下层，蒲松龄对黑暗世道和腐朽政治有较清醒的认识。对此，书中也有揭露和抨击。《成仙》中写黄吏部家的牧佣仗势欺人，明明黄家的牛踩坏了周家的田，地方官却偏袒势家，把周家的仆人抓进官里笞责，去告状的周生也被抓起来了，陷入不白之冤，几致丧命。这正如故事中周生的至交成生所说的，“强梁世界，原无皂白，况今日官宰半强寇不操矛弧者耶?”在《潍水狐》中，他先借一个前身为狐的老翁之口，说自己羞与前身为驴的县令为伍，继而自己站出来，说了下面一通话：

> 驴之为物庞然也。一怒则踶趹嗥嘶，眼大于盎，气粗于牛，不惟声难闻，状亦难见。倘执束刍而诱之，则帖耳辑首，喜受羁勒矣。以此居民上，宜其饮糙而亦醉也。愿临民者，以驴为戒，而求齿于狐，则德日进矣。

在他眼里，那些欺上罔下贪赃枉法的官吏，就是一群丑驴蠢驴。相比之下，书中的狐往往真诚可爱，作者的褒贬一目了然。这种正义感，也同样体现在倡言正能胜邪的《妖术》篇中。

在艺术上，《聊斋志异》以传奇之笔，作志怪之文，使全书呈现出传奇和志怪互补的特色。此书写志怪故事，叙述大多跌宕起伏，生动活泼，委曲周详。作者的旨趣不是猎奇搜怪，而是将志怪故事也当作人事生活的一个部分来写，用唐传奇中写人间奇人奇事的惯用文体和笔法，以人或事为中心，精心剪裁，集中精华，从而将神仙鬼怪故事写得亦真亦幻，既注意把握生活细节的真实，符合艺术的逻辑，又富有浪漫无拘缥缈恍惚的想象。同时，作者在书中每一篇之后，往往自称“异史氏”发表议论，这一结构也见之于唐人传奇，但溯其远源，则显然是受到《史记》中的“太史公曰”的影响。也可以说，这本志异之书其实是有很强烈的“史”的人间性和现实性的。

书中成功地塑造了众多人物形象，举子、鬼狐、官吏、女子之类尤为多见。婚姻爱情故事特别是人鬼恋或人狐恋的故事，是《聊斋志异》中最常见的一类题材。书生举子和狐仙花魅，作为相对依存的两类人物，常相伴随而出现，他们在故事中的角色地位各不相同，性格也各异。《婴宁》无疑是这一类故事中的名篇之一，婴宁也无疑是其中塑造得最为成功的一个人物形象。这是一段很普通的人狐恋故事，而在作者笔下栩栩如生的婴宁的痴憨可爱的形象，使这一故事显得很不一般。显然，作者在故事和人物中倾注了自己的情感。此类故事题材虽或得之传闻，而皆经过作者心灵和艺术的再创造。对婴宁这个爱笑爱花的可爱的狐女，作者充满挚爱地称之为“我婴宁”，比之为一种名叫“笑矣乎”的山中草，“房中植此一种，则合欢、忘忧，并无颜色矣”。在故事中，他抓住爱笑的婴宁在不同场合不同的笑，以至后来的终日不笑，作为一个重要线索，贯穿全篇，展示她的性格，推动情节的节节进展，在结构的安排和节奏的掌握上，都表现出纯熟的功力。此外，如《鲁公女》篇中对小女子神态和心态的描摹，也极见功力。

在语言上，《聊斋志异》也体现了蒲松龄很高的造诣，除了整体的富有诗意的语言风格外，在具体的叙述描绘中，也常有高妙之笔。《红玉》写广平冯相如某夜“坐月下，忽见东邻女自墙上来窥。视之，美。近之，微笑。招以手，不来亦不去。”雅洁简劲，极有层次，寥寥数笔，已将当时情景全盘托出。《口技》写口技表演，杂沓往复，井然有序，惟妙惟肖。诸如此类的笔墨，书中在在可见。这些雅洁富有表现力的文字，以及“异史氏曰”富有抒情意味的发言，使本书的叙事带上浓厚的个性色彩和抒情化特征。

《聊斋志异》之后，有不少作者起而模仿，其中，比较重要的作品有沈起凤《谐铎》、和邦额《夜谭随录》、浩歌子《萤窗异草》、袁枚《子不语》(《新齐谐》)、《续子不语》、宣鼎《夜雨秋灯录》、王韬《淞隐漫录》。但是，这些作品，正如袁枚在《子不语》自序中说的：“文史无以自娱，乃广采游心骇耳之事，妄言妄听，记而存之，非有所感也。”他们都只是一意好奇，对志怪故事本身感兴趣，并不像蒲松龄那样在创作中发泄孤愤之怀，也不是有所寄托的文字。其中只有少数作品叙事流畅，文笔可观。纪昀《阅微草堂笔记》应该算是这类书中的佼佼者。他以回归汉魏六朝笔记小说的笔墨，去除浮华，崇尚雅洁，无意为文，姑妄言之，姑妄听之，用笔自然洒脱，也不特别着意表达什么。其简实朴质的文风，也与既幻又真化俗为雅的《聊斋志异》异趣。

这些小说的出现、存在和流传，说明以文言创作小说，还是有可为的，也说明文言的文学生命是相当强大和持久的。

第三十章　八股文的文化批评

八股文名义及其由来　　八股文体的构造特点　历史发展梗概　　八股文的义理、考据、辞章　　杂合的文体　　对士人的正负面影响　　八股文功过的文化批评　　八股文的选、批、评及对明清以来文论的影响

为了巩固统治，历代政权通过各种途径和方式选拔人才，以充实政治的各个层次。汉代靠察举，魏晋实行九品中正制，隋唐以下大抵采用科举，而所考内容又各有不同。唐代进士科试诗赋，宋代考经义策论等，明清两代则考八股文。在本世纪初废除八股文并实行新式考试制度以前，八股文已经在历史舞台上独领风骚长达五个世纪，可以说是行之最久、影响至为深远的科举文体。在新文学兴起以后，传统文学的各种样式虽然都经历了一段大幅度的消退乃至消亡的过程，而各种形式的研究、欣赏及其创作却未曾间断，近年来古典诗词对联散文等的欣赏创作更是方兴未艾。八股文则鲜为人道及，无人拟作，也无人欣赏此道，偶有齿及，也多伴随着贬斥的声气。这种鲜明的现实对照和显著的历史落差，不仅描绘出八股文的兴衰轨迹，也显示了近世文化发展的特殊背景。

八股文或称制义、经义、制艺、时文、时艺、《四书》文、八比等。因为它是奉皇帝的命令(制)，依据经书立义，代圣贤立言，所以称为制义、经义。经书当然是指儒家的经典，具体说来，也就是《四书》、《五经》。因为大多

数八股文题目出自《四书》，即简称《学》、《庸》、《语》、《孟》的《大学》、《中庸》（二者原为《礼记》中的两篇）、《论语》、《孟子》，所以有时候又称为《四书》文。命题之时，或取经文一句，或数句，或一章，或一段，或数节，长短不拘。同时，八股文又可以说是奉旨而进行的文艺制作或奉旨而学习的写作技艺，所以有了制艺的名称。制义、制艺读音相同，字形也只有一字之差，其实却代表了对八股文性质的两种不同看法和对其地位的两种不同估量。明清两代，这种文体是当时最流行的文体，也是每个士人最要揣摩学习的一种技艺，也可以说是最时兴的文艺，故又有时文、时艺之称。

定型的八股文的结构，具体分析起来，也不外乎起、承、转、合四个部分。起就是破题，即点出文章的主要内容或主题。承就是承题，也叫破承，即接着对主题作进一步的补充或限定之类的说明。承题之后是起讲，即较详细地说明题意。总起来看，破题、承题、起讲三部分还只是文章的开篇部分，所以又统之为"冒（帽）子"。起讲接下来为虚比、中比、后比、大结，又称起股、中股、后股、束股，大抵是从上下正反前后左右各方面论述文意，既要说得理直气壮，又是讲得面面俱到，而转、合之类，即寓于其中。这是八股文的重心部分，一般分为四段，每段都各由两股意义上互相对立音韵上互相对偶的文字组成，一共八股，八股文得名的由来就在于此。这种结构形式在一定程度上符合一般人的思维逻辑，在诗文中也早已有之，只是在八股文以前还没有哪一种文体在这些方面作过这么明确的限定而已。"八股"实际上只是流俗对它的特征的一种形象化概括，后来却大为流行。有的文士嫌"八股"二字不雅，乃以八比代之。近世以来，由于八股成了僵化死板空洞无物的代名词，八股文也就成了一种明显带有贬义的称呼。

下面举一篇八股文为例，说明其结构特点。这是选自《启祯名文摩集》卷一的金声《夫子温良恭俭让以得之》，其题目出自《论语学而》：

原圣人之闻政，有道焉以得之也。（破题）

夫夫子之温良恭让，非以示人国而欲其政也。而人则自此感矣，权固在夫子哉！（承题）

今夫国有大政,其君若臣相与商度于朝堂庙楹之上,非其亲贵,不得预也,而况异国羁旅之臣乎?今之诸侯,即好问周诹,不应至是,不应尽夫子所至之邦而皆若是。则尝于宾主相见之时,而观其感应不爽之机,其愿得奉教君子而就正有道者,非邦君之能与,而邦君之不能不与也。(起讲)

夫子殆温良恭俭让以得之者也。(过接)

天下之震惊夫子,而以为异人,非一日也。初不料其意象乃在若近若远之间,及身亲之,而殆忘其为圣人也,忘则其心夷。(第一股)

天下之想望夫子,而各以私度,非一人也。初不知其精神迥出言思拟议之外,比目接之,而始见有真圣人也,真则其神夺。(第二股。以上两股为虚比或起股。)

今之诸侯大抵多骄,既已令莫予反、行莫予违矣,从未见有草芥之人有身兼三才、气备四时之盛如吾夫子者,岂不厌薄而以为不足与谋,而要不能不大服吾圣人于一望之际,立锄其予智自雄之习。(第三股)

今之诸侯大抵多忌,亦既各君其国、各子其民矣,从未见有四方之士具天下一家、中国一人之概若吾夫子者,岂不猜虞而以为未可与言,而要不能不深言吾圣人于立谈之顷,遽化其分疆绝界之心。(第四股。以上两股为中比或中股。)

盖其道大,则天下莫能容。往往(有)心知其圣,终不能奉国以从,故貌合情疏,虽以父母之邦,不获自适其易世变国之心。(第五股)

其诚至,则万物无不动。往往一见其人,则莫不输诚以献,故删诗修史,即以托迹之所,而亦深悉其兴衰治乱之故。(第六股。以上两股为后比或后股。)

故若游说之士,探大人之意旨,而怵之以利害。(第七股)

智谋之臣,窥人国之浅深,而获之以计数。此皆衰世之风,或得或失,岂足以语大圣过化存神之妙哉!(第八股。以上两股为大结或束股,以散句收结,颂扬夫子的神圣。)

八股文可以追溯到北宋王安石等人提倡的“经义”，初时只是以经为题的议论，到宋末，已发展为渐有一定的程式。元代延祐（1314—1320）年间，兼以经义试诸生，并限定每篇字数三百字。明清两代，八股文在字数限制上逐步放宽，从不超过五百五十字到六百五十字，乾隆四十三年（1778）又放宽到以七百字为上限。宋元可以说是八股文的滥觞。论旨以朱熹的《四书集注》为依归，也是从元代开始的。明洪武初制订科举法，先时也是经疑经义并行，后来才改为专试经义，也仍重视阐发道理，于是，八股文初具雏形。大体上说，从 14 世纪后期到 15 世纪中叶，即从明代洪武（1368—1398）永乐（1403—1424）到明英宗天顺（1457—1464）年间，是八股文逐渐发展成熟的阶段；从明宪宗成化（1465—1487）到明孝宗弘治（1488—1505）年间，是八股文格式定型的阶段，八股文的名称也是在成化以后出现的。明初制义科条未立，格式也还比较宽松，行文有时兼用颂体的写法。天顺以前，行文或单或偶，尚无一定之规。成化以后，才严格要求对偶，形式更加工整。总的来说，这一时期的八股文比较谨守传注，体会其语气，文风则比较简朴。

从 16 世纪初到 17 世纪初，即从弘治末年到隆庆（1567—1572）万历（1573—1620）年间，明代八股文臻于鼎盛。16 世纪可以说是八股文发展史上的黄金时代。这一时期的八股文以其“脉正理醇，清微淡远”的风格特点，为八股文家所津津乐道。其不足之处是略嫌拘谨，“止依题训义，题之节奏，即文之波澜而已”（清道光乙巳二十五年，1845，东昌叶氏书林校刊《制艺简摩集》卷首司徒修《简摩集启祯文小引》）。正德（1506—1521）嘉靖（1522—1566）间，唐宋派古文家唐顺之、茅坤、归有光等人提倡以古文的作法和气格融入八股文，通过遣词用字、谋篇布局、音韵节奏等方面的安排和讲究，使时文中的陈词滥调、板滞章法和庸弱积习等有所革除。但自隆、万以后，又“以机巧为贵，渐趋佻巧”（方苞《钦定四书文・凡例》）。吴敬梓《儒林外史》实际上写的是当代的人和事，却有意选择从明代成化到万历中这一时期作为故事的时代背景，表现他对这个所谓八股文的全盛时代的讽刺；同时，他在楔子中插入洪武初礼部议定以八股文取士，作为全书开篇的一部分，也说明他有意以此书为八股取士制度作一次历史清算。

明季，八股文风气一变，从天启(1621—1627)到崇祯(1628—1644)年间，不仅流行“以古文之气，行八股之法”，而且“阐性命之精微，穷事物之情变，纵横驰骤，不可羁系，而恰与题之窍会相赴。间有目击时事，借题以抒胸臆者，按诸题之神理、节奏，亦无不吻合”(《简摩集启祯文小引》)。其原因之一是受到当时的政治斗争和士林横议的刺激。黄淳耀、金声、陈子龙、章世纯、陈际泰、艾南英等人，都是启、祯时代的八股名家。这一时期的八股文，风格较前一时期畅达恣肆，喜欢借题发挥，作者能够在这种高头讲章中，隐讽时事，暗寓讥刺之笔。例如黄淳耀的《秦誓曰若有一个臣》一篇，就“多直道当时语，行墨间挟忠义贯日月之气”(《启祯名文简摩集》卷一)。其中“今观其所深好者，有容之臣也；所深恶者，妒贤之臣也。此两臣者，一则推奖气类，易涉朋党之嫌，而其心实为国家；一则诋毁朝士，若为孤立之迹，而其心实为富贵。所为不同则必争，争则人主必有所左右于其间，而胜负分焉”一段，即是有感于明季君子小人纷争的政治局面而发。其《见义不为无勇也》一篇，则以史论之笔作时文，言及世道人心，期望使当时的读者知所感奋。在今天看来，这一时期的八股文最有个性，最含锋芒，思想上最有光辉，文学上也最具价值。

但一些正统的八股文家的观点正好与此相反。清初信奉清真雅正的八股文家方苞就贬之为“驳杂不纯，猖狂自恣”(《钦定四书文·凡例》)，甚至视之为士习坏而国运衰的标志之一。另一方面，明朝亡国以后，某些士人痛定思痛，愤激之极，也严厉责难八股文“断送江山”。这显然是过激之词。事实上，八股文只是整个封建政治文化体制中的一环，明朝覆亡的根源不在于此。换句话说，不是启、祯时代的八股文加重了明末的乱象，促成了明朝的灭亡，相反，倒是明季政治促成了八股文的良性激变，虽然统治者未必愿意看到这种变化。不过，这确实给清初的统治者一个前车之鉴。励精图治的康熙皇帝认识到八股文平庸则无补于世，犀利则有害于治，曾一度欲废除八股取士的制度。康熙七年(1668)，上谕八股文章实与政事无涉，这类浮饰文章应当永行停止，可从为国为民的策论表制中出题考试，不料却遭到了许多大臣包括著名诗人王士祯的强烈反对，终于作罢。

早在北宋时代，欧阳修在知贡举时，就有意识地通过主试来扭转文风，转移文运。康熙以后，清代政治渐趋稳定，朝廷加强了对文化方面的管理和控制。通过八股文厘定文体，影响当时的文风，指导士林的风气，是清廷有意识推行的一项政策。八股取士本来就是封建政权的文化政策的一个重要组成部分。雍正十年(1732)，曾晓谕考官，所拔之文务令清真雅正、理法兼备，以破除明末的险诡之习。乾隆三年(1738)、十四年(1749)，又两度饬令各考官，衡文务以清真雅正为标准。自此以后，"清真雅正"遂悬为有清一代科举衡文的百余年不变的金科玉律。乾隆间，收入《四库全书》的惟一一种八股文选本、方苞奉敕编撰的《钦定四书文》四十一卷，即是以此为别裁标准的。而在这一律条的导引下，清代八股文也从此失去了启、祯先辈文章的辛辣和锋芒。清道光年间的八股文评家司徒修早已指出，"国朝之文甘，启、祯之文辣"，并委婉地表示这是清代八股文的不足，"甘而以辣济之，乃得骨肉停匀"(《简摩集启祯文小引》)。

在清一代，特别在清初，也出现了一批八股文名家，如李光地、韩菼、尤侗、王广心、刘子庄、张江、李来泰、颜光敏、熊伯龙等，大多以雄浑博大为宗。桐城方苞以古文笔法作八股文，与明代唐顺之等人遥相呼应，影响更是不小。总的来看，其发展趋势是律法日益严密，体格日益完备，而流弊也随之而生。实际上，如《儒林外史》所揭示的，早在18世纪初，也即康、乾时代，八股文的路子已开始越走越狭窄，截搭题之类荒唐的命题方式，也是从清代后期开始多起来的。所谓截搭题，就是截去前一句的头，将前一句的尾搭上后一句的头，或截去前一章的尾搭上后一章的头，甚至隔篇截搭的，常常搞得人不明所以。应试者只好牵强附会，生拉硬扯，以对付这一类题目。

八股文的形式结构符合文章和思维的一般逻辑，因此，有人认为《四书》之中早就有八股文的胚胎或因子。更重要的是，《四书》是明清二代规定士人必读的经典，以《四书》为题考作八股文，正是顺理成章的事。如上文提到的黄淳耀《秦誓曰若有一个臣》，其题出自《大学》；另一篇《见义不为无勇也》的题目则出自《论语·为政》。汉以对策取士，弊在泛滥而不切实用；唐以诗赋取士，其弊端是易导致浮华不实；宋以策论取士，其弊在肤廓无根；于是依经立义之文应运而生，代贤圣立言，而实各言其心之所得。一般来说，八股文是论述文字，因文见道，名句要从论析道理上出，跟诗赋等文学侧重抒情描写大不相同。从本来的宗旨上看，它试图将策论的思理与诗赋的词章结合起来，需要有思想，有见识，精通声律偶对，同时使用典实，需要有一定的腹笥。严格地说，后来桐城派古文论中所提出的义理、词章、考据三者，在八股文制作中也是缺一不可的。

八股文中使用典故，通常要求不能有时代的差讹，比如做唐虞题不能用商周时代的典故，而做商周题则不能用秦汉时代的典故，述孔孟言不得用《汉书》语等等。准确使用典实，是写作八股文的一项基本功。不过，由于中国古代典籍浩如烟海，皓首穷经也难以囊括无遗，即使少数博览群书的学者，也有可能有所不知，更不用说那些读书只为入仕、把八股文视同敲门砖的一般士人。因此，在八股考场上就发生一些很具讽刺性的故事。比如，一个秀才在考前散步，见到道旁有两棵槐树中夹一口井，考试时就自我作古，胡诌“自两槐夹井以来”。这莫测高深的一句也居然蒙骗了主考官，得以名列高第（清钱泳《履园丛话》卷二十一）。几百年来，诸如此类的科场笑话屡见不鲜，演出了一出出悲喜剧。

作为一种文体，八股文的文学价值可能还不及其文化价值。这并不意味着写作八股文不需要文学技巧，而是恰恰相反。实际上，八股文正是各种文体各种技艺的杂合体。揣摩上意，类似战国时代策士的说辞；指事说理，类似策论；拟人口气、代人立言，类似元人杂剧，以致有人说从观赏戏剧中可以领悟八股文的写作技巧；讲说道理，则近于经义；讲究换字用韵、排比对偶，格律精严，又兼有四六骈体文和近体诗的特点；起、承、转、合之类，也早已见于律诗；而六韵十二句的唐代试帖诗，其头尾两韵即相当于八股的起、结，中间四韵八句则相当于八比。此外，律赋大多限定韵字，往往为八韵，围绕赋题铺陈生发，与八股文的做法也颇有相通之处。八股文中常见的破题、长对等名目，亦早见诸律赋之中。所以，唐代律赋也颇为明清两朝的制艺中人垂青，视为初学悟入的一条辅助门径。总之，这是一种杂糅众体、程式谨严的文体，在一定程度上确实能衡量出士子对经典的分析理解能力以及对古典诗文最基本的技法掌握运用的娴熟程度。八股文能够产生，并在中国历史上生存五百年之久，与它的这个特征是分不开的。《儒林外史》第十一回中，那个迷信举业的鲁编修就对女儿说道："八股文若做的好，随你做甚么东西——要诗有诗，要赋有赋，都是一鞭一条痕，一掴一掌血；若是八股文章欠讲究，任你做出甚么来，都是野狐禅、邪魔外道。"他对八股文如此推崇以致排斥其他的文章学问，自然是盲目可笑的，但这也说明他对八股文体的这一特点是有所认知的。

从另一方面说来，八股文所训练的技能，无非是要能将那些卑之无甚高论的题目，做得冠冕堂皇；将空洞无物的题目，做得庄严典重；将胡乱截搭的题目，做得头头是道、气宇轩昂；也要能无中生有，以艰深文其浅易。明明是一些套话、空话、大话，却能说得婉转动听，铿锵有力。这虽然近于或等于文字游戏，但显然也需要有文字安排上的技巧。明清两代靠八股文进身的文士中的佼佼者，往往被选拔到翰林院供职。他们在八股文制作中练就的这套本领，在以后的官场文字应酬、公文写作中，特别是为皇帝草诏拟制时，很能派上用场。如果说这种文风助长了应付拖怠的官僚作风，也不是毫无根据的。

经过几百年的发展，八股文的制作已经形成了一套较为固定的格式，或者说是陈套，如常用"尝谓"二字作原题起语，"今夫"二字作大讲起语。这种领起句式可能从赋体的更端词中获得过启发。音韵上追求响朗顺溜，风格上要求典雅清正，发展到后来，所谓八股末流甚至规定在八股文中不能用诗词一类的笔法，不能使用《离骚》及子书中的典故，否则就算不得正经文字。不同的题目，也要求有不同的作法，例如"遇典实题则以考核为长"（梁章钜《制义丛话》卷五）；碰到截搭题，就不免要东拉西扯，穿凿附会，立论也不免偏、巧、怪，不过从中也可以测试出仓促趋附的本领。

在八股文的制作中，才气和理法构成了一对显著的矛盾。在一般情况下，逞才使气被认为是不合时宜的，尤其对初学者。《举业金针》中曾一再告诫初学者，入门但求平正，戒学高古简淡，深恐功力不够，反为其误。这也是为什么八股文体越到后来越不能创造真正的好文章，而只能批量生产四平八稳甚至平庸的作品。归根结底，八股文本是敲门砖，《举业金针》的作者看得很清楚，讲得也很明白："夫揣摩原欲荣世，非为传世，倘才高不遇，虽直与归（有光）、胡（友信。归、胡皆以八股文名于当世）比肩，无益也。”“学得诗书艺，卖于帝王家。”只要达到目的，暂时也顾不上其他。至其末流，则发展到除了八股文，其他学问都不问津。《儒林外史》第二十六回里的向知府说：“而今的人，可谓江河日下。这些中进士的、做翰林的，和他说到传道穷经，他便说迂而无当；和他说到通今博古，他便说杂而不精；究竟事君交友的所在，全然看不得！”

但实际上，这只是事实的一个方面。另一方面是，真正有学识有思想的士人都只是把八股文当作敲门砖，一旦科第的大门打开了，就转而通经治学，或致力于其他学术、事功。即使准备应试，也不曾《四书》之外，其他书都束之高阁。明清两代的不少有识之士，其中很多是八股考场的过来人，对八股取士制度的弊病，早已有所警惕。一些文人以玩世不恭的态度对待八股文。清初尤侗曾以《西厢记》中“怎当他临去秋波那一转”句为题，作了一篇八股文，文风华丽，旖旎多姿，是有名的游戏笔墨。还有人假托明代风流才子唐寅之名，全用《西厢记》中的句子为题，作了整整一本八股文，足见尤侗之外，爱调侃八股文的还大有人在。这是士人对道貌岸然、高头讲章的巧妙嘲弄，也是他们的文学智慧的折射。另一些人则加以更辛辣的讥刺。清初徐灵胎的《洄溪道情》中就有一首《刺时文》：“读书人，最不齐。烂时文，烂如泥。国家本为求材计，谁知道变作了欺人计。三句承题，两句破题，便道是圣门高弟。可知道三通四史是何等文章，汉祖唐宗是哪一朝皇帝。案头放高头讲章，店里买新科利器。读得来肩臂高低，口角嘘唏。甘蔗渣嚼了又嚼，有何滋味。辜负光明，白白昏迷一世。就教他骗得高官，也是百姓朝廷的晦气。”至于《儒林外史》中的揭露批判就更深刻了。

以八股文试士，其成其败，有相当大的偶然性，未必取决于实在的才学。不过，一般社会舆论仍不免以成败论英雄，“论出处，不过得手的就是才能，失意的就是愚拙”（《儒林外史》第五十五回）。这一方面造成了士人的侥幸心理，另一方面也增加了民间信仰因果报应的迷信色彩。蒲松龄终身不第，并不表明他的文章不好，或才学不足，相反，恰恰是准备八股文浪费了他许多时间、精力和才情。八股时代，一般士人都信奉熟读熟做，行文自佳，这与唐人信奉“《文选》烂，秀才半”的思路本是一致的。只不过唐人借此鼓励士人钻研古典诗文，其中包括各种体裁各种风格的历代文学名篇，从而在一定程度上促成了唐代诗赋的繁荣。而在八股时代钦定的文化教育政策和由此形成的全社会的心理认同与舆论导向的影响下，从蒙学开始，读书就局限于儒家经典特别是《四书》、《五经》之内。从积极方面说，这可以使士人集中精力，自幼打下良好的经学基础，从而推动经学研究的深入拓展；从消极方面说，则促使广大读书人视读书为名利工具，求知为功名之阶，培养了一种死读书、读死书的风气，始则不求甚解，囫囵吞枣，终而不思深造，一知半解，造就一批平庸乃至庸俗的“文化”官僚。中进士成了读书的最终也是惟一的正途，八股文也成了一切文章的代表，诗词歌赋及其他传统学问通通被视为杂学杂览，受到冷落，所谓“当今天子重文章，足下何须讲汉唐”（《儒林外史》第三回）。更严重的是，如果将这样一种读书作文的技术进而演化为投机取巧、揣摩钻营的人生态度，则势必毒害士人心灵，污染社会文化空气。李渔在《闲情偶寄》里说：“场中作文，有倒骗主司入彀之法。开卷之初，当有奇句夺目，使之一见而惊，不敢弃去，此一法也；终篇之际，当以媚语摄魂，使之执卷流连，若难遽别，此一法也。”果真执迷于此，专以此等炫惑之道投考官之所好，不就培养出一种“近于妾妇之道”（张爱玲《论写作》）的为人为文的作风吗？在《儒林外史》的时代，许多人就已经认识到，“与其出一个斫消元气的进士，不如出一个培养阴骘的通儒”（《儒林外史》第八回）。

八股文对明清以来文学理论批评的影响是显著的、多方面的。首先，明清时代的读书人几乎无一例外的都有学习和写作八股文的经验，在创作中多多少少会受到八股文的结构、章法、文法的潜移默化的影响。这种影响可能是积极的启发或教益，也可能是消极的拖累或破坏。其次，为了帮助士子早日顺利地敲开功名利禄之门，社会上出现了很多各种各样的八股文选本、范本及其他入门津梁之类的读物。早在元代，陈绎曾作《文说》，因延祐复行科举，示程试之式；倪士毅作《作义要诀》，指陈诸弊，足资龟鉴；二书已开其先声。此后，有关八股门径、举业捷诀一类的书，更是应运而生，层出不穷，在诗文评类著作中占了相当大的数量。其中既有选作范本的历科程墨，即试官的拟作和中式的卷子，又有从各种角度为各种目的而选编的进士文章，即房书或称房卷，和举人的文章，即行书或称行卷。除了选文、注释典故，还有批点，包括圈、点、眉批、夹批、总批等等。作为一种典型的中国文学批评方式，批点之道当然不始于八股文选家，至迟在南宋时代，词人刘辰翁就曾批点过若干家唐人诗集。八股文推广并普及了批点之道，并且发展出一整套格式、方法和术语。其所用术语，如“明暗顺逆等法”、“起承转合”、“正反开阖”、“钓”、“渡”、“擒题”，等等，在明清以至今人的评论赏析文章中也仍时或可见。明清文学批评家在其文论诗话中借用八股文批点中的那些格式、方法与术语，在其他体裁的文学选本的批点如明清小说的评点中，也时见借用、套用或化用。在流传极广的古文选本《古文观止》和金圣叹所评《水浒传》、《西厢记》等书中，也能见到诸如“开门见山”、“首尾呼应”、“针线细密”等评语。近世关于作文法则的教学实践中，也仍然沿用其中的部分术语。

通过以下数例，也许可以对八股选评、入门这一类的书有所了解：清咸丰己未年（九年，1859），维经楼校刊长沙曹原亮星庐著《十四层启蒙捷诀》（又名《禹门初步》），本来即是作为家塾启蒙用的读本，故特重起讲，“起讲每题除正面外，分十四层，第一层全反，第二层先正后反，第三层先反后正，第四层对面，第五层旁面，第六层翻说，第七层横说，第八层竖说，第九高一层，第十低一层，第十一前一层，第十二后一层，第十三退一层，第十四进一层”，诸如此类，胪列极详。这是着眼于初学入门的。清道光乙巳（二十五年，1845）东昌叶氏书林校刊《制艺简摩集》，封面署盩厔路润生先生鉴定，本来是关中书院的读本。此书共分四卷，收文二百篇，卷一选天启、崇祯间八股文五十篇，卷二、三选清初八股文九十四篇，卷四选清代自康熙至嘉庆间历科名墨五十六篇。这属于另一类：提供范文并加以评点，以供揣摩学习。《制艺简摩集》卷末附司徒修记注其族兄司徒德进《（贯易先生）墨谱》，又称《举业金针》。《举业金针》中有对八股文各个部分作法的分析导引，包括起讲要诀、炼墨要诀、认题、对法、两截题及滚作题作法、虚冒题法、长题法等专门论述。这是专门导引作法门径的书。

由于选文、批文、卖书在当时有利可图，自然就成了当时未能中举及第的读书人的几种谋生手段。《儒林外史》中的马纯上和匡超人，就是八股文选家。匡超人虽然学识浅薄，也不曾中举及第，连“先儒”是什么意思也没有弄清楚，却能够在短短六天之内，将三百多篇文章批完，并自称五六年间考卷、墨卷之类的书，就批选了九十五本。很难想象这里面没有敷衍塞责乃至欺世盗名。在整个八股文时代，这种指南、秘法、要诀、金针之类的书汗牛充栋，其中相当一批是匆忙拼凑成书，并非精心结撰之作；只是着眼于科场应试，教人如何使用敲门砖，甚至连敲门砖也不是。饱学之士固然鄙而弃之，一般有识士人在事后也弃如敝屣。它们虽然曾流行一时，时效却极为短暂。时过境迁，这些一度遍布坊间的书籍很快就烟消云散，留存于世的只是其中极少的一部分。清乾隆时编纂的巨大型丛书《四库全书》，撰录历代总集别集颇为详备，而于制义一体，只编录乾隆初方苞奉敕编撰的《钦定四书文》一种。此外，时文选本及各家专集一概不收。这自然是后代研究八股文的学者的损失。清道光间，福州人梁章钜广搜博采，编成《制义丛话》一书，“会而萃之，溯源流，别支干，搜轶事，辑异闻”（《制义丛话》江国霖序），既汇集了丰富的史料文献，又梳理了历史发展线索，可称是清以前八股文研究的集大成之作，也为今人的研究提供了宝贵的参考资料。

有五百年发展历程的八股文以及由此形成、与此相关的一系列教育、读书、考试、甄选人才的制度，在历史上形成了一种独特的文化现象，不妨称之为八股文文化。八股文本来是一种生造的文体。它缺少文学文化方面的深厚根基和土壤，全靠国家政策的导向和政治功利的诱惑刺激，由于先天不足，生命力本来孱弱，因此，容易走上一条畸形的不正常的发展道路。几百年来，有关八股读书、习作、考试、评选的故事和史料不知凡几，提供了文学史特别是文化史研究的丰富文献。《儒林外史》对这种畸形文化的展示，只是其中最集中的一例而已。

第三十一章　对联、诗钟及游戏文体和幽默文学

对联的起源　对联意义上的独立自足性　对联的不同形式与功能　诗钟的名义及其体格　诗钟的意义　诸种游戏文体　历代笑话书　笑话的艺术特点及其变形孳乳　相声　杂纂的滥觞　杂纂的形式和语言

汉语文学中有一些形式独特、具有与众不同的艺术特征和审美意味的作品，它们源远流长，在中国人的生活中发挥了很大的影响，也理当在文学史上占据一席之地。对联、诗钟、杂纂以及各种形式的游戏文学，都应当得到文学史的承认。

对联俗称对子，通常悬挂在墙壁或楹柱之上，故又称楹联、楹帖。一般认为，对联始于五代后蜀君主孟昶在岁除之日题写在门前桃符板上的两句诗："新年纳余庆，嘉节号长春。"其实，在敦煌卷子中，就已经有类似的对句，其用途及施用场所已接近于后世的对联。对联有可能起源于民间的门神崇拜，为了厌胜驱邪，岁尽春来之时，在门前的桃符板上题辞的民俗由来已久，其中有些题辞使用了对句的形式。因此，有人把对联的滥觞上推到南朝时代，甚至汉代。单纯从语言形式的角度来看，对联实际上就是近体诗中常见的对偶句，而这种对句的存在，更可以远溯到先秦时代的《老子》、《诗》、《骚》以及群经子史。《尚书·益稷谟》："决九川，距四

海。”《诗·大雅·抑》:“诲尔谆谆,听我藐藐。”《论语·为政》:“君子周而不比,小人比而不周。”《左传》隐公十一年:“天而既厌周德矣！吾其能与许争乎?”在先秦典籍中,各类对句,从三言、四言直到六言、七言,一应俱全,屡见不鲜。这是由于汉语语言文字具有以单音字为主、形音义统一于一身,又有长短抑扬的声调变化等特征,容易构建成个体形式上相互对立、而总体精神上高度谐美的对句形式。这也正是对联在艺术美学方面的一个重要的生命基因。

上古时代,文学通常朴质无华,不事字词修饰,显然也没有雕章琢句的习惯。但是,在先秦时代,人们已经习惯赋诗言志,表明诗的章、句可以脱离全篇而存在。东汉以后,文学语言从单行趋向复行,特别是魏晋以来,文章由散文发展为骈文,进而演变为四六;这都促使对句越来越多地出现和被使用。文学家们在创作特别是诗歌创作中,也越来越注意词句的经营,于是,文学作品特别是诗歌中产生了越来越多的名句佳联,如陆机的“清露坠素辉,明月一何朗”(《赴洛道中作》)和谢灵运的“池塘生春草,园柳变鸣禽”(《登池上楼》)。人们也逐渐习惯依据作品的名章秀句,对作家作品展开批评,不久,摘句批评在文坛就蔚然成风。钟嵘《诗品》中评说梁代以前的历代诗人,常摘其佳句加以品评。刘勰《文心雕龙》也不例外,书中的《隐秀篇》更是着重秀句的品味。《隋书经籍志》中著录有《古今秀句》一书,说明魏晋南北朝人对秀句相当重视。唐五代迄宋,诗评家更将近体诗中的两句一联摘录出来作成所谓摘句图。这些秀句当中,有相当多属于对句,特别是骈文和近体诗形成以后,对句在秀句中所占比例更是居高不下。这说明,不管从思想内容还是艺术审美上说,对句都有相当强的独立性。它能独立表现一定的情、意、理,构成一个相对自足的意境。当它游离于原作之时,仍具备相当高的审美价值,焕发出相当强大的艺术生命力。文学史上集句诗词、集句联语的大量存在及其所受到的广泛喜爱,也证明了这一点。

在骈文、律赋、律诗及八股文中,对句是相当重要的结构成分,这几种体裁的成立和发展过程,在一定程度也就是对句这一艺术形式发展并日渐成熟的过程。在这个意义上可以说,对句或者对偶是律诗、骈文、律赋的派生物。在骈文、律赋、律诗以及八股文受重视的时代，对偶作为其技术基础，无疑会得到普遍应用，并受到强化训练。在骈文的早期阶段，就有连珠这样的文体，以大量采用对偶的句式结构为特征，只是在音韵方面，还不及后来的对句、对联精严。唐宋以降，随着骈体四六文的发达，巧对的才技在文坛上更是司空见惯。包含两副对联的律诗与对偶技术的发展之间，显然也是相互促进的。在明清二代流传极广、影响极大的八股文，又进而对这一过程推波助澜，尤其是助长了构撰长联的风气：

> 五百里滇池，奔来眼底。披襟岸帻，喜茫茫空阔无边。看东骧神骏，西翥灵仪，北走蜿蜒，南翔缟素；高人韵士，何妨选胜登临，趁蟹屿螺洲，梳裹就风鬟雾鬓；更苹天苇地，点缀些翠羽丹霞；莫辜负四围香稻，万顷晴沙，九夏芙蓉，三春杨柳。
>
> 数千年往事，注到心头。把酒凌虚，叹滚滚英雄谁在。想汉习楼船，唐标铁柱，宋挥玉斧，元跨革囊；伟烈丰功，费尽移山之力，尽珠帘画栋，卷不及暮雨朝云；便断碣残碑，都付与苍烟落照；只赢得几杵疏钟，半江渔火，两行秋雁，一枕清霜。

这便是颇负盛名的孙髯翁所撰昆明大观楼长联，以眼前风物，写兴衰之感，笔力雄浑，笼罩时间与空间，算得上一篇佳制。但同时也应该看到，它的结构正像八股文中的两股。

另一方面，对联又有别于骈文、律赋、律诗、八股文中的对偶结构，同构不同质，貌同而心异。对联长短不拘，不像律诗限定五、七言。它可以纪事，可以抒怀，可以戏谑，也可以咏叹，可以表示祝贺、劝勉，也可以表示哀悼、讽刺，风格或婉约柔媚，或豪放肆达，或古朴典雅，或风趣俗利，多姿多彩。它具有多种多样的社会功能，十分实用。举凡婚、丧、寿、庆等诸种场合，庙堂、店肆、亭台楼阁、山林祠宇等各类场所，无往而不可用，一般以切合场景为妙，而风格则因场合、功用之不同而异。从体格上说，对联有集句、嵌字、歇后、谐音、流水等格式，也有不严格追求平仄谐调而只求思巧意妙的。在漫长的成长岁月中，对联在形式和功能上不断丰富发展，由附庸而取得充分的独立自足的地位，它的盛衰变化也非昔日的母体所能牢笼的了。

集句联即以前人的诗文成句作联，是对联中起源甚早而且影响深远的一种格式。北宋王安石和蔡天启曾集白居易《琵琶行》和《长恨歌》中的句子为"江州司马青衫湿，梨园弟子白发新。"（周紫芝《竹坡诗话》）是最早的集句联语之一。近代梁启超曾以宋人词句集联："更能消几番风雨，最可惜一片江山"，表达自己对时局的慨叹。此格至今行之未衰。有些集句联还格外限定在一个狭窄的范围内，从中找寻彼此匹配的两句，使人有佳偶天成妙手得之的感慨。例如清人张潮的《联庄》、《联骚》，就是专集《庄子》和《楚辞》之句为对联的。这种作法能够娱宾遣兴，也往往有逞才炫博的文学游戏成分。长联的集句则略有变通，可以对原作品中的词句作些小小的剪裁调整，或从多篇诗文中选择句子排比组合而成。清人曾集《后汉书·祢衡传》中语和苏轼诗句为长联云："大儿孔文举，小儿杨德祖；前身陶彭泽，后身韦苏州。"从一个旧的语体环境中移植两句或多句诗文，使之在一个崭新的文体和语言环境里再生，并融合为一个新的艺术生命，这正是集句所作的一个大胆尝试。事实证明，由于形式短小灵活，易于调配，集句联往往比集句诗更可能也更容易在艺术上取得突破、成功。诗词旧句完全可以在不同的时空环境里调用，可以在新语境下复活，其通过对偶的映衬而形成的新的笔力、意味和美学张力甚至有可能超过原诗。抗日战争期间，著名画家张大千曾集联伤时："即从巫峡穿巴峡，直把杭州作汴州"，前句唐诗（杜甫《闻官军收河南河北》），后句宋诗（林升《题临安邸》），相隔数百年，却巧妙地融合在一起，化古为今，表达了沉重的伤叹。

寿联、挽联之类，侧重于社交应酬的实用功能，有时难免言不由衷，或不关痛痒，堕入俗套，但也有一些确是出自肺腑的真情流露。例如清人梁绍壬的挽妻联："四千里累尔远来，父在家，母在殡，翁姑在堂，属纩定知难瞑目；廿三年弃余永诀，拜无儿，哭无女，继承无侄，盖棺未免太伤心。"同时，寿联、挽联之类只要稍作点化，其内容就可以变成一篇精彩的"月旦评"，强有力地表达褒贬。甲午战争失败后，国势日蹙，而慈禧太后为庆祝七十大寿，依然大事铺张，歌舞升平。有人作长联给予辛辣的讥刺："昨日幸颐和，今日幸南海，后日更幸圆明园，七十龄筹屋长添，只为一人歌庆有；前年失台湾，去年失朝鲜，他年再失东三省，八千里河山益蹙，每逢万寿叹疆无。”意新语妙，在形式上堪称化腐朽为神奇。

店肆中所用对联，讲究既体现行业特征，又富有风雅韵味，如酒楼中题集唐诗句联：“劝君更进一杯酒，与尔同销万古愁。”名胜对联通常描写山光水色，吟咏风物，充满诗情画意；或感慨今昔，发思古之幽情；也难免流连山水，表现文人的闲情逸志。南京莫愁湖胜棋楼旧有对联曰：“王者五百年，湖山犹有英雄气；春光二三月，莺花合是美人魂。”将有关此地的两段历史故事，明太祖朱元璋与大将徐达下棋赌胜和传说南朝美女莫愁旧曾居此，分别于上下联咏之，语意贴切，用语工丽。在著名的岳阳楼上，有过这样一副对联：“四面湖山归眼底，万家忧乐到心头。”境界阔大，胸襟不俗。又有关中人周元鼎所撰的一副对联：“后乐先忧，范希文庶几知道；昔闻今上，杜少陵可与言诗。”巧妙地将杜甫《登岳阳楼》诗句“昔闻洞庭水，今上岳阳楼”和范仲淹《岳阳楼记》中的名句“先天下之忧而忧，后天下之乐而乐”熔铸为一联，言志述怀，寄意深远，略不以流连光景为意。西湖畔岳飞祠前，铸有秦桧夫妇跪立像。有人作联语云：“青山有幸埋忠骨，白铁无辜铸佞臣。”又有人拟托秦氏夫妇口吻，作一对联，分别挂在秦桧和王氏的颈上，曰：“咳！仆本丧心，有贤妻何至若是？啐！妇虽长舌，无老贼不到今朝。”口吻逼真，嘲讽辣利。还有一副相传题财神庙的对联：“颇有几文钱，你也求，他也求，给谁是好？不作半点事，朝也拜，夕也拜，教我如何！”讽刺了迷信和懒惰，一箭双雕。以上例子表明，对联格式虽有不同，却同样可以抒情写志，批判现实，高瞻远瞩，表现深厚的思想内涵和很高的艺术价值。

在艺术上，对联的长处是以少胜多，可以在有限的篇幅之中，表达深刻精警的意思，容纳相当丰富浑厚的内涵。甚至许多迹近文字游戏的巧对，也同时含有善意的嘲谑或峻厉的讥刺，词意双绝，读后让人不禁拍手称快，拍案叫绝。有人利用字形构造特点，作对联嘲戏福建宁德古田二县：“上四心下四心，宁（繁体“寧”）德民心不一；外十口，内十口，古田户口何多”。虽然是文字游戏，却匠心独具，机巧可喜。晚清曾出现过一副对联，将李鸿章和翁同龢的官衔和籍贯嵌入一联，作成一副工对："丞相合肥天下瘦，司农常熟世间荒"，巧妙地讽刺了晚清腐败的时局。还有人将孟浩然《岁暮归南山》中的诗句"不才明主弃，多病故人疏"改为："不明才（财）主弃，多故病人疏。"来嘲笑那些庸医，也让人解颐开颜。如前所述，对联既可以悬于庙堂之上，也可以挂在店肆之间，是一种雅俗共赏的文学形式。因此，它也经常被当作一种风雅的游戏形式，在士大夫之间尤其盛行。诗钟就是对联游戏化的产物。

诗钟是七言对联在特殊场合下的变种。19 世纪初即清代嘉庆、道光年间，诗钟起源于福建，后来流传至全国，直到本世纪四五十年代，在不少地方仍能见到其余风遗韵，就中仍以其发源地福建的风气为最盛。在这百余年间，文人雅士茶余饭后经常举行诗钟雅集，成为一种重要的业余生活消遣和文学游戏。其基本步骤是，主持人拈题之后，将一枚铜钱系于线上，再系上寸许长的一段香并点燃，下承铜盘，等香燃线断，钱落盘中，声如钟鸣，以此确定一轮的时限（具体实行中也有摇铃为号的），故称诗钟。交卷之后，再进行评选，优胜者赏美酒，奉为"状元"，未成或不佳者罚苦茶，责其"誊录"，即在下一轮替别人抄录稿子。

就具体格式而言，诗钟主要有嵌字、分咏、集句三种。嵌字根据所嵌字在句中的位置，分别称一唱、二唱、三唱至七唱。有人嫌这些名称平实，不够雅致，还为之别制新名，将一唱至七唱分别称为凤顶（或鹤顶）格、燕颔（或凫颈）格、鸢肩（或鸳肩）格、蜂腰格、鹤膝格、凫胫格、雁足格之类。嵌字本来已有一层限制，又再限定其位置，可谓处处牵制，极不自由，尽管如此，也仍不乏一些佳作。如近代福建诗人陈宝琛作的天、我五唱："海到无边天是岸，山登绝顶我为峰。"将天、我二字分别嵌于上下句第五个字的位置上，属对工整，境界阔大，耐人寻味。分咏是将两个了不相干的事物列在一起，分别作状物题咏。如近人张伯驹咏王羲之、洛阳牡丹云："家声宜作登龙选，国色何能走马看"；咏司马相如、秦淮河："侍臣不赐金茎露，商女犹歌玉树花。"题目上似乎风马牛不相及，内容上却自然凑泊，甚至有类似意识流、蒙太奇的效果，有时还能让人产生哲理的回味。同时，嵌字、分咏还常常采取集句格，专门采集前人成句为对，就形式而言，这与集句联没有什么区别，但由于限定了嵌字位置和分咏之物，其难度无疑更大。这就不仅要善于联想、反应敏捷，而且必须记诵富博。如有人作女、花二唱的嵌字集句："神女生涯原是梦，落花时节又逢君。"上句出自李商隐《无题二首》，下句出自杜甫《江南逢李龟年》，是以唐诗对唐诗，格调相称，琅琅上口。"商女不知亡国恨，落花犹似坠楼人"是另一比女、花二唱的嵌字集句名作。上句采自杜牧《泊秦淮》，下句采自杜牧《金谷园》，是同一个诗人、同类题材（咏史，并且都与女子有关）的诗，真是无独有偶，天成巧对。此外，在后来的发展中，还出现了以四字分散嵌于两句中、而不限位置的碎锦格；限将四字分嵌于两句一、七字位置上的香囊格；分咏而兼嵌字的连珠格；上下句分咏一字的笼纱格；专嵌古人名的居易格；句意中含有谜底的诗谜格；诸如此类，名目繁多，都是追求别出心裁，争奇斗巧，这里不能一一缕述，但从其形象化的制名上，也大体能够推想其内涵。

咏诗作对本来是旧时代知识分子所必须具备的两项基本功。诗钟一般采用七言的形式，介于咏诗与作对之间，讲究因难见巧，对仗工整。就篇幅来说，它小于诗作；就拘限来说，它又多于对句和对联。正因为束缚繁多，才更能激起文人雅士的好胜之心和艺术灵感，在有限的时间内考验反应的淹速，比赛文思的敏钝。——这也正是科举考场所要求于士人的。表面上，诗钟只是文人的风雅游戏，实际上它有很强的竞争性，不乏紧张激烈的赛场气氛，故又有"战诗"的雅号。其目的是除了在实战中磨砺咏诗作对的本领外，还可以触类旁通，从中体会、熟悉八股文的一些基本技法。分咏格的制题方式与八股文中的截搭题一脉相连，对付这类驴唇不对马嘴的题目，就要善于附会搭连。诗钟作法中有所谓"无情搭"、"无情对"，前后两句字面相对，但没有内在意义上的关联，如木、果一唱的嵌字诗钟："木已半枯休纵斧，果然一点不相干"，其构思正是与作八股文尤其是"截搭题"的八股文息息相通的。八股文由八股即八比组成，诗钟作品通常不称则，不称阕，当然也不称首，更不称篇（因为它本来是断句，不成篇），而称作比，由此也可以看出它与八股文的气息相通之处。诗钟在晚清的兴起和盛行，当然不能排除这一重要的社会文化背景。

不可否认，诗钟有很多文学游戏的成分。应该说，文艺不是绝对不能当作游戏，游戏同样能给作者也给读者带来心灵的愉悦和美感的享受。以游戏态度或在游戏中产生出来的作品，也不都是没有意义、毫无价值的。在诗钟以前一千多年，荀子《赋篇》，形式上本是谜语的滥觞；宋玉《风赋》，也在诙谐之中寄托微讽；优旃、优孟等人的讽谏，每每杂以滑稽俳谐。游戏的态度，雅俗共赏的形式，使它们流传于后世。司马迁早就肯定了他们的价值，《史记》中专门列《滑稽列传》。汉代有东方朔和枚皋二人，为文"诋嫚媟弄，故其自称为赋，乃亦俳也。"(《文心雕龙·谐隐》)魏晋时代，受到当时个性觉醒的思潮和潇洒通脱的时代风尚的影响，文人滑稽谈笑的言行屡见不鲜，贵胄公子如曹丕、曹植等也没有自外于这种风气。邯郸淳《笑林》一类的笑话书乃应运而生，其他文类的游戏笔墨也层出不穷。赋体中，有左思《白发赋》、潘岳《丑妇赋》、束皙《饼赋》等；论，有鲁褒《钱神论》；移，有孔稚圭《北山移文》；笺，有乔道元《与天公笺》；表奏，有王琳《鉏表》、沈约《修竹弹甘蕉文》等。袁淑的《鸡九锡文》、《劝进笺》、《驴山公九锡文》、《大兰王九锡文》等篇，将庙堂之上冠冕堂皇的九锡文、劝进笺之类的文体施之鸡、驴、猪等禽兽，通过谐音双关的修辞手段，达到机智幽默的效果，奇诡巧技，涉笔成趣，对翻覆多变篡弑不断的魏晋南北朝政局，也不无嘲讽，令人莞尔。袁淑身居高位，却特好俳谐，曾"取古之文章令人笑者，次而题之，名曰《俳谐集》"。(《左传》襄公二十八年孔颖达正义)这应当就是《隋书经籍志》所著录的袁淑《俳谐文》十卷。唐宋以后，这一类的游戏笔墨进一步发展，旁及到其他文体，如传(韩愈有《毛颖传》)、药方(如《书本草》之类)、四六体公文(如刘克庄曾作《文房四宝除授文》)、八股文(清尤侗曾以《西厢记》词句为题作《怎当他临去秋波那一转》)、谜语、酒令等等。几乎每一种文体都可以用来创作游戏文学，或引入文学游戏。文人以诗、词、曲作品相互嘲谑、插科打诨的例子，不胜枚举，酒令之中大量引用的也正是这些韵文作品。至于回文诗，更是一种难度颇高的文字游戏。即使连珠这种通常以说理明赡为特征的文体，也可以写出游戏笔墨，例如清代叶小鸾题咏女人的发、眉、目、唇、手、腰、足以至全身等的《艳体连珠》。清代诗人毛际可曾作《灯谜》诗七绝十二首，每句打《孟子》中的一个人名，如其中咏老农的一首："中男驱犊向前行，万事全抛静掩门。更与诸儿相共语，年来齿落复生根。”分别射牧仲、长息、告子、易牙四人，也属于风雅游戏的一种。

先秦诸子著作中，有一些寓言故事其实也就是笑话。至于专门的笑话之书，则始于三国魏邯郸淳《笑林》，其后隋有旧题侯白《启颜录》；唐有朱揆《谐噱录》、无名氏《笑言》；宋有高怿《群居解颐》、无名氏《籍川笑林》、邢居实《拊掌录》等。明代中后期以降，随着追求精神自由崇尚真情至性的文学思想和世俗化的审美思潮的涌起，通俗文艺受到了空前的重视，文人学者积极参与编辑撰写笑话故事，出现了如浮白主人《笑林》、江盈科《雪涛谐史》、钟惺《谐丛》、赵南星《笑赞》、醉月子《精选雅笑》一类的著作。通俗文学家冯梦龙也曾致力于此，辑撰笑话著作《笑府》。至于旧传冯梦龙辑《广笑府》，则已查明是后人伪托之作，是根据《笑府》和另一本明代笑话集乐天大笑生的《解愠编》割裂掺杂而成。冯梦龙辑《古今谭概》中也含有一些笑话故事。清代的笑话著作，举其要者，则有陈皋谟《笑倒》、石成金《笑得好》、独逸窝退士《笑笑录》、游戏主人《笑林广记》、程世爵《笑林广记》等。在此基础上，陈皋谟《半庵笑政》着手从笑话的创作、传播以及表演诸方面，试图作一个历史和经验的总结。

笑话篇幅短小，而语言精妙传神，高潮突起，引人入胜。其内容或者嘲笑人性的弱点和疵点，或者讽刺社会上的陈规陋习，或者挑战社会权威，或者纯以机智巧谑取笑。明清以来的笑话中，还有许多以性爱为题材的，它们有力地攻击了虚伪的礼教，肯定了正常的人性，表达了人们对于健康美好的性爱生活的赞扬和向往。至于其中某些猥亵乃至淫秽的故事以及所含有的若干粗鄙的成分，则无疑是应当扬弃的。与前代笑话相比，明清笑话从语言到精神都显得更加通俗，更加世俗化、民间化，性爱题材的大量存在，即是这种倾向的表现之一。

历代笔记著作中，也有许多笑话、幽默故事。近代胡山源等人据此编选的《幽默笔记》，篇幅相当可观。这些短小精悍的作品，语言幽默诙谐，想象丰富，有揭露，也有讽刺，有夸张，也有机智。亲朋好友之间的善意的戏谑，常能使人会心一笑；庸医、腐儒、迂生以及某些性格偏执举止怪僻的人，也往往成为被嘲笑的对象。在幽默笔记中，我们可以更多地领略到文人雅士茶余饭后优雅嘲谑的风姿。

变形和孳生是在笑话的传播过程中常常发生的现象。一段故事原型，一个幽默核心，在不同的时空环境中，往往会有不同的变形和孳乳。这种歧变，有的是无意的讹变，有的则是有意识的改造。因此，我们在不同的笑话集中，常常可以看到一些彼此相似、似曾相识的故事。文人笔记中的幽默故事，辗转传播而流降到民间，往往被进一步通俗化，以便"辞浅会俗，皆悦笑也"(《文心雕龙·谐隐》)。一种笑话集的笑话，到了另一种笑话集中，时常会有语言风格的差异。前代的笑话故事流传到后代，北方的笑话传播到南方，也会结合当时当地的环境条件，对原型做若干变异，或者环绕原故事核心，丰富生发，派生出另一个或一些相类似的笑话。还有一些笑话，则来源于史传或其他著作。《谐噱录》中一些笑话，就出自《世说新语》，如《危诗》一条，是采自《世说新语·排调》中殷仲堪等人共作了语一段，而只删取其中一节。宋天和子《善谑集》中有《目眇》一条："梁元帝一目眇，为湘东王时，尝登其宫以望，其侍臣曰：'今日所谓"帝子降于北渚"'。帝疑其戏之，答曰：'卿道"目眇眇兮愁予"耶？'"则是取资于《南史·刘孝绰传》，而文字、细节皆有不同。不同著作形式之间的沟通和资源共享，在笑话中得到很好的佐证。

与此同时，笑话也给其他的文艺形式提供了丰富的资源。笑话本来就是一种讽刺幽默小品，与相声相近。很多相声段子中含有笑话，而单口相声往往就是一段笑话，只不过在表演时更有一套讲究罢了。传统乃至当代的相声段子中，都有取材于古代笑话的。例如，传统相声《怯跟班》，就是根据明代浮白主人《笑林》中的一则笑话《合种田》改编的。而当代相声中的五官争功段子，其原型在笑话中也早就有了。

相声起源很早，可以远溯到先秦那些善于俳谐滑稽的俳优。它广泛吸收了各种民间伎艺和幽默艺术，包括说唱伎艺、笑话、谜语、戏剧特别是喜剧表演等，最后发展成以讲究说、学、逗、唱为特色的近代相声形式，并定名为相声。宋代市井流行的以摹拟为内容的一种伎艺"学像生"、"乔像生"和明清时代以拟学人和物的各种声音为内容的口技艺术"像声"，都是它的源头。清乾隆年间，相声一词在翟灏所撰《通俗编》中首次出现："今有相声技，以一人做十余人捷辩，而音不少杂，亦其类也。”所指当是口技，而与今天的相声有所区别。到了晚清，相声才真正成熟，名符其实。在几十年的发展过程中，涌现出一批优秀的相声作品。相声是一门最讲究语言的艺术，往往具有通俗而明快、精炼而犀利的优点，常常利用词语的谐音、多义、双关等特点，通过铺垫、铺排、对比、夸张等修辞手段，推出幽默的高潮，或达到讽刺的效果。它对世态的巧妙讽刺，它的机智精粹的语言，它的高度生活化的内容，它的喜剧性和娱乐性，都使这一艺术为广大人民喜闻乐见。

杂纂体介于游戏文字与笑话之间，是一种篇幅短小、语言俚俗、风格幽默的语录体笔记小品，因其取世俗中庞杂的事物纂集而成，故称杂纂。它可能起源于文人聚会或酒筵中觥筹交会之际的戏谑。《世说新语·排调》：“桓南郡与殷荆州语次，因共作了语。顾恺之曰：‘火烧平原无遗燎。’桓曰：‘白布缠棺竖旒旐’殷曰：‘投鱼深渊放飞鸟。’次复作危语。桓曰：‘矛头淅米剑头炊。’殷曰：‘百岁老翁攀枯枝。’顾曰：‘井上辘轳卧婴儿。’殷有一参军在座，云：‘盲人骑瞎马，夜半临深池。’殷曰：‘咄咄逼人！’仲堪眇目故也。”《世说新语》此条出自晋裴启《语林》。抽取各人的说话内容，就可以构成两条分别以“了”、“危”命题的杂纂体文字。另外，《古文苑》中所载旧题宋玉的《大言赋》、《小言赋》，是假托楚襄王、唐勒、景差、宋玉等人以大、小为题而作的赋，铺叙各种极大、极小之物，其形式也有与杂纂相似之处。这些赋未必是先秦的作品，但其年代早于李商隐应该是没有问题的。这也可以视作杂纂体的滥觞。

杂纂形式上的特点是将诸多不相干的事、物纂列一处，冠以标题，通过标题和正文的相互映衬，产生幽默精警的语言效果。它的语言结构有些像倒装的歇后语。例如，李商隐《义山杂纂》中就有“必不来”一题曰：“穷措大唤妓女。醉客逃席。把棒唤狗。客作偷物请假。追王侯家人。”便可以改造成“穷措大唤妓女——必不来”或“把棒唤狗——必不来”之类的系列歇后语。它以俚俗的语言创造出幽默滑稽的艺术效果，也有如歇后语。从体格上看，杂纂又具有边缘文体的特点：制题方式，类于酒令，尤其是那种命题联句式的酒令；内容庞杂，近于笔记；语言俚俗，同于游戏文；风格滑稽幽默，则似笑话。

杂纂的语言通俗流利，颇能曲尽人情世态，切中时俗，关乎痛痒，于笑噱之中，出其针砭，因而，在俗文学、俗语学以及语源学的研究上都有重要的价值。例如，《义山杂纂》谓“作客踏翻台桌”、“嚼残鱼肉归盘上”、“横箸在羹碗上”为“恶模样”，体现了当时的风俗；《广杂纂》指“诰封顶子，钱票”为“有真有假”，《杂纂续》讽刺“爱便宜”的人“共吃果子拣大的”，“共卧把自己被在上”，则含有讽世之意；《广杂纂》称“媒人嘴”为“听不得”；《杂纂新续》称“拉富贵作亲戚”、“恶书画对客挥毫”为“不识羞”，也嘲谑了浇薄的世风，颇堪解颐。自唐代李商隐创立此体以来，历代续作、仿作者不绝如缕，宋代有王君玉《杂纂续》、苏轼《杂纂二续》，明代有黄允交《杂纂三续》，清代有韦光黻《杂纂新续》、顾禄《广杂纂》、石成金《纂得确》、《纂得确二集》，等等，足见这个“不登大雅之堂”的小品深受大众的欢迎，具有久长的生命力。

中华民族是一个乐观、快乐、幽默的民族，从汉语文学作品中也可以看出这一点。古典戏曲中的插科打诨戏谑之言，对问体赋作中的自嘲传统，都是这种乐观性格的表现。上述各种文学形式，自然有雅俗之分，但同时也雅俗共赏，都反映了中国人生活文学化和文学生活化、文学游戏化和游戏文学化的特点。

第三十二章　晚清小说转型与谴责小说

晚清文学的发展环境　报刊的涌现及其影响　影响晚清小说发展的其他因素　晚清小说在艺术形式上的新变化　晚清小说的内容与谴责小说　李宝嘉及其《官场现形记》、《文明小史》等小说　吴沃尧《二十年目睹之怪现状》及其他小说创作　刘鹗的《老残游记》　曾朴的《孽海花》　通俗小说的兴起

晚清文学是在动荡的时代环境下、在内忧外患日益加剧着国家和民族的危机的形势下发展起来的，也是在广泛的世界文化的背景下展开的。

自 18 世纪中叶以来，除了少数有革新意识的作家外，在旧的文学格局中大量产生的是思想上保守而艺术上陈陈相因的作品。从 19 世纪 20 年代开始，在新的文化思潮和时代环境的刺激下，传统文学内部也在酝酿着裂变，一批先觉的作家开始为文学寻找思想和艺术的突破点。诗歌、散文、小说等传统文学样式，都因应着时代的剧变，寻求新的发展道路，激发出新的生机。为反映新的生活内容和丰富的情感，诗歌中出现了大量长篇的叙事或抒情篇章；文言朝通俗化的方向发展；小说的结构形式更加开放自由……在晚清文学的发展过程中，传统文学内部自然进化的惯性力量的作用是不能忽视的，而外力的介入，则加快了其进化的速度，产生了相当大的推动力。

清朝是在西方帝国主义列强的坚船利炮的威胁下，被迫开放门户的。

鸦片战争以后，清廷被迫增辟通商口岸，中外之间各种往来日益增多。最初出于了解西方、师夷之长以治夷的实用目的而兴办的翻译事业，也日益蓬勃地开展起来，从军事学、应用科学开始，到社会科学和文学作品，西方思想文化及文学作品已逐渐输入中国，并对中国文学的更新产生了影响。走出国门的最早的一批驻外使节和留学生，接触到西方的风物人情、思想观念，开阔了眼界，扩大了文学创作的题材内容，他们的文学创作观念和面貌甚至也受到相应的影响。

面对着清朝封建统治的腐朽和黑暗，面对着帝国主义的压迫和剥削，各阶层人民奋起反抗、自强自救的运动此起彼伏，连绵不断，从太平天国、戊戌变法、义和团到辛亥革命，这些斗争，在文学上，一方面反映为爱国主义（反侵略反殖民）和民主主义（反封建）的两大政治主题，另一方面也反映为文学界的诸番改革运动，从小说界革命（梁启超等）、诗界革命（黄遵宪、康有为、梁启超）、戏剧改良（梁启超、柳亚子、陈去病）到新文体（梁启超等），几乎各种文体都受到新的文学观念的冲击。然而，这些斗争，不管是起义、革命，还是革新、改良，最后都不免以失败告终，即使有暂时的胜利，其结果也常常出乎原先的意料。黑暗和腐败的现状依然存在，甚至变本加厉，满怀期望的心灵受此打击，不免产生颓唐和愤激的情绪，并通过文学宣泄出来。颓唐者因而走向狭邪，愤激者则疾言厉色地加以谴责。这就是谴责和狭邪小说出现的一个背景。在更广阔的背景下，弱小民族的压抑之感，危亡时世的忧愤之情，富国强兵的焦虑之念，又催化出晚清文学的突出的救亡启蒙主题和浓重的悲愤色彩，并凸显为晚清文学最显著的审美倾向。

伴随着近代资本主义的发展，出现了近代的商业都市。适应城市经济生活和市民文化生活的需要，以城市为基地的一系列近代报刊应运而生。一开始出现的报刊是由在华外商和传教士出资经营，其主要目的是扩大商业，推广教务，刊载的也主要是有关宗教和商业贸易方面的内容，兼向居华外侨介绍中国国情。这些报刊的出现，最初也是在一些开放的通商口岸，如上海、天津、汉口、广州、香港等地。为了办报刊的需要，他们输入了比当时通行的雕版印刷远为进步的铅印术和石印术，也聘请了一些维新派人士主持报政，发表文章，在这些报刊上就出现了最早的一些呼吁维新变革的言论。中日甲午战争之后，维新运动空前高涨，报禁渐弛，一些维新派所自办的报刊陆续出现。1896年8月，强学会上海分会筹办的《时务报》(旬刊)在上海发行，这是最早的中国人自办的报刊之一。该报由维新派的著名政论家和宣传家梁启超担任主笔，问世之后，“一时风靡海内，数月之间，销行至万余份，为中国有报以来所未有。”(梁启超《清议报第一百册祝辞》)1897年，湖南南学会的《湘学新报》(旬刊)和天津的《国闻报》(日刊)出版。1898年，湖南又出版了《湘报》(日刊)。这些报刊都偏重政治时事，以开启民智、传播新知为己任，除刊载国内新闻和维新派的言论，还译载了许多外国政治社会重要事件和学术名著。严复的名译《天演论》，最初就是在《国闻报》按期发表的。梁启超《戊戌政变记》中提到，在戊戌政变前三年内，全国设立了学会、学堂、报馆五十一所。报刊的发行，与学会、学堂相互配合彼此声援，既推动了维新运动，也扩大了报刊的影响面，壮大了报刊事业，从而推动了其他类型的报纸和某些专门性的文艺杂志的出现。

据统计，晚清时代出现的各类报刊多达六百七十余种，可见其盛况之一斑。这些报刊中，有被称为四大小说杂志的《新小说》、《绣像小说》、《月月小说》、《小说林》。1902年，梁启超在日本东京创办《新小说》(次年改在上海出版)，是最先出现的文艺杂志。次年，早在1896年就在上海办报纸的著名作家李宝嘉主持的《绣像小说》(半月刊)在上海发行，到1906年止，共出版了七十二期。著名作家吴沃尧和翻译家周桂笙主持的《月月小说》(1906—1908)和批评家黄摩西主持的《小说林》(1907)继之而起。这些杂志虽然都以小说标名，对晚清小说史的影响和贡献也最大，但并不排斥其他样式的作品，事实上属于综合性的文艺刊物。其中，《绣像小说》以态度严肃、成就最高而引人瞩目，其所刊载，绝少描写闺阁闲情、身边琐事，而对于社会黑暗的暴露攻击则不遗余力。晚清著名文学作品，特别是小说，多数是先在这些报刊上连载，然后再出单行本的。《官场现形记》先连载于李宝嘉主办的《繁华报》，《孽海花》也曾在《小说林》和《真善美》杂志上连载，后来才结集出版。报刊特别是文艺报刊的出现，是晚清文学史乃至中国文学史上不容忽视的重要现象之一。它不仅提供了一个使文学作品更易于流通普及的传播手段，为文学发展提供了新的有利条件，而且报刊的连载方式，也在一定程度上影响了晚清小说的结构和形式。

19 世纪 20 至 60 年代即道光、咸丰年间(1821—1861)，小说总体上呈衰落的状态。这一时期出现的小说作品，基本上还停留在旧式侠客忠义或狭邪小说的范畴里，思想上没有跟上时代的步伐。例如，俞万春《荡寇志》是封建忠义小说，《施公案》是旧式公案小说，陈森《品花宝鉴》描写公子与优伶的同性恋故事，魏子安《花月痕》是常见的才子加妓女的狭邪故事。这些作品在思想上还沉醉在封建盛世的旧梦里，相信旧式忠义侠客即可挽救这一没落的社会；或者陶醉于文人墨客吟风弄月、狎妓狎优、寻欢作乐的生活幻想里，面对没落悲凉之世，放纵自己，麻醉自己。从 19 世纪 70 年代即光绪初年起，晚清小说摆脱了在此之前的三十年中步履迟缓的格局，开始步入繁荣时期。尤其是 90 年代末以后，小说创作取得了长足的进步，不仅在数量上逐渐增多，而且在质量上也大大地提高。据阿英《晚清戏曲小说目》很不完全的统计，晚清创作小说达四百六十多种，加上翻译小说，已在千种之上，这一数字已超过前此各代。这与中西文学的接触、维新运动的开展、文学特别是小说观念的更新，显然是分不开的。

新的文学观念的产生，突出表现在对小说的地位与价值的认识上。在国家危亡和民族危机面前，国内思想界以龚自珍、魏源等人为代表的经世致用的思想开始抬头，而在文学界，则要求作家和创作要关注国计民生。在小说方面，在西方文学观念的影响之下，维新派首先认识到小说的重要性，认识到小说可以作为政治斗争的武器。早在 1897 年，当《国闻报》创刊之时，严复和夏曾佑就合写了一篇《国闻报附印说部缘起》的长文，首先从小说语言的通俗性、故事的生动性、与民众开化的关系等方面，阐明小说的重要价值。同时，康有为也提出，小说可与儒家六艺并列为七。只是这些言论的影响还很有限。

1902 年，梁启超在其主编的《新小说》杂志创刊号上，发表《论小说与群治之关系》，其倡言小说之重要性虽在严复等人之后数年，但因其明确提出“小说界革命”的号召，观点鲜明，影响至大。他先从社会意义上论证了小说的重要性，其言曰：

> 欲新一国之民，不可不先新一国之小说。故欲新道德，必新小说；欲新宗教，必新小说；欲新政治，必新小说；欲新风俗，必新小说；欲新学艺，必新小说；乃至欲新人心，欲新人格，必新小说。

因为小说“有不可思议之力”，足以支配人的心理，改变社会的风气，因此，“欲改良群治，必自小说界革命始；欲新民，必自新小说始”。在他眼里，小说仿佛是一切事务的中心，成了诸事成败的关键；这当然是夸大其辞。梁氏以政论作文论，以充满情感富有鼓动性的笔墨，鼓吹新的文学观念和小说观念，意在振聋发聩，故不惜矫枉过正。他的具体立论虽然有些偏颇，但这种宣传摧陷廓清，对于小说创作的推动，是有力的。1903年，梁启超又在《新小说》上创设《小说丛话》专刊，以新的观念对古今小说进行评述；同时通过创作小说，宣传自己的政治观点，实践自己的文学主张。在宣扬新的小说观念方面，梁启超并不是孤军奋战，狄葆贤、陶祐曾、王钟麒、黄人、徐念慈等人都堪称是他的同道。他们从各自不同的角度，充分肯定了小说的重要性，并对小说的功能、特点、艺术手法、语言等方面，作了一些探讨，也有助于推动小说的进步。

与此同时，印刷事业和新闻出版事业的发达，更加促进了西洋文学的输入，这为小说的繁荣提供了另外一些不可缺少的条件，并影响了晚清小说的发展态势。在上述各种因素的综合作用下，晚清小说在艺术形式方面，出现了如下几点显著的变化：

首先，晚清小说打破了传统章回小说的格局，而尝试借鉴西方小说中常用的分章形式。林纾的《京华碧血录》、金陵秋的《巾帼阳秋》、苏曼殊的《断鸿零雁记》和《天涯红泪记》，就都采用了新式的分章结构，给人以耳目一新的感觉。在传统小说艺术遗产中，《儒林外史》式的拆开来则自成片断、收拢起可无限延长的结构形式，在晚清小说界最受欢迎。很多长篇小说都沿用这种结构形式，因为它比较适宜处理繁复多变的故事内容，也因为《儒林外史》中的讽刺笔调和讽世精神与晚清的局势合拍，更主要的，则是由于这种类似若干短篇故事的连缀的形式，最适合报刊的连载，便于写作，也利于传播。

第二，晚清小说中，受西方文学的影响而出现的日记体（如徐枕亚《雪鸿泪史》）、书信体（如包天笑《冥鸿》）以及自传体（如符霖《禽海石》）的小说也占相当的比重，这丰富了晚清小说的体裁形式，并以其强烈的主观抒情色彩，在晚清小说林中占据一席之地。

第三，除了使用全知全能的连贯叙事或者第三人称的限制叙事以外，晚清小说中还大量引入了第一人称的叙事角度。苏曼殊《断鸿零雁记》、天虚我生《玉田恨史》、哀华《侨民泪》等作品，皆采取这一新的叙事角度。著名的《二十年目睹之怪现状》以九死一生的自传体笔记形式出现，也是从第一人称的角度叙述的。

第四，在表现手法方面，从西洋小说引进的倒叙笔法被广泛应用。吴沃尧人《九命奇冤》开篇用倒叙笔法增加故事的悬念，明显受翻译过来的法国鲍福的小说《毒蛇圈》的影响。梁启超《新中国未来记》在前二回写六十年后的中国，第三回才开始倒叙，则兼用幻想绮思和倒叙笔法；陈天华《狮子吼》也是倒叙，则借鉴了日本末广铁肠的小说《雪中梅》。甚至在年代较早的、一般认为比较传统的小说《儿女英雄传》中，在推出书中的主要人物十三妹时，作者也承认他采用了“西洋法子”（第十六回），足见这种借鉴是早已有之的。

第五，晚清小说，无论长篇抑或短篇，在语言方面都显得更加成熟，表现出明显的进步。在人物的心理描写、自然景色的描写、人物环境的描写等方面，尤其不乏成功的例子。这是汉语小说历史发展的内在动力与西方文学影响的外在作用相互结合而产生的结果。《老残游记》中大量的自然景色描写，有散文化和抒情化的色彩，近乎现代的抒情小说。其中有些心理描写的片断，细腻绵密，甚至被认为接近于西方现代小说中的意识流写法。苏曼殊小说中亦有大量心理描写，呈现出浓厚的抒情意味。晚清小说在这一方面的发展趋势，在20世纪的中国小说史中得以延续、升华。

与晚清复杂而动荡多变的政局相联系，小说作品中所反映的作家的世界观和思想面貌也比较复杂。1900年以后，作家思想的分化、立场的分野就更加显著。有死守封建堡垒的顽固派；有主张君主立宪的维新派；有比较彻底地主张进行民族民主革命的革命派；有专门宣传社会改革、以反对缠足反对迷信、反对吸鸦片为主旨的作家；也有初步揭露了帝国主义和买办阶级的罪恶、体现民族资产阶级要求的作家；可谓形形色色。新的小说观念已经广泛深入人心。于是，各种思想立场的作家，都不愿意放弃小说这一工具，以宣传自己的思想主张。这也决定了大多数作家的创作态度是严肃的、积极的。

晚清小说涉及的社会生活面和题材面复杂广阔。从口岸城市到偏僻乡村，从军官政客到乞儿娼妓，从本土孤岛到异域风光，无不纳入作家的眼界。晚清社会的各种面相，从政治上的立宪运动、庚子事变，到反华工禁约、工商界的实况，到种族革命、妇女问题、反迷信等等，在小说中都有比较集中的反映。以上海为中心基地产生的吴语小说，有堪称“嫖界指南”的《海上繁华梦》、《九尾龟》和李宝嘉《海天鸿雪记》，对近代商业都市的人情世态以及灯红酒绿的生活，有委曲细腻深刻传神的描绘；吴沃尧《恨海》所开创的写情小说，又下启鸳鸯蝴蝶派；都突破了传统才子佳人类的狭邪文学的格局。总之，晚清小说数量繁多，品种多样，流派纷呈，内容丰富，堪称是理解晚清中国社会的一部生动的教科书。

1900年后，谴责小说独盛一时，成为晚清小说中成就最高影响最大的一类。其原因，是正如鲁迅先生所解释的，“光绪庚子(1900)后，谴责小说之出特盛。盖嘉庆以来，虽屡平内乱(白莲教、太平天国、捻、回)，亦屡挫于外敌(英、法、日本)。细民暗昧，尚啜茗听平逆武功，有识者则已幡然思改革，凭敌忾之心，呼维新与爱国，而于‘富强’尤致意焉。戊戌变政既不成，越二年即庚子岁，而有义和团之变，群乃知政府不足与图治，顿有掊击之意矣。其在小说，则揭发伏藏，显其弊恶，而于时政，严加纠弹，或更扩充，并及风俗。”(《中国小说史略》第二十八篇《清末之谴责小说》)政治的失败和时局的危急，促使作家们走上了批判现实的道路。

谴责小说的作者的思想倾向虽然不尽相同，但其作品都以暴露晚清社会政治之黑暗、攻击各种时弊为己任。其中，最为人称道的是被称为四大谴责小说的《官场现形记》、《二十年目睹之怪现状》、《老残游记》和《孽海花》。它们也正是这一时期小说的代表。

《官场现形记》的作者李宝嘉(1867—1906),字伯元,别号南亭亭长,江苏武进(今常州市)人,曾考取第一名秀才,后未考中举人,遂绝意仕进,而作为一名编辑和作家度过一生。从1896年开始,他在上海先后创办了《指南报》、《游戏报》、《世界繁华报》,以游戏消遣为主,兼有讽刺时事之作,如《世界繁华报》上所刊登的《官场现形记》和吴沃尧《糊涂世界》。李宝嘉一生的最后几年(1903—1906)致力于主编《绣像小说》。他以更加认真严肃的编辑作风,在刊物上发表了大量暴露黑暗鼓吹改革的作品,反映当时人们的启蒙要求,使《绣像小说》成为晚清最有现实精神和自身特色的小说杂志之一。

李宝嘉的主要作品有《庚子国变弹词》、《官场现形记》、《文明小史》、《活地狱》等。《庚子国变弹词》以弹词这种通俗的样式,反映当代的重大政治事件,虽然作者对这一事件的理解还不够深刻,认识也不完全正确,虽然他的创作主要还是案头读物,亦即是"文词"而非"唱词",但这个作品表现了他在艺术上的大胆尝试,他对社会现实的强烈关注和批判精神,对封建顽固派的无情斥责和对帝国主义者的尖锐批判,则无疑是值得肯定的。这是与作者在小说中所体现出来的"以痛哭流涕之笔,写嬉笑怒骂之文"(吴沃尧《李伯元传》,《月月小说》第1年第3号)的精神相一致的。

《官场现形记》原拟写一百二十回,从1901年开始,直到1906年李宝嘉去世,才完成五十几回。后来由友人续至六十回,宣告结束。全书是由许多短篇故事联缀而成,各段故事可以自为起讫,有相对的独立性,所以读来并不让人觉得是一部残篇。本书的结构形式与冷峻的笔调,都显然受到《儒林外史》的影响。

本书以官场为中心,集中暴露了各地各类大小官吏的丑恶嘴脸,从中反映出晚清吏治的腐败龌龊;在具体描写中,又涉及各阶层的人物和生活,展开了一幅较广阔的晚清社会画图。广大人民水深火热的命运,帝国主义的侵略欺凌,洋奴买办的奴颜婢膝,在作者笔下无不有犀利的剖露。放眼官场,大大小小,无一不是贪官、赃官、伪官、黑官,表面上道貌岸然,清正廉俭,实际上见利忘义,贪污堕落,媚上欺下,道德沦丧。至于买卖官爵公行，行贿纳贿成风，更是司空见惯，不足为奇。上至军机朝堂，也不过是些尸位素餐而精于刮钱的圆滑角色，贾大少爷上京拜见华、黄、徐诸位军机一节（第二十五回），就是一例。地方官吏一个个都是千里为官只为财。得到一官半职就等于得到了搜刮盘剥的机会，为此而不择手段、无耻钻营的人比比皆是，更有不惜出妻献女、只为了阿谀奉承上司的寡廉鲜耻之徒。第三十回到三十一回，冒得官主动将女儿送给羊统领为妾；第三十八回，瞿耐庵"脸上起皱纹"、"鸡皮鹤发"的老婆竟然厚着脸皮拜制台的年轻丫头宝姑娘作干妈；这一类事例在书中随处可见。

《官场现形记》中还十分成功地塑造一批佐杂大人、候补官的形象，例如钱典史、随风、秦梅士、申守尧、瞿耐庵等。这些穷官僚实际上处于卑微屈辱的地位，只能自欺欺人，以掩饰其极端空虚虚伪的内心，偶然得志，就狂妄自大，飞扬跋扈，有利可图之时，立即露出贪婪的本性。对这一类人，作者既可怜又厌恶，他的刻画真实而深刻。如第四十四回，写申守尧（谐音"伸手要"）与妻子的一番对话以及第二天上堂坐班的情形，可谓惟妙惟肖，对佐班人物的虚伪的讽刺入木三分，同时也混合着对其穷酸的同情。

洋奴也是本书着力描绘的一类人物。这些人无论官位高下，见了洋人，都如同耗子见了猫，立时现出其谄媚的洋奴丑态，就像书中的一个巡捕讲的，尽管是一个制台，"只要听见洋人两个字，一样吓得六神无主了"。第五十三回中写到的文制台，就是这样一个典型的洋奴。他骄横成性，对手下动不动就发脾气，甚至手打脚踢，而在洋人面前，却曲意奉承，奴才相十足。这种恐洋症，正是庚子事变后清朝统治者畏惧帝国主义、处处不敢得罪洋人的现实的反映。本书的勾画是极有讽刺性的。

写于1903年至1905年间的《文明小史》以当时的维新运动为中心，从另一个角度展开了维新时期的晚清社会的画面，与《官场现形记》正好可以互补。作者暴露了一批假维新派、假志士的真实嘴脸，写出了他们的可笑、可耻、可恶，勾画之笔，往往绘声绘色。这些人中，有宣称"又不是真正嫖婊子，不过叫几个局，摆台把酒，聚聚几个同志"（第二十二回）的维新学生；也有组织演说会、鼓吹救国，实则借机敛钱，又因分赃不均，以致发生争执的革命志士（第二十回）；有一面开办新式学堂、一面又严禁阅读

“讲平等、讲自由”的新书的官吏(第四十二回);还有把抽鸦片当成“卫生”、“趋时”的维新人物佘西卿,等等。书中对维新派的首领安绍山的戏谑描写,实际上是影射康有为。安绍山装腔作势,自以为了不起,其实热衷名利,最是虚伪。这种处理,说明了李宝嘉在思想上已经不自觉地对维新立宪产生了怀疑、动摇,也说明了维新派的社会影响与声望在日益下落。

在《文明小史》中写到的洋务派,也是洋奴之流。第四十四回中的安徽巡抚黄升,只恨自己不是洋人肚子里的蛔虫,不能最大限度地向洋人讨好,乃要请一个洋人做顾问官,以便最好地巴结洋人。湖南永顺府柳知府,因为店小二打破了洋人的一只茶碗,而亲自向洋人赔情,并为巴结洋人,而停止全府的武考,激起了永顺府群众的暴动。通过群众暴动的描写,作者既表现了人民勇敢反抗的一面,而从乡民对来本地勘探矿藏的洋矿师的过激反应中,也揭示了其愚昧迷信易受人蛊惑的一面。在这些描写中,作家寄托了自己的愤怒和哀愁。

吏治的腐败,也同时反映在基层的州县衙门之中。李宝嘉在《活地狱》中,将州县衙门比作人间活地狱,认为其祸害比起刀兵水火还要厉害几倍。小说中写到的十五段故事,发生在不同地区,具有不同的背景,正好揭示了贪官污吏相互勾结贼民害政的现象的普遍性。一部《活地狱》,可以说就是一本晚清衙门的实录。

在李宝嘉的小说艺术中,讽刺艺术无疑是最为突出的。他善于抓住人物言行之间的自相矛盾,彰显其可笑之处。他也善于通过适度的夸张,突出故事情节的荒诞性;然后用嬉笑怒骂而不失幽默诙谐的语言,完成老辣恣肆的讽刺。他的笔调通常是冷峻的,他的目光却是无比犀利的,他的内心则是一团火热的。正因为如此,当他面对污浊的官场和腐败的社会现象时,有时难免按捺不住愤激之情,在笔端恣意攻击,穷诋极诃,淋漓尽致,但求快意于当前,而夸张溢恶,失去分寸,反而给人不实之感。但总的来看,李宝嘉不愧为晚清杰出的讽刺文学家,晚清社会令人痛心的现状引发了他的创作激情,使他的讽刺才能有了用武之地。

吴沃尧(1866—1910),字茧人,后改字趼人,广东南海人,因居佛山镇,故以我佛山人为笔名。他具有强烈的反帝思想,华工禁约运动发生时,他正在汉口担任美国人办的报纸《楚报》的主笔,闻讯之后,立刻辞职返沪,鼓吹抵制。吴沃尧大半生都在从事文学活动,早年在上海为日报写些小品文章。1902 年《新小说》创办之后,他为这个杂志写作了不少长篇小说。1906 年,又与周桂笙等创办《月月小说》。他所创作的小说甚多,比较著名的有《九命奇冤》、《痛史》、《二十年目睹之怪现状》、《瞎骗奇闻》、《发财秘诀》、《恨海》、《近十年之怪现状》等,其中尤以《二十年目睹之怪现状》最为重要。

这部小说写于 1903 年到 1909 年,是以一个自号为九死一生的人所作的关于他本人在这二十年间的所见所闻的笔记的形式出现的。作者在小说开头说,他在这世间二十年,所目睹的,无非是蛇虫鼠蚁、豺狼虎豹、魑魅魍魉,幸而都躲避了过去,因此才自号九死一生。《天铎报》所载李怀霜撰《吴趼人传》说吴氏“生负盛气,有激辄愤”。从小说的名称与开卷的这一段寓言中,我们应该可以体会到作家的愤世嫉俗之气,可以知道作家的用意所在。

与《官场现形记》和《文明小史》那种《儒林外史》式的“全书无主干,仅驱使各种人物,行列而来,事与其来俱起,亦与其去俱讫,虽云长篇,颇同短制”(鲁迅《中国小说史略》第二十三篇《清之讽刺小说》)的结构不同,《二十年目睹之怪现状》的结构有自身的特点。一方面,从总体结构上说,它以九死一生的行动为线索,根据他的闻见,随时记下一些怪现状,若干比较重要的人物,也曾经在书中反复出现。这就使得这部作品在形式和精神上都更像长篇小说。另一方面,从细部上说,由于作家细大不捐地在他的作品中搜集一些笑话奇谈,而对于这些题材往往没有进行必要的加工,又使它显得零碎,近于短篇笔记的集合。这也是晚清小说在总体格局上仍处在一个过渡时期的反映。

书中情节是从中法战争(1884—1885)前后开始的。作者企图从那二十年社会的变迁来反映这个老大帝国濒于倾圮之际的社会面貌,因此,小说所写的不是《官场现形记》和《文明小史》中所集中暴露的官场黑幕和政治生活中的污浊,而是着重写当时社会风习的败坏。封建制度在晚清时代已经到了总崩溃的前夕，旧的道德已经解体，新的道德却并未建立，社会风习出现惊人的堕落。在小说中，我们从多方面看到了这种堕落的情形。特别是对于伦理道德的败坏，作家作了无情的揭露。在小说中，有的是父亲才死，就去狂嫖，因此得病而死，却被人称作孝子的儿子（第八十五到八十六回）；有的是虐待祖父，不给饭吃，却口口声声说自己的祖父非常崇尚节俭的孙子（第七十三到七十四回）；有的是卖弟媳为娼或娶弟媳为妻的大伯子（第三十三到三十四回，第九十八回）；还有的是施用诡计侵吞侄儿财产的伯父（第五十回）。写得比较完整的，则是苟才这个人物。苟才是书中屡次出现的中心人物之一，他是当时官场中的红人，贪污的能手。作家并没有着重描写他的这些方面，而是比较生动地叙述了他的家庭内幕。他的发迹，主要靠的是将自己的寡媳送给制台做姨太太；他的死亡，则是由于其子苟龙光急于要得到他的遗产和他的姨太太，因而串通江湖医生下的毒手。在第八十九回，作家通过苟才夫妇为了胁迫寡媳去给制台做姨太太而不惜卑躬屈膝的镜头，暴露了这个寡廉鲜耻卑污下贱的灵魂。在这一类人身上，旧道德不仅被弃如敝屣，连同其虚伪的外衣也已荡然无存，有的只是赤裸裸的对世俗功名利禄的追逐。对此，作家除了愤激，只有无奈的悲悯。

各式各样的寄生虫，在小说中也占有相当大的比重。这里面有颟顸的官吏、不学无术却附庸风雅的假名士、洋场才子、已经衰败没落却还在大摆架子的旗人、手段高强的各类骗子等等。作家的用意在于揭露他们的无耻和麻木。第三十五回中对一群洋场才子的嘲谑固然令人喷饭，第六回对没落旗人的讽刺，更是犀利痛快。由于作家“富有才艺，自金石篆刻，以至江湖食力之伎，亡所不能，亦无所不精”（李怀霜撰《吴趼人传》），拥有见多识广的人生阅历，所以，在他笔下，社会各界人物的形象皆能穷形尽相，而很多人物故事也都有其现实原型，更显真实可信。

在李宝嘉受到《儒林外史》影响的两部小说中，没有出现作家所肯定的正面人物。而《二十年目睹之怪现状》却像《儒林外史》一样，塑造了很少几个正面人物。蔡侣笙虽然贫困潦倒，却是品行端正，不肯蝇营狗苟。吴继之为人外圆内方，虽入仕途，却不肯瞒心昧己，同流合污。这两个人后来都没有好的下场。正如本书最后一回(第一百零八回)标目“负屈含冤,贤令尹结果;风流云散,怪现状收场”所显示的,这是一个饱含忧郁的结局。它给全书笼罩了一层悲观的气氛,而作家的悲愤乃至厌世之心也正寓于其中。

吴沃尧的其他创作,特别是《九命奇冤》、《发财秘诀》、《瞎骗奇闻》等,都发展了包含在《二十年目睹之怪现状》里的题材的一部分,不过“谴责之度稍不同”(鲁迅《中国小说史略》第二十八篇《清末之谴责小说》)而已。《九命奇冤》写雍正朝的一件大冤狱,是根据旧题材改写的,而在技法上,特别是以对话开篇、采用倒叙笔法方面,则经由翻译而借鉴了外国小说的艺术形式。《发财秘诀》一名《黄奴外史》,旨在揭露那些汉奸、奸商、洋奴、买办的发财秘诀,描绘这些甘为洋奴为虎作伥的无耻之徒的丑恶面目。《瞎骗奇闻》则着重揭发瞎子算命的骗人伎俩,由于作者“曾肄星士之术”(李怀霜撰《吴趼人传》),因此,描写此类江湖骗术颇为细密生动。以庚子事变为背景的写情小说《恨海》,把两对青年男女的爱情悲剧写得缠绵悱恻,在短短十回中,比较深刻地开掘了人物的情感世界,并被改编为话剧、电影,影响甚大。《新石头记》的题材形式颇为新颖。作者假托贾宝玉等《石头记》(《红楼梦》)中的人物,写庚子事变前后的北京、上海、南京、武汉等城市的情形;后半部描写了作者理想中的文明社会,则属于社会幻想小说。此外,吴沃尧还有写立宪运动的《立宪万岁》,写反华工禁约运动的《劫余灰》、《人镜学社鬼哭传》等,涉及晚清社会的各大事件,表现了作家对社会现实的密切关注。

吴沃尧的小说创作不仅多产,而且题材多样。在直面晚清社会现状的同时,他也借历史题材寄寓自己的悲愤感慨。《痛史》写的是宋末的一批爱国志士,其激励国人之意也是至为显明的。他特别重视小说艺术结构的经营,有意识地推陈出新,追求新变,作了不少大胆而有益的尝试。但他在小说中的谴责讽刺,也存在与李宝嘉类似的毛病。他在《发财秘诀》最后的作者附言中说:“生平所著小说,以此篇为最劣。盖章回体例,其擅长处在于描摹,而此篇下笔时,每欲有时描摹,则怒眦先为之裂。”因此,就“未尽描摹之技”。其实,不但《发财秘诀》如此,在上举吴沃尧的其他小说中，也多少存在这一疵病。由于下笔时感情过于激动，急于揭露抨击那些丑恶腐败落后的社会现实，宣泄胸中的郁愤，因此，刻画不够细致深入，用笔也不免浮露，妨碍了主题的充分展开，也限制了小说的思想和艺术深度。与他"失之张皇，时或伤于溢恶"（《中国小说史略》第二十八篇《清末之谴责小说》）的描写相比，刘鹗的小说叙述就显得从容不迫、冷静而真实。

刘鹗（1857—1909），字铁云，江苏丹徒（今镇江）人，曾研究过数学、水利学、医学，做过医生和商人。光绪十四年（1888），郑州黄河决口，他献计治河，有功；其后，上书朝廷，建议利用外资开矿修铁路，被人骂为"汉奸"。庚子事变中，他以贱价购入俄军所占领的太仓之米，以赈济难民，几年后，被劾私售仓粟，流放新疆而死。他在政治上主张维新改良，也主张吸收西方科学技术和先进思想，以促进国家经济发展和社会进步。应该说，他对时代趋势是有比较清醒的认识的。这些思想认识，在他以"洪都百炼生"的笔名发表的小说《老残游记》中，也获得同样的反映。书中的老残，就是以作者为原型而塑造的。他落拓不羁，傲兀不群，不肯向达官贵人低头，又颇有用世之心，济世之才。在当时那个黑暗社会中，他无法实现自己的志向，只好浪迹江湖，行医糊口。他主张改良，既痛恨封建顽固派，也反对义和团运动和资产阶级革命，也与现实中的刘鹗一致。

此书完成于 1906 年，以铁英号老残者为骨干人物，通过他偏于山东一带的游历见闻，以展开叙述描写。和《官场现形记》等小说不同并且形成互补的是，《老残游记》所着重揭露的官吏不是昏庸无能、贪污腐化的人物，而是用残民以逞的方法来死心塌地地维护清王朝的垂死统治、往往有能员之誉的酷吏和清官。在小说中，清官与酷吏往往是合二而一的。曹州知府玉贤就是这样一个极端残酷、又极端自私的人。为了取得"路不拾遗"的"政绩"，他用特制刑具站笼站死了两千多人。在他的"政绩"之下，人民随时可能遭到家破人亡的命运，却欲哭无泪，欲诉无从。在第五回，老残和杂货店王掌柜有一段对话，很平淡朴素，却写出了这个"清官"、"好官"的可怕，写出了人民的悲惨处境。如果说，在玉贤这个人物身上，作家着重揭露了他的酷，则在另一个官吏刚弼身上，作家却是着重地批判了他的“清”。刚弼谐音“刚愎”，实乃影射当时的顽固派官僚刚毅。与古典作品中以包公为代表的那些以公正爱民嫉恶如仇为共同特点的清官不同，刚弼这类清官乃是以清廉为掩护，来追逐个人的飞黄腾达，是以清廉为挡箭牌，来肆意迫害百姓。他为了诬陷魏氏父女谋害十三条人命，用上最惨酷的刑法。对此，作家沉痛地写道：“赃官可恨，人人知之；清官尤可恨，人多不知。盖赃官自知其病，不敢公然为非；清官则自以为不要钱，何所不可？刚愎自用，小则杀人，大则误国。”(《老残游记》第十六回作者原评)这也正是作家通过小说中血淋淋的现实所揭露出来的残酷世相，也使我们对晚清封建腐败吏治有了更深刻的认识。

在结构上，《老残游记》采用晚清时代最为流行的那种比较松散的结构形式。全书以老残的游历过程为线索，将有关的言论见闻描写叙事连串在一起，结构上是相当灵活自由的。在叙事手法上，作者的态度比较写实，没有太多的夸张和漫画笔法，反而让读者觉得更加真实可信。小说的篇幅虽然不长，却体现了作者深厚的语言功力。洗炼、清新、自然，带有浓厚的抒情笔调，是这部小说的语言特点。其景物描写和心理描写尤见功力。作者既善于绘制小幅的风景画，又善于把故事情节或人物的心理活动与景物密切地联系起来，使景物成为情节或心理描写的一个有机构成部分，有助于推动情节的发展，深化心理的刻画。例如第六回写老残在曹州府遇雪那一段，就将对阴寒雪天的景物描写与老残沉重的心情结合在一起，把寒冷阴森的气候对于老残沉重的心情的作用写得很生动，同时，这一描写也很好地服从了揭露了玉贤这一主题。书中还有许多片段，如第二回写白妞说书，第十二回写黄河堤上所见的山景，第十三回写黄河打冰，第十七回对翠环的心理描写，对景物和心理作细致的描摹，都精彩纷呈。胡适曾说过，“《老残游记》最擅长的是描写技术；无论写人写景，作者都不肯用套语滥调，总想熔铸新词，作实地的描写。在这一点上，这部书可算是前无古人了”(胡适《老残游记序》)。这一评价是公允的。

此外，在当时出现的谴责小说中，佚名作者的《苦社会》是一部旅美华工被虐待被压迫的血泪生活史，姬文的《市声》则反映商业斗争和民族经济的危机，在同类题材中算是比较好的作品，但也不免有这类谴责小说漫画化描写的通病。曾朴的《孽海花》在题材与成书方面，与这些小说颇不相同。

曾朴（1872—1935），字孟朴，笔名东亚病夫，江苏常熟人。《孽海花》原署"爱自由者发起，东亚病夫编述"，爱自由者是金天翮的笔名。1903年，金天翮将其根据当时社会上盛传的名妓傅彩云的轶事写成的小说《孽海花》前六回，移交正在开办《小说林》书社的曾朴，由其续写。曾朴认为原稿过于注重傅彩云的私生活（近于后来的黑幕小说的写法），将其改为以傅彩云为线索，反映19世纪最后三十年的政治社会变革。此书时作时辍，又屡次修订，持续了二十几年，三集合订三十回本刊出时，已是1931年。在1907年以前完成并出版的只是二十五回本。

在写作当中，曾朴采取了尽量利用当时实有的人物作为原型来塑造小说人物的方法，所以，"书中人物，几无不有所影射。"（鲁迅《中国小说史略》第二十八篇《清末之谴责小说》）在书中作为主要线索的名妓傅彩云，原名赵彩云。她所嫁的第一个丈夫洪钧（文卿），则化名为金汮，字雯青，在书中出现。洪钧是同治七年（1868）状元，纳名妓赵彩云为妾，后来出使英国，也携之出洋，称公使夫人。洪钧死后，她离开洪家，又在上海重操旧业，改名曹梦兰，被苏州士绅陆润庠所逼，移居天津，改名赛金花。相传八国联军入京时，她因为与联军统帅瓦德西关系密切，成为显赫一时的人物。这就是小说用作线索的人和事的大致情况。

《孽海花》通过傅彩云和金雯青的关系，从侧面将清末的政治面貌和官僚生活，显示在读者面前。小说中的主角人物，是旧时代的贵族、官僚、清流、名士，通过这些人物的活动，展现一幅晚清社会的画图。宫廷的黑暗、吏治的败坏、帝国主义的侵略和革命运动的成长，在小说中都有比较丰富的反映。傅彩云从放荡的妓女，变成了公使夫人、唱小调的命妇。她的性格中既有虚荣放荡的一面，又有善于交际、机灵自信的一面。小说对傅彩云形象的塑造比较立体真实。金雯青这个状元书痴、官僚公使的外交无能，在小说中也受到了讽刺，虽然作者也肯定了他的爱国立场。对人物的处理没有简单化、平面化，是这部小说的可贵之处，在傅彩云、金雯青这两个主要人物身上，这一点表现得最为突出。

曾朴长于写名士和名士气的官僚。自命清高的名士和附庸风雅的官僚,实质上是一回事,二者经常互相转化。不过官做得得意一些,就更其是个官僚,反之,失意了,就变成为名士。小说第十九回写李纯客(以李慈铭为原型)的装腔作势,是人所共知的精彩画面。而第二十回写名流们为李纯客祝寿,更是集中体现了他们低下的精神状态。当时国家形势已十分危急,这些负一时重望的人却依然玩骨董,玩戏子,乌烟瘴气,兴高采烈。这种精神麻痹症是如此顽固,以致当中日战争已经发生之时,执政大臣尚书龚和甫(以翁同龢为原型)还为了失掉一只白鹤而大做其游戏文章,还恬不知耻地自命是韩非孤愤(第二十五回)。

曾朴对当时的清流派也作了解剖。从庄仑樵(以张佩纶为原型)等人的形象中,作家揭露了所谓清流的假公济私、骄矜自大、有名无实的特征。庄仑樵本来是个穷京官,愤而参奏当权大吏,被皇上召见,因此轰动京城,后来又不断参劾,气焰熏天,炙手可热,而且捞到了富贵利禄等种种好处,可是刚到福建会办海疆事宜不久,就打了一场大败仗,暴露了无计无能的本质(第五到六回)。另外,小说还以其他一些情节,将清末的局势体现得更为完整。库丁余敏靠纳赂做到东边道;土财主鱼阳伯为了升官,下毒手抢夺孤儿寡妇的传家名画献给上司;太监把持朝政;裁缝沟通关节;等等。如此看来,被作者暗喻为“奴乐岛”的清帝国,焉有不陆沉的道理?通过这些现实,小说揭示了这样一种历史结局,应该说是有革命意义的。

小说中还难能可贵地写到了外国和中国的一些革命者形象,虽然作者对革命及其道路的思想认识还不尽正确。他相信俄国虚无党人的恐怖手段,赞扬他们的个人英雄主义。他塑造并推崇的夏雅丽就是这样一位俄国女革命家,她牺牲爱情,劫持沙皇,最后慷慨就义。在她身上,反映了作者浪漫的革命幻想。小说大胆宣扬种族革命,在原本第四回(改本第二十九回)中公然描写了孙中山、史坚如、陈千秋等人的革命活动,并将其作为正面人物来歌颂。而这一时期出版的其他小说,如 1903 年出版的托名犹太遗民万古恨著、震旦女士自由花译的《自由结婚》,汉国厌世者著、冷情女史述的《洗耻记》,1905 年出版的怀仁的《卢梭魂》,在宣传种族革命时采取的还都是影射的方法,显然不如《孽海花》直接大胆。但曾朴对革命并没有切实深刻的理解，想象的成分居多，其笔下的革命家也不免失之概念化，显得肤浅。而革命志士陈天华宣传种族革命的小说《狮子吼》也有政论化概念化的倾向，则是由于对小说艺术特点的不熟悉或不屑。二者是有所不同的。

《孽海花》的写作特点，正如作者在1927年改本序中所称："避去正面，专把些有趣的琐闻逸事，来烘托出大事的背景，格局比较的廓大。"它的"结构工巧，文采斐然"（《中国小说史略》第二十八篇《清末之谴责小说》）的优点，也就体现在对这些琐闻逸事的组织之中。在晚清小说中，《孽海花》的艺术结构是比较复杂和比较完整的，它把《儒林外史》式的散串结构提高了一步。"譬如穿珠，《儒林外史》等是直穿的，拿着一根线，穿一颗算一颗，一直穿到底，是一根珠练；我是蟠曲回旋着穿的，时收时放，东西交错，不离中心，是一朵珠花。譬如植物学里说的花序，《儒林外史》等是上升花序或下降花序，从头开去，谢了一朵，再开一朵，开到末一朵为止；我是伞形花序，从中心干部一层一层地推展出各种形象来，互相连结，开成一朵球一般的大花。"（曾朴《修改后要说的几句话》）对于小说的艺术结构，曾朴不仅有自觉的讲究，而且能作科学的分析。这与他熟悉外国文学并具有多方面的文学素养当不无关系。《孽海花》的语言基本上是纯熟的白话，流畅优美，无论是在人物刻画还是环境描写方面，都富有表现力。在适当的地方，小说也增加了一些在古典小说较为少见的内心描写，如第三十回写傅彩云私逃以前的精神状态，就很委曲细腻。人物性格也能前后一致，虽然有一些夸张，也并不太离谱。整部小说还是采用了章回小说的传统样式，但在某些方面，却已经具有现代长篇小说的形态，显示了小说的传统样式向现代样式的过渡。

谴责小说的故事题材，大体上是通俗而易于流行的，报刊、杂志以及小说单行本借助近代商业媒体的力量，追随通俗文化的潮流，可以传播得更广更远。但谴责小说还不属于严格意义上的通俗小说。通俗小说主要是指鸳鸯蝴蝶派小说、黑幕小说、侦探小说、侠义小说等。通俗小说的兴起，是晚清文学史上的一个突出现象。它们适应近代商业经济和城市市民阶层的发展，迎合城市市民阶层的审美趣味，满足他们的文化娱乐需要，从而找到了适宜自身发展的土壤。本世纪初，以上海为基地，以《小说丛报》、《礼拜六》等文学期刊为大本营，出现了一批写才子佳人的婚姻爱情的小说和作家，其中的“佳人已是良家女子，和才子相悦相恋，分拆不开，柳阴花下，象一对鸳鸯，一双蝴蝶一样。”（鲁迅《上海文艺之一瞥》）这就是所谓鸳鸯蝴蝶派，它的影响后来渐渐扩展至其他大都市，五四以前曾盛行一时。在故事安排、结构经营以及通俗文学试验方面，鸳鸯蝴蝶派能够借鉴外国小说的艺术经验，取得了一定成绩，其余响波及本世纪 40 年代，但其作品也明显存在着平庸雷同的毛病。发表这类作品的《礼拜六》1914 年开始在上海发行，存在时间最长，影响最大，故鸳鸯蝴蝶派又称礼拜六派。与此同时，以揭露阴私为主、迎合大众之好奇、满足其窥伺心理的黑幕小说，受翻译小说影响而产生的侦探小说，以及若干侠义小说，也是晚清通俗小说的组成部分。在 20 世纪 20 年代以后的小说史中，犹能见到它们的发展余脉。

第三十三章　诗界的末路与生机

首开风气的龚自珍　同时的其他诗人　黄遵宪的新派诗　诗界革命口号的提出　林纾的《闽中新乐府》　秋瑾的诗歌与《新万古愁曲》　南社诗人　同光体及其他拟古诗派

进入道光时代(1821—1850),清代社会已经走到了一个过渡性的时代,诗歌的发展也面临着重要的转折。这首先是由当时的时代所决定的。龚自珍就是在这个时代里诞生的一个代表诗人。

龚自珍(1792—1841)生活的这半个世纪,正是我国由封建社会进入半殖民地半封建社会的历史转折期。他早年就有用世之志,又曾从今文经学家刘逢禄研究公羊学,更坚定了经世致用、改革社会的思想。龚自珍的仕途并不得意,只做过一些小京官,但他并没有随波逐流,沉醉于天朝盛世的古典酣梦之中,而是不懈地研究朝章国故和边疆史地,致力于经世致用之学,希望能有补于国家中兴天下郅治。当时,国内问题重重,农民起义,边疆叛乱,危机四伏;国际上,以英帝国主义为首的西方列强,通过鸦片走私等手段,正在加紧对中国进行残酷的经济掠夺,其他贪婪的帝国主义也正对这个老大帝国虎视眈眈,蠢蠢欲动……龚自珍呼吸着大风暴来临之前沉闷的空气,以思想家的深刻和诗人的敏锐,察觉到了时代的危机,感觉到社会的暮气,并痛切地意识到在即将到来的这场大风暴面前,国家和民族将处于一种十分危急的形势之中。然而,人微言轻,他的意见不受重视，他的理想抱负不能实现。他只能拿起手中的笔，用诗文大声疾呼，呼唤变革，“九州生气恃风雷，万马齐喑究可哀。我劝天公重抖擞，不拘一格降人材。”（《己亥杂诗》）他渴望一代新人起来，扭转这种可悲哀的时局，开创文学和社会的新生机。

龚自珍的诗歌创作工于近体，尤工七绝，其中最为重要的是多达315首的组诗《己亥杂诗》。诗人于己亥年即道光十九年（1839）辞去京官，南归杭州，于途中写作了这组记录行程和心迹、体现其生平与思想的自传体诗篇。此外的诗作，也莫不是心声之发鸣。这些诗歌为我们勾画出一个孤独、忧郁的诗人形象，使我们领略了他对衰世的深刻批判和先觉意识。

诗人以敏感的诗心，透过治世的假象，感受到它的暮气沉沉。因此，“秋气”、“落花”、“暮霭”、“斜阳”之类的意象，常常见于诗中。“浩荡离愁白日斜，吟鞭东指即天涯。落红不是无情物，化作春泥更护花。”（《己亥杂诗》）“四海变秋气，一室难为春。……所以慷慨士，不得不悲辛。”（《自春徂秋，偶有所触，拉杂书之，漫不诠次，得十五首》）他清醒地意识到衰世的来临，预言社会已到了乱世的边缘，“日之将夕，悲风骤至，人思灯烛，惨惨目光，吸饮暮气，与梦为邻。”（《尊隐》）更集中而形象地表达了他对时局的认识。面对这种局面，诗人没有退葸远引，而是怀着慷慨悲愤的情怀，对各种弊政进行无情的揭露：

> 不论盐铁不筹河，独倚东南涕泪多。国赋三升民一斗，屠牛那不胜栽禾。
>
> ——《己亥杂诗》

清朝统治者不重视发展社会经济，也不筹划治理黄河，人民连年遭受水患的侵扰，生活在水深火热之中。层层盘剥，更加重了人民的赋税负担，百姓无法从事基本的农业生产劳动，被迫背井离乡。诗人对此发出深深的叹息。他讽喻现实，还常常托之咏史，例如讥讽当时东南地区所谓名流人物的《咏史》：

> 金粉东南十五州，万重恩怨属名流。牢盆狎客操全算，团扇才人踞上游。避席畏闻文字狱，著书都为稻粱谋。田横五百人安在，难道归来尽列侯？

他们沉湎声色，专意追逐个人的功名利禄，而对朝政得失国家兴亡漠不关心。这些名流当道，世事如何是可想而知的。

龚自珍深切地认识到，要改变这种局面，需要一场社会改革；要推动社会变革，急需一批不世之才，急需各类经世致用之士。在呼吁天公"不拘一格降人材"的同时，他不能不面对这样一个残酷的现实：在旧制度的压抑和束缚之下，许多正直的人才遭到了摧残，"锄其直，遏其生气"（《病梅馆记》）。他在《病梅馆记》中，以梅喻人，控诉了病态的社会对正直人性的戕害。他打破封建专制思想的禁锢，追求心灵的自由和解放，向往自我和个性无拘束的张扬。在诗中，这凝缩为童心的寻觅：

> 少年哀乐过于人，歌泣无端字字真。既壮周旋杂痴黠，童心来复梦中身。
>
> ——《己亥杂诗》

> 不似怀人不似禅，梦回清泪一潸然。瓶花帖妥炉香定，觅我童心廿六年。
>
> ——《午梦初觉怅然诗成》

在龚自珍看来，童心不仅是吟诗作文之本，而且是为人之本。奔走于风尘之中，周旋于世俗之间，他顽强地抵御外界的侵染，守护着自己的童真和梦想。

龚自珍对帝国主义侵略势力觊觎中国之心，早就有所警惕和预戒。他积极主张加快开发和建设祖国的西北边疆，防止内部分裂集团和外国侵略势力的勾结。他为自己人微言轻、谏言不被采纳深感忧愤："五十年中言定验，苍茫六合此微官。"（《己亥杂诗》）五十年后，这一预警果然应验了，当帝国主义加紧对我国新疆的分裂和侵略活动时，他的卓有远见的建议也终于被采纳了。龚自珍也痛恨掠夺中国经济、毒害中国人民的鸦片走私，并坚决主张禁烟。对那些庇护鸦片走私以及吸食鸦片的官员，他给予犀利的刺讥：

> 津梁条约遍南东，谁遣藏春深坞逢？不枉人呼莲幕客，碧纱㡡护阿芙蓉。
>
> ——《己亥杂诗》

他曾以诗文，表达自己支持林则徐禁烟斗争的坚定立场。

剑和箫是龚自珍诗中的两个中心意象，也是极具象征意义的。“气寒西北何人剑，声满东南几处箫？”（《秋心》）“来何汹涌须挥剑，去尚缠绵可付箫。”（《又忏心》）“一剑一箫平生意，负尽狂名十五年。”（《漫感》）“少年击剑更吹箫，剑气箫心一例消。”（《己亥杂诗》）剑与箫，象征着思想家的睿智、锐利与诗人的深情、浪漫，象征着他性格中的刚与柔、雄壮与缠绵的两面，象征着他在人生道路上进与退的两种抉择。他在一首词中曾说：“怨去吹箫，狂来说剑，两样消魂味。”（《湘月·壬申夏泛舟西湖述怀有感，时予别杭州，盖十年矣》）剑与箫的结合，使龚自珍的诗刚柔相济，既刚奇，又哀绝，既有飞仙萧然高举之逸态，又有剑客勇猛坚决的英姿，奇情异彩，令人爱赏。

龚自珍在《最录李白集》中说：“庄、屈实二，不可以并，并之以为心，自白始。儒、仙、侠实三，不可以合，合之以为气，又自白始。”这正可以移评他的诗歌的美学风貌。他在诗中也曾自言：“名理孕异梦，秀句镌春心。庄骚两灵鬼，盘踞肝肠深。”（《自春徂秋，偶有所触，拉杂书之，漫不诠次，得十五首》之二）又说：“六艺但许庄骚邻，芳香悱恻怀义仁。”（《辨仙行》）他的诗熔庄、骚于一炉，有庄子飞扬的想象、闳大的胸襟、雄壮的气魄，也有屈骚绮丽的词彩，有香草美人式的讽喻。他的想象力不仅丰富，而且不落俗套，“我劝天公重抖擞”之类想落天外的豪句，也在集中屡见不鲜。“胸中海岳梦中飞”（《己亥杂诗》），善于驱使梦境，是龚自珍诗所具有的浓厚的浪漫主义特色的表现之一。他的诗风大气磅礴，即使律绝这样的短篇小诗，也常常挟带雄强的气势。他的语言自然清畅，关键处字词下得极准确有力。他又善于调遣神话典故，把词句装点得色彩瑰丽。《西郊落花歌》中连用八个新奇的比喻，描绘落花奇丽动人的姿态，"奇境独辟，如千金骏马，不受绁绁"，堪称"别开生面"。（林昌彝《射鹰楼诗话》卷十）

龚自珍的性格和思想中都有很多反传统和离经叛道的成分。他的思想来源颇杂，既吸取了今文经学中公羊派的进化的历史观和经世致用的人生观，也从庄禅之学中接受了崇尚自由狂放和个性解放的思想影响。在他的思想构成中，儒家传统的六经并不占有特别重要的地位。作为一个较早觉醒的启蒙思想家，他明确表示："但开风气不为师"（《己亥杂诗》）。但他的思想对于晚清的思想解放，却产生过切实的影响。他的诗歌创作，对晚清诗人突破拟古复古的格局，在新的时代环境中发展浪漫主义的诗歌传统，也带来了积极的启示。晚清知识分子，从改良派到革命派，从康有为、梁启超、谭嗣同、黄遵宪到陈去病、高旭、柳亚子、苏曼殊等南社诗人，都曾经受到他的影响。梁启超曾说，"晚清思想之解放，自珍确与有功焉。光绪间所谓新学家者，大率人人皆经过崇拜龚氏之一时期；初读《定庵文集》，若受电然。"（梁启超《清代学术概论》第二十二节）在晚清文学史上，龚自珍是继往开来、开一代风气的先驱人物。

魏源（1794—1857）的思想倾向与龚自珍相近，他也曾从刘逢禄研究今文经学，从公羊学中引申出经世致用、变古改制的思想。由于生活年代晚于龚自珍，所以，他对世界大势有更多更全面的认识。他主张了解西方，学习西方，认为只有这样，才能达到富国强兵的目的。他不仅看到了西方科学技术的先进之处，而且认识到西方政治制度的优点。在《海国图志》等著作中，魏源致力于向国人介绍世界各国的情况，他是最早开眼看世界、并具有清醒的时代感的启蒙思想家之一。作为一个诗人，他的创作主要是政治诗和山水诗。他在政治诗倾注了爱国的悲愤情怀，反映了鸦片战争前后的社会现实，从怯懦无能的官吏，到妥协投降的清政府，从鸦片的危害，到人民反抗帝国主义侵略的抗英斗争，从下层民众的悲惨境遇，到上层的昏庸腐败，题材范围相当广阔。他还写下了一系列风格壮美的山水诗。他的诗大多奔放遒劲，与龚自珍相似；同时又比较质实，在富有情韵及抒情性方面较龚自珍略逊一筹。

在以鸦片战争为高潮的如火如荼的抗英斗争中，很多诗人都有感而发，不平则鸣。张维屏写下了传诵一时的反帝爱国诗《三元里》、《三将军歌》，风格与其前期的诗作迥然不同；张际亮也写了一系列反映鸦片战争的诗作；贝青乔则以由一百二十首构成的《咄咄吟》组诗，揭露并讽刺清军及其将领的昏聩无能；林昌彝有意将自己所作诗话题名为《射鹰楼诗话》（“鹰”谐音“英”），表彰抗英的诗人与诗作。林则徐也曾在诗中，表达自己效力祖国抵御外敌的忠诚和决心，抒发被遣戍伊犁之后的悲愤。他在贬谪期间，还写下了包括《回疆竹枝词》在内的一批描绘塞外风光的诗作，呈现了一个爱国者旷达的心胸。上述诗人都出于东南诸省，或者曾亲自投身抗英斗争，或者因地域之便而对这场斗争有更直接而亲切的了解，因而诗中的情感都显得质朴而真实。这些诗作所反映的生活、所表达的主题，不仅是新鲜的，而且是具有时代意义的。

鸦片战争后，中国国门进一步开放，一些西方近代自然科学和哲学社会科学知识输入中国，一批批新的名词也纷至沓来；同时，越来越多的中国人有机会走向世界，接触到西方的自然、社会和人物。有异国行旅经验的文人学者，常常用游记的形式向国人报道他们新鲜甚至奇怪的见闻，也用诗歌抒写眼中所见和心中所想，康有为、梁启超等人都有这类描写异国行旅和山川风物的诗。一批具有维新思想的诗人，如夏曾佑、蒋智由、麦孟华等人，则在诗歌中引进新的思想观念，使用新的名词，包括外国的人名、地名、典故及其他专有名词等，形成了当时所谓“新派诗”的一个显著特点。“新派诗”一名来自黄遵宪的诗《酬曾重伯编修》：“废君一月官书力，读我连篇新派诗。”这一派诗人在文学语言和风格诸方面力图突破陈陈相因的传统规范，以适应“足遍五洲多异想”（黄遵宪《以莲菊桃杂供一瓶作歌》）的新的生活状态，并表现新的时代现实，表达维新的思想主张。黄遵宪就是这一派诗人中的一员，他的诗歌内容最为丰富，成就也最为突出。

黄遵宪（1848—1905），字公度，广东嘉应州（今梅县）人。广东是当时比较开放的省份，因此，他较早就接触了一些新思想。光绪二年（1876）以后，他进入外交界工作，历时二十年之久，其间，行迹遍及日、美、英各国和新加坡等地。1895 年，黄遵宪参加了维新变法运动的政团强学会，后来，在担任湖南按察使任上，又推行新政。1904 年，他写了《病中纪梦述寄梁任公》三首，诗中云："孰能张网罗，尽杀革命徒？汝辈主立宪，宁非愚欲迂！"又云："人言廿世纪，无复容帝制。举世趋大同，度势有必至。"这表明，晚年的黄遵宪已经抛弃了维新派那一套君主立宪的政治理想，并认为帝制是背逆时代潮流的。

异国行旅和国外生活经验不仅给黄遵宪的诗歌带来了新鲜的内容，而且使他的诗体现出以全球为背景的一种更为开阔的视野。他在诗里写到美国、新加坡，也写到日本，堪称"吟到中华以外天"（《奉命为美国三富兰西士果总领事留别日本诸君子》）。他还有一组《日本杂事诗》，以传统的竹枝词诗体专咏异国风物，描写了日本的山川景物民风土俗，也记录了日本社会在明治维新以后发生的新变化。他的《今别离》四首属于传统的离别题材，却写到了许多新事物、新名词，如火车、电报、照相、东西半球昼夜相反等，无疑融会了来自西方的新观念和新知识。诗人巧妙地运用这些新奇的意象，别开生面地深化并丰富了这一传统题材的艺术表现。在《八月十五夜太平洋舟中望月作歌》诗中，他又写道："大千世界共此月，世人不共中秋节。泰西纪历二千年，只作寻常数圆缺。""举头只见故乡月，月不同时地各别。即今吾家隔海遥相望，彼乍东升此西没。"在清奇的诗思中，也反映出作者对近代科学的一些认识。

作为最早放眼看世界的诗人之一，黄遵宪在诗学上也主张对沉重的传统作一些变革，与古为新。在诗集自序中，他指出："今之世异于古，今之人亦何必与古人同。"（《人境庐诗草·自序》）从这一基本立场出发，他认为，不盲目尊古，敢于不同于古人，才能有所创新。早在同治七年（1868），他就明确提出：

> 俗儒好尊古，日日故纸研。六经字所无，不敢入诗篇。古人弃糟粕，见之口流涎。沿习甘剽盗，妄造丛罪愆。黄土同抟人，今古何愚

贤？即今忽已古，断自何代前？……我手写我口，古岂能拘牵！即今流俗语，我若登简编，五千年后人，惊为古烂斑。

——《杂感》

这在当时，是对传统诗歌的美学观点和艺术观点的大胆挑战。而另一方面，创新并不意味着抛弃传统的诗歌文化资源。事实上，他对传统资源是相当重视的：

其取材也，自群经三史，逮于周、秦诸子之书，许、郑诸家之注，凡事名物名切于今者，皆采取而假借之。其述事也，举今日之官书、会典、方言、俗谚，以及古人未有之物，未辟之境，耳目所历，皆笔而书之。其炼格也，自曹、鲍、陶、谢、李、杜、韩、苏讫于晚近小家，不名一格，不专一体，要不失乎为我之诗。

——《人境庐诗草·自序》

无论题材、语言还是风格，黄遵宪都主张广采博收，不拘一格。在他看来，不仅古的、雅的、中国的资源可以利用，今的、俗的、外国的资源也同样应当吸收熔铸于诗中。他特别重视民歌，并通过搜集、加工民歌，从中吸取艺术营养，写出了一些具有民歌风味的诗作。他的诗在内容方面表现了新事物和新思想，在形式方面，也突破了许多自来为诗人所墨守的成规，使用了比较通俗的语言，比较自由的韵律，也更广泛地吸收了古典文学中多方面的优良传统。这样一些从内容到形式的特色，使得诗歌在现代白话新诗出现以前，既能够容纳一定的新内容，又不至于削弱传统诗体的表现力量，使之仍然能够发挥艺术作用。这是一场传统诗体内部的革新，黄遵宪的创作提供了一个比较成功的榜样。

黄遵宪的诗歌题材丰富多样，具有丰厚的现实内涵。这体现了他对古典文学的比兴精神和现实主义诗歌传统的继承。晚清中国的社会面貌以及人民反帝爱国的崇高精神，在他的诗里，得到了较为充实的反映。作为长期驻外的外交官，诗人对国际时事及时代趋势有比较清醒的认识。

他曾极力赞扬日本明治维新的效果，也反对裁撤留美学生。同时，他对西方政治社会制度中所存在的问题，也有所省察。他在驻美期间，耳闻目睹美国的总统选举，曾作《纪事》一诗，记录自己的观感。竞选中的两党互相攻讦，不遗余力，又到处拉票，乃至贿赂公行等等，在诗人看来，像一场滑稽闹剧。诗作以锋利的语言，解剖了美国政治的这一典型现象，揭露出这一民主制度的虚伪的一面。当黄遵宪奉派为驻旧金山总领事之时，正逢美帝国主义制造事端，排斥和迫害对美国西部开发有功的华侨工人。诗人身临其境，怒不可遏，写下了长达七百字的《逐客篇》，不仅歌颂了华工的勤劳和功绩，而且大胆指摘清政府的愚昧和无能，讽刺了美帝国主义的虚伪狡诈。在诗的结尾，诗人发出了“倒倾四海水，此耻难洗濯”的愤慨，并悲愤地提出了“芒芒问禹迹，何时版图廓”的问题。诗人的忧国忧民之心，在国际形势的衬托下，显得更加真实、深沉。

19 世纪 80 年代中期的中法战争和 90 年代中期的中日战争，标志着帝国主义列强加紧了对中国的侵略和殖民化，也加重了中国人民的苦难，促使晚清的政治和社会危机更加突出。这就是诗人的忧患意识的时代依据。他的一系列作品深刻地反映了这种忧患意识。《冯将军歌》歌颂在中法战争中老当益壮、取得镇南关大捷的老将军冯子材，意在振奋反对帝国主义侵略的民族精神。中日战争后，诗人痛心疾首，写下了《悲平壤》、《东沟行》、《哀旅顺》、《哭威海》、《马关纪事》、《书愤》等诗篇，悲凉沉痛，哀感动人。怯懦和投降，是诗人最不能容忍的。在《降将军歌》中，他按照当时的理解，讥刺了降将丁汝昌，认为丁汝昌自杀是企图卸责。《度辽将军歌》则是讽刺逃将吴大澂。“度辽将军”本来是吴大澂得到的一枚汉印，诗人选此为题，并以此印贯穿全诗，不仅见出布局之妙，对这个迂腐书生和糊涂名士的讽刺也显得特别有力。对日作战失败后，昏庸无能的清政府割让台湾给日本。在《台湾行》中，诗人以激越的调子，歌唱了人民英勇抵抗的爱国主义的行为。

黄遵宪的这类诗作，缘于时事，感于哀乐，深于比兴，可谓深得“《离骚》乐府之神理而不袭其貌”（《人境庐诗草・自序》）。在选择诗体时，他偏爱奔放畅达、可以自由挥洒的歌行体，采用比较散文化的句法，“以单行之神，运排偶之体”（同上）。事实证明，内容和形式的这种配合是比较成功的。

19世纪末，随着改良主义的政治运动的展开，在总结黄遵宪等人的诗歌创作的基础上，当时的维新派的理论家和思想家梁启超首先提出了“诗界革命”的主张。这是梁启超为配合当时的维新政治运动而倡导的一系列文学革新活动之一。梁启超所谓“诗界革命”，主要是指在思想内容方面的革新。他主张以新意境、新语句与古人的旧风格相融合，即“以旧风格含新意境”、“熔铸新理想以入旧风格”（《饮冰室诗话》），这在一定程度上肯定并助长了当时诗界中“挦撦新名词以自表异”（同上）的风气。在旧形式旧风格之中点缀若干新名词，有时确实能给人以耳目一新之感，但不同诗人对这些新名词的译法写法又各不相同，一时往往难以索解，而且，如果专恃嵌用新名词而不在诗的意境语句上用功，也作不出真正的新派诗。但当时的诗坛上确实存在这样的一种倾向，即热衷于写作诸如“纲伦惨以喀私德，法会盛于巴力门”之类的句子，仿佛不如此就不足以表现新的意境新的理想。所以，梁启超在后来也不能不承认：“吾党近好言诗界革命，虽然，若以堆积新名词为革命，是满清政府变法维新之类也。”（《饮冰室诗话》）同时，梁启超也很重视诗歌的音乐性和通俗性，对当时的台湾爱国诗人丘逢甲“以民间流行最俗最不经之语入诗”颇为欣赏。从历史上看，在旧形式中包含新内容，是有一定限度的，黄遵宪所能够做到的，已几乎是最大限度了，过此以往，最好要有新形式来适应新内容，这就有待于五四以后的新诗了。

以小说翻译著名于晚清的林纾（1852—1924）的一些诗作，也可以归入这一类新派诗的范畴。在中日战争后、戊戌变法前（1896—1897），林纾创作了《闽中新乐府》五十篇。这一组诗继承了白居易《新乐府》的现实主义传统，针对当时的社会现实，提出广泛的批评和建议。例如在《村先生》一篇中，作者就提出，当今之世对儿童进行教育，不应当再读什么《大学》、《中庸》之类的东西，而应首先应用人情物理方面的知识，对他们进行科学和理性的启蒙教育，“论月须辨无嫦娥，论鬼须辨无阎罗”。他援引法国为例，认为更重要的是要对儿童从小进行爱国主义的教育，才能避免下一代

“腐气入头脑”，打下“强国之基”。又如《谋生难》一篇，通过西方国家保护工商业、支持公司集股发展经济与清廷官吏不顾民生、“富商畏官如畏虎”的对比，指出了帝国主义对于中国的侵略和对人民生活的严重毒害，揭露了清朝帝国的腐败。这些诗作表达了诗人主张维新自强的政治观点，是相当有见识的。在艺术地表现新思想新观念方面，这一组诗也比那些单纯“挦撦新名词以自表异”的诗高出许多。

戊戌变法失败后，资产阶级民主革命渐次展开。在革命的宣传和鼓动中，文学特别是诗歌自然也成为不可或缺的一件利器。革命女侠秋瑾以其生命和诗歌，在黑暗和罗网中点燃了一把火炬。秋瑾(1875—1907)，字璿卿，后改竞雄，别号鉴湖女侠，浙江绍兴人。为了实现自己的革命志向，她毅然抛弃家庭，东渡日本留学，并参加同盟会，积极投身革命的宣传和组织活动，1907 年因谋划反清起义，而被捕就义。她的一生，文学活动一直与革命的政治活动密切相连。她并没有将全部的才力和精力投入文学创作活动，也没有有意识地要使自己成为一个诗人。她的诗作，严格地说来，成就并不是特别高的，其不足主要表现在主题比较仄狭，技巧也还不够熟练。她的诗，显然是一个革命者的诗，因此，诗中所出现的是一个精悍的革命者形象。在早年所作的《题芝龛记》绝句中，她歌颂明末的两位女民族英雄秦良玉、沈云英“同心两女肩朝事，多少男儿首自低”。这也就是她的心志的写照。1905 年，吴樾为了揭露清政府的立宪骗局，在北京车站舍身行刺出洋考察宪政的五大臣。秋瑾写了一首《吊吴烈士樾》，对这位豪杰之士表示了无限的敬爱。她的诗歌，充满了慷慨壮烈的雄放之音，“拚将十万头颅血，须把乾坤力挽回”(《应黄海舟中日人索句并见日俄战争地图有感》)，因为壮志未酬，常常“把剑悲歌涕纵横”(《感怀》)。她的革命激情，她的爱国情怀，她的英勇就义，大大震撼了当时人民的心灵，激励了人民的斗志，在她殉难之后不久，就出现了描写她的生平的戏剧和小说《六月霜》。鲁迅在小说《药》中，通过夏瑜这个人物，表达了自己对秋瑾的悼念。

明清之际，诗人归庄(一说熊开元)写了一首题为《万古愁》(或称《击筑余音》)的套曲，咏叹中国历史，从盘古开天地叙到清兵南下，对历代帝王卿相多有诋诃，并寄托对亡明的眷恋之情。辛亥革命前夕，一位笔名藐庐的作家写了一篇《新万古愁曲》。它继承了《万古愁》“慷慨激昂，目空一切”（《新万古愁曲小序》）的精神，比较深刻地反映了当时世界的和中国的根本问题。套曲以当时世界为大背景，悲叹祖国的不幸，严厉斥责陷祖国于重大不幸的统治者和帝国主义强盗们。他也揭穿了洋务派、立宪派的欺骗行为，指出了改良主义的没有意义。同时，作者还以世界历史为大背景，依据自己所掌握的世界史知识，历数各个帝国主义国家的发展过程，揭露了帝国主义“弱肉强食”侵略成性的本质，并将其与祖国的现状和命运联系起来，这样，就为中国人民的反帝运动提供了更有力的依据。这种对于新的世界及其政治态势的洞察力以及基于这种洞见而发抒于诗篇中的感情，在当时的文学中还是比较少见的。

事实上，当时包括革命党人在内的一些人，他们对帝国主义和封建主义也存在一些模糊的认识。例如，有的人一方面反满洲贵族统治，另一方面却不正确地提倡着大汉族主义；有的人则对帝国主义存有幻想，乃至希望自己发愤图强，也变成帝国主义，好去侵略别人。同时，他们对革命往往抱一种天真、浪漫或简单化的想法。鲁迅曾说：“那时有许多文人，例如属于‘南社’的人们，开初大抵是很革命的，但他们抱着一种幻想，以为只要将满洲人赶出去，便一切都恢复了‘汉官威仪’，人们都穿大袖的衣服，峨冠博带，大步地在街上走。谁知赶走满清皇帝以后，民国成立，情形却全不同，所以他们便失望，以后有些人甚至成为新的运动的反动者。”（《对于左翼作家联盟的意见》）这种情形，从南社的发展及其诗歌创作中，也能看出来。

南社是明末复社以后最重要的、最大的一个文学团体。无论从其成立背景、社员成分还是从其宗旨来看，这一团体都具有鲜明的政治色彩、明确的政治目标。它出现于辛亥革命前夕，1907 年开始酝酿，1909 年正式成立于苏州，发起人为陈去病（1874—1933）、高旭（1877—1925）和柳亚子（1887—1958）。社名取“操南音不忘本”（宁调元《南社诗序》）之意，“南者，对北而言，寓不向满清之意”（陈去病《南社长沙雅集纪事》），明确表示反对满清的种族压迫和专制统治，提倡民族民主革命。早期南社社员中，大多为同盟会会员，其后声势日益壮大，辛亥革命后，社员达千余人，但随着革命运动的进展，社员的政治立场发生分化，成分也就变得复杂了。作为一个文学团体，南社的创作主要见于从1910年出版到1923年停刊、载录诗词文章的二十二集社刊——《南社》，和1917年出版的《南社小说集》。但总的来看，南社在诗歌创作上的成就最大，只有苏曼殊（1884—1918）在小说创作方面较有成绩。他以诗人的清丽之笔作小说，显示出强烈的主观抒情色彩。

大多数南社诗人充满热情地投身革命活动，用诗抒写革命怀抱，宣传民族主义和爱国主义。在总体的风格倾向上，这些年轻诗人朝气蓬勃，又多少受到龚自珍和诗界革命的影响，在创作中表现出明显的浪漫主义倾向。他们提倡唐音，反对宋调，与提倡学宋诗的同光体相对，但也有一些诗人倾向于同光体的诗学立场。就诗歌风格而言，南社几个骨干社员也各有特色。陈去病追求苍凉悲壮，但不免拘谨；高旭恣肆奔放有余，而洗削锻炼不足；马君武的诗鼓吹新学思潮，标榜爱国主义，喜用西方的典实，融会西学，上承黄遵宪的新派诗；苏曼殊在南社诗人中较为特别，他长于七绝，又多爱情诗，缠绵悱恻，清婉悲凉，颇有晚唐诗的韵味，最受人喜爱；柳亚子则清迈流畅，思想上不断前进，创作灵感源源不绝，其诗作数量之多、持续时间之长，在20世纪诗人中是很罕见的。南社诗人大多属于浪漫激动型的人格，对于文学和政治，都抱有较多的想象和期望。因此，当革命遭遇挫折乃至失败时，他们就不免流露失意和感伤，乃至放纵为颓废的情绪。在苏曼殊的诗作中，我们更多地体会到这种愁苦和哀伤，这又与他特殊的身世和性情不无关系。

与南社诗人不同，同光体的成员中，有不少人是朝中官员或前官员，从主事、侍郎到宰辅大吏，在政治上属于“北”，与南社相对，隐然有一种廊庙与民间的分野。简而言之，同光体就是同治、光绪时代的宋诗派，这是晚清宋诗运动的重要组成部分。这一运动肇始于道、咸时期的郑珍、何绍基、莫友芝，延续到同、光时期，一脉相承。在诗学上，同光体诗人的总体倾向是崇尚宋诗，但各个诗人的具体蕲向又各有不同。以籍贯而论，同光体诗人可分为闽派（陈衍、陈宝琛、沈瑜庆、郑孝胥）、赣派（陈三立）和浙派

（沈曾植），其中闽派声势最大。同光体诗人往往学识渊博，陈衍、陈三立、沈曾植等人尤为突出，因此，他们的诗作中也有明显的学者诗的特点。他们都注重从古典中觅取灵感，熔铸诗语，驱使典实，力求推陈出新，风格一般比较古雅，但也容易走向生涩难解。在政治观点上，他们大多比较偏于保守，但他们的诗集中不乏抒写同光以来之朝政时局的诗作，从不同的角度反映了晚清的现实。

除同光体之外，晚清的拟古诗派还有中晚唐诗派和汉魏六朝诗派。中晚唐诗派以樊增祥、易顺鼎、杨圻等人为代表，他们的诗作以中晚唐诗人为师，讲究情采，富有装饰性，诗中也时常流露出一些颓废和没落的情绪。樊增祥诗风比较清丽，易顺鼎的风格比较清壮，各有千秋。汉魏六朝诗派的诗人则有王闿运、邓辅纶、高心夔等人，因为多出于湖湘之地，故又称湖湘派。这一派诗人摹拟汉魏六朝，所作五言高于七言。王闿运的《圆明园词》和樊增祥的前后《彩云曲》，分别描写英法联军劫掠焚烧圆明园的暴行以及庚子事变前后的史事，堪称诗史，虽然拟学元稹《连昌宫词》和吴伟业《圆圆曲》，却不失为别开生面，因而传诵一时，颇负盛名。

第三十四章　从花部崛起到戏剧改良

花部与雅部的对立与花部的崛起　京剧的产生和发展　京剧剧本的创作、流传和整理　京剧优秀剧作举例　晚清的戏剧改良运动　汪笑侬与改良新剧　晚清戏剧的若干新变　话剧的出现

戏剧和小说继承了明清以来市民文学的传统，适应着城市平民日益增长的力量及其文艺需求，成为清代中后期文学最流行的样式。在戏剧方面，主要的变革是花部戏曲的隆盛，并基本上做到了取昆腔传奇的地位而代之。

从16世纪后半期起，昆腔在相当长的历史时间内，一直是中国古典戏曲最重要的声腔。随着昆腔本身的音乐语言和昆腔传奇剧本的文学语言逐渐发展完善，它的程式化、文人化、雅饬化的趋向也越来越明显。戏曲的音乐语言与文学语言之间本来就是互动的关系，昆腔传奇的音乐语言日趋谨严，就限制了文学语言的自由发挥；另一方面，“其曲虽极谐于律，而听者使未睹本文，无不茫然不知所谓”。这就使昆腔逐步脱离大众，失去鲜活与生动特色，而走上僵化的道路。同时，昆腔的发展，并不意味着其他声腔的衰颓或消失，相反，仍有相当多的其他声腔在不同的环境下成长、成熟，并产生了与之相配合的剧本，并努力与昆腔传奇争夺听众和观众。它们的比较活泼的音乐语言也支持了剧本的文学语言，产生了“其词质直，虽妇孺亦能解”（焦循《花部农谭》）的效果，无论其思想内容还是

艺术形式，都和广大城市居民的生活比较接近，这显然有利于它的发展壮大。这种情况明末就已经存在了。

到了清代，互相对立着的昆腔和非昆腔进一步在戏曲领域内形成了两个阵营，即所谓花部和雅部。“雅部即昆山腔，花部为京腔、秦腔、弋阳腔、梆子腔、罗罗腔、二簧腔，统谓之乱弹。”（李斗《扬州画舫录·新城北录下》）这些来自民间的花部声腔统称乱弹，是针对昆腔之有更其精严的格律而言。它们都有规律不严、变化多端的特点。而昆腔在乾嘉之世早已成为贵族士绅阶层的艺术，19 世纪中叶以后动荡沧桑的时局，使昆腔曼妙的清歌和旖旎的绮梦愈益显得不合时宜，终于被花部那喧天的锣鼓和粗耍的歌词所代替。在与雅部的长期竞争中，花部吸收了对方的许多优点来充实自己。文学史上又一场的雅俗之争，以花部的胜利和雅部的没落而告终。

在花部戏曲中，京剧是最主要的戏曲样式。它的演进成熟也经过了一个相当长的历史过程。乾隆五十五年（1790），乾隆八十大寿，各有特长的四大徽班三庆、四喜、春台、和春等进京庆贺，把二簧戏带到北京。二簧是弋阳腔与其他曲调结合的产物。在以后的发展中，徽调的二簧调又和汉调中的西皮调合流，形成了皮簧合奏的新局面，为京剧的腔调形成奠定了基础。同时，京剧又不断吸收京腔、秦腔等花部腔调和民间戏曲成分，在歌唱和表演艺术上便日趋于丰富，大约在 19 世纪中期，京剧正式形成。这种新兴的戏曲在内容上、语言上和音乐上都比昆腔更接近人民，不仅获得一般市民的爱好，也以其新鲜获得贵族和宫廷的爱好，因而得到了各方面的培养和支持，并代替昆剧而统治了整个剧坛。它不仅在歌唱和表演上比其他戏曲有所提高，而且由于民间艺人的创造才能，也出现了许多优秀的剧本。1840 年以来，杂剧、传奇也还出现过一些比较优秀的剧本，但作为晚清戏剧的代表样式的，仍不能不推京剧。

从乡村传入都市、逐步代替了雅部的花部剧本，绝大多数是成于无名作家之手。这种情形，不仅在鸦片战争以前当花部处于萌芽状态之时是如此，就是在鸦片战争以后当京剧成为最有势力的剧种的时候，也是如此。

《缀白裘》是清代出现较早和收罗较富的戏曲选集之一。其第六集刊行于 1770 年（乾隆三十五年），收有部分花部剧本。第十一集刊行于 1774 年（乾隆三十九年），所收全为花部剧本，由此也可以看出花部作品数量和影响的上升。从这些即使还比较粗糙和幼稚的作品中，我们又一次看到民间艺人对于生活的熟悉，领略到他们的艺术才能，也看到当时各种民间戏曲的远大前程。其中如取材于《水浒》的《闹林》、《夺店》，讽刺小戏《借靴》等，一直到后来还流行在舞台上。然而这些作品全都是无主名的。

京剧的情况也是如此。它在近百年中产生的大量剧本，多半是演员们自编自唱的集体创作，或者是爱好并且熟悉这种戏剧艺术的人们和演员们通力合作的产物。在演出过程中，剧本又不断得到修改和提高，因此逐渐出现了一些不仅演出效果很好，而且从戏剧文学的角度看来也是很优秀的作品。不过，也有一些京剧剧本至今仍保留着某些粗率不文的词句。这些作品绝大多数没有留下作者的姓名。早期的有主名的剧本，寥寥可数。19 世纪中叶的余治和 19 世纪末到 20 世纪初的汪笑侬所作剧本较多。余治曾经写作并刊行了二十八个京剧剧本，总名《庶几堂今乐》，思想陈腐，未能流行。

为数众多的京剧剧本，由于最初没有引起人们足够的重视，在很长一段时期内，只是以手钞本的形式在剧团中流传，至多也只是用比较粗劣的单行本发行。一直到 1880 年（光绪六年），才出现了李世忠等编辑的《梨园集成》，共收昆腔、京剧等剧本四十八种，仍然流传不广。1922 年起，上海中华图书馆陆续编印《戏考》（一名《顾曲指南》）四十册，所收剧本达五百多种，乃是自有京剧以来第一次最广泛的收集。由于演员们的唱腔和演技各有流派，这些剧本并不和舞台上的实际演出完全吻合。直到中华人民共和国成立以后，中国戏曲研究院才选择了一些在现代舞台上比较流行的京剧传统剧本，进行了严肃慎重的整理，出版了《京剧丛刊》。这一总集收集剧本不到百种，虽然只是已知剧目中的一小部分，但使原来那些比较粗糙、变易性比较大的京剧剧本有了加工写定本，在文学价值方面也有了提高。

京剧剧本的题材和在其以前的古典小说、戏剧有着密切的传承关系。它们多半是根据原来盛行于社会上的那些历史故事改编的。《三国》、《水浒》、《西游》、《说唐》、《杨家将》等小说及元明清时代的杂剧、传奇是京剧题材的主要来源。其中也有一些直接反映现实生活的小戏,以讽刺的手法揭露生活中的丑恶现象,体现了人民的智慧和幽默。

京剧在发展过程中出现了一些比较优秀的剧作,例如《打渔杀家》。这是一部取材于《水浒后传》的剧本,早在嘉庆十五年(1810)以前就在北京以秦腔演出过,其后由于京剧流行,又改编为京戏,并获得提高。它写的是在梁山泊农民起义失败以后,老英雄萧恩不愿受朝廷官职,归老江湖,和独女桂英以打鱼度日。在忍受着贫困的生活的同时,他还要忍受地方豪强丁自燮的欺侮和压榨。最后,他终于忍无可忍,被迫再次奋起反抗,走上杀人报仇的道路。剧本以同情和支持之笔,塑造了萧恩这样一个善良、正直、沉着、坚定的形象,对于恶霸丁府的爪牙特别是对那个色厉内荏的教师爷,给予无情的讽刺和讥笑。在人物形象的塑造上,这个剧本是有独到之处的。

《四进士》,又名《宋士杰》,是一个根据民间传说编写的、歌颂正义的胜利的剧本。明朝嘉靖时代,毛朋、田伦、顾读、刘题都放了外官,在出京之前,他们相约盟誓,要做清官,绝不贪赃枉法。然则不久之后,四人中的三个都变节了。刘题做了上蔡县令,好酒贪杯,不理政事,弄得百姓有冤无处伸。田伦放了江西巡抚,因父死居丧,没有赴任,当他姐姐和姐夫姚廷椿合谋毒死弟弟姚廷梅,并串通弟媳的哥哥杨青将弟媳杨素贞骗卖给南京布贩杨春,被告到信阳道台顾读那里时,他竟然写信给顾读,送银子三百两,行贿求情。顾读居然答应,作出了颠倒黑白的判决。只有河南巡抚毛朋一直坚守誓言,在一次微服私访中,他得知姚、杨夫妇的冤情,替杨素贞写下状子,叫她越衙告状。在告状的过程中,杨素贞得到一个被革去职位的旧刑房书吏宋士杰的帮助,最后告到毛朋那里,取得了胜利。戏中的宋士杰这个人物与元代公案戏中的清官或衙役形象都颇不相同。他生性倔强,好打抱不平,因此被革职,靠开一间小店度日。初见杨素贞被一群流氓追赶时,他犹豫权衡,但正义感终于战胜了明哲保身的世故,他救下杨氏，收为义女，并支持她寻求公正。由于他洞明世故人情，又有衙门经验，深通法律条文和官场关节，他的斗争就不仅勇敢、有正气，而且也是机智、沉着、有策略的。这是赢得官司的关键之一。可以说，宋士杰这个人物写得既真实可信，又带有理想的色彩。其次，毛朋是一个难得的清官，四进士中一与三的对比，已足以说明官场的黑暗、吏治的腐败。一方面，毛朋守正不阿，支持杨氏打官司；另一方面，他又坚决维护王法的尊严，要惩罚宋士杰以民告官，将其发往关外充军。宋士杰机智地抓住他的把柄，揭露了他行为中的矛盾，使之处于尴尬境地，并巧妙地保护了自己。在毛朋身上，显示了剧本对现实生活的深刻理解。商人杨春，深明大义，具有侠义心肠，了解内情之后，不再逼杨素贞为妻，也不要求退还身价银子，反而与之结为兄妹，陪她去告状伸冤。杨春与杨素贞非亲非故，而能如此，而其兄长、大伯却狠毒如斯，商人与士绅、亲人与陌路形成了强烈的对比。这也表达了剧本对世态人心的针砭。

与上述两部剧本之强烈的政治色彩相比，《玉堂春》更近于传统的才子佳人戏。这个剧本是依据《警世通言》中的《玉堂春落难逢夫》而再创作的，也是自来最受欢迎的剧本之一。其中的《苏三起解》、《三堂会审》、《监会团圆》等出，尤为精粹，至今还演唱不衰。玉堂春又名苏三，是明代北京的一个名妓，与礼部尚书的三公子王金龙相恋。后来，王金龙苦学成名，外放山西巡抚。玉堂春则被老鸨骗卖给山西洪洞县商人沈燕林。沈妻皮氏毒死亲夫，反过来诬陷玉堂春，致使玉堂春被判死罪。三堂会审之后，冤狱昭雪，玉堂春和王金龙夫妻团圆。这一剧本采用倒叙笔法，从苏三起解太原开始写起，然后是会审、昭雪、团圆，而此前玉、王二人有情相爱的过程，玉被卖被诬受尽苦难的经过，都只通过玉堂春必要的诉说加以呈现，从而避免了平铺直叙。巧妙的剪裁，煞费苦心的结构安排，使剧本引人入胜，也证明了它的卓越的艺术技巧。

美丽的风尘女子玉堂春，虽然地位卑贱，却不是一个单纯的弱者，更不甘于沉沦；虽然饱经灾难，却还有勇气捍卫自己的权利，坦然追求自己的爱情。在《苏三起解》中，她采取拜义父的方式，设法争取了崇公道的同情和支持，表现了她的机智和应变能力。《会审》中的大量唱词，如怨如慕，如泣如诉，感人泪下，以浓墨重彩勾画了她的丰富多情的内心世界。相比之下，剧中王金龙的形象则不免有些单薄。他虽然也能忠于爱情，没有动摇变心，乃至见到旧情人，激动得一上场就晕倒(《京剧丛刊》本将这一情节删去，代之以“王震动，旋即镇定”)。在《会审》中，他甚至表示：“我纵然罢职丢官，也要开脱于她，以图破镜重圆。”表现了难得的勇气和可贵的决心。但从具体的语言和行动上看，这一形象血肉不够丰满，显得有些苍白。着墨不算最多，也算不上剧中第一号人物的解差崇公道，反而给人留下了深刻的印象，耐人寻味。一方面，他饱经世故，洞悉人情，精于与世浮沉之道；另一方面，他良心未泯，仍葆有一定的正义感。这种个性的矛盾，透现出人物性格开掘的深度，也显出人物形象的真实。同时，这一类的艺术创造中所渗透出来的浓厚的世味，再次反映了京剧这一门新兴的艺术形式对社会人生的透彻而亲切的理解。

在京剧中还有一种小型的讽刺剧，在世态的刻画、世味的咀嚼上，也是比较成功的。《连升店》中，写举人受店主人冷淡；《绒花记》中，写寒士被强迫退婚；都是对势利、市侩的世态的讽刺。在《打面缸》中，对县官、书吏的伪善和丑态，对衙役张才和妓女周腊梅的机智，也有犀利而让人会心的描写。但京剧为了演出时的逗乐、抓哏需要，往往在诙谐戏谑的片断之外，也掺入一些庸俗的戏料，以迎合一部分观众的欣赏口味，在这一类剧本中，表现得更为突出。

京剧的主题和题材，也和在其以前盛行的其他古典戏曲相同，绝大多数属于过去的历史生活的范畴，因此，对于鸦片战争以来发生了巨大变化的社会面貌，反映得比较不够。这也是晚清戏剧改良运动产生的一个背景。另一方面，晚清时代，文化领域方兴未艾的启蒙运动也席卷了戏剧领域，对戏剧也提出了新的要求。《月月小说》所载天僇生以《剧场之教育》为题的论文，正是这一要求的反映。他写道：

古人之于戏剧，非仅借以怡耳而怿目也，将以资劝惩，动观感。迁流既久，愈变而愈失其真。……于是戏剧一途，乃至为雅士所不道也。……昔者，法之败于德也，法人设剧场于巴黎，演德兵入都时之惨状，观者感泣，而法以复兴；美之与英战也，摄英人暴状于影戏，随到传观，而美以独立。演剧之效如此，是以西人于演剧者，则敬之重之；于撰剧者，更敬之重之。……夫西人之重视戏剧也如此，而吾国则如彼，如此一端，可以睹强弱之由矣。吾以为今日欲救吾国，当以输入国家思想为第一义；欲输入国家思想，当以广兴教育为第一义。然教育兴矣，其效力所及者，仅中上社会，而下等社会无闻焉。欲无老无幼，无上无下，人人能有国家思想而受其感化力者，舍戏剧莫由。盖戏剧者，学校之补助品也。

这些论点，在今日看来，难免显得粗略、不全面，但在当时，作者不仅能够援引古代对戏剧功用的认识，而且又征引西方人对戏剧的态度，来论述戏剧事业的重要性，提出戏剧应该而且可以为宣传爱国思想推动国家富强社会进步服务，则显然是有价值的。实际上，这反映了在19世纪末和20世纪初戏剧改良的呼声。这一时期，欧榘甲（署名无涯生）、健鹤、陈去病（署名佩忍）、陈独秀（署名三爱）、蒋智由（署名观云）、廖仲恺（署名渊实）等人都在报刊上发表文章，肯定戏剧在民众启蒙教育方面的重要作用，鼓吹戏剧改良的主张。1904年，汪笑侬、陈去病、柳亚子等人在上海创刊《二十世纪大舞台》，宣扬戏剧革命，使上海成为近代戏剧改良运动的中心之一。同时，汪笑侬还致力于艺术实践，为改良戏剧做出了突出的贡献。

汪笑侬（1858—1918），本名德克金（一作德克俊），满族人，曾中过举人，做过县令，1894年以前就弃官为伶，并取别号为“伶隐”。在表演艺术上，汪笑侬是一个革新家。为了讽刺时政，鼓吹反帝爱国，他除了遵守传统样式和程式，编写和演出了许多京戏以外，还大胆突破成规，取材于当时的政治社会事件以至外国故事，编写和演出了“改良新剧”，如《立宪镜》、《亡国惨史》等。基于自己的政治和艺术信念，他曾经大胆地在舞台上身穿西装，口唱京调，以京剧形式表现当代和外国题材，虽然这种改良不可能骤然获得成功，但无论对当时的反帝爱国运动还是对后来的戏剧革新来说，这都是很有意义的工作。在《亡国惨史》中，他借外国故事痛骂清朝，终于被禁止演出，这表明了他的显著的政治倾向。而从他和与他同时的名演员如夏月珊、夏月润、潘月樵的“改良新剧”的尝试中，最初的话剧活动也吸取了一些有益的经验教训。

汪笑侬所写的剧本，大概有三十个左右，大部分是京剧剧本。比较优秀的有《洗耳记》、《张松献地图》（一名《献西川》）、《哭祖庙》、《骂阎罗》、《党人碑》、《将相和》等。这些作品，虽然也同样属于新编历史剧，却大都影射现实。和过去的京剧剧本比较起来，具有更明确的政治主题指向，和当时的政治斗争结合得更加密切。《洗耳记》写的是上古隐士许由、巢父连现成的皇帝都不肯做，显然是对当时热衷富贵者的讽刺。《献地图》写张松卖主求荣，《哭祖庙》写刘禅甘心降敌，也影射了当时清政府的媚外行为。《骂阎罗》、《党人碑》都是写的历史上的忠臣遭受了不白之冤，因而引起正直的人们的愤慨的故事。《党人碑》意在影射戊戌六君子的被害。《将相和》是企图唤起文臣武将们捐弃私仇，同心御侮，用意更是不言自明的。虽然廉颇、蔺相如已是千载以前的历史人物，但当时国家所面临的内忧外患的形势，与廉颇、蔺相如之时的赵国有相似之处。剧本所歌颂的这种公忠体国、顾全大局的精神，无疑是值得永远提倡的。因此，这一剧本不仅在晚清风行一时，而且直到今天仍然受到人们的欢迎。从艺术上看，汪笑侬的作品大多是悲剧，风格慷慨悲壮，唱腔也悲凉遒劲。剧中的唱词往往横放自由，大胆突破格律的限制，自由发挥。以大段唱腔抒发剧中主要人物的内心感情，塑造人物性格，也是汪笑侬的特长之一。

19 世纪中叶以后的传奇戏剧创作，在总体上已呈衰退之势，但在动荡时局和文化思潮的激荡之下，也出现了一些新的变化，在一些剧本中涉及了重大社会题材，还产生了一些艺术形式改革的试验。例如，黄燮清在《居官鉴》中塑造了一个坚决抗击外敌、关心民生疾苦的爱国志士王文锡；钟祖芬在《招隐居》中描写鸦片毒害，宣传禁烟；范元亨写的爱情悲剧传奇《空山梦》，不遵用宫调，而全用自度腔，可谓别出心裁的大胆实验。在辛亥革命前几年，为了配合革命运动，无论传奇、杂剧还是乱弹剧中，都出现了鼓吹民族革命的作品。其中有的是历史题材，陈古以刺今，或意在感奋人心。如祈黄楼主写明末民族英雄张苍水（煌言）事的《悬嶴猿传奇》（1906）；吴梅写明末民族英雄瞿式耜事的《风洞山传奇》（1906）；孤的写宋末民族英雄文天祥事的《指南梦传奇》(1908)等。乱弹剧本中则有无名氏的《博浪椎》(1903),写张良刺秦始皇事;感惺《游侠传》,写西汉侠客朱家事。新广东武生《黄萧养回头》,则是以明正统末年广东黄萧养起义为内容,而借题发挥,宣传民族民主革命,剧中演唱的国家的内忧外患,更显然是晚清政局的反映。有的则是时事剧,徐锡麟、秋瑾被捕就义之后,当时出现的以此事为题材的剧本,就有伤时子《苍蝇击传奇》、孙雨霖《皖江血传奇》、华伟生《开国冤传奇》、湘灵子《鉴湖女侠传奇》、嬴宗季女《六月霜传奇》、吴梅《轩亭秋传奇》、啸庐《轩亭血传奇》等,形成为一个热点。乱弹剧本中,则有写向道隆起义的无名氏的《向道隆戏文》。还有的则是外国题材,例如感惺《断头台传奇》(1904),写法国山岳党事。至于剧本内容中牵涉外国史事者,则更不胜枚举。这些作品不约而同地在旧形式中注入新的革命内容,不过形式上大多陈陈相因,艺术上也无多创新,很多剧本还只是案头剧,诸如此类,都阻止它们产生更大的影响。

从这一意义上说,话剧这种新的艺术形式的引入并在中国大地上扎下根来,是很有必要的。话剧的出现,无疑是近代戏剧发展历程中的一件大事。京剧及乱弹中,本来有一些只有对白而没有唱词的剧本,如京剧《老黄请医》全是对白,《罗锅子抢亲》、《连升店》只有几句唱词。它们只是一种附庸性的表现特点,并没有发展成熟乃至成为一个独立的剧种。但这反映了人们对于戏剧革新的愿望和所作过的尝试。改良新剧的最终失败,也说明只有突破旧形式,才能获得全新的戏剧生命。话剧就是适应这种革新的要求,彻底突破旧形式,以只说不唱的形式,表现新的生活内容,适应了时代对于戏剧的要求。

1906 年,留日学生李叔同、曾孝谷、欧阳予倩、吴我尊、陆镜若等人,为了更好地宣传革命,借鉴西洋话剧和日本新派剧,开始从事话剧的演出。他们在东京组织了自己的业余剧团——春柳社,并于 1907 年演出了自己改编的剧本《茶花女》,及反抗民族压迫的《黑奴吁天录》、宣传赞助革命的《热泪》(据法剧日译改编),影响很大。受其鼓舞,1907 年,以王钟声(1874—1911)为首的春阳社,也在上海演出了《黑奴吁天录》。同年,留日学生任天知回国后,在上海创办了旨在培养话剧人才的通鉴学校,后又组织了职业剧团进化团。在1910年到1911年上半年，即在辛亥革命前夕，这个剧团沿长江沿岸各大城市作了一系列演出，所演剧目如《东亚风云》、《安重根》、《共和万岁》等，都是针对当时时事而发，目的就在于鼓动人民起来参加革命斗争，起到了一支革命宣传队的作用。

作为一种新的戏剧形式，话剧在这一时期还处于萌芽阶段，好的有成就的剧本还很少。有的演出甚至只有幕表，没有剧本。这些方面都还有待于改进提高。但这一新生事物，借鉴了外国戏剧中有益的形式和手法，继承了古典戏剧的现实主义传统，又为“五四”以后的剧运开辟了道路，它的前程正长。

第三十五章　新文体及政论文学

晚清白话文运动的产生及其背景　白话报刊与白话书籍　散文变革及对新文体的先导作用　梁启超的新文体散文　政论文学与陈天华、邹容等人的作品　章太炎的政论文

宋元以来的市民文学的语言基本上是白话。到了晚清，白话作为文学语言至少已经有几百年的历史，但一些有偏见的作家仍然认为它不能登大雅之堂。文言无疑在文学史上起过重大作用，但它的使用和流传，局限于士大夫的圈子里，不利于知识的普及和思想的传播，到了晚清，它在某些方面甚至已经成为文学进一步发展的障碍，于是出现了自觉地使用白话并有意识地提倡白话以代替文言的主张。

晚清的白话文运动是适应当时的启蒙要求而提出的。它出现在维新运动高涨的19世纪80年代，绝非偶然。面对当时中国之羸弱，许多有志有识之士痛心疾首，千方百计地寻找病根，谋求解决的办法。语言也是其注意的一方面。光绪十三年(1887)，黄遵宪就认为："欲令天下之农工商贾妇女幼稚皆能通文字之用"，必须语言文字合一，即用白话作为书面语言和文学语言。他并且指出：东西各国之所以进步，是由于语文合一，"通文者多"(《日本国志·学术志》)。梁启超也在光绪二十三年(1897)提出："日本之变法，赖俚歌与小说之力。盖以悦童子而导愚氓，未有善于是者也。"(《蒙学报演义报合叙》)又说："俗语文体之流行，实文学进步之最大

关键也。各国皆尔，吾中国亦应有然。”(《新小说》1 卷 7 期楚卿《论文学上小说之位置》引)同年，裘廷梁在《苏报》上发表了《论白话为维新之本》，呼吁废文言而崇白话。他列举了文言文的危害性，总结出学习白话的八大益处，并进一步指出，“愚天下之具，莫如文言；智天下之具，莫如白话”，如果“崇白话而废文言，则吾黄人聪明才力无他途以夺之。”结论是：“文言兴而后实学废，白话行而后实学兴。实学不兴，是谓无民。”同时，陈荣衮在《论报章宜改用浅说》中也说：“大抵变法，以开民智为先，开民智莫如改革文言。不改文言，则四万九千九百分之人日居于黑暗世界之中，是谓陆沉；若改文言，则四万九千九百分之人日嬉游于琉璃世界中，是谓不夜。”他甚至激烈地提出：“文言之祸，亡中国其一端矣。”要避免亡国，只有改用白话，也就是他所谓的浅说。在他们看来，提倡俗语文学，提倡白话文，不仅是开启民智维新自强的关键，而且是一个关系到国族兴亡的大问题。他们意识到了这种必要性和紧迫性，因而大声疾呼，并不惜矫枉过正。

要求语言文字合一，也就必然引起文字改革的进一步要求。楚卿(狄葆贤)在《论文学上小说之位置》中已经提出，最好是“能造出最适之新字，使言文一致”的理想，后来王照曾初步加以实践。王照曾经参加过戊戌变法，在变法失败之后，发愿要制定官话字母，使言文合一，以免“同国渐如异域”(《官话合声字母原序》)。可以说，他是中国近代最早提倡文字改革和汉语规范化的人物，他的改革努力显然也是有政治目的性的。

把语言或文字的改革夸大为政治社会改革的决定性的因素，显然是片面的，甚至是错误的，但这种主张在当时是有其民主性和革命性的。在这种理论的推动之下，开始出现白话的报刊。在戊戌政变前后，全国已经发刊了十来种白话报。其中以长江流域各省为最多，新疆和内蒙古也各有一种，足见当时白话文运动的影响是广泛的。其后，这类报刊更是层出不穷，截至 1918 年，各地出版的白话报刊已达一百七十多种，形式活泼，内容多样，涉及新闻、政论、时评、通俗文学等，在开启民智宣传新思想方面，发挥了相当大的作用。在 1905 年的反对美帝国主义的华工禁约的运动中，白话报刊就代表大众发出了自己的愤怒的呐喊。

在同一时期，白话书籍特别是白话小说和白话教科书也大量涌现。

陈荣衮在澳门创办蒙学书塾，编印了白话书刊三十六种，用新编的白话《妇孺三字经》等来代替旧时的文言蒙学课本《三字经》、《神童诗》之类。施崇恩在上海主持彪蒙书室，也编印了大量的白话课本，其中包括语文、历史、地理各科的教科书。白话小说的出版更是盛况空前，上海还出版了一种《白话小说》月刊。这不仅传播了知识，也扩大了白话文在社会上的影响。在这种影响的辐射之下，人们逐渐认识到，不仅戏剧小说原来就用白话来写的情况是很正常的，而且诗歌和散文语言可以也应当有所改革。这就成为五四时代规模更大的一次白话文运动的萌芽。但总的说来，诗歌和散文的语言，在这一时期还是停留在比较通俗的文言阶段，如黄遵宪的“新派诗”和梁启超的“新文体”。这也显示了文学语言在过渡时期的特征。

梁启超的新文体散文，大多数属于报章政论。从宣传维新变革的思想观点上说，这是与晚清的散文新变一脉相承的。晚清散文变革的呼声，肇始于龚自珍、魏源等人。他们从启蒙变革的思想立场出发，结合今文经学经世致用的学术传统，提出散文要干预时政、关注现实，适应社会的变革。随后，冯桂芬、马建忠、郑观应等人都以各自的政论文，宣传社会变革的思想，推动了散文变革的步伐。而王韬作为较早接触西学的政论作家，又是近代报章政论的开拓者，在报章政论文和游记散文写作方面，都给予梁启超以直接的影响。王韬既精于经学，又通外文，曾助英国传教士理雅各英译儒家经典，并有机会游历英、法、俄等国，写下了《漫游随录》等游记散文集。在与西方文化的接触中，他开阔了眼界，更坚定了维新变革的信念。1874 年，他创办《循环日报》，积极撰写报刊政论，宣传维新思想。在这些方面，王韬都为梁启超树立了榜样。此外，康有为淋漓酣畅、气势逼人的政论文，谭嗣同对报章体散文的大力鼓吹和大胆实践，对于梁启超的新文体的最后形成，也起了导夫先路的作用。

梁启超(1873—1929)是维新运动的政治宣传家、渊博的学者，也是最早的报人。作为政治宣传家，他早年追随其师康有为，参加公车上书，要求变法，并担任改良团体强学会的书记员，其后长期致力于政治宣传，锻炼出敏锐的政治神经和锐利的文学笔锋。作为学者，他一生好学不倦，博览群书,中学西学新刊旧籍,无不披阅,晚年更专力于学术研究,著述宏富,涉及社会、政治、思想、历史、文学等研究领域,具有很高的学术水平。作为报人,他在 1896 年就主编上海《时务报》,1898 年在日本横滨创办《清议报》,1902 年又创办了《新民丛报》和《新小说》,这些报刊在当时无一不产生巨大的影响。政治宣传家、学者、报人,这三重身份的合一,造成了梁启超散文的独特风貌:既有深厚的学问根底,又有政论家的敏锐反应和深刻见解,还有文学家的激情,深入浅出,风行一时。

早在 19 世纪 90 年代,梁启超就投身维新思想宣传,通过报纸文章和学堂讲授,影响世人。戊戌变法失败后,特别是 1900 年自立军起义失败后,流亡日本的梁启超"复专以宣传为业,为《新民丛报》、《新小说》等诸杂志畅其旨义。国人竞喜读之。清廷虽严禁,不能遏。每一册出,内地翻刻本辄十数。二十年来学生之思想,颇蒙其影响。启超夙不喜桐城派古文,幼年为文,学晚汉、魏晋,颇尚矜炼,至是自解放,务为平易畅达,时杂以俚语、韵语及外国语法,纵笔所至不检束。学者竞效之,号新文体。老辈则痛恨,诋为野狐。然其文理明晰,笔锋常带情感,对于读者,别有一种魔力焉"。(《清代学术概论》)应该指出,这样一种新文体,是早在他开始政治活动时就出现了的,不过到了流亡日本的时候,才更有意识地"自解放"其笔调,因而才更大地影响了当时的文坛罢了。这种"文理明晰,笔锋常带情感"的特点,几乎贯穿在梁启超早年的全部著作中,特别显著地体现在他的一些著名的政论中。

1896 年,二十三岁的梁启超就已经写出了当时改良主义政治运动的纲领性著作《变法通议》。在这一著作的自序中,我们已经能够看到他晚年所总结出来的自己的文笔风格中的一些特征。

法何以必变?凡在天地之间者,莫不变。昼夜变而成日,寒暑变而成岁。大地肇起,流质炎炎,热溶冰迁,累变而成地球。海草螺蛤,大木大鸟,飞鱼飞鼍,袋兽脊兽,彼生此灭,更代迭变,而成世界。紫血红血,流注体内,呼炭吸养,刻刻相续,一日千变,而成生人。藉曰不变,则天地人类,并时而息矣。故夫变者,古今之公理也。贡助之法，变为租庸调，租庸调变为两税，两税变为一条鞭。井乘之法，变为府兵，府兵变为彍骑，彍骑变为禁军。学校升造之法，变为荐辟，荐辟变为九品中正，九品中正变为科目。上下千岁，无时不变，无事不变，公理有固然，非夫人之为也。如不变之说者，动曰：守古，守古！庸讵知自太古、上古、中古、近古以至今日，固已不知万百千变。今日所目为古法而守之者，其于古人之意，相去岂可以道里计哉？今夫自然之变，天之道也，或变则善，或变则敝，有人道焉。则智者之所审也。语曰：学者上达，不学下达。惟治亦然。委心任运，听其流变，则日趋于敝。振刷整顿，斟酌通变，则日趋于善，吾揆之于古，一姓受命，创法立制，数叶以后，其子孙之所奉行，必有以异于其祖父矣。而彼君民上下，犹偭焉以为吾今日之法，吾祖前者以之治天下而治，薾然守之。因循不察，渐移渐变，百事废弛，卒至疲敝，不可收拾。代兴者审其敝而变之，斯为新王矣。苟其子孙达于此义，自审其敝而自变之，斯号中兴矣。汉唐中兴，斯固然矣。《诗》曰："周虽旧邦，其命维新。"言治旧国必用新法也。其事甚顺，其义至明，有可为之机，有可取之法，有不得不行之势，有不容少缓之故。为不变之说者，犹曰：守古，守古！坐视其因循废弛，而漠然无所动于中。呜呼！可谓大惑不解者乎！

这是一篇正面立论。作家首先提出"凡在天地之间者莫不变"的原则，然后从自然现象、社会制度两方面，反复举例加以说明，再推论那些"守古"的人的荒谬：社会历史并不依照他们的主观意图，而是在不断地发展变化，必须掌握变的规律，主动地引导事物向好的方面发展，否则，就会被历史所抛弃。作家维新救国的满腔热情和对自己的政治主张的坚强自信，文中排比的结构，雄辩酣畅的气势，剥蕉抽茧的说明方式，旁征博引的举证，无疑都加强了论点的说服力。

1899年在日本写的《饮冰室自由书》是梁启超的一部重要的政论集。它写于戊戌变法失败之后、义和团运动发生之前。在这一时期，作家的笔锋主要的还是指向当时清王朝的实际统治者慈禧太后以及死心塌地地维护这个垂死势力的顽固派官僚。虽然他对光绪皇帝还存有幻想，但他对祖国走上富强道路的强烈希望和对当时的封建反动势力的深刻解剖和猛烈攻击,仍然放射着热和光。例如《动物谈》一篇,他借一些动物的情况,说明了当时祖国在帝国主义侵略之下的深重危机,希望她由睡狮变为醒狮。在与对手的论战中,梁启超的政论文也显示出其澎湃的气势和思想的威力。在《地球第一守旧党》中,作者先写了奥地利首相梅特涅的反动政治措施和他的政权最后在人民的斗争之下完全崩溃的情况,然后一转说:“抑世有才不及梅特涅,而欲学其愚民武断,模棱两可之术,以固宠沽名于一时者,吾益不知其所终极矣。”接着,他以讽刺的笔调批判了张之洞,并向他发出公开的挑战:

孔子曰:“恶紫之夺朱也,恶郑声之乱雅乐也。”其南皮张公之谓乎!彼张公者,岂曾知中国为何状?岂曾知西国为何物?岂曾知西人为何学?而贸贸然号于众曰:“吾,知西法者。”世人亦贸贸然推之曰:“是知西法者。”夫天下无一人知西法者,吾犹有望焉。何也?彼其一旦知之,而进步之骤,将不可限量也。今天下知西法之人如张公者,不下千万,而中国之亡真不可救矣!张公著《劝学篇》,以去岁公于世,挟朝廷之力以行之,不胫而遍于海内。其声价视孟德斯鸠之《万法精理》、卢梭之《民约论》、弥勒约翰之《自由公理》初出世时,殆将过之。噫嘻!是嗫嗫嚅嚅者何足道?不三十年,将化为灰烬,为尘埃野马。其灰其尘,偶因风扬起,闻者犹将掩鼻而过之。虽然,其于今者二三年中,则俨然金科玉律,与四书、六经争运矣。天下事凡造因者必有结果。今张公复造此一层恶因,其谬见浸染于蚩蚩者之脑中,他日抵制其结果,固不得不费许多力也。伟哉!南海何沃生(启),三水胡翼南(礼垣)。之二生者,廓清而辞辟之,如铸禹鼎,图罔两之形状;如然温犀,照百怪之症结。《劝学书篇后》一卷,排中国文明之阻力,其功不在禹下!张公见之,如以为莠言乱政乎,吾愿其集幕府中理学、经学、气节、文章之士,更为《书劝学篇书后后》一篇,则距邪说、扶正学之功不益多乎?虽然,吾有知张公之能怒而不能言也。

作家之笔纵横捭阖，出入中外古今，揭露张之洞为首的洋务派的实质以及对社会和人民的危害，以气势取胜。虽然梁启超后来的政治观点趋向保守，他的精力也更多投向学术研究，但他的政论文对于年轻一代的思想启蒙作用是不可否认的，而以他为代表的新文体，对于散文文体的解放，也是有积极意义的。

随着1905年同盟会的成立，资产阶级民主革命力量显著上升，革命与宣传、政论与文学的结合就更加密切了。当时革命派的宣传工作，无论在国内还是在国外，是非常广泛和相当深入的。据很不完全的统计，鼓吹革命的报纸计有六十多种，杂志也有四十多种，文学作品及其他书刊共有二百多种。这些作品，或者正面地宣传了民主革命派的主张，使之深入人心；或者在和君主立宪派的论战中，揭露改良主义所谓"君民同治"、"满汉不分"等为封建统治辩护的谬论，使之不能再蛊惑广大的青年知识分子；对于革命的实践都起了很大的推动作用。在这些作品中，除了占据最重要地位的政论性散文之外，还有以各种形式、各种文体出现的大量政论文学。

在当时这些政论文学中，陈天华（1875—1905）是一位重要的作家。他用白话散文体写成的通俗政论作品《警世钟》、用鼓词形式写的《猛回头》和用章回白话小说形式写成的《狮子吼》，虽然在样式上有所区别，却都是以反帝反封建为内容的，前两种在内容和结构上尤其相似。二者都从当时的现实局势出发，采用通俗的语言和普及的形式，描写当时国际形势和祖国所处的危亡局面，揭露清政府媚外的事实，意在唤醒国人，救亡图强。在援据了历史事实、分析了当时情势之后，作者也提出了积极而具体的主张，如《警世钟》中的"十个奉劝"，《猛回头》中的"十要"，然后以大声疾呼热情鼓动作结。由于其强烈的煽动性，《猛回头》曾被清朝当局查禁，这从反面说明了它的革命价值。《狮子吼》最初发表于同盟会的机关刊物《民报》上，仅完成楔子一回、正文八回。小说以政论的形式说明了当时世界和中国的局势，写到了列强的压迫、清廷政治的窳败和爱国救亡运动。小说中的很多情节以当时时事为原型，贴近现实。但小说在结构安排和人物形象塑造方面，处理得比较草率。相对而言，楔子里所穿插的短剧《黄帝魂》神思飞扬，文辞优美，更富有文艺性，也更能显示作家的文学才能。这个独白式的短剧，写的是想象中若干年后革命已获成功的未来中国的富强情形，反映了作家的革命的浪漫理想。

邹容（1885—1905）的同样旨在宣扬反帝反清的小册子《革命军》则可以说是一部有体系的政论著作。除了绪论和结论以外，该书共分“革命之原因”、“革命之教育”、“革命必剖清人种”、“革命必先去奴隶之根性”、“革命独立之大义”等五部分，用十分通俗的文言，揭露满清贵族之反动统治，抒发对祖国兴复的热烈向往。充沛的激情和澎湃的气势，雄辩而富于鼓动性的语言，使之成为一部出色的政论。此书甫一出版，章炳麟即在《苏报》上大力推荐，并作《驳康有为论革命书》，与之桴鼓相应。二作风行一时，大大激怒了清政府和保皇党。清政府勾结了租界当局，把邹、章二人逮捕入狱。这反而更刺激了作品在海内外的流传，禁而不止，越禁影响越大。二十多年后，鲁迅在《杂忆》中，曾从政治标准的角度给予《革命军》以崇高的评价：“倘说影响，则别的千言万语，大概都抵不过浅近直截的‘革命军中马前卒邹容’所做的《革命军》。”

当时的政论文学还使用了通俗诗歌和古乐府等文学样式。邹容《革命军》中附有古乐府《奴才好》一篇。此诗亦见梁启超《新中国未来记》，云出《因明集》，作者未详。它对奴隶根性的辛辣讽刺，对民主革命精神的呼唤，在当时有振聋发聩的作用。即使一向崇尚魏晋文章、以文言写作散文包括政论文的章太炎，也曾以通俗的语言创作《革命歌》、《逐满歌》等，以宣传革命，扩大影响。

总的来看，这些政论文学在具体的思想成分上无疑是比较驳杂的，但它们有一个共同特点，那就是通俗易懂，易上口，易流播，易深入人心。写作之时，作者往往侧重其政治宣传的功用，而不重视其艺术特征，也不大讲究技巧，艺术上时常显得比较粗糙，但饱满的政治热情、进步的政治道理与通俗的宣传形式的结合，使得这些政论文学在当时的斗争中发挥了巨大的作用。其他如本书《从花部崛起到戏剧改良》一章中所列举的那些剧作，其政治宣传的目的性也都要大于文艺性。

章太炎（1869—1936）是一位有学问的革命家，戊戌变法时期，他担任

《时务报》和《昌言报》的主笔，被清廷通缉，辗转流亡到日本。1902年，他在东京发起支那亡国二百四十二年纪念会，并撰文昭告天下。1903年回国后，他和刘师培、邓实、黄节等人在上海发起创办《国粹学报》，期于发扬祖国学术中的爱国主义和民主主义传统。当时，康有为发表《南海先生最近政见书》，章太炎即作《驳康有为论革命书》，迎头反击康有为的保皇言论。1905年，因主持《苏报》，鼓吹革命，他在租界被捕入狱；出狱后，即到日本主持同盟会机关报《民报》，与君主立宪派的《新民丛报》论战。民国成立以后，他愤慨于时局，退而从事著述，以学者终。

作为一个具有渊博的学问的革命家，章太炎早在流亡日本的时候，就从事讲学活动，在经学、诸子学、语言学各方面都有卓越的贡献。他不仅培养了不少既是有成就的学者、又是革命的战士的学生，而且善于发扬祖国学术的优秀传统，以自己的学术支持政治活动。

在章太炎丰富的著作中，《訄书》、《太炎文录》中的一些文章，不仅是资产阶级民主革命时期的重要文献，并且也是精彩夺目的政论。作为一位国学大师，一位渊博精深的古典学者，章太炎在文学语言问题上，有自己的一套见解。在写作中，他倾向于使用比较古雅的语言。他的政论文善于运用排比句式来增强气势，行文之中论点鲜明，笔锋犀利，逻辑性强。但他的典雅古奥的文辞特点，也使他那些符合当时人民要求的内容不能在普通大众中得到更广泛的传播。

宣扬民族主义，是章炳麟以及当时其他革命民主主义作家政论创作的中心思想。他们常以鼓吹种族斗争为其表现形式。在实质上，当时革命派之提倡反满反清，正如章太炎所说，“排满洲者，排其皇室也，排其官吏也，排其士卒也。若夫列为编氓，相从耕牧，是满人者，则岂欲剚刃其腹哉?”(《排满平议》)由于改良派想假借“满汉不分”的外衣来掩饰清朝封建统治的反动本质，革命民主主义者就不能不提出“夷夏之辨”来对抗。在这种形势下，革命派将反满反清和反封建结合起来，希望通过革命，推翻清朝，使中国变成一个独立、民主的国家，就不仅对汉族人民是有利的，而且对满族人民也是有利的。这正是章太炎等这样一些作品的价值所在。

《中夏亡国二百四十年纪念会书》是章太炎最重要和最杰出的政论之

一。在这篇文章中，他代表民主革命派的政治见解，驳斥了改良派的许多混淆人心的谬论，根据祖国和世界的历史事实，说明“光复旧物”的必要性。锋利的议论掺和着抒情的风调，深刻地表达了人民亡国的哀痛和革命的要求。其他作品，如《驳康有为论革命书》、《讨满洲檄》等，都是那一时期的大文章。前者，由于它在内容上比较系统和彻底地批判了康有为的保守落后的政见，在文词上，又具备了作家所特有的严密的逻辑性和锐利的讽刺性，就使它成为当时革命党人的重要宣传品之一。后者则以典重的风格详细而有力地揭露了满族统治者压迫汉族人民的史实，并宣布了军政府的基本政策，也反映了辛亥革命之前日益壮大的革命事业的力量和规模。应该说，章太炎的作品在晚清的政论文学中是别具一格的，它不够通俗，也因而显得更加传统，它最明显地体现了作者对于先秦诸子散文、汉代政论文以及魏晋文章中的有益成分的吸收和继承。

第三十六章　晚清的翻译文学

晚清翻译文学的时代背景　汉语翻译文学的简要回顾　晚清译事的发展脉络　严复翻译西方社会科学著作　林纾翻译西洋小说　曾朴及其他小说翻译家　鲁迅早年的小说翻译　小说翻译对小说创作影响一例　晚清文学翻译的选材　译述、改写、中国化　晚清的诗歌翻译　小结

近代中国时时处于亡国灭种内外忧患交织的危机之中，在被迫开启国门之后，它不能不与世界发生各种各样的联系。西方的文化产品和思想文献，也随着列强的军事、经济和政治的侵略而进入中国，并对中国社会产生了广泛的影响。各种不同的政治力量，从洋务派、改良派到革命派，为了达到自己的目的，都曾经将他们的眼光转向西方，寻找救世良方，但他们关注的内容和价值取向颇不相同。洋务派的主张核心是“中学为体，西学为用”，他们只想利用洋枪洋炮和西方的机器工业等来维护清朝的统治；改良主义则除此之外，还注意社会政治与文化方面的学习和改革；革命派更注意援引西方民主民族革命的一些思想文献，作为启蒙、发动和鼓舞群众的精神利器。另一方面，在这一时期，越来越多的西方商人、传教士、外交家来到中国，他们也客串起了最早的一批文化交流的使者的角色，自觉或不自觉地把西方文化介绍到中国。近代西方文化的输入，经由多种传播途径，而最主要的媒介是书面翻译。在翻译作品中，文

学作品占了相当大的比重，还有一些非文学作品经过汉译，也具有了相当的文学性。它们是晚清文学的一个组成部分，并对这一时期的文学发展产生了显著的影响。

在中国历史上，以汉语翻译另一种语言的文学作品或思想文献，可谓源远流长。它的源头可以追溯到先秦时代。《说苑·善说》中载录的那首优美的《越人歌》，就是根据越歌而译成汉语的。《后汉书·南蛮西南夷列传》中所载汉明帝时莋都夷白狼王唐菆所献《远夷乐德歌诗》等三章，也是根据夷人土语翻译过来的，李贤注还从《东观汉记》中抄录了夷人土语的汉语音译。这可以说是最早的翻译文学。降至汉魏六朝时代，随着佛教的传入中土，中国曾经掀起过佛经传译的热潮。佛经的大量汉译，对于中国哲学思想、中国文学创作、中国人的人生观，产生了多方面的影响。在南北朝的文化交流中，不同民族不同语言之间的交流也是很平常的事。以脍炙人口的《敕勒歌》为代表的许多北朝民歌，就是通过汉语翻译而传到南方，并得以保存、流传，从而进入我们民族的文化宝库之中的。晚清可以说是继汉魏六朝之后中国历史上出现的第二次翻译高峰。与前一次不同，这次翻译的作品大多数来自西方各国（欧美，也包括当时刚完成明治维新而走上近代富强道路的日本），而且不限于宗教经典，而是遍及各个学科；其时间持续之长、规模之大，远远超过了前一次，并构成近代文化史上的一个突出现象。

从 19 世纪 70 年代开始，曾国藩就“创制造局，首以译西书为第一义，数年之间，成者百种。而同时同文馆及西士之设教会于中国者，相继译录，至今（引者按：指 19 世纪 90 年代中）二十余年，可读之书略三百种。”在这一时期，官局所译多数是军事、科学方面的书，教会所译多数是医学方面的书，“西政各籍，译者寥寥。”（梁启超《西学书目表叙例》）到 90 年代，维新运动兴起后，不只是西方的应用科学，而且西方的社会科学著作，也陆续被译介到中国来，其目的是“讨论国闻，审敌自镜”（严复《天演论译序》），即是要通过翻译，获得借鉴，以期知己知彼，发愤图强。

翻译事业由最初的军事学、应用科学开始，逐渐及于社会科学，同时，文学作品特别是小说的翻译也开始出现，其后遂层出不穷。其中比较优秀的翻译小说，不仅对晚清小说创作的开展，有一定的借鉴作用，而且对维新运动的开展，也有一定的推动作用。早在 1898 年，梁启超就主张翻译政治小说，作为宣传武器。他写道："在昔欧洲各国变革之始，其魁儒硕学，仁人志士，往往以其身之所经历，及胸中所怀政治之议论，一写之于小说。于是彼中辍学之士，黉塾之暇，手之口之，下而兵丁，而市侩，而商氓，而工匠，而车夫马卒，而妇女，而童孺，靡不手之口之。往往一书出，则全国之议论为之一变。彼美、英、德、法、奥、意、日本各国政界之日进，则政治小说为功最高焉。"因此，梁启超们"特采外国名儒所撰述，而有关切于中国时局者，次第译之"（梁启超《译印政治小说序》），附于《时务报》末，以供爱国人士阅读。这种有意识的提倡，使得翻译小说的范围逐渐推广，从中就涌现出以一生中的大部分文学活动时间来从事小说翻译的作家林纾。

在晚清的翻译热潮之中，特别是 90 年代以后大规模的介绍翻译之中，小说所占数量最多。据日本学者樽本照雄等人《清末民初小说目录》统计，晚清七十一年中共出小说二千三百零四种，其中的翻译小说就有一千零十六种，将近总数的二分之一。1905 年以后，翻译特别是文学翻译的增长速度很快，这一方面与报刊杂志的增多有关，另一方面与中外接触变得更加频繁也有关系。翻译文学中，各类体裁日趋完备，有小说，有戏剧，有诗歌，有散文，还有童话、散文诗。小说中，有中长篇，也有短篇，范围不断扩大，质量也不断提高，所用文体有文言，有白话，也有在通俗文言的基础上采用章回体小说的形式。如果我们以 1905 年为界大致划分一下，也许可以看出一条翻译文学前进的轨迹：前期的意译、编译、改译、错译的现象比较多，译者多不通外文，包括林纾、梁启超、吴沃尧等人；后期这种情况大为减少，同时，译者提高了对翻译的认识，注意了作品的档次，白话文体的使用越来越多，直译的影响也更大。五四以后，白话逐渐固定为通用的翻译文体。

在晚清前期的许多翻译家中，严复（1854—1921）是最杰出的一位。严复字又陵，一字几道，福建侯官（今福州）人，曾留学英国，学习海军，成绩优异。回国后，他大力提倡西学，宣传资产阶级民主启蒙思想，支持维新改良运动。他致力于翻译事业，翻译了许多西方资产阶级民主主义的重要著作，如《天演论》、《原富》等，对推动维新运动起了很大作用。他翻译的赫胥黎《天演论》，其中“物竞天择，适者生存”、“弱肉强食”的论点，在当时中国正受着帝国主义欺凌的局面之下，对于激发知识分子的爱国主义和民族意识是很有积极意义的。

严复的翻译，遵守“信、达、雅”三条原则。所谓信，就是要忠于原作，要谨严；所谓达，就是要能传达原著的内容和精神，不必斤斤计较，拘泥直译；信、达之外，为了使译本传之久远，还要雅。所谓雅，就是译作的语言形式要“求其尔雅”。他认为“用汉以前家法句法则为达易，用近世利俗文字则求达难”（严复《天演论译例言》）。他所用的语言非常古雅，“骎骎与晚周诸子相上下”（吴汝纶《严译天演论序》），甚至他自己也说，“吾译正以待多读古书之人”（严复《与〈新民丛报〉记者论所译〈原富〉书》）。这就妨碍了它们在广大人民中更广泛地流传。但另一方面，这种文体也比较容易被当时的深受传统文化浸染的知识分子所爱好和接受，因此其影响在知识阶层中也特别显著。严译《天演论》很能体现这位杰出翻译家的风格，如下面这一段：

> 赫胥黎独处一室之中，在英伦之南，背山而面野。槛外诸景，历历如在几下。乃悬想二千年前，当罗马大将凯撒未到时，此间有何景物。计惟天造草昧，人工未施，其藉征人境者，不过几处荒坟，散见陂陀起伏间，而灌木丛林，蒙茸山麓，未经删治如今日者，则无疑也。怒生之草，交加之藤，势如争长相雄，各据一抔壤土。夏与畏日争，冬与严霜争，四时之内，飘风怒吹，或西发西洋，或东起北海，旁午交扇，无时或息。上有鸟兽之践啄，下有蚁蝝之啮伤。憔悴孤虚，旋生旋灭。菀枯顷刻，莫可究详。是离离者亦各尽天能，以自存种族而已。数亩之内，战事炽燃，强者后亡，弱者先绝。年年岁岁，偏有遗留。未知始自何年，更不知止于何代。苟人事不施于其间，则莽莽榛榛，长此互相吞并，混逐蔓延而已，而诘之者谁耶？

严译选材严格，量少而精，并以意译为主。在散文创作观点上，严复受到桐城派的影响，讲究辞句的典雅，重视文章的腔调气韵。他的翻译不仅语言古雅，可堪讽诵，其结构形式也十分古典，增加了原著的文学色彩。他灵活地将原文一节译为一篇，并援引先秦诸子散文的体例，“随篇标目”，使译著在语言和结构上都带有中国化的特点，令人一见如故，这都有助于他的译作风靡知识界。他所介绍的西方资产阶级政治经济思想、进化论的观念，也随之推动了维新改良运动。

林纾与严复同样来自较早向外国开放的港口城市福州，曾任清末京师大学堂教习、北京大学教员。他以小说翻译知名于世，翻译了大量外国文学作品，自己却并不懂任何一种外国语言。他翻译的一百七十余种小说，都是通过与通晓外文的朋友合作而完成的。由于他本人不通外文，在原著的选择上，在对于原著忠实的程度上，都还不够理想。但林纾毕竟是一个对于语言艺术有着较丰富的修养的古文家，凭着自己的创作经验，还是完成了不少为人传诵的译作。他的翻译中，涉及欧美各国，其中英国最多，有九十九部，法国三十三部、美国二十部、俄国七部、比利时一部、西班牙一部、挪威一部、希腊一部、瑞士二部、日本一部、未知国五部。其中，《巴黎茶花女遗事》(法国小仲马)、《黑奴吁天录》(美国史拖活夫人)、《滑铁卢战血余腥录》、《撒克逊劫后英雄录》(英国司各特)最为著名，流传最广。

通过他的翻译，世界文学中第一流作家如莎士比亚、斐尔丁、狄更司、大仲马和小仲马、雨果、巴尔扎克、托尔斯泰、塞万提司等人的作品才传入了中国。这些外国名著的传入，对于视小说为小道的传统文学观念起了矫正作用，对于吸收外国文学中所体现的进步思想、新鲜用语，也起了一定的推动作用。这一工作，是适应和适合当时的启蒙要求的，并且作家也是在当时可能具有的条件下，自觉地为这一客观要求而服务的。林纾在日本德健富次郎的《不如归》一书的译本序文中，曾经对中国海军被日本帝国主义歼灭之后，就不知重行振作，不想发愤图强，表示了很大的愤慨，并且说这些意见是在译完小说之后，“若有不胜冤抑之情，而欲附以一伸，而质之海内君子”。其所以要这样做，则是由于“纾年已老，报国无日，故日为叫旦之鸡，冀我同胞警醒”。这种进步的意图，显然是值得肯定的。

在翻译中，林纾以自己所具有的丰富的文学修养，克服了不通原文的不利条件，借助口译者的传达，仍然能够捕捉住原作的精神，并且在不得不和原文精神吻合的情况下，突破了古文所具有的传统的表现方式。这就不仅为文言文体开辟了一条前所未有的新的道路，同时也使当时的知识分子通过这一推陈出新的方式，容易接受这样一些对于他们说来是全新的东西。例如林译小仲马《茶花女遗事》中的一段：

马克自是以后，竟弗谈公爵，一举一动均若防余忆其旧日狂荡之态，力自洗涤以对余者。情好日深，交游尽息。言语渐形庄重，用度归于撙节。时时冠草冠，着素衣，偕余同行水边林下，意态萧闲。人岂知为十余日前身在巴黎花天酒地中绝代出尘之马克耶？嗟呼！情浓分短，余此时身享艳福，如在梦中。……余与马克每值月明，辄依林荫而坐，夜气冲融和悦，若将余二人融成一片者。向晓帘深，浓睡未寤，偶为啼鸟惊觉，疑余身上之情倾吐不了，幻为汪洋巨浸，合马克深沉其中，偶出口鼻以受天气，旋复堕溺水底，不可复出者。一日，马克偶坐，若有泪容。余怪之。马克曰：“亚猛，尔我二人情爱似非寻常，然余偶复后顾，辄用悲凉。何者？人情不常。我爱亚猛，亚猛知之已审。设一日亚猛念余旧污，忽尔拂袖而去，又将如何？然吾领略双栖滋味已久，心便安之，万不能更揽新欢，断我旧爱。”余曰：“誓之，永不负马克也！”

这种译笔，以优雅的文言，将原作中所刻画的茶花女厌倦风尘，急于摆脱自己的悲剧生涯，而又感到罪恶的社会对她还在不断地隐蔽地施展着压力，因而滋长着内心矛盾，如实地传达了出来。再如林纾所译狄更司《孝女耐儿传》中的一段：

胖妇向主妇之母曰：“密昔司几尼温，胡不出其神通，为女公子吐气？”此密昔司圭而迫者，即密斯几尼温也。“以夫人高年，胡以不知女公子之楚况？问心何以自聊！”几尼温曰：“吾女之父生时苟露愠色者，吾即……”语至此，手中方执一巨虾，断其身首，若示人以重罚其夫，即作如是观耳。胖妇点头知旨，赞曰：“夫人殊与我同趣。我当其境，亦复如是。”几尼温曰：“尊夫美善，可以毋滥其刑。夫人佳运，乃适如吾，吾夫亦美善人也。”胖妇曰：“但有其才，即温温无试，亦奚不可！”几尼温乃顾其女曰：“贝测，余屡诏汝，宜出其勇力，几于长跽乞哀，汝乃不吾听，何也？”密昔司圭而迫闻言微哂，摇其首不答，众人咸愠密昔司之柔懦，乃同声奋呼曰：“密昔司年少，不宜以老辈之言置若罔闻。且吾辈以忠良相质，弗听即为愎谏。君即自甘凌虐，亦宜为女伴卫其垣壁，以滋后悔。”语后，于是争举刀叉，攻取面包、牛油、海虾、生菜之属，猛如攻城，且食且言曰：“吾气填胸臆，几于不能下咽！”

这段译文，巧妙地再现了狄更司原作中两个悍妇的形象，她们的对话、她们的动作，以及她们的内心世界，还有原作者的幽默和讽刺，翻译家都充分地把握了，因而也细致传神地表现了。对于“不审西文，但能笔述”（林纾《西利亚郡主别传译序》）的林纾来说，这不能不说是一项难得的成就。

严、林二人同用古文从事翻译，虽然涉及的题材颇相异趣，但都在社会上尤其知识界引起了强大的共鸣。这也说明了文言在艺术表现上的张力。此外，当时还有另外一些翻译家，各有侧重与专长，在丰富晚清翻译文学、推动中外文学交流上，则殊途同归。例如吴梼从日文翻译俄国、日本等国的文学作品；陈冷血翻译俄国虚无党人小说；周桂笙用流畅的文言翻译侦探小说并率先倡议成立翻译协会；包天笑翻译教育小说；曾朴翻译法国文学；马君武翻译自然科学与社会科学以及拜伦的诗歌；还有徐念慈、周瘦鹃、伍光建等人，在文学翻译上也都各有建树。

在上述诸人中，曾朴的翻译与林纾形成了颇有意味的对照。曾朴本人精通法文，收藏法国文学作品颇为丰富，因此不满足于林纾式的间接翻译和意译，而是首先认真选择原著，然后研究原作的语言文法及风格，再努力将其准确地传达出来。他主张用白话翻译外国作品，认为白话才能传达“原著人的作风（风格），叫人认识外国文学的真面目、真情话”。（曾朴《致胡适函》)在白话文的翻译小说中,曾朴的翻译是最严谨、最优秀的。他翻译过雨果、莫里哀、福楼拜、左拉等人的小说,但他特别看重浪漫派文学,雨果的作品是他翻译的重点,除了译出雨果的多种小说戏剧外,还翻译了他的散文和诗歌作品。在译介法国文学方面,曾朴是晚清最有成绩的专家。他希望通过翻译扩展文学的视野,从翻译中激发自己的文学艺术的创造力,以建设新的文学。为此,他在翻译的基础上作了一些研究工作,出版了一些论著,比较系统地向国人介绍法国作家和作品,涉及面颇广。在这一方面的贡献,当时没有人能超过曾朴。

鲁迅从事文学翻译事业始于清末。他早年在翻译工作上的实绩是1909年出版的与周作人合译的《域外小说集》第一、二册,收录短篇小说十六篇。这些译作译文古朴,由于当时读者还不习惯这一类短篇小说,加以发行的关系,这种小说集发行量很小,十年间只卖出二十一册,在当时的直接影响也不大。但其选材的审慎、译文的忠实,却超过了当日风行一时的林译小说,说明了翻译的时代进步。同时,鲁迅也从这些翻译的短篇小说中吸取了一些艺术营养,为他后来在短篇小说创作上取得巨大成就奠定了最初的基础。

随着翻译事业的开展,外国长篇小说的艺术形式也输入了中国。这种和传统的章回小说迥然不同的形式,不能不在一定程度上影响当时的创作界。但一般说来,接受一种外来的艺术形式,是需要一个过程的,其间固有赖于介绍者的特别说明,更有赖于前驱者的勇气。小说家吴沃尧的朋友翻译家周桂笙翻译的法国鲍福的小说《毒蛇圈》,是最早采用直译法的译品之一。它是以对话开场的。在小说的前面,翻译家介绍说:“我国小说体裁,往往先将书中主人翁之姓氏来历叙述一番,然后详其事迹于后。或亦有用楔子、词章、言论之属以为之冠者,盖非如是则无下手处矣。……此篇……起笔处即就父女问答之辞,凭空落墨,恍若奇峰突兀从天外飞来。……然细察之,皆有条理,自非能手,不敢出此。虽然,此亦欧西小说家之常态耳。爰照译之,介绍于吾国小说界中,弗以不健全讥之。”这篇翻译小说刊登于《新小说》第1卷第8期,到了第1卷第12期,就出现了吴沃尧的《九命奇冤》。它一开头叙述一批强盗的对话,和他们攻打凌家杀人放火的情形，即首先正面介绍了这一件大谋杀案，到了全书中间，才叙述案子的前因后果。这显然是经由翻译接受了外国小说的叙述形式的影响。通过模仿学习，使小说摆脱了由话本的传统产生的单一的形式，从而丰富了民族的艺术形式，而且这一形式对于这样一个以惊险曲折为特点的故事题材来说，也是十分适应的。

从总体上看，晚清的翻译事业，特别是小说翻译，其首要目的往往在于政治宣传和民众启蒙。翻译家在选择译介书目时，也首先服从于这个目的。马君武所译席勒《威廉退尔》，写的是瑞士人在神射手威廉退尔的领导下，反抗奥地利的统治的故事，意在鼓舞人民反抗清朝的腐朽统治。鲁迅早期所翻译和介绍的，也侧重于外国资产阶级民主革命时期的作品和被压迫民族的作品。《域外小说集》中计有英、美、法一人各一篇，俄四人七篇，波兰一人三篇，波思尼亚一人二篇，芬兰一人一篇。其中鲁迅所译的是安特莱夫两篇，伽尔洵一篇，都是俄罗斯的作品。从这些作品的选择中，也可以看出鲁迅对于俄罗斯文学和被压迫民族（所谓弱小民族）的文学的关注和爱好。他一直很重视俄罗斯文学，因为他很早“就知道了俄国文学是我们的导师和朋友。因为从那里面，看见了被压迫者的善良，的酸辛，的挣扎，还和 40 年代的作品一同烧起希望，和 60 年代的作品一同感到悲哀。”（鲁迅《祝中俄文字之交》）在这里，我们看到了晚清翻译文学受政治风云激荡的余波。至于翻译通俗侦探小说，并占去了翻译小说的半壁江山，则是较后起的事，不过，这倒也反映了晚清文学特别是小说的通俗化、大众化的潮流。

如果说林纾的翻译不够忠实于原文，是因为他不能直接阅读西文，是不得已而为之，那么，另外一些翻译者则是因为着眼于政治宣传，而不忠于原作，乃至任意改动，介于改编和创作之间。对原著书名，他们常常径自改题，而不是按照原意翻译，甚至也不详标其原著者为谁，也不要求强合于原著，而往往随意发挥。事实上，林纾为了增加译作的文采和叙述的生动，有时也情不自禁地删节原作，或添油加醋地增补一些比喻描写，或改写某些文字。这些做法的产生，固然与当时人并不十分明确严谨的翻译观念有关，更与他们的翻译目的论密切相连。在他们看来，翻译不仅是一种介绍引进，更是自我表达自我抒发的重要手段，因此，便于读者阅读接受，尽量不使作品有一种陌生感、怪异感，才是最需要考虑的一个因素，至于其他方面，则不妨随机应变，甚至不惜做些牺牲。有些早期的翻译家，不如称作译述者更为合适。例如，陈冷血译日本押川春浪《白云塔》，就是一部半译半著的作品。陈译常常不标原作者及国名的做法，与他的这种翻译方法与态度是密切相关的。包天笑翻译意大利爱米西斯《馨儿就学记》，译述的成分也很大。他不仅常对原著中涉及的人名、地名、制度等作中国化的改动，还根据自己的生活经验，插入了少数创作，如清明扫墓一场。苏曼殊译雨果《悲惨世界》，将书名译为《惨社会》（经陈由已即陈独秀润饰），形式上则改成章回小说十四回，旨在更有针对性地讽刺晚清社会。译文的首尾八回有所改动，中间六回又是创作，以至有人将此书算作苏曼殊的创作。不仅文学作品，甚至一些文学论文，也属于这种情况。廖仲恺署名“实”发表的《中国诗乐之迁变与戏曲发展之关系》，就是近于编译改写的一篇。这是晚清翻译文学中的一个特殊而显著的现象，它说明了当时人灵活而不够严谨的翻译观念，反映了人们对翻译的实用态度。从这一角度上说，晚清的翻译方法，从重视自由发挥的意译发展到强调忠于原文的直译，其实就是在对翻译的观念认识上有所进步的一种表现。

与小说翻译相比，诗歌翻译的数量要少得多。最初的翻译诗歌，往往附见于其他翻译作品中，后来才有纯粹的译诗出现。最早的汉译诗歌，是英国驻华公使威妥玛译、董恂润饰的美国诗人朗费罗的《人生颂》，时在同治三年(1864)。威妥玛用长短参差的散句，以简朴的语言译写诗意，董恂的翻译则是在威妥玛的基础上加以改写，有不少误解和增删的成分。至于中国人独立完成的第一篇汉译西洋诗，则要迟至七年以后的同治十年(1871)，这就是王韬与张芝轩合译之《普法战纪》中的法国人的《马赛曲》和普鲁士人的《祖国歌》。

从选材上看，诗歌翻译中也存在与小说等其他文体相类似的情况，即着重其现实政治的意义。爱国者、叛逆者、革命者的诗章，例如但丁、拜伦、雪莱、密茨凯维支、裴多菲等人的作品，特别受到翻译家的青睐，并较多地被译介到中国来，就多半是出于政治方面的考虑。苏曼殊崇敬拜伦，把拜伦和雪莱推为“灵界诗翁”。拜伦漂零的生涯，引起了他内心深深的感动。在模仿晚唐温庭筠《过陈琳墓》而作的《题拜伦集》诗中，他表达了自己对于诗人的凭吊：“秋风海上已黄昏，独向遗编吊拜伦。词客飘蓬君与我，可能异域为招魂。”他还表示过：“丹顿裴伦（但丁拜伦）是我师。”（《本事诗》）其中的原因，鲁迅先生的《杂忆》中曾有解释：

> 其实，那时 Byron 之所以比较地为中国人所知，还有别一原因，就是他的助希腊独立。时当清的末年，在一部分中国青年的心中，革命思潮正盛，凡有叫喊复仇和反抗的，便容易惹起感应。那时我所记得的人，还有波兰的复仇诗人 Adam Mickiewicz；匈牙利的爱国诗人 Petöfi Sándor；飞猎滨的文人而为西班牙政府所杀的釐沙路——他的祖父还是中国人，中国也曾译过他的绝命诗。

拜伦献身异国民族独立解放事业的无私的革命精神，征服了那一代知识分子。拜伦在其名作《哀希腊》诗中写到的希腊的命运，与中国当时的危亡命运何其相似，诗人为希腊独立而奔走呐喊，也最与当时中国人的心弦合拍，因此，在短短的几十年间，这首诗就出现了梁启超、马君武、苏曼殊、胡适等人的多种译本。鲁迅在其早期的诗论《摩罗诗力说》中，特别用“摩罗（摩罗是梵文魔鬼的意思）诗派”这一名词来称呼那些具有反抗性格、独立精神和爱国思想，在创作上具有积极浪漫主义特征的诗人，如拜伦、雪莱、普希金、莱蒙托夫、密茨凯维支、裴多菲等人，意在“求新声于异邦”，以促进“国民精神之发扬”。从外国诗歌中寻求心灵的支援，寻求鼓舞国民的精神力量，使晚清诗歌翻译的意义超出文学的界域。

晚清的诗歌翻译，在文体上多用文言，在形式上，多采用中国诗固有的形式，尤其喜用格律体，句式上或五言，或七言，或骚体。由于受到语言和格式的限制，翻译时仍不免有生硬迁就之嫌。总的来看，晚清诗歌受外国诗歌的影响，只是表现在借用某些词语、意象、诗意，形式体裁方面的借鉴不多，全面的借鉴学习则尚待将来的一代。在那些亲自从事诗歌翻译的诗人身上，翻译诗歌对诗歌创作的影响更有迹可寻。法国魏尔伦《无言之曲》中《一都冷雨》:“既与人无爱无嗔,又何事伤心如许?”苏曼殊诗《寄调筝人》三首之一:“禅心一任蛾眉妒,佛说原来怨是亲。雨笠烟蓑归去也,与人无爱亦无嗔。”诗意相近,明显受到前者的影响。

域外文学的引入和翻译文学的展开,使中国文学正式具有了世界背景。在广阔的世界文学的背景上,中国文学找到了一个参照系,在充分挖掘传统文学的深厚资源的同时,可以通过这一参照系修正自己、丰富自己。这一过程,在晚清还刚刚开始,主要表现在单向的吸纳、认知和学习;五四运动以后,这一过程加快了,规模也扩大了,作家通过广泛吸收灵活融化,创造出一批新的富有中华民族特征的文学作品,与此同时,中国文学也开始走向世界。

后　记

这本书是两个年轻人合作的产品。

大约是 1992 年冬季的一天，闲堂师第一次跟我讲起他年轻时代的一部旧稿——《中国文学史教程》。老师长期执教于武汉大学，主讲中国文学史。50 年代中期，老师在积累了多年授课经验的基础上写成了这部书稿，分上中下三册，上中二册分四编，共二十五章：第一编上古迄秦代文学，共四章；第二编汉魏六朝文学，共六章；第三编唐宋文学，共七章；第四编元明清文学，共八章；下册实际上是近代文学部分，不分篇章，只分细目。我虽然已忝列门下十年，常常惊叹老师对祖国文学历史的渊博和精熟，却还是第一次知道老师早有这样一部撰作。正如老师在本书封面上所标明的，这只是一部未定稿，仅供当时的学生和同行参考，但其独特的结构、书中处处闪现的新见妙解，却牢牢吸引了我。如果不是接踵而至的反右斗争，作为老师当年理想中的宏伟规划的一部分，这部书应当早就问世了。将近四十年之后，当我的目光穿过时光的厚重的烟尘，触及那些发黄的书页时，我仍然禁不住为老师的学术理想、学术抱负而感动。写这部书的初稿时，老师才四十出头，正是意气风发、年富力强的时候。而我看到这部书稿时，老师正好八十岁。

我当时的第一个想法是建议老师修订旧稿，并尽快将其出版。没想到老师并不满足于此，而是要作全面改写，并将这个任务交给了我，让我借此对中国文学史作一次全面的温习。我理解这是老师对我的爱护和信任，但说实话，心里是很惶恐的。我深知自己的稚嫩和浅薄，深知需要学习的东西太多,惟恐不能胜任,辜负了老师的期望。如果说我有什么优势,那就只有年轻人的一股干劲、一股拼劲。老师说,这是两个年轻人的合作,是两颗年轻的心灵的碰撞,并鼓励我大胆做下去。

说起年轻,我指的不只是当年的老师,更指的是今天的老师。这几年,为了重写这部文学史,我不知多少次与老师交换意见,讨论问题,从全书结构、章节安排,到具体的观点和史料的使用,得到过许多启示。令我惊奇的是,每次讨论起文学史写作中相关的一些学术问题,老师的眼里总是放射出一种神奇的光芒,思维也特别的兴奋活跃。八十多岁的老人的年轻的思维和热情,深深地感染了我。

从接受老师的嘱托那一天起,我就时刻将它放在心上,甚至远行到美国之时,也随身带了参考书和书稿。因为学力的限制,因为我的种种文过饰非的理由,这部书稿拖了若干年。这主要是我的责任。现在,书稿终于完成了,我想借此机会,谈一谈我们关于中国文学史和文学史写作问题的一些看法。

(一)

中国文学有五千年的悠久历史,而中国文学史则是一门刚满百龄的年轻学科。1910 年公开出版的林传甲著《中国文学史》曾经被认为是第一部中国文学史著作。1901 年,英国剑桥大学中文教授 H. A. Giles(汉译翟理斯)在所著《中国文学史》(*A History of Chinese Literature*, *D. Appleton and Company*, 1901)中,也曾经骄傲地自称那是世界上第一部中国文学史著作。实际上,1897 年日本富山房出版的古城贞吉《中国文学史》比林著早了十几年,比翟理斯也早了四年。如果从 1897 年算起,中国文学史至今也不过一百零二年的学科史。

文学史作为一门近代学科,其学科概念最初是从西方引进的,一开始,国人对这一学科无法适应,是很自然的。但很难说,中国学术传统中就没有文学史研究。《文心雕龙·时序》一篇,就是对梁以前中国文学发展的一个历史描述,应即属于文学史研究的范畴;《文心雕龙》文体论中的各篇，也都有关于文体的历史演进和主要作家作品的评述。但古典批评家们所做的，以片断的研究、感悟式的评论居多，一部完整的有系统的、近代意义上的中国文学史则尚付阙如。

中国传统的学问体系中，并没有将中国文学史划定为一个具体学科。这从传统目录学与近代图书分类的差异中可以看出。传统目录学以经、史、子、集四部区分。作一个粗略而不免牵强的比附，经相当于哲学；史相当于历史学，还包括考古学、历史地理学等；子部之中，既有哲学（如先秦诸子），也有笔记小说、学术笔记等；集部则相当于今天的文学。在《四库全书总目》中，集部之下又分楚辞、总集、别集、诗文评等类。如果以近代的文学观念来厘定四部，对其内涵重新作一分类定位，势必打乱原有体系，使之淆乱不堪。例如，经部之中，至少，《诗经》、《左传》等书可以也应当归入文学的范畴；史部之中，至少前四史（《史记》、《汉书》、《后汉书》、《三国志》）是文学和历史两个学科都不能忽略的；子部的先秦诸子、笔记小说，都是文学史中所必加论列的内容。显然，集部与文学是来自两个学问系统或知识体系的概念，二者既非彼此平行，更不能相互等同。这可以解释为什么在中国有漫长的文学研究传统，却没有出现所谓文学史著作。

中国传统治学重视融会贯通，崇尚兼通四部。近代以来，随着知识积累越来越多，势必趋向学有专攻，同时，由于学科建设和科学研究深受西方学术传统的影响，从注重综合到讲究分析，治学路径自然也要求改弦易辙，作相应的调适，适应急剧变化的时代思潮和学术大势。对中国传统文史学者来说，这意味着改变自己原有的学术背景，乃至放弃自己的学术优势，是一件艰难甚至痛苦的事。艰难，因为传统很深厚也很沉重，一旦割舍，容易丧失学术的自信，从原有的学术核心滑到边缘。痛苦，因为这无形中意味着在承认本国的政治、经济、军事等方面处于劣势、需要变革之外，又要承认自己的文化学术也处于劣势，也需要变革。实际上，这是中国近代文化人所面临的共同命运，不独中国文学史研究者为然。

说来惭愧，难道异邦学人对中华文化、中国文学的了解之深刻，感知之敏锐，就真的为炎黄子孙所不及？然而事实是：最早的两部《中国文学史》诞生于遥远的扶桑和大不列颠岛上；第一部《赋史》（日本京都帝国大学教授、文学博士铃木虎雄〈1878—1963〉1936年出版《赋史大要》,有殷孟伦译本)诞生于一衣带水的东瀛;甚至当20年代鲁迅先生划时代的著作《中国小说史略》出版后,也有人诬指他剽窃了日本人盐谷温的成果,搞得学界沸沸扬扬。即使排除政治攻击和人格抹黑之类的别有用心,这个事件在当时造成相当影响,也说明了很多人内心深处的不自信……诸如此类的现象,从中西学术传统的差异,从近代以来传统学术的自我迷惘,从近代学术文化大局这一大背景上,都可以获得新的更深切的理解。

(二)

星移斗转,当今之世,东方主义、文明冲突说、后殖民主义理论、文化帝国主义之类的时髦话题甚嚣尘上。我们所想说的只是,我们不羞于承认中国文化、学术以及中国文学都有自身的特点,同时也承认我们有时也"不识庐山真面目,只缘身在此山中",也会"当局者迷,旁观者清"。在这个基础上,重视学术文化的交流,相互尊重,增进理解。即使是几十年前出版的外国学者的中国文学史著作,也有其不可忽视的参考价值。翟理斯曾长期在中国生活,并担任过驻宁波领事;铃木虎雄也曾留学中国——拥有文化交流的人生经验,对他们的学术事业显然是有帮助的。虽然自负的辜鸿铭在其名噪一时、近来又重新走红读书界的《春秋大义》(The Spirit of Chinese People,又译《中国人的精神》)中对翟理斯颇多讥讽,说他翻译的中国文学作品"或生吞活剥,或照本宣科,或断章取义,不能发掘文义内涵及精粹,亦不能认识中华文化之整体也,其他之中国研究更等而下之,不值一哂。"(《一位伟大的汉学家》)虽然林语堂也批评翟理斯书只是"作家作品的一系列介绍,而不是历史发展的介绍描述",命名为《中国文学史》有些"名不符实(misnomer)"(林语堂《陈受颐中国文学史略序》);但是,他的《中国文学史》毕竟是欧美世界第一部中国文学史著作,在30年代的中国大学里还曾被指定为参考书;虽然《赋史大要》只是一部纲要性的著作,疏略之处也不少,但是,它却开创了辞赋研究的新格局,因而被翻译介绍到中国学术界来,并促进了中国本土的辞赋学研究。

另一方面，中国文学有其特点，小者如具体的文学样式即所谓文体概念，大者如文学所包括的范围、理论观念、研究方法，都与西方有所不同。以文学样式为例，赋就是一个很特别的文体，在西方文学中找不到一个完全相同的对应物(counterpart)。赋的英文译名就有多种：rhapsody 是比附性的译名，此词原指古希腊适于一次吟诵的叙事诗，又称狂诗、狂言，或音乐中的狂想曲，在吟诵、叙事、狂想(令人联想到赋的夸饰)方面确实有些类似赋体，但赋体后来的变化太多，它不只是叙事和描写，也未必都有狂想；prose-poetry(散文诗)是意译，但人们似乎无从想象赋这一文体的特征；rhyme-prose(有韵的散文)，有些类似南朝文笔之辨中的“文”，也未免过于空泛；至于 exhibitory essay，poetic exposition 等，以短语作描述性的名词解释，不适合作为专有名词；还有音译为 fu 的，对于圈外读者来说，这等于没译。变通的做法是每次使用某一名词时，都附加一段描述、修饰性的说明文字，但这恐怕缺乏现实可行性。又如，楚辞一名，或者英译为 elegy，或者音译为 chu ci，至今也未能统一。关于哀挽文学，中国文学中可以分出碑(神道碑、墓碑)、志(墓志)、诔、祭文、吊文等多种，在西方文学中也很难一一找出对等物。海外汉学家在用英文写作时，碰到中国文学中的许多专有名词，往往也像严复当年一样，“一名之立，旬月踌躇”。

基于以上例证和论述，我们很容易理解，中国文学中包含有一些特殊的东西，是外国文学中所没有的，中国文学史理当将这些东西包容在内。比如对联，西方文学中固然有对句(couplet)，但其使用频率、范围、场合、功能都不能与中国的对联相比。各种文学游戏或游戏文学，比如俳谐文、谜语、笑话、诗钟之类的东西，也可以并应当划入文学和文学史的范围。又如八股文，长期以来，它承担的骂名可谓多矣，然而，正如马叙伦所说的，“撰文学史者断不能将占有数百年势力、与国家民族之治乱盛衰有关者，缺而不著。”(马叙伦《石屋续沈·八股文程式》)因此，本书特别辟出一些篇幅，以容纳这些内容。

中国文学研究在中国自身几千年的学术传统中，已经形成了一套丰富的适合中国国情、特别适合中国文学的实际情形的行之有效的理论、观念、方法，如言志、缘情、文与道；如风骨、文质；如论诗诗、摘句图、诗坛点将图；如知人论世、意象批评、寻源溯流；等等。诸如此类的宝贵遗产，显然值得我们去梳理、发挥、阐释、使用。这些学术遗产对于中国文学史研究的启示意义，正如一座富矿，还有许多有待开掘利用。此外，近代以来层出不穷的各种中国文学史著作中，也有很多好的思路、好的视角、好的论点值得我们吸收、借鉴。

（三）

与动荡的20世纪相伴随，中国文学史学走过了一段曲折的历程。在这个世纪里，仅在中国出版的中国文学史著作就难以计数，1949年以后出版的文学史著作数量尤多。1986年，安徽黄山书社出版了陈玉堂的《中国文学史书目提要》，收录了1949年以前出版的中国文学史著作版本和内容提要。1992年，辽宁大学出版社出版了吉平平、黄晓静编著的《中国文学史著版本概览》，集录1949年至1991年国内外公开出版的各类文学史著作版本和内容简介，“所收史著五百七十八部，其中影印、重版、修订解放前的旧著五十五部，1976年以前出版的史著八十一部，1977年以后出版的史著四百四十二部。在这些史著中，港、台地区及海外出版或再版的史著占九十七部，诗歌、小说、戏剧等各体文学史著达二百二十八部”（见本书《编写说明》），并附有大部分作者的小传。其中，中国文学通史著作就占了一百多部，繁简不同，所适应的层次也不同。60年代以来，在中国大陆最为流行的、在今日的大学教育中仍颇为通用的中国文学史著作，有三部。其一是游国恩、王起、萧涤非、季镇淮、费振纲主编的《中国文学史》。全书分为九编，基本上以朝代划分，只有末编按社会形态分。结构特点是先总后分，先有概说，再有分论，再有小结，眉目清楚，立论平实，便于教学使用。新时期以来，虽然对本书的批评不少，但本书的某些论述仍颇为精要，如其中关于李白诗艺术特点的分析。其二是中国社会科学院文学研究所编写的《中国文学史》，1962年7月出版，分上中下三册。本书作者阵容不弱于前一部，结构框架与前一种无大区别，但更偏重以作家为纲，艺术分析常有精彩之笔。其本意不是作为教材，在章节设置、结构安排上比较灵活。它只写到1840年鸦片战争为止，固然意有未尽，但也避免了分期上使用两套理论逻辑的尴尬。第三种是刘大杰著《中国文学发展史》，1962年中华书局上海编辑所出版。本书突出文体流变的线索，并对各时期的大家相对集中叙述，并着重对每一时期的文学主潮作概括描述，概括多于分析，叙述多于议论。刘氏早年有创作经验，故文笔优美，可读性强。总的来看，本书框架结构和叙述语言都富有个性，是个人所著文学史中较为成功的。1973年至1976年间，由于历史原因，作者对原书作了较大改动，突出所谓儒法斗争的主线，学界颇多讥评。

此外，在通史方面，较早的、也较有特点的个人著作，有林庚《中国文学简史》。此书作过多次修订，最早是1947年由厦门大学出版社出版，是林氏在其厦门大学授课讲义的基础上写成的，最新版是北京大学出版社1995年版。该书突出中国文学的抒情传统，因此，对寒士文学的中心主题、文学语言诗化的曲折历程、浪漫主义文学传统等问题予以较多注意。在断代史方面，刘永济《十四朝文学要略》提纲挈领，叙述了隋以前的中国文学发展情况，在形式和内容方面，都很有特色。此外，还有刘师培《中国中古文学史》、王瑶《中古文学史论》、曹道衡与沈玉成《南北朝文学史》、程千帆与吴新雷《两宋文学史》等书，也各有创获。在分体文学史方面，鲁迅《中国小说史略》、萧涤非《汉魏六朝乐府文学史》、胡士莹《话本小说概论》等书，都是较有特色并已有定评的佳作。在概论方面，袁行霈《中国文学概论》分总论（特色、分期、地域、类别、趣味、鉴赏）；分论（诗赋、词曲、小说、文论）；结构和立论上都不乏新意。

除了中文著作以外，已公开出版的以英文撰写的中国文学史著作也有数种，为海外修读中国文学的学生经常参考和阅读。除了翟理斯的《中国文学史》是英国人所作而在美国重印外，其他四种均为美国汉学家撰写的：陈受颐《中国文学史略》（Chen Shou-yi，1899—. *Chinese Literature: A Historical Introduction*. The Ronald Press Company，N. Y. 1961），华滋生《中国早期文学》（Burton Watson，1925—. *Early Chinese Literature*. Columbia University Press，1962，有罗香林中译本），柳无忌《中国文学概论》（Liu Wu-chi，1907—. *An Introduction to Chinese Litera-*

ture. Indiana University Press. 1966)，赖明(音)《中国文学史》(Lai Ming，1920? —. *A History of Chinese Literature*. The John Day Company，N. Y. 1964)。值得注意的是，这几种中国文学史都是在60年代出版，适应了战后急速发展的学术、教育以及冷战时代的实际政治需要。70年代时，以康达维(David Knechtages)和宇文所安(Stephen Owen)为首的一批美国汉学家，曾有意合编一部多卷本中国文学史，大致思路是按断代(或断代再分体)分卷，参与者就其所长分头擅写，再汇总成一书。后来因工作量大，难度也不小，计划未能施行。时过境迁，实现这一计划的期望看来是越来越渺茫了。但在德国，慕尼黑大学东亚系汉学专业主任教授施米特·格凌策(Schmidt Glintzer. 1948—)在1990年用德文出版了一部《中国文学通史》(Geschtichter der Chinesischen Literatur von den Anfangen bis zur Gewart，Munchen，Bern，1990)，从《诗经》一直讲到朦胧诗。据悉，最近波恩大学东方语言学系中文专业主任顾彬教授(Wolfgang Kubin，1945—)正在撰写一本五卷本的《中国文学史》。这说明，虽然同类著作已经汗牛充栋，学者们尝试努力的热情依然没有衰减。

(四)

在中国大陆，这种尝试努力的热情，受80年代中期以来兴起的重写文学史的讨论的推动而更加高涨。这场讨论涉及古代文学界和现代文学界。重写文学史本来是一个不成问题的问题，意大利哲学家克罗齐早就说过，任何历史都是当代史，都是思想史。显然，每一代人都通过自己的研究、思考，在重写着历史。同时，文学史写作实际上也是一种文学评论，允许也应当有不同的写法。这场讨论表面上似乎只是对60年代以来通行的几种文学史及其陈旧框架、机械唯物论的思维模式的不满，要进行新的评价，并企图有新的突破，实际上却涉及如何看待文学的内涵、如何评价文学，包含划定新的界限、设定新的价值基准等根本性的问题。框架和方法也是当时讨论得很热烈的问题，活跃的文论界对于新方法论的热烈讨论，也在一旁起了推波助澜的作用。

讨论中，关于理论、观念、方法、框架之类讲了不少，在具体操作上，则实践还不够多。实际上，具体操作的技术性最强，最能显示学术水平，也是最重要的。任何没有经过具体操作考验的理论、观念、方法、框架，都是灰色的。在具体操作中，断代、分体的文学史也许相对容易一些，因此，近年来这一方面出现的佳作也比较多；而整体通史跨度大，难度也大，短期内比较难以产生佳制。而且，在通史的写作中，还有不少重要问题需要再思考、再讨论、再试验。例如关于文学史的分期问题。如何看待文学的兴衰与朝代兴亡之间的关系？是否一定要以朝代为分期？或者反过来，是否一定只能以年代（如以世纪）为断？除此二者，是否还有别的断法？能否两种断法交叉使用？历史学中使用的社会形态分期，文学中能不能搬用以及在怎样的范围内搬用？是否有必要把文学史分割成古代、近代和现代三大段？

又如文学史研究和编撰中的点、线、面问题。基于不同的角度、不同的范围，点、线、面可以有不同的理解。以作家而论，一篇作品是点，其前后期的发展是线，作家的不同才能、不同文体、风格的创作，则是面。以时期或时代而论，一个作家是点，各时期文学风尚的变迁和潮流的起伏，是一条线，一群作家、一个或多个文学团体，是面。以整个文学史而论，作家或作品、或文体个案、或文学现象是点，文体、理论、思想等的演变的历史脉络，是线，一个时期的文学的横断面、文学的各种面相，则形成各种不同的面。如何把握并处理好诸种不同的点、线、面的关系，是文学史写作中的难点之一。

再如文学史潮流中的合流和偏离、也即共性和个性的关系，也是必须注意的一个问题。一个时代有一个时代的潮流和时尚，有合乎这种潮流和时尚的作家，也有乖离这种潮流和时尚的人群。文学史描述当然要辨明主次，既把握其共性，也分清其个性，才算得全面。以汉赋为例，骋辞大赋自然是主体，但也要看到同时还有为数不少的各类小赋，不仅在东汉中后期存在，在大赋最隆盛的西汉时代也同样存在。最近，江苏东海县尹湾汉墓出土了一批汉简，其中有一篇为《神乌赋》，写的是一只雌乌鸦被为盗的乌鸦所伤，死前，雄乌决心同殉，雌乌劝其飞走的故事。赋用四言句式，叙事性强，富有民间俗赋的笔调，在已知的汉赋中从未见过，却与后来曹植的《鹞雀赋》、敦煌卷子中的《燕子赋》一脉相承。这也提醒我们，所谓合流和偏离，也即共性和个性，不能理解得过分绝对。学术的进展、新材料的发现，有可能会改变我们固有的看法。

此外还有关于文学史的结构框架问题。不言而喻，不同的文学史内容和不同的读者对象要求不同的文学史叙述结构；甚至对象相同而篇幅不同者，也适用不同的叙述结构框架。中国传统史学著作有各种不同的体裁，有通史、断代史、专史（如制度史，《三通》、《十通》之类），有编年体、国别体、纪传体、纪事本末体等等。现有的中国文学史著作中，有通史，也有断代史，某一专题的历史研究，类同于专史，某一文体的历史研究，类同于国别史。编年体也有不少人做过实验，产生了吴文治《中国文学史大事年表》（黄山书社，1987）、刘知渐《建安文学编年史》（重庆出版社，1985）、熊笃《天宝文学编年史》（重庆出版社，1987）等著作。此外，从纪事本末体和纪传体中，我们也可以得到一些有益的启示。以纪传体为例，"本纪"可以交代时代大背景；"世家"可以处理文体文类主题；"列传"可以用来评述文学史上的大家名家；"表"可以列举有关统计数字及图表；"志"可以讨论一些比较重要的文学史专题，例如雅俗问题、南北异同问题等等。六朝古典名著中，《三国志注》、《世说新语注》、《洛阳伽蓝记》、《水经注》等书都吸取了佛经合本子注的形式。在中国文学史著作中，刘永济先生的《十四朝文学要略》也是采用这种形式，以简弘繁，纲举目张，有其优长之处，在今天仍有启示意义。

唐以前的纪传体正史多出自个人之手。初唐朝廷设局修史，以后逐渐形成制度，为后代所沿用。这也是势所必然。因为越到后来，史料越多，以一人之力，难以胜任。中国文学史的编写也是如此。以个人的力量处理日益纷繁的史料文献，学识、精力之捉襟见肘是不难想象的。所以，哈佛大学教授海陶玮（Hightower）评陈受颐所作《中国文学史》时，就曾说过，个人编写文学史几乎是不可能的。于是，集体编写的文学史著作也就应运而生。集体协作式便于集思广益，发挥集体的智慧，可以在较短的时间内完成浩大的工程，这是其长处；但人文科学本质上特重独创性和个性，集体协作则要求前后统一、彼此一致，势必消磨个人风格，使之变得四平八稳，没有棱角，这是其短处。事实上，集体编写的文学史的长短优劣，在很大程度上即是由这种工作方式决定的。近年来，这种集体协作式的大工程又引起了人们的兴趣，不少计划提上了议事日程，并以不同的规模次第展开。大集体协作这种方式和由这种方式产生出来的文学史著作显然有其存在的必要和价值，虽然其具体操作的难度乃至成本要高一些。

这本书是由我们师生二人合作的，在讨论写作计划和就具体问题往返交换意见时，这种小范围的合作相当便利。书名冠以“程氏”，只是要说明我们恰好都姓程、并以此区别于其他众多的文学史著作而已，无他深意。尽管我们为此倾注了相当多的时间和精力，在写作过程中，仍然时时感到困惑和迷茫。我们参考了古今学人的许多研究著作论文，尽量弥补自身知识的不足，并从中得到了许多启示。如本书第八章中关于从子书衰落到论说文论勃兴的一些论述，就是从刘永济先生《十四朝文学要略》中受到启示，并参考利用了刘先生的一些思考结晶。在本书的相关章节中，我们也参考并采用了林庚先生《西游记漫话》中对《西游记》一书的性质及其人物形象的独到分析，以及启功、金克木、张中行诸先生关于八股文体的一些论述（《说八股》）。限于本书行文及体例的关系，没有逐一随文注明，这是我们应当特别说明并郑重致谢的。至于书中仍然存在的一些缺憾，则是要由我们自己负责的。

1998 年岁末，程章灿谨记于南京大学